D1922511

Kohlhammer

Münchener Kirchenhistorische Studien. Neue Folge

Herausgegeben von

Franz Xaver Bischof und Klaus Unterburger

Band 12

Sebastian Appolt

Münchens katholische Akademiker zwischen Räterepublik und Hitlerputsch

Eine konfessionelle Gesellschaftsanalyse

Verlag W. Kohlhammer

Die vorliegende Arbeit wurde als Dissertation an der Katholisch-Theologischen Fakultät der Ludwig-Maximilians-Universität München angenommen.

1. Auflage 2023

Gesamtherstellung: W. Kohlhammer GmbH, Stuttgart

Print:
ISBN 978-3-17-042466-1

E-Book-Format:
pdf: 978-3-17-042467-8

Inhaltsverzeichnis

Vorwort

Die Entstehung dieser Arbeit, die im Sommersemester 2021 als Dissertationsschrift von der Katholisch-Theologischen Fakultät an der Ludwig-Maximilians-Universität angenommen wurde, wäre ohne die Unterstützung zahlreicher Personen nicht möglich gewesen, denen ich an dieser Stelle Dank sagen möchte. Entstanden ist die Arbeit am Lehrstuhl für Kirchengeschichte des Mittelalters und der Neuzeit bei Herrn Prof. Dr. Franz Xaver Bischof. Ihm, der stets ein offenes Ohr für seine Doktoranden hat, danke ich herzlich für die Begleitung, Annahme und stets interessierte Betreuung meines Dissertationsprojektes sowie für sein Erstgutachten. Die auch durch ihn geprägte wohltuende persönliche Arbeitsatmosphäre am Lehrstuhl für Kirchengeschichte des Mittelalters und der Neuzeit hat die Freude und die produktive Weiterarbeit bei der Erstellung der Arbeit in mancher Hinsicht erleichtert. Ebenso gilt ihm ein Wort des Dankes für die Aufnahme der Arbeit in die Neue Folge der *Münchener Kirchenhistorischen Studien.*

Ich danke auch den Weggefährten und -gefährtinnen, die im intensiven wissenschaftlichen Austausch die Entwicklung und den Fortgang der Arbeit beständig begleiteten. Besonders erwähnt seien hier die Doktorandenkolleginnen und -kollegen am Lehrstuhl, die in den Oberseminaren immer wieder konstruktive Impulse für die Entstehung der Arbeit gaben. In diesem Sinne gilt auch ein herzliches Danke dem Zweitgutachter der Arbeit, Herrn Professor Dr. Ferdinand Kramer.

Für zahlreiche Hinweise zu etwaig einschlägigen Quellenbeständen danke ich den Archivarinnen und Archivaren, die mich bei meinen Forschungsaufenthalten immer freundlich und kompetent betreut haben.

Dank schulde ich auch allen, die sich zu Korrekturlesearbeiten bereit erklärt haben. Besonders erwähnen möchte ich an dieser Stelle meine Eltern und meine Schwester, welche über mehrere Jahre den Entstehungsprozess der Arbeit geduldig mit Rat und Tat begleitet haben.

Für die finanzielle Unterstützung meines Dissertationsprojektes gilt mein Dank der Konrad-Adenauer-Stiftung für die Gewährung eines Graduiertenstipendiums sowie dem Erzbistum Köln für einen großzügigen Druckkostenzuschuss.

Morsbach, im Oktober 2022 Sebastian Appolt

Einleitung

> „Der in leerer Religiosität versteckte krasse Materialismus hatte den unbedenklichsten Geschäftssinn großgezogen, Mißachtung des Geistes schloß ihr natürliches Bündnis mit niederer Genußgier. Der Nerv der Öffentlichkeit war Reklamesucht, und jeden Augenblick schlug sie um in Verfolgungssucht. Im Äußeren nur auf Prestige gestellt, im Inneren nur auf die Polizei, ohne anderen Glauben als die Gewalt, trachtete man nach nichts als nach Theaterwirkung, trieb ruhmredigen Pomp mit der vergangenen Heldenepoche, und der einzige Gipfel, den man wirklich erreichte war der des Chauvinismus... 'Von all dem wissen wir nichts! [...] Darum kann es mit uns nie und nimmer das Ende mit Schrecken nehmen, das dem Kaiserreich unseres Erbfeindes vorbehalten war!'“[1]

Voller Ironie legte der Münchner Bürger Heinrich Mann diese Worte dem Protagonisten seines 1914 vollendeten Werks *Der Untertan* in den Mund. Diederich Heßling suchte dabei den deutsch-französischen Gegensatz zu skizzieren, traf damit jedoch vielmehr die Zustände im Wilhelminischen Kaiserreich und somit auch die Verhältnisse in Bayern. Leere Religiosität, Materialismus, Kapitalismus, Genussgier, Militarismus, Verklärung der Vergangenheit und versteckter Chauvinismus waren dann nur einige der Elemente, die Zeitgenossen wie selbstverständlich nach dem verlorenen Weltkrieg an der Weimarer Republik kritisierten und sich an diesen abarbeiteten.

Auch im katholischen Bayern stellte der verlorene Weltkrieg zahlreiche der bestehenden Selbstverständlichkeiten in Frage und nötigte die bisherigen *Untertanen* zur eigenen Stellungnahme im sich neu konstituierenden Staats- und Gesellschaftsgefüge. Treue Anhänger des Kaiserreichs fanden sich in einer tiefen Sinnkrise wieder. Ihr bisheriger gehobener sozialer Status und ein dementsprechendes Selbstbewusstsein wurden durch den Umbruch massiv in Frage gestellt. Es galt neue Handlungsoptionen zu entwickeln und die eigenen Weltanschauungen mit der ungewissen Zukunft in Einklang zu bringen. Dies forderte die Anhänger des Kaiserreichs zur Selbstvergewisserung und zur Positionsbestimmung heraus und verursachte eine insgesamt als turbulent zu bezeichnende Zeitspanne zwischen 1918 und 1924. Daher lohnt es sich, die Umbruchszeit der ersten Jahre der Weimarer Republik näher zu betrachten.

Von diesen Umbrüchen waren neben den Adeligen insbesondere die Akademiker und weitere dem Bildungsbürgertum zuzurechnende Personen betroffen, welche im Kaiserreich die herrschende Elite gestellt hatten und von denen man auch nach dem Krieg richtungsweisende Beiträge in den Diskussionen über anstehende Herausforderungen erwarten konnte. Dabei ist die Analyse der bayerischen Verhältnisse aus verschiedenen Gründen besonders spannend. Zum einen war Bayern das einzige bedeutsame katholisch geprägte Staatsgebilde innerhalb des deutschen Reiches, zum anderen herrschte hier und insbesondere in München eine besondere Ausgangslage. In Bayern kam es innerhalb des deutschen Reiches als erstes zur Absetzung des Königs und zur Ausrufung der Republik. Im Frühjahr 1919 bildete sich hier eine kommunistisch geprägte Räteregierung, die sich verhältnismäßig lange an der Macht halten konnte und in München gelang es nur kurze Zeit später der *Nationalsozialistischen Deutschen Arbeiterpartei* (NSDAP) zu einer mächtigen Bewegung heranzuwachsen, die sich bereits 1923 an den Staatsstreich wagte.

---

1 HEINRICH MANN: Der Untertan, Berlin, Weimar 1993, S. 429.

Die katholisch geprägte Kulturhauptstadt Deutschlands, die von Thomas Mann wenige Jahre zuvor noch ironisch mit „München leuchtete“[2] charakterisiert wurde, wies also nach dem 1. Weltkrieg einige Eigentümlichkeiten auf.

Diese angedeuteten Antagonismen fasste Lion Feuchtwanger 1929 in seinem politischen Roman *Der Erfolg* voller beißendem Spott wie folgt zusammen:[3]

> „In der Praxis aber übten weite Teil der Bevölkerung unter stillschweigender Duldung der Regierungen Geburtenkontrolle, verhinderten die Empfängnis, trieben die unwillkommene Frucht ab. In der Praxis bestand auch überall unter den Weißen sexuelle Anarchie, Promiskuität. Nirgendwo klaffte Gesetz und Leben mehr auseinander als in diesem Bezirk. Alle Komödienschreiberei der Epoche zog ihren Stoff aus dem Gegensatz zwischen natürlichem Trieb und allgemeiner Praxis auf der einen, Gesetzgebung und offizieller Moral auf der anderen Seite. Die Lebensformen waren unfüg und unsicher. [...] Was die Politik der Weißhäutigen anlangt, so bevorzugten die Länder mit einer geringen Analphabetenziffer demokratische Staatsformen, die Länder mit hoher Analphabetenziffer Diktaturen. [...] Die materiell Minderbemittelten waren zumeist in den Linksparteien, die geistig Minderbemittelten in den Rechtsparteien organisiert.“[4]

Der von Feuchtwanger konstatierte Kontrast zwischen praktiziertem, unmoralischen Verhalten innerhalb der Münchner Stadtbevölkerung und die von Minderbemittelten verursachte, am Prinzip der Ordnung orientierte, rechtslastigen Gesetzgebung und Rechtsanwendung in den 1920er-Jahren, sticht dabei als besonders erklärungsbedürftig hervor. Scheint er doch im deutlichen Widerspruch zur bedächtigen katholisch geprägten Kulturstadt zu stehen. Dementsprechend möchte sich diese Arbeit ebendieser Stadt im katholisch geprägten Bayern in der unmittelbaren Zeit nach dem 1. Weltkrieg zuwenden und das von Ambiguitäten und Umbrüchen geprägte gesellschaftliche Leben aus sozialgeschichtlicher Perspektive unter die Lupe nehmen. Hierzu soll sich insbesondere dem Einfluss der katholischen Prägung innerhalb dieses Konglomerates zugewandt werden.

1 Fragestellung

Das Ende des 1. Weltkrieges und die auf ihn folgenden Umbrüche stellten für die mit der katholischen Monarchie in Bayern verbundenen Katholiken eine Zeit des rasanten Umbruchs dar. Gleiches gilt für die Spitzenpositionen in Bildung, Politik und Gesellschaft gewöhnten Akademiker in München. In dieser Zeit zwischen Kriegsende und Integration in die Weimarer Republik sowie linken und rechten Anfeindungen gegen den neuen demokratischen Staat, soll aus sozial- und kulturgeschichtlicher Perspektive die Stadt München analysiert werden. Hierzu wird die

---

2 THOMAS MANN: Frühe Erzählungen 1893-1912. In der Fassung der Großen kommentierten Frankfurter Ausgabe (Fischer Taschenbuch 90405), Frankfurt am Main 2018, S. 222.

3 Dabei sollte jedoch klar sein, dass Feuchtwangers Schilderungen im Roman fiktiver Natur sind, wenngleich selbigen historische Ereignisse, Beobachtungen und Personen zugrunde liegen. Insofern evozieren seine Schilderungen und Beobachtungen bestimmte Fragen und machen eine historische Überprüfung lohnenswert. Vgl. FERDINAND KRAMER: Feuchtwangers Erfolg und neue Forschungen zu den Weimarer Jahren in München und Bayern. Einführung, 2015, URL: https://histbav.hypotheses.org/3554 (besucht am 24.09.2022); MICHAEL STEPHAN: Erfolg. Drei Jahre Geschichte einer Provinz (Lion Feuchtwanger, 1930), in: Historisches Lexikon Bayerns (HLB) (2006).

4 LION FEUCHTWANGER: Erfolg. Drei Jahre Geschichte einer Provinz. Roman (1929). mit Kommentaren von Theo Rasehorn und Ernst Ribbat (Juristische Zeitgeschichte Abt. 6: Recht in der Kunst 13), Baden-Baden 2002, S. 168f.

Gesellschaft Münchens im Zeitraum des rasanten Umbruchs zwischen 1918 und 1924 – also zwischen den Anfängen der Revolution und der Verurteilung der Putschisten des Hitlerputsches – in den Blick genommen, wenngleich, um der Logik der Darstellung willen, einige Rückgriffe auf Ereignisse aus dem 1. Weltkrieg und der Zeit des Kaiserreichs unvermeidbar sind. Konkret soll sich einem der – wie in dieser Arbeit aufgezeigt werden soll – tonangebenden und ausdifferenziertesten Segmente Münchens, nämlich dem der katholischen Akademiker, gewidmet werden.[5] Diese sollen in ihrer gesellschaftlichen Stellung zwischen Bildungsbürgertum und katholischem Milieu in den Blick genommen werden. Auch Abweichler und Außenseiter innerhalb der verschiedenen sozialen Gruppen werden dabei nicht außen vor bleiben. Anhand der Ergebnisse sollen Rückschlüsse auf die Gesellschafts- und Milieuentwicklung der Weimarer Republik anhand folgender Kriteriologie getroffen werden:

1. Es soll für das Bürgertum geklärt werden, ob und in welchem Rahmen man von einem Niedergang beziehungsweise Wandel des Bürgertums in der Weimarer Republik sprechen kann. Insbesondere für das Bildungsbürgertum wird immer wieder dessen Bedeutungsverlust und damit einhergehend ein stetiger Niedergang bzw. Wandel desselben betont.[6] Dabei gehen die bisherigen Forschungen zumeist von einem protestantischen Bildungsbürgertum aus und vernachlässigen die katholischen Akademiker.
2. Parallel dazu soll für das sogenannte katholische Milieu untersucht werden, wie stark innere Bindungstendenzen in der Weimarer Republik für Akademiker waren, sich entwickelten oder fortbestanden. Fühlten sich diese nach dem Zusammenbruch des Kaiserreichs von ihren konfessionellen Zwängen befreit und kann man daher eine Loslösung vom Milieu oder allgemeiner, von kirchlichen Strukturen feststellen? Oder führten vielmehr die Unsicherheiten und starken Wandlungsprozesse zu einer verstärkten Anlehnung an das katholische Milieu und die Kirche? Daneben ist zu analysieren, ob katholische Akademiker durch die Übernahme zahlreicher verantwortlicher Positionen in Kirche, Politik und Gesellschaft nicht eine neue katholische Elite herausbildeten.
3. Daran anschließend soll für das elitäre gesellschaftliche Segment der katholischen Akademiker ausgemacht werden, wie diese mit den neuen Bedingungen und Diskursen der Weimarer Republik umgingen und insofern Stellung zur Moderne bezogen. Hier bieten sich Katholiken, welche in der Zeit des gesamten Kaiserreichs mit dem Vorwurf der Fortschrittsfeindlichkeit belegt waren,[7] besonders gut als Ansatzpunkt einer Analyse an.
4. In der Zielperspektive soll zuletzt der Leitfrage dieser Arbeit nachgegangen werden, ob man die katholischen Akademiker Münchens in der Frühphase der Weimarer Republik bereits als einen Teil einer ausdifferenzierten, segmentierten modernen Gesellschaft betrachten kann, in welcher starre soziale Gruppenzuweisungen zunehmend obsolet wurden. Besonders soll dabei herausgearbeitet werden, ob man sich jenseits von Milieuzugehörigkeiten und sozialen Gruppenzuweisungen bewegte und insofern die bürgerliche Gesellschaft der Weimarer Republik als anfanghaft plural beschrieben werden kann.

---

5 Diese Umschreibung der katholischen Akademiker findet sich analog verwendet bei: URS ALTERMATT: Plädoyer für eine Kulturgeschichte des Katholizismus, in: KARL-JOSEPH HUMMEL (Hg.): Zeitgeschichtliche Katholizismusforschung. Tatsachen, Deutungen, Fragen. Eine Zwischenbilanz (Veröffentlichungen der Kommission für Zeitgeschichte B 100), Paderborn und München u.a. 2006, S. 169–187, S. 181.

6 Vgl. hierzu das Kapitel *Tragweite der Ansätze*.

7 Vgl. OTTO WEISS: Kulturkatholizismus. Katholiken auf dem Weg in die deutsche Kultur 1900–1933, Regensburg 2014, S. 21–23.

Diesen Fragen im engen zeitlichen und lokalen Feld nachzugehen, ermöglicht es, bereichernde und vielfältige neue Auskünfte über die Zusammensetzung sowie gesellschaftliche Ausrichtung des katholischen Milieus und einzelner katholischer Gesellschaftsteile im süddeutschen Raum zu erlangen und zudem Rückschlüsse auf das Bildungsbürgertum in einer weitgehend katholisch geprägten Stadt zu ziehen. Ziel ist es dabei, das Bild zur Zusammensetzung, Ausgestaltung und Entwicklung des katholischen Milieus, ebenso wie zum Bildungsbürgertum, im süddeutschen Raum zu komplementieren.

1.1 Forschungsstand

Seit den 1960er Jahren erfreut sich die Sozialgeschichte wachsender Beliebtheit. In den folgenden Jahrzehnten wurde sowohl zum katholischen Milieu als auch zum Bürgertum ausführlich geforscht.

Das Bürgertum wurde hierbei in den vier von Werner Conze, Jürgen Kocka, Reinhart Koselleck und Rainer M. Lepsius in den Jahren 1985–1992 herausgegebenen Sammelbänden zum „Bildungsbürgertum im 19. Jahrhundert" ausführlich thematisiert.[8] Hier wurde das Bildungsbürgertum des 19. Jahrhunderts tiefgehend und aus diversen Perspektiven untersucht. Auch eine begriffsgeschichtliche Studie, welche das Aufkommen des Begriffs *Bildungsbürgertum* als eine Entwicklung der 1920er Jahre ausweist, gehört zu diesen Bänden.[9] Im Hintergrund dieser Analysen stand vor allem die These vom deutschen Sonderweg, die man durch einen Mangel an Bürgerlichkeit glaubte, bestätigen zu können.[10]

Dieses Projekt wurde 1986 in Bielefeld durch die Errichtung eines Sonderforschungsbereichs zum neuzeitlichen Bürgertum fortgesetzt. In diesem Kontext entstanden über 30 Dissertationen und 15 Habilitationen. Die wesentlichen Ergebnisse dieses Sonderforschungsbereichs wurden im Jahr 2000 in einem Sammelband von Peter Lundgreen veröffentlicht.[11]

Durch diese zahlreichen, detaillierten Studien steht eine bedeutende Forschungsbasis zur Verfügung. Hier sei besonders auf die Veröffentlichung von Tho-

---

8 Werner Conze/Jürgen Kocka (Hg.): Bildungsbürgertum im 19. Jahrhundert Teil 1. Bildungssystem und Professionalisierung in internationalen Vergleichen (Industrielle Welt. Schriftenreihe des Arbeitskreises für moderne Sozialgeschichte 38), Stuttgart 1985; Reinhart Koselleck (Hg.): Bildungsbürgertum im 19. Jahrhundert Teil 2. Bildungsgüter und Bildungswissen (Industrielle Welt. Schriftenreihe des Arbeitskreises für moderne Sozialgeschichte 41), Stuttgart 1990; Mario Rainer Lepsius (Hg.): Bildungsbürgertum im 19. Jahrhundert Teil 3. Lebensführung und ständische Vergesellschaftung (Industrielle Welt. Schriftenreihe des Arbeitskreises für moderne Sozialgeschichte 47), Stuttgart 1992; Jürgen Kocka (Hg.): Bildungsbürgertum im 19. Jahrhundert Teil 4. Politischer Einfluß und gesellschaftliche Formation (Industrielle Welt. Schriftenreihe des Arbeitskreises für moderne Sozialgeschichte 48), Stuttgart 1989.

9 Ulrich Engelhardt: Bildungsbürgertum. Begriffs- und Dogmengeschichte eines Etiketts (Industrielle Welt. Schriftenreihe des Arbeitskreises für moderne Sozialgeschichte 43), Stuttgart 1986.

10 Vgl. Hans-Ulrich Wehler: Deutsches Bildungsbürgertum in vergleichender Perspektive – Elemente eines „Sonderwegs"?, in: Jürgen Kocka (Hg.): Bildungsbürgertum im 19. Jahrhundert Teil 4. Politischer Einfluß und gesellschaftliche Formation (Industrielle Welt. Schriftenreihe des Arbeitskreises für moderne Sozialgeschichte 48), Stuttgart 1989, S. 215–237, besonders: S. 234–237.

11 Peter Lundgreen (Hg.): Sozial- und Kulturgeschichte des Bürgertums. Eine Bilanz des Bielefelder Sonderforschungsbereichs (1986–1997) (Bürgertum 18), Göttingen 2000.

mas Mergel hingewiesen,[12] der in seiner herausragenden Promotion erstmals ein katholisches Bürgertum in den Blick nahm und explizit nachweisen konnte, dass Katholiken in den Städten Köln und Bonn zum Bürgertum gehörten, da sie dessen Werte und Lebensweise teilten. Zum katholischen Glauben und zur Kirche dagegen verhielten sie sich, nach den Analysen Mergels, keineswegs homogen, vielmehr standen sie oft zwischen den Fronten ihrer Konfession und ihrer bürgerlichen Lebensweise.[13] Da Mergel seine Arbeit auf das lange 19. Jahrhundert ausgelegt hat, setzte er sich selber Schwerpunkte und zwar die Zeit der Revolution von 1848 und den Kulturkampf. Dementsprechend gibt er nur noch einen kurzen Ausblick in die Zeit nach 1900. Auch die meisten anderen sozialgeschichtlichen Untersuchungen zum Bildungsbürgertum fokussieren sich auf das 19. Jahrhundert.

Ebenso wie das Bürgertum, ist das katholische Milieu sozialgeschichtlich gut erforscht. Zu nennen sind hier die grundlegenden Arbeiten des Münsteraner Arbeitskreises für kirchliche Zeitgeschichte.[14] Die Schwerpunkte der meisten dieser katholischen Milieu-Studien liegen dabei in der Formierungsphase des katholischen Milieus rund um den Kulturkampf, in der parteipolitischen Perspektive sowie in der Auseinandersetzung mit dem Nationalsozialismus.

Dementsprechend fokussieren sich die allermeisten Ansätze fast ausschließlich auf die Zeit des Kaiserreiches[15] oder des Nationalsozialismus.[16] Widmen sich

---

12 THOMAS MERGEL: Zwischen Klasse und Konfession. Katholisches Bürgertum im Rheinland; 1794–1914 (Bürgertum 9), Göttingen 1994.

13 Vgl. DERS.: Grenzgänger. Das katholische Bildungsbürgertum im Rheinland zwischen bürgerlichem und katholischem Milieu 1870–1914, in: OLAF BLASCHKE/FRANK-MICHAEL KUHLEMANN (Hg.): Religion im Kaiserreich. Milieus – Mentalitäten – Krisen (Religiöse Kulturen der Moderne 2), Gütersloh 1996, S. 166–192, hier: S. 174f.

14 ARBEITSKREIS FÜR KIRCHLICHE ZEITGESCHICHTE: Katholiken zwischen Tradition und Moderne. Das katholische Milieu als Forschungsaufgabe, in: Westfälische Forschungen 43 (1993), S. 588–654; DERS.: Konfession und Cleavages im 19. Jahrhundert. Ein Erklärungsmodell zur regionalen Entstehung des katholischen Milieus in Deutschland, in: Historisches Jahrbuch 120 (2000), S. 358–395.

15 Etwa: WILFRIED LOTH: Katholiken im Kaiserreich. Der politische Katholizismus in der Krise des wilhelminischen Deutschland (Beiträge zur Geschichte des Parlamentarismus und der politischen Parteien 75), Düsseldorf 1984; THOMAS NIPPERDEY: Religion im Umbruch. Deutschland 1870–1918 (Beck'sche Reihe 363), München 1988; MARTIN BAUMEISTER: Parität und katholische Inferiorität. Untersuchungen zur Stellung des Katholizismus im Deutschen Kaiserreich (Politik- und kommunikationswissenschaftliche Veröffentlichungen der Görres-Gesellschaft 3), Paderborn u. a. 1987; ELEONORE FÖHLES: Kulturkampf und katholisches Milieu 1866–1890 in den niederrheinischen Kreisen Kempen und Geldern und der Stadt Viersen (Veröffentlichungen des Historischen Vereins für Geldern und Umgegend 95), Viersen 1995; WERNER K. BLESSING: Staat und Kirche in der Gesellschaft. Institutionelle Autorität und mentaler Wandel in Bayern während des 19. Jahrhunderts (Kritische Studien zur Geschichtswissenschaft 51), Göttingen 1982; MARKUS 1978 EBERHARDT: Passauer Bürgertum 1871 bis 1914. Biographische Fallstudien, Vereinswesen und politische Entwicklung (Veröffentlichungen des Instituts für Kulturraumforschung Ostbaierns und der Nachbarregionen der Universität Passau 70), Passau 2014.

16 Vgl. beispielsweise CHRISTIANE HOTH/MARKUS RAASCH (Hg.): Eichstätt im Nationalsozialismus. Katholisches Milieu und Volksgemeinschaft, Münster 2017; DIETER POTENTE: Nationalsozialismus im Dorf. Katholisches Milieu und NS-Herrschaft im westfälischen Dorf Buldern 1933 bis 1945, Dülmen 2014; ARNOLD KLEIN: Katholisches Milieu und Nationalsozialismus. Der Kreis Olpe 1933–1939 (Schriftenreihe des Kreises Olpe 24), Siegen 1994; MARIA ANNA ZUMHOLZ (Hg.): Katholisches Milieu und Widerstand. Der Kreuzkampf im Oldenburger Land im Kontext des nationalsozialistischen Herrschaftsgefüges (Vechtaer Universitätsschriften 29), Berlin u.a. 2012; KLEMENS-AUGUST RECKER: „Unter Preußenadler und Hakenkreuz". Katholisches Milieu zwischen Selbstbehauptung und Auflösung; ein Beispiel aus Westfalen: Nordwalde 1850–1950, Münster 2013; MARIA ANNA ZUMHOLZ: Volksfrömmigkeit und Katholisches Mi-

Werke dem Zwischenkriegszeitraum, dann werden meist nur besonders bedeutsame Ereignisse, Diskussionsthemen und richtungsweisende Entwicklungen entweder in Richtung Nationalsozialismus oder in Richtung 2. Vatikanum aufgegriffen und untersucht. In diesem Kontext sind etwa die Werke von Heinz Hürten[17] oder Joachim Kuropka[18] zu benennen.

Interessant ist der abweichende Ansatz von Olaf Blaschke, der im Zeitraum von 1800 bis 1970 ein zweites konfessionelles Zeitalter entdeckt und dementsprechend der Religion in diesem Zeitraum einen besonderen Wert zugesteht und daher dazu anregt, verschiedene gesellschaftliche Phänomene aus konfessioneller Perspektive zu analysieren.[19]

Es sticht daneben ins Auge, dass über die evangelische Kirche zur Weimarer Republik eine Reihe von Werken vorliegen.[20] Selbst zum „katholischen" Bayern existiert eine Abhandlung zum Protestantismus.[21] Die katholische Kirchengeschichte dagegen hat sich der Weimarer Republik nur stiefmütterlich zugewandt. So fehlen vergleichbare Übersichtswerke zur Weimarer Republik gänzlich. Für den bayerischen Raum ist man daher neben der Behandlung von Einzelthemen[22] auf die Übersichtsdarstellungen zur bayerischen Kirchengeschichte beziehungsweise des Bistums München und Freising angewiesen.[23]

---

lieu. Marienerscheinungen in Heede 1937–1940 im Spannungsfeld von Volksfrömmigkeit, nationalsozialistischem Regime und kirchlicher Hierarchie (Schriften des Instituts für Geschichte und Historische Landesforschung, Vechta 12), Cloppenburg 2004; JOACHIM KUROPKA (Hg.): Grenzen des katholischen Milieus. Stabilität und Gefährdung katholischer Milieus in der Endphase der Weimarer Republik und der NS-Zeit, Münster 2013.

17 HEINZ HÜRTEN: Deutsche Katholiken. 1918–1945, Paderborn u. a. 1992.

18 KUROPKA (Hg.): Grenzen des katholischen Milieus (wie Anm. 16).

19 OLAF BLASCHKE/FRANK-MICHAEL KUHLEMANN (Hg.): Religion im Kaiserreich. Milieus – Mentalitäten – Krisen (Religiöse Kulturen der Moderne 2), Gütersloh 1996.

20 GERHARD BESIER: Die evangelische Kirche in den Umbrüchen des 20. Jahrhunderts. Kirche am Übergang vom Wilhelminismus zur Weimarer Republik u. a. (Historisch-theologische Studien zum 19. und 20. Jahrhundert 5,1), Neukirchen-Vluyn 1994; HERBERT CHRIST: Der politische Protestantismus in der Weimarer Republik. Eine Studie über die politische Meinungsbildung durch die evangelischen Kirchen im Spiegel der Literatur und der Presse, Bonn 1967; ALF CHRISTOPHERSEN: Kairos. Protestantische Zeitdeutungskämpfe in der Weimarer Republik (Beiträge zur historischen Theologie 143), Tübingen 2008; FRIEDRICH WILHELM GRAF: Der heilige Zeitgeist. Studien zur Ideengeschichte der protestantischen Theologie in der Weimarer Republik, Tübingen 2011; HANS-WALTER KRUMWIEDE: Evangelische Kirche und Theologie in der Weimarer Republik (Grundtexte zur Kirchen- und Theologiegeschichte 2), Neukirchen-Vluyn 1990; ROLAND KURZ: Nationalprotestantisches Denken in der Weimarer Republik. Voraussetzungen und Ausprägungen des Protestantismus nach dem Ersten Weltkrieg in seiner Begegnung mit Volk und Nation (Die lutherische Kirche, Geschichte und Gestalten 24), Gütersloh 2007; KURT NOWAK: Evangelische Kirche und Weimarer Republik. Zum politischen Weg des deutschen Protestantismus zwischen 1918 und 1932 (Arbeiten zur Kirchengeschichte 7), Göttingen 1981.

21 MANFRED KITTEL: „Weimar" im evangelischen Bayern. Politische Mentalität und Parteiwesen 1918–1933 ; mit einem Ausblick auf die Zeit nach 1945 (Bayerische Landeszentrale für Politische Bildungsarbeit A,109), München 2001.

22 Für die christliche Arbeiterbewegung etwa: DORIT-MARIA KRENN: Die christliche Arbeiterbewegung in Bayern vom Ersten Weltkrieg bis 1933 (Veröffentlichungen der Kommission für Zeitgeschichte B 57), Mainz 1991, die ihre Ergebnisse jedoch sozialgeschichtlich nur am Rande einordnet.

23 WALTER BRANDMÜLLER (Hg.): Handbuch der bayerischen Kirchengeschichte. Bd. 3 Vom Reichsdeputationshauptschluß bis zum Zweiten Vatikanischen Konzil, St. Ottilien 1991; KARL HAUSBERGER/BENNO HUBENSTEINER: Bayerische Kirchengeschichte, 2., durchges. Aufl.,

Katholische Akademiker dagegen stellen insgesamt ein Desiderat der Forschung dar. Eine seltene Ausnahme bildet hierbei das schon genannte Werk von Thomas Mergel. Daneben analysiert Christopher Dowe in seiner Dissertation aus sozialgeschichtlicher Perspektive die katholischen Studentenvereine und konzentriert sich dabei in den Jahren von 1871–1914 vornehmlich auf Studentenverbindungen sowie den *Akademischen Bonifatiusverein*. Bedauerlicherweise fasst er den Katholikenbegriff in dieser Arbeit recht eng, indem er nur bekenntnistreue und aktive Katholiken in den Blick nimmt. Abweichungen vom Idealbild in liberaler Hinsicht werden von ihm zwar herausgearbeitet, aber zu wenig berücksichtigt und nicht in das Gesamtbild integriert.[24]

Eine kulturgeschichtliche Annäherung an das katholische Bildungsbürgertum dagegen nimmt Otto Weiß vor, der sich jedoch hauptsächlich der Fragestellung widmet, inwiefern sich deutsche Katholiken (schwerpunktmäßig aus bildungsbürgerlichem Kontext) mit der deutschen Nationalkultur arrangiert beziehungsweise sich an diese assimiliert hätten. Hierfür analysiert er vor allem Zeitschriften und die diesen nahestehenden Personenkreise aus dem Zeitraum 1900–1933.[25]

Daneben stehen noch einzelne Untersuchungen, die sich Einzelpersonen zuwenden, jedoch kein größeres Interesse zeigen, sich der katholischen Akademikerschaft im Ganzen oder aus sozialgeschichtlicher Perspektive zu nähern.[26]

Zuletzt sei noch auf drei Werke verwiesen, die sich bereits explizit mit der Stadt München auseinandergesetzt haben und für das vorliegende Dissertationsprojekt interessant sind. Zunächst hat sich Ralf Zerback sozialgeschichtlich mit dem Bürgertum der Stadt München beschäftigt, seine Untersuchung jedoch lediglich bis in das Jahr 1870 reichen lassen.[27] Martin Geyer dagegen hat sich mit dem Zeitraum 1914–1924 in München beschäftigt und hier aus sozialgeschichtlichem Blickwinkel die zahlreichen Ereignisse und Umwälzungen dieser Zeit analysiert, ohne dabei jedoch näher auf die konfessionelle oder bürgerliche Perspektive einzugehen.[28] Nikola Becker analysiert mit ihrer Dissertationsschrift anhand von rund 100 Autobiographien das geistige Leben Münchens in der Zeit um die Jahrhundertwende bis zum Ende der Weimarer Republik und arbeitet dabei verschiedene bürgerliche Weltbilder und damit einhergehende politische Präferenzen heraus.[29]

Auffallend ist, dass sich die historische Forschung sowohl im Bereich des katholischen Milieus, als auch im Bereich des Bürgertums auf das 19. Jahrhundert sowie auf die Zeit des Nationalsozialismus konzentriert und die Epoche der Wei-

München 1987; GEORG SCHWAIGER (Hg.): Das Erzbistum München und Freising im 19. und 20. Jahrhundert (Geschichte des Erzbistums München und Freising 3), München 1989.

24 CHRISTOPHER DOWE: Auch Bildungsbürger. Katholische Studierende und Akademiker im Kaiserreich (Kritische Studien zur Geschichtswissenschaft 171), Göttingen 2006.

25 WEISS: Kulturkatholizismus (wie Anm. 7, S. 11).

26 Etwa: ULRICH BRÖCKLING: Katholische Intellektuelle in der Weimarer Republik. Zeitkritik und Gesellschaftstheorie bei Walter Dirks, Romano Guardini, Carl Schmitt, Ernst Michel und Heinrich Mertens, München 1993; JÜRGEN ARETZ/RUDOLF MORSEY/ANTON RAUSCHER: Zeitgeschichte in Lebensbildern. Aus dem deutschen Katholizismus des 19. und 20. Jahrhunderts. 12 Bände, Mainz 1973–2007. Daneben existiert eine Fülle an Einzel-Biographien und Lebensbildern zu den historischen Handlungsträgern.

27 RALF ZERBACK: München und sein Stadtbürgertum. Eine Residenzstadt als Bürgergemeinde 1780–1870 (Stadt und Bürgertum 8), München 1997.

28 MARTIN H. GEYER: Verkehrte Welt. Revolution, Inflation und Moderne, München 1914–1924 (Kritische Studien zur Geschichtswissenschaft 128), Göttingen 1998.

29 NIKOLA BECKER: Bürgerliche Lebenswelt und Politik in München. Autobiographien über das Fin de Siècle, den Ersten Weltkrieg und die Weimarer Republik (Münchener historische Studien. Abteilung Bayerische Geschichte Bd. 22), Kallmünz 2014.

marer Republik dagegen weniger tiefgehend erforscht ist. Ebenso fokussieren sich einige Arbeiten über den Zeitraum der Weimarer Republik einseitig auf Faktoren und Entwicklungen, die in den Nationalsozialismus führten. An dieser Stelle sind die Forschungsarbeiten von Derek Hastings zu benennen, welcher sich dem katholischen Bürgertum der Stadt München zuwendet und dieses, sowie insbesondere dessen reformkatholische Prägung, als entscheidenden Faktor für das Erstarken der NSDAP ausmacht.[30] Mit seinen, die Rolle von Einzelpersönlichkeiten überstrapazierenden und der Komplexität von politischen Mentalitäten nicht ganz gerecht werdenden Thesen[31] wird sich im Rahmen dieser Arbeit noch ausführlicher auseinanderzusetzen zu sein.

Zudem ist auffällig, dass in der sozialgeschichtlichen Bürgertumsforschung die Weimarer Republik ebenso wie die katholischen Akademiker ein Forschungsdesiderat darstellen.[32] Der Untergang beziehungsweise der Formwandel des Bürgertums erscheint, ebenso wie das katholische Bildungsbürgertum, noch längst nicht ausreichend erforscht. Auch das katholische Bayern, insbesondere die Stadt München, wurde von der sozialgeschichtlichen Forschung nur vereinzelt in den Blick genommen.[33] Das Rheinland sowie Westfalen dagegen wurden aus katholisch-sozialgeschichtlicher Perspektive tiefgehender erforscht[34] und werden in der Regel als Definitionsmarken für das katholische Milieu und das katholische Deutschland herangezogen.[35] Für die Schweiz liegen mit den Arbeiten von Urs Altermatt ähnliche Ergebnisse vor.[36]

---

30 Vgl. DEREK HASTINGS: How „Catholic" was the Early Nazi Movement? Religion, Race, and Culture in Munich, 1919–1924, in: Central European History 36,3 (2003), S. 383–433; DERS.: Catholicism and the roots of Nazism. Religious identity and National Socialism, Oxford u.a. 2010.

31 Zu ähnlichen Ergebnissen kommt WALTER ZIEGLER: Zu Hitlers Frühzeit in Bayern 1918–1924. Neue Bücher und Überlegungen aus der Sicht der bayerischen Geschichte, in: Zeitschrift für bayerische Landesgeschichte 80,3 (2017), S. 719–767, hier: S. 756.

32 Positive Ausnahmen bilden die fundierten Milieustudien: CORNELIA RAUH-KÜHNE: Katholisches Milieu und Kleinstadtgesellschaft. Ettlingen 1918–1939 (Geschichte der Stadt Ettlingen 5), Sigmaringen 1991; MERGEL: Zwischen Klasse und Konfession (wie Anm. 12, S. 13); SIEGFRIED WEICHLEIN: Sozialmilieus und politische Kultur in der Weimarer Republik. Lebenswelt, Vereinskultur, Politik in Hessen (Kritische Studien zur Geschichtswissenschaft 115), Göttingen 1996.

33 Ansätze zur regionalen Erforschung des katholischen Milieus in Bayern finden sich bei: HOTH/RAASCH (Hg.): Eichstätt im Nationalsozialismus (wie Anm. 16, S. 13); JOHANNA KONRAD-BREY: Integration und Mentalität(en). Katholische Lebenswelt(en) in den Umbrüchen des 19. und 20. Jahrhunderts; dargestellt am Beispiel der Gemeinde Kleinostheim am Bayerischen Untermain, Würzburg 2013; MARKUS SCHUBERT: Politischer Katholizismus in Passau von 1864 bis 1964. Eine historische Langzeit- und Strukturanalyse (Veröffentlichungen des Instituts für Kulturraumforschung Ostbaierns und der Nachbarregionen der Universität Passau 72), Passau 2017.

34 Vgl. neben den bereits erwähnten Studien beispielsweise DORIS KAUFMANN: Katholisches Milieu in Münster. 1928–1933. Politische Aktionsformen und geschlechtsspezifische Verhaltensräume (Düsseldorfer Schriften zur neueren Landesgeschichte und zur Geschichte Nordrhein-Westfalens 14), Düsseldorf 1984; RAINER FELDBRÜGGE: Das westfälische Zentrum. 1918–1933. Politische Kultur im katholischen Milieu, Mikrofiche-Ausg., Bielefeld 1994; CHRISTOPH SCHANK: Kölsch-katholisch. das katholische Milieu in Köln (1871–1933) (Kölner Veröffentlichungen zur Religionsgeschichte 34), Köln u.a. 2004.

35 So etwa in: ARBEITSKREIS FÜR KIRCHLICHE ZEITGESCHICHTE: Konfession und Cleavages im 19. Jahrhundert (wie Anm. 14, S. 13).

36 URS ALTERMATT: Katholizismus und Moderne. Zur Sozial- und Mentalitätsgeschichte der Schweizer Katholiken im 19. und 20. Jahrhundert, Zürich 1989; DERS. (Hg.): Schweizer Katholizismus zwischen den Weltkriegen. 1920–1940 (Religion – Politik – Gesellschaft in der Schweiz 8), Freiburg, Schweiz 1994; DERS. (Hg.): Katholische Denk- und Lebenswelten. Beiträge zur Kultur- und Sozialgeschichte des Schweizer Katholizismus im 20. Jahrhundert, Fribourg 2003;

1.2 Methodische Herangehensweise

Im Verlauf dieser Arbeit soll aufbauend auf umfangreichen statistischen Materialien, welche sich vornehmlich in den Veröffentlichungen des statistischen Landesamtes,[37] des statistischen Amtes der Stadt München[38] sowie der Zentralstelle für kirchliche Statistik[39] finden, die zu erwartende Milieulandschaft Münchens insbesondere bezüglich der bürgerlichen und katholischen Gruppierungen charakterisiert werden.

Nach dieser quantitativen Auffächerung der sozialen Landschaft Münchens werden in drei Zeitabschnitten – demjenigen der Zeit bis zur Niederschlagung der Räterepublik in München (Kapitel *Die Revolution*), einer Phase der sogenannten *Ordnungszelle Bayerns* (Kapitel *Die Restauration*) und abschließend des Weges und der Aufarbeitung des Hitlerputsches (Kapitel *Die Zersplitterung*) – einzelne Diskurse, Ereignisse und Anschauungen herausgearbeitet und ausgewertet. Dabei wird jeweils die akademische, bürgerliche Perspektive der katholischen Binnenperspektive gegenübergestellt. Für diese qualitative Analyse wird auf die Archivbestände zu den verschiedenen kirchlichen Ereignissen sowie zu ausgewählten Vereinen und Verbänden zurückgegriffen. Ergänzt wird diese Perspektive durch das umfangreiche Material aus der Münchner Presse sowie aus diversen Vereins-

---

DERS.: Konfession, Nation und Rom. Metamorphosen im schweizerischen und europäischen Katholizismus des 19. und 20. Jahrhunderts, Frauenfeld u.a. 2009.

37 Vgl. die *Zeitschrift des Bayerischen Statistischen Landesamts* sowie das unregelmäßig erscheinende Handbuch: KÖNIGLICHES STATISTISCHES LANDESAMT: Statistisches Jahrbuch für das Königreich Bayern. 1915 Dreizehnter Jahrgang, München 1915; BAYERISCHES STATISTISCHES LANDESAMT: Statistisches Jahrbuch für den Freistaat Bayern. 1919 Vierzehnter Jahrgang, München 1919; DASS.: Statistisches Jahrbuch für den Freistaat Bayern. 1921 Fünfzehnter Jahrgang, München 1921; DASS.: Statistisches Jahrbuch für den Freistaat Bayern. 1924 Sechszehnter Jahrgang, München 1924.

38 STATISTISCHES AMT DER STADT MÜNCHEN (Hg.): Statistisches Handbuch der Stadt München, München 1928.

39 Veröffentlicht wurden diese regelmäßig im Kirchlichen Handbuch. Vgl. HEINRICH OTTO EITNER: Mitteilungen der amtlichen Zentralstelle für kirchliche Statistik (1915), in: Kirchliches Handbuch 5 (1914–16), S. 437–521; DERS.: Mitteilungen der amtlichen Zentralstelle für kirchliche Statistik, in: Kirchliches Handbuch 6 (1916/17), S. 453–501; DERS.: Mitteilungen der amtlichen Zentralstelle für kirchliche Statistik (1917), in: Kirchliches Handbuch 7 (1917/18), S. 405–453; DERS.: Mitteilungen der amtlichen Zentralstelle für kirchliche Statistik (1918), in: Kirchliches Handbuch 8 (1918/19), S. 436–475; DERS.: Mitteilungen der amtlichen Zentralstelle für kirchliche Statistik (1919), in: Kirchliches Handbuch 9 (1919/20), S. 414–453; DERS.: Mitteilungen der amtlichen Zentralstelle für kirchliche Statistik (1920), in: Kirchliches Handbuch 10 (1921/22), S. 299–341; JOSEPH SAUREN: Mitteilungen der amtlichen Zentralstelle für kirchliche Statistik (1921), in: Kirchliches Handbuch 11 (1922/23), S. 363–405; DERS.: Mitteilungen der amtlichen Zentralstelle für kirchliche Statistik (1922), in: Kirchliches Handbuch 12 (1924/25), S. 547–580; DERS.: Kirchliche Statistik Deutschlands (1923), in: Kirchliches Handbuch 13 (1925/26), S. 370–463; DERS.: Mitteilungen der amtlichen Zentralstelle für kirchliche Statistik des katholischen Deutschland (1924), in: Kirchliches Handbuch 14 (1926/27), S. 321–373; DERS.: Kirchliche Statistik Deutschlands (1925), in: Kirchliches Handbuch 15 (1927/28), S. 353–422; JOHANNES SCHAUFF: Die Deutschen Katholiken und die Zentrumspartei. Eine politisch-statistische Untersuchung der Reichstagswahlen seit 1871, Köln 1928, in: RUDOLF MORSEY (Hg.): Das Wahlverhalten der Deutschen Katholiken im Kaiserreich und in der Weimarer Republik. Untersuchungen aus dem Jahre 1928 von Johannes Schauff (Veröffentlichungen der Kommission für Zeitgeschichte A 18), Mainz 1975. Aufgegriffen wurden diese Ergebnisse auch bei: JOACHIM SEILER: Statistik des Erzbistums München und Freising in der ersten Hälfte des 20. Jahrhunderts, in: GEORG SCHWAIGER (Hg.): Das Erzbistum München und Freising in der Zeit der nationalsozialistischen Herrschaft Bd. 1, München 1984, S. 285–332.

und Verbandsblättern. Einen gewissen Schwerpunkt wird hierbei stets der Blick auf die sich im Kontext der *Ludwig-Maximilians-Universität* (LMU) abspielenden Ereignisse bilden, da diese besonders anschaulich die exponierte Rolle einer jungen Akademikergeneration in verschiedenen Diskursen dieser Zeit aufzeigen.

Zuerst sollen jedoch der sozialgeschichtliche Ansatz und die dahinterstehenden Annahmen in den Blick genommen werden, um auf dieser Basis den Standpunkt von Münchens Katholiken und der katholischen Akademiker in ihrem jeweiligen Lebensumfeld auf der Basis statistischer Untersuchungen zu beleuchten. Dabei werden die statistischen Befunde in den Kapiteln *Katholisches Milieu in München?* und *Katholische Akademiker - auch Bildungsbürger* auch in den Kontext der gesamtdeutschen katholischen Milieuforschung eingebunden.

2 Sozialgeschichtlicher Ansatz

Der Sozialpsychologe Henri Tajfel bestimmt eine soziale Gruppe als:

> „A collection of individuals who perceive themselves to be members of the same social category, share some emotional involvement in this common definition of themselves, and achieve some degree of social consensus about the evaluation of their group and of their membership in it.“[40]

Dieser grundlegenden Definition folgend, muss für die Entstehung und den Bestand einer gesellschaftlichen Gruppe ein Wir-Gefühl als konstitutiv betrachtet werden. Immer wieder kann man in der Geschichte solche sozial konstruierten Gruppen ausmachen, die sich neben einem Wir-Gefühl auch durch Abgrenzung und Vergleich mit anderen Gruppen auszeichneten und sich durch gemeinsame Ziele, Werte und Handlungen konstituierten und festigten.

2.1 Sozialmoralische Milieus

Anfang der 1970er Jahre stellte der Soziologe Mario Rainer Lepsius (1928–2014), ausgehend vom politischen Wahlverhalten innerhalb des deutschen Kaiserreichs und der Weimarer Republik, die These auf, dass es in diesem Zeitraum vier bedeutende sozialmoralische Milieus gegeben habe. Als sozialmoralisches Milieu definierte Lepsius hierbei: Eine soziale Gruppe, welche durch ein Konglomerat gemeinsamer Eigenschaften, Lebensweisen und Anschauungen eine besondere Form von Vergemeinschaftung begründete, weswegen man das Milieu als „soziokulturelles Gebilde“ bezeichnen kann.[41] Das Milieu zeichnet sich dann durch eine gemeinsame „kollektive Sinndeutung von Wirklichkeit“ sowie daraus resultierende „reale Verhaltensmuster“ aus. Diese vier Milieus hätten eine gewisse Konstanz im Wahlverhalten sowie auch in der Gesellschaftsentwicklung bewirkt. Entstanden seien sie auf der Basis bestimmter lokaler und regionaler Traditionen, Einflüsse der Religion beziehungsweise Konfession und durch sozioökonomische Gegebenheiten in den jeweiligen Regionen.[42] Sie lassen sich für Gesamtdeutschland wie folgt umschreiben:

40 HENRI TAJFEL/JOHN C. TURNER: The Social Identity Theory of Intergroup Behavior, in: STEPHEN WORCHEL/WILLIAM G. AUSTIN (Hg.): Psychology of intergroup relations, Chicago 1986, S. 7–24, hier: S. 15.

41 Vgl. MARIO RAINER LEPSIUS: Parteiensystem und Sozialstruktur. Zum Problem der Demokratisierung der deutschen Gesellschaft, in: GERHARD A. RITTER (Hg.): Deutsche Parteien vor 1918, Köln 1973, S. 56–80, hier: S. 68.

42 DERS.: Demokratie in Deutschland. Soziologisch-historische Konstellationsanalysen. Ausgewählte Aufsätze (Kritische Studien zur Geschichtswissenschaft 100), Göttingen 1993, S. 38f.

1. Das konservativ-protestantische Milieu bestand in traditionell konservativ wählenden Regionen, welche durch Agrarwirtschaft und Landbesitz geprägt waren, d. h. vor allem in Ostpreußen, Brandenburg, Pommern und Sachsen. Mitglieder waren zunächst Großgrundbesitzer, Bauern und Beamte. Im Zeitraum der Weimarer Republik wählte diese Gruppe vor allem die *Deutschnationale Volkspartei* (DNVP). Bei Wahlen entfielen zwischen 10% und 25% der Stimmen auf konservative Parteien. Eine Hochphase erlebten sie in den 1880er-Jahren sowie bei den Wahlen 1924.
2. Das liberal-protestantische Milieu war besonders stark in Städten vertreten und vereinte vornehmlich Wähler aus den sogenannten freien Berufen (Anwälte, Ärzte), dem Beamtentum und weiteren akademischen Kreisen. Bei Wahlen konnten die National- und Linksliberalen beziehungsweise *Deutsche Volkspartei* (DVP) und *Deutsche Demokratische Partei* (DDP) zwischen 14% und 40% der Stimmen auf sich vereinigen, wobei der Stimmenanteil seit der Reichsgründung stetig abnahm.
3. Das sozial-demokratische Milieu wuchs erst im Kaiserreich zu einer Gruppe zusammen. Maßgebend war dabei ab 1878 auch der Druck der Sozialistengesetze, welcher große Teile der Arbeiterschaft, einige Landarbeiter und Handwerker hinter der *Sozialdemokratischen Partei Deutschlands* (SPD) vereinigte. Zunehmend bündelten sich in diesem Milieu auch eigene Organisationen und Vereine sowie Gewerkschaften. Daher gewannen die sozialistischen Parteien (USPD, SPD und KPD) bis 1919 stetig an Wählerstimmen hinzu. Waren die Sozialisten in das Kaiserreich lediglich mit 3% der Stimmen gestartet, so konnten sie bereits 1890 20% der Stimmen erlangen und bis 1919 war ihr Anteil sogar auf 45% angestiegen. Mit einem vorübergehenden Stimmenverlust von circa 10% bei den Reichstagswahlen 1924, pendelten sich die Werte dann bei rund 40% der Stimmen ein, wobei sich seit 1917 – mit Gründung der *Unabhängigen Sozialdemokratischen Partei Deutschlands* (USPD) und ein Jahr später der *Kommunistischen Partei Deutschlands* (KPD) – die Spaltung des Milieus in mehrere Parteien als problematisch für die gemeinsame Agitation erwies.
4. Das katholische Milieu wurde vor allem durch den Kulturkampf gestärkt und bestach seitdem in den katholischen Gebieten, vornehmlich in den preußischen Provinzen Westfalen und Rheinland, durch große innere Geschlossenheit und ein weit verzweigtes Netzwerk an Vereinen und Verbänden. Politische, soziale und wirtschaftliche Fragen spielten gegenüber der Konfession bei der politischen Wahlentscheidung nur eine geringe Rolle. So konnte die katholische *Zentrumspartei* ab 1919 in Wahlunion mit der *Bayerischen Volkspartei* (BVP) stets etwa 20% der Stimmen erringen, wobei die Wahlergebnisse im Kulturkampf (1874 und 1878) besonders gut ausfielen und ab 1912 eine wachsende Unzufriedenheit zu bemerken ist, welche die Werte langsam, aber stetig unter 20% fallen ließ. Lediglich 1919 konnte das katholische Lager noch einmal knapp 20% der Stimmen für sich gewinnen.

Neben diesen Milieus bestand stets eine Gruppe von etwa 10–15% der Bevölkerung, welche kleinere oder andere Parteien wählte und sich keinem der von Lepsius aufgestellten Milieus zuordnen lässt. Diese Personengruppe wurde vor allem durch ethnische Minderheiten gebildet, welche ihre eigenen Parteien wählten. Daneben wären bäuerliche und kleinbürgerliche Marginalgruppen zu nennen, welche oftmals eine starke Ideologie vertraten. Hierzu rechnet Lepsius beispielsweise auch die NSDAP. Mit dem Ende des Kaiserreiches

---

ARBEITSKREIS FÜR KIRCHLICHE ZEITGESCHICHTE: Katholiken zwischen Tradition und Moderne (wie Anm. 14, S. 13), S. 606.

und dem damit einhergehenden Ausscheiden der ethnischen Minderheiten in neugegründete Nationalstaaten wurden die Wähler anderer Parteien zunächst nahezu eliminiert (1919 nur 2%), wuchsen dann aber sehr schnell wieder an.[43] Diese recht konstanten Wählergruppen lassen sich für das Deutsche Kaiserreich gut nachweisen, wie man *Abbildung 1* entnehmen kann. Insofern besteht in der Forschung auch Einigkeit darüber, dass ein sozialistisches sowie ein katholisches Milieu existierten. Bei den protestantisch geprägten Milieus ist diese Überzeugung nicht in gleichem Ausmaße gegeben.[44] Des Weiteren ist und bleibt umstritten, wie die jeweiligen Milieus genau umrissen beziehungsweise wie jeweils eine personelle Zuordnung vorgenommen und bis wann dem Milieuansatz eine Gültigkeit und Erklärungsrelevanz zugesprochen werden kann.[45]

Eine besondere Schwierigkeit tritt auf, wenn man versucht den Milieuansatz – im Sinne von Lepsius – auf lokale Regionen anzuwenden. Hier sind in der Regel nicht alle der skizzierten Milieus zu finden, insbesondere nicht in der jeweiligen Stärke oder Ausprägung. Für den Freistaat Bayern etwa ergibt sich ein stark abweichendes Bild.[46] Zwar gelingt es der *Zentrumspartei* in Bayern im Kulturkampf bei Reichstagswahlen erwartungsgemäß schnell, nahezu das gesamte katholische Wählerpotential für sich zu mobilisieren und dieses damit den anderen Parteien, vor allem den Liberalen, zu entziehen. Im Zeitraum zwischen 1874 und 1884 kann das *Zentrum* so in Oberbayern stets circa 75% und in Gesamtbayern ungefähr 55% der Stimmen auf sich vereinen. Nach der Beendigung des Kulturkampfes ist jedoch in Bayern die Hochphase der *Zentrumspartei* vorbei. Ab diesem Zeitraum verliert das *Zentrum* stetig an Zustimmung und dies besonders stark und zeitlich früher im besonders katholischen Oberbayern. Zurückzuführen ist dies vornehmlich auf die prägende Rolle der Stadt München, die im Urbanisierungs- und Industrialisierungsprozess Entwicklungen für andere Regionen vorwegnahm. Die Wählerstimmen kommen dann besonders den Sozialdemokraten zugute, die ihre Ergebnisse zwischen 1881 und 1893 mehr als verdreifachen und in Oberbayern fast verfünffachen konnten.[47]

---

43 Vgl. LEPSIUS: Demokratie in Deutschland (wie Anm. 42, S. 18), S. 32–44.

44 Vgl. etwa CHRISTOPH KÖSTERS/ANTONIUS LIEDHEGENER: Historische Milieus als Forschungsaufgabe. Zwischenbilanz und Perspektiven, in: JOHANNES HORSTMANN/ANTONIUS LIEDHEGENER (Hg.): Konfession, Milieu, Moderne. Konzeptionelle Positionen und Kontroversen zur Geschichte von Katholizismus und Kirche im 19. und 20. Jahrhundert (Akademie-Vorträge 47), Schwerte 2001, S. 15–25, hier: S. 18; FRANK BÖSCH: Das konservative Milieu. Vereinskultur und lokale Sammlungspolitik in ost- und westdeutschen Regionen (1900–1960) (Veröffentlichungen des Zeitgeschichtlichen Arbeitskreises Niedersachsen 19), Göttingen 2002, S. 16; OLAF BLASCHKE/FRANK-MICHAEL KUHLEMANN: Religion in Geschichte und Gesellschaft. Sozialhistorische Perspektiven für die vergleichende Erforschung religiöser Mentalitäten und Milieus, in: DIES. (Hg.): Religion im Kaiserreich. Milieus – Mentalitäten – Krisen (Religiöse Kulturen der Moderne 2), Gütersloh 1996, S. 7–56, hier: S. 49f.

45 Siehe die Kapitel *Katholisches Milieu in München?* und *Tragweite der Ansätze*.

46 Zur Entwicklung der Wahlergebnisse in Bayern, Oberbayern und München siehe *Abbildung 2*.

47 Vgl. die Zusammenschau der Ergebnisse von 1871–1912 für München: STATISTISCHES AMT DER STADT MÜNCHEN (Hg.): Statistisches Handbuch der Stadt München (wie Anm. 38, S. 17), S. 300f. und für Oberbayern: VALENTIN SCHRÖDER: Wahlen in Deutschland bis 1918. Reichstagswahlen. Bayerischer Regierungsbezirk Oberbayern, URL: http://www.wahlen-in-deutschland.de/kuRbbOberbayern.htm (besucht am 17. 06. 2019); Die sonderbare Eigenart der großen Nähe von Sozialisten und Katholiken in der Stadt München wurde bereits herausgearbeitet von KARL HEINRICH POHL: Katholische Sozialdemokraten oder sozialdemokratische Katholiken in München: ein Identitätskonflikt?, in: OLAF BLASCHKE/FRANK-MICHAEL KUHLEMANN (Hg.): Religion im Kaiserreich. Milieus – Mentalitäten – Krisen (Religiöse Kulturen der Moderne 2), Gütersloh 1996, S. 233–253.

Abbildung 1: Reichstagswahlen im Deutschen Reich (1871–1924)

Datum	Sozialisten (SPD, KPD, USPD)	Liberale (National, Links, DVP, DDP)	Konservative (BMP, DtKP, DNVP u.a.)	Katholiken (Zentrum und BVP)	Bauern (Mittelstandspartei und BB)	Sonstige (inkl. NSDAP und Völkischer Block)	Wahlbeteiligung
03.03.1871	101927 2,62%	1887585 48,57%	957803 24,64%	723225 18,61%	0 0,00%	215975 5,56%	3905490 51,01%
10.01.1874	351123 6,77%	2082352 40,12%	835872 16,10%	1438792 27,72%	0 0,00%	482115 9,29%	5219830 61,24%
10.01.1877	493447 9,14%	2069360 38,31%	1050817 19,46%	1341295 24,83%	0 0,00%	446102 8,26%	5422647 60,64%
30.06.1878	437158 7,59%	1943494 33,74%	1642177 28,51%	1315720 22,84%	0 0,00%	422398 7,33%	5780996 63,33%
27.10.1881	311961 6,12%	1932211 37,90%	1282434 25,16%	1177033 23,09%	0 0,00%	394121 7,73%	5118332 56,30%
28.10.1884	549990 9,71%	2089978 36,91%	1345088 23,75%	1275369 22,52%	591 0,01%	401941 7,10%	5681628 60,55%
21.02.1887	763102 10,12%	2765047 36,67%	2016561 26,74%	1501774 19,91%	0 0,00%	494456 6,56%	7570710 77,49%
20.02.1890	1427323 19,75%	2505642 34,66%	1478215 20,45%	1340688 18,55%	0 0,00%	476702 6,59%	7261697 71,58%
15.06.1893	1786738 23,28%	2098799 27,35%	1589393 20,71%	1468501 19,14%	69037 0,90%	661505 8,62%	7702265 72,47%
16.06.1898	2107076 27,18%	1950497 25,16%	1358498 17,52%	1454042 18,76%	243232 3,14%	639348 8,25%	7786714 68,06%
16.06.1903	3010771 31,71%	2231894 23,50%	1409387 14,84%	1875292 19,75%	256710 2,70%	711533 7,49%	9533814 76,08%
25.01.1907	3259029 28,94%	3020298 26,82%	1813937 16,11%	2116246 18,79%	203290 1,80%	850029 7,55%	11303537 84,65%
12.01.1912	4250399 34,82%	3250520 26,63%	1700404 13,93%	1988504 16,29%	258632 2,12%	759173 6,22%	12260731 84,89%
19.01.1919	13826400 45,48%	6987400 22,98%	3121500 10,27%	5980200 19,67%	275100 0,90%	209700 0,69%	30.524.848 83,02%
06.06.1920	10954100 42,09%	5812400 22,33%	3740100 14,37%	4779600 18,36%	218500 0,84%	523700 2,01%	26.229.000 79,44%
04.05.1924	9937330 33,94%	4349510 14,85%	6576901 22,46%	4861027 16,60%	710217 2,43%	2846813 9,72%	29.709.380 77,42%
07.12.1924	10697273 35,29%	4972603 16,40%	6661755 21,98%	5229483 17,25%	812372 2,68%	1937919 6,39%	30.703.840 78,75%

Zugrunde liegender Datensatz: http://www.wahlen-in-deutschland.de (besucht am: 18.02.2021). Dort findet sich auch der zugrundeliegende Quellenbestand.

Eine weitere Besonderheit stellt die Gründung des *Bayerischen Bauernbundes* (BB) 1893 dar, welcher die Bauern sowohl von den Konservativen als auch von der katholischen Partei separierte und zu einer Sondergruppierung machte. Der BB wandte sich dabei auch dezidiert gegen den Einfluss des katholischen Klerus auf die bayerische Politik und kann diesbezüglich auch als antiklerikal sowie liberal bezeichnet werden. Dies spiegelte sich beispielsweise auch in Wahlbündnissen mit USPD und SPD im Jahr 1919 wieder. Auf der anderen Seite verstärkten das *Zentrum* sowie die katholische Kirche nun die Bemühungen um diesen agrarischen, traditionell katholischen Bevölkerungsteil. Zum Beispiel wurde der *Bayerische Christliche Bauernverein* flächendeckend etabliert und der promovierte Mittelschullehrer Georg Heim (1865–1938),[48] welcher als Sprecher und Agitator für diese agrarischen Kreise wirkte, baute seinen Einfluss im Bayerischen *Zentrum* stark aus und behielt diesen auch in der BVP bei.[49]

Entscheidend für die Beurteilung des politischen Parteienspektrums in Bayern ist dann weiterhin, ob man die Nationalliberalen oder die *Bayerische Mittelpartei* (BMP) dem konservativen Wählerspektrum zuordnet oder nicht. Im Rahmen dieser Untersuchung werden die beiden mehrheitlich protestantisch geprägten Parteien dem konservativen Wählerspektrum zugeordnet, da diese zumeist in großer Näher zur nationalkonservativen DNVP agierten und diese teils in ihrer konservativen Ausprägung noch übertrumpften. Zugleich bestanden jedoch enge Bündnisse zur dem nationalliberalen Lager zuzuählenden DVP. Eine eindeutige „Milieuzuweisung“ ist durch diese eigentümliche Zwischenlage zwischen DNVP und DVP deutlich erschwert.

Im Jahre 1920 kann man dann im katholischen Oberbayern und vor allem in der Stadt München ein sprunghaftes Anwachsen der konservativen Stimmen ausmachen. Nimmt man noch den als Partei auftretenden *völkischen Block* hinzu, welcher nach dem reichsweiten NSDAP-Verbot 1923 deren Arbeit fortsetzte, so entfielen im Mai 1924 in München über 40% der Stimmen auf national-konservative Parteien. Dieser Befund des Jahres 1924 stellt die These von Lepsius, der die Partei als „politischen Arbeitsausschuss“ des Milieus definierte,[50] für Bayern in höchstem Maße in Frage und ist erklärungsbedürftig.

Auch die katholische BVP muss vom *Zentrum* gelöst betrachtet werden, selbst wenn beide Parteien im Rahmen der nationalen Politik regelmäßig versuchten, gemeinsam zu agieren. War das bayerische *Zentrum* im Kaiserreich etwa bei der Etablierung agrarischer Interessen oder gar proletarischer Kreise innerhalb der Partei durchaus in der Lage gewesen, eine Vorreiterrolle zu übernehmen, so änderte sich dies während des Weltkriegs ab 1916 – aber in Teilen auch bereits zuvor – erheblich. Das bayerische *Zentrum* beziehungsweise dessen Nachfolgeorgan, die BVP, schlug einen deutlich konservativeren Kurs ein als das *Zentrum* im übrigen Deutschland. Dieser Kurswechsel basierte vor allem auf einer Abwehrhaltung

---

48 Georg Heim (1865–1938), promovierter Wirtschaftswissenschaftler, Landtags- und Reichstagsabgeordnete sowie Mitbegründer der BVP, hatte als Gründer und Leiter der landwirtschaftlichen Zentralgenossenschaft der bayerischen Bauernvereine sowie über die Landvolksschulbewegung entscheidenden Einfluss auf die christlichen bayerischen Bauernvereine. Er war daneben Mitglied von zwei Münchner KV-Verbindungen sowie der katholischen Rhaetia. Zu ihm vgl. ALFRED WOLFSTEINER: Georg Heim. „Bauerngeneral“ und Genossenschaftler, Regensburg 2014; HERMANN RENNER: Heim, Georg, in: NDB 8 (1969), S. 267f.

49 Zum Konflikt zwischen BB und den Katholiken vgl. LOTH: Katholiken im Kaiserreich (wie Anm. 15, S. 13), S. 43.

50 LEPSIUS: Parteiensystem und Sozialstruktur (wie Anm. 41, S. 18), S. 68.

Abbildung 2: Wahlergebnisse in München und Bayern 1912–1933

	Sozialisten (SPD, KPD, USPD)				Liberale (National, Links, DVP, DDP)				Konservative (BMP, DtKP, DNVP u.a.)				Katholiken (Zentrum und BVP)				Bauern (Mittelstandspartei und BB)				Völkische und NSDAP				Sonstige			
	München	Würzburg	Oberbayern	Niederbayern	München	Würzburg	Oberbayern	Niederbayern	München	Würzburg	Oberbayern	Niederbayern	München	Würzburg	Oberbayern	Niederbayern	München	Würzburg	Oberbayern	Niederbayern	München	Würzburg	Oberbayern	Niederbayern	München	Würzburg	Oberbayern	Niederbayern
Reichstag	68195	7226	93925	12127	34848	6483	40977	5257	1107		1107		24103	9373	113216	65298	1349		15630	25258					67	13	293	194
12.01.1912	52,59%	31,29%	35,42%	11,21%	26,87%	28,07%	15,45%	4,86%	0,85%		0,42%		18,59%	40,58%	42,70%	60,39%	1,04%		5,89%	23,36%					0,05%	0,06%	0,11%	0,18%
Landtag	189606	15016	312267,5	78601	68973	12214	97045,5	16495	7364	723	8700	330	92456	19320	289418	119702,5	379	8	100306	95922,5					4477	853	6165,5	680
12.01.1919	52,20%	31,20%	38,37%	25,21%	18,99%	25,37%	11,92%	5,29%	2,03%	1,50%	1,07%	0,11%	25,45%	40,14%	35,56%	38,40%	0,10%	0,02%	12,32%	30,77%					1,23%	1,77%	0,76%	0,22%
Reichstag	198253	16045	314113	73699	65532	11662	87600	12127	8015	933	10104		85949	19333	268085	114003	178		88552	86901								
19.01.1919	55,39%	33,45%	40,88%	25,70%	18,31%	24,31%	11,40%	4,23%	2,24%	1,94%	1,31%		24,01%	40,30%	34,89%	39,76%	0,05%		11,52%	30,31%								
Stadtrat	123415	9005	-	-	34833	7455	-	-		0	-	-	67709	15101	-	-	24		-	-			-	-	16909		-	-
15.06.1919	50,81%	28,53%	-	-	14,34%	23,62%	-	-		0,00%	-	-	27,88%	47,85%			0,01%		-	-			-	-	6,96%		-	-
Landtag	158476	12081	253143	51881	26757	11488	40170	6140	38719	3026	55111	4165	108263	17719	327807	128382	9424		69166	62188						5		
06.06.1920	46,39%	29,26%	33,96%	20,53%	7,83%	27,82%	5,39%	2,43%	11,33%	7,33%	7,39%	1,65%	31,69%	42,91%	43,98%	50,79%	2,76%		9,28%	24,60%						0,01%		
Reichstag	158503	12327	252703	48152	26365	5122	40326	6342	35190	6143	49194	4044	110595	17647	330631	127607	10701	1	70991	62612								
06.06.1920	46,43%	29,89%	33,97%	19,36%	7,72%	12,42%	5,42%	2,55%	10,31%	14,90%	6,61%	1,63%	32,40%	42,79%	44,45%	51,30%	3,13%	0,00%	9,54%	25,17%								
Landtag	100866	6571	171144	36555	13852	2180	20910	1685	12747	4018	20285	2182	62024	15363	266284	107729	98		48396	72426	105085	4887	156489	29386	6234	776	11152	3253
06.04.1924	33,52%	19,44%	24,64%	14,44%	4,60%	6,45%	3,01%	0,67%	4,24%	11,89%	2,92%	0,86%	20,61%	45,46%	38,33%	42,54%	0,03%		6,97%	28,60%	34,92%	14,46%	22,53%	11,61%	2,07%	2,30%	1,61%	1,28%
Reichstag	91978	7551	157738	31216	11070	2984	19016	4868	35080	3579	51394	4196	62470	15709	249852	96732	636		46508	61570	81387	4314	124427	24198	2725	280	6053	1430
04.05.1924	32,23%	21,94%	24,08%	13,92%	3,88%	8,67%	2,90%	2,17%	12,29%	10,40%	7,85%	1,87%	21,89%	45,64%	38,15%	43,14%	0,22%		7,10%	27,46%	28,52%	12,53%	19,00%	10,79%	0,95%	0,81%	0,92%	0,64%
Reichstag	122467	8219	204047	43648	26541	931	42783	21512	71913	1217	105131	9557	79159	11887	296085	121662	1546	808	80011	82630	30378	207	44838	8889	2402	190	5589	2202
07.12.1924	36,62%	35,04%	26,21%	15,05%	7,94%	3,97%	5,50%	7,42%	21,50%	5,19%	13,50%	3,29%	23,67%	50,67%	38,03%	41,94%	0,46%	3,44%	10,28%	28,48%	9,08%	0,88%	5,76%	3,06%	0,72%	0,81%	0,72%	0,76%
Stadtrat	18	9	-	-	2	5	-	-			-	-		18	-	-			-	-	6	1	-	-	24	7	-	-
07.12.1924	36,00%	22,50%	-	-	4,00%	12,50%	-	-			-	-		45,00%	-	-			-	-	12,00%	2,50%	-	-	48,00%	17,50%	-	-
Landtag	139050	11791	228835	44201	27067	5995	43476	6628	24372	3100	36861	4277	81510	15703	255430	107286	2747	143	104810	101998	35604	2891	53191	10030	26271	2533	46487	11130
20.05.1928	41,31%	27,97%	29,75%	15,48%	8,04%	14,22%	5,65%	2,32%	7,24%	7,35%	4,79%	1,50%	24,21%	37,25%	33,21%	37,57%	0,82%	0,34%	13,63%	35,72%	10,58%	6,86%	6,92%	3,51%	7,80%	6,01%	6,04%	3,90%
Reichstag	142287	12171	235228	46467	30942	6003	50086	6707	31297	3245	48453	4948	79725	17102	254115	108928	2415	106	103777	103093	37639	3089	57042	10512	20780	1931	40217	11667
20.05.1928	41,23%	27,89%	29,82%	15,90%	8,97%	13,75%	6,35%	2,29%	9,07%	7,43%	6,14%	1,69%	23,10%	39,18%	32,21%	37,26%	0,70%	0,24%	13,15%	35,27%	10,91%	7,08%	7,23%	3,60%	6,02%	4,42%	5,10%	3,99%
Stadtrat	20	10	-	-		4	-	-	3		-	-	12	17	-	-	1		-	-	8	4	-	-	6	5	-	-
1929	40,00%	25,00%	-	-		10,00%	-	-	6,00%		-	-	24,00%	42,50%	-	-	2,00%		-	-	16,00%	10,00%	-	-	12,00%	12,50%	-	-
Reichstag	153756	14272	256700	46854	6234	1338	12591	3748	9387	1063	19306	3518	90742	19489	300489	118040	1362		84662	89334	86607	9617	157304	35800	48690	8438	83318	10328
14.09.1930	38,75%	26,32%	28,07%	15,23%	1,57%	2,47%	1,38%	1,22%	2,37%	1,96%	2,11%	1,14%	22,87%	35,95%	32,86%	38,37%	0,34%		9,26%	29,04%	21,83%	17,74%	17,20%	11,64%	12,27%	15,56%	9,11%	3,36%
Landtag	134563	11697	220666	41339	9880	1681	15229	2075	12770	1478	23218	4529	111261	21666	336668	128108	6974	1217	77290	71124	112214	12788	222505	67274	6129	1586	7785	
24.04.1932	34,17%	22,45%	24,43%	13,15%	2,51%	3,23%	1,69%	0,66%	3,24%	2,84%	2,57%	1,44%	28,25%	41,58%	37,27%	40,74%	1,77%	2,34%	8,56%	22,62%	28,50%	24,54%	24,63%	21,39%	1,56%	3,04%	0,86%	
Reichstag	149556	15793	259303	54707	3267	498	10838	3744	12738	2113	33477	4314	106288	21323	349814	137183	669	34	44360	45704	115056	12399	250656	67574	8002	2121	17028	3984
31.07.1932	37,81%	29,09%	26,86%	17,25%	0,83%	0,92%	1,12%	1,18%	3,22%	3,89%	3,47%	1,36%	26,87%	39,28%	36,23%	43,25%	0,17%	0,06%	4,59%	14,41%	29,09%	22,84%	25,96%	21,30%	2,02%	3,91%	1,76%	1,26%
Reichstag	155016	15268	262733	55735	3415	1007	7147	2928	25595	4485	40507	5432	95241	20999	309659	122802	784	26	48727	50138	95382	10903	193967	56484	7673	2225	14046	3931
06.11.1932	40,46%	27,80%	29,97%	18,74%	0,89%	1,83%	0,82%	0,98%	6,68%	8,17%	4,62%	1,83%	24,86%	38,24%	35,32%	41,28%	0,20%	0,05%	5,56%	16,86%	24,90%	19,86%	22,12%	18,99%	2,00%	4,05%	1,60%	1,32%
Reichstag	152358	13759	246631	47619	2327	311	4765	1693	29046	3945	47421	6027	103182	22046	300693	118229	764	67	34807	35432	178419	19237	406238	164549	5361	1777	7219	650
05.03.1933	32,32%	22,50%	23,54%	12,73%	0,49%	0,51%	0,45%	0,45%	6,16%	6,45%	4,53%	1,61%	21,89%	36,06%	28,70%	31,60%	0,16%	0,11%	3,32%	9,47%	37,84%	31,46%	38,77%	43,97%	1,14%	2,91%	0,69%	0,17%

Zugrunde liegender Datensatz aus: Zeitschrift des Bayerischen Statistischen Landesamts 44-65 (1912-1933).

gegenüber der sich durchsetzenden Industrialisierung und erstarkenden sozialdemokratischen Kreisen.[51]

1918 trennte sich die BVP vom *Zentrum*, um eine stärker bayerische Politik betreiben zu können. Jedoch erbrachte dies zunächst keine nennenswerten Erfolge. Bei den Reichstagswahlen im Januar 1919 fielen die Ergebnisse eher schlechter als besser aus. Erst bei den Wahlen im Jahre 1920 erhielt die BVP nennenswerte Stimmgewinne. Beachtenswert erscheint dabei, dass die Partei in München im Vergleich zu Gesamtbayern und vor allem zu Oberbayern, welches ja maßgeblich durch die Großstadt München geprägt wurde, verhältnismäßig schlecht abschnitt. Damit stand man ganz in einer Linie mit den Vorkriegsergebnissen des *Zentrums*, dessen Ergebnisse man in München lediglich geringfügig überbot. Obwohl der Katholikenanteil in München im Untersuchungszeitraum stets bei über 80% lag,[52] konnten in München im Zeitraum zwischen 1919 und 1924 nie wesentlich mehr als 30% der Gesamtstimmen für die katholische Partei erzielt werden. Dies verwundert, wenn man die überdurchschnittlich guten Ergebnisse der protestantisch geprägten National-Konservativen bei den Wahlen 1924 bedenkt. Pflegte die BVP in Bayern doch einen dezidiert konservativeren Kurs und stand den National-Konservativen teils deutlich näher als dem *Zentrum.* Der jungen Weimarer Republik sowie insbesondere ihrer Hauptstadt Berlin und ihrem vermeintlichen Zentralismus dagegen stand die BVP kritisch bis feindselig gegenüber. Dennoch gelang es der BVP nicht, die Mehrheit der katholischen Bevölkerung für katholische Parteiinteressen zu interessieren. Diese wandten sich stattdessen offensichtlich vermehrt protestantisch angehauchten, jedoch inhaltlich ähnlichen, nationalkonservativen Alternativen zu.

Damit steht fest, dass die Milieutheorie auf Bayern, wenn überhaupt nur in modifizierter Art und Weise anzuwenden ist, da die Parteien teilweise zu wenig repräsentativ für die vier von Lepsius definierten Milieus waren und sich im skizzierten Zeitraum, aber vor allem 1924, eine zu große Wählerfluktuation aufzeigen lässt. Dennoch hat das Konzept der Einteilung der Gesellschaft in soziale Gruppen auch hier seine Berechtigung und spiegelt sich in gewissen Aspekten auch in den Wählertraditionen wieder. Nur sind in München wohl stärker ausdifferenzierte soziale Gruppen sowie weniger enge Parteibindung anzutreffen, als dies Lepsius für Nord- und Westdeutschland herausarbeiten konnte.

2.2 Bildungsbürgertum

Auch das Bürgertum und im speziellen das Bildungsbürgertum umschreibt eine soziale Gruppe, die man im 19. und frühen 20. Jahrhundert als eine der bedeutsamsten und einflussreichsten Gesellschaftsgruppen charakterisieren kann. Denn aus dem Bürgertum gingen die Vordenker moderner, oftmals liberaler Gesellschafts- und Wirtschaftsentwürfe hervor. Zusätzlich gelang es dem gebildeten Bürgertum auf dem kulturellen Gebiet, bezüglich Deutung und Fortschreibung von Kultur und Geschichte, den unumstrittenen Führungsanspruch zu erringen.

Auf dieser Basis strebte das Bürgertum, insbesondere das Bildungsbürgertum, mit starkem Impetus zur Durchsetzung seines gesellschaftlichen Führungsanspruches auch in anderen Bereichen, wie etwa im Politischen oder Wirtschaftlichen. Auf vielen Gebieten gelang es dem Bürgertum dabei den eigenen Führungsanspruch durchzusetzen oder sich mit dem Adel und den bisherigen Herrschenden

51 Vgl. LOTH: Katholiken im Kaiserreich (wie Anm. 15, S. 13), insbesondere: S. 43, 84, 309f.

52 Vgl. KÖNIGLICHES STATISTISCHES LANDESAMT: Statistisches Jahrbuch für das Königreich Bayern (wie Anm. 37, S. 17), S. 19, 451; STATISTISCHES AMT DER STADT MÜNCHEN (Hg.): Statistisches Handbuch der Stadt München (wie Anm. 38, S. 17), S. 5, 14.

zu arrangieren. Das Besondere des Bürgertums ist hierbei, dass seine Mitglieder über „individuell erreichbare Qualifikationen verfüg[t]en“[53] und ihre Stellung somit grundsätzlich nicht an die familiäre Herkunft gebunden war.

Nach Lepsius machte das Bildungsbürgertum „eine bestimmte Art der Lebensführung, ein sozialer Kommunikations- und Verhaltenszusammenhang“ aus. Es war dabei gekennzeichnet durch eine Lebensführung, die im Spannungsverhältnis zwischen „sozialen [und] kulturellen Differenzierungen, [... sowie] spezifischen Wertorientierungen [und] Glaubensvorstellungen“ ausgehandelt wird. Aus dieser spezifischen Orientierung und Differenzierung von anderen sozialen Gruppen – hauptsächlich begründet im „Besitz von Bildungswissen“ – manifestiere sich ein Geltungsanspruch, welcher nach innen verbindet und nach außen abgrenzt.[54] Des Weiteren folgt Lepsius den Auffassungen von Max Weber und möchte das Bildungsbürgertum als eine Form der „ständischen Vergesellschaftung“ verstanden wissen, also als eine Gruppe, welche sich durch die Einschätzung einer sozialen Gleichheit ergibt und nicht durch rein wirtschaftliche Faktoren – wie dies nach Weber bei Klassen der Fall sein würde.[55]

Lepsius umreißt das Bildungsbürgertum somit zwar nicht als Milieu, sondern als „ständische Vergesellschaftungsform“. Dennoch wurde immer wieder kritisch angemerkt, dass man auch das Bildungsbürgertum als „sozio-kulturelles Gebilde“ begreifen muss.[56] In den Geschichtswissenschaften ist dabei weiterhin umstritten, wie man die Mitglieder des Bildungsbürgertums konkret fassen und somit dessen Grenzen umschreiben kann.

Fest steht zunächst die Abgrenzung von Adel und Agrarbevölkerung, von Unternehmern und Arbeitern sowie von einfachen Handwerkern und Angestellten. Das Bildungsbürgertum besteht also aus demjenigen Teil der „Middle class“ beziehungsweise des Bürgertums, der nicht als Wirtschaftsbürgertum umschrieben werden kann,[57] seinen sozialen Aufstieg also nicht dem wirtschaftlichen Erfolg in Handel oder Produktion zu verdanken hatte. Trotz dieser Abgrenzung, bleibt weiterhin eine große und kaum zu vereinbarende Heterogenität an dem Bildungsbürgertum zugerechneten Berufen. Geeinigt hat man sich darauf, dass dem Bildungsbürgertum die Lehrer (zumindest die Gymnasiallehrer), Anwälte, Ärzte, Professoren, höhere Angestellte, Pfarrer (zumindest die evangelischen), zahlreiche Beamte, diverse Rentiers, Selbständige und daneben zahllose Künstler und Schriftsteller sowie Journalisten zugerechnet werden. Im Laufe des 19. Jahrhunderts kamen auch die Angehörigen technischer Berufe wie Architekten, Chemiker, Physiker und Ingenieure hinzu.

Als gemeinsame Lebensform kristallisierte sich vor allem der Erwerb von Bildungspatenten heraus, welcher – mit zeitlichem Fortschritt – im 19. Jahrhun-

53 MERGEL: Zwischen Klasse und Konfession (wie Anm. 12, S. 13), S. 8.

54 MARIO RAINER LEPSIUS: Das Bildungsbürgertum als ständische Vergesellschaftung, in: DERS. (Hg.): Bildungsbürgertum im 19. Jahrhundert Teil 3. Lebensführung und ständische Vergesellschaftung (Industrielle Welt. Schriftenreihe des Arbeitskreises für moderne Sozialgeschichte 47), Stuttgart 1992, S. 8–18, hier: S. 8–10.

55 MAX WEBER: Wirtschaft und Gesellschaft. Grundriß der verstehenden Soziologie, 5. rev. Aufl., Tübingen 1985, S. 534f.

56 Vgl. LEPSIUS: Das Bildungsbürgertum als ständische Vergesellschaftung (wie Anm. 54), S. 13; HANS MOMMSEN: Die Auflösung des Bürgertums seit dem späten 19. Jahrhundert, in: LUTZ NIETHAMMER/BERND WEISBROD (Hg.): Der Nationalsozialismus und die deutsche Gesellschaft. Ausgewählte Aufsätze; zum 60. Geburtstag (Rororo Sachbuch 8857), Reinbek bei Hamburg 1991, S. 11–38, hier: S. 11.

57 Vgl. LUNDGREEN (Hg.): Sozial- und Kulturgeschichte des Bürgertums (wie Anm. 11, S. 12), S. 19.

dert immer mehr an einem erworbenen Hochschulabschluss festgemacht werden konnte.[58] Daneben war die allen Bildungsbürgern gemeinsame Erfahrung aus der Schulzeit auf (Real-)Gymnasium oder Oberrealschule charakteristisch, die nach erfolgreichem Abschluss in der Möglichkeit des Einjährigen-Freiwilligen-Dienstes beim Heer kumulierte und im Zuge der Wahrnehmung dieser Möglichkeit mit dem Rang eines Reserveoffiziers belohnt wurde. Aus diesem Einjährigen-Freiwilligen-Dienst möchte die Hamburger Bildungsforscherin Carola Groppe das soziale Kriterium des Bürgertums konstruieren und sieht die Unterschiede zwischen Bildungsbürgertum und Unternehmern beziehungsweise Wirtschaftsbürgertum als untergeordnet an.[59]

Der Mangel dieser Definition, dass hiermit alle Frauen lediglich über ihren Ehemann oder andere Familienangehörige als Mitglied des Bürgertums definiert werden, ist offenkundig. Dennoch erscheint die gemeinsame Erfahrung des Erwerbs von Bildungspatenten und die dadurch errungene soziale Stellung in der Gesellschaft als der bedeutendste und greifbarste Kulminationspunkt des Bildungsbürgertums.

Die längst nicht von allen genutzte Möglichkeit des Einjährigen-Freiwilligen Dienstes, welche von Carola Groppe als Definitionskriterium stark gemacht wird, ist dagegen als deutlich weniger bedeutsam einzuschätzen.[60] Von höchster Bedeutung dagegen war es, dass sich die geteilte Erfahrung aus der Erziehung in einer gemeinsamen Lebensführung manifestierte und sich die soziale Gruppe somit einen gemeinsamen Kern sowie eine Abgrenzung nach außen gab. Über eine gemeinsame Lebensweise beziehungsweise gemeinsame Wert- und Kulturvorstellung und deren Praktizierung im Alltag gab es dann potentiell (vornehmlich in der ersten Hälfte des 19. Jahrhunderts) auch für Angehörige nicht-akademischer Berufe und ohne die erwähnten Bildungspatente die Möglichkeit der Zugehörigkeit zum Bildungsbürgertum.[61]

Dieser Ansatz über Mentalität und Lebensform bleibt zwar im höchsten Grade relevant, ist aber als sozial greifbarer Identifikator zu unbestimmt, um hieraus quantitativ Mitglieder des Bildungsbürgertums bestimmen zu können. Dies ergibt sich auch daraus, dass das Bildungsbürgertum stets eine sozial durchlässige Schicht blieb, wenn es sich auch zu großen Teilen aus dem Bürgertum und dem gehobenem Mittelstand rekrutierte und hierdurch eine große innere Geschlossenheit gewährleistet war.

So lässt sich für Bayern im Zeitraum zwischen 1914 und 1925 nachweisen, dass stets etwa 60% der heranwachsenden Akademiker aus bürgerlichen Familien und weitere 25% aus dem Mittelstand – und hier besonders aus Lehrer- und Beamtenfamilien ohne akademischen Abschluss – stammten. Lediglich an den

58 Vgl. WERNER CONZE/JÜRGEN KOCKA: Einleitung, in: DIES. (Hg.): Bildungsbürgertum im 19. Jahrhundert Teil 1. Bildungssystem und Professionalisierung in internationalen Vergleichen (Industrielle Welt. Schriftenreihe des Arbeitskreises für moderne Sozialgeschichte 38), Stuttgart 1985, S. 9–26, hier: S. 11; KLAUS VONDUNG: Zur Lage der Gebildeten in der wilhelminischen Zeit, in: KLAUS VONDUNG/GERHARD DILCHER (Hg.): Das wilhelminische Bildungsbürgertum. Zur Sozialgeschichte seiner Ideen (Kleine Vandenhoeck-Reihe 1420), Göttingen 1976, S. 20–33, hier: S. 25f. ENGELHARDT: Bildungsbürgertum (wie Anm. 9, S. 12), S. 158.

59 Vgl. CAROLA GROPPE: Die Macht der Bildung. Das deutsche Bürgertum und der George-Kreis 1890–1933 (Bochumer Schriften zur Bildungsforschung 3), Köln, Weimar und Wien 1997, S. 25.

60 Vgl. EBD., S. 36.

61 Vgl. LEPSIUS: Das Bildungsbürgertum als ständische Vergesellschaftung (wie Anm. 54, S. 25), S. 13.

Abbildung 3: Die bayerischen Studenten nach dem Beruf ihrer Väter 1914–1925

		WS 1913	SS 1914	WS 1919	SS 1920	WS 1920	SS 1921	WS 1921	SS 1922	WS 1922	SS 1923	WS 1923	SS 1924	WS 1924
kath. Theologie	Bildungsbürgertum	14,42%	13,50%	14,04%	16,13%	14,98%	24,38%	18,29%	17,61%	17,42%	17,72%	15,89%	16,26%	19,38%
	Militär	0,00%	0,31%	0,00%	0,00%	0,00%	0,00%	0,00%	0,00%	0,35%	0,30%	0,66%	0,00%	0,31%
	Wirtschaftsbürgertum	7,37%	7,36%	7,60%	8,60%	8,21%	7,02%	8,54%	7,97%	6,62%	7,81%	7,28%	8,67%	6,56%
	Proletariat	18,59%	13,80%	11,70%	17,20%	18,84%	14,05%	17,07%	19,60%	16,03%	10,51%	12,91%	14,91%	20,31%
	Bauern	34,94%	37,42%	29,24%	30,11%	29,95%	26,86%	26,83%	29,57%	27,87%	29,43%	27,48%	24,39%	23,44%
	Mittelstand	24,68%	27,61%	37,43%	27,96%	28,02%	27,69%	29,27%	25,25%	31,71%	34,23%	35,76%	35,77%	30,00%
ev. Theologie	Bildungsbürgertum	43,10%	42,13%	54,74%	54,18%	57,26%	58,97%	55,50%	63,80%	58,96%	53,62%	58,29%	62,50%	59,66%
	Militär	0,00%	0,00%	1,29%	1,20%	0,40%	0,00%	0,92%	0,45%	0,00%	0,00%	0,00%	0,00%	0,84%
	Wirtschaftsbürgertum	7,53%	8,94%	10,34%	12,35%	10,89%	11,72%	13,30%	9,95%	9,83%	12,08%	10,29%	6,82%	7,56%
	Proletariat	5,86%	5,53%	3,45%	8,76%	4,44%	4,03%	2,29%	3,62%	2,89%	1,93%	4,00%	3,98%	4,20%
	Bauern	8,79%	10,21%	3,45%	2,79%	2,02%	3,30%	3,21%	2,26%	0,58%	1,45%	4,00%	3,98%	2,52%
	Mittelstand	34,73%	33,19%	26,72%	20,72%	25,00%	21,98%	24,77%	19,91%	27,75%	30,92%	23,43%	22,73%	25,21%
Jura	Bildungsbürgertum	36,58%	35,99%	35,81%	37,38%	35,27%	36,81%	36,14%	35,02%	37,56%	37,92%	38,74%	39,45%	39,38%
	Militär	0,98%	1,57%	2,25%	1,64%	1,24%	0,92%	0,97%	1,19%	1,28%	1,35%	1,41%	1,37%	1,22%
	Wirtschaftsbürgertum	27,69%	25,84%	25,00%	27,13%	28,19%	27,10%	28,12%	27,84%	25,48%	24,36%	22,53%	22,78%	22,87%
	Proletariat	5,09%	5,93%	4,00%	4,78%	3,82%	5,03%	6,05%	5,74%	4,36%	3,36%	6,58%	4,92%	5,40%
	Bauern	8,62%	8,86%	7,44%	7,67%	7,20%	5,70%	6,15%	6,68%	6,38%	6,23%	6,26%	6,12%	5,88%
	Mittelstand	21,03%	21,81%	25,50%	21,40%	24,29%	24,45%	22,57%	23,52%	24,94%	26,78%	24,48%	25,36%	25,25%
VWL	Bildungsbürgertum	35,88%	32,95%	39,25%	39,13%	38,15%	37,31%	37,02%	37,54%	36,32%	36,15%	38,26%	36,93%	36,39%
	Militär	1,16%	1,61%	1,64%	1,52%	1,64%	1,36%	1,05%	1,72%	1,74%	1,78%	1,78%	1,45%	1,49%
	Wirtschaftsbürgertum	27,55%	25,12%	20,72%	21,74%	23,77%	26,63%	25,00%	26,89%	25,17%	25,82%	22,54%	27,47%	25,87%
	Proletariat	7,64%	6,45%	7,02%	4,35%	5,39%	6,29%	5,23%	6,01%	4,36%	4,99%	5,03%	4,23%	4,70%
	Bauern	10,88%	11,98%	8,99%	9,20%	8,05%	7,27%	7,93%	6,79%	7,67%	6,86%	6,60%	5,23%	6,93%
	Mittelstand	16,90%	21,89%	22,37%	24,06%	22,99%	21,15%	23,78%	21,05%	24,74%	24,40%	25,79%	24,69%	24,63%
Medizin	Bildungsbürgertum	40,69%	39,36%	38,82%	39,09%	38,93%	39,01%	40,16%	41,27%	43,46%	43,95%	45,72%	47,34%	47,72%
	Militär	0,45%	0,71%	0,98%	0,68%	0,65%	0,47%	0,50%	0,51%	0,74%	0,67%	0,74%	0,82%	0,33%
	Wirtschaftsbürgertum	25,96%	26,83%	24,26%	24,90%	25,88%	25,95%	26,17%	26,26%	24,91%	23,27%	21,35%	21,65%	20,47%
	Proletariat	4,20%	3,74%	6,22%	5,40%	5,06%	5,73%	5,75%	5,56%	4,36%	4,36%	5,89%	6,20%	6,13%
	Bauern	7,52%	7,92%	5,74%	5,40%	5,60%	6,05%	5,44%	4,97%	5,37%	5,58%	5,60%	4,92%	4,69%
	Mittelstand	21,19%	21,44%	23,98%	24,52%	23,89%	22,79%	21,99%	21,42%	21,16%	22,17%	20,70%	19,08%	20,66%
Philosphische Fakultät	Bildungsbürgertum	35,12%	35,38%	34,06%	35,82%	36,70%	35,42%	35,39%	35,86%	39,38%	39,23%	39,37%	40,64%	41,28%
	Militär	1,17%	1,04%	1,06%	1,08%	1,09%	0,89%	1,62%	0,89%	0,85%	0,81%	0,95%	0,97%	1,00%
	Wirtschaftsbürgertum	21,72%	22,45%	22,63%	24,37%	24,01%	25,13%	25,05%	25,40%	22,94%	23,12%	21,47%	21,93%	21,44%
	Proletariat	8,58%	6,57%	6,32%	7,18%	5,45%	5,92%	5,98%	6,35%	4,70%	4,46%	7,61%	5,70%	5,32%
	Bauern	8,23%	7,58%	6,99%	6,78%	6,27%	5,67%	5,48%	5,42%	6,01%	5,27%	4,79%	4,36%	5,55%
	Mittelstand	25,17%	26,98%	28,95%	24,77%	26,47%	26,97%	26,48%	26,08%	26,12%	27,11%	25,81%	26,40%	25,41%
Insgesamt	Bildungsbürgertum	36,19%	35,35%	36,24%	37,38%	37,16%	37,15%	37,02%	37,06%	39,07%	38,99%	39,78%	40,35%	40,52%
	Militär	0,81%	1,00%	1,23%	1,06%	0,98%	0,77%	1,00%	0,89%	1,00%	1,00%	1,11%	1,06%	0,99%
	Wirtschaftsbürgertum	23,40%	23,51%	22,70%	24,14%	24,88%	25,24%	25,50%	25,63%	23,61%	23,09%	21,23%	21,78%	21,39%
	Proletariat	6,71%	5,90%	5,97%	6,04%	5,15%	5,87%	6,04%	6,23%	4,73%	4,25%	6,76%	5,63%	5,91%
	Bauern	9,44%	9,72%	7,47%	7,23%	6,94%	6,55%	6,39%	6,49%	6,81%	6,55%	6,42%	6,12%	6,43%
	Mittelstand	23,44%	24,52%	26,39%	24,14%	24,90%	24,41%	24,05%	23,70%	24,79%	26,12%	24,70%	25,06%	24,77%

Datensatz: Eva Jansen: Die soziale Herkunft der Studenten an bayerischen Univeristäten, in: Zeitschrift des Bayerischen Statistischen Landesamts 59,4 (1927), 472-478.

Abbildung 4: Die Studenten der LMU nach dem Beruf ihrer Väter (1922)

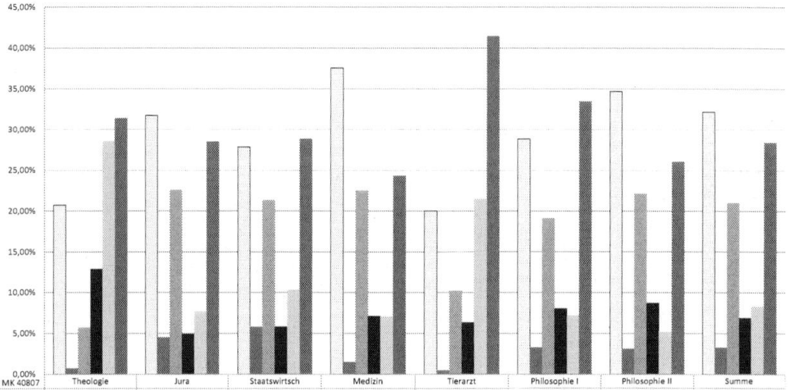

Datenmaterial: BayHStA MK 40807	Theologie	Jura	Staatswirtsch	Medizin	Tierarzt	Philosophie I	Philosophie II	Summe
□ Akademiker - Bildungsbürgertum	20,71%	31,73%	27,83%	37,54%	20,00%	28,82%	34,66%	32,13%
Militär	0,71%	4,50%	5,81%	1,45%	0,49%	3,28%	3,12%	3,24%
Wirtschaftsbürgertum	5,71%	22,62%	21,38%	22,51%	10,24%	19,14%	22,19%	21,07%
■ Proletariat	12,86%	4,92%	5,81%	7,13%	6,34%	8,08%	8,73%	6,88%
Bauern	28,57%	7,74%	10,32%	7,04%	21,46%	7,21%	5,24%	8,31%
Mittelstand	31,43%	28,49%	28,85%	24,33%	41,46%	33,48%	26,06%	28,38%

katholisch-theologischen Fakultäten war die soziale Durchlässigkeit für Angehörige aus Arbeiterfamilien oder dem bäuerlichen Umfeld deutlich höher.[62]

Ein ganz ähnliches Bild weist die Zusammensetzung der Studentenschaft an der LMU München 1922 auf. Lediglich der Mittelstand und Studierende aus militärisch geprägten Familien waren hier im gesamtbayerischen Vergleich, auf Kosten des Bürgertums, überrepräsentiert. An der *Technischen Hochschule München* (THM), der heutigen Technischen Universität, ergibt sich im Jahr 1922 ein ganz ähnliches Bild. Bemerkenswert ist hier, dass die Studiengänge Bauingenieurwesen und Architektur das Bildungsbürgertum besonders stark anzogen, ähnlich wie dies an der LMU im Fach Medizin der Fall war. Nicht weiter überraschend ist dagegen die überproportional hohe Quote von Studenten, die aus dem agrarischen Umfeld stammten, im Fach Agrarwissenschaften mit einer umgekehrt proportionalen Quote von Studenten aus dem Bildungsbürgertum.[63]

Abbildung 5: Die Studenten der THM nach dem Beruf ihrer Väter (1922)

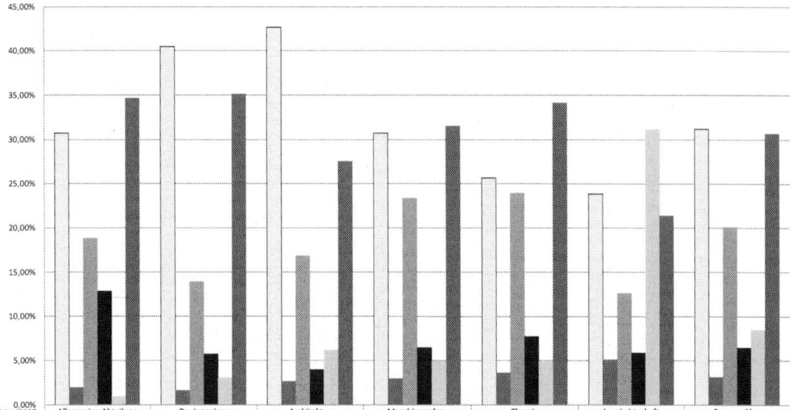

Datenmaterial: BayHStA MK 40807	Allgemeine Abteilung	Bauingenieur	Architektur	Maschienenbau	Chemie	Landwirtschaft	Summe Abs.
Akademiker - Bildungsbürgertum	30,69%	40,45%	42,67%	30,70%	25,67%	23,82%	31,18%
Militär	1,98%	1,64%	2,67%	2,97%	3,63%	5,10%	3,13%
Wirtschaftsbürgertum	18,81%	13,96%	16,89%	23,41%	23,97%	12,67%	20,08%
Proletariat	12,87%	5,75%	4,00%	6,49%	7,75%	5,86%	6,46%
Bauern	0,99%	3,08%	6,22%	4,92%	4,84%	31,19%	8,49%
Mittelstand	34,65%	35,11%	27,56%	31,51%	34,14%	21,36%	30,65%

Aufgrund dieser Überlegungen dürfte deutlich geworden sein, dass das „Bildungsbürgertum“ beziehungsweise die akademische Gesellschaftselite in der Frühphase der Weimarer Republik aus diversen sozialen Gruppierungen bestand und somit in sich auch unterschiedliche Lebensführungsmodelle vereinte. Da hier nicht einfach ein bestimmtes Mentalitätsmuster postuliert werden kann, wird im Rahmen dieser Arbeit zur quantitativen Erfassung des Bildungsbürgertums zunächst ein engerer Rahmen gesteckt und insbesondere der Erwerb von formalen Bildungspatenten herangezogen, um die soziale Gruppierung des Bildungsbürgertums zu umreißen. Bei qualitativen Aspekten soll dann auch verstärkt die Lebensweise und Mentalität berücksichtigt werden, um weitere Zugehörige zum Bildungsbürgertum nicht außer Acht zu lassen, deren Zugehörigkeit dann über die gemeinsame Lebensführung und geteilte Denk- und Mentalitätsmuster auszumachen sein wird. Zu denken ist hier neben den Verwandten, vor allen an die weiblichen Angehörigen der

62 Zur Entwicklung der sozialen Herkunft bayerischer Studenten zwischen 1914 und 1925 siehe *Abbildung 3*.

63 Zur sozialen Herkunft der Münchner Studenten im Jahre 1922 vgl. *Abbildung 4* und *Abbildung 5*.

Akademiker, denen erst ab 1900 nach und nach der Zugang zu den Münchner Hochschulen eröffnet wurde. Ebenso sind die im kulturellen, journalistischen und künstlerischen Bereich tätigen Personenkreise, die oftmals im engen Austausch mit Akademikern standen, in den Blick zu nehmen.

2.3 Tragweite der Ansätze

Grundsätzlich gilt es zu bedenken, dass der Begriff des „Bildungsbürgertums" erst in den 1920er Jahren erstmals verwendet wurde[64] und damit in einer Zeit, in der das Bürgertum an sich großen Wandlungsprozessen unterworfen war und zahlreiche Historiker bereits über das Ende des Bildungsbürgertums beziehungsweise seine Auflösung im Zuge der Professionalisierung diskutieren. Gemäß dieser These, die im Folgenden zu diskutieren sein wird, setzte ein Nachdenken über die eigene soziale Gruppe erst mit der Infragestellung des eigenen Status ein.

Der These entsprechend kam bereits Lepsius auf der Basis seiner Definition des Bildungsbürgertums als „ständische Vergesellschaftungsform" zu der Schlussfolgerung, dass mit dem Ende der universalen Bedeutung von Bildungsgütern und der gesamtgesellschaftlichen Bedeutung des Bildungsbürgertums dieses zu existieren aufgehört habe, wenngleich es als Subkultur weiterbestanden habe. Den Zeitpunkt dieses Niedergangs des Bildungsbürgertums als gesellschaftstragende Kraft und somit gesamtgesellschaftlich relevante soziale Gruppe verortet Lepsius dabei bereits Ende des 19. Jahrhunderts.[65]

Für diese Grundannahme lassen sich die zahlreichen Aufbrüche und Veränderungen um die Jahrhundertwende in Deutschland anführen. So charakterisiert der Hamburger Historiker Hans-Joachim Bieber das Bürgertum des beginnenden 20. Jahrhunderts mit Recht als ambivalente Bewegung, die mit Stolz auf die politischen und wirtschaftlichen Errungenschaften des deutschen Nationalstaates – also die eigene jüngere Vergangenheit – blickte und sich hierüber definierte, andererseits aber zutiefst verunsichert der Industrialisierung, Technisierung und Zentralisierung der Gesellschaft gegenüberstand. Diese Entwicklung wurde besonders im Zuge einer zunehmenden Bedeutung des Proletariats sowie einer Individualisierung aller Gesellschaftsschichten wahrgenommen und mit dem Verlust „traditioneller kultureller und sozialer Werte" assoziiert.[66]

Diese Wahrnehmung der gegenwärtigen Zeit als Krise wurde ein „Leitthema bürgerlicher Selbstwahrnehmung"[67] und wurde in der Regel als „Fin de siècle" wahrgenommen, was Olaf Blaschke als „Übergangsphase" im Rahmen eines „fundamentalen Formwandels der Moderne" verstanden wissen möchte.[68] Als Ursache der subjektiven Krisenwahrnehmungen im Bürgertum führt Manfred Hettling die

64 Vgl. ENGELHARDT: Bildungsbürgertum (wie Anm. 9, S. 12), 188f.

65 Vgl. LEPSIUS: Das Bildungsbürgertum als ständische Vergesellschaftung (wie Anm. 54, S. 25), S. 18.

66 Vgl. HANS-JOACHIM BIEBER: Bürgertum in der Revolution. Bürgerräte und Bürgerstreiks in Deutschland 1918–1920 (Hamburger Beiträge zur Sozial- und Zeitgeschichte 28), Hamburg 1992, S. 36f.

67 MANFRED HETTLING: Bürgerliche Kultur – Bürgerlichkeit als kulturelles System, in: PETER LUNDGREEN (Hg.): Sozial- und Kulturgeschichte des Bürgertums. Eine Bilanz des Bielefelder Sonderforschungsbereichs (1986–1997) (Bürgertum 18), Göttingen 2000, S. 319–339, hier: S. 327.

68 OLAF BLASCHKE: Krise als gedachte Unordnung. Die katholische Bildungselite und die Krisenmentalität im Fin de siècle, in: MICHAEL GRAETZ/ARAM MATTIOLI (Hg.): Krisenwahrnehmungen im Fin de siècle. Jüdische und katholische Bildungseliten in Deutschland und der Schweiz (Clio Lucernensis 4), Zürich 1997, S. 247–269, hier: S. 250.

„Ausdifferenzierung und Fragmentierung“ auf dem sozialen und kulturellen Gebiet an. Diese habe einen Idealtypus bürgerlicher Lebensführung als unerreichbares Ideal erscheinen lassen, womit das „ganzheitliche Bürgerideal“ nach und nach obsolet geworden sei.[69] Jedoch wird man auch festhalten müssen, dass gerade der publizistischen und kulturellen Thematisierung des „Fin de siècle“ durch zumeist junge bürgerliche Kreise ein stark bewahrender Charakter innewohnte. Es ging eben nicht um eine Zerstörung oder Abkehr von der bürgerlichen Bildungskultur und ihren Idealen, sondern vielmehr um eine Revitalisierung oder Aktualisierung derselben und der eigenen gesellschaftlichen Ansprüche.[70]

Resümierend stellt man fest, dass sich um die Jahrhundertwende im Bildungsbürgertum eine tiefgehende Krisenwahrnehmung manifestierte, welche die bisherige eigene Mentalität vielfältig in Frage stellte und teilweise von einer massiven Kulturkritik sowie Kritik an den generellen Entwicklungen der Moderne flankiert wurde. In der Folge bildeten sich neue Wertesysteme und kulturelle Verhaltensmuster heraus.[71] Die Träger dieses gesellschaftlichen und kulturellen Führungsanspruches wandelten sich dabei jedoch kaum und blieben weiterhin dem Bürgertum verhaftet.

Daher kann man, auf der Basis des bisher Ausgeführten, eindeutig von starken Veränderungsprozessen innerhalb des Bürgertums und besonders des Bildungsbürgertums um die Jahrhundertwende sprechen und in diesen Veränderungsprozessen auch erste Anhaltspunkte für den einsetzenden Prozess des Niedergangs des Bürgertums erkennen. Besonders seine gesellschaftlichen Einflussmöglichkeiten gingen immer stärker zurück. Es müssen jedoch auch weitere Kriterien und Entwicklungen in den Blick genommen werden.[72]

Hier ist dann auch der Historiker Konrad Jarausch zu benennen, welcher die These vertritt, dass sich das Bildungsbürgertum, aufgrund einer zunehmenden beruflichen Spezialisierung und Ausdifferenzierung, spätestens im NS-Regime aufgelöst habe, jedoch bereits um 1900 in eine Krise geraten sei.[73] Diese sogenannte „Professionalisierungsthese“ kann man auch bei anderen Autoren finden.[74] Sie scheint sich durch die gut nachweisbare Einbindung immer neuer Studiengänge,

---

69 HETTLING: Bürgerliche Kultur – Bürgerlichkeit als kulturelles System (wie Anm. 67, S. 29), S. 327.

70 Vgl. GROPPE: Die Macht der Bildung (wie Anm. 59, S. 26), S. 129.

71 Vgl. MICHAEL GRAETZ: Einleitung, in: MICHAEL GRAETZ/ARAM MATTIOLI (Hg.): Krisenwahrnehmungen im Fin de siècle. Jüdische und katholische Bildungseliten in Deutschland und der Schweiz (Clio Lucernensis 4), Zürich 1997, S. 11–16, hier: S. 12f.

72 Zum gleichen Ergebnis kommt Tenfelde, der die Krise des Bürgertums vornehmlich als mentale Krise verstanden wissen möchte und daher eine Fortextistenz des Bildungsbürgertums bis in die 1960er Jahre annimmt. Vgl. KLAUS TENFELDE: Stadt und Bürgertum im 20. Jahrhundert, in: KLAUS TENFELDE/HANS-ULRICH WEHLER (Hg.): Wege zur Geschichte des Bürgertums. Vierzehn Beiträge (Bürgertum 8), Göttingen 1994, S. 317–353, v. a. S. 319 und 328.

73 KONRAD HUGO JARAUSCH: Die Krise des deutschen Bildungsbürgertums im ersten Drittel des 20. Jahrhunderts, in: JÜRGEN KOCKA (Hg.): Bildungsbürgertum im 19. Jahrhundert Teil 4. Politischer Einfluß und gesellschaftliche Formation (Industrielle Welt. Schriftenreihe des Arbeitskreises für moderne Sozialgeschichte 48), Stuttgart 1989, S. 180–205, hier: S. 204; Weiter ausgeführt in: DERS.: The Crisis of German Profession 1918–33, in: Journal of Contemporary History 20 (1985), S. 379–398; GEOFFREY COCKS/KONRAD HUGO JARAUSCH (Hg.): German professions. 1800–1950, New York und Oxford 1990; KONRAD HUGO JARAUSCH: Deutsche Studenten. 1800–1970 (Edition Suhrkamp 1258 = Neue Folge 258), Frankfurt am Main 1984.

74 Vgl. HEIKE FRANZ: Betriebswirte in Deutschland 1900–1930: „Bürger“ oder „Professionals“? Selbstbild und Fremdbild einer „neuen“ akademischen Berufsgruppe, in: KLAUS TENFELDE/HANS-ULRICH WEHLER (Hg.): Wege zur Geschichte des Bürgertums. Vierzehn Beiträge (Bürgertum 8), Göttingen 1994, S. 249–272; MOMMSEN: Die Auflösung des Bürgertums seit dem spä-

wie etwa der Betriebswirtschaftslehre oder technischer Fächer, in das Hochschulwesen sowie die Bildung verschiedener Berufsverbände und -organisationen zu bestätigen. Jarausch verortet den Prozess der Professionalisierung beziehungsweise den Niedergang des deutschen Bildungsbürgertums in der Weimarer Republik, beginnend mit der Revolution und der Heimkehr zehntausender Studienanfänger aus dem Weltkrieg, welche im Zusammenhang der Hyperinflation zu einem rasanten Gesellschaftswandel beitrugen. Als weiteres Indiz dieses Wandels im akademischen Bereich macht er die starke Zunahme der Studierendenzahlen auch jenseits der Kriegsjahrgänge aus, welche in einer „Überfüllungskrise" der akademischen Berufe gemündet habe und an einer „Proletarisierung" der Studenten und Akademiker auszumachen gewesen sei.[75] Jarausch kommt auf dieser Basis zu dem Fazit, dass das deutsche Bildungsbürgertum die Herausforderung, welche ihm im Kontext der „Professionalisierung" der akademischen Berufswelt aufgegeben war, aufgrund „strukturelle[r] Verunsicherung und autoritäre[n] Erbe[s], soziale[r] Krisen und politische[r] Verbitterung (Versailles)" nicht bewältigen konnte und daher zerfiel.[76]

Ob man nun den beginnenden Zerfall des Bürgertums um 1900, mit dem Ende des 1. Weltkrieges oder in der Weimarer Republik festsetzen will, ist letztlich nicht entscheidend. Fest steht, dass die deutschen Akademiker um die Jahrhundertwende in eine tiefgreifende Sinnkrise gerieten, die sich zunächst vor allem auf mentaler Ebene abspielte. Im Rahmen zunehmender Studentenzahlen bei gleichzeitigen wirtschaftlichen Krisen, welche das Bürgertum massiv betrafen, verstärkte sich diese Sinnkrise. Daher fanden im Zeitraum zwischen 1890 und 1945 innerhalb des Bildungsbürgertums massive Wandlungsprozesse statt. Dieser Zeitraum kann daher als Zeit des „Niedergangs des Bildungsbürgertums" charakterisiert werden, wobei an einen längeren Prozess zu denken ist, der lokal und regional durchaus unterschiedlich verlief.

Dem katholischen Milieu dagegen wird allgemein eine deutlich längere Existenz zugesprochen, in der Regel bis in die 1960er Jahre hinein. Untergangserscheinungen werden teilweise erst in den 1950er Jahren mit neuen Auseinandersetzungen um das Verhältnis zur Moderne angesetzt.[77]

Dennoch haben einige Autoren wie beispielsweise Thomas Ruster zurecht bemerkt, dass mit der Wahrnehmung vom vermeintlichen Untergang der abendländischen Kultur im *Fin de siècle* auch eine Krise des Religiösen eingeleitet wurde, welche erste Auflösungserscheinungen des katholischen Milieus mit sich brach-

---

ten 19. Jahrhundert (wie Anm. 56, S. 25), S. 29; CLAUDIA HUERKAMP: Weibliche Konkurrenz auf den akademischen Arbeitsmärkten. Zu einigen Ursachen und Hintergründen der bürgerlich-akademischen „Krise" in den 1920er Jahren, in: KLAUS TENFELDE/HANS-ULRICH WEHLER (Hg.): Wege zur Geschichte des Bürgertums. Vierzehn Beiträge (Bürgertum 8), Göttingen 1994, S. 273–288, hier: S. 273; UTE FREVERT: Ehrenmänner. Das Duell in der bürgerlichen Gesellschaft (dtv 4646), München 1995, S. 313f.

75 JARAUSCH: The Crisis of German Profession 1918–33 (wie Anm. 73), S. 383–385.

76 DERS.: Die Krise des deutschen Bildungsbürgertums im ersten Drittel des 20. Jahrhunderts (wie Anm. 73), S. 192.

77 Vgl. ARBEITSKREIS FÜR KIRCHLICHE ZEITGESCHICHTE: Katholiken zwischen Tradition und Moderne (wie Anm. 14, S. 13), S. 600 und 644; HERBERT KÜHR: Katholische und evangelische Milieus. Vermittlungsinstanzen und Wirkungsmuster, in: DIETER OBERNDÖRFER/HANS RATTINGER/KARL SCHMITT (Hg.): Wirtschaftlicher Wandel, religiöser Wandel und Wertwandel. Folgen für das politische Verhalten in der Bundesrepublik Deutschland (Ordo politicus 25), Berlin 1985, S. 245–262, hier: S. 246f.

te und daneben zu intensivierten Debatten um die „Nützlichkeit der katholischen Religion“ führte.[78]

In ähnlicher Richtung argumentiert Wilfried Loth, welcher schon ab dem Ende des Kulturkampfes die Tendenz zum Niedergang des katholischen Milieus durch mangelnde Einigkeit in der *Zentrumspartei* gegeben sieht, wobei als neues Integrationsmoment dann ab etwa 1900 der Nationalismus zum Fortbestand des Milieus und der Partei beigetragen habe. Mit dem Untergang der *Zentrumspartei* 1933 jedoch sieht Loth dann auch das Milieu als obsolet an.[79] Hier koppelt Loth das katholische Milieu allerdings deutlich zu eng an die Entwicklung des *Zentrums*. Dennoch ist ihm zuzustimmen, dass mit dem Ende des Kulturkampfes erste Wandlungsprozesse und wohl auch Niedergangserscheinungen innerhalb des katholischen Milieus zu beobachten sind und auch zu erwarten waren. Durch Wegfallen des äußeren, staatlichen Drucks auf den Katholizismus bestand keine Notwendigkeit mehr, sich in einer Art Wagenburgmentalität vom Rest der Gesellschaft abzukoppeln, wenngleich in der Auseinandersetzung um die Moderne, die Industrialisierung sowie mit den sozialistischen Parteien neue Abgrenzungsfelder entstanden. Dieser Tendenz der Anpassung an den deutschen Nationalstaat zum Trotz, erlebte das katholische Vereinswesens in der Weimarer Republik eine zuvor nicht gekannte Blütezeit, welche mit der Rolle des *Zentrums* als staatstragender Partei einherging. Zugleich nahm, über die weitere Ausdifferenzierung des Vereinswesens und der vertretenen Standpunkte, sowie Unklarheiten bezüglich der politischen Zielsetzung, die Uneinigkeit innerhalb des Katholizismus zu, was das Milieu nach und nach erodieren ließ.[80] Während also der weltanschauliche Zusammenhalt – die „Subkultur“[81] – mit dem Wegfallen von äußerem Druck langsam an Bedeutung verlor, blieben strukturelle Organisationsformen – die „Substruktur“[82] – davon zunächst unbeeinträchtigt bestehen, reagierten auf veränderte Ausgangsbedingungen und entwickelten sich sogar weiter.

Auch im katholischen Milieu ist dementsprechend, ähnlich wie im Bildungsbürgertum, in der Weimarer Republik mit Prozessen des Wandels, der Restauration, der Erneuerung, aber auch mit solchen des Niedergangs zu rechnen. Beide sozialen Gruppierungen nahmen dabei ihre Umwelt ab spätestens der Jahrhundertwende als krisenhaft sowie von Umbrüchen gezeichnet wahr und suchten hierauf zu reagieren.

3 Katholisches Milieu in München?

Bayern nahm innerhalb des Kaiserreiches und der Weimarer Republik insgesamt eine Sonderstellung ein. Hier existierte eine katholische Bevölkerungsmehrheit und immer wieder wurde ganz bewusst die bayerische Sonderrolle betont, welche sich in zahlreichen Reservatrechten Bayerns innerhalb des 1870 entstandenen Nationalstaats manifestiert hatte.

---

78 THOMAS RUSTER: Die verlorene Nützlichkeit der Religion. Katholizismus und Moderne in der Weimarer Republik, Paderborn u. a. 1997, S. 356f.

79 Vgl. WILFRIED LOTH: Soziale Bewegungen im Katholizismus des Kaiserreichs, in: Geschichte und Gesellschaft 17 (1991), S. 279–310, hier: S. 305–309.

80 Vgl. ALTERMATT: Katholizismus und Moderne (wie Anm. 36, S. 16), S. 161–165; DERS.: Die goldenen Jahres Milieukatholizismus, in: DERS. (Hg.): Schweizer Katholizismus zwischen den Weltkriegen. 1920–1940 (Religion – Politik – Gesellschaft in der Schweiz 8), Freiburg, Schweiz 1994, S. 3–26.

81 DERS.: Katholizismus und Moderne (wie Anm. 36, S. 16), S. 105.

82 EBD., S. 105.

Dem preußisch-protestantischen Kaiser und den Hohenzollern standen in Bayern die katholischen Wittelsbacher gegenüber, welche trotz stürmischer Zeiten im Laufe des 19. Jahrhunderts den bayerischen König, also gewissermaßen die katholische Galionsfigur des Reiches, stellten. Zwar setzten die um Ausgleich und Machterhalt bemühten bayerischen Könige hierbei bis 1912 stets auf liberal zusammengesetzte Ministerien, aber die katholischen Parteien, *Bayerische Patriotenpartei* und später das *Zentrum*, stellten ab 1869 stets die Mehrheit der Abgeordneten im bayerischen Landtag und hatten großen Einfluss in der Ersten Kammer.[83] Katholiken standen in Bayern grundsätzlich alle Möglichkeiten in Gesellschaft und Politik offen, was sich an vielen Beispielen von einflussreichen und bedeutenden Katholiken in dieser Zeit belegen lässt. Man denke nur an den konservativen Zentrumsmann, Begründer der Görresgesellschaft und Münchner Professor Georg von Hertling (1843–1919),[84] welcher dann 1912 Ministerpräsident und Außenminister in Bayern sowie 1917 Reichskanzler wurde.

Gerade in Großstädten wie München existierte aber auch ein selbstbewusstes städtisches und tendenziell liberales Bürgertum, welches der kirchlichen Hierarchie durchaus kritisch gegenüberstand. Dies lässt sich etwa an der altkatholischen Bewegung in München und anderen liberalen kirchlichen Kreisen, welche sich etwa im 1900 gegründeten *katholischen Reformverein Münchens*,[85] der *Krausgesellschaft*[86] oder dem Verein *Der Freunde des 20. Jahrhunderts*[87] zusammenfanden, gut nachweisen. Dieser Richtung sind ebenfalls zahlreiche katholische Persönlichkeiten Münchens wie etwa der Kirchenhistoriker, Stiftspropst von St. Kajetan und mehrmalige Rektor der LMU, Ignaz von Döllinger (1799–1890), zuzurechnen.[88]

Schon aus diesen kurzen Andeutungen lässt sich entnehmen, dass es bereits zum Ausgang des 19. Jahrhunderts neben einem starken ultramontanen katholischen Lager in München auch katholische Gruppierungen gab, die der Autorität der Kirche sowie der katholischen Mehrheitsgesellschaft und ihren Agitationen

---

83 Vgl. FREYA AMANN: „Hie Bayern, hie Preußen“? Die Bayerische Patriotenpartei / Bayerische Zentrumspartei und die Konsolidierung des Deutschen Kaiserreiches bis 1889, München 2013, URL: https://edoc.ub.uni-muenchen.de/15578/1/Amann_Freya.pdf (besucht am 15. 02. 2021), S. 90–92.

84 Georg von Hertling (1843–1919) entstammte einer hessischen katholischen Beamtenfamilie und strebte eine wissenschaftliche Karriere an, was in der Zeit des Kulturkampfs durchaus herausfordernd war. Daher trat er in die Politik ein, saß 1875–1890 und 1896–1912 im Reichstag, gründete 1876 die *Görresgesellschaft* und erhielt 1880 als Extraordinarius eine Professur in Bonn, 1892 eine Professur in München. In Bayern war er stets ein Vermittler zwischen dem liberalen Ministerium und den Zentrumsabgeordneten, wurde 1891 Reichsrat der Krone und 1912 als erster Zentrumsmann bayerischer Ministerpräsident, wobei er sich in dieser Rolle als Repräsentant der Monarchie und nicht einer Partei verstand. Ähnlich verstand er seine Rolle als Reichskanzler (1.11.1917 bis 30.09.1918). Zu ihm vgl. KATHARINA WEIGAND: Der vielfach Vergessene. Die Rolle Georg von Hertlings in der deutschen und bayerischen Politik, in: ULRIKE LEUTHEUSSER/ HERMANN RUMSCHÖTTEL (Hg.): König Ludwig III. und das Ende der Monarchie in Bayern, München 2014, S. 145–156.

85 Vgl. HASTINGS: Catholicism and the roots of Nazism (wie Anm. 30, S. 16), S. 26–30 sowie den Akt StAM Pol. Dir. 1495.

86 Siehe hierzu den Akt StAM Pol. Dir. 2803.

87 Vgl. JÖRG HAUSTEIN: Liberal-katholische Publizistik im späten Kaiserreich. „Das Neue Jahrhundert“ und die Krausgesellschaft (Forschungen zur Kirchen- und Dogmengeschichte 80), Göttingen 2001, sowie den Akt StAM Pol. Dir. 5138.

88 Zu ihm vgl. FRANZ XAVER BISCHOF: Theologie und Geschichte. Ignaz von Döllinger (1799–1890) in der zweiten Hälfte seines Lebens; ein Beitrag zu seiner Biographie (Münchener kirchenhistorische Studien 9), Stuttgart u.a. 1997.

und somit den Ansätzen eines *katholischen Milieus* insgesamt kritisch gegenüberstanden.

3.1 Problemstellung

Auf der Basis des bisher Ausgeführten wirkt es nicht verwunderlich, wenn Thomas Forstner die Existenz eines katholischen Milieus in Oberbayern sowie in München bestreitet und hierbei auf eine nicht ausreichende Abgrenzbarkeit der Katholiken gegenüber anderen sozialen Gruppen verweist.[89] Generell stützt er sich bei dieser Annahme auf die Ergebnisse des Arbeitskreises für kirchliche Zeitgeschichte, der die katholische Lebenswelt Münchens in einem eigenartigen Vakuum-Zwischenzustand verortet.[90] Dieser betrachtet das katholische Leben in München im Status zwischen nicht (mehr) kirchlich und der traditionellen kirchlichen Lebenswelt verhaftet. Als Basis hierfür wird das Verhältnis der Jahreskommunionen zu den Osterkommunionen regional korreliert.

Auf der x-Achse der *Abbildung 6* findet sich dementsprechend die Prozentzahl derjenigen Katholiken, die zumindest ihrer Minimalpflicht, nämlich der jährlichen Osterkommunion, nachkamen und somit grundsätzlich als praktizierende Kirchenmitglieder betrachtet werden können. Auf der y-Achse dagegen soll sich die Intensität der Zugehörigkeit zur katholischen Kirche widerspiegeln, wobei als Indikator die Anzahl der Kommunionempfänge pro Jahr angegeben wird. Dabei

---

89 Vgl. THOMAS FORSTNER: Priester in Zeiten des Umbruchs. Identität und Lebenswelt des katholischen Pfarrklerus in Oberbayern 1918 bis 1945, Göttingen 2014, S. 21 und 41; Ganz ähnlich nimmt auch BECKER: Bürgerliche Lebenswelt und Politik in München (wie Anm. 29, S. 15), S. 74–96 sowie 556 für die Zuweisung der von ihr analysierten Personen an, dass sich ein katholisches Milieu nicht explizit von anderen Gruppierungen („national-konservativ", „liberal" und „linskgerichtet") abgrezen ließ. Die Katholiken ordnet sie dabei der national-konseervativen Gruppe zu.

90 Siehe *Abbildung 6*. Vgl. ARBEITSKREIS FÜR KIRCHLICHE ZEITGESCHICHTE: Konfession und Cleavages im 19. Jahrhundert (wie Anm. 14, S. 13); Interessanterweise übernimmt Loth dieses Urteil, auch wenn er zuvor ausdrücklich die Vielschichtigkeit und Existenz mehrerer katholischer Milieus betont hatte. Vgl. WILFRIED LOTH: Katholische Milieus und katholische Subgesellschaft in Deutschland, in: MICHEL GRUNEWALD/UWE PUSCHNER (Hg.): Le milieu intellectuel catholique en Allemagne, sa presse et ses réseaux (1871–1963). Das katholische Intellektuellenmilieu in Deutschland, seine Presse und seine Netzwerke (1871–1963) (Convergences 40), Bern u. a. 2006, S. 21–37, v. a. S. 30.

91 Vgl. ARBEITSKREIS FÜR KIRCHLICHE ZEITGESCHICHTE: Konfession und Cleavages im 19. Jahrhundert (wie Anm. 14, S. 13), S. 365; Ergänzt anhand von Datenmaterial aus: EITNER: Mitteilungen der amtlichen Zentralstelle für kirchliche Statistik (1915) (wie Anm. 39, S. 17), S. 460f., DERS.: Mitteilungen der amtlichen Zentralstelle für kirchliche Statistik (wie Anm. 39, S. 17), S. 478f., DERS.: Mitteilungen der amtlichen Zentralstelle für kirchliche Statistik (1917) (wie Anm. 39, S. 17), S. 430f., DERS.: Mitteilungen der amtlichen Zentralstelle für kirchliche Statistik (1918) (wie Anm. 39, S. 17), S. 456f., DERS.: Mitteilungen der amtlichen Zentralstelle für kirchliche Statistik (1919) (wie Anm. 39, S. 17), S. 432f., DERS.: Mitteilungen der amtlichen Zentralstelle für kirchliche Statistik (1920) (wie Anm. 39, S. 17), S. 320f., SAUREN: Mitteilungen der amtlichen Zentralstelle für kirchliche Statistik (1921) (wie Anm. 39, S. 17), S. 384f., DERS.: Mitteilungen der amtlichen Zentralstelle für kirchliche Statistik des katholischen Deutschland (1924) (wie Anm. 39, S. 17), S. 346f., DERS.: Mitteilungen der amtlichen Zentralstelle für kirchliche Statistik (1922) (wie Anm. 39, S. 17), S. 561–563; DERS.: Kirchliche Statistik Deutschlands (1923) (wie Anm. 39, S. 17), S. 432–435; DERS.: Kirchliche Statistik Deutschlands (1925) (wie Anm. 39, S. 17), S. 393–397. Hier sei auch der Hinweis erlaubt, dass das Erzbistum Freising natürlich das Erzbistum München und Freising betiteln soll, wobei das Stadtgebiet Münchens ausgespart wurde.

Abbildung 6: Typen katholischer Vergesellschaftungsformen in Deutschland um 1914 und Ergänzungen[91]

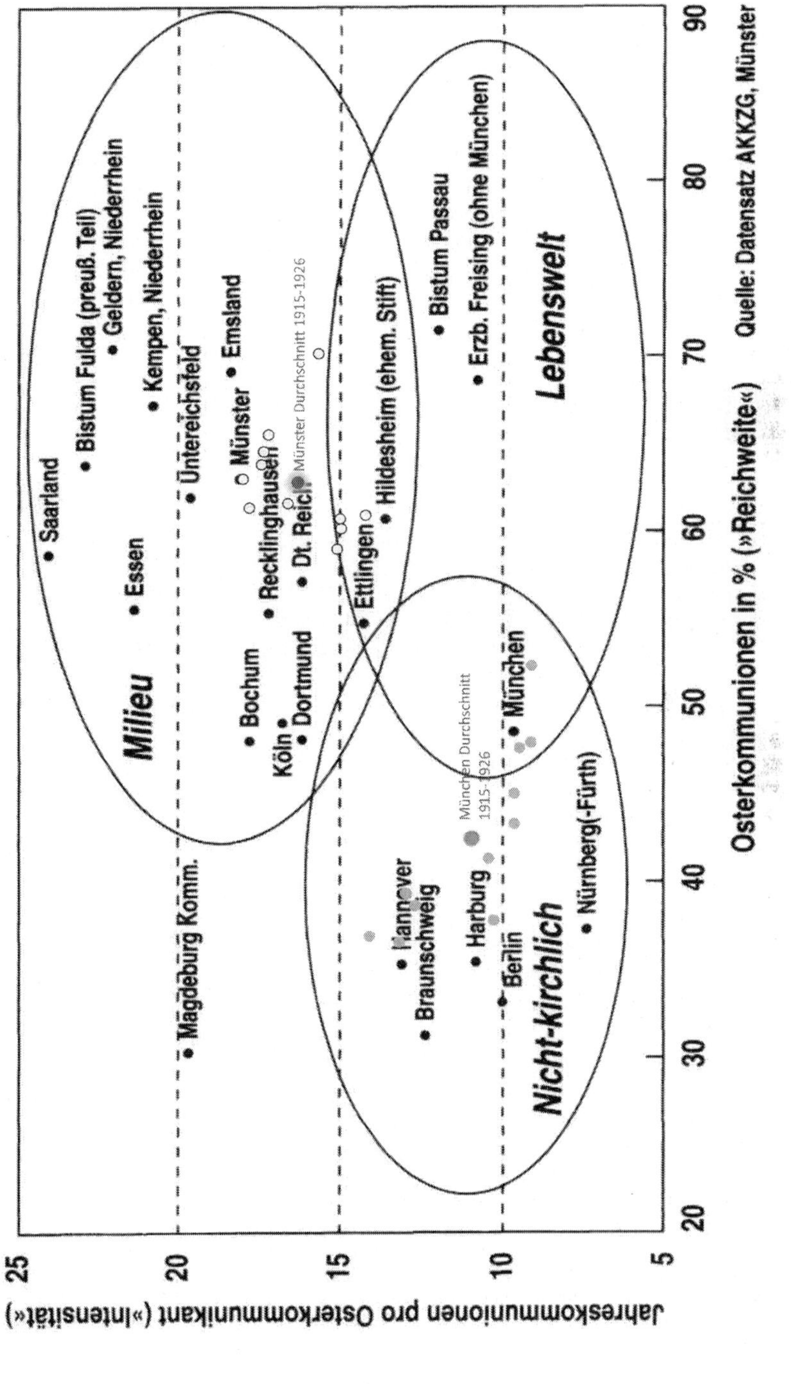

wird davon ausgegangen, dass jeder praktizierende Katholik die Osterkommunion empfing und ein regelmäßiger Kommunionempfang Ausdruck einer starken Kirchenbindung war.

Im hier dargestellten Diagramm wurde die Darstellung des Münsteraner Arbeitskreises für kirchliche Zeitgeschichte für die Städte München (grau) und Münster (weiß) um die entsprechenden Werte aus dem Zeitraum zwischen 1915 und 1926, sowie den Durchschnittswert über den gesamten Zeitraum, ergänzt. Münster wurde hierbei, wie auch im Folgenden, als Vergleichsobjekt zu München ausgewählt, da es einen nahezu identischen Katholikenanteil aufweist. Im Gegensatz zu München wird Münster jedoch oftmals als Paradebeispiel für eine katholische Milieustadt angeführt und findet sich dementsprechend im Mittelpunkt der Milieu-Ellipse. Beim Durchschnittswert gilt es für beide Städte zu berücksichtigen, dass die Werte sich kaum kontinuierlich veränderten, sondern vielmehr schwankten, weswegen auch auf die genaue Zuordnung von Jahreszahlen verzichtet wurde.

Bei der Betrachtung über diesen längeren Zeitraum wird deutlich, dass die vom Münsteraner Arbeitskreis zum Jahr 1914 vorgelegten Zahlen, bezüglich der Reichweite der katholischen Kirche in München, zu hoch angesetzt waren. Dagegen wurde bezüglich der Intensität der praktizierenden Katholiken ein zu geringer Wert vorausgesetzt. Nach Ergänzung der Daten für die Jahre von 1914 bis 1926 hätte der Münsteraner Arbeitskreis München nicht mehr im luftleeren Raum, sondern relativ eindeutig in einer nicht-kirchlich geprägten Lebenswelt verorten müssen, zumindest bezüglich der herangezogenen Indikatoren zur Verortungsbestimmung. Somit sollte die katholische Lebenswelt Münchens, gemäß dem Münsteraner Arbeitskreis, eigentlich eine „wachsende Großstadtgemeinde" mit „mangelnder pastoraler Versorgung" sowie einem „geringen Anteil an katholischer Bevölkerung" beziehungsweise eine Diasporasituation erwarten lassen, wobei sich die Katholiken in der Regel „nicht unter den städtischen Eliten" befunden hätten. Die Situation der Münchner Katholiken sollte, gemäß diesem Befund, mit der Lage der Katholiken in Berlin oder Hannover vergleichbar sein.[92]

Münster dagegen bleibt weiterhin eindeutig als Milieustadt charakterisierbar. Man kann im Zeitraum bis 1926 lediglich eine leichte Abnahme von Intensität und Reichweite der Bindung an die katholische Kirche feststellen. Während in München gegenüber den Ergebnissen des Münsteraner Arbeitskreises also eine größere Intensität des Glaubenslebens bei sinkender Anzahl praktizierender Katholiken feststellbar ist, sinkt in Münster zwar die Intensität des Glaubenslebens leicht ab, die Anzahl praktizierender Katholiken bleibt jedoch nahezu konstant.

Die großen Unterschiede zwischen diesen beiden vom Bevölkerungsanteil quasi identisch katholisch geprägten Städten hinsichtlich der herangezogenen Kriterien bleibt also in hohem Maße erklärungsbedürftig.

Hinzu kommt, wie bereits ausgeführt,[93] dass die Wahlergebnisse in München wie generell in Oberbayern, die Milieutheorie nur bedingt stützen und einem geschlossenen, gewichtigen, sozialmoralischen katholischen Milieu widersprechen. Vergleicht man die Parteianhänglichkeit katholischer Wähler an die katholischen Parteien des Bezirk Oberbayerns[94] mit dem Reichsdurchschnitt, so ergeben sich für Oberbayern in der Weimarer Republik unterdurchschnittliche Werte für die Wahl der jeweiligen katholischen Partei – ein Sachverhalt, der bereits vor Kriegsbeginn festzustellen ist.

---

92 Arbeitskreis für kirchliche Zeitgeschichte: Katholiken zwischen Tradition und Moderne (wie Anm. 14, S. 13), 367f.

93 Vgl. das Kapitel *Sozialmoralische Milieus*.

94 Zum im folgenden Ausgeführten vgl. die Tabelle unter *Abbildung 7*.

Auffällig ist jedoch, dass – nach einem abrupten Abfallen der Wähler zum Kriegsende hin – diese im Laufe eines Jahres sprunghaft wieder anstiegen und 1920 sogar das Vorkriegsniveau übertrafen, was vor allem auf die neuen weiblichen Wähler zurückzuführen ist, die 1919 erstmals das Wahlrecht besaßen. Einen ähnlichen Effekt konnte das *Zentrum* reichsweit bereits 1919 für sich verbuchen. Insgesamt kann man feststellen, dass sich in Oberbayern die Katholiken, insbesondere männlicher Provenienz, nach dem 1. Weltkrieg weitaus schneller von ihrer katholischen Partei lösten, als dies im reichsweiten Durchschnitt der Fall war.

Abbildung 7: Katholiken, die katholische Parteien wählten[95]

	im Reich		in Oberbayern	
Wahljahr	Männlich	Gesamt	Männlich	Gesamt
1881	86,3%		81,8%	
1907	63,8%		51,9%	
1912	54,6%		46,3%	
1919	53,9%	62,8%	34,8%	38,7%
1920	51,5%	60,3%	44,0%	48,9%
Mai 1924	48,3%	56,4%	38,2%	42,3%
Dez. 1924	49,2%	57,5%	38,0%	42,2%

Das hier für Oberbayern Ausgeführte dürfte noch im verstärkten Maße auf die Großstadt München zutreffen, auch wenn hier bedauerlicherweise keine ergiebige Statistik bezüglich des Wahlverhaltens der Frauen vorliegt. Jedenfalls wird aus *Abbildung 7* ersichtlich, dass das Wahlverhalten der oberbayerischen und der Münchner Katholiken keinesfalls mit demjenigen zu vergleichen ist, welches man in klassischen katholischen Milieustädten, wie etwa Münster, erwartet. So wählten in Oberbayern im Vergleich zum Reichsdurchschnitt deutlich weniger Katholiken (etwa 15%) eine katholische Partei. Auffällig ist hierbei, dass in Oberbayern besonders die Frauen deutlich weniger der katholischen Partei zuneigten als im Reich. Damit waren sie ihren Männern im Wahlverhalten deutlich ähnlicher, als dies im Reichsdurchschnitt der Fall war.

Aufgrund dieser Ausgangslage einerseits und dem Befund des Münsteraner Arbeitskreises andererseits stellt sich mit wachsender Brisanz die Frage, ob es in München überhaupt ein katholisches Milieu gegeben hat und falls nicht, von was man stattdessen sprechen kann. Denn dass in München eine nicht-kirchlich geprägte Lebenswelt vorlag, wie sich dies etwa für die protestantischen Städte Nürnberg oder Berlin gut belegen lässt,[96] erscheint unwahrscheinlich. Dagegen spricht zum einen die langjährige Regierungstätigkeit der katholischen Partei; zwischen 1912 und 1933 in Bayern und zwischen 1893 und 1933 in München (unterbrochen in der Wahlperiode 1919–1924). Zum anderen aber auch ein relativ konstanter katholischer Bevölkerungsanteil von stets weit über 80% innerhalb Münchens.

95 Zugrunde liegendes Datenmaterial nach: SCHAUFF: Die Deutschen Katholiken und die Zentrumspartei (wie Anm. 39, S. 17), S. 74–76 und 85.

96 Vgl. *Abbildung 6*.

3.2 Ansatzpunkte für ein katholisches Milieu in München

Geht man davon aus, dass kirchliche Statistik nur den äußeren Bereich der Kirchlichkeit erfasst, so gilt es zu bedenken, dass sich kirchliche Bindungen nicht eindimensional beschreiben lassen, sondern nur im Rahmen der Mehrdimensionalität des Religiösen erfassbar sind. Daher sollte man gemäß dem Bochumer Historiker Lucian Hölscher vier Formen der kirchlichen Bindung unterscheiden, nämlich: Die „formal-rechtliche Mitgliedschaft in der Kirche"; die öffentliche Partizipation am kirchlichen Leben in seinen verschiedenen Erscheinungsformen; die private Teilnahme am kirchlichen Gemeinschaftsleben etwa über die Praktizierung religiöser Riten im Alltag oder Vereinsmitgliedschaften; die „inneren Bindungen" in der ganz persönlichen Mentalität.[97]

Dementsprechend wurde der Forschungsansatz des Arbeitskreises bereits vollkommen zu Recht durch den Regensburger/Münchener Kirchenhistoriker Klaus Unterburger infrage gestellt. Er verwies dabei darauf, dass diese Herangehensweise aus dem westdeutschen Kontext Kriterien für eine Bestimmung des gesamtdeutschen katholischen Milieus abzuleiten, nicht ausreichend sei und gewisse Postulate sowie Schlussfolgerungen fragwürdig seien.[98] Folgerichtig weist Unterburger auch auf die, seiner Meinung nach, zu hinterfragende Kriteriologie des Münsteraner Arbeitskreises hin:

> „Das Verhältnis von Jahreskommunion zu Osterkommunion ist zur Erfassung der Milieuintensität gut quantifizierbar, aber notgedrungen auch unterkomplex. In diesen Zahlen spielen regionale Frömmigkeitstraditionen und theologische Formungen, ein unterschiedlicher Grad an Klerikalismus und Antiklerikalismus, eine unterschiedliche Praxis der Jugenderziehung, Unterschiede zwischen Stadt und Land, Männern und Frauen eine erhebliche Rolle. Auch ist es nicht unproblematisch, aus der Zahl der Jahreskommunionen diejenige in klösterlichen Gemeinschaften, Anstalten und in Wallfahrtskirchen einfach herauszurechnen."[99]

Bezieht man zur Bestimmung der kirchlichen Bindung in einer Region weitere Kriterien aus der zweiten Kategorie mit ein und wirft unter diesen Voraussetzungen einen erneuten Blick auf die anhand von *Abbildung 6* aufgeworfenen Zahlen der Jahre 1916 bis 1925, ergibt sich ein nahezu unverändertes Bild. Nimmt man etwa die Jahreskommunionen der klösterlichen Gemeinschaften in die Bestimmung der Intensität von praktizierenden Katholiken in die Statistik mit hinein, so ergeben sich zwischen Münster und München noch gravierendere Unterschiede. Während der Durchschnittswert für die Jahre 1915–1926 in Münster dann bei 32,8 Kommunionen pro Osterkommunion liegt, erreicht München in dieser Berechnung lediglich 16,5 Kommunionen pro Osterkommunion.[100]

Auch die Heranziehung von weiteren Datensätzen, um die Katholizität in den Städten München und Münster zu vergleichen, ergibt teilweise gravierende Unter-

97 LUCIAN HÖLSCHER: Möglichkeiten und Grenzen der statistischen Erfassung kirchlicher Bindung, in: KASPAR ELM/HANS-DIETRICH LOOCK (Hg.): Seelsorge und Diakonie in Berlin. Beiträge zum Verhältnis von Kirche und Großstadt im 19. und beginnenden 20. Jahrhundert (Veröffentlichungen der Historischen Kommission zu Berlin 74), Berlin und New York 1990, S. 39–59, hier: S. 40f.

98 Vgl. KLAUS UNTERBURGER: Schwarz und kirchentreu, arm und eingeschüchtert? Katholisches Milieu und Nationalsozialismus in der Oberpfalz, in: JOACHIM KUROPKA (Hg.): Grenzen des katholischen Milieus. Stabilität und Gefährdung katholischer Milieus in der Endphase der Weimarer Republik und der NS-Zeit, Münster 2013, S. 323–357, hier: S. 328.

99 EBD., S. 329.

100 Zum zugrunde liegenden Datenmaterial vgl. Fußnote *91* auf Seite *34*.

schiede, teils jedoch auch Gemeinsamkeiten bezüglich des erhobenen statistischen Materials, welches vor allem auf die Orthopraxie der Katholiken abzielt.[101]

Betrachtet man die pastorale Versorgungslage der Münchner Katholiken, so zeigt sich, dass diese im Verhältnis zu Münster mit deutlich weniger Geistlichen zurechtkommen mussten. Obwohl sich hier die Verhältnisse, durch eine starke Erhöhung der Geistlichenanzahl im Münchner Stadtgebiet bei nahezu konstant bleibenden Zahlen in Münster, einander annäherten, so standen auch 1925 in München einem Geistlichen noch über 1400 Gläubige gegenüber und damit fast doppelt so viele wie in Münster. 1915 waren es noch fast viermal so viele gewesen.

Blickt man nun auf die konkrete Orthopraxie in beiden Städten fällt vor allem auf, dass in München deutlich weniger Ehen zwischen einem Katholiken oder einer Katholikin und einem Angehörigen einer anderen Konfession oder Religion entsprechend der katholischen Formpflicht und somit kirchlich geschlossen wurden (etwa 35%). Dagegen wurden die meisten dieser sogenannten „Mischehen“ in Münster noch vor einem katholischen Geistlichen eingegangen (ungefähr 60%). Wo in Münster also ein relativ hoher Assimilierungsdruck bestand, hatten sich Münchner Katholiken, welche eine „Mischehe“ eingingen, oftmals von der Orthopraxie der katholischen Kirche distanziert. Im Gegensatz dazu divergierte der Anteil der tatsächlich geschlossenen Mischehen in den beiden Städten kaum, wenn auch Münster in der Regel etwas niedrigere Quoten erreichte.[103]

Ähnliches lässt sich im Verhältnis der katholischen Trauungen gegenüber den Ziviltrauungen unter Beteiligung katholischer Brautleute beobachten. Schlossen in München zwischen 1915 und 1926 zwar noch im Schnitt 87% aller Paare neben der Zivilehe eine kirchliche Ehe, so waren es in Münster erstaunlicherweise 100%.[104]

Weitere große Divergenzen lassen sich auf dem Feld der unehelich geborenen Kinder beobachten. So kamen in München prozentual gesehen stets mehr als doppelt so viele uneheliche Kinder wie in Münster zur Welt. Diese Divergenz lässt sich jedoch aus dem höheren Heiratsalter Süddeutschlands und Überresten des traditionellen bayerischen Heiratsrechtes erklären, welches für un- oder voreheliche Kinder generell eine höhere gesellschaftliche Akzeptanz geschaffen hatte.[105]

Vergleicht man dagegen die Quote von katholisch getauften Kindern oder kirchlichen Begräbnissen, so fallen kaum relevante Unterschiede zwischen beiden Städten auf. Die Orthopraxie bezüglich der Kirchenangehörigkeit am Lebensanfang und Lebensende blieb im Betrachtungszeitraum relativ konstant bei leicht abfallender Tendenz. Die leicht höhere katholische Taufquote in Münster lässt sich

101 Vgl. hierzu und zum im folgenden Ausgeführten *Abbildung 8*.

102 Zum zugrunde liegenden Datenmaterial siehe Fußnote *91* auf Seite *34*. Einige Werte für Münster lieferten logisch unmögliche Werten von über 100%, welche hier als 100% gewertet wurden. Es lässt sich nur vermuten, dass für Münster entweder geschönte bzw. fehlerhafte Statistiken vorgelegt wurden, sich Verschiebungen über den Jahreswechsel ergaben, Trauungen, Beerdigungen und Taufen aus dem Umland in die Statistik hineinspielten oder in Münster überproportional häufig staatlich verpflichtende Meldungen bzw. Vollzüge etwa die Anmeldung eines Kindes oder die verpflichtende Zivilehe unterblieben und stattdessen lediglich die kirchlichen Sakramente Trauung bzw. Eheschließung stattfanden.

103 Vgl. die Spalte *Eheschließungen* in *Abbildung 8*.

104 Das Datenmaterial zum Verhältnis von Ziviltrauungen zu kirchlichen Trauungen entspringt Fußnote *91* auf Seite *34*, auch wenn es graphisch nicht dargestellt wurde. Für einzelne Jahrgänge ergaben sich in Münster teils Zahlen von über 100%. Zu möglichen Quellen für diese logisch kaum/nicht möglichen Werte siehe bereits die Fußnote zur *Abbildung 8*.

105 Zur Entwicklung der restriktiven Ehegesetzgebung in Bayern, welche zu einem hohen Anteil unehelicher Kinder erheblich beitrug vgl. CORDULA SCHOLZ LÖHNIG: Bayerisches Eherecht. Von 1756 bis 1875 auf dem Weg zur Verweltlichung, Berlin 2004.

Abbildung 8: Katholizität in München und Münster im Vergleich 1915–1926[102]

		Geistlichkeit		Bevölkerung		Eheschließungen		Lebengeborene und Taufen			kath. Sterbefälle	Heilige Kommunion	
		Anzahl Seelsorger	pro Katholik	Anzahl Katholiken	Prozent	Mischehen	kath.	Taufquote	Vaterlos	aus Mischehen	kirchl. Begräbnis	Osterkommunikanten	Kommunionfrequenz
1915	Münster	128	597	76461	85,7%	13,5%	72,3%	98,1%	10,2%	7,1%	99,9%	63,3%	18,0
	München	248	2064	511906	84,6%	17,4%	36,7%	94,6%	30,6%	4,3%		47,9%	9,5
1916	Münster	135	577	77890	85,2%	16,5%	57,6%					61,6%	17,8
	München	331	1515	501457	82,0%	16,5%	38,9%					48,2%	9,2
1917	Münster	127	599	76044	83,6%	18,4%	47,9%	96,4%	10,2%	10,1%	100,0%	70,5%	15,7
	München	275	1823	501457	82,0%	18,1%	38,5%	92,3%	27,7%	9,6%		52,6%	9,2
1918	Münster	123	656	80694	80,1%	19,1%	65,5%	97,5%	13,4%	6,8%	94,6%	65,8%	17,2
	München	337	1494	503420	82,1%	18,8%	40,1%					38,8%	12,8
1919	Münster	125	642	80300	84,2%	17,0%	63,4%	100,0%	11,4%	9,3%	94,9%	64,8%	17,4
	München	323	1604	518066	83,0%	20,0%	34,9%	92,1%	24,8%	11,7%	98,8%	37,1%	14,1
1920	Münster	120	697	83629	82,4%	17,6%	69,1%	97,7%	10,4%	9,8%	94,0%	64,1%	17,4
	München	336	1592	535063	82,2%	20,0%	38,6%	93,7%	23,9%	11,7%		36,7%	13,2
1921	Münster	127	668	84881	83,6%	17,2%	59,2%	96,3%	9,5%	9,5%	87,4%	61,9%	16,6
	München	339	1584	536927	82,1%	20,9%	37,3%	92,5%	24,3%	11,8%	96,5%	45,3%	9,7
1923	Münster	127	708	89910	82,2%	19,0%	41,9%	95,3%	10,9%	8,4%	100,0%	59,3%	15,1
	München	319	1676	534684	82,3%	23,5%	31,7%	90,4%	27,2%	12,0%	95,8%	41,5%	10,5
1924	Münster	126	708	89269	81,1%	24,0%	67,9%	98,2%	11,8%	9,3%	90,4%	61,2%	14,2
	München	365	1585	578444	83,4%	23,6%	34,5%	92,2%	27,3%	11,8%	94,7%	38,0%	10,3
1925	Münster	124	732	90810	81,0%	22,0%	64,7%	97,3%	14,7%	9,3%	92,1%	61,0%	15,0
	München	406	1407	571051	81,6%	21,7%	38,1%	94,1%	31,8%	11,2%	95,8%	43,5%	9,7
1926	Münster	127	726	92191	80,5%	18,8%	57,9%	97,7%	16,1%	8,6%	82,7%	60,4%	15,0
	München	403	1432	577132	81,4%	19,7%	35,3%	95,2%	33,3%	10,6%	92,7%	39,5%	13,0
Schnitt Münster		**126**	**665**	**83825**	**82,69%**	**18,46%**	**60,68%**	**97,45%**	**11,87%**	**8,82%**	**93,60%**	**63,08%**	**16,3**
Schnitt München		**335**	**1616**	**533601**	**82,44%**	**20,01%**	**36,76%**	**92,99%**	**27,88%**	**10,53%**	**95,72%**	**42,65%**	**11,0**

dabei aus der zuvor ausgeführten Tendenz der Entfremdung gegenüber der katholischen Kirche bei Münchner gemischt konfessionellen Ehen erklären. Während die Taufquote in Münchens gemischt konfessionellen Ehen bei ungefähr 46% lag, wurden in diesen Ehen in Münster noch circa 60% der Kinder katholisch getauft.

Es lässt sich also festhalten, dass – neben den bereits thematisierten Abweichungen bezüglich der Reichweite der Gottesdienstangebote und der Besuchsintensität selbiger – weitere Faktoren bestanden, die München von westdeutschen katholischen Milieustädten und -regionen unterschieden. Hierzu zählte neben einem abweichenden Wahlverhalten auch ein geringeres Betreuungsverhältnis durch Seelsorger sowie eine geringere Kirchenbindung in gemischt konfessionellen Ehen. Daneben ist soeben bemerkt worden, dass bezüglich der katholischen Basisriten (Taufe, Eheschließung, Begräbnis) in München im frühen 20. Jahrhundert noch Werte von um die 90% erreicht wurden und sich diese zumindest betreffs der Taufe oder des Begräbnisses nicht wesentlich von denjenigen in Münster unterschieden. Dagegen fällt auf, dass in Münster im Zeitraum zwischen 1915 und 1926 einige Werte, wie etwa die Frequenz der Kommunionteilnahme unter den grundsätzlich praktizierenden Katholiken oder die Rate an kirchlichen Begräbnissen, deutlich schneller absank als dies in München der Fall war. Hierin darf man erste Ansätze für ein auch in München existierendes katholisches Milieu erblicken, das sich aber anders ausformte und andere Wege ging wie in Westdeutschland. Aus den Zahlen lässt sich ableiten, dass dieses „katholische Milieu" Münchens zwar schwächer ausgebildet war und eine geringere Anzahl an Katholiken erreichte als in Münster, dafür jedoch einen Kern aufwies, welchen eine sehr hohe Konstanz auszeichnete. Dieser These wird im Laufe der Arbeit weiter nachzugehen sein.

Weiterhin ließe sich mit Unterburger anführen, dass auch in Bayern und gerade in München Konfliktfelder, sogenannte Cleavages, bestanden, die bedeutend wurden und sich oftmals auch konfessionell aufluden.[106] Dies gilt nicht im gleichen Ausmaße wie für die vom Münsteraner Arbeitskreis ausgewählten westdeutschen Beispiele, an denen sich gut die Entstehung katholischer Milieus anhand der vier Cleavages (Zentrum–Peripherie, Staat–Kirche, Stadt–Land und Arbeit–Kapital) erklären lässt. Aber dass in München oder Bayern keinerlei konfessionell aufgeladenen Konfliktlinien bestanden, ist dann doch klar zu bestreiten.[107]

Hier sollen nur einige konfessionell aufgeladene Konfliktfelder in Bayern und in München, die sich im 19. Jahrhundert entwickelten, kurz angedeutet werden: Zwischen den vom König eingesetzten, pro-preußischen und liberalen Regierungen, deren Mitglieder oftmals aus dem protestantischen Franken stammten,[108] und der katholischen Bevölkerungsmehrheit kam es, ähnlich wie in Preußen, zu einem Kulturkampf. Man kann auch hier von einem Konflikt zwischen Staat und Kirche auf dem Weg zur Moderne sprechen, der immer wieder aufgegriffen und wiederbelebt wurde, wenn es etwa darum ging, kirchliche Rechte und Privilegien zu schmälern wie etwa bezüglich der Schulaufsicht. Es gilt überdies zu bedenken, dass in Bayern die katholische Partei erst 1912 einen Ministerpräsidenten aus ihren Reihen stellen konnte und damit der Konflikt zwischen Parlaments- und Bevölkerungsmehrheit auf der einen Seite und einer liberalen Regierung auf der anderen Seite

106 UNTERBURGER: Schwarz und kirchentreu, arm und eingeschüchtert? (wie Anm. 98, S. 38), S. 328.

107 Vgl. zum Cleavage-Konzept und zur Verneinung der Anwendbarkeit auf München: ARBEITSKREIS FÜR KIRCHLICHE ZEITGESCHICHTE: Konfession und Cleavages im 19. Jahrhundert (wie Anm. 14, S. 13), S. 372–379.

108 Vgl. PETER CLAUS HARTMANN: Bayerns Weg in die Gegenwart. Vom Stammesherzogtum zum Freistaat heute, 3., überarb. und erg. Aufl., Regensburg 2012, S. 448.

endgültig aus der Welt geschafft wurde.[109] Hierdurch vollzog sich die „Einbindung des Zentrums in eine konservative Sammlungspolitik", welche vornehmlich gegen das Erstarken der Sozialdemokratie gerichtet war.[110] Das bayerische Staatskirchentum dagegen, welches auf Mitspracherechte des Staates in Kirchenangelegenheiten ausgerichtet war, hatte auch unter der Regierung Hertling grundsätzlich weiterhin Bestand – wurde jedoch deutlich konzilianter und kirchenfreundlicher ausgelegt.[111]

Ein ähnliches Konfliktfeld, das im Rahmen der 1918er Revolution in Bayern ausschlaggebend werden sollte, war ein latent vorhandener Preußenhass, insbesondere auf die Konkurrenzstadt Berlin von der man sich bevormundet fühlte. Hinzu kam die Sorge um die Eigenständigkeit Bayerns. Dieser Konflikt brach im Rahmen der Reichsgründung und dann im Laufe des 1. Weltkrieges und der Folgezeit immer wieder auf. Auch dieser Konflikt war regelmäßig durch konfessionelle Unterschiede mitgeprägt. Daher kann man hier von einer Konfliktlinie zwischen Zentrum und Peripherie sprechen.[112]

Insgesamt lässt sich festhalten, dass in München die gleichen Konfliktlinien wie in Münster bestanden, wo ebenfalls die Industrialisierung und die Entwicklung weg von der Agrarwirtschaft keine großen konfessionellen Konfliktherde bot, sondern andere Entwicklungen auf dem Weg zum modernen, liberalen und großflächigen Nationalstaat wesentlich mehr Sprengstoff in sich bargen.[113] Dass diese Konfliktlinien in Bayern nicht drastischer hervortraten, liegt wohl mit daran, dass es hier einen katholischen Monarchen gab, der den Interessen seiner eigenen Konfession prinzipiell wohlwollend gegenüberstand. Er war somit geeignet zwischen liberalen protestantischen Kräften der bayerischen sowie der gesamtdeutschen Regierung in Berlin und den katholischen Majoritäten in Bayern vermittelnd und beruhigend zu wirken.

Wilfried Loth stellt diesbezüglich zurecht fest, dass die Annahmen des Münsteraner Arbeitskreises, dass „allein Ideen und religiöse Erfahrungen die Weltbilder und das Handeln bestimmen, nicht aber Interessen und Alltagserfahrungen", nur ein einseitiges Bild auf das katholische Milieu ermöglichen. Das katholische Milieu kann man eben nicht einfach mit einem „Zusammenschluss der aktiven Katholiken" gleichsetzen und dessen Wirksamkeit nicht alleinig an der kirchlichen Frömmigkeit ablesen.[114] Daher soll im Folgenden ein Blick auf das Münchner

---

109 Zum bayerischen Kulturkampf, insbesondere im Vergleich zum preußischen vgl. WINFRIED BECKER: Der Kulturkampf in Preussen und in Bayern. Eine vergleichende Betrachtung, in: JÖRG ZEDLER (Hg.): Der Heilige Stuhl in den internationalen Beziehungen 1870–1939 (Spreti-Studien Bd. 2), München 2010, S. 51–91.

110 HANS-MICHAEL KÖRNER: Staat und Kirche in Bayern. 1886–1918 (Veröffentlichungen der Kommission für Zeitgeschichte B 20), Mainz 1977, S. 200.

111 Vgl. EBD., S. 202.

112 Zur Entwicklung des Verhältnisses Bayerns zum Reich, welches sich nach anfänglicher Skepsis bis zum 1. Weltkrieg allmählich verbessert hatte, vgl. HERMANN RUMSCHÖTTEL: Eigenständigkeit und Integration. Bayern und das Reich in der Prinzregentenzeit, in: KATHARINA WEIGAND/ JÖRG ZEDLER/FLORIAN SCHULLER (Hg.): Die Prinzregentenzeit. Abenddämmerung der bayerischen Monarchie?, Regensburg 2013, S. 41–57.

113 Vgl. die Auflistung von Cleavages für die jeweiligen Städte und Regionen: ARBEITSKREIS FÜR KIRCHLICHE ZEITGESCHICHTE: Konfession und Cleavages im 19. Jahrhundert (wie Anm. 14, S. 13), S. 376.

114 WILFRIED LOTH: Milieus oder Milieu? Konzeptionelle Überlegungen zur Katholizismusforschung, in: JOHANNES HORSTMANN/ANTONIUS LIEDHEGENER (Hg.): Konfession, Milieu, Moderne. Konzeptionelle Positionen und Kontroversen zur Geschichte von Katholizismus und Kirche im 19. und 20. Jahrhundert (Akademie-Vorträge 47), Schwerte 2001, S. 79–95, hier: S. 82f.

Vereinswesen und die katholische Publizistik Münchens geworfen werden. Diese entstammen der dritten Kategorie kirchlicher Bindung (private Partizipation am kirchlichen Gemeinschaftsleben) und stellen hier die wohl am besten erfassbaren Kriterien dar, um das gewonnene Bild weiter zu entfalten und die quantitative Analyse des Münchner Katholizismus abzurunden.

Stephan Fuchs geht davon aus, dass 1914 reichsweit über 90% der katholischen Studierenden in einem katholischen akademischen Verein organisiert waren.[115] Hierzu zählt er: die Akademische Bonifatius Einigung, den *Cartellverband der katholischen deutschen Studentenverbindungen* (CV), den *Kartellverband katholischer deutscher Studentenvereine* (KV), den *Verband der Wissenschaftlichen Katholischen Studentenvereine Unitas* (UV), den *Hochlandverband*, das *Sekretariat Sozialer Studentenarbeit*, den *Verband der Vereine katholischer Akademiker zur Pflege der katholischen Weltanschauung* und den *Verband der katholischen Studentinnen-Vereine Deutschlands*.[116] Auf dieser Basis nimmt Fuchs an, dass der nicht-organisierte Teil katholischer Studenten, welcher auch kaum über Quellen zu erfassen sei, zu vernachlässigen sei.[117] Diesem Urteil ist insofern zuzustimmen, dass diese Personengruppe tatsächlich kaum zu erfassen ist.

In München gehörten jedoch keineswegs über 90% der Studierenden einem katholischen akademischen Verein an und es scheint zweifelhaft, ob dies in anderen Regionen der Fall war. Zu dominant waren hierfür die traditionellen und überkommenen Vergemeinschaftungsformen der Studierenden. Auch in vielen katholischen Städten beherrschten die Landsmannschaften, Turnerschaften, Sängerschaften, Burschenschaften und Corps das akademische Leben und banden in ihren Reihen auch katholisch getaufte Studierende. In München bestanden von diesen traditionellen Studentenverbindungen mehr als 30.

Dennoch gab es in München ein aktives katholisches Vereins- und Verbandswesen.[118]

Der *Volksverein für das katholische Deutschland*, welcher reichsweit die entscheidende Rolle in der Organisation und Kommunikation des katholischen Vereinswesens darstellte, entwickelte in München keine derartig große Bedeutung. Auch das *Zentralkomitee der Münchner Katholiken*, der Zusammenschluss aller katholischen Vereinigungen innerhalb der Stadt, trat nur selten an die Öffentlichkeit. Eine große Rolle spielten dagegen in Bayern weiterhin die Marianischen Kongregationen und Bruderschaften, welche teils seit dem Mittelalter fortbestanden. Im sozialen Kontext waren daneben *Elisabethen-* und *Vinzenzvereine*, welche in nahezu jeder Pfarrei die caritative Betätigung organisierten, weit verbreitet. Sowohl die Kongregationen als auch die sozialen Konferenzen spielten jedoch im akademischen Kontext keine nennenswerte Rolle.

Es waren vielmehr die studentischen Korporationen, auf welche auch Stephan Fuchs seine Arbeit aufbaute, die die entscheidende Rolle übernahmen.[119] Der CV bestand in München aus neun Korporationen, dessen größte und tonangebende, die *Aenania*, allein um die 1000 Mitglieder hatte. Auch die Verbandszeitschrift *Academia* wurde maßgeblich durch die *Aenania* geprägt und war im Laufe der Weimarer Republik personell eng mit München verbunden. Der KV

115 Vgl. STEPHAN FUCHS: „Vom Segen des Krieges". Katholische Gebildete im Ersten Weltkrieg. Eine Studie zur Kriegsdeutung im akademischen Katholizismus (Contubernium 61), Stuttgart 2004, S. 4.

116 Vgl. EBD., S. 4.

117 Vgl. EBD., S. 4.

118 Eine Übersicht aller in dieser Arbeit erwähnten Vereine aus München findet sich im Anhang im *Organisationsregister auf S. 298.*

119 Vgl. FUCHS: „Vom Segen des Krieges" (wie Anm. 115), S. 4.

hatte in München neun Vereine gegründet. Die *katholischen Studentinnen-Vereine Deutschlands* waren mit der gut aufgestellten und 1912 begründeten Verbindung *Hadwig* im akademischen Leben präsent. Daneben bestanden noch die große *katholische Bayerische Studentenverbindung Rhaetia* sowie die *katholische Studentenverbindung Helvetia-Monacensis*, welche dem schweizerischen Studentenverein angehörte. Lediglich der UV war mit zwei Vereinen gegenüber westdeutschen Städten schwach vertreten. Diese beiden Vereine litten dann zeitweise auch noch unter Mitgliedermangel. Die *Akademische Bonifatius Konferenz* und der *Hochlandverband* waren ebenfalls in München angesiedelt, blieben in ihrer Bedeutung jedoch weit hinter den genannten katholischen Korporationen zurück. Dies lag auch daran, dass in ersterer die Korporationen, welche der Konferenz korporativ angehörten, kein großes Interesse an einem eigenständigen Wirken der Konferenz entfalteten. Das sah bezüglich des *katholischen Akademikerausschusses*, welchem alle katholischen akademischen Vereinigungen angehörten, zeitweise deutlich anders aus. Jedoch blieben auch hier zumeist die Korporationen tonangebend. Diesen gegenüber konnte lediglich die *Freie Vereinigung katholischer Studierender* in München noch eine gewisse Wirkung erzielen, die jedoch auf Basis des unzureichenden Quellenmaterials nur schwer zu greifen ist.

Zusammenfassend war Münchens katholisch geprägte Vereinslandschaft relativ ähnlich wie im gesamten Reichsgebiet aufgestellt. Es überwogen jedoch, insbesondere bezüglich der Mitgliederzahlen und somit auch des Einflusses, die traditioneller geprägten Formen des Zusammenschlusses. Im Bereich der Pfarrei und der Schulen waren dies Bruderschaften, Konferenzen und Kongregationen, für die Akademiker dann die Korporationen.

Zusätzlich sollte nicht vergessen werden, dass in München auch die Jugendbewegung besonders aktiv hervortrat. Der *Bund Neudeutschland* konnte hierbei an den Schulen gut an die bestehenden Marianischen Kongregationen anknüpfen, aber auch *Quickborn* und *Großdeutsche Jugend* waren in München gut vertreten, wenngleich dies nur eingeschränkt für den akademischen Bereich gilt. Daneben erlangte unter den Katholikinnen der von Ellen Ammann (1870–1932)[120] maßgeblich geprägte Verband, der *katholische Bayerische Frauenbund*, einen großen Einfluss.

Es waren auf Vereinsebene somit durchaus zahlreiche Milieuorganisationen vertreten, welchen es auch gelang das Leben der katholischen Stadtbevölkerung Münchens vielfältig zu prägen. Jedoch waren diese Organisationen in München mehr auf den religiösen Bereich fokussiert oder standen in enger Verbindung mit ähnlich organisierten Standesvereinen ihres Lebensumfeldes. Somit entwickelte die katholische Vereinskultur schon von der Grundprägung her eine geringere Abgrenzungsfunktion als dies für ein geschlossenes Milieu zu erwarten wäre.

Die katholische Presselandschaft dagegen war in München besonders stark ausgeprägt. Neben dem parteinahen *Bayerischen Kurier* (BK) waren auch ande-

120 Ellen Ammann (1870–1932) war zwischen 1919 und 1932 für die BVP Landtagsabgeordnete, begründete den katholischen Bayerischen Frauenbund und stark in der caritativen Arbeit Münchens involviert. Daneben begründete die gebürtige und akademisch gebildete Schwedin die Vereinigung Katholischer Diakoninnen und ist als aktive Gegnerin der Nationalsozialisten etwa beim Hitlerputsch herauszustellen. Trotz ihrer zutiefst katholischen Prägung unterhielt sie gute Kontakte zur bürgerlichen Frauenbewegung. Zu ihr vgl. MARIANNE NEBOISA: Ellen Ammann. geb. Sundström 1870–1932. Dokumentation und Interpretation eines diakonischen Frauenlebens, St. Ottilien 1992; GUNDA HOLTMANN: Ellen Ammann – Eine intellektuelle Biographie. Ein Beitrag zur Geschichte der Sozialen Arbeit im Kontext der katholischen Frauenbewegung und des 'Katholischen Deutschen Frauenbundes' zu Beginn des 20. Jahrhunderts (Bibliotheca Academia. Geschichte 9), Würzburg 2017.

re parteinahe Blätter wie die *Augsburger Postzeitung* (AP) in München verbreitet. Zusätzlich waren mit der *Allgemeinen Rundschau*, dem *Hochland* und den *Stimmen der Zeit* (StdZ) in München mehrere bedeutsame katholische Publikationsorgane angesiedelt. Auch die berühmten *Historisch-politischen Blätter* (HpBl) und der Versuch eines Nachfolgeorgans, die *Gelben Hefte*, entstanden, zumindest vorübergehend, in München. Somit hatten einige der bedeutendsten katholischen Periodika ihren Stammsitz in München und verliehen der Stadt eine anspruchsvolle und vielfältige katholische Presselandschaft. Insbesondere auf Intellektuelle zugeschnittene Publikationen, welche sich verstärkt dem Themenfeld Kultur zuwandten, wurden schwerpunktmäßig in München publiziert und nicht etwa im vom katholischen Milieu bestimmten westdeutschen Raum. Es lassen sich für München also durchaus vielfältige Anzeichen für den Bestand einer katholisch geprägten Gesellschaft ausmachen, die sich jedoch in einigen Punkten von den klassischen Milieugesellschaften unterschied.

Zusammenfassend lässt sich sagen, dass sich auch in München Ansatzpunkte für ein katholisches Milieu finden. Zum einen ließen sich konfessionell aufgeladene Konfliktfelder ausmachen, welche allgemein als entscheidende Entstehungsursache eines Milieus angesehen werden. Zum anderen konnte statistisch die Tendenz herausgearbeitet werden, dass sich kleine Kreise Münchens durchaus enger an die Kirche banden und daneben sehr große Teile der Bevölkerung eine lose Bindung zur Kirche aufrechterhielten.[121] Man muss in München also von einem wesentlich stärker ausdifferenzierten Katholizismus als in klassischen Milieuregionen ausgehen – insbesondere was die religiöse Alltagspraxis und das Wahlverhalten angeht –, muss zugleich aber eine bleibende generelle Relevanz der Kirche und der Religion annehmen, die in kleinen sozialen Gruppen ähnlich intensiv wie in Milieuregionen gepflegt wurde, was im Rahmen dieser Arbeit noch zu analysieren ist.

4 Katholische Akademiker - auch Bildungsbürger

Während eine quantitative Aufschlüsselung der Konfessionszugehörigkeit aller in München lebender Akademiker auf Basis des zur Verfügung stehenden Quellenmaterials nicht leistbar ist, gibt es für die Studierenden durchaus belastbare Daten. Blickt man auf die Konfessionsstatistik an den Münchner Hochschulen im Zeitraum zwischen 1919 und 1924,[122] so zeigt sich, dass die Katholiken dort im Verhältnis zum innerstädtischen Bevölkerungsanteil unterrepräsentiert waren.

Während stets über 80% der Bevölkerung der katholischen Religion angehörten, gehörten in München im Durchschnitt lediglich knapp über 50% der Studierenden der katholischen Konfession an. Dagegen stellten evangelische Christen über 40% der Studierenden und waren bei circa 15% evangelischem Bevölkerungsanteil entsprechend überrepräsentiert. Jedoch auch Juden und Angehörige keiner Konfession waren an den Münchner Hochschulen überproportional vertreten. Während jeweils etwa 2% der Münchner Bevölkerung dem jüdischen Glauben sowie keiner Konfession zugeordnet waren, gehörten ungefähr 3,5% der Studierenden an den Münchner Hochschulen – mit stark sinkender Tendenz und einem

121 Vgl. *Abbildung 8* und die dazugehörenden Ausführungen.
122 Vgl. zum folgenden die *Abbildung 9* sowie das dort angeführte Datenmaterial.
123 Datenmaterial aus: BAYERISCHES STATISTISCHES LANDESAMT: Statistisches Jahrbuch für den Freistaat Bayern (wie Anm. 37, S. 17), S. 376.

Abbildung 9: Konfessionsstatistik an den Münchner Hochschulen 1919–1924[123]

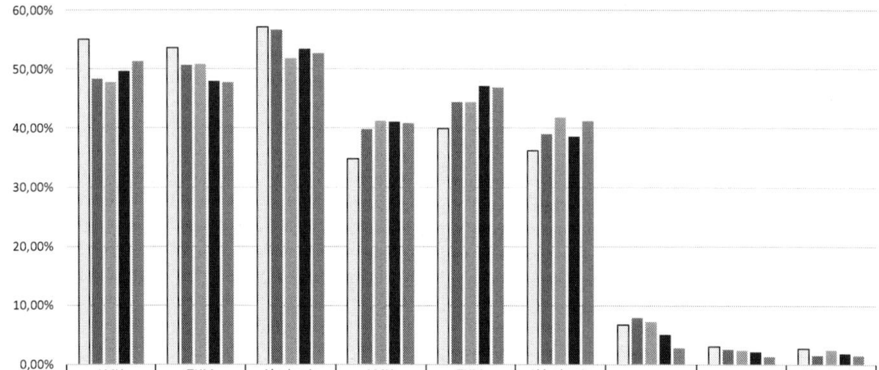

	LMU Katholisch	THM Katholisch	Akademie Katholisch	LMU Protestanten	THM Protestanten	Akkademie Protestanten	LMU Juden	THM Juden	Akademie Juden
□ 1919/20	55,03%	53,54%	57,12%	34,80%	39,92%	36,21%	6,69%	3,04%	2,68%
■ 1920/21	48,28%	50,64%	56,59%	39,81%	44,41%	38,98%	7,87%	2,57%	1,56%
■ 1921/22	47,78%	50,82%	51,76%	41,23%	44,37%	41,82%	7,21%	2,37%	2,50%
■ 1922/23	49,59%	47,91%	53,38%	41,06%	47,12%	38,58%	5,04%	2,16%	1,86%
■ 1923/24	51,25%	47,77%	52,63%	40,86%	46,90%	41,21%	2,82%	1,37%	1,53%

massiven Einbruch 1923 – dem Judentum und etwa 4% – bei leicht steigender Tendenz – keiner Konfession an.[124]

Auffallend ist zunächst der deutliche prozentuale Abfall von katholischen Studierenden im Jahr 1920. Dieser lässt sich jedoch gut durch die Aufhebung der Zugangssperre von Nichtbayern an die Münchner Hochschulen und einem damit einhergehenden größeren Anteil von Studierenden aus protestantischen Gebieten Deutschlands erklären. Daneben stechen die leicht erhöhten Quoten von evangelischen Studierenden an der THM sowie die hohe Katholikenquote an der Akademie der Tonkunst und der Akademie der bildenden Künste ins Auge. Als überdurchschnittlich kann der Zuzug von Juden an die LMU und somit zu den klassischen Studienfächern beschrieben werden.

Auf dieser Basis wird deutlich, dass das Bildungsbürgertum – selbst in einer katholischen Stadt wie München – überproportional protestantisch geprägt war. Hier liegt wohl einer der Hauptgründe, warum das Bildungsbürgertum oder generell die deutsche Intellektuellenwelt in der Mehrheit als protestantisch und oftmals als liberal skizziert wird. So kommt etwa Dieter Langewiesche zu dem Fazit, dass der „Konfessionsgraben [...] den katholischen Gebildeten vom Bildungsbürger [schied]“, da Katholiken nicht in der Lage gewesen seien, ein Verständnis von Bildung als autonomen Bereich, der nur sich selbst verantwortlich ist, zu teilen, ohne sich von der Kirche abzuwenden.[125]

124 Vgl. zu den Konfessionsangaben: STATISTISCHES AMT DER STADT MÜNCHEN (Hg.): Statistisches Handbuch der Stadt München (wie Anm. 38, S. 17), S. 5.

125 DIETER LANGEWIESCHE: Vom Gebildeten zum Bildungsbürger? Umrisse eines katholischen Bildungsbürgertums im wilhelminischen Deutschland, in: MARTIN HUBER/GERHARD LAUER (Hg.): Bildung und Konfession. Politik, Religion und literarische Identitätsbildung 1850–1918 (Studien und Texte zur Sozialgeschichte der Literatur 59), Tübingen 1996, S. 107–132, hier: S. 107f. Ähnlich JARAUSCH: Die Krise des deutschen Bildungsbürgertums im ersten Drittel des 20. Jahrhunderts (wie Anm. 73, S. 30), S. 183; CHRISTOPH WEBER: Der deutsche Katholizismus

Thomas Mergel hat in diesem Kontext darauf hingewiesen, dass eine Ausblendung der Katholiken aus dem bürgerlichen Umfeld „ideologische Gründe“ habe und auf „die Verwissenschaftlichung des liberalen Antikatholizismus einerseits und der Kritik am bürgerlichen Liberalismus durch den ultramontanen Katholizismus anderseits“ zurückzuführen sei.[126] Er konnte für die Städte Köln und Bonn nachweisen, dass akademisch gebildete Katholiken oftmals in einer eigenartigen Zwischenlage verharrten und durchaus divergierende Positionen zu ihrer Kirche, aber auch zum sie umgebenden bildungsbürgerlichen Umfeld einnahmen und dabei zu großen Teilen auch als Bildungsbürger betrachtet werden müssen. Mergel vertritt dabei die These, dass akademisch gebildete Katholiken sich in einer „Schaukellage“ befanden, welche in der Spannung zwischen bürgerlicher und katholischer Lebenswelt bestand, in der man „ständig versuchte, diese Widersprüche auszubalancieren.“[127]

In diesen ständigen Prozessen der eigenen Standortbestimmung bildeten die Katholiken – spätestens im Kulturkampf zur Entscheidung genötigt – im Wesentlichen drei Gruppen heraus: Eine Gruppe entschied sich für liberale Grundeinstellungen, blieb aber prinzipiell katholisch; eine kleine Gruppe wählte ebenfalls die liberale Option, stellte sich dabei jedoch (oftmals aggressiv) gegen die katholische Amtskirche. Die dritte Gruppe behielt ihre Zwischenstellung, indem sie sich weitgehend in den privaten Bereich zurückzog und kaum in Erscheinung trat.[128] Ein zahlenmäßig relevantes Bildungsbürgertum, welches Schnittmengen mit dem katholischen Milieu herausgebildet hätte, hat es in der Frühphase des Deutschen Kaiserreiches bedingt durch den Kulturkampf demnach nicht gegeben. Man muss hier vielmehr von katholischen Bürgern oder von einem katholischen Bürgertum sprechen. Erst ab den 1890er Jahren etablierte sich, nach Mergel, in Köln und Bonn innerhalb des Katholizismus eine eigene bürgerliche Führungsschicht, welche das bürgerliche Milieu sprengte und seine liberale Parteienbindung aufhob.[129] Hier bietet es sich dann an von bürgerlichen Katholiken zu sprechen.[130] Mergel vertritt mit dieser Unterscheidung also die Auffassung, dass Bildungsbürgertum und katholisches Milieu, vor allem bezüglich der politischen Einstellung, unversöhnlich nebeneinander gestanden hätten. Es konnte nur bürgerliche Katholiken oder katholische Bürger geben.

Auch Wilfried Loth hat wiederholt dargestellt, dass im *Zentrum* von Beginn an bürgerliche Kräfte wirkten und einen nicht unbedeutenden Einfluss besaßen.[131] Er stellte überdies die These auf, dass es in den 1890er Jahren zu einem bürgerlichen Aufbruch innerhalb des katholischen Milieus in Deutschland gekommen sei.

---

und die Herausforderung des protestantischen Bildungsanspruchs, in: REINHART KOSELLECK (Hg.): Bildungsbürgertum im 19. Jahrhundert Teil 2. Bildungsgüter und Bildungswissen (Industrielle Welt. Schriftenreihe des Arbeitskreises für moderne Sozialgeschichte 41), Stuttgart 1990, S. 139–167, hier: S. 160f. WEISS: Kulturkatholizismus (wie Anm. 7, S. 11), S. 19.

126 MERGEL: Zwischen Klasse und Konfession (wie Anm. 12, S. 13), S. 1; Ähnlich jedoch unter Betonung des Einflusses der Forschungen Max Webers für die Sozialgeschichte argumentiert ODED HEILBRONNER: Wohin verschwand das katholische Bürgertum? Der Ort des katholischen Bürgertums in der neueren deutschen Historiographie, in: Zeitschrift für Religions- und Geistesgeschichte 47 (1995), S. 320–337, hier: S. 321f.

127 MERGEL: Zwischen Klasse und Konfession (wie Anm. 12, S. 13), S. 5.

128 Vgl. DERS.: Grenzgänger (wie Anm. 13, S. 13), S. 174f.

129 Vgl. EBD., S. 180.

130 Die Unterscheidung von bürgerlichen Katholiken und katholischen Bürgern findet sich ohne nähere Spezifikation bei MERGEL: Zwischen Klasse und Konfession (wie Anm. 12, S. 13), S. 1.

131 Hierzu und zum folgenden vgl. LOTH: Soziale Bewegungen im Katholizismus des Kaiserreichs (wie Anm. 79, S. 32), S. 292–296.

Diesen konnte er plausibel nachweisen, indem er auf die positive Antizipation bürgerlicher Ideen wie des Fortschritts, des Kapitalismus oder der Bildung innerhalb des Katholizismus aufmerksam machte. Daneben lenkte Loth den Blick auf innerkatholische Aufbrüche, welche vehement für eine katholische Parität mit den bürgerlichen Kräften innerhalb des deutschen Staates eintraten. In diesem Zuge warb man auch innerhalb des Katholizismus für solche bürgerlichen Aufbrüche, indem man zu mehr Bildung animierte und zu größeren Bemühungen in der Kulturanpassung aufrief. Als Beispiele dieser Richtung benennt Loth den Zentrumspolitiker Julius Bachem (1845–1918), den späteren bayerischen Ministerpräsidenten und Reichskanzler Georg von Hertling, den Journalisten und Herausgeber Carl Muth (1867–1944) sowie den Publizisten Martin Spahn (1875–1945).

Dieter Langewiesche hat, trotz Kenntnisnahme dieser Befunde, dem katholischen Bildungsbürgertum nur eine geringe Relevanz zuerkannt.[132] Dennoch musste er einräumen, dass mit der zunehmenden Nationalisierung des Katholizismus und verstärkt mit der Aneignung einer Vorreiterrolle von katholischen Akademikern innerhalb ihrer Lebenswelt, vereint mit einer starken Kritik an der Moderne, die Gemeinsamkeiten mit dem protestantischen Bildungsbürgertum um die Jahrhundertwende deutlich zunahmen. Daher erblickt er hier Ansätze für ein katholisches Bildungsbürgertum, das es seiner Meinung nach in den konkreten Lebenswelten – in Bezug auf die tatsächliche Aneignung eines liberalen und autonomen Bildungsverständnis – zu erforschen gelte.[133]

Diesem Hinweis folgend hatte bereits Oded Heilbronner darauf hingewiesen, dass eine einseitige Fokussierung auf ein starres Verständnis des katholischen Milieus den Blick auf Katholiken als Bestandteil des Bildungsbürgertums versperre. Es gab eben auch katholische Lebenswelten, die sich völlig anders gestalteten als die klassischen Milieuwelten und daher existierten auch katholische Bevölkerungskreise, die „die Autorität und Verantwortung der katholischen Kirche für ihre Lebensweise nicht oder nur teilweise anerkennen wollte[n].“[134]

Aus dem bereits über das katholische Milieu in München Ausgeführten[135] dürfte deutlich geworden sein, dass es in München breitere Kreise gab, die vom westdeutschen Milieustandard – insbesondere was die Wahl katholischer Parteien, aber auch die regelmäßige Gottesdienstteilnahme oder die Vereinszugehörigkeit anging – teilweise massiv abwichen und dennoch an ihrer Katholizität mindestens prinzipiell festhielten. Hieraus bietet sich nun ein möglicher Erklärungsansatz in der These, dass sich in München früh ein katholisches Bürgertum entwickelte, welches eine eher geringe Bindung an die Autorität der Kirche praktizierte und dementsprechend als wirkliches katholisches Bildungsbürgertum beschrieben werden kann. Im Folgenden soll die qualitative Analyse der Lebenswelt katholischer Akademiker, bezüglich der Existenz eines katholischen Bildungsbürgertums ebenso wie bezüglich der Entwicklung und Ausgestaltung eines katholischen Milieus, in einem süddeutschen, tendenziell bürgerlichen Kontext dazu dienen, diese These weiter zu erhellen. Daneben soll aufgezeigt werden, inwiefern diese katholischen Akademiker von der sie umgebenden Lebenswelt geprägt wurden.

---

132 Vgl. LANGEWIESCHE: Vom Gebildeten zum Bildungsbürger? (wie Anm. 125, S. 46), S. 107f. Ähnlich: WEHLER: Deutsches Bildungsbürgertum in vergleichender Perspektive – Elemente eines „Sonderwegs“? (wie Anm. 10, S. 12), S. 235.

133 Vgl. LANGEWIESCHE: Vom Gebildeten zum Bildungsbürger? (wie Anm. 125, S. 46), S. 109.

134 HEILBRONNER: Wohin verschwand das katholische Bürgertum? (wie Anm. 126, S. 47), S. 326.

135 Vgl. insbesondere die Kapitel *Katholisches Milieu in München?* und *Sozialmoralische Milieus*.

Die Revolution – November 1918 bis Mai 1919: Das Ende der Monarchie und die Räterepublik

Am 8. November 1918 stürzte sang- und klanglos die Bayerische Monarchie, als erste der deutschen Fürstenhäuser, in sich zusammen. Die Revolution hatte diese ohne nennenswerte Gegenwehr innerhalb weniger Stunden beseitigen können. Doch wie war es dazu gekommen? Was waren die Ursachen für die Revolution?

War die bayerische Bevölkerung – insbesondere die gebildeten oberen Schichten – im Juli 1914 ebenso wie im restlichen Deutschland, unter dem Schlagwort des *Burgfriedens* geeint, voller Begeisterung in den Ersten Weltkrieg gezogen, so stellte sich doch bald die Ernüchterung ein, dass dieser Krieg nicht, wie derjenige von 1870/71 innerhalb kürzester Zeit und ohne persönliche Einschränkungen, zu gewinnen sei.

Die Begeisterung von 1914 lässt sich hierbei zu großen Teilen aus der zuvor – besonders im Bildungsbürgertum – bereits vorhandenen massiven Kritik an der Moderne und dem subjektiv wahrgenommenen Niedergang der Kultur erklären, welche nun zu der Annahme verleiteten, ebendiese Schwächen der aktuellen Zeit und Gesellschaft durch den Krieg überwinden zu können. Demnach wurde der Krieg als „Befreiung aus den chronischen Widersprüchen des Kaiserreichs" und ebenso als Entladung „der innergesellschaftlichen Spannungen nach außen" erlebt. Die „Welle von Hass gegen die Kriegsgegner" in Verbindung mit einem „völlig ungewohnten gesellschaftlichen Zusammengehörigkeitsgefühl" waren es, die die Kriegsbegeisterung ausmachten.[1]

Auch von den Kirchen wurde der Krieg als „Segen" begriffen, welcher dazu beitragen sollte, die „irreligiöse Moderne zu überwinden".[2] Im „Burgfrieden" gelang es, einen neuen Zusammenschluss unter nationalem Vorzeichen zu suggerieren, der die Segmentierungs- und Differenzierungserscheinungen der Gesellschaft vermeintlich zurücknahm. Sozialisten sowie Katholiken waren – bei vermeintlich gleichberechtigter Partizipation – in den deutschen Nationalstaat eingebunden, was zuvor immer wieder – unter dem Stichwort „Reichsfeinde" – in Frage gestellt worden war. So ließ sich auch die katholische Kirche ganz in den nationalen Dienst nehmen. Sie versuchte ebenso wie die evangelische Kirche Siegeszuversicht und Trost zu vermitteln und stilisierte den Krieg als „den gerechten, den heiligen Krieg, den Krieg als Erzieher, ja den Krieg als Ort der Offenbarung Gottes".[3]

1 BIEBER: Bürgertum in der Revolution (wie Anm. 66, S. 29), S. 38f. Ähnlich: STEFFEN BRUENDEL: Volksgemeinschaft oder Volksstaat. Die „Ideen von 1914" und die Neuordnung Deutschlands im Ersten Weltkrieg, Berlin 2003, S. 11.

2 LANGEWIESCHE: Vom Gebildeten zum Bildungsbürger? (wie Anm. 125, S. 46), S. 127; Vgl. auch WOLFGANG J. MOMMSEN: Die nationalgeschichtliche Umdeutung der christlichen Botschaft im Ersten Weltkrieg, in: GERD KRUMEICH/LEHMANN HARTMUT (Hg.): „Gott mit uns". Nation, Religion und Gewalt im 19. und frühen 20. Jahrhundert (Veröffentlichungen des Max-Planck-Instituts für Geschichte 162), Göttingen 2000, S. 249–261, hier: S. 251.

3 LUDWIG HÜTTL: Die Stellungnahme der katholischen Kirche und Publizistik zur Revolution in Bayern 1918/1919, in: Zeitschrift für bayerische Landesgeschichte 34 (1971), S. 652–695, hier: S. 658. So ließ man etwa verlautbaren: „Das aber ist eben die erschütternde Lehre dieses

Jedoch auch in den frühen Kriegsjahren gab es schon pazifistische Stimmen, die in München im bürgerlichen Lager durchaus einen nicht unerheblichen Einfluss hatten, bis sie dann 1916 von der bayerischen Regierung unterdrückt wurden. Hier wären etwa das spätere USPD/KPD Mitglied, der Literat und Publizist Wilhelm Herzog (1884–1960), der Historiker und liberale Pazifist sowie begeisterte Demokrat Ludwig Quidde (1858–1941) oder die Frauenrechtlerin Lida Gustava Heymann (1868–1943) zu nennen.[4]

Eine Mentalitäts- oder Ideenwende in größeren Bevölkerungskreisen kann man dann 1916/1917 festmachen als die Kriegszieldebatten zunahmen und infolgedessen der Burgfrieden brüchig wurde. Nun standen sich zwei Lager gegenüber, wobei das konservative und deutschnationalistische Lager vehement für einen Siegfrieden mit Gebiets- und Einflussgewinn für Deutschland eintrat, während sich gemäßigt Deutschnationale, Liberale, Sozialisten und große Teile des *Zentrums* sowie der katholischen Bevölkerung für eine rasche Beendigung des Krieges stark machten und sich unter Umständen auch mit dem Status quo zufrieden geben wollten.[5] Diese Spaltung machte sich auch unter Akademikern und Katholiken bemerkbar.

Unter den Akademikern gehörte zunächst die Mehrheit der annexionistischen Richtung an und stritt somit für einen Siegfrieden mit Annexionen, wobei sich nur ein kleiner Teil später der Deutschen Vaterlands-Partei und somit exklusivistischen Volksgemeinschaftsideen anschloss. Diese Gruppe suchte zugleich innenpolitisch die im Krieg erfahrene „staatssozialistische Volksgemeinschaft" jenseits der diversen Parteien und unter dem „Primat des Gemeinwohls" auf politischer Ebene durchzusetzen, was von Steffen Bruendel als „Korporativismus" bezeichnet wird. Zusätzlich sei innerhalb dieser Gruppe noch nach Anhängern der exklusivistischen Volksgemeinschaft und der inklusivistischen Volksgemeinschaft zu unterscheiden. Diese deutsche „Kultursynthese" der annexionistischen Richtung, welche sich bewusst als Gegenmodell zu den Ideen der Revolution verstand, kann man in Richtung eines totalen Staates weiterdenken.[6] Demgegenüber hätten sich die Konstitutionalisten, nach Bruendel, für eine stärkere Selbstregierung des Volkes sowie eine weitere Parlamentarisierung eingesetzt und mit fortschreitendem Kriegsverlauf immer mehr an Einfluss gewonnen.[7]

Für den katholischen Akademikerbereich konnte Stephan Fuchs nachweisen, dass sich in der zweiten Kriegshälfte innerhalb der katholischen Akademikerverbände größere Unterschiede in der Bewertung des Kriegs auftaten. Dabei vertraten vor allem die katholischen Studentenverbindungen und -vereine (CV und KV) einen deutlich ausgeprägteren Nationalismus als etwa der sehr gemäßigte Hoch-

Weltkrieges, daß die Welt auf morschen Fundamenten steht, wenn sie aus diesen Fundamenten den Glauben an Gott und das Verantwortungsgefühl vor ihm für alles Tun und Lassen hier auf Erden herausgerissen hat. Zum Bestand der irdischen Welt gehört ebenso das Opfer, die Liebe und Entsagung, wie sie jetzt nötig sind zur Gewinnung des Sieges. [...] Möge der Krieg doch allen die Augen öffnen und sie erkennen lassen, daß die Rückkehr zu den Lehren des Welterlösers und zur praktischen Befolgung derselben im privaten und öffentlichen Leben, das Heil der Welt und die Bürgschaft des Friedens und des Glückes ist." O.A.: Lehren des Weltkriegs, in: Wochenblatt für die kathol. Pfarrgemeinden Münchens 10,36 (1917), S. 285. Ähnliche Äußerungen finden sich bei einer Analyse des Klerus von Oberbayern: FORSTNER: Priester in Zeiten des Umbruchs (wie Anm. 89, S. 34), S. 459.

4 Vgl. GEYER: Verkehrte Welt (wie Anm. 28, S. 15), S. 31.

5 Vgl. KURT FLASCH: Die geistige Mobilmachung. Die deutschen Intellekutellen und der Erste Weltkrieg. Ein Versuch, Berlin 2000, S. 279.

6 BRUENDEL: Volksgemeinschaft oder Volksstaat (wie Anm. 1, S. 49), S. 139f.

7 Vgl. EBD., S. 138 und 294.

landverband. Die studentischen Korporationen machten sich tendenziell die Position der Deutschen Vaterlands-Partei zu eigen.[8] Aus der liberaleren Richtung des Hochlandes wäre dagegen etwa Carl Muth zu nennen, der bereits im Oktober 1916 europäische Lösungen aus dem Elend des Krieges forderte, wofür er den Katholizismus als Grundlage betrachtete.[9]

Flankiert und unterstützt wurden diese innerdeutschen Stimmen, die sich nach dem Kriegsende sehnten, auf katholischer Seite durch den Friedensappell des Papstes im Sommer 1917, der bei vielen Katholiken die Friedenssehnsucht noch einmal verstärkte und Hoffnungen auf das Vermittlungsgeschick Benedikts XV. weckte.[10]

Im Rahmen dieser sich andeutenden Mentalitätswende, die in den Großstädten mit Hungersnöten und Unterversorgung der Bevölkerung sowie daraus resultierender wachsender Unzufriedenheit einherging, kam es bereits am 17. Juni 1916 in der Münchner Innenstadt zu ersten öffentlichen Unmutsäußerungen auf dem Marienplatz, die man als Protestzüge charakterisieren kann.[11] Höhepunkt dieser Entwicklungen war der Winter 1916/17, in dem nicht nur die Nahrungsknappheit einen ungeheuren Umfang erreichte, sondern es auch größere Engpässe im Bereich der Brenn- und Heizmaterialien gab.

Mit wachsender Unzufriedenheit kam es immer wieder zu Protesten und Streiks, so auch im Januar 1918. In nahezu allen großen Fabriken Münchens, insbesondere in den Rüstungsbetrieben, streikten im Rahmen der reichsweiten „Januarstreiks" etwa 5000 Arbeiter und erhoben die Forderung nach der sofortigen Beendigung des Krieges. Am 2. Februar wurden daraufhin zehn führende Personen festgenommen und der Streik gewaltsam niedergeschlagen. Unter den Verhafteten befand sich auch der überzeugte Pazifist und seit 1910 in München weilende USPD-Mann Kurt Eisner (1867–1919).[12]

---

8 FUCHS: „Vom Segen des Krieges" (wie Anm. 115, S. 43), S. 307.

9 Vgl. CARL MUTH: Zum dritten Kriegsjahrgang, in: Hochland 14,1 (Oktober 1916), S. 1–3; MOMMSEN: Die nationalgeschichtliche Umdeutung der christlichen Botschaft im Ersten Weltkrieg (wie Anm. 2, S. 49), S. 257.

10 Vgl. EBD., S. 257f.

11 Vgl. WILFRIED RUDLOFF: Notjahre. Stadtpolitik in Krieg, Inflation und Weltwirtschaftskrise 1914 bis 1933, in: RICHARD BAUER/STADTARCHIV MÜNCHEN (Hg.): Geschichte der Stadt München, München 1992, S. 336–369, hier: S. 341; HEINRICH HILLMAYR: München und die Revolution von 1918/1919. Ein Beitrag zur Strukturanalyse von München am Ende des Ersten Weltkrieges und seiner Funktion bei Entstehung und Ablauf der Revolution, in: KARL BOSL (Hg.): Bayern im Umbruch. Die Revolution von 1918, ihre Voraussetzungen, ihr Verlauf und ihre Folgen, München und Wien 1969, S. 453–504, hier: S. 467.

12 Vgl. O.A.: Streik der Arbeiter, in: Bayerische Staatszeitung 6,28 (2.02.1918), S. 3; BERNHARD GRAU: Kurt Eisner 1867–1919. Eine Biographie. Diss. München 2001, S. 332–340
Kurt Eisner (1867–1919), studierte in Berlin Philologie, Philosophie und Germanistik bevor er ab 1898 als Journalist an verschiedenen Orten und bei verschiedenen Zeitungen tätig wurde. In seiner Zeit in Marburg (1893–1898) wandte er sich der Sozialdemokratie zu und wurde 1898 Redakteur beim Parteiblatt *Vorwärts*, welches er 1905 nach Richtungsstreitigkeiten innerhalb der Partei verlassen musste. Er ging nach Bayern und ließ sich 1910 in München nieder, wo er wieder berufliche und politische Heimat fand. Über die unkritische Haltung der SPD zum Weltkrieg kam es zum politischen Bruch. Der isolierte Eisner radikalisierte sich zunehmend, was im Mai 1917 zur Gründung der USPD in München und zur Initiierung des Januarstreiks 1918 führte. Am 7. November 1918 glückte ihm mit einer kleinen Parteigruppe und einigen Soldaten der politische Umsturz, er übernahm die Regierung, geriet über seinen pragmatischen Realismus gepaart mit einem Willen zu weitreichenden Veränderungen jedoch schnell wieder in die politische Isolation. Kurz nach seiner Wahlniederlage und vor seiner politischen Abdankung wurde er am 21. Februar 1919 ermordet. Ausführlich zu ihm vgl. DERS.: Kurt Eisner 1867–1919 (wie Anm. 12); DERS.: Kurt Eisner,

Durch diese Faktoren wurde die Stimmung in der bayerischen Bevölkerung massiv geprägt. Besonders die großen Mängel bei der Gewährleistung einer ausreichenden Nahrungsmittelversorgung, welche die bayerische Bevölkerung seit 1916 immer wieder betraf, sorgten für eine wachsende Unzufriedenheit gegenüber Verwaltung und Regierung. Zum anderen wuchs gerade in der bayerischen Bevölkerung eine Friedenssehnsucht heran, die noch dadurch verstärkt wurde, dass man den Krieg beziehungsweise dessen Fortführung im preußischen Militarismus begründet und in der Fortführung keinen Nutzen für Bayern sah, da in Aussicht genommene Gebietszugewinne stets im preußischen Interessengebiet gelegen hätten. So wuchs ein bereits latent vorhandener Hass gegen Preußen weiter an und übertrug sich zunehmend auch auf den bayerischen Monarchen und seine Regierung, die als Vasallen oder verlängerter Arm Preußens wahrgenommen wurden. Neben Friedenssehnsucht, akuter Unzufriedenheit mit Regierung und Verwaltung auf Grund regelmäßiger Hungersnöte, trat schlussendlich noch ein Ansehensverlust des bayerischen Königshauses. Dieser geht bereits auf Entwicklungen des 19. Jahrhunderts zurück. So dankten sowohl Ludwig I. (1848), als auch Ludwig II. (1886), letzterer wegen Geisteskrankheit, erzwungenermaßen ab. Auch die danach einsetzende Prinzregentenzeit Luitpolds und Ludwigs, welche durch die Geisteskrankheit Ottos I. bedingt war und mit der fragwürdigen Krönung Ludwigs (Ludwig III.)[13] 1913 abschloss, waren nicht geeignet, das Ansehen der Monarchie wieder zu heben.[14] Im Volk war daher ein breiter werdender Ruf nach Partizipation und Mitbestimmung erwachsen.

Die Enttäuschung in diesen Kreisen wurde noch durch das Scheitern der bereits vor Kriegsausbruch in Bayern angestrebten Verfassungsänderung bestärkt. Bis zuletzt hatte sich hier insbesondere das bayerische *Zentrum* einer solchen Wahl- und Verfassungsreform, die auf eine Anpassung des Wahlrechts an die gesellschaftlichen Entwicklungen der letzten Jahre sowie letztendlich eine Parlamentarisierung der Monarchie abzielte, entgegengestellt. Die Zentrumspolitiker, ähn-

---

die Verfassungsvorstellungen der Sozialdemokratie und der Demokratische Neuanfang 1918/19, in: HORST GEHRINGER/HANS-JOACHIM HECKER/HANS-GEORG HERMANN (Hg.): Demokratie in Bayern. Die Bamberger Verfassung von 1919 (Veröffentlichungen des Stadtarchivs Bamberg 30), Bamberg 2019, S. 63–81; BERNHARD GRAU: „Zuckungen gingen durch ganz Deutschland". Wahlen, Straßenkampf und Verfassungsstreit. Die Zuspitzung der politischen Auseinandersetzung, in: ELISABETH ANGERMAIR/ANDREAS HEUSLER (Hg.): Machtwechsel. München zwischen Oktober 1918 und Juni 1919, München 2020, S. 79–100; DANIEL BAUMANN: „Ein Märtyrer der Revolution". Die Ermordung Kurt Eisners und das Gedenken an den ersten Ministerpräsidenten des Freistaats Bayern, in: ELISABETH ANGERMAIR/ANDREAS HEUSLER (Hg.): Machtwechsel. München zwischen Oktober 1918 und Juni 1919, München 2020, S. 101–126.

13 König Ludwig III. (1845–1921), der letzte König Bayerns, war ab 1913 Prinzregent und wurde durch Verfassungsänderung 1913 anstelle seines geisteskranken Cousins König von Bayern. In dieser Funktion stand er für eine Allianz von Kirche und Staat, was auch die Zentrumspartei einbezog. Ausdruck dieser neuen Allainz war etwa die Einführung des Festes Patrona Bavaria 1916. Vgl. HANS-MICHAEL KÖRNER: Staat und Kirche im Königreich Bayern. Die Kirchenpolitik König Ludwigs III. In: ULRIKE LEUTHEUSSER/HERMANN RUMSCHÖTTEL (Hg.): König Ludwig III. und das Ende der Monarchie in Bayern, München 2014, S. 157–170; HERMANN RUMSCHÖTTEL: „Ein neuer Typ bayerischen Herrschertums". König Ludwig III. von Bayern: Persönlichkeit und Politik, in: ULRIKE LEUTHEUSSER/HERMANN RUMSCHÖTTEL (Hg.): König Ludwig III. und das Ende der Monarchie in Bayern, München 2014, S. 13–32

14 Vgl. KARL-LUDWIG AY: „Es wird aber nicht lange dauern, so wird das Volk aufständig werden". Bayern im Ersten Weltkrieg, in: PETER KIRTZER (Hg.): Unbekanntes Bayern. Politik, Staat und Kirche II, München 1980, S. 9–20; DERS.: Appelle einer Revolution. Dokumente aus Bayern zum Jahr 1918/1919. Das Ende der Monarchie. Das revolutionäre Interregnum. Die Rätezeit (Buch und Bürger / Sonderband), München 1968, S. 11–13.

lich wie der König und weitere konservative Kräfte, fürchteten dabei vor allem einen wachsenden sozialdemokratischen Einfluss, fühlten sich den konservativen Strukturen verbunden und wollten daneben den vorhersehbaren Verlust von Mandaten durch eine anstehende Wahlrechtsreform nicht hinnehmen. Dementsprechend scheiterte der Antrag der bayerischen Sozialdemokraten, vertreten durch Erhard Auer (1874–1945)[15] und Max Süßheim (1876–1933), welche im September 1917 eine umfassende Verfassungsänderung forderten, am 19. Dezember 1917 an der deutlichen Ablehnung des Landtages. Ebenso verhielt es sich in der Debatte um die Einführung des Verhältniswahlrechts in Bayern im Juni 1918. Auch eine allgemein befürwortete Reform der ersten Kammer in Bayern wurde immer wieder vertagt, da vor allem das Zentrum vehement gegen die Wählbarkeit der Kammermitglieder eintrat. Als im Herbst 1918 die Reformen betreffs der Ersten Kammer, des Wahlrechtes und einer Parlamentarisierung zunehmend akut wurden, um innenpolitisch den Bedürfnissen und Interessen von großen Bevölkerungsgruppen zu entsprechen, setzten hierfür erste Überlegungen ein, kamen aber nur zögerlich voran. Erst nach Reformen in Preußen und im Reich und nach dem sicher abzusehenden Kriegsende, konnte man sich in Bayern am 2. November 1918 auf entsprechende Gesetzesentwürfe zur Verfassungsänderungen einigen. Für eine Unterbindung der Revolution kamen diese Maßnahmen schlichtweg zu spät, denn die Zustimmung der Ersten Kammer, welche (nach der Zustimmung der Zweiten Kammer am 6. November) zur endgültigen Umsetzung dieser Reformbestrebungen notwendig gewesen wäre, wurde durch die zuvor einsetzende Revolution obsolet.[16]

Zu dieser allgemeinen in Bayern vorhandenen Stimmung der Unzufriedenheit mit den aktuellen politischen Gegebenheiten, die weitgehend mit der Monarchie und der engen Verknüpfung mit Preußen verbunden wurden, trat in München noch die beschleunigte Industrialisierung, welche hier im Rahmen des Weltkrieges verstärkt eingesetzt hatte. So hatten etwa die Rapp-Motoren-Werke (ab 1917: BMW) ebenso die Krupp AG, welche in München die Bayerischen Geschützwerke begründet hatte, und die Otto-Flugzeugwerke gerade durch die Rüstungsproduktion einen rasanten Aufschwung genommen.[17] So erst hatte sich in München ein wachsendes Proletariat herausgebildet, welches sich durch externe Zuzüge vergrößerte.

Auf der Basis des Dargestellten, konnte die Revolution am Nachmittag des 7. Novembers 1918 nicht weiter überraschen und wurde in politisch informierten Kreisen, angesichts von Kriegsmüdigkeit und den Ankündigungen Eisners, welcher im Oktober 1918 auf Basis seiner Reichstagskandidatur für die USPD aus

15 Erhard Auer (1874–1945) entstammte armen katholischen Verhältnissen und war ab 1896 für die Sozialdemokratie in München aktiv. 1907 wurde er Landessekretär der bayerischen Sozialdemokraten und erwarb ein Landtagsmandat. 1916 übernahm er den Parteivorsitz in München und 1918 in Bayern. Nach der Revolution fungierte er als Minister im Kabinett, unter dem von ihm wenig geschätzten Eisner. Nach dessen Ermordung wurde er im Landtag angeschossen und fiel für knapp zwei Jahre aus. Ab Ende 1921 baute er die *Auergarde* als Saalschutz und später das *Reichsbanner Schwarz-Rot-Gold* analog zu ähnlichen Organen der NSDAP auf. Ausführlich zu ihm vgl. Markus Schmalzl: Erhard Auer, Wegbereiter der Parlamentarischen Demokratie in Bayern (Münchener historische Studien), Kallmünz/Opf. 2013.

16 Zu den Verfassungsreformversuchen in Bayern und vertiefender Literatur hierzu vgl. Markus Schmalzl: Parlamentarische Reformversuche, in: HLB (2008).

17 Vgl. Michaela Karl: Die Münchener Räterepublik. Porträts einer Revolution, Düsseldorf 2008, S. 9; Reinhard Bauer/Ernst Piper: Kleine Geschichte Münchens, München 2008, S. 185f. Georg Reichlmayr: Geschichte der Stadt München, Erfurt 2013, S. 137.

der Haft entlassen worden war, allgemein erwartet.[18] Überraschend war letztlich lediglich die Problemlosigkeit der Umsetzung derselben und dass sich keinerlei Widerstand zur Verteidigung der alten Ordnung regte.

Die Revolution entstand aus einer gemeinsam von USPD, SPD und Gewerkschaften initiierten Friedensdemonstration auf der Theresienwiese am 7. November zu der circa 50.000 Personen gekommen waren. Nach der Kundgebung zog die Mehrheit des Demonstrationszuges zum Friedensengel wo sich die Demonstration auflöste. Eine kleine Gruppe unter der Führung Kurt Eisners, seines späteren Sekretärs Felix Fechenbachs (1894–1933) und des Bauernführers Ludwig Gandorfers (1880–1918) dagegen zog in Richtung der Kasernen und es gelang ihnen ohne Widerstand und unter wachsendem Zustrom von Soldaten, die Kasernen sowie zentrale Einrichtungen in München zu besetzen.

Noch am selben Abend floh König Ludwig III. aus München und im Mathäserbräu konstituierte sich ein Arbeiter- und Soldatenrat unter der Führung Eisners, der noch in derselben Nacht den Freistaat Bayern proklamierte sowie bald stattfindende Wahlen ankündigte. Bis zur konstituierenden Nationalversammlung wurde ein provisorischer Nationalrat aus USPD, BB und SPD, die sich der neuen Tatsachenlage fügte, damit ihr die Arbeiterbewegung nicht entglitt, sowie den Rätegremien gebildet. In der Folge bildeten sich auch in anderen Städten und Regionen Bayerns lokale Bauern-, Arbeiter- und Soldatenräte.[19]

Die Regierung Eisner suchte separate bayerische Friedensverhandlungen mit den Alliierten und räumte hierzu die Kriegsschuld Deutschlands ein, indem Eisner am 24. November 1918 in der Presse geheime Regierungsdokumente offenlegte.[20] Besonders dieser Schritt machte Eisner in nationalistischen Kreisen Deutschlands zur persona non grata.[21] Daneben gelang der Regierung Eisner die Durchsetzung des Achtstundentages, die Aufhebung der geistlichen Schulaufsicht und die Einführung des allgemeinen und gleichen Wahlrechts in Bayern. Sozialistische Maßnahmen oder Enteignungsideen dagegen spielten für den Pragmatiker Eisner kaum eine Rolle.

Bei den ersten Wahlen in Bayern am 12. Januar 1919 erlitt die USPD und somit die Regierung Eisner dennoch eine verheerende Niederlage und konnte in München nur 5% und in Bayern lediglich etwa 3% der Stimmen gewinnen. Angesichts der unklaren Verhältnisbestimmung von Rätegremien und Landtag beziehungsweise Nationalversammlung – auch unter den USPD-Politikern –, dauerte es

---

18 Vgl. PETER KRITZER: „... Und als Republikaner aufgewacht". Die bayerische Revolution von 1918 und die Folgen, in: PETER KIRTZER (Hg.): Unbekanntes Bayern. Politik, Staat und Kirche II, München 1980, S. 21–32, hier: S. 21f. und 26; ANGELA HERMANN: Im Visier der Diplomaten. Nuntiatur- und Gesandtschaftsberichte zur Münchner Revolutions- und Rätezeit, in: ANTONIA LEUGERS (Hg.): Zwischen Revolutionsschock und Schulddebatte. Münchner Katholizismus und Protestantismus im 20. Jahrhundert (theologie.geschichte 7), Saarbrücken 2013, S. 31–58, hier: S. 34–36.

19 Gelungene Darstellungen und Abhandlungen zur Revolution in Bayern: GEORG KÖGLMEIER: Die zentralen Rätegremien in Bayern 1918/19. Legitimation – Organisation – Funktion (Schriftenreihe zur bayerischen Landesgeschichte 135), München 2001; ALLAN MITCHELL: Revolution in Bayern 1918/1919. Die Eisner-Regierung und die Räterepublik, München 1967; GEYER: Verkehrte Welt (wie Anm. 28, S. 15); KARL BOSL (Hg.): Bayern im Umbruch. Die Revolution von 1918, ihre Voraussetzungen, ihr Verlauf und ihre Folgen, München und Wien 1969; AY: Appelle einer Revolution (wie Anm. 14, S. 52).

20 Zur Motivation Eisners hierbei, die Entente von der Aufrichtigkeit der neuen Regierung beim erstrebten Neuanfang in Deutschland zu überzeugen, und den Folgen dieser Handlung vgl. auch GRAU: Kurt Eisner 1867–1919 (wie Anm. 12, S. 51), S. 386–403.

21 Vgl. FRIEDRICH HITZER: Anton Graf Arco. Das Attentat auf Kurt Eisner und die Schüsse im Landtag, München 1988, S. 13.

noch einige Zeit bis zum geplanten Rücktritt Eisners, der jedoch durch seine kurz zuvor erfolgte Ermordung nicht mehr zustande kam.[22]

1 Bürgerliche Aufbrüche in die Republik

1992 stellte Hans-Joachim Bieber fest, dass das Bürgertum in der Darstellung der Revolutionsereignisse oftmals außer acht gelassen würde. Seiner Meinung nach scheint hier immer noch das

> „zeitgenössische Urteil vorzuherrschen, es [das Bürgertum] habe mit der Machtübernahme der Arbeiter- und Soldatenräte im November 1918 die politische Bühne verlassen, ‚nur Angst' gehabt und sich ‚vollkommen tot' gestellt, sei ‚wie betäubt' gewesen und erst anläßlich der Wahl der Nationalversammlung im Januar 1919 wieder hervorgetreten."[23]

Dieses Urteil konnte Bieber in seiner Untersuchung weiter ausdifferenzieren und aufzeigen, wie seines Erachtens das Münchner Bürgertum in diese Verhaltensmuster gelangt sei: Während zunächst Zurückhaltung und Besorgnis überwogen habe, mit denen man dem „Aufstand der Massen", den man als überwältigend empfand, gegenüberstand, seien die politische Meinungsäußerung der Arbeiter von vielen ernst genommen und als Tatsachenlage akzeptiert worden. Daher hätten auch zahlreiche bürgerliche Kräfte „begeisterungslos" am Neuaufbau oder zumindest in den aktuellen Problemlagen ausgeholfen. Sehr schnell habe dann die empfundene Übermacht der Arbeiterschaft ein Gefühl „völliger Schutzlosigkeit und permanenter Bedrohung" bewirkt. Dies habe letztlich die bereits angedeutete „Lethargie" hervorgerufen, welche durch den Mangel an „politischer Einflußnahme" bedingt worden sei.[24]

Diese Einschätzung Biebers trifft in München nur bedingt zu. Neben einer großen Passivität bürgerlicher Kräfte angesichts der neuen Situation nach der Revolution gab es eben auch – gerade in der Anfangszeit – eine begeisterte Aufbruchsstimmung in bürgerlichen Kreisen. Die später oftmals konstatierte Unzufriedenheit mit der Revolution war keineswegs eine kollektive, sondern vielmehr waren zunächst breite Kreise zur Zusammenarbeit mit der Regierung Eisner bereit und es herrschte vielfach eine „geistige Aufbruchstimmung".[25]

1.1 Pazifismus und Demokratiebegeisterung in Münchens Bürgertum und an der Hochschule

Bereits am 14. November 1914 hatte sich, neben der seit 1892 bestehenden *Deutschen Friedensgesellschaft*, der *Bund Neues Vaterland*, eine pazifistische bürgerliche Gruppierung, gegründet. Dieser gehörten auch Kurt Eisner, der Münchner

22 Zur Revolution in München und über deren Ablauf vgl. auch etwa: HARTMANN: Bayerns Weg in die Gegenwart (wie Anm. 108, S. 41), S. 459–475; BERND MOLLENHAUER: Zwischen Monarchie und Münchner Freiheit. München zwischen den Weltkriegen, München 2010, S. 25–30; REICHLMAYR: Geschichte der Stadt München (wie Anm. 17, S. 53), S. 139–143; RICHARD BAUER: Geschichte Münchens. Vom Mittelalter bis zur Gegenwart, 2. Aufl., München 2008, S. 138–145; BAUER/PIPER: Kleine Geschichte Münchens (wie Anm. 17, S. 53), S. 185–198.

23 BIEBER: Bürgertum in der Revolution (wie Anm. 66, S. 29), S. 9.

24 Vgl. EBD., S. 50f.

25 EBERHARD KOLB: Vorwort, in: GERHARD SCHMOLZE (Hg.): Revolution und Räterepublik in München 1918/19 in Augenzeugenberichten, München 1978, S. 9–12, hier: S. 10.

Professor Ludwig Quidde, der Literat Gustav Landauer und ohne formelle Mitgliedschaft der Pädagogikprofessor Friedrich Wilhelm Foerster (1869–1966)[26] an. Man stritt für eine Verfassungsreform auf demokratischer Grundlage und suchte sich für den Frieden stark zu machen, da man nicht an die Unschuld Deutschlands beim Zustandekommen des Weltkrieges glaubte. Daher wurde der Bund reichsweit unterdrückt und verschwand mit dem Verbot jeder Betätigung 1916 in die Illegalität.[27] Fortgesetzt wurden diese Bemühungen von der *Zentralstelle für Völkerrecht*, die am 25. August 1916 begründet wurde und der erneut Foerster und Quidde sowie daneben der Philosophieprofessor Ernst von Aster (1880–1948) angehörten.[28] Daneben bildete sich im Juni 1916 die liberale, bürgerliche *Vereinigung Gleichgesinnter*, der neben Foerster und Aster auch der katholische Diplomat Johann Wilhelm Muehlon (1878–1944) beitrat.[29]

Im Sommer 1916 kam es dann an der Münchner Hochschule zur Auseinandersetzung zwischen den staatstragenden und den gemäßigten, tendenziell demokratischen Kräften. Ausgangspunkt hierbei waren die kritische Auseinandersetzung Foersters mit der deutschen Kriegspolitik und führenden Persönlichkeiten Deutschlands, vor allem aber seine Kritik an Bismarck. In der Folge protestierten der deutschen Vaterlandspartei nahestehende Kräfte gegen Foerster, was diesem ein von der bayerischen Regierung verhängtes zweisemestriges Vorlesungsverbot einbrachte. Die Konflikte um seine Person setzten sich im Folgejahr nach seiner Rückkehr aus der Schweiz mit größerer Aktualität fort, als seine Vorlesungen regelmäßig von Zustimmungs- und Protestdemonstrationen begleitet wurden.[30]

Bürgerliche Pazifisten und demokratisch gesinnte Kräfte wie Foerster waren spätestens jetzt keinesfalls mehr absolute Außenseiter,[31] sondern wurden vielmehr durch große Teile der ortsanwesenden Studentenschaft, der Foerster durch gemeinsames soziales Engagement und durch Anregungen zur Gründung einer Selbstverwaltung überaus nahestand, unterstützt.[32]

---

26 Friedrich Wilhelm Foerster (1869–1966) wurde nach umfassender akademischer Bildung 1914 Pädagogikprofessor in München. Er war bekennender Pazifist, Reformpädagoge und unmittelbar nach der Revolution bayerischer Gesandter in der Schweiz. Von den Nationalisten bedroht legte er 1922 sein Lehramt nieder und setzte sich in die Schweiz ab. Zu ihm vgl. BRUNO HIPLER: Friedrich Wilhelm Foerster (1869–1966), in: StdZ 208 (1990), S. 113–124; Friedrich Wilhelm Förster, in: Kritische Online-Edition der Nuntiaturberichte von 1917–1929, URL: http://pacelli-edition.de/ (besucht am 07. 01. 2018).

27 Vgl. WOLFGANG BENZ: Der „Fall Muehlon". Bürgerliche Opposition im Obrigkeitsstaat während des Ersten Weltkrieges, in: Vierteljahrshefte für Zeitgeschichte 18,4 (1970), S. 343–365, hier: S. 344–346.

28 Vgl. den Brief des Rektorats der LMU an das Staatsministerium des Innern für Kirchen- und Schulangelegenheiten vom 21.06.1917, UA-M D-XVII-100.

29 Vgl. BENZ: Der „Fall Muehlon" (wie Anm. 27), S. 356.

30 O.A.: Akademische Kriegschronik, in: Die Hochschule 1 (11/12 1917), S. 64.

31 Dies nimmt etwa Töpfner an, der jedoch lediglich die Professorenschaft als Vergleichsobjekt heranzog: KURT TÖPNER: Zusammenbruch und staatlicher Neuaufbau nach 1918 im Urteil deutscher Hochschullehrer. Ein Beitrag zum Zeitgeist der frühen Weimarer Republik, Erlangen und Nürnberg 1966, S. 72f.

32 So wurden seine Vorlesungen im WiSe 1917/18 von circa 180 immatrikulierten Studierenden – darunter die Hälfte Frauen – besucht. Vgl. Senatsniederschrift LMU vom 15.12.1917, UA-M D-III-92. Zu seinem Rückhalt in der Studentenschaft und der Unterstützung derselben vgl. ALOYS FISCHER: Die wirtschaftliche Lage der Studentenschaft Münchens und die Bedeutung der Studentenfürsorge. Mit einem Anhang: Die studentische Wirtschaftsfürsorge des Vereins Studentenhaus München, München 1921, S. 27 sowie Senatsniederschrift der LMU vom 2.02.1918, UA-M D-III-93.

Daher verwundert es nicht, wenn eine der ersten allgemeinen Studentenversammlungen der LMU am 25. Januar 1918 vom Senat als unter dem Einfluss von Professor Foerster stehend charakterisiert wurde.[33] Dies wohl vor allem deswegen, da die Versammlung eine demokratisch legitimierte studentische Selbstverwaltung, einen *Allgemeinen Studentenausschusss* (AStA), sowie eine Aufhebung des restriktiven Vereins- und Versammlungsrechtes für Studierende forderte und sich mehrheitlich gegen Agitationen der deutschen Vaterlandspartei an der Universität wandte.[34] Maßgeblich bestimmt wurde diese Versammlung vom *Akademisch sozialen Ausschuss*, der von Vertretern der katholischen Korporationen, dem *katholischen Akademikerausschuss*, der *Freien Studentenschaft* (Zusammenschluss von nichtkorporationsmäßig organisierten Studierenden) und einer Gruppe der Nichtinkorporierten dominiert wurde.

Dagegen standen gegen Foerster rechtskonservative Gruppen, die in studentischen Kreisen hauptsächlich aus waffenstudentischen Kreisen kamen und der Deutschen Vaterlandspartei nahestanden. Anfeindungen gegen Foerster, die ihm immer wieder seine Legitimation als Deutscher und Hochschulprofessor absprachen, wurden etwa in der *Deutschen Hochschulzeitung* offen vertreten. [35]

Im Februar 1918 kam es dann zu heftigen Diskussionen im Senat der LMU über das weitere Vorgehen mit beziehungsweise gegen Foerster, den ein großer Teil der etablierten Professorenschaft als „eine Schande für die Universität" ansah und daher die Forderung aufkam, öffentlich zu erklären: „Wir bedauern es, dass wir mit dem Prof. Foerster [...] zusammen arbeiten müssen."[36] Eine Mehrheit für derartige öffentliche Erklärungen konnte man im Senat jedoch nicht erringen, da man fürchtete, hiermit den pazifistischen Positionen Foersters unnötige öffentliche Aufmerksamkeit zukommen zu lassen und sich daneben bewusst war, dass eine Mehrheit der Studenten und Dozenten hinter Foerster stand.[37] Man entschied sich stattdessen dafür, beim Ministerium verstärkt für eine zweite Professur in Foersters Fachbereich einzutreten und diesem die weiteren Maßnahmen gegen Foerster zu überlassen.[38] Aus den dargestellten Gründen beschloss der Senat im Mai, die Sache vorerst auf sich beruhen zu lassen.[39]

Schon hier ist abzusehen, dass Münchens Studentenschaft bereits während des Krieges über pazifistische Themen innerhalb der Kriegszieldiskussion und über die Frage von demokratischen Mitbestimmungsrechten in heftige Konflikte, auch mit der Professorenschaft, geriet.

Des weiteren verwundert es auf der Basis des bisher Dargestellten nicht, dass Foerster sich zur Zusammenarbeit mit der Regierung Eisner bereiterklärte, die ähnlich wie er selbst einen schnellen Frieden mit den Alliierten unter Eingestehung deutscher Kriegsschuld anstrebte. Eisner bestellte Foerster zum bayerischen Gesandten in der Schweiz.

33 Vgl. Bericht des Rektorats der LMU an das Staatsministerium des Innern für Kirchen- und Schulangelenheiten vom 07.02.1918, UA-M G-XIX-3.

34 Vgl. den Bericht über die Allgemeine Studentenversammlung der LMU vom 25.01.1918 sowie den genannten Bericht des Rektorats vom 07.02.1918, UA-M G-XIX-3.

35 BENNO IMENDÖRFFER: Und abermals Herr Professor Friedrich Wilhelm Foerster, in: Deutsche Hochschulzeitung 10,1/12 (1918), S. 1f.

36 Senatsniederschrift der LMU vom 2.02.1918, UA-M D-III-93.

37 Vgl. EBD. Ähnlich der Bericht des Rektorats der LMU an das Staatsministerium des Innern für Kirchen- und Schulangelegenheiten vom 21.06.1917, UA-M D-XVII-100. Hier wurde bereits vorgeschlagen einen Foerster ergänzenden Professor einzustellen.

38 Vgl. Senatsniederschrift der LMU vom 2.02.1918, UA-M D-III-93.

39 Vgl. Senatsniederschrift der LMU vom 15.05.1918, UA-M D-III-93.

Aber auch jenseits des Falles Foerster, in dem es den Studenten neben eigenen Mitbestimmungsrechten und einer schnellen Beendigung des Krieges auch um die universitäre Lehrfreiheit ging, lassen sich in den Tagen nach der Revolution – neben der von Bieber diagnostizierten Passivität – zahlreiche Zeugnisse für eine aktive Bereitschaft aus akademischen Kreisen Münchens zur teils begeisterten Mitgestaltung der neuen Republik erkennen. Hierbei stand man jedoch in der Regel sozialistischen Bestrebungen sowie insbesondere der USPD äußerst kritisch gegenüber.

So äußerte etwa der aus gutbürgerlicher Münchner Familie stammende Philologiestudent, Kriegsheimkehrer und spätere Schriftsteller Eugen Gürster (1895–1980) in der sozialdemokratisch geprägten *Münchener Post* (MP):

> „Ich bin überzeugt, daß wir Akademiker in der ersten Reihe derer stehen, die sich der Errungenschaften der Revolution zu freuen haben. Hinter jedem von uns liegen neun Jahre einer geistigen Knechtschaft auf den Gymnasien, die gerade die selbständigsten und frischesten Köpfe am meisten niederdrückte. Ganz zu schweigen von der Bevormundung in Dingen der Religion [...]. Wie es mit der geistigen Freiheit auf der Hochschule zuweilen bestellt war, erlebten wir noch vor zwei Jahren an der Behandlung des Universitätsprofessors Foerster schaudernd. [...] Persönliche Empfindlichkeit soll in diesen Tagen, da es um unseres Landes Freiheit geht, nicht mitentscheiden. Neutralität ist jetzt Verbrechen, jetzt, wo helle Köpfe und helle Herzen an die geistige Front müssen.“[40]

Nicht ganz so optimistisch formulierte eine Gruppe hochgestellter liberaler Akademiker einen Aufruf an die „Allgemeinheit der ‚Geistigen Arbeiter'“ in den *Münchner Neuesten Nachrichten* (MNN). Die Gruppe um den katholischen liberalen Politiker Lujo Brentano (1844–1931),[41] den katholischen Ingenieur Oskar von Miller (1855–1934) und den Literaten und Freimaurer Franz Carl Endres (1878–1954), die sich angeblich auf die Sympathie von 4000 Münchner Intellektuellen stützen konnte,[42] wollte „ihre ganze Kraft“ der neuen Regierung zur Verfügung stellen und forderte dazu auf, es ihnen gleichzutun jedoch vornehmlich hinsichtlich der Erhaltung der „Kulturerrungenschaften der Vergangenheit“ sowie des Schutzes „der persönlichen Freiheit und des Eigentums“. Dabei zielte man auf die „Hebung aller Schichten“ ab,[43] wollte also eine größere Partizipation an der bürgerlichen Lebensweise und Bildung ermöglichen. Primär jedoch suchte man bürgerliche Errungenschaften sowie den eigenen Status in der neuen Zeit zu erhalten und betrachtete daher die aktive Mitarbeit als unerlässlich.

1.2 Das Verhältnis der Münchner Studentenschaft zur Revolution und zu Eisner

Auch die Münchner Studentenschaft erklärte auf einer Allgemeinen Studentenversammlung kurz nach der Revolution, „sich in den Dienst der öffentlichen Ordnung und Sicherheit zu stellen“ und sich „der politischen Stellungnahme [zu enthalten]“, dafür aber der Regierung einen „bewaffneten Schutzdienst zur Verfügung zu stel-

40 EUGEN GÜRSTER: Die Studierenden und die Revolution, in: MP 32,284 (05.12.1918), S. 1.

41 Lujo Brentano (1844–1931) entstammte einer prominenten katholischen Akademikerfamilie und durchlief eine umfangreiche akademische Bildung. So bekleidete er an verschiedenen Universitäten den Lehrstuhl für Nationalökonomie, ab 1891 in München. Er git als Sozialreformer und stand politisch den Liberalen nahe. Vgl. FRIEDRICH ZAHN: Brentano, Lujo, in: NDB 2 (1955), S. 596f.

42 Vgl. BIEBER: Bürgertum in der Revolution (wie Anm. 66, S. 29), S. 127.

43 O.A.: An die Allgemeinheit der „Geistigen Arbeiter“, in: MNN 71,573 (13.11.1918), S. 2.

len".[44] Nachdem es aus Regierungskreisen hierzu ablehnend hieß, die Ordnung sei sichergestellt, sah die Studentenschaft jedoch von diesem Unterfangen ab.[45]

Dennoch beschloss man bereits auf der *Allgemeinen Studentenversammlung* am 16. November die Gründung eines demokratisch gebildeten AStA, lehnte jedoch weitergehende Anträge ab, die etwa durch den Anarchisten Erich Mühsam (1878–1934) eingebracht wurden. Erich Mühsam war dabei durch den Arbeiter- und Soldatenrat entsandt worden, um die Studierenden für die Revolution und die Ideen der USPD zu begeistern. Die Errichtung des AStA wurde dabei durch Rektor und Senat der LMU gutgeheißen, da man hierin eine demokratisch legitimierte Bastion gegen linke Agitationen an der Universität erblickte.[46]

Bei den ersten Wahlen zum AStA an der LMU am 11. Dezember 1918 setzten sich dann die alten Korporationen an die Spitze, konnten aber kein großes Bündnis bilden, da zahlreiche Studierende ihre Fachvertreter wählten und die Münchner Burschenschaften sowie die jüdischen Verbindungen keine Einigung mit den anderen Korporationen erreichten. Die katholischen Listen (Korporationen und nicht Korporierte) bildeten eine Listenvereinigung gemeinsam mit dem *Waffenring*, den Kriegsteilnehmern und dem *Akademischen Gesangsverein München* (AGV) und konnten somit über 41% der Stimmen auf sich vereinigen. Tendenziell konservative Kräfte begannen also sich gegen weitere revolutionäre Maßnahmen an der Universität zusammenzuschließen.

Abbildung 10: AStA Wahlen an der LMU 11.12.1918[47]

Liste	Stimmen	Prozent
Deutsche Burschenschaft	22	1,04%
Münchner Freie Studentenschaft	376	17,73%
Freie Vereinigung kath. Studierender	158	7,45%
Kath. Studentenkorporationen	227	10,70%
Münchner Burschenschaften	75	3,54%
Block aufbauender Studierender	121	5,70%
Münchner Medizinstudierende	363	17,11%
Jüdisches Korps Licania	137	6,46%
Chemiker und Pharmazeuten	56	2,64%
Waffenring	171	8,06%
Nichtinkorporierte und Kriegsteilnehmer	198	9,34%
Akademischer Gesangsverein	127	5,99%
Akademische Arbeitsgemeinschaft	54	2,55%
Tierärztliche Gruppe	36	1,70%
Summe / Wahlbeteiligung	2121	ca. 70%

44 Zeitungsausschnitt O.A.: Bereitschaft der Studierenden zum Schutz der öffentlichen Ordnung, 9.11.1918, UA-M G-XVI-7. Vgl. auch: FRANZ XAVER HECHT: Die Studentenschaft sendet uns folgende Bekanntgabe, in: MNN 71,569 (11.11.1918), S. 3.

45 Vgl. EBD.

46 Bekanntmachung des Rektors der LMU Baeumker vom 14.11.1918 und Bericht über die Versammlung am 16.11.1918 sowie die Genehmigung des Rektors vom 26.11.1918, UA-M G-XIX-6; Siehe auch: ULRICH LINSE: Hochschulrevolution. Zur Ideologie und Praxis sozialistischer Studentengruppen während der deutschen Revolutionszeit 1918/19, in: Archiv für Sozialgeschichte 14 (1974), S. 1–114, hier: S. 73f.

Während nahezu alle Kräfte einige Reformen an der Hochschule anstrebten, wie etwa die Vereins- und Versammlungsfreiheit, welche auch vom Senat unterstützt wurden,[48] kann man reformerische bis revolutionäre sowie uneingeschränkt republikanische Grundeinstellungen lediglich bei der *Freien Studentenschaft* sowie dem *Block aufbauender Studierender* ausmachen (etwa 23% der Studierenden). Letzterer agierte hierbei noch einmal deutlich radikaler, war grundsätzlich bereit auch gegen die Mehrheit der anderen Akademiker vorzugehen und neigte der Regierung Eisner zu. Zunehmend wurde die Stellung von Münchens Akademikern nun durch Polemisierung und Grabenkämpfe zwischen reformerischen und konservativen Kräften bestimmt.

Bedingt wurde dies auch dadurch, dass es noch am 21. Februar 1919, also nur wenige Stunden nach der Ermordung Eisners durch den Studenten Anton Graf von Arco (1897–1945)[49] zu tumulthaften Szenen in der Landeshauptstadt kam. Der erstmals zusammengekommene Landtag löste sich fluchtartig auf, als der Metzger Alois Lindner Schüsse auf SPD-Abgeordnete, die er für den Mord verantwortlich machte, abgab. Veranlasst durch den Zentralrat versammelten sich die Arbeiter, proklamierten einen dreitägigen Generalstreik und besetzten bürgerliche Zeitungen und ihre Verlagshäuser. In der Folge kam das öffentliche Leben Münchens für drei Tage zum Erliegen. Daneben wurden ernsthafte Anschuldigungen gegen Münchens Akademiker, aus deren Reihen Arco stammte, erhoben, und es kam in der Folge zu Konflikten rund um die Hochschule. Bereits am 22. Februar schloss Rektor Clemens Baeumker[50] daher „um der Sicherheit von Universität und Studenten willen“ die Universität. Senator Professor Friedrich Wilhelm Freiherr von Bissing[51] sowie der Rektor wurden kurzfristig, im Rahmen der vom Zentralrat am 22. Februar beschlossenen Schutzhaften aus bürgerlichen Kreisen – zum Schutz vor Konterrevolutionen –, verhaftet und vernommen.[52]Auch einige studentischen Korporationen – wie etwa die katholischen CV-Verbindungen oder die tendenziell konservativen und sich weitgehend aus Großbürgertum und Adel rekrutierenden Corps – hatten „Geiseln“ zu stellen,[53] bis der Beschluss am 6. März aufgehoben und die verbliebenen zwölf Geiseln freigelassen wurden.[54] Rektor und Senat distanzierten sich in diesem Kontext öffentlich vom Mord an Eisner und sprachen im Namen der Universität ihre „rückhaltlose Verurteilung“ desselben in der Ta-

47 Datenmaterial entnommen aus: UA-M G-XIX-9.

48 Vgl. Senatsniederschrift der LMU vom 25.01.1919, UA-M D-III-93.

49 Anton Graf von Arco (1897–1945), studierte nach der Kriegsteilnahme in München Jura. Nach der Ermordung Eisners saß er bis zum Frühjahr 1924 seine „lebenslange“ Haftstrafe ab und hatte danach im öffentlichen Leben keine größere Bedeutung mehr. Zu ihm vgl. HITZER: Anton Graf Arco (wie Anm. 21, S. 54).

50 Clemens Baeumker (1853–1924), katholischer Philosoph und Philosophiehistoriker, stammte aus bürgerlicher Familie und erlangte seine erste Professur 1883 in Breslau durch Förderung Georg von Hertlings, nach Stationen in Bonn und Straßburg wurde er 1912 dessen Nachfolger in München und zugleich Mitglied der Bayerischen Akademie der Wissenschaften. Vgl. MARTIN GRABMANN: Baeumker, Clemens, in: NDB 1 (1953), S. 533f.

51 Friedrich Wilhelm Freiherr von Bissing (1873–1956), Philologe und Ägyptologe, stammte aus preußisch-lutherischem Adel und war seit 1905 Ordinarius an der LMU. 1922 wurde er nach Utrecht berufen und lehrte dort bis zu seiner Emeritierung 1926.

52 Vgl. Senatsniederschrift der LMU vom 25.02.1919, UA-M D-III-93.

53 Vgl. O.A.: München MCV, in: Academia 31,12 (15.04.1919), S. 339; PHILISTERVEREIN LANGOBARDIA (Hg.): 100 Jahre Katholische Deutsche Studentenverbindung Langobardia München zu Bayreuth im CV. 1903–2003. Eine Chronik, Bayreuth 2006, S. 67.

54 Vgl. KÖGLMEIER: Die zentralen Rätegremien in Bayern 1918/19 (wie Anm. 19, S. 54), S. 311.

gespresse aus.[55] Auch die Münchner Corps fühlten sich bemüßigt, verlauten zu lassen, dass Arco kein Mitglied bei ihnen sei, wohingegen die Presseabteilung des Zentralrates ergänzte, dass „das keineswegs für eine Besserung der Beziehungen zwischen den studentischen Korps und der Revolution" spräche.[56]

Diese angespannte Stimmung wurde auch dadurch deutlich, dass der Senat gegen die erzwungene rote Beflaggung der LMU, die bis zur Beerdigung Eisners aufrecht erhalten bleiben sollte, heftigen Protest bei der Regierung erhob und an der Beerdigung Eisners nur auf ausdrückliche Einladung und auch nur in Vertretung durch den Rektor teilnehmen wollte.[57]

Die *Hochschulgruppe sozialistischer Akademiker* blickte angesichts derart negativer Urteile über Eisner überaus kritisch auf ihr akademisches Umfeld und rief in dieses hinein: „Macht Euch frei von eingetrichterten nationalistisch-egoistischen Vorurteilen".[58] Kurz darauf brach man alle Kontakte zu studentischen Gremien ab und distanzierte sich von allen übrigen Studierenden angesichts des Mordes an Eisner und der teils freudigen Aufnahme desselben in studentischen Kreisen. Zeitgleich entsandte diese Gruppierung drei Vertreter in den *Münchener Arbeiterrat* und zwar: Den aus der Jugendbewegung stammenden Reformpädagogen Paul Reiner (1886–1932), die Pazifistin und Frauenrechtlerin Gertrud Baer (1890–1981) und den aus der Wandervogelbewegung stammenden protestantischen Medizinstudenten Wilhelm Hagen (1893–1982). Man erhob Forderungen nach „Sozialisierung und gründliche[r] Reform der Hochschulen" sowie dem Verbot und der Enteignung aller studentischen Verbindungen.[59] Die Studentenschaft betrachtete man in diesen studentischen Kreisen weitgehend realistisch als „Hort der Reaktion" und „Stütze der bestehenden Ordnung", da man lediglich um die „Erhaltung seiner Stellung" bemüht sei.[60]

Die restliche Studentenschaft trieb währenddessen die bereits vor dem Weltkrieg in der Freistudentenschaft und in reformpädagogischen Kreisen virulenten Gedanken um eine Reform der Hochschule weiter voran.[61] Maßgeblich beteiligt waren dann auch nach dem Krieg die Freistudentenschaft sowie sozialistische Akademiker.

Um den Studenten dann endlich eine Stimme in den wichtiger werdenden Rätegremien Münchens zu geben, bildete sich am 5. April ein vorläufiger Studentenrat, dem der Vorsitzende des AStA, der Jurastudent Maximilian Bernhuber, der Sprecher des Kriegsteilnehmerverbandes, der katholische Pharmaziestudent Fritz Ferchl (1892–1953), und der Staatswirtschaftsstudent Max Zwickl angehörten. Der Senat billigte dieses Vorgehen und stellte diesem Gremium Professor Ro-

---

55 O.A.: Verwahrung der Universität München, in: MP 33,47/48 (27.02.1919), S.4; REKTOR UND SENAT DER UNIVERSITÄT: Die Universität und der Mord an Eisner, in: Münchener Zeitung 28,52 (27.02.1919), S. 3; O.A.: Die Studentenschaft und die jüngsten politischen Ereignisse, in: MNN 72,94 (27.02.1919), S. 2.

56 EDWIN FELS/PRESSEABTEILUNG DES ZENTRALRATES: Graf Arco kein Korpsstudent, in: Münchener Zeitung 28,52 (27.02.1919), S. 3; O.A.: Die Studentenschaft und die jüngsten politischen Ereignisse, in: MNN 72,94 (27.02.1919), S. 2; O.A.: Richtigstellung, in: MAA Nr. 95 (28.2.1919), S. 4.

57 Vgl. Senatsniederschrift der LMU vom 25.02.1919, UA-M D-III-93.

58 O.A.: Der Block aufbauender Studierender der Münchener Universität, in: BK 63,52/58 (27.02.1919), S. 4.

59 Vgl. GRUPPE SOZIALISTISCHER AKADEMIKER u. a.: Jugend!, in: Neue Zeitung 1,53 (23.02.1919), S. 2; ADOLF SEIFER: Die Münchener Studentenschaft und die jüngsten politischen Ereignisse, in: Danubenzeitung 2 (15.03.1919), S. 5–8.

60 OTTO HAUSDORFF: Hochschule und Sozialismus, in: Neue Zeitung 1,71 (17.03.1919), S. 2f.

61 Vgl. LINSE: Hochschulrevolution (wie Anm. 46, S. 59), S. 6–8.

thenbücher[62] und Professor Bonn[63] beratend zur Seite. Man hoffte mit diesem Gremium eine gemeinsame Aufnahme in den Zentralrat zu erlangen und so einer Sozialisierung von oben zuvorzukommen.[64] Dies gelang auch durch die Bestätigung durch den für die Belange der Akademiker zuständigen Friedrich Muckle,[65] der jedoch zugleich die Forderung nach Absetzung des Senats erhob und dessen angebliche Absetzung durch den Studentenrat in der Presse verbreitete.[66]

Dagegen wandte sich am 7. April – dem Tag der Ausrufung der Bayerischen Räterepublik durch den Zentralrat – der *revolutionäre Hochschulrat*. Dieser bestand aus dem schon erwähnten Wilhelm Hagen, daneben die aus katholischer Familie stammenden Studierenden der Staatswirtschaft Max Zillibiller (1896–1970)[67] und der Philosophie Egon Wertheimer (1894–1957) – der Sekretär von Eisners Finanzminister Professor Edgar Jaffe – sowie dem Schriftsteller Max Fischer, dem konfessionslosen Staatswirtschaftsstudent Alexander Strasser (*1898), dem Jurastudenten Hans Bloch, dem evangelischen Jurastudent Wilhelm Walter Klein (*1899) und als Berater dem außerordentlichen Heidelberger Philosophieprofessor Friedrich Alfred Schmid-Noerr (1877–1969) und dem späteren Rundfunkpionier Kurt von Böckmann (1885–1950). Dieser Rat forderte eine radikale Reform der Hochschule im sozialistischen Geiste und wurde nach Meinung des

---

62 Karl Josef Franz Rothenbücher (1880–1932), stammte aus Münchner katholischer bürgerlicher Familie, studierte in München und Berlin, habilitierte sich 1908 mit der Arbeit „Die Trennung von Kirche und Staat“ und war danach als Dozent für Staats- und Kirchenrecht in München tätig (ab 1910 als Professor). Der Weimarer Republik stand er positiv gegenüber, weswegen er der DDP zuneigte, 1924 von Kahr des Hochverrats beschuldigte und im gleichen Jahr das bayerische Konkordat als zu kirchenfreundlich kritisierte. Vgl. MARTIN OTTO: Rothenbücher, Karl, in: NDB 22 (2005), S. 120f.

63 Moritz Julius Bonn (1873–1965), jüdischstämmiger Nationalökonom, war ab 1910 der erste Direktor der Handelshochschule München bis er 1920 nach Berlin wechselte. Als Finanzexperte war er bei der Aushandlung der Friedensverträge 1919 und 1920 zugegen und wirkte auch danach oftmals als Berater der Reichsregierung. Nach der Machtübernahme durch die Nationalsozialisten lebte und wirkte er in England und den USA.

64 Vgl. Senatsniederschrift der LMU vom 05.04.1919, UA-M D-III-93; FRIEDRICH VON MÜLLER: Die Universität München während der dritten Revolution 5. April bis 1. Mai 1919, München 1919, S. 1.

65 Friedrich Muckle (1883–1941/42) war eigentlich von 1910–1918 Privatdozent für Nationalökonomie in Mannheim, agierte aber nach seiner Kriegsheimkehr als enger Berater Kurt Eisners. Er wurde bayerischer Gesandter in Berlin und vertrat dann als Referent die Akademiker im Staatsministerium. In der Rätezeit war er Vorsitzender des *Zentralrats Geistiger Arbeiter* in München. Vgl. JOACHIM LILLA: Staatsminister, leitende Verwaltungsbeamte und (NS-)Funktionsträger in Bayern 1918 bis 1945. Muckle, Friedrich, 2011, URL: https://verwaltungshandbuch.bayerische-landesbibliothek-online.de/muckle-friedrich (besucht am 30. 11. 2020).

66 Vgl. das Schreiben Ferchls an den Syndikus der LMU vom 9. Mai 1919 und seine Erklärung vom 6. Mai 1919 gegenüber dem Senat sowie weitere Materialien, UA-M G-XVI-9; Siehe auch: MÜLLER: Die Universität München während der dritten Revolution 5. April bis 1. Mai 1919 (wie Anm. 64), S. 2f.

67 Max Zillibiller (1896–1970) studierte nach Besuch der Klosterschule Ettal in München Staatswissenschaften, wandte sich hier dem Sozialismus zu und wurde Mitglied im *revolutionären Hochschulrat*. Für die Agitation in selbigem wurde er im April 1920 der Hochschule verwiesen und wurde Landwirt. Nach dem 2. Weltkrieg wurde er Mitglied der CSU, des Landtags sowie Vorsitzender des Rundfunkrats des Bayerischen Rundfunks. Zu ihm vgl. WILLIAM LUDWIG BISCHOFF: Artists, intellectuals and revolution: Munich 1918–1919, Cambridge 1970, S. 252f. STEFAN SESSLER: Kein Kind seiner Zeit. Max Zillibiller, 2014, URL: https://www.ovb-online.de/bayern/kein-kind-seinerzeit-3515547.html (besucht am 16. 03. 2017).

Rektors von etwa 150 Personen unterstützt.[68] Der *revolutionäre Hochschulrat* versuchte die Hochschule zu schließen, wogegen der Senat bei Landauer und den Angehörigen des *revolutionären Hochschulrates* Verwahrung einlegte und hierbei durch massive studentische Proteste unterstützt wurde.[69]

Noch am gleichen Tag kam es zu einem Treffen zwischen revolutionärem Hochschulrat und den aus gewählten Vertretern der Studentenschaft bestehendem Studentenrat. Diesem Treffen wohnten zusätzlich als Vertreter der Kriegsteilnehmer ein Mitinitiator der Freideutschen Jugend – der Medizinstudent Erwin von Hattingberg (1887–1973) – und als Vertreter der Freien Studentenschaft Werner Günther und der evangelische Staatswirtschaftsstudent, Schriftsteller und DDP-Politiker Werner Mahrholz (1889–1930) ebenso wie von Seite der Lehrenden Professor Friedrich von Müller,[70] Professor Bonn und Professor Rothenbücher bei. Man einigte sich auf eine Fortführung des Universitätsbetriebs sowie eine Studentenversammlung am nächsten Tag, welche jedoch nicht das erwünschte Ergebnis für den *revolutionären Hochschulrat* erbrachte. Vielmehr wurde dieser in der Versammlung abgelehnt, sich seinem Programm lauthals verweigert und stattdessen Stellungnahme für die SPD-Regierung Hoffmann in Bamberg bezogen.[71]

Während der *revolutionäre Hochschulrat* umfangreiche Reformen forderte und mit Legitimation Landauers sein von Schmid-Noerr, dem Reformpädagogen Ludwig Gurlitt (1855–1931) und dem USPD-Anhänger und Schriftsteller Hans Ludwig Held (1885–1954) entworfenes Aktionsprogramm[72] auch umzusetzen gedachte, wandten sich Senat, Dozenten und größere Teile der Studierenden gegen diesen Rat. Man forderte stattdessen die Bildung eines gemeinsamen Aktionsausschusses aller Uni-Angehörigen, welcher dann die Hochschulreform angehen sollte. Dabei legte man besonderen Wert auf die Freiheit der Lehre sowie der Lehrenden und Lernenden „in politischer und wissenschaftlicher Hinsicht".[73] Gegründet wurde dieser Rat schließlich auf der Dozentenversammlung am 9. April, wobei auch den sozialistischen Akademikern zwei der sechs studentischen Sitze zugestanden wurden.[74]

In der Folge kam es am 10. April zum endgültigen Bruch des *revolutionären Hochschulrates* mit der restlichen Studentenschaft und der Universität, da man den Aktionsausschuss ablehnte und auf dem Gebiet der Lehre für eine stärkere sozialistische Ausrichtung focht. Deswegen trat man für die vorübergehende Entlassung aller Dozenten, die Auflösung des Senats sowie verpflichtende Vorlesungen über den Sozialismus ein. Dies wurde vom Großteil der restlichen Studierenden und

68 Vgl. Brief des Rektors der LMU Professor Friedrich Müller an den Prorektor der Universität in Jena vom 15.05.1919, UA-M G-XVI-8.

69 Vgl. Senatsniederschrift der LMU vom 07.04.1919, UA-M D-III-93.

70 Friedrich von Müller (1858–1941), aus einer protestantischen bayerischen Ärztefamilie stammend, studierte auch er in München Medizin, nach Stationen an der Klinik in Würzburg und Berlin sowie als Professor in Bonn, Breslau, Marburg und Basel wurde er 1904 Professor in München und Leiter der 2. Medizinischen Klinik. Er war in seiner Zeit ein weltweit anerkannter Internist. Vgl. EBERHARD J. WORMER: Müller, Friedrich von, in: *Neue Deutsche Biographie* (NDB) 18 (1997), S. 379–381.

71 Vgl. KARL: Die Münchener Räterepublik (wie Anm. 17, S. 53), S. 186; LINSE: Hochschulrevolution (wie Anm. 46, S. 59), S. 88f.

72 LUDWIG GURLITT/FRIEDRICH ALFRED SCHMID NOERR: Revolution der Hochschule, in: Neue Zeitung 1,91 (9.04.1919), S. 2; FRIEDRICH ALFRED SCHMID NOERR: Entwurf einer neuen Hochschulverfassung, München 1919; Vgl. auch LINSE: Hochschulrevolution (wie Anm. 46, S. 59), S. 61f.

73 Senatsniederschrift der LMU vom 09.04.1919, UA-M D-III-93.

74 Vgl. Protokoll der Dozentenversammlung der LMU vom 09.04.1919, UA-M E-VII-41.

Professoren als Angriff auf die Lehrfreiheit verstanden. In der Folge dieses Alleingangs des *revolutionären Hochschulrates* traten Wilhelm Hagen, Egon Wertheimer und Hans Bloch aus selbigem aus und wurden durch den jüdischen Jurastudenten Otto Hausdorf (*1896) und die protestantische Staatswirtschaftsstudentin Gertraud Kästner ersetzt.

Während der Senat weiter an der Bildung eines Aktionsausschusses zur Hochschulreform arbeitete, erzwangen am 15. April Mitglieder des *revolutionären Hochschulrates* die Schlüssel- und damit Machtübergabe vom Senat der Universität.[75] Bereits am Vortag hatten sie den Senat für abgesetzt erklärt.[76] Ab dem 17. April fand eine sozialistische Vorlesungsreihe in der Universität statt. Am 18. April wurde die Universität dann durch den Rektor vorübergehend und am 26. April bis auf weiteres geschlossen und erst nach dem Ende der Räterepublik wiedereröffnet.[77]

Anders gestalteten sich die Abläufe an der THM. Hier gelang es, dem von Gustav Landauer mit der Begründung eines *revolutionären Hochschulrates* betrauten Oswald Beck, das Aktionsprogramm der sozialistischen Akademiker in pragmatischer Zusammenarbeit mit Professorenschaft und Studentenausschuss anzugehen. Zwar lehnten diese weiterhin den Rätegedanken und die Sozialisierung ab, waren jedoch zur pragmatischen Zusammenarbeit bereit, da man bei einer verweigernden Haltung weitergehende Konsequenzen befürchtete. Der AStA der THM sprach Beck daher sein Vertrauen aus und Beck kam im Gegenzug dem Senat weitgehend entgegen. Es bildete sich ein verfassunggebender Senat aus vier Professoren, sieben Studenten, vier Arbeitern und drei Assistenten, welcher in der Folge die Reform der Hochschule übernahm und auch von Landauer offiziell mit dieser Aufgabe betraut wurde.[78] Zu Recht stellt der Sozialhistoriker Linse daher fest: „Stillschweigend war damit die Hochschulrevolution der GSAM [= Gruppe sozialistischer Akademiker] in eine Reform überführt worden."[79] Oswald Beck wurde dementsprechend nach der Niederschlagung der Räterepublik auch nicht weiter behelligt.

Dagegen wurden die Beteiligten des *revolutionären Hochschulrates* an der LMU rigoros bestraft. Am 3. Dezember 1919 wurden Hans Bloch, Egon Wertheimer und Wilhelm Hagen dauerhaft von der Uni verwiesen (consilium abeundi), Max Zillibiller, Alexander Strasser, Gertraud Kästner und Otto Hausdorf wurde gleich ganz die Studienberechtigung in Deutschland abgesprochen (Relegation).[80] Zusätzlich wurden Hausdorf, Strasser und Zillibiller im April 1920 wegen Beihilfe zum Hochverrat zu einer Haftstrafe von einem Jahr und sechs Monaten, Hagen zu einem Jahr und vier Monaten und Kästner zu einem Jahr und drei Monaten verurteilt.[81] Wilhelm Walter Klein wurde am 12. Dezember 1920 in Abwesenheit zu

---

75 Vgl. der Bericht Rothenbüchers aus dem Jahr 1920 über die Ereignisse, UA-M G-XVI-5.

76 Vgl. die Ankündigung Strassers und Hausdorfs vom 14.04.1919, UA-M G-XVI-8.

77 Vgl. MÜLLER: Die Universität München während der dritten Revolution 5. April bis 1. Mai 1919 (wie Anm. 64, S. 62), S. 4–6.

78 Zur Entwicklung an der TH vgl. Protokolle der 1., 2. und 3. Hochschulratssitzung am 7.4., 9.4 und 12.4.1919 in der TH, StAM Staatsanwaltschaft Nr. 1943 sowie LINSE: Hochschulrevolution (wie Anm. 46, S. 59), S. 82–85.

79 EBD., S. 85.

80 Vgl. Senatsniederschrift der LMU vom 03.12. und 20.12.1919, UA-M D-III-93.

81 Vgl. Urteilsabschrift vom 06.10.1920 des Urteils vom 16.04.1920, StAM Staatsanwaltschaft Nr. 2973 sowie LINSE: Hochschulrevolution (wie Anm. 46, S. 59), S. 96.

einem Jahr und sechs Monaten Festungshaft verurteilt, da er die Taten des *revolutionären Hochschulrates* gebilligt und gefördert habe.[82]

Aus dem von größeren akademischen Kreisen geteilten Willen zu einem positiven Aufbruch aus der Monarchie erwuchs so bald die Auffassung, man befinde sich in einem „Klassenkampf". Das Bürgertum sei hierbei – so ein Mitglied einer den Umbruch tendenziell bejahenden Münchner Burschenschaft – im Hintertreffen, daher sei „akademische Klassenpolitik zu treiben", um nicht „verproletarisiert" zu werden.[83] Basis hierfür war die im Bürgertum verbreitete Angst vor sozialistischem und bolschewistischem Gedankengut verbunden mit einem wahrgenommenen Statusverlust und der Befürchtung vor weitergehenden persönlichen Nachteilen. So erwuchs aus einem Konglomerat aus Aufbruchswillen und abwartender Passivität eine anwachsende und zunehmend auch agierende reminiszente Akademikergruppe. Ansätze, den Arbeitern und sozialistischem Gedankengut – gegen den Willen der Mehrheit der Universitätsangehörigen – Einfluss an der Universität zu verleihen, vermehrten dabei die Klassenkampfstimmung in der Zeit der Räterepublik und ließen sie vielfach erst gedeihen.

Interessanterweise standen diesen bürgerlichen Kreisen, die eine Klassenpolitik forderten, wie schon zu sehen war, ebenfalls Akademiker aus bürgerlichen Kreisen gegenüber. Diese jedoch – oftmals aus der Jugendbewegung stammend und mit den reformpädagogischen Ideen Gustav Wynekens (1875–1964) vertraut – betrachteten eine Annäherung von Arbeitern und Akademikern als das Gebot der Stunde. In München waren dies etwa der sozialistische Studierendenvertreter im Zentralrat Paul Reiner und die Mitglieder des *revolutionären Hochschulrates* Wilhelm Walter Klein und Otto Hausdorf.[84] Aber auch Strasser und Zillibiller entstammten der Jugendbewegung.[85] Zurecht hat Ulrich Linse darauf hingewiesen, dass daher selbst die „radikalsozialistischen Studenten" vor allem durch die Angst vor dem Verlust ihres gesamtgesellschaftlichen Führungsanspruches getrieben waren und daher eine „bloße Bewußtseinsrevolution" vertreten hätten.[86] Deutlich wird das etwa an der von Zillibiller bezeugten persönlichen Freundschaft zu Anton Graf von Arco, dem Mörder von Kurt Eisner.[87]

Über diese jugendbewegten Kreise hinaus vertrat die Mehrheit der Studierenden und Akademiker jedoch bereits wenige Monate nach Errichtung der Weimarer Republik eine skeptische Haltung gegenüber derselben. Wenn sich dennoch breite Kreise zunächst positiv zum politischen Umbruch stellten, so galt diese Loyalität der Aufrechterhaltung von Ruhe und Ordnung und am ehesten noch den bremsenden Kräften innerhalb der neuen Weimarer Republik.[88] Auf dieser Basis setzte man sich für aktive Mitgestaltung des politischen Lebens ein und forderte die Abhaltung von Wahlen zur Nationalversammlung. Demokratische Elemente war man also durchaus bereit mitzutragen – sogar durch die Förderung der SPD-Regierung

82 Vgl. Schreiben des Rektors der LMU an andere deutschen Hochschulen vom 02.06.1920, UA-M G-XVI-13.

83 Fritz Reuss: Revolution und Burschenschaft, in: Mitteilungen der Münchener Burschenschaft Arminia 7,1 (1919), S. 44-46, hier: S. 44.

84 Vgl. Linse: Hochschulrevolution (wie Anm. 46, S. 59), S. 32. Eine klare Schuldzuweisung für die revolutionären Umtriebe an der LMU an Gustav Wynekens nahm auch Rektor Professor Friedrich Müller vor. Vgl. Brief des selbigen vom 15.05.1919 an den Prorektor der Universität in Jena, UA-M G-XVI-8.

85 Vgl. im Tagebuch Zillibillers die Andeutungen zu engen Kontakten zum Wandervogel auf S. 51, StAM Staatsanwaltschaft Nr. 2973.

86 Linse: Hochschulrevolution (wie Anm. 46, S. 59), S. 38–43.

87 So im Tagebuch Zillibillers auf S. 23f., StAM Staatsanwaltschaft Nr. 2973.

88 Vgl. Linse: Hochschulrevolution (wie Anm. 46, S. 59), S. 36.

Hoffmann. Rätegedanke, Revolution, anwachsende sozialdemokratische oder gar kommunistische Forderungen dagegen wurden in der Mehrheit des Bürgertums abgelehnt.

Ähnliche Ansätze und Entwicklungen lassen sich auch bei einer Betrachtung des Münchner bürgerlichen Vereinslebens nachweisen.

1.3 Neuansätze auf Vereinsebene

Die bereits erwähnte *Freie Studentenschaft* etwa, die sich 1900 als Gegenbewegung zu den bestehenden Korporationen gegründet hatte, suchte ein neues Verständnis von Bildung und Hochschule durchzusetzen. Dabei stand man den Ideen der Jugendbewegung und somit oftmals auch den Ideen des Reformpädagogen Gustav Wyneken nahe. Im Zentrum der eigenen Auffassung stand der Gedanke der Selbsterziehung der Jugend zum freien selbstbestimmten Menschen. Auf dieser Basis versuchte man bereits vor dem Krieg die Universität zu reformieren und strebte Freiheit und Autonomie der Wissenschaft an, setzte sich aber auch für liberale und demokratische Ideale ein und suchte zugleich eine größere gesamtgesellschaftliche Solidarität zu realisieren. In diesem Kontext etwa hielt man bereits seit 1901 Arbeiterbildungskurse ab und erstrebte über sozialstudentische Maßnahmen den Kontakt über das Bildungsbürgertum hinaus – auch in die Arbeiterschaft – auszudehnen.[89] Diese im *Fin de siècle* entwickelten Lösungsansätze zur Aufhebung der „geistigen Krise des Wilhelminismus" stammten aus dem „Gedankengut des deutschen Idealismus wie der Jugendbewegung".[90]

Sie fanden ihren Niederschlag 1912 in München durch die von Fritz Beck[91] und Professor Foerster vollzogene Etablierung von Arbeiterfortbildungskursen. 1913 gründete sich aus einem ähnlichen Kreis der *Akademisch soziale Ausschuss*, welcher dann im Sommer 1918 erste Entwürfe einer Satzung für den AStA vorlegte und daher als Keimzelle desselben betrachtet werden kann.[93] So schlugen sich sozialstudentische und freistudentische Ideen an der LMU nieder und wirkten maßgeblich in Richtung einer liberalen und demokratischen Selbstbestimmung der Universität. Der *Akademisch soziale Ausschuss* konnte, auf Basis der vollzogenen Revolution und die Befürchtung vor weitergehenden revolutionären Maßnahmen durch andere Stellen, diese Demokratisierung beim Senat relativ problemlos durchsetzen. Maßgeblich hierfür waren das Engagement des Pallottinerpaters, CVers und Kirchenrechtsstudenten Franz Xaver Hecht (1885–1953)[94] und des jü-

89 Vgl. LINSE: Hochschulrevolution (wie Anm. 46, S. 59), S. 14–17.

90 EBD., S. 23.

91 Fritz Beck (1889–1934), aus katholische Familie in Landsberg stammend, seit 1909 Studium der Philologie, später der Geschichte, Kunstgeschichte und Philosophie in München, geriet maßgeblich unter den Einfluss Foersters, aber auch Carl Sonnenscheins und Aloys Fischers.[92] 1918 arbeitete er als Sekretär Foersters in der deutschen Botschaft in der Schweiz, bevor er im Mai 1919 zum Studentensekretär der Münchner Studentenschaft gewählt wurde, wo er den *Verein Studentenhaus e.V.* gründete. Er gilt als einer der Wegbereiter der studentischen Selbstverwaltung und Begründer des Deutschen Studentenwerks, wobei er stets den internationalen Austausch suchte. Im Rahmen des Röhm Putsches wurde Beck verhaftet und erschossen. Vgl. FRANZ XAVER RÖSSELE: Fritz Beck 1889–1934. Sein Lebenswerk, München 2014.

93 Vgl.Tätigkeitsbericht der Vereins Studentenhaus München, in: FISCHER: Die wirtschaftliche Lage der Studentenschaft Münchens und die Bedeutung der Studentenfürsorge (wie Anm. 32, S. 56), S. 22–27.

94 Franz Xaver Hecht (1885–1953) war Pallotinerpater und CVer. In der Zeit des 1. Weltkriegs studierte er in München Kirchenrecht, übernahm führende Aufgaben in den sozialen Betätigungen der Studentenschaft und wurde 1. Vorsitzende des Münchner AStA.

dischen Studenten, Sozialdemokraten und Leiters der *Freien Studentenschaft* Immanuel Birnbaum (1894–1982).[95] In der Folge wurde der AStA begründet.

In ähnlicher Weise agierte der *Akademische Hilfsbund*, welcher in München ebenfalls von Fritz Beck im Oktober 1914 aus der studentischen Invalidenfürsorge heraus initiiert worden war. Auf Bundesebene dagegen stellte der *Akademische Hilfsbund* 1915 eine burschenschaftliche Gründung dar. 1914 als Beck nach Berlin berufen wurde, um hier in der Kriegsgefangenenfürsorge des Deutschen Studentendienstes zu arbeiten, übernahm der Jurastudent Pater Hecht die Leitung des Münchner *Akademischen Hilfsbundes* ebenso wie des *Akademisch sozialen Ausschusses*.[96] Zweck des Hilfsbundes war die Nothilfe primär für sich im Krieg befindende Akademiker, Kriegsgefangene und Invalide. Hierfür suchte man alle akademischen Verbände zu vereinen und war hierbei ziemlich erfolgreich. So gehörten dem Hilfsbund 1917 nahezu alle studentischen Verbände, Studentenverbindungen und zahlreiche Berufsverbände korporativ an. Das Mitgliederspektrum in München umfasste auch Kardinal Franziskus von Bettinger (1850–1917), den 2. Bürgermeister Otto Merkt (1877–1951), die Rektoren der Münchner Hochschulen und den Ministerialrat Andreas Ritter von Stöckle (1856–1940).[97] Mit der Gründung des AStA übernahm dieser jedoch die Funktionen des Hilfsbundes, weswegen ihn der Vorsitzende Werner Mahrholz im Juni 1919 auflöste.[98]

Dennoch kann man schon hier eine große Sehnsucht der deutschen Akademiker allgemein und der Münchner Akademiker im speziellen zum gemeinsamen Zusammenschluss sowie zur gesamtgruppenspezifischen Interessenvertretung ausmachen. Daher verwundert es nicht weiter, dass sich – neben einem AStA – bald nach der Revolution auch aus dem Bürgertum und speziell aus dem Bildungsbürgertum Rätegremien konstituierten.

Schon am 10. November trug der bekannte Nationalökonomieprofessor Lujo Brentano im Auftrag einer ganzen Gruppe von Münchens Akademikern[99] Kurt Eisner die Idee einer Ergänzung der bestehenden Räte um ein bürgerliches Gremium vor und fand dessen Zustimmung. Bereits am Folgetag rief der Sprachwissenschaftler Adalbert Baumann (1870–1937) zur Gründung eines *Bürgerrates* auf.[100] Hierauf gründete sich am 13. November im Wagnersaal eine demokratische-sozialistische *Bürgerpartei* und wählte Baumann zum provisorischen Vorsitzenden des sozialistisch und republikanischen Gremiums.[101] Da der Wagnersaal jedoch nicht alle interessierten Bürger fasste und auch weil Baumann eine Zusammenarbeit mit der Sozialdemokratie befürwortete, gründete sich parallel dazu im Kreuzbräu ein weiterer *Bürgerratausschuss* unter dem katholischen Rechtsanwalt

95 Vgl. das Anschreiben Hechts vom 09.11.1918 an die akademischen Vereinigungen Münchens sowie das Protokoll der Besprechung von Hecht und Birnbaum mit dem Senat der LMU am 11.11.1918, UA-M Sen 366c/2c (G-XIX: Kiste 1a).

96 Vgl. Hilfsbund der Münchner Einwohnerschaft (Hg.): Sonderdruck: Der Verein Studentenhaus München. Seine Entstehung und seine Arbeit in den Jahren 1919 bis 1924, München 1924.

97 Liste der Mitglieder des Münchner Ehrenausschusses des Akademischen Hilfsbundes, DB-A B III 1 Akademischer Hilfsbund.

98 Vgl. Kiessling: Das Ende des Akademischen Hilfsbundes, in: Mitteilungen der Münchener Burschenschaft Arminia 8,2/3 (1919), S. 181–184.

99 Die bereits erwähnte Gruppierung auf S. 58.

100 Vgl. Adalbert Baumann: Aufruf zur Gründung eines Bürgerrates, in: Münchener Zeitung 71,575 (14.11.1918), S. 3.

101 Vgl. o.A.: Eine stürmisch verlaufene Bürgerversammlung, in: MNN 71,575 (14.11.1918), S. 3.

Rudolf Meyer-Absberg (1877–1927).[102] Hier waren im Vorstand neben Meyer-Absberg auch der vaterländisch gesinnte Freimaurer und Kaufmann Eugen Zentz (1870–1945)[103] sowie der Katholik und Publizist Fritz Gerlich (1883–1934)[104] vertreten. Dieser Münchner *Bürgerrat* vertrat strikt antibolschewistische Einstellungen und übernahm bald die Vormachtstellung im Münchner Bürgertum, womit die Ideen Baumanns zurücktraten. Wahrscheinlich war wohl der *Bürgerratsausschuss* auch an dem Gründungsversuch einer Münchner Bürgerwehr im Dezember 1918 beteiligt, der von den SPD-Ministern Erhard Auer (1874–1945) und Johannes Timm (1866–1945) unterstützt wurde.[105] Dieser von Rudolf Buttmann (1885–1947),[106] dem späteren NSDAP-Vorsitzenden in Bayern, welcher auch der *Thule-Gesellschaft* nahestand, initiierte Versuch wurde jedoch von der Polizei frühzeitig unterbunden und führte zu einer schweren Regierungskrise.[107] Dem *Bürgerrat* dagegen gelang am 3. Dezember eine Verknüpfung mit dem Wirtschaftsbürgertum durch den Zusammenschluss im *Bayerischen Bürgerblock*.[108] Und am 5. Januar gelang es, einen reichsweiten Zusammenschluss der diversen Bürgerräte auch unter Einbindung des Münchner AStA im *Reichsbund geistiger Arbeiter* – mit Sitz in München – zu erzielen, der jedoch keinerlei Bedeutung erlangen konnte.

Parallel zu diesen gesamtbürgerlichen bis mittelständischen Gremien gründete sich am 16. November dann der von Brentano angeregte *Rat geistiger Arbeiter* unter Beteiligung zahlreicher Berufsverbände – nachdem in Berlin gut eine Woche vorher bereits durch den pazifistischen Schriftsteller Kurt Hiller (1885–1972) eine ebensolche Gründung erfolgt war. Angeblich vertrat dieser Rat bereits wenige Tage nach der Gründung 11.000 und Ende Dezember mit 45.000 Mitgliedern

---

102 Zu Absberg siehe seine Akte BayHStA MJu 21437. Zur Gründung des Bürgerräte vgl. O.A.: Eine Bürger-Versammlung, in: Münchener Zeitung 27,313 (14.11.1918), S. 4 sowie O.A.: Bürgerversammlungen, in: MNN 71,576 (14.11.1918), S. 2.

103 Zu ihm siehe: MARIA CHRISTINA MÜLLER: Der Wehrverband als Bürgerpflicht? Mobilisierung und Militarisierung in der bayerischen Wirtschaftselite nach dem Ersten Weltkrieg (Augsburger Historische Studien 2), Augsburg 2015, S. 79–84.

104 Zu ihm ausführlich: MICHAEL SCHÄFER: Fritz Gerlich 1883–1934. Publizistik als Auseinandersetzung mit den „Politischen Religionen" des 20. Jahrhunderts, München 1998; RUDOLF MORSEY: Fritz Gerlich (1883–1934). Ein früher Gegner Hitlers und des Nationalsozialismus, Paderborn u. a. 2016.

105 Vgl. BIEBER: Bürgertum in der Revolution (wie Anm. 66, S. 29), S. 75f. SCHMALZL: Erhard Auer, Wegbereiter der Parlamentarischen Demokratie in Bayern (wie Anm. 15, S. 53), S. 314–321.

106 Rudolf Buttmann (1885–1947) promovierte bei Lujo Brentano und neigte zunächst den Nationalliberalen zu. Nach der Revolution politisierte er sich, baute die *Münchner Bürgerwehr* auf, war bei der Gründung der BMP beteiligt, stand in engem Kontakt mit dem späteren Justizminister Christian Roth und war bestens in völkischen Kreisen vernetzt. Nachdem er eine Regierungsbeteiligung der BMP ablehnte, verließ er die Partei und neigte der NSDAP zu. Nach dem Hitlerputsch war er einer der Organisatoren des *Völkischen Blocks*, leitete nach Hitlers Haftentlassung die NSDAP-Fraktion im bayerischen Landtag und übernahm nach der Machtergreifung die Leitung der kulturpolitischen Abteilung im Innenministerium was ihn u. a. maßgeblich in die Aushandlung des Konkordats involvierte. 1935 zog er sich aus der Politik zurück und wurde Generaldirektor der Bayerischen Staatsbibliothek. Zu ihm vgl. SUSANNE WANNINGER: Dr. Rudolf Buttmann. Parteimitglied Nr. 4 und Generaldirektor der Münchner Staatsbibliothek, in: MARITA KRAUSS (Hg.): Rechte Karrieren in München. Von der Weimarer Zeit bis in die Nachkriegsjahre, München 2010, S. 80–94.

107 Vgl. FRANZ J. BAUER: Bürgerwehraffäre, 1918, in: HLB (2006). Zur Bürgerwehraffäre siehe auch Kapitel *Bürgerwehrbewegung/en*.

108 Vgl. BIEBER: Bürgertum in der Revolution (wie Anm. 66, S. 29), S. 63f.

einen Großteil von Münchens Akademikern.[109] Auch hierzu gründete sich bald eine Gegenbewegung der *Politische* oder *Revolutionäre Rat geistiger Arbeiter* unter Vorsitz des berühmten Schriftstellers Heinrich Mann (1871–1950). Hier waren vornehmlich Schriftsteller und solche Kräfte vertreten, die die Revolution ebenso wie eine sozialistische Regierung begrüßten. Bereits zum Beginn des Jahres 1919 finden sich keine Spuren dieses Rates mehr. Der *Rat geistiger Arbeiter* dagegen existierte auch nach der Niederschlagung der Räterepublik weiter, zunächst unter der Führung von Professor Moritz Julius Bonn, dann unter dem Architekten Friedrich von Thiersch (1852–1921). Jedoch sind auch von diesem Rat nach 1919 keine Quellen mehr erhalten. Beide Räte erhielten aber von Eisner im provisorischen Nationalrat einige Sitze zuerkannt. Dabei erhielt der *Politische Rat geistiger Arbeiter* einen Sitz, der *Rat geistiger Arbeiter* dagegen zehn Sitze.

Parallel bestand das deutlich konservativere Organ, der *Reichsausschuss Akademischer Berufsstände*, welcher sich ebenfalls bereits im November 1918 konstituiert hatte und dem nach und nach die alten Korporationen ebenso wie diverse Berufsverbände beitraten, um ihre eigenen Interessen zu wahren. In ihm waren im Februar 1919 deutschlandweit angeblich bereits über 220.000 Akademiker zusammengeschlossen. Neben einer klaren Klientelpolitik setzte man sich für die „sofortige Nationalversammlung“ und eine starke Einbindung von Akademikern in dieselbe ein, weswegen man sich für ein parteipolitisches Engagement seiner Mitglieder stark machte.[110] Ebenfalls im November 1918 hatte sich der *Hilfsbund der Münchner Einwohnerschaft* konstituiert und vertrat wohl nahezu 100.000 Münchner, wobei man eine Einigung aller Bürger über die Parteigrenzen hinweg erstrebte und besonderes Augenmerk auf „Ruhe und Ordnung“ legte.[111] Von besonderer Bedeutung waren hier die beiden Vorsitzenden: der Stadtrat und Vertreter des Münchner Haus- und Grundbesitzervereins, Josef Humar (1865–1940), und der bereits im Kontext des *Bürgerratausschusses* erwähnte Kommerzienrat und spätere Organisator nationalkonservativer Kreise, Eugen Zentz.

Interessant ist in diesem Kontext auch ein Blick auf die Münchner Burschenschaften. Sie bekannten sich recht bald und ziemlich offen zur neuen Staatsform. Als Zeichen ihrer Verbundenheit mit der Republik beschlossen sie am 22. November eine schwarz-rot-goldene Schleife öffentlich sichtbar zu tragen.[112] Überdies brachten die Münchner Burschenschaften auch auf Bundesebene auf dem außerordentlichen Burschentag Anfang Januar 1919 einige nennenswerte Anträge ein: einen Antrag sich offen zum demokratischen Prinzip zu bekennen,[113] und einen solchen aus dem alldeutschen Verband auszuscheiden. Zugleich machte man sich für die rasche Einberufung der Nationalversammlung und deren Beschickung durch demokratische, aber auch großdeutsch und vaterländisch gesinnte Persönlichkeiten stark. Der Burschentag war von diesen demokratischen Münchner Ideen nicht angetan und kürzte sie aus den Antragstexten, womit ein Bekenntnis zu Großdeutschland und vaterländischem Gedankengut bestehen blieb, welches die Burschenschaften in den nächsten Jahren maßgeblich prägen und von demokra-

109 Vgl. EBD., S. 127, O.A.: Presse und Schrifttum im Rat der geistigen Arbeiter, in: Münchener Zeitung 27, 318 (19.11.1918), S. 4 sowie O.A.: Vereinigung Rat geistiger Arbeiter in München, in: Münchener Zeitung 27, 357 (30.12.1918), S. 4.

110 O.A.: Gewerkschaftlicher Zusammenschluß der Akademiker, in: Unitas 59,3 (1.02.1919), S. 93f.

111 Vgl. GEYER: Verkehrte Welt (wie Anm. 28, S. 15), S. 117.

112 Vgl. ALTHERRENVERBAND DER BURSCHENSCHAFT DANUBIA IN MÜNCHEN (Hg.): Geschichte der Burschenschaft Danubia München Bd. 2, München 1979, S. 36.

113 Vgl. O.A.: Bericht vom außerordentlichen Burschentag, in: Danubenzeitung 1 (15.02.1919), S. 3f.

tischen Ideen nach und nach entfremden sollte.[114] Ein weiteres Zeichen dieser recht offenen Haltung zugunsten der Republik zeigte sich auch im Scheitern eines Zusammengehens mit den anderen schlagenden Verbindungen Münchens bei den ersten AStA-Wahlen. Besonders die Münchner Burschenschaft *Danubia* galt dem Rest der Burschenschafter damals als zu links stehend, was sich beispielsweise in Artikeln innerhalb ihrer *Danubenzeitung* widerspiegelte, wo man etwa folgendes Zitat finden kann:

> „Nationalversammlungen sollen dem Deutschen Reich und Bayern als ein unlöslicher Teil des alle deutschen Stämme umfassenden Volksstaates die neue Verfassung auf demokratischer und sozialer Grundlage geben. Auf gleiche Grundlage müssen die Hochschulen gestellt werden, damit die Schranken fallen, die bisher den Studenten nur zu oft vom Gemeinschaftsleben des Volkes geschieden haben."[115]

Ein weiteres Mitglied bekannte sich innerhalb des Blattes offen zum Sozialismus als der nun angebrachten Staatsform.[116] Ähnliche Diskussionen finden sich bei der Burschenschaft *Arminia*, die in ihren Mitteilungen etwa die Forderung nach dem sozialen Volksstaat erhob und für Verständnis für das „Spartakistenunwesen" warb.[117]

Es wird ersichtlich, dass hier gewisse Teile der Burschenschafter durchaus – jedoch auf nationaler Grundlage – eine Annäherung an die Arbeiterschaft und den Sozialismus suchten sowie die Demokratie euphorisch begrüßten. Dementsprechend waren zumindest die *Danuben* und *Arminen*, also die Burschenschafter der roten Richtung, bei den Wahlen 1919 großteils im liberalen Lager im Wahlkampf tätig, während man jedoch auch im Dialog mit anderen Parteien – wie der BVP – stand.[118]

Insgesamt kann man also festhalten, dass Münchens Bildungsbürgertum – ebenso wie das Wirtschaftsbürgertum und große Teile des Mittelstandes – sich als Reaktion auf die Revolution sehr bald in neuen gemeinschaftlichen Gremien zu organisieren suchte. Hierbei war man darauf bedacht, die eigenen *Standesinteressen* zu wahren und schloss daher Arbeiter in der Regel vom Beitritt aus. Dagegen war man zunächst bereit, sich zahlreichen Gruppierungen anzuschließen und hierbei auch zumindest vom Vokabular her den *Rätegedanken* zu übernehmen. Aber de facto kämpfte man für die Erhaltung eines – vermeintlich im Krieg erwachsenen – Gemeinschaftsbewusstseins, die eigene gesellschaftliche Prestigestellung sowie gegen einen weiteren Einflussverlust zu Gunsten der Arbeiter oder eine befürchtete Bolschewisierung. Zu diesen Zwecken war man bereit, gemeinsam mit der SPD zu agieren sowie sich für Demokratie, die Nationalversammlung und eine neue Verfassung stark zu machen, teils aus Überzeugung, teils aus pragmatischen Überlegungen. Innerlich war dabei jedoch den meisten bürgerlichen Agitatoren schon kurz nach dem Erstehen der parlamentarischen Republik der Parteigedanke suspekt. Dies nicht zuletzt deswegen, da lediglich ein Gemeinschaftskollektiv als

---

114 o.A.: Sitzungs-Bericht des Außerordentlichen Burschentag zu Berlin 4./5.1.1919, DB-A B IV Burschentage.

115 Joseph Popp: 19.12.1918 Allgemeine Studentenversammlung im Konzertsaal „Vier Jahreszeiten", in: Danubenzeitung 1 (19.02.1919), S. 14–17.

116 Vgl. Adolf Moser: Ein offener Brief, in: Danubenzeitung 2 (15.03.1919), S. 21.

117 Vgl. Otto Bethke: Die Burschenschaft im sozialen Volksstaat, in: Mitteilungen der Münchener Burschenschaft Arminia 7,2/3 (1919), S. 55–57.

118 Vgl. Adolf Seifer: Vortrag der bayerischen Volkspartei, in: Danubenzeitung 1 (19.02.1919), S. 25.

fähig zur Wiedererstarkung Deutschlands erachtet und von den Parteien und ihren Agitationen eine Aufhebung oder Auflösung dieser Gemeinschaft befürchtete wurde.

2 Gegenbewegungen zu den politischen Umbrüchen

Während also in den ersten Tagen, Wochen und Monaten nach dem politischen Umbruch und dem Ende des 1. Weltkrieges das Bürgertum in großen Teilen pragmatische Positionen einnahm und daher zumindest in der Anfangsphase zur Mitarbeit im neuen Staat bereit war, sind klare öffentliche Stellungnahmen gegen die Revolution und die damit einhergehenden politischen Veränderungen selten.

Eher noch wandte man sich gegen einzelne politische Maßnahmen. Auf breiten Protest stießen hierbei vor allem Eisners außenpolitische Agitationen sowie die neuen Gesetze seines Kultusministers Johannes Hoffmann (1867–1930), die Schulfrage betreffend. Bereits am 29. Oktober 1918 – also nur knapp eine Woche vor der Revolution und angesichts des offenkundig notwendigen Friedensschlusses – hatten zahlreiche Akademiker Münchens öffentlich gegen einen Verständigungsfrieden protestiert.[119] Ähnliche Äußerungen waren in nationalkonservativen Kreisen rund um die Vaterlandspartei noch kurz vor Kriegsende nicht selten, wie etwa Artikel des antisemitischen, katholischen Publizisten Dietrich Eckart (1868–1923)[120] im *Münchener Beobachter* – dem späteren Parteiorgan der Nationalsozialisten (dann: der *Völkische Beobachter* (VB)) – aufzeigen.[121] Solche Statements verschwanden im November 1918 weitgehend aus der Öffentlichkeit. Der *Münchener Beobachter* dagegen setzte seine Hetze ungebrochen fort und machte für die Beseitigung der Monarchie sowie die Kriegsniederlage das internationale Judentum verantwortlich.[122] Nichtsdestotrotz setzte sich dieses extrem rechts stehende Organ für zügige Wahlen zur Nationalversammlung ein und man war durchaus bereit, auf demokratischer Grundlage zu arbeiten. Sogar gegen Eisner zeigte man sich versöhnlich, sofern er denn bereit sei, sein Amt niederzulegen und die Nationalversammlung zu ermöglichen. Einen jüdischen Einfluss dagegen oder eine internationale Ausrichtung der Politik lehnte man durchweg ab.[123]

2.1 Die Thule-Gesellschaft

Der *Münchner Beobachter* stand nachweislich der *Thule-Gesellschaft* nahe. Daher verwundert es nicht, dass in dieser Gesellschaft ein ähnliches bis noch radikaleres Gedankengut gepflegt wurde.

Hierbei kann man die *Thule-Gesellschaft* als das Sammelbecken der Gegenrevolution umschreiben. In dieser erst 1918 gegründeten Gesellschaft gelang es

119 Vgl. O.A.: Wir protestieren, in: Münchener Zeitung 27,297 (29.10.1918), S. 5.

120 Dietrich Eckart (1868–1923), der zuvor erfolglose Schriftsteller, gab von 1918 an die Wochenschrift *Auf gut Deutsch* heraus, wurde Mentor Hitlers und war 1921–23 Chefredakteur des VB. Er vertrat publizistisch seit etwa 1919 einen arischen Jesus. Zu ihm vgl. MARGARETE PLEWNIA: Auf dem Weg zu Hitler. Der „völkische" Publizist Dietrich Eckart (Studien zur Publizistik 14), Bremen 1970; ELKE KIMMEL: Eckart, Dietrich, in: WOLFGANG BENZ (Hg.): Handbuch des Antisemitismus. Judenfeindschaft in Geschichte und Gegenwart, Berlin 2009, S. 196f.

121 Vgl. DIETRICH ECKART: Deutscher Verständigungsfrieden, in: VB 32,17 (28.09.1918), S. 3.

122 Vgl. O.A.: Um den Kaiser, in: VB 32,23 (9.11.1918), S. 1.

123 Vgl. O.A.: Was wir wollen, in: VB 32,25 (22.11.1918), S. 1; O.A.: Die Herrschaft des Judentums, in: VB 32,26 (30.11.1918), S. 2; O.A.: Taten und Worte und Die Nationalversammlung, in: VB 32,27 (7.12.1918), S. 1.

vor allem im Zuge der Räterepublik antidemokratische, stark nationalistische sowie antisemitische Kräfte zusammenzubringen und ihnen gemeinsame Feindbilder einzuprägen, die die Weimarer Republik folgenreich durchziehen sollten.

Eine der leitenden Persönlichkeiten war hierbei Rudolf von Sebottendorf (1875–1945).[124] Dieser schuf aus kleinen, im geheimen wirkenden antisemitischen und ultranationalistischen Gesellschaften in Bayern eine schlagkräftige Geheimorganisation. Basis dieser Gesellschaften war der parteilich erfolglos agierende Antisemitismus in Verbindung mit antisemitischen Verschwörungstheorien, die in SPD, katholischer Kirche und Freimaurerlogen Werkzeuge des internationalen Judentums ausmachten.[125] Diesen vermeintlich verschwörerischen Kräften wollte man eigene, gegenrevolutionäre Kräfte entgegenstellen und begründete daher ab 1911 erste Gruppierungen. Ab 1912 sammelten sich Lesezirkel der antisemitischen Zeitschrift *Der Hammer* im *Reichshammerbund* und parallel schloss man sich in geheimen Logen im *Germanenorden* zusammen.[126] Im Frühjahr 1914 erreichte diese Bewegung München, als der Schulrat und Vorsitzende der Münchner Ortsgruppe des *Allgemeinen Deutschen Schulvereins* Wilhelm Rohmeder (1843–1930) hier eine Ortsgruppe des *Reichshammerbundes* errichtete.[127]

Während das Ordensleben dann im 1. Weltkrieg nahezu gänzlich zum Erliegen kam, gelang es 1917 in Bayern die Aktivitäten durch die Agitationen Sebottendorfs mehr als zu beflügeln. Dies war wohl der maßgebliche Grund dafür, dass er im Dezember 1917 die bayerische Ordensprovinz übernahm. Dabei rückte Sebottendorf vom Modell der kleinen verschworenen Gemeinschaft ab und betrieb stattdessen aktive Mitgliederwerbung. Hierfür nutzte er unter anderem den im Juli 1918 erworbenen *Münchner Beobachter*. Im August 1918 wandelte Sebottendorf dann den bayerischen *Germanenorden* in die *Thule-Gesellschaft* um und mietete großzügige Räumlichkeiten im Hotel *Vier Jahreszeiten* an, während sich die Gesellschaft nach außen als eine Studiengruppe für germanisches Altertum tarnte.[128] Bereits kurze Zeit später soll die Münchner Gruppierung nach eigenen Angaben um die 250 Mitglieder gehabt haben.[129] Fragwürdig ist hierbei jedoch die Glaubwürdigkeit der Hauptquelle zur *Thule-Gesellschaft* – einer Schrift Sebottendorfs aus dem Jahre 1933, in der er sich bemüht, die *Thule-Gesellschaft* als Basis von Hitlers Bewegung darzustellen und daher stets die eigene Rolle, Verbindungspunkte zur NS-Bewegung sowie die Bedeutung der *Thule-Gesellschaft* aufbauschte.

---

124 Rudolf von Sebottendorf (1875–1945), eigentlich Adam Alfred Rudolf Glauer, der gebürtige Sachse brach sein Ingenieursstudium in Berlin ab und verdingte sich danach als Seemann bevor er sich 1900 in der Türkei niederließ, wo er in Kontakt mit diversen okkultistischen Richtungen kam, sich einer Freimaurerloge anschloss, die türkische Staatsbürgerschaft erwarb und angeblich von Baron Heinrich von Sebottendorf adoptiert wurde. 1913 kehrte er nach Deutschland zurück, wo seine Adoption durch die Familie Sebottendorf erneuert wurde und er sich nach der Heirat mit einer reichen Kaufmannstochter 1916 in Bad Aibling niederließ. Hier wurde er bald für den Germanenorden tätig. Zu seiner Person Vgl. DETLEV ROSE: Die Thule-Gesellschaft. Legende – Mythos – Wirklichkeit, 3., erw. Neuaufl. (Veröffentlichungen des Institutes für Deutsche Nachkriegsgeschichte 21), Tübingen 2008, S. 30–37; DAVID LUHRSSEN: Hammer of the Gods. The Thule Society and the birth of Nazism, Washington DC 2012, S. 43–69.

125 Vgl. RUDOLF VON SEBOTTENDORF: Bevor Hitler kam. Urkundliches aus der Frühzeit der nationalsozialistischen Bewegung, 2. Aufl., München 1934, S. 22 und 29f.

126 Vgl. ROSE: Die Thule-Gesellschaft (wie Anm. 124), S. 17–28.

127 Vgl. SEBOTTENDORF: Bevor Hitler kam (wie Anm. 125), S. 31–33.

128 Vgl. O.A.: Thule Gesellschaft, in: VB 33,17 (24.05.1919), S. 1; ROSE: Die Thule-Gesellschaft (wie Anm. 124), S. 37.

129 Vgl. SEBOTTENDORF: Bevor Hitler kam (wie Anm. 125), S. 52f.

Auf Grund der unzureichenden Quellenlage lässt sich hier jedoch leider – wie oftmals im Bezug auf die *Thule-Gesellschaft* – kein genaueres Bild zeichnen.[130]

Schon im November 1918 baute die *Thule-Gesellschaft* dann einen Kampfbund auf,[131] der sich in der Folgezeit aktiv mit gegenrevolutionären Maßnahmen wie der Gründung von Bürgerwehrbewegungen und Freikorps befasste. In diesem Kontext war die *Thule-Gesellschaft* sowohl in der Krise um die Gründung der Bürgerwehr im Dezember 1918[132] als auch am Palmsonntagsputsch 1919, an welchem jedoch wohl nur etwa zehn Thule-Leute teilnahmen,[133] involviert. Angeblich habe man, laut Sebottendorf, Anfang Dezember auch geplant gehabt, Kurt Eisner auf einer Kundgebung zu ermorden.[134] Weitere Belege hierfür fehlen. Die meiste Energie der *Thule-Gesellschaft* jedoch floss seit Ausrufung der Räterepublik in die Anwerbung möglichst vieler Mitglieder für die sich neu gründenden Wehrverbände. Angesprochen wurden hierbei vor allem Studenten und Personen des Offizierskorps. Insgesamt sollen laut Sebottendorf 500 Freifahrtscheine ausgestellt worden sein, um Freiwillige für die Rückeroberung Münchens aus ebendieser Stadt herauszubringen. Das *Freikorps Oberland* war dann – laut Sebottendorf – eine Gründung der *Thule-Gesellschaft*, in welchem sich Gleichgesinnte sammelten.[135]

Ob es zuvor eine direkte Verbindung der *Thule-Gesellschaft* zum Mörder Eisners gab, lässt sich nicht nachweisen.[136] Graf Arco stand jedoch den Ideen der *Thule-Gesellschaft* nahe und wurde laut Sebottendorf als „Jüdling“ nicht in diese aufgenommen und „wollte [daher] zeigen, daß auch ein Halbjude eine Tat ausführen könne“.[137] Wenn man also die aktive Untergrundtätigkeit der Gesellschaft bedenkt, bleibt – trotz der negativen Wertung der Tat durch Sebottendorf – eine Einflussnahme möglich. Diese Untergrundtätigkeit wurde nach der Ausrufung der Räterepublik durch eine überaus aktive Spionagetätigkeit ausgebaut, welche danach strebte, Rätegremien sowie die Rote Garde zu unterwandern, um die Rückgewinnung Münchens zu erleichtern. Die gesammelten Informationen ließ man hierbei auch der SPD geführten Regierung in Bamberg zukommen.[138]

Generell war das Hotel Vier Jahreszeiten und somit die *Thule-Gesellschaft* bald nach der Revolution Treffpunkt diverser nationaler Vereinigungen. Hierdurch, ebenso wie durch umfangreiche Finanzmittel, die wohl vornehmlich durch Sebottendorf zur Verfügung gestellt wurden, wurde die *Thule-Gesellschaft* zum Zentrum der Gegenrevolution. Enge Verbindungen nahm man bald zur BMP, dem bayerischen Ableger der DNVP, sowie zum *Deutschvölkischen Schutz- und Trutzbund* (DVSTB) auf. Letzterer hatte sich im Februar 1919 in Bamberg gegründet und fungierte als rassistisch aufgeladenes Propagandaorgan des *Alldeutschen Ver-*

130 Vgl. ROSE: Die Thule-Gesellschaft (wie Anm. 124), S. 10; LUHRSSEN: Hammer of the Gods (wie Anm. 124), S. 116.

131 Vgl. SEBOTTENDORF: Bevor Hitler kam (wie Anm. 125), S. 62; LUHRSSEN: Hammer of the Gods (wie Anm. 124), S. 108.

132 Vgl. O.A.: Thule Gesellschaft, in: VB 33,17 (24.05.1919), S. 1; ROSE: Die Thule-Gesellschaft (wie Anm. 124), S. 49; Siehe hierzu auch das Kapitel *Bürgerwehrbewegung/en*.

133 Vgl. EBD., S. 61.

134 Vgl. SEBOTTENDORF: Bevor Hitler kam (wie Anm. 125), S. 64–66; ROSE: Die Thule-Gesellschaft (wie Anm. 124), S. 47f.

135 Vgl. SEBOTTENDORF: Bevor Hitler kam (wie Anm. 125), S. 125; ROSE: Die Thule-Gesellschaft (wie Anm. 124), S. 61–63.

136 Vgl. DERS.: Die Thule-Gesellschaft (wie Anm. 124), S. 58.

137 SEBOTTENDORF: Bevor Hitler kam (wie Anm. 125), S. 82.

138 Vgl. ROSE: Die Thule-Gesellschaft (wie Anm. 124), S. 59f.

bandes.[139] Die genannten Verbände waren neben materiellen Verknüpfungen auch durch Mehrfachmitgliedschaften ebenso wie zahlreiche persönliche Kontakte eng miteinander verflochten.[140] Daher kann es nicht verwundern, wenn im *Münchener Beobachter* zur Wahl der Nationalliberalen Partei um Hanns Dahn (1888–1969) aufgerufen wurde.[141]

Dennoch ist die konkrete Zuordnung von Personen oder Personenkreisen zur *Thule-Gesellschaft* schwierig, da hierfür lediglich eine Liste Sebottendorfs existiert, die jedoch von seinem Interesse eine enge personelle und ideologische Verbindung zur NSDAP nachzuweisen geprägt ist.[142] Da es keine alternativen Zuordnungsmöglichkeiten, außer über evtl. existierende Selbstzeugnisse gibt, soll hier kurz auf einige der angeführten Mitglieder eingegangen werden. Auf der 239 Namen umfassenden Liste finden sich zu circa 82% Männer und neben als Mitgliedern ausgewiesene Personen auch 30 Personen, die nicht als solche benannt sind oder konkret nur als Besucher angeführt sind. Unter den als Gästen aufgeführten Personen finden sich dafür in engstem Kontext mit der NSDAP-Bewegung stehende Persönlichkeiten. So etwa Adolf Hitler persönlich, aber auch der Chefideologe der Bewegung Alfred Rosenberg (1893–1946), Hitlers Mentor, der katholische Publizist Dietrich Eckart (1868–1923), oder der Werkzeugschlosser und Parteigründer der NSDAP Anton Drexler (1884–1942). Als direkt in Verbindung mit der *Thule-Gesellschaft* stehend werden die katholischen Publizisten sowie NS-Parteifunktionäre Max Amann (1891–1957), Julius Streicher (1885–1946) und Hermann Esser (1900–1981),[143] der evangelische Bauingenieur und völkische Wirtschaftstheoretiker Gottfried Feder (1883–1941) und der evangelische spätere Münchner Polizeipräsident Ernst Pöhner (1870–1925) benannt, ohne dass sie jedoch in der Liste Sebottendorfs auftauchen.[144] Als direkte Mitglieder dagegen werden der evangelische Student und spätere Parteifunktionär Rudolf Heß (1894–1987), der altkatholische Jurist und NS-Parteifunktionär Hans Frank (1900–1946) und der Journalist und Parteimitbegründer der NSDAP Karl Harrer (1890–1925) benannt.[145] Letzterer soll die Gründung der NSDAP im Auftrag der *Thule-Gesellschaft* begleitet haben, um Arbeiter und nationalen Gedanken zu versöhnen.[146] Weitergehend im engeren Kreis der *Thule-Gesellschaft* dürfte der überaus wechselhafte konservative Publizist Karl Ludwig von Bothmer (1881–1947)[147] gestanden haben, auch wenn er bei Sebottendorf nicht explizit erwähnt

---

139 Vgl. SEBOTTENDORF: Bevor Hitler kam (wie Anm. 125, S. 72), S. 62; LUHRSSEN: Hammer of the Gods (wie Anm. 124, S. 72), S. 117.

140 Vgl. HANS FENSKE: Konservativismus und Rechtsradikalismus in Bayern nach 1918, Bad Homburg v.d.H., Berlin und Zürich 1969, S. 72.

141 Vgl. O.A.: München als Fremdenstadt, in: VB 33,1 (11.01.1919), S. 1.

142 Die Liste zu den folgenden Ausführungen findet sich in: SEBOTTENDORF: Bevor Hitler kam (wie Anm. 125, S. 72), S. 226–274.

143 Hermann Esser (1900–1981) studierte nach der Kriegsteilnahme in München und gehörte der Burschenschaft Danubia an. Nach anfänglichen Zuneigungen zur USPD, engagierte er sich im Freikorps und schloss sich sehr früh der späteren NSDAP an. Ab 1920 war er Schriftleiter des VB, nahm 1923 am Putsch teil und blieb der Partei bis 1945 treu. Zu ihm vgl. WOLFRAM SELIG: Esser, Hermann, in: WOLFGANG BENZ (Hg.): Handbuch des Antisemitismus. Judenfeindschaft in Geschichte und Gegenwart, Bd. 2, Berlin 2009, S. 217f.

144 Vgl. SEBOTTENDORF: Bevor Hitler kam (wie Anm. 125, S. 72), S. 226–274.

145 Vgl. EBD.

146 Vgl. EBD., S. 184.

147 Karl Ludwig von Bothmer (1881–1947) setzte sich für monarchistische und föderalistische, zum Teil auch separatistische Positionen ein. Unmittelbar nach dem 1. Weltkrieg agierte der Alldeutsche im engen Bündnis mit Dietrich Eckart und Georg Heim. Als Leiter des *Heimatdienst Bayern*

wird. Dies könnte daran gelegen haben, dass er trotz alldeutscher Gesinnung strikt föderalistische Prinzipien vertrat, zeitweise der *Bayerischen Königspartei* angehört und sich gegen die Einwohnerwehren gewandt hatte.[148]

Auffällig ist bei den hier genannten Personen besonders die große Anzahl derer, die neben hinter sich liegenden Kriegserfahrungen schriftstellerische Ambitionen aufwiesen. Denn zu den hier genannten könnte man noch zahlreiche weitere Autoren des *Münchner Beobachters* sowie der Zeitschrift *Auf gut deutsch* benennen. Gerade hierdurch gelang es wohl, die eigenen Ideen über ein Netzwerk von einigen wenigen Vordenkern in die breite Masse zu tragen – dies jedoch dann vor allem, nachdem die Räteherrschaft und eine damit einhergehende Pressezensur beendet waren.

Neben dieser breiten agitatorischen und publizistischen Tätigkeit ist noch ein herausragendes Ereignis zu erwähnen, dass im Zusammenhang mit der *Thule-Gesellschaft* eine unglaubliche Breitenwirkung entwickeln sollte. Es handelt sich um die Ereignisse im Luitpold-Gymnasium.

Erst am 26. April 1919 gelang der Räteregierung ein entscheidender Schlag gegen die gegenrevolutionäre und im geheimen agierende *Thule-Gesellschaft* und somit auch gegen weitere unter ihrem Schutzmantel agierende reaktionäre Gruppen und Personen. An diesem Tag wurden ihre Räumlichkeiten im Hotel Vier Jahreszeiten durchsucht und hier – neben kommunistischen Beglaubigungsmaterialien für die Ausstellung von Pässen und ähnlichem – auch eine Mitgliederliste der Gesellschaft gefunden.[149] Es folgte die Fahndung nach den Mitgliedern der *Thule-Gesellschaft* und in diesem Kontext die Festnahme von einigen ihrer Mitglieder. Einige von diesen wurden gemeinsam mit anderen Gefangenen der Räterepublik im Luitpold-Gymnasium untergebracht. Als die *Weißen Garden*, wie die im Dienste der Regierung stehenden oftmals antirepublikanisch eingestellten Truppen betitelt wurden, sich München näherten, kursierten Gerüchte über Gefangenenerschießungen und Morde an Sozialisten durch die Stadt. Es folgte eine Vergeltungsaktion der Rotgardisten, die am 30. April sieben Mitglieder der *Thule Gesellschaft* – den Graphiker Walter Deike (1894–1919), den Bildhauer Walter Neuhaus (1892–1919), den Kunstmaler Friedrich Wilhelm Freiherr von Seydlitz (1891–1919), den Eisenbahnsekretär Anton Daumenlang (1870–1919) und die Adeligen Gustav Franz Maria Prinz von Thurn und Taxis (1888–1919), Oberleutnant Franz Karl von Teuchert (1900–1919) sowie Gräfin Heila von Westarp (1886–1919)[150] – und zusätzlich zwei Gefangene der Regierungstruppen sowie den jüdischen Maler Professor Ernst Berger (1857–1919), der wegen öffentlicher Unmutsbekundungen aufgegriffen worden war, erschossen.[151] Schon nach kurzer Zeit verbreiteten sich angesichts dieser Tat furchterregende und maßlos überzeichnete Bilder über den „Roten Terror“ in der Stadt.[152] Auf dieser Basis gelang es

war er auch für von der Reichswehr organisierte politische Aufklärungskurse verantwortlich. Angesichts seines harschen Separatismus sowie eines gemäßigten Antisemitismus sagten sich seine ehemaligen Verbündeten bald von ihm los und er verschwand von der politischen Bühne. Zu ihm vgl. FENSKE: Konservativismus und Rechtsradikalismus in Bayern nach 1918 (wie Anm. 140), S. 116–122.

148 Vgl. EBD., S. 124f. und 127f.

149 Vgl. ROSE: Die Thule-Gesellschaft (wie Anm. 124, S. 72), S. 63.

150 Vgl. SEBOTTENDORF: Bevor Hitler kam (wie Anm. 125, S. 72), S. 7, 163f.

151 Vgl. BERNHARD GRAU: Roter Terror, 1919, in: HLB (2006).

152 Vgl. O.A.: Die bestialische Ermordung der Geiseln, in: MNN 72,169 (3.05.1919), S. 3; HEINRICH HILLMAYR: Roter und Weißer Terror in Bayern nach 1918. Ursachen, Erscheinungsformen und Folgen der Gewalttätigkeit im Verlauf der revolutionären Ereignisse nach dem Ende des Ersten Weltkrieges (Moderne Geschichte 2), München 1974, S. 72.

später immer wieder das „Schreckgespenst der Roten Gefahr“ zu beschwören und mit diesem die Stimmung gegen Sozialisten sowie Juden zu vergiften. Mit diesem „Schreckgespenst“ gelang es, ein hartes Vorgehen gegen sozialistische Kräfte zu legitimieren und ein zurückhaltendes Agieren gegenüber rechten beziehungsweise bürgerlichen Kräften zu rechtfertigen. Als Beispiel musste hier regelmäßig der Geiselmord im Luitpoldgymnasium herhalten – die einzig belegbare grausame Tat aus der Zeit der Räterepublik.[153]

Interessanterweise konnte der Historiker David Luhrssen die engen Verbindungspunkte zwischen *Thule-Gesellschaft* und anderen, sich seit der Jahrhundertwende begründeten Erneuerungsbewegungen herausarbeiten. Er konnte hierbei vor allem Verbindungen zwischen Anhängern theosophischer und anthroposophischer Ideen zu Anhängern der Ariosophie – einer aus okkulten, mythischen sowie rassistischen und nationalistischen Elementen bestehende Weltanschauung, welcher viele Mitglieder der *Thule-Gesellschaft* anhingen – nachweisen.[154] Daneben wies er auf gemeinsame romantische Vorstellungen mit der Wandervogelbewegung sowie den Vertretern des *Fin de siècle* hin.[155] Ähnliches ließ sich auch schon für tendenziell dem Umbruch positiv gegenüberstehende Kräfte nachweisen. Die Aufbruchsbewegungen der Jahrhundertwende, die großteils der gemeinsamen Wurzel einer grundlegenden Unzufriedenheit mit den bestehenden Zuständen entwuchsen, transformierten sich somit im und nach dem Weltkrieg. Viele dieser Bewegungen wurden dabei erst im Rahmen der aktiven politischen Betätigung politisiert und ordneten sich nach und nach einer politischen Richtung beziehungsweise Partei zu.

Im Kontext der *Thule-Gesellschaft* und sie umgebender Gruppierungen wie des DVSTBs wurde hier die Verbindung aus antisemitischen Ressentiments, antidemokratischen Grundhaltungen, einer strikten Ablehnung des Sozialismus sowie völkischem Gedankengut geknüpft.

2.2 Bürgerwehrbewegung/en

Eine ambivalenter zu betrachtende Bewegung ist diejenige der Bürgerwehren beziehungsweise Freiwilligenverbände.[156] Studierende hatten schon wenige Tage nach der Revolution angeboten, der Regierung eine Art studentischer Bürgerwehr zur Seite zu stellen, um Ruhe und Ordnung zu gewährleisten, was von Regierungsseite jedoch abgelehnt wurde.[157] Diese setzte stattdessen neben den alten Ordnungskräften auf die heimkehrenden Soldaten, die sich sowohl in Soldatenräten als auch in einem freiwilligen Sicherheitsdienst[158] neu organisierten. Dies jedoch führte keineswegs zur Beruhigung der Lage. Der Bürgerwehrgedanke erhielt neuen Auftrieb, als in Berlin im Dezember 1918 in der Frage um Lohnforderungen der Volksmarinedivision Streitigkeiten zwischen den Parteien der Übergangsre-

153 Vgl. HILLMAYR: Roter und Weißer Terror in Bayern nach 1918 (wie Anm. 152, S. 75), S. 100; ANTON LÖFFELMEIER: 2. Mai 1919. „Es ist äußerst aufregend und enervirend“. München im Banne von Anarchie, Gewalt und neuer Ordnung, in: ELISABETH ANGERMAIR/ANDREAS HEUSLER (Hg.): Machtwechsel. München zwischen Oktober 1918 und Juni 1919, München 2020, S. 175–198, hier: S. 178.

154 Vgl. LUHRSSEN: Hammer of the Gods (wie Anm. 124, S. 72), S. 3–42.

155 Vgl. EBD., S. 84f.

156 Auf diese wird auch im Kapitel *Die neuen (para-)militärischen Verbände* noch einmal näher eingegangen.

157 Vgl. hierzu die Passage im Kapitel *Verhältnis der Münchner Studentenschaft zur Revolution.*

158 Vgl. HILLMAYR: Roter und Weißer Terror in Bayern nach 1918 (wie Anm. 152, S. 75), S. 23.

gierung – SPD und USPD – sowie blutige Straßenkämpfe zwischen der Marinedivision, regierungstreuen Einheiten und schlussendlich von Reichspräsident Ebert zur Unterstützung gerufenen Heereskräften entbrannten.[159] Bereits zuvor hatte die Reichsregierung am 12. Dezember beschlossen, „zur Aufrechterhaltung der öffentlichen Ordnung und Sicherheit [...] eine freiwillige Volkswehr zu bilden."[160] Diese Volkswehr war regierungstreu und demokratisch konzipiert. Hierzu hatte man bei ihrer Aufstellung dem Rat der Volksbeauftragten weitreichende Vollmachten überlassen sowie den Mitgliedern die Wahl ihrer Oberen zugestanden.[161]

Die beunruhigenden Entwicklungen in Berlin sowie die grundsätzliche Zulassung von Freiwilligeneinheiten belebten auch in Bayern – besonders in bürgerlichen Kreisen – den Gedanken erneut. Hier jedoch stellte sich Eisner und grundsätzlich auch der aus der SPD stammende Minister für Militärische Angelegenheiten Albert Roßhaupter (1878–1949) gegen die Etablierung solcher Freiwilligenverbände. Während sich also im Rest des Reiches besonders um die alten Offizierskasten schon ab November 1918 Freiwilligenverbände bildeten, vor allem um die Reichsgrenzen zu schützen, wurde deren Gründung in Bayern strikt unterdrückt.[162]

Der der *Thule-Gesellschaft* nahestehende Rudolf Buttmann (1885–1947) dagegen suchte einen ebensolchen Freiwilligenverband aus dem alten Offizierskorps und bürgerlichen Kräften zu begründen, um die vorrevolutionäre Ordnung wiederherzustellen. Getarnt als *Bürgerwehr*, die zur Bewahrung von Sicherheit und Ordnung und etwaiger von links stammender Putschversuche gedacht sei, gelang es ihm – neben zahllosen konservativen Kräften wie Rudolf von Sebottendorf und der *Thule-Gesellschaft*[163] – hierfür auch einige SPD-Politiker, allen voran den bayerischen Innenminister Erhard Auer sowie den Justizminister Johannes Timm, zu begeistern. Diese unterzeichneten am 27. Dezember ein Schreiben, in welchem zur Gründung ebendieser Bürgerwehr aufgerufen wurde und welches am Folgetag im *Bayerischen Staatsanzeiger* veröffentlicht wurde.[164] Allerdings hatten bereits am 27. Dezember die *Münchner Kasernenräte* getagt und die Gründung einer Bürgerwehr einstimmig abgelehnt und sich stattdessen hinter die Regierung gestellt.[165] Weder die größere SPD noch die USPD wollten das Projekt nun noch mittragen. Das endgültige Scheitern der Bürgerwehr manifestierte sich dann in der Verhaftung von mehreren führenden Agitatoren im Hotel Vier Jahreszeiten[166] sowie in der Zurückziehung ihrer Unterschriften durch die SPD-Minister.[167] In der

159 Vgl. HEINRICH AUGUST WINKLER: Von der Revolution zur Stabilisierung. Arbeiter und Arbeiterbewegung in der Weimarer Republik 1918 bis 1924 (Geschichte der Arbeiter und der Arbeiterbewegung in Deutschland seit dem Ende des 18. Jahrhunderts 9), Berlin und Bonn 1984, S. 109f.

160 Gesetz zur Bildung einer freiwilligen Volkswehr vom 12.12.1918, in: Reichs-Gesetzblatt 1918, S. 1424.

161 Vgl. EBD.

162 Vgl. KAI UWE TAPKEN: Die Reichswehr in Bayern von 1919 bis 1924 (Schriftenreihe Studien zur Zeitgeschichte 26), Hamburg 2002, S. 113–117.

163 Vgl. O.A.: Die Bürgerwehr, in: VB 33,1 (11.1.1919), S. 1.

164 O.A.: Aufruf, in: Bayerische Staatszeitung 6,301, (28.12.1918), S. 5; auch bereits abgedruckt in der Abendausgabe der MAA: O.A.: Aufruf zur Errichtung einer Bürgerwehr, in: MAA 652 (27.12.1918), S. 3.

165 Vgl. KÖGLMEIER: Die zentralen Rätegremien in Bayern 1918/19 (wie Anm. 19, S. 54), S. 190f.

166 Vgl. O.A.: Eine Massenverhaftung, in: Münchener Zeitung 27,356 (29.12.1918), S. 3; O.A.: Verhaftung der Vorstandschaft der Münchner Bürgerwehr, in: MAA 654 (28.12.1918), S. 3.

167 Vgl. SCHMALZL: Erhard Auer, Wegbereiter der Parlamentarischen Demokratie in Bayern (wie Anm. 15, S. 53), S. 317f., wo nachgewiesen wird, dass Auer inhaltlich auch weiterhin eine Schutz-

Folge mussten sie ihr Handeln vor dem Landtag erklären und wurden hierbei auch von Eisner verteidigt. Nur durch dessen Unterstützung konnte diese schwere Regierungskrise überwunden werden, auf die hier nicht näher eingegangen werden soll.[168]

Trotz des skizzierten raschen Handelns in sozialistischen Kreisen, hatten sich am 27. Dezember wohl bereits knapp 300 Männer bei der Bürgerwehr im Hotel Vier Jahreszeiten eingeschrieben und den folgenden Eid geleistet, der unverdächtig wirkt: „Wir schließen uns zu einer Bürgerwehr gegen jeden Putschversuch von rechts oder links zusammen, wir sind bereit mit Gut und Blut die jetzige Regierung zu unterstützen. Wir wollen die Nationalversammlung und die Wahlen in gesetzmäßiger Weise durchführen."[169] Es muss jedoch offen bleiben ob zum einen der *Münchener Beobachter*, der ein natürliches Interesse daran hatte, die Regierung sowie die Unterbindung einer Bürgerwehr zu diskreditieren, hier authentisch berichtete und zum anderen, wie dieser Eid in einer hypothetischen Zukunft der Bürgerwehr ausgelegt worden wäre. Klares Ziel war es jedenfalls ein Gegengewicht zu den von Soldatenräten bestimmten heimkehrenden Soldaten sowie den weiteren Ordnungskräften zu schaffen. Daher kann es nicht verwundern, dass sich die USPD sowie die Rätegremien diesen Bestrebungen gegenüber überaus skeptisch zeigten.[170]

Diese ablehnende Haltung gegenüber bürgerlichen beziehungsweise sich aus dem alten Offizierskorps bildenden bewaffneten Einheiten behielt man in Bayern bei. Dies galt auch, als sich im Februar 1919 in Thüringen das *Freikorps Epp* unter dem ehemaligen Kommandeur des bayerischen Infanterie-Leib-Regiments und mit Unterstützung des Reichswehrministers Gustav Noske (1868–1946) bildete, angeblich um die Ostgrenzen zu verteidigen. In Bayern sah man diese von der Reichswehr ausgehende Sammlung von Freiwilligen als Bildung einer *Weißen Garde* an und befürchtete ein Vorgehen dieser Kräfte im Inneren, wie dies bei der blutigen Niederschlagung der Spartakistenaufstände in Berlin im Januar geschehen war.[171] Aus diesem Grund verwundert es nicht, wenn die bayerische Regierung die Anwerbung für dieses Freikorps unterband und diese Haltung bis zum Scheitern des Palmsonntagsputsches am 13. April beibehielt. Erst als keine Aussicht mehr bestand, die Regierungsgewalt in Bayern durch eigene Kraft aufrechtzuerhalten oder zurückzuerlangen, wandte man sich den Freikorps zu und gestattete die uneingeschränkte Werbung für diese innerhalb Bayerns.[172] Bereits am Folgetag erließ das Ministerium in Bamberg höchstselbst einen *Aufruf zu den Waffen*, um die sozialistische Regierung gegen die Kommunisten zu verteidigen: „Sichert die Früchte der Revolution, rettet Sozialismus und Demokratie! ‚Keine Weiße Garde'. Eine wahre Volkswehr soll gebildet werden."[173] Anscheinend er-

---

truppe für seine Politikrichtung zu gewinnen suchte und hierbei bewusst auch den Schulterschluss mit nationalen Kreisen suchte.

168 Vgl. FRANZ J. BAUER: Bürgerwehraffäre, 1918, in: HLB (2006). Zur Agitation der SPD in der Zeit der Räteregierung sowie in der Bürgerwehraffäre siehe auch: PETER KRITZER: Die SPD in der bayerischen Revolution von 1918, in: KARL BOSL (Hg.): Bayern im Umbruch. Die Revolution von 1918, ihre Voraussetzungen, ihr Verlauf und ihre Folgen, München und Wien 1969, S. 427–452, v. a. S. 445–447.

169 O.A.: Die Bürgerwehr, in: VB 33,1 (11.1.1919), S. 1.

170 Zu einer möglicherweise bestehenden Unterstützung dieser Bewegung durch den Bürgerrat siehe auch die Passage im Kapitel *Neuansätze auf Vereinsebene*.

171 Vgl. BRUNO THOSS: Freikorps, in: HLB (2012).

172 Vgl. DERS.: Freikorps Epp, in: HLB (2012).

173 MINISTER SCHNEPPENHORST: Aufruf: Bayern! Volksgenossen!, URL: http://daten.digitale-sammlungen.de/bsb00013268/image_94 (besucht am 30. 11. 2020).

zielte man mit diesen Hilferufen um die Bewahrung der „wahren" Werte der Revolution keinen allzu großen Erfolg, denn bereits zwei Tage später – am 16. April – verzichtete man auf die Erwähnung des Verteidigungscharakters von neuen Errungenschaften und nutzte stattdessen klare nationale Argumente, um zur Mitarbeit zu motivieren. „In München rast der russische Terror, entfesselt von landfremden Elementen. Diese Schmach Bayerns darf keinen Tag, keine Stunde weiter bestehen. Hierzu müssen alle Bayern helfen, ohne Unterschied der Partei."[174] So hieß es nun in einem Flugblatt, welches von den gleichen Personen gezeichnet wurde.

Ab Mitte April 1919 bildeten sich in Bayern nun mindestens 28 neue Freikorps, von denen später 13 in die vorläufige Reichswehr übernommen werden sollten. Hierbei gilt es auch zu bedenken, dass ein Beitritt zum Freikorps neben ideologischen Gesichtspunkten – vor allem ist hier an nationale und antisozialistische Motive zu denken – auch aus wirtschaftlichen Aspekten erfolgen konnte. Denn die Mitgliedschaft in einem Freikorps und somit der Kampf für den Staat gewährleistete auch ein regelmäßiges Gehalt und rettete somit viele Soldaten aus der bevorstehenden Arbeitslosigkeit.[175] Insgesamt konnten so fast 25.000 Freiwillige in Bayern gewonnen werden. In der Hochphase gehörten dabei allein dem von der *Thule-Gesellschaft* geprägtem *Freikorps Oberland* über 1500 Personen an. Diese Freiwilligen traten organisiert in Freikorps oder lokalen Volkswehren zur Durchsetzung der Ansprüche der in Bamberg weilenden Regierung gegen München an. Hinzu kamen ungefähr 10.000 Männer aus Freikorps in Württemberg sowie aus der Reichswehr.[176] Wie viele der bayerischen Freiwilligen aus München kamen, lässt sich nicht genau eruieren. Gewisses Material hierzu liegt beispielsweise für die Münchner Burschenschaften vor, die in einer großangelegten Erhebung 1934 versuchten nachzuweisen, inwiefern sie an Putschen und Kämpfen gegen Links sowie die Weimarer Republik beteiligt gewesen waren. Das Interesse hier die nationale Zuverlässigkeit herauszustellen tritt deutlich hervor. Eine aktive Beteiligung an den Kämpfen um München im April 1919 ließ sich jedoch nur sehr vereinzelt belegen.[177] Der Großteil der Münchner Studenten dürfte erst nach der Eroberung Münchens und vor Ort den Freiwilligeneinheiten beigetreten sein.

Ganz anders wie die bayerische Regierung agierte der Senat der LMU, der schon am 22. März 1919 für Anschläge des *Lützowschen Freikorps* eintrat,[178] und sich erst im Rahmen der Räterepublik entschied – wohl vor allem aus politischer Vorsicht – keine aktive Werbung für die „Volkswehr" zu betreiben.[179] Kurze Zeit nach der Niederschlagung der Räterepublik dagegen gingen Münchens Professoren – so etwa der Senat der LMU – daran, bürgerliche Wehrverbände einzurichten. So wurde am 5. Mai der Antrag des Geographieprofessors Erich von Drygalskis (1865–1949) zur Einrichtung einer akademischen Werbestelle für das *Freikorps Epp* durch den Senat angenommen[180] und nur zwei Tage später im selben Gremium die Bildung dieser Freikorps als von größter Wichtigkeit charakterisiert.[181] Am 25. Mai 1919 dann wurde gar die Uni-Zeit auf drei Tage verkürzt, um den Stu-

174 Das Gesamtministerium: Aufruf! Bayern! Landsleute!, URL: http : / / daten . digitale - sammlungen.de/bsb00013268/image_78 (besucht am 30. 11. 2020).

175 Vgl. Tapken: Die Reichswehr in Bayern von 1919 bis 1924 (wie Anm. 162, S. 77), S. 121–125.

176 Vgl. Luhrssen: Hammer of the Gods (wie Anm. 124, S. 72), S. 130f.

177 Vgl. Die Berichte der Münchner Burschenschaften über die Beteiligung ihrer Mitglieder in den Freikorps und dessen Kämpfen, DB-A B-IV 1.

178 Vgl. Senatsniederschrift der LMU vom 22.03.1919, UA-M D-III-93.

179 Vgl. Senatsniederschrift der LMU vom 24.04.1919, UA-M D-III-93.

180 Vgl. Senatsniederschrift der LMU vom 5.05.1919, UA-M D-III-93.

181 Vgl. Senatsniederschrift der LMU vom 7.05.1919, UA-M D-III-93.

denten ausreichend Zeit zu geben sich den Freikorps und der Ausbildung an der Waffe zu widmen.[182] Die Prioritäten treten hier klar zu Tage. Für Münchens Akademiker war es nach der Ermordung Eisners von höchster Priorität das Bürgertum zu verteidigen und gegen sozialistische *Umtriebe* vorzugehen.

Es verwundert daher nicht, wenn die einziehenden Truppen in München von der Stadtbevölkerung als Befreier begeistert begrüßt und gefeiert wurden. Dies vor allem wohl deswegen, weil seit dem Tod Eisners das politische Leben in der Stadt gänzlich zum Erliegen gekommen war, Gerüchte über Gräueltaten an Leben und Eigentum der Bevölkerung – Stichwort Mord im Luitpoldgymnasium – kursierten und die Versorgungslage sich zunehmend schwierig gestaltete. Es dürfte den ein oder anderen gegeben haben, der sich begeistert den *Weißen Garden* anschloss.[183] Die Missetaten und Racheaktionen der *Weißen Garden* gegenüber der Münchner Bevölkerung dagegen wurden geflissentlich ignoriert oder sogar als Vernichtung der bestehenden Gefahr legitimiert. Erst als am 6. Mai im Zuge der vermeintlichen Vergeltungsmaßnahmen durch die Freikorps und Reichswehrverbände 21 Mitglieder des *katholischen Gesellenvereins St. Joseph* ohne Prozess ermordet wurden, regte sich Protest in der Stadt. Die blinden Vergeltungsaktionen gegen vermeintliche Kommunisten und Rotgardisten wurden eingestellt. Dennoch waren diesem *Weißen Terror* nach verschiedenen Schätzungen zwischen 500 und 1000 Münchner und Münchnerinnen zum Opfer gefallen.[184]

Nichtsdestotrotz gewannen die Freiwilligenverbände durch die Verteidigung des Reiches nach innen und außen, die auf Grund der „überlegenen Ausrüstung und Kampferfahrung gelang",[185] erhebliches Prestige in der Bevölkerung. Daher galten die Freikorpsangehörigen nicht ganz zu Unrecht „als die eigentlichen Garanten eines sich allmählich stabilisierenden Reiches".[186] Diese nun etablierte Stellung militärischer Kräfte, die tendenziell der neuen Staatsform und einer der großen regierenden Parteien – der SPD – kritisch gegenüberstanden sowie von rechtsstaatlichen Prinzipien nur bedingt etwas hielten, stellte sich in der Folge als verhängnisvoll heraus. Dies nicht zuletzt deswegen, weil bei einigen der Freikorps, wie beim *Oberland*, extrem völkisches Gedankengut weit verbreitet war und verbunden mit der errungenen Prestigestellung weiter gedeihen konnte.

3 Katholiken und der Umbruch

Im Laufe dieser Ausführungen zu den ersten Umbrüchen nach dem 1. Weltkrieg sind schon einige katholische Persönlichkeiten benannt worden, die vereinzelt eine Rolle an der Hochschule, in bürgerlichen Gruppierungen oder in den Rätegremien gespielt haben. Im Folgenden soll noch einmal explizit darauf eingegangen werden, welche Rolle die Konfession bei der Stellungnahme zu verschiedenen Erscheinungen in München spielte und welche Rolle einzelne katholische Gruppierungen oder Personen in den ersten Monaten des Umbruchs gespielt haben, beziehungsweise wie sie hierzu Stellung bezogen.

182 Vgl. Senatsniederschrift der LMU vom 24.05.1919, UA-M D-III-93.

183 Vgl. den Bericht von Hans Brenner, in: FRITZ KRAUS/AUGUST ELSEN (Hg.): 25 Jahre K.D.St.V. Tuiskonia München, München 1925, S. 31–33.

184 Vgl. BAUER/PIPER: Kleine Geschichte Münchens (wie Anm. 17, S. 53), S. 202.

185 BRUNO THOSS: Freikorps, in: HLB (2012).

186 EBD.

3.1 Katholische Neuansätze

Generell partizipierten auch deutsche Katholiken an den um die Jahrhundertwende stattfindenden Umbrüchen im Zuge des *Fin de siècle*, der Jugendbewegung und anderer im Zuge der Industrialisierung auftretender Erscheinungen. Man suchte, gemeinsam mit anderen bürgerlichen Kräften, nach einer neuen Verortung in der Gesellschaft. Ausdruck dieser Suche nach neuem Renommee war etwa 1903 die Gründung der in München ansässigen katholischen Kulturzeitschrift *Hochland*, welche nach einer Symbiose zwischen katholischer und deutscher Kultur suchte. Diese Zeitschrift wurde mehrheitlich von katholischen Akademikern getragen und auch von Nichtkatholiken wie dem Pädagogen Friedrich Wilhelm Foerster gefördert.[187]

Trotz heftiger Einschreitungen des Lehramts, etwa durch den *Antimodernisteneid* oder auch im *Literaturstreit*, in welchem versucht wurde, das *Hochland* und seine zu wenig pro-katholischen Beiträge zu unterbinden,[188] hatten die deutschen Katholiken sich mit dem deutschen Nationalstaat arrangiert.[189] Dies galt insbesondere für akademisch gebildete Kreise.[190]

Daher verwundert es nicht, dass Münchens Katholiken mit einer ähnlichen Haltung wie ihre Mitbürger in die Weimarer Republik starteten. Hier war bereits angeklungen, dass im Laufe des Krieges daher auch die katholischen Akademiker sich in Annexionisten und Konstitutionalisten spalteten.[191] Dabei vertrat das *Hochland* und der ihm nahestehende *Hochlandverband* eher moderate Haltungen und agierte in einer Linie mit der Friedensinitiative Benedikts XV.

Interessant sind in dieser Hinsicht vor allem die sich auch in katholischen Kreisen ergebenden Diskussionen rund um die „Causa Foerster",[192] etwa in den konservativen *Historisch-politischen Blättern*. Hier bezog der Münchner Religionspädagoge Josef Göttler (1874–1935) selbstbewusst Stellung für Foerster und zwar vor allem gegen den vormaligen Dogmatikprofessor und Regensburger Domdekan Franz Xaver Kiefl (1869–1928),[193] der als Verteidiger des indizierten Modernisten Herman Schell (1850–1906) für Unruhe an der Würzburger Universität gesorgt hatte und 1918 in zwei Büchern Einspruch gegen Foersters Beliebtheit in katholischen Kreisen erhob.[194] Gegen Kiefl strich Göttler hierbei vor allem heraus, dass Foerster bekennender Christ sei, daneben für die Konfessionsschule eintrete und überdies seines Erachtens auf dem Wege der Konversion zum Katholizismus

187 Vgl. WEISS: Kulturkatholizismus (wie Anm. 7, S. 11), S. 47–49.

188 Zum Antimodernismus ebenso wie zum Literaturstreit siehe die Artikel in: HUBERT WOLF/ JUDITH SCHEPERS (Hg.): „In wilder zügelloser Jagd nach Neuem". 100 Jahre Modernismus und Antimodernismus in der katholischen Kirche (Römische Inquisition und Indexkongregation 12), Paderborn u. a. 2009.

189 Vgl. SIEGFRIED WEICHLEIN: Nationsbilder und Staatskritik im deutschen Katholizismus des 19. und 20. Jahrhunderts, in: URS ALTERMATT/FRANZISKA METZGER (Hg.): Religion und Nation. Katholizismen im Europa des 19. und 20. Jahrhunderts (Religionsforum 3), Stuttgart 2007, S. 137–151, hier: S. 143.

190 Vgl. EBD., S. 143.

191 Vgl. den Absatz hierzu im Kapitel *Die Revolution*.

192 Zu den Debatten um den Münchner Hochschullehrer Foerster, welcher unter den liberaleren Studenten äußerst beliebt war und durch seine pazifistische Grundhaltung Streitigkeiten mit der Obrigkeit in Staat und Universität bekam, siehe das Kapitel *Pazifismus und Demokratiebegeisterung*.

193 Zu ihm siehe: KARL HAUSBERGER: Franz Xaver Kiefl (1869–1928). Schellverteidiger, Antimodernist und Rechtskatholik (Quellen und Studien zur neueren Theologiegeschichte 6), Regensburg 2003.

194 FRANZ XAVER KIEFL: Foersters Religionsphilosophie und der Katholizismus, Donauwörth 1918; DERS.: F.W. Foersters Stellung zum Christentum, Donauwörth 1918.

sei.[195] Auch auf dieser Basis sei seine Pädagogik nicht gefährlich, sondern habe „einen überaus segensvollen Einfluß" auf die katholische Jugend.[196]

Obwohl diese Debatte bis 1920 fortgesetzt wurde, auch weil erst zu diesem Zeitpunkt Foersters gänzlich auf der Linie Göttlers liegende Verteidigungsschrift erschien,[197] stand im Fokus stets der persönliche Glaube Foersters und damit die Frage, ob seine Thesen katholisch beziehungsweise christlich seien. Dementsprechend ging es weniger um eine inhaltliche Auseinandersetzung mit seinen Ansätzen oder Kritik an seiner pazifistischen Ausrichtung, sondern vielmehr um die Möglichkeit der persönlichen Identifikation mit der Person Foersters, die man zumindest äußerlich an seinem religiösen Leben festzumachen suchte.

Diese pädagogischen, pazifistischen und reformerischen Ansätze Foersters wurden also in Teilen der Studentenschaft begrüßt und von Katholiken wie Göttler oder dem Münchner Domprediger Josef Oberhauser (1878–1928)[198] gutgeheißen. Dass die katholischen Akademiker Münchens der neuen Zeit zunächst einmal offen gegenüberstanden, lässt sich auch dem entnehmen, dass die studentische Selbstverwaltung maßgeblich von katholischen Studierenden initiiert wurde. Die führende Rolle der beiden Katholiken Fritz Beck und des Pallottinerpaters Franz Xaver Hecht hierbei wurde ja schon herausgestellt, aber auch der Freistudent Immanuel Birnbaum bestätigt die große Beteiligung katholischer Studierender. So erklärte er in einer der ersten allgemeinen Studentenversammlungen am 12. Januar 1918, dass bisher „neben den Freistudenten [...] die katholischen Korporationen [...]" den akademisch sozialen Ausschuss – die spätere Keimzelle des AStA – getragen hätten, wobei die Katholiken „sogar bisher die Hauptarbeit getragen" hätten.[199] Gleiches kann man aus dem Bericht des Rektorats über die allgemeine Studentenversammlung am 25. Januar 1918 entnehmen, wobei als Agitatoren der Versammlung neben der Münchner Freien Studentenschaft und einer Gruppe Nichtinkorporierter explizit drei katholische Vereinigungen genannt werden: Die katholische Studentenverbindung *Aenania*, die katholische Studentinnenverbindung *Hadwig* und der *katholische Akademikerausschuss*. Hierbei schließt der Senat seinen Bericht mit dem Fazit, dass „demgemäss [...] die Freistudenten und Anhänger Professor Foersters in der weitaus überwiegenden Mehrzahl [waren]."[200]

Im genannten *katholischen Akademikerausschuss* hatten sich bereits 1910 katholische Studierende Münchens zusammengeschlossen mit dem Anspruch alle katholischen Akademiker zu vertreten. Mit dem nahenden Kriegsende nahm die Werbung zu und der Ausschuss politisierte sich zunehmend, bis er zu Beginn des Jahres 1919 als Teil des Kampfes für die katholische Weltanschauung verstanden wurde.[201] Für seine Ziele suchte man dann spätestens im Juli 1918 auch die Un-

195 Vgl. Josef Göttler: Auch der Pädagoge Foerster gefährlich?, in: HpBl 162,5 und 6 (1918), S. 321–333 und 366–375; Ders.: Das Ende der Foerster-Kontroverse, in: HpBl 165,4 (1920), S. 234–248.

196 Ders.: Auch der Pädagoge Foerster gefährlich?, in: HpBl 162,6 (1918), S. 374.

197 Friedrich Wilhelm Foerster: Christentum und Pädagogik. Eine Auseinandsetzung mit Herrn Domdekan Dr. Kiefl, München 1920.

198 Josef Göttler: Auch der Pädagoge Foerster gefährlich?, in: HpBl 162,6 (1918), S. 374

199 Vgl. Bericht der Allgemeinen Studentenversammlung der LMU vom 12.01.1918, UA-M G-XIX-3.

200 Bericht des Rektorats der LMU vom 7.2.1918 über die Allgemeine Studentenversammlung am 25.1.1918 an das Staatsministerium des Innern für Kirchen- und Schulangelegenheiten, UA-M G-XIX-3.

201 Vgl. o.A.: Eine Arbeitsgemeinschaft sämtlicher katholischer Studentenkorporationen, in: Akademische Monatsblätter 31,4 (1919), S. 31f.; Kathol. Akademiker-Ausschuss München

terstützung der Amtskirche und wandte sich zwecks finanzieller Unterstützung an den Münchner Erzbischof Michael Faulhaber (1869–1952).[202] Dieser nahm das Anliegen mit in die Freisinger Bischofskonferenz, welche die Errichtung eines Sekretariats des Ausschusses in München befürwortete und hierfür Spenden von einzelnen Bischöfen zusagen konnte, darunter 300 Mark von Faulhaber persönlich.[203]

Auch die katholischen Verbindungen Münchens, welche schon seit längerem in fünf katholischen Dachverbänden organisiert waren, suchten bereits vor dem Kriegsende den engeren Zusammenschluss. Im Juli 1918 beschloss man, auch auf Agitation des berühmten Carl Sonnenschein (1876–1929),[204] die Begründung der *Arbeitsgemeinschaft der Münchener Philistervereinigungen katholischer Studentenkorporationen*. Jedoch nahm man erst am 15. Dezember, also nach Kriegsende, die konkrete Arbeit auf und begründete ein entsprechendes Vertretungswesen für die eigenen Interessen. Zugleich wurde der „korporative Beitritt der Arbeitsgemeinschaft zur Bayerischen Volkspartei" und somit eine enge inhaltliche und personelle Anknüpfung an die neugegründete katholische Partei Bayerns befürwortet.[205] In einer Mitgliederliste vom 1. März 1919 finden sich 379 Münchner Verbindungsmitglieder aus diversen bürgerlichen Berufsgruppen. Die verhältnismäßig geringe Zahl an gelisteten Mitgliedern lässt darauf schließen, dass sich hier längst nicht alle Philister der jeweiligen Verbindung zusammenfanden.[206] Auch andere Parteien blieben für katholische Akademiker attraktiv.

Einen gewissen Anhaltspunkt hierfür bietet die, ebenfalls bereits vor Kriegsende, im Verbandsorgan des CV, des wohl konservativsten katholischen Verbandes, vorgenommene Werbung für den *Bund deutschnationaler Studenten*, welcher sich im Mai 1918 in München begründet hatte, um bewusst alle national denkenden Studierenden – auch gegen Foerster – zu einen. Auch wenn man sich parteipolitisch neutral gab, war doch eine gewisse Nähe zur Vaterlandspartei naheliegend, weswegen man ausdrücklich betonte, „keineswegs eine verkappte Vaterlandsparteigründung" zu sein.[207] Diese mögliche Identifikation der Vertreter katholischer Studentenkorporationen mit nationalen Parteigruppen wurde wohl als gängige Praxis angesehen, wohingegen man sich ausdrücklich von der Mitgliedschaft bei der DDP oder gar sozialdemokratisch ausgerichteten Parteien distanzierte.[208]

Insgesamt lässt sich hieran das Verhalten der katholischen Organisationen ablesen. Während man schon früher versucht hatte gemeinsame Vereinigungsformen aufzustellen, führte die Revolution in katholischen Kreisen zunächst zu einer ge-

---

(Hg.): Mitteilungen für die katholischen Studierenden an den Münchener Hochschulen 1920/21. 2. Folge, München 1920, S. 2f.

202 Vgl. Brief vom 19.07.1918 von Karl Benz an Faulhaber, EAM NL Faulhaber 6570.

203 Vgl. Das Antwortschreiben Faulhabers vom 23.12.1918, ebd. sowie das Protokoll der Freisinger Bischofskonferenz vom 20.–22.08.1918, EAM NL Faulhaber 3102.

204 Zum in Berlin als Leiter des *Sekretariats für Soziale Studentenarbeit* sowie des *kath. Volksvereins* wirkenden Priester siehe ausführlich: FRIEDEL DOÉRT: Carl Sonnenschein. Seelsorger, theologischer Publizist und sozialpolitischer Aktivist in einer kirchlichen und gesellschaftlichen Umbruchsituation, Münster 2012.

205 O.A.: Die Arbeitsgemeinschaft der Münchener Philistervereinigungen katholischer Studentenkorporationen, in: Akademische Monatsblätter 31,5/6 (1918/19), S. 46f.

206 Mitgliederliste der Arbeitsgemeinschaft der Münchener Philistervereinigungen katholischer Studentenkorporationen vom 1.03.1919, EAM NL Faulhaber 6552.

207 A. SCHMITT: Zur Gründung des Bundes deutsch-nationaler Studenten, in: Academia 31,6 (15.10.1918), S. 142f. Ein ähnlicher Text findet sich bei den Burschenschaften: O.A.: Gründung des Bundes deutschnationaler Studenten, in: Burschenschaftliche Blätter 32,3 (1918), S. 40.

208 Vgl. O.A.: Student und Politik, in: Academia 31,11 (15.03.1919), S. 278f.

wissen Handlungsstarre. Dies lässt sich sowohl aus größeren inhaltlichen Problemen mit der als antichristlich wahrgenommenen Sozialdemokratie als auch aus einer gewissen Trägheit des katholischen Organisationsnetzwerkes erklären.

Während man also gerne bereit war, in bestehenden Gremien, wie im *Akademisch sozialen Ausschuss*, mitzuarbeiten und hier bürgerliche teils auch liberale Interessen wie die Etablierung einer studentischen Selbstverwaltung einzubringen, kamen eigene Organisationsversuche nur schleppend voran. Dies belegt neben der erst Mitte Dezember vollendeten Gründung der *Arbeitsgemeinschaft der Münchener Philistervereinigungen katholischer Studentenkorporationen*, vor allem die erst im März 1919 erfolgte Gründung des *Vereins akademisch gebildeter Katholiken*. Dieser Verein ging aus einem bereits vor dem Krieg bestehendem religiösen Zirkel einiger weniger Akademiker hervor und wurde dann Anfang 1919 durch den Publizisten Carl Muth (1867–1944), den Rechtsanwalt und BVP-Politiker Graf Joseph Pestalozza (1868–1930) sowie den Jesuiten und Mitarbeiter der *Stimmen der Zeit* Peter Lippert (1879–1936) begründet. Diese stellten dann auch gemeinsam mit weiteren prominenten Katholiken Münchens den ersten Vorstand des Vereins und suchten einen engen Anschluss an die Kirche, welcher sich bereits im geistlichen Ausschuss widerspiegelte, der unter anderem mit dem späteren Regensburger Bischof, Domkapitular Michael Buchberger (1876–1961), sowie Hofprediger Georg Stipberger (1881–1971)[209] besetzt war. Laut Vereinssatzung konnte jeder fertige Akademiker Mitglied werden und als Zweck wurde die Festigung der religiösen Überzeugung sowie „die Erneuerung des christkatholischen Geistes“ angegeben, während parteipolitische Bestrebungen ausgeschlossen waren.[210]

Mit dieser Konzeption und Zielrichtung war es naheliegend, dass der Verein auf größte Zustimmung bei Erzbischof Faulhaber stieß, der spätestens im Oktober selbst Mitglied des Vereins wurde[211] und für diesen mehrere Vorträge hielt, teils vor über 1500 Zuhörern.[212]

Neben diesen eigenständigen katholischen Organisationsversuchen war man wie selbstverständlich Mitglied in den neu gegründeten bürgerlichen Vereinigungen und initiierte diese teils mit, wie das Beispiel von Rudolf Meyer-Absberg oder Professor Lujo Brentano gezeigt haben. Daneben betrieben die studentischen Korporationen aktiv Werbung für die neuen bürgerlichen Gremien.[213] In der Mehrheit setzte man sich also, ähnlich wie die bürgerliche Mehrheit, nach einer Phase des Schweigens, für politische Bildung, die Belange der bürgerlichen Parteien, allen voran der katholischen BVP, sowie rasche Wahlen zur Nationalversammlung ein.[214] Ein einheitliches politisches Agieren des Katholizismus ließ sich jedoch nicht feststellen wie die angedeuteten Überhänge ins nationale Lager und

---

209 O.A.: Georg Stipberger (1881–1971), gebürtiger Münchner, wirkte als Priester an der Stiftskirche St. Kajetan sowie für zahlreiche akademische Vereine. 1921 fiel er vom Priestertum ab und heiratete. 1933 wandte er sich als Gauredner der NSDAP zu, verließ 1936 die Kirche, konnte sich jedoch 1952 nach Auflösung seiner Ehe mit der Kirche aussöhnen. Zu ihm vgl. Georg Stipberger, in: Kritische Online-Edition der Tagebücher Michael Kardinal von Faulhabers (1911–1952), URL: https://www.faulhaber-edition.de/ (besucht am 20. 12. 2017); FORSTNER: Priester in Zeiten des Umbruchs (wie Anm. 89, S. 34), S. 433.

210 Vgl. Bekanntmachung des Vereins akademisch gebildeter Katholiken ohne Datum sowie ein Brief desselben vom 23.03.1919 mit Anzeige der Gründung an Faulhaber, EAM NL Faulhaber 6570.

211 Vgl. Verein akademisch gebildeter Katholiken an Faulhaber vom 22.10.1919, ebd.

212 Vgl. Dankesschreiben des Vereins an Faulhaber vom 20.12.1919, ebd.

213 Vgl. O.A.: An alle Akademiker Deutschlands, in: Unitas 59,2 (1919), S. 58f.; RECHTSPRAKTIKANT B.: Waget den Riesenkampf!, in: Academia 31,8 (15.12.1918), S. 179f.

214 Vgl. EBD.

die bereits erwähnte Beteiligung nicht gerade weniger Katholiken in der *Thule-Gesellschaft* aufzeigen.

Daneben sei auch die Beteiligung einzelner Katholiken, wie Max Zillibillers oder Max Fischers, in den revolutionären Rätegremien nicht verschwiegen. Diese stellten zwar Einzelfälle dar und lassen sich insofern nur schwer verallgemeinern, insbesondere da Zillibiller in dieser Lebensphase ein recht schwieriges Verhältnis zum Katholizismus pflegte. So äußerte er etwa im Januar 1919, sich eingehend mit dem Buddhismus zu beschäftigen und, dass die „christliche Religion“ für ihn „erledigt“ sei.[215] Erst später kehrte er augenscheinlich zum katholischen Glauben und seiner bürgerlichen Herkunft zurück und vertrat nach dem 2. Weltkrieg die CSU im Landtag. Lediglich Max Fischer war somit als authentische Persönlichkeit eruierbar, die „in einer romantischen Mischung von Katholizismus und Sozialismus die Heilung [...] suchte“ und daher beispielsweise als Autor des *Hochland* fungierte und zugleich in sozialistischen Gremien mitarbeitete.[216]

3.2 Katholische Geistliche und das Ende der Monarchie

Wie aber sah es beim Klerus, der für das katholische Spektrum stets bedeutsamen Gruppe, die oftmals als „Milieumanager“ charakterisiert wird,[217] aus? Wie verhielten sich, um ganz konkret zu fragen, der Münchner Erzbischof Faulhaber, der Münchner Nuntius Pacelli und weitere Priester gegenüber dem Umbruch von der Monarchie zur Republik und schließlich zur Räteherrschaft?

Auch im Münchner Klerus setzte – ähnlich zu den sich im Bürgertum gründenden Standesvereinen – langsam eine Sammelbewegung ein, welche 1919 in der Gründung eines Priestervereins mündete, der sich Ende des Jahres mit anderen Vereinen zu einem Landesverband zusammenschloss. Diese unter anderem vom Freisinger Seminarprofessor und BVP-Politiker Anton Scharnagl initiierte Gründung, wurde von Faulhaber bewusst gefördert.[218] Leider liegen jedoch quasi keine Akten zu diesem Verein vor.[219]

Grundsätzlich waren im Untersuchungszeitraum in München etwa 600 Priester tätig, wobei hiervon über 100 in der kategorialen Seelsorge, etwa an Schulen oder für bestimmte Vereine, eingesetzt waren.[220] Öffentlichkeitswirksame Äußerungen zur Revolution und ihren Begleiterscheinungen sind aus der Zeit heraus überaus selten. Zumeist war man gemeinsam mit großen Teilen des Bürgertums zu überrascht vom erfolgreichen Umbruch. Auf dieser Basis suchte sich auch der Klerus sehr bald zu organisieren, um das Beste aus der neuen Situation zu machen. Hierfür waren, ebenso wie in den Augen des Bürgertums, die Wahrung von Ruhe und Ordnung entscheidend.

215 Tagebuchnotiz Zillibillers vom 1.1.1919, S. 5, StAM Staatsanwaltschaft Nr. 2973.

216 Brief von Professor Moritz Geiger an den Prorektor der LMU vom 17.06.1919, StAM Staatsanwaltschaft Nr. 2973.

217 Die Begriffsbildung „Milieumanager“ stammt von Olaf Blaschke, der sich ausführlich mit der Rolle des Priesters im katholischen Milieu beschäftigt hat. Vgl. OLAF BLASCHKE: Die Kolonialisierung der Laienwelt. Priester als Milieumanager und die Kanäle klerikaler Kuratel, in: OLAF BLASCHKE/FRANK-MICHAEL KUHLEMANN (Hg.): Religion im Kaiserreich. Milieus – Mentalitäten – Krisen (Religiöse Kulturen der Moderne 2), Gütersloh 1996, S. 93–135.

218 Vgl. Tagebucheinträge vom 25.12.1918 und 24.03.1919, S. 30 und 67, Kritische Online-Edition der Tagebücher Michael Kardinal von Faulhabers (1911–1952) (wie Anm. 209).

219 Vgl. FORSTNER: Priester in Zeiten des Umbruchs (wie Anm. 89, S. 34), S. 257f.

220 Vgl. GEORG SCHWAIGER: Zwischen Monarchie und Diktatur, in: DERS. (Hg.): Das Erzbistum München und Freising im 19. und 20. Jahrhundert (Geschichte des Erzbistums München und Freising 3), München 1989, S. 291–327, hier: S. 314f.

Dennoch war der Umbruch gerade für den Klerus, welcher den katholischen Monarchen verloren hatte und stattdessen vor einer ungewissen Zukunft stand, ein großer Schock. So kann etwa die Gefühlslage Faulhabers durch eine gewisse Lethargie und geradezu panische Angst vor den sich vollziehenden Veränderungen charakterisiert werden. So bezeichnet Faulhaber die Nacht des Umsturzes in seinen Aufzeichnungen unmittelbar als „schrecklichste Nacht seines Lebens“[221] und hielt am 10. November fest, dass ihm der Umsturz schlaflose Nächte bereitet habe sowie ihn beim Essen hemme. Auch die Waffenstillstandsbedingungen des 11. November vertieften die Lethargie des Münchner Erzbischofs.[222]

Zugleich sah Faulhaber die Veränderungen realistisch, als kaum noch umkehrbar. Daher begann er früh sich für die Aufrechterhaltung von Ruhe und Ordnung einzusetzen und so auch die Rechte der Kirche zu bewahren. In diesem Kontext machte er Auer als Verbündeten aus, während er Eisner unterstellte „sofort mit aller Schärfe gegen die Pfaffen“[223] vorgehen zu wollen. Die Kirchenhistorikerin Antonia Leugers stellt zurecht heraus, dass es sich hierbei wohl um ein Gerücht handelte, dass zur „Bestätigung geprägter Feindbilder und der ihnen anhaftenden Erwartungshaltung“ diente, obwohl „in dieser Phase faktisch nichts gegen die Pfarrgeistlichkeit unternommen wurde.“[224]

Entsprechend seiner Grundhaltung lehnte Faulhaber von Beginn an jeden direkten Kontakt mit der Regierung Eisner ab, ging aber in seinen pragmatischen Agitationen in den engen Austausch mit der Politik. Hier waren vor allem der Kontakt zum späteren Bayerischen Ministerpräsidenten Hugo Graf von Lerchenfeld (1871–1944), dem Geschichtsprofessor Hermann Ritter von Grauert (1850–1924) und dem Schriftsteller Walther Eggert-Windegg (1880–1936) entscheidend, die für ein solch pragmatisches Vorgehen der Kirche warben und Faulhaber mit der Republik zu versöhnen suchten.[225]

Faulhaber erklärte sich dann auch dazu bereit, mit der Regierung zusammenzuwirken und einen Aufruf zu verfassen, um zumindest die Lebensmittelversorgung sicherzustellen.[226] Am 14. November rief er die Landgemeinden im Umkreis Münchens in einem Hirtenwort dazu auf, „auf dem Boden der gegebenen Tatsachen an der Aufrechterhaltung der öffentlichen Ordnung und an der Sicherstellung der Volksernährung mitzuarbeiten“, jedoch nicht ohne den Hinweis, dass damit keineswegs bestehende Grundsätze aufgegeben würden.[227] In ähnlicher Art und Weise forderte Faulhaber am 23. November seinen Klerus dazu auf, „angesichts der vollendeten Tatsache der jüngsten Ereignisse [...] an der Aufrechterhaltung der öffentlichen Ordnung, an der Förderung des Volkswohles und an der Sicherstellung der Volksernährung mitzuarbeiten, um größere Übel hintanzuhalten“.[228]

---

221 Vgl. Tagebucheintrag Faulhabers vom 7.11.1918, S. 5, Kritische Online-Edition der Tagebücher Michael Kardinal von Faulhabers (1911–1952) (wie Anm. 209, S. 84).

222 Vgl. Die Tagebucheinträge vom 10. und 11. November, S. 8f., EBD.

223 Vgl. Tagebucheintrag vom 10.11.1918, S. 8, EBD.

224 ANTONIA LEUGERS: Einleitung: Zwischen Revolutionsschock und Schulddebatte, in: DIES. (Hg.): Zwischen Revolutionsschock und Schulddebatte. Münchner Katholizismus und Protestantismus im 20. Jahrhundert (theologie.geschichte 7), Saarbrücken 2013, S. 9–29, hier: S. 73.

225 Vgl. Tagebucheintrag vom 11.11.1918, S. 9–11, Kritische Online-Edition der Tagebücher Michael Kardinal von Faulhabers (1911–1952) (wie Anm. 209, S. 84).

226 Vgl. Tagebucheintrag vom 11.11.1918, S. 9, EBD.

227 FAULHABER: Hirtenwort an die Landgemeinden der Erzdiözese München-Freising vom 12.11.1918, in: Amtsblatt für die Erzdiözese München und Freising 33 (14.11.1918), S. 193f. hier: S. 194.

228 FAULHABER: An den hochwürdigen Klerus der Erzdiözese München-Freising vom 23.11.1918, in: Amtsblatt für die Erzdiözese München und Freising 34 (27.11.1918), S. 197–200, hier: S. 197.

Im Kontext dieser pragmatischen Aktionen zur Sicherstellung der Ordnung ist auch eine Eidesformel für im Staatsdienst tätige Kleriker zu erklären, der Faulhaber in einem Schreiben an Ministerialdirektor Franz Xaver Bader (1857–1919) schon am 15. November zustimmte. Mit dieser verpflichteten sich Kleriker gegenüber dem Staate Bayern am Gemeinwohl mitzuwirken. Zugleich wurden aber der Gewissensvorbehalt sowie die eigene Überzeugung betont und wohl bewusst keine Verpflichtung gegenüber der aktuellen Regierung oder gegenwärtigen Staatsform übernommen.[229]

Der Kirchenhistoriker Georg Schwaiger stellte anhand dieser Verlautbarungen in apologetisch anmutender Art und Weise die positive Rolle Faulhabers für die Katholiken nach der Revolution heraus und entschuldigte zugleich seine monarchistisch geprägte Reminiszenz gegenüber der Republik, indem er seine vermeintlich natürliche enge Anbindung an das Hause Wittelsbach herausstellte und eine frühe Republikfreundlichkeit in die Nähe der Unredlichkeit rückte.[230] In diesem Kontext entschuldigte er auch ein vielbeachtetes Zitat Faulhabers aus seiner Silvesterpredigt 1918, in welcher er die Regierung Eisners „eine Regierung ‚von Jehova's Zorn'" nannte und somit mit einer Strafe Gottes gleichsetzte.[231]

Dialog- und Kompromissbereitschaft zur Aufrechterhaltung gemeinsamer Ziele sahen anders aus, auch wenn man Faulhaber mit Sicherheit zugute halten kann, in den Denkkategorien seiner Zeit gefangen gewesen zu sein. Dennoch verwundert es nicht, wenn Antonia Leugers die Rolle Faulhabers in ihrem Vergleich der verschiedenen Formen von legitimatorischem und delegitimatorischem Verhalten des Kirchenoberen gegenüber verschiedenen Regierungen, gänzlich anders als Schwaiger bewertet. Während Faulhaber permanenten Kontakt zum Königshaus hielt[232] und dieses liturgisch begleitete sowie inszenierte, etwa im Kontext der Fronleichnamsprozessionen oder auch noch bei den Begräbnisfeierlichkeiten Marie Theresias im Februar 1919, zu deren Ehren er ein Pontifikalrequiem im Dom hielt und Trauergeläut anordnete,[233] vermied er bewusst den Kontakt zur Regierung Eisners[234] und verwehrte bei Eisners Tod die Beflaggung und das Glockenläuten ebenso wie eine Stellungnahme. Hiermit habe man nach Leugers bewusst eine Haltung der Delegitimation gegenüber der neuen Republik zum Ausdruck gebracht, die man nicht als rechtmäßige Obrigkeit und erst recht nicht als von Gottes Gnaden eingesetzt akzeptieren konnte und wollte.[235]

---

229 Brief Faulhabers an Ministerialrat Franz Xaver Bader vom 15.11.1918, EAM NL Faulhaber 7404. Dort heißt es: „Wir verpflichten uns, in den uns übertragenen staatlichen Dienstleistungen dem Volksstaate Bayern unter Wahrung unserer Gesinnung u. Überzeugung freiwillig u. aufrichtig im Interesse der Gesamtheit unsere Arbeitskraft zur Verfügung zu stellen."

230 Vgl. etwa: „Kann man von einem redlichen Mann redlicherweise erwarten, daß er von einem Tag zum andern vom überzeugten Bürger der konstitutionellen Monarchie zum begeisterten Republikaner wird?" SCHWAIGER: Zwischen Monarchie und Diktatur (wie Anm. 220, S. 85), S. 300.

231 EBD., S. 301.

232 So ließ er sich von Vertrauten der Königsfamilie regelmäßig über ihr Ergehen unterrichten. Vgl. z. B. Tagebucheintrag vom 12.11.1918, S. 10, Kritische Online-Edition der Tagebücher Michael Kardinal von Faulhabers (1911–1952) (wie Anm. 209, S. 84).

233 Pontifikalrequiem Faulhabers für Königin Maria Theresia, in: Amtsblatt für die Erzdiözese München und Freising 5 (11.02.1919), S. 23.

234 Als die neue Regierung sich bei Faulhaber persönlich für seine Agitationen zur Bekämpfung des Hungers bedanken wollte, lehnte er dies beispielsweise ab. Vgl. Tagebucheintrag vom 12.11.1918, S. 10, Kritische Online-Edition der Tagebücher Michael Kardinal von Faulhabers (1911–1952) (wie Anm. 209, S. 84).

235 Vgl. LEUGERS: Einleitung: Zwischen Revolutionsschock und Schulddebatte (wie Anm. 224), S. 14.

Diese Haltung wurde wohl auch mitbedingt durch eine großteils kirchenkritische Einstellung linker Kräfte in Bayern, welche etwa vor Faulhabers Palais demonstrierten sowie dieses beschädigten und somit Faulhabers Angst zu einem gewissen Teil erklärbar erscheinen lassen.[236]

> „Resümierend läßt sich sagen, daß Faulhaber, damals schon die beherrschende Gestalt des bayerischen Episkopats, in der Umbruchssituation resolut und elastisch für die Wahrung der kirchlichen Rechte eintrat. Er erwies sich als Gegner der Revolution und bezweifelte aus Prinzip die Legitimität der Revolutionsregierung. [...] Faulhabers Abneigung gegen die Revolution entsprach folgerichtig sein intensives Eintreten für den Staat, für die rechtmäßige Ordnung und die nationale Ehre“[237]

So treffend dieses Fazit des Passauer Historikers Winfried Becker zu Faulhaber ist, so bleibt kritisch anzumerken, dass Faulhaber durch diese Haltung große Chancen verspielte. Durch die bewusste Kontaktvermeidung zur Regierung Eisner und die Pflege des linken Feindbildes, prägte Faulhaber schon in dieser frühen Zeit der Weimarer Republik zahlreiche Katholiken auf relative starre Rollenbilder. In diesem Kontext ließ er alle Katholiken aus dem Auge, die sich weiter links orientierten als er und davon gab es – zumindest in der Arbeiterschaft – einige. Nur so ist jedenfalls erklärbar, warum Faulhaber in seinem Tagebuch das große Interesse der Roten Garden an der Beichte zwar registrierte, aber nicht in der Lage war, dies wertzuschätzen oder zu nutzen.[238]

Hier liegt auch ein Grund dafür, dass sich die Trauer um Eisner beim katholischen Klerus stark in Grenzen hielt und der Gedenktag – wie insgesamt im Bürgertum – tendenziell ignoriert wurde.[239] Basis hierfür war auch der sich abzeichnende Konflikt zwischen reaktionären und pro-revolutionären Kräften. Eine weitere Spaltung der Gesellschaft begann sich hier zu entwickeln beziehungsweise zu verstärken und der Klerus stellte sich zumeist klar auf die Seite der Reaktion und verhärtete so durch seine Autorität die weltanschaulich-politischen Konflikte.[240]

Jedoch gab es auch im Klerus einige wenige Stimmen, die den Umbruch zumindest zunächst positiv bewerteten und auch die darin liegenden Chancen erkannten. Zu diesen zählte interessanterweise auch Alfons Ammer (1880–1968), der Sekretär Faulhabers. Dieser äußerte bereits am 7. November, dass man mit dem Umbruch doch nichts zu verlieren habe.[241] Später präzisierte er diese Auffassung Faulhaber gegenüber erneut, indem er äußerte: „Es sei gar nicht so schlimm“, da „die Kirche [...] dann geistig um so freier werden [würde und] die Regierung [...] auch nicht so schlimm [sei].“[242] Zu diesen wenigen katholischen Klerikern

236 Vgl. LEUGERS: Einleitung: Zwischen Revolutionsschock und Schulddebatte (wie Anm. 224, S. 86), S. 22f.

237 WINFRIED BECKER: Neue Freiheit vom Staat – Bewährung im Nationalsozialismus: 1918–1945, in: WALTER BRANDMÜLLER (Hg.): Handbuch der bayerischen Kirchengeschichte. Bd. 3 Vom Reichsdeputationshauptschluß bis zum Zweiten Vatikanischen Konzil, St. Ottilien 1991, S. 337–392, hier: S. 337–338, 340.

238 Vgl. Tagebucheintrag vom 26.04.1919, S. 81, Kritische Online-Edition der Tagebücher Michael Kardinal von Faulhabers (1911–1952) (wie Anm. 209, S. 84).

239 Vgl. WERNER K. BLESSING: Kirchenglocken für Eisner? Zum Weltanschauungskampf in der Revolution von 1918/19 in Bayern, in: Jahrbuch für fränkische Landesforschung 53 (1992), S. 403–420, hier: S. 404.

240 Vgl. EBD., S. 419f.

241 Vgl. Tagebucheintrag vom 7.11.1918, S. 5, Kritische Online-Edition der Tagebücher Michael Kardinal von Faulhabers (1911–1952) (wie Anm. 209, S. 84).

242 Tagebucheintrag vom 13.11.1918, S. 13, EBD.

gehörte daneben auch der mit seinem Priestertum hadernde Professor der Kunstgeschichte, Joseph Popp (1867–1932), welcher gegenüber Faulhaber seine positive Auffassung der Demokratie sowie die Forderung nach der freien Studentenschaft deutlich machte.[243]

Ähnlich wie bei Faulhaber verhielt es sich dagegen mit dem damaligen Nuntius Eugenio Pacelli (1876–1958). Zwar hatte er den preußischen Militarismus als mitverantwortlich für den Krieg gebrandmarkt, war schon früh für den Frieden eingetreten und sogar bereit gewesen, eine Demokratisierung Deutschlands zu unterstützen, und hatte somit einige Positionierungen mit Eisner als gemeinsame Ausgangsbasis,[244] dennoch traten sehr früh die inhaltlichen Konflikte zutage. Diese lagen vor allem in religiösen und weltanschaulichen Differenzen begründet und kulminierten in der Schulfrage.[245] Die Ablehnung gegenüber Eisner beruhte neben dessen Sozialismus auch auf seinem Atheismus sowie der jüdischen Herkunft.[246] Pacelli wurde hierbei in seiner Einstellung gegenüber der neuen Regierung auch durch die Einschätzungen und Gespräche mit Faulhaber geprägt. Bereits am 11. November riet dieser Pacelli zur Abreise in die Schweiz, da jedoch alle anderen Gesandtschaften in München blieben sowie die Mitarbeiter Pacellis gegen eine Abreise waren, fand diese erst um den 22. November statt. Ausgangspunkt hierfür war auch die Verweigerung der Zusammenarbeit mit der Regierung Eisner, die Pacelli zum Besuch geladen hatte.[247] Auch hier wird die bewusste Verweigerungshaltung und ein delegitimatorisches Agieren von Kirchenoberen gegenüber der neuen Regierung deutlich. Bei Faulhaber herrschte daneben nochmal deutlich stärker das Gefühl einer akuten Bedrohung vor. Dies machte er gegenüber Pacelli immer wieder deutlich. Insgesamt scheint Pacelli dann relativ bald die Regierung Eisner – aus der gleichen Perspektive wie die bolschewistische Revolution in Russland – als Feindbild schlechthin betrachtet zu haben.[248] Dementsprechend kehrte Pacelli erst nach den Landtags- und Nationalratswahlen am 2. Februar 1919 nach München zurück.[249] Hier war dann zunächst das Bedauern groß, dass die katholische BVP mit den Sozialdemokraten und Liberalen gemeinsam regieren musste und in diesem Kontext nicht in der Lage war, die Schulgesetzgebung sofort rückgängig zu machen.[250]

Nach der Ermordung Eisners und einem zunehmendem Zug Richtung Räteregierung, verschlechterte sich Pacellis Einschätzung der politischen Lage zuse-

243 Vgl. Tagebucheinträge vom 10. und 11.11.1918, S. 37 und S. 11, EBD.

244 Vgl. KLAUS UNTERBURGER: Pacelli und Eisner. Die Münchener Nuntiatur in Revolution und Räterepublik 1918/19, in: Beiträge zur altbayerischen Kirchengeschichte 54 (2012), S. 201–228, hier: S. 224f.

245 Siehe das Kapitel *Die Schulfrage als Scheideweg*.

246 Vgl. HERMANN: Im Visier der Diplomaten (wie Anm. 18, S. 54), S. 43f.

247 Vgl. Tagebucheinträge vom 11., 14. und 22.11.1918 sowie vom 18.01.1919, S. 9, 13, 17 und 40, Kritische Online-Edition der Tagebücher Michael Kardinal von Faulhabers (1911–1952) (wie Anm. 209, S. 84); Vgl. auch ANTONIA LEUGERS: „Weil doch einmal Blut fliessen muss, bevor wieder Ordnung kommt“. Erzbischof Faulhabers Krisendeutung in seinem Tagebuch 1918/19, in: DIES. (Hg.): Zwischen Revolutionsschock und Schulddebatte. Münchner Katholizismus und Protestantismus im 20. Jahrhundert (theologie.geschichte 7), Saarbrücken 2013, S. 60–115, hier: S. 69; HERMANN: Im Visier der Diplomaten (wie Anm. 18, S. 54), S. 40.

248 Vgl. UNTERBURGER: Pacelli und Eisner (wie Anm. 244), S. 208–210.

249 Vgl. Tagebucheintrag vom 02.02.1919, S. 46, Kritische Online-Edition der Tagebücher Michael Kardinal von Faulhabers (1911–1952) (wie Anm. 209, S. 84).

250 Vgl. UNTERBURGER: Pacelli und Eisner (wie Anm. 244), S. 214f.

hends. Faulhaber sinnierte in diesem Zuge über einen Weggang Pacellis aus München.[251]

Prägend jedoch wurde schließlich ein direkter Kontakt Pacellis mit Rotgardisten. In der Zeit gegen Ende April erpressten selbige die Herausgabe von Pacellis Wagen, worüber sich jedoch auch die Räteregierung zerstritt und schließlich Stadtkommandant Rudolf Egelhofer die Rückgabe veranlasste und sich entschuldigte.[252] Diese kurze Affäre wurde in der Folge propagandistisch ausgeschlachtet und findet sich bis heute in Beschreibungen zur Rätezeit.[253] Der Beschuss der Nuntiatur durch die *Weißen Garden* dagegen, welcher sich nur wenige Tage später ereignete, blieb weitgehend unerwähnt und scheint bei den Kirchenoberen nicht weiter für Besorgnis gesorgt zu haben.[254] Ausschlaggebend hierfür war wohl vor allem die fortgeschrittene Feindbildprägung im führenden Klerus, die sich analog zum Bürgertum vollzog. Bestandteil hiervon war die Gleichsetzung von Bolschewismus und Teilen des Sozialismus mit dem Judentum. In diesem Kontext betitelte Pacelli Eisner in seinen Nuntiaturberichten wiederholt als „gallizischen Ostjuden“ sowie die Räterepublik als jüdisches Konstrukt.[255]

Insgesamt ist dem Klerus also zunächst eine abwartende und schweigende Haltung – ähnlich dem Bürgertum – zu attestieren. Die Kirchenoberen nahmen dabei klar die Unwiderrufbarkeit des Sturzes der Monarchie wahr, wenngleich ihr Viele nachtrauerten. Aus weltanschaulichen und religiösen Motiven verweigerte man prinzipiell eine aktive Zusammenarbeit mit der Regierung Eisner. Diese betrachtete man als antikatholisch und als ein Provisorium, welches dazu noch die Trennung von Kirche und Staat vorantreibe.[256] Dementsprechend agierte man im öffentlichen Leben vornehmlich um Ruhe und Ordnung zu bewahren und um die BVP in ersehnten Wahlen zu unterstützen. Ansonsten hüllte man sich zumeist in Schweigen. Prägend waren hier vor allem die Aktionen Faulhabers und Pacellis, also der Kirchenoberen, die augenscheinlich einen großen Einfluss nicht nur auf den eigenen Klerus, sondern auch auf große Teile der katholischen Akademiker ausübten. Dies wohl auch, da sie milieukonsistent zum Bürgertum agierten und lediglich in ihrer teils ausgeprägten monarchistischen Einstellung vom Mainstream des Bürgertums abwichen.

3.3 Die Schulfrage als Scheideweg

Zu ersten öffentlichen Stellungnahmen des katholischen Klerus kam es im Zuge der neuen Schulgesetze, die aus dem Kultusministerium unter Johannes Hoffmann (1867–1930) erlassen worden waren und als im Kontext einer sich abzeichnenden

251 Vgl. Tagebucheintrag vom 05.04.1919, S. 71, Kritische Online-Edition der Tagebücher Michael Kardinal von Faulhabers (1911–1952) (wie Anm. 209, S. 84).

252 Vgl. Pacelli an Gasparri vom 30.04.1919, in: Kritische Online-Edition der Nuntiaturberichte von 1917–1929 (wie Anm. 26, S. 56).

253 Vgl. etwa BAUER: Geschichte Münchens (wie Anm. 22, S. 55), S. 151.

254 Vgl. UNTERBURGER: Pacelli und Eisner (wie Anm. 244, S. 89), S. 221.

255 Vgl. etwa Pacelli an Gasparri vom 15.11.1918 und vom 20.11.1918, in: Kritische Online-Edition der Nuntiaturberichte von 1917–1929 (wie Anm. 26, S. 56); HERMANN: Im Visier der Diplomaten (wie Anm. 18, S. 54), S. 54.

256 Besonders deutlich kommt diese Haltung durch folgenden Nuntiaturbericht zum Ausdruck: Pacelli an Gasprarri vom 20.11.1918, in: Kritische Online-Edition der Nuntiaturberichte von 1917–1929 (wie Anm. 26, S. 56).

Trennung von Kirche und Staat – in den Worten Faulhabers: „eines kommenden Kulturkampfes“[257] – verstanden wurden.

Grund zu dieser Annahme bestand vor allem durch Äußerungen der preußischen Sozialdemokraten. So gehörte die Forderung nach der Trennung von Kirche und Staat seit 1860 mit zum Parteiprogramm und wurde bereits im November 1918 aktiv betrieben. Man verkündete etwa in *Der Freiheit*, dass die Trennung bereits „grundsätzlich ausgesprochen“ sei.[258]

Im Bereich der Schulgesetzgebung pflegte das Kultusministerium daher ein rasches Vorgehen. Der sozialdemokratische preußische Kultusminister Konrad Haenisch und sein Kollege Adolph Hoffmann aus der USPD erließen bereits am 15. November eine vereinfachte Form der Abmeldung vom Religionsunterricht für „Dissidenten“ und „Andersgläubige“. Am 27. November folgte die Aufhebung der geistlichen Schulaufsicht, welche bis zum Jahresbeginn 1919 alle Geistlichen aus der Schulaufsicht verdrängen sollte. Schließlich erfolgte am 29. November eine massive Degradierung des Religionsunterrichts, welche als *Erlaß über die Aufhebung des Religionszwangs in der Schule* tituliert wurde. Neben auch heute noch akzeptierten Neuerungen, welche tatsächlich die Religionsfreiheit sicherten – etwa durch das Recht auf Abmeldung vom Religionsunterricht durch die Eltern beziehungsweise durch eigene Entscheidung ab dem vierzehnten Lebensjahr oder durch die Entpflichtung von der Teilnahme an religiösen Veranstaltungen –, wurde der Religionsunterricht gegenüber anderen Fächern massiv beschnitten. Religion war hiernach kein Prüfungsfach mehr und die Möglichkeit Hausaufgaben zu erteilen wurde dezidiert ausgeschlossen.[259]

Nach massiven Protesten der großen christlichen Kirchen wurde dieser Erlass dann zunächst gemildert, indem am 28. Dezember eine Nichtanwendung bei „ernsten Problemen“ angeordnet wurde und am 1. Januar 1919 ein neuer Erlass zum Religionsunterricht erlassen, welcher lediglich die Wahlrechte von Eltern und Schülern bestärkte, dagegen dem Religionsunterricht seine Stellung als reguläres Unterrichtsfach beließ.[260]

In Bayern agierte die Regierung Eisner dagegen – wie bereits dargestellt – grundsätzlich sehr ausgewogen gegenüber bürgerlichen Interessen und erst Mitte Dezember nahm das Kultusministerium eine erste Gesetzesinitiative vor, welche sich lediglich gegen die geistliche Schulaufsicht wandte, weswegen der Protest des bayerischen Episkopats sowie des protestantischen Oberkonsistoriums in Bayern recht verhalten ausfiel.[261]

Hauptsächlich fühlte man sich übergangen und stellte von katholischer Seite die Legitimation „einer vorläufigen Regierung“ zu solchen „überstürtzte[n] Gewaltmaßnahmen“ in Frage.[262] Bereits am 17. Dezember 1918 hatten sich die bayerischen Bischöfe jedoch mit einem Hirtenbrief an ihre Gemeinden gewandt und die

257 Vgl. Tagebucheintrag vom 23.11.1918, S. 18, Kritische Online-Edition der Tagebücher Michael Kardinal von Faulhabers (1911–1952) (wie Anm. 209, S. 84).

258 Vgl. O.A.: Richtlinien Adolph Hoffmanns für die Arbeit des preußischen Kultusministerium vom 27.11.1918, in: Die Freiheit 1,28 (30.11.1918), S. 5, zitiert nach: ERNST RUDOLF HUBER/WOLFGANG HUBER (Hg.): Staat und Kirche im 19. und 20. Jahrhundert. Dokumente zur Geschichte des deutschen Staatskirchenrechts. Bd. 4 Staat und Kirche in der Zeit der Weimarer Republik, Berlin 1988.

259 Die abgedruckten Gesetze finden sich: EBD., S. 61–65.

260 Die beiden Erlasse finden sich: EBD., S. 70 und 74.

261 Vgl. die beiden kirchlichen Erklärungen vom 18. und 24.12.1918: EBD., S. 87f.

262 Erklärung der Freisinger Bischofskonferenz vom 18.12.1918, in: Amtsblatt für die Erzdiözese München und Freising 37 (28.12.1918), S. 215; FAULHABER: Die Bischöfe zur Beseitigung der geistlichen Schulaufsicht, in: Münchener Zeitung 27,349 (20.12.1918), S. 2; Ähnlich Dompfarrer

Entwicklungen als Kampfansage charakterisiert, welche auf eine Trennung von Staat und Kirche abziele und somit den Kindern ihr „göttlich verbrieftes Recht auf [...] die Erziehung durch die Kirche“ nehme.[263] Auf dieser Basis rief man die Gläubigen auf, ihre Stimme bei den anstehenden Wahlen abzugeben, trug also Beträchtliches dazu bei, eine „Kulturkampfstimmung“ zu verbreiten.[264] Insgesamt ging man in internen Beratungen davon aus, dass eine Kündigung des Konkordats durch die bayerische Regierung sowie eine weitreichende Trennung von Staat und Kirche bevorständen. Als Mindestziele setzten sich die bayerischen Bischöfe daher, die konfessionelle Mittelschule sowie den Religionsunterricht als Pflichtfach zu erhalten.[265]

Diese innerhalb des deutschen Katholizismus wahrgenommene Bedrohungs- beziehungsweise Kampfzustandslage wurde auch von Rom übernommen. Am 21. Januar ließ Kardinal-Staatssekretär Gasparri Faulhaber wissen, dass man großen Anteil an der Bedrohung der Kirche in Bayern nehme und ein Ende der „friedlichen Beziehungen zwischen Kirche und Staat“ befürchte.[266] Das Ziel hinter der Veröffentlichung dieses Briefes im Amtsblatt war offensichtlich – neben der internen Fokussierung auf ein gemeinsames Ziel: Mit dem Druck und der Macht der Gesamtkirche wollte man für eine Unterlassung weiterer Gesetze der Regierung Eisners auf dem Feld der Religionspolitik sorgen. Dies gelang nicht, denn bereits wenige Tage später erging am 25. Januar die *Verordnung über den Besuch des Religionsunterrichts*. Diese regelte im Wesentlichen die Sicherstellung der negativen Religionsfreiheit, indem Kinder gegen den Willen der Erziehungsberechtigten nicht mehr am Religionsunterricht oder religiösen Feiern teilnehmen mussten und auch Lehrern diese freie Entscheidung der Teilnahme zugesichert wurde.[267] Hiermit waren bereits die zentralen Ziele des *Arbeiterrats für das Schulwesen* in München erreicht.[268]

Trotz dieser vergleichsweise milden Schulgesetzgebung, welche den Religionsunterricht in Bayern als ordentliches Schulfach sowie die Konfessionsschulen unangetastet ließ, setzte nun ein massiver kirchlicher Proteststurm ein. Während die bayerische Bischofskonferenz in ihrer Protesterklärung vom 28. Januar diesen Akt – halbwegs sachlich – als „kulturkämpferische Gewalttat“ deklarierte, die sich gegen geltende Vereinbarungen wie das Konkordat richte und daher der Verfügungsgewalt eines „Revolutionsministers entzogen“ sei sowie eine „zunehmende sittliche Verwilderung der Jugend“ herbeiführe,[269] griff der Münchner Erzbischof zum Äußersten. Er bewertete in einem am Folgetag erschienenen Hirtenbrief das neue Schulgesetz als schwerwiegender wie den „Kindermord des Herodes“. Denn nach seiner Auffassung war der Religionsunterricht jetzt nur noch Wahlfach, wes-

---

ALOIS HARTL: Protest gegen die Aufhebung der geistlichen Schulaufsicht, in: MNN 71,639 (18.12.1918), S. 2.

263 Hirtenbrief der Erzbischöfe und Bischöfe Bayerns, in: Amtsblatt für die Erzdiözese München und Freising 36 (20.12.1918), S. 209–214, hier: S. 214.

264 EBD.

265 Vgl. Niederschrift der Freisinger Bischofskonferenz vom 17. und 18.12.1918, EAM NL Faulhaber 4051.

266 Schreiben Gasparris an Faulhaber, veröffentlicht in: Amtsblatt für die Erzdiözese München und Freising 2 (21.01.1919), S. 5.

267 Vgl. das abgedruckte Gesetz in: HUBER/HUBER (Hg.): Staat und Kirche im 19. und 20. Jahrhundert (wie Anm. 258, S. 91), S. 89f.

268 Vgl. die Mindestanforderungen des Arbeiterrats für Schulwesen (ohne Datum), BayHStA Arbeiter- und Soldatenrat 17.

269 Vgl. Erklärung der Freisinger Bischofskonferenz vom 28.01.1919, in: Amtsblatt für die Erzdiözese München und Freising 4 (5.02.1919), S. 19.

halb er den katholischen Eltern unmissverständlich die strenge Gewissenspflicht zum „Besuch des Religionsunterrichtes und der Christenlehre, ebenso zum Gottesdienst und Sakramentenempfang" einschärfte und bei Zuwiderhandlung Eltern wie Kinder von allen Sakramenten ausschloss. Denn diese Akte seien „der persönlichen Wahl und Willkür entzogen."[270] Eine Religions- oder Gewissensfreiheit wurde von Faulhaber hier also nicht ansatzweise aufgegriffen, sondern vielmehr die Einräumung der selbigen als schwerer Angriff des Staates gegen die Kirche gewertet. Gleichwohl war Faulhaber in der Lage auch mögliche positive Aspekte einer Trennung von Staat und Kirche zu erkennen, traute aber einer sozialdemokratischen Regierung keine „religionsfreundliche" Trennung zu, welche darauf abziele, „Freiheitsschranken" der Kirche zu beseitigen.[271] Einer Einräumung solcher Freiheiten für die Gläubigen dagegen war er nicht gewillt sein Plazet zu geben.

Faulhaber hatte grundsätzlich schon Anfang Dezember, als die ersten Gesetze aus Berlin bekannt wurden, begonnen, mit katholischen Persönlichkeiten – wie etwa mit dem ehemaligen Lehrer und führenden BVP-Politiker Sebastian Schlittenbauer (1874–1936),[272] dem Priester und Pädagogikprofessor Josef Göttler (1874–1935) oder dem Lehrer und BVP-Politiker Franz Xaver Weigl (1878–1952)[273] – die Schulfrage zu besprechen. Dabei deutet alles darauf hin, dass Faulhaber sich mit seiner rigorosen Forderung nach dem Festhalten an der konfessionellen Bekenntnisvolksschule als Regelschulform, welche er als einzige Möglichkeit der Bewahrung des katholischen Glaubens erachtete, wie er bereits in einer Predigt 1907 feststellte,[274] Erfolg hatte.[275] Die Forderung nach dem Religionsunterricht untermauerte Faulhaber dabei immer wieder mit der „sittlich-pädagogischen" sowie „sozial-pädagogischen Aufgabe" der Schule. In diesem Kontext erachtete er Religion als die Haupt-, wenn nicht die einzige, Stütze „unersetzliche[r], übernatürliche[r] Erziehungswerte" sowie Basis aller „sozialen Sittlichkeit".[276]

---

270 Vgl. Hirtenbrief Faulhabers vom 29.01.1919, in: Ebd. 3 (31.01.1919), S. 11–16, hier zitiert: S. 11 und 13.

271 Vgl. Hirtenbrief Faulhabers vom 19.02.1919, in: Ebd. 6 (27.02.1919), S. 27–38, hier: S. 30 oder EAM NL Faulhaber 4170.

272 Vgl. Tagebucheintrag vom 3.12.1918, S. 23, Kritische Online-Edition der Tagebücher Michael Kardinal von Faulhabers (1911–1952) (wie Anm. 209, S. 84)
Sebastian Schlittenbauer (1874–1936) arbeitete zunächst als Lehrer bevor er 1916 als stellv. Direktor der landwirtschaftlichen Zentralgenossenschaft freigestellt wurde. Ab 1912 war er Landtagsabgeordneter, 1930–32 auch Reichstagsabgeordneter, ab 1913 Generalsekretär des Bayerischen Bauernvereins, der aufs engste mit Georg Heim vernetzt war. Bereits ab 1917 setzten sich diese beiden vom Zentrum ab und näherten sich dem Programm der Alldeutschen an. Am 12. November 1918 überrumpelten sie auf einer Sitzung des Bauernvereins in Regensburg die alte Parteileitung mit der Gründung der BVP. Ausführlich zu ihm vgl. CLAUDIA FRIEMBERGER: Sebastian Schlittenbauer und die Anfänge der Bayerischen Volkspartei (Forschungen zur Landes- und Regionalgeschichte 5), St. Ottilien 1998.

273 Vgl. Tagebucheintrag vom 7.12.1918, S. 25, Kritische Online-Edition der Tagebücher Michael Kardinal von Faulhabers (1911–1952) (wie Anm. 209, S. 84).

274 Vgl. etwa MICHAEL VON FAULHABER: Schule und Religion. Vortrag in der öffentlichen Versammlung des katholischen Lehrervereins in Bayern auf dem Würzburger Katholikentag am 27. August 1907, in: DERS. (Hg.): Zeitfragen und Zeitaufgaben. Gesammelte Reden, Freiburg i. Br. 1919, S. 99–124, besonders: S. 113–117.

275 Hierauf deuten etwa die *Mindestforderungen der Bayerischen Bischöfe hinsichtlich des Schulwesens in Bezug auf neue Verfassung Bayerns vom 25.5.1919*, in: Amtsblatt für die Erzdiözese München und Freising 16 (25.07.1919), S. 97f. hin.

276 MICHAEL VON FAULHABER: Religionsunterricht in der Forbildugnsschule. Leitgedanken eines Vortrags auf dem pädagogischen Unterrichtsgang zu Aschaffenburg am 24. Juni 1911, in: DERS.

Dementsprechend war die Agitationslinie in Bayern, als die ersten Gesetze erlassen wurden, bereits vorherbestimmt und der Kurs der Katholiken, in Abstimmung von Faulhaber und der BVP, klar gegen die Schulpolitik der sozialdemokratischen Regierung gerichtet. Daher verwundert es nicht, wenn bereits am 30. Januar erste Elternversammlungen[277] und am Folgetag sogar eine Versammlung aus Lehrern und annähernd 200 Geistlichen – unter Anwesenheit des Generalvikars und Faulhabers – stattfanden.[278] Letztere Versammlung sprach sich mit Dompfarrer Alois Hartl (1845–1923) gegen die neue Verordnung aus, die man insbesondere als Bruch der Verfassung und des Konkordats erachtete, und setzte sich für die Bildung katholischen Widerstandes in neu zu gründenden Organisationen sowie Maßnahmen gegen Abmeldungen vom Religionsunterricht ein.[279] In der Folge fand eine umfangreiche Agitation zur Vereinsgründung statt, die auch nach dem Ende der Räterepublik Bestand hatte, beziehungsweise erst richtig in Schwung kam. Flächendeckend gründeten sich jeweils vom ortsansässigen Klerus betreute *katholische Elternvereinigungen* auf Pfarreiebene, die gemeinsam für die konfessionelle Schule streiten wollten.[280] Schon am 3. Februar zeigten diese Mobilisierungspläne Erfolg und es fanden acht Demonstrationen gegen das neue Schulgesetz statt – weitere folgten.[281]

Flankiert wurden diese Maßnahmen durch erste Presseartikel gegen die Revolutionsregierung und das Ministerium Hoffmann. So bezog etwa der Freisinger Kirchenrechtler und spätere Weihbischof Anton Scharnagl (1877–1955) Stellung gegen den Angriff der provisorischen Regierung auf die christliche Schule und den „Schulkampf in Bayern".[282]

Auch wenn Faulhaber, nach den Berichten der unverdächtigen Gräfin Moy, mitbekommen hatte, dass der bayerische Kultusminister aus eigener Perspektive keinen Kampf gegen die Kirche führte und die Maßnahmen als erste Schritte auf dem Weg eines länger währenden einvernehmlichen Trennungsprozesses von Kirche und Staat betrachtete,[283] schenkte er dem keinen Glauben oder wusste die Maßnahmen auf dem Gebiet der Schulgesetzgebung für seine Zwecke zu nutzen. Insofern ist dem Kirchenhistoriker Unterburger sowie seiner Kollegin Leugers zuzustimmen, wenn sie in den Entwicklungen der Schulfrage den endgültigen „Akkumulationspunkt" für ein gegen die sozialdemokratische Regierung gerichtetes Agieren großer Teile der katholischen Bevölkerung Münchens ausmachen.[284]

(Hg.): Zeitfragen und Zeitaufgaben. Gesammelte Reden, Freiburg i. Br. 1919, S. 124–129, hier: S. 126f. Vgl. auch: FAULHABER: Schule und Religion (wie Anm. 274, S. 93), S. 109–112.

277 Vgl. Tagebucheintrag vom 30.01.1919, S. 45, Kritische Online-Edition der Tagebücher Michael Kardinal von Faulhabers (1911–1952) (wie Anm. 209, S. 84).

278 Vgl. Tagebucheintrag vom 31.01.1919, S. 45, EBD.

279 Vgl. Bericht über Versammlung der Pfarrvorstände, Prediger und Religionslehrer im Asamsaal am 31.1.1919 zur Verordnung Hoffmanns vom 25.1.1919, in: Amtsblatt für die Erzdiözese München und Freising 6 (27.02.1919), Beilage S. 4–6.

280 Richtlinien für die katholischen Elternvereinigungen veröffentlicht durch geschäftsführenden Ausschuss der kath. Schulorganisation Bayern, Beilage zu: Ebd. 17 (7.08.1919).

281 Vgl. HILLMAYR: München und die Revolution von 1918/1919 (wie Anm. 11, S. 51), S. 81.

282 Vgl. ANTON SCHARNAGL: Auf dem Wege zur religionslosen Schule, in: HpBl 163,5 (1919), S. 272–282.

283 Vgl. Tagebucheintrag zum Gespräch der Gräfin mit Minister Hoffmann vom 13.02.1919, S. 50, Kritische Online-Edition der Tagebücher Michael Kardinal von Faulhabers (1911–1952) (wie Anm. 209, S. 84).

284 Vgl. UNTERBURGER: Pacelli und Eisner (wie Anm. 244, S. 89), S. 209; LEUGERS: „Weil doch einmal Blut fliessen muss, bevor wieder Ordnung kommt" (wie Anm. 247, S. 89), S. 73f.

Faulhaber, Teile des Domkapitels sowie der BVP-Spitze agierten hier auf einer Linie, um der katholischen Bevölkerung ein überaus kirchenfeindliches Handeln der sozialdemokratischen Parteien aufzuzeigen. Das überrascht, wenn man bedenkt, dass die BVP nach 1920 in ihrer Revision der Schulgesetzgebung, welche an die Weimarer Verfassung angepasst wurde, weite Teile der neuen Freiheitsrechte beibehielt. Lediglich die Konfessionsschule und der Religionsunterricht als ordentliches Lehrfach blieben aus der alten von der Kirche favorisierten Schulordnung erhalten.[285] Inwieweit auf katholischer Seite im Einzelfall, neben inhaltlichen Überzeugungen, auch taktische Überlegungen eine Rollte spielten, lässt sich nicht nachweisen. Eindeutig jedoch ist das Ergebnis: Anhand der Schulfrage gelang es erstmals eine einheitliche christliche Stimme in das politische Spektrum einzubringen, die klar zu selbiger Stellung bezog und einen aufziehenden Kulturkampf sowie eine anstehende feindliche Trennung von Kirche und Staat heraufbeschwor. Das relativ rationale und einem Verfassungsstaat entsprechende legislative Agieren der Regierung nicht als Angriff, sondern als legitime Absicherung der Religionsfreiheit und auch als Möglichkeit neuer Chancen bei der Entflechtung von staatlichen und kirchlichen Aufgaben zu akzeptieren, war zumindest der Klerus dabei weder gewillt noch von seiner geistigen Prägung dazu in der Lage. Zur Charakterisierung und Stilisierung der sozialdemokratischen Parteien als Feinde der Kirche trugen dann die in Preußen bereits getätigten und zurückgenommenen Reformen das ihrige bei.

Zuletzt sei angemerkt, dass die evangelische Kirche – wenn auch ohne Verweis auf einen aufziehenden Kulturkampf – ganz ähnlich agierte und ebenfalls – jedoch zumeist sachlicher – ihre Stimme gegen die neuen Schulgesetze erhob.[286]

285 Vgl. HUBER/HUBER (Hg.): Staat und Kirche im 19. und 20. Jahrhundert (wie Anm. 258, S. 91), S. 97f.

286 Vgl. AXEL TÖLLNER: „Das wilde Fieber wütet in den Gliedern des Volkes“. Die evangelische Münchner Kirchenpresse 1918/19, in: ANTONIA LEUGERS (Hg.): Zwischen Revolutionsschock und Schulddebatte. Münchner Katholizismus und Protestantismus im 20. Jahrhundert (theologie.geschichte 7), Saarbrücken 2013, S. 117–140, hier: S. 124–127; Als Beispiel lässt sich Hans Meiser (1881–1956), der Pfarrer der Matthäus-Kirche und spätere Landesbischof, anführen. Vgl. BJÖRN MENSING: „Hitler hat eine göttliche Sendung“. Münchens Protestantismus und der Nationalsozialismus, in: BJÖRN MENSING/FRIEDRICH PRINZ (Hg.): Irrlicht im leuchtenden München? Der Nationalsozialismus in der „Hauptstadt der Bewegung“, Regensburg 1991, S. 92–123, hier: S. 95.

Die Restauration – Mai 1919 bis 1923: Die bayerische Republik und die Ordnungszelle Bayern

Betrachten wir nun die Zeit nach dem gewaltsamen Ende der Münchner Räterepublik bis zur Entladung neuer Konfliktherde im Zuge des Erstarkens der NSDAP im Laufe des Jahres 1923. Wie schon dargestellt, wurde die durch Bürgerwehren verstärkte Reichswehr Anfang Mai 1919 in München als Befreier begrüßt und gefeiert.[1] Dabei konnten diese *Weißen Garden* quasi nach Belieben agieren. Insbesondere im Bürgertum hatte diese Bewegung breiten Rückhalt, wie sich in den Folgejahren immer wieder bestätigen sollte. Selbst gemäßigte Kräfte des Bürgertums wie Thomas Mann begrüßten die Befreiung Münchens und skizzierten die Rätezeit abwertend als „sprengstoffhafte Mischung aus jüdischem Intellektual-Radikalismus und slawischer Christus-Schwärmerei".[2] Der Münchner Historiker Peter Claus Hartmann spricht hier zurecht von einem „antikommunistischen und antisozialistischen Trauma" im Bürgertum,[3] welches die Basis für ein nahezu bedingungsloses Vertrauen gegenüber den *Weißen Garden* und ihren Agitationen bildete. Dementsprechend hatte die sozialdemokratische Regierung durchweg einen schweren Stand.

Nachdem die USPD bereits mit der Einrichtung der Räterepublik aus der Regierungskoalition ausgeschieden war, gelang es der Minderheitsregierung aus SPD und BB Ende Mai die bürgerlichen Parteien in einer Koalition zu einigen. Fortan regierte in Bayern für knapp ein Jahr die SPD gemeinsam mit der linksliberalen DDP und der katholischen BVP auf Basis des Bamberger Abkommens vom 30. Mai 1919. Hoffmann blieb Ministerpräsident.[4] Im Regierungsprogramm legten sich die Parteien, die auch die Reichsregierung bildeten, vor allem auf die Konsolidierung der wirtschaftlichen und politischen Ordnung fest. Daneben wurde die bisherige sozialdemokratische Schulpolitik durch die BVP insofern anerkannt, als dass das Abkommen die uneingeschränkte Autorität der Eltern in der religiösen Erziehung sowie das Ende der geistlichen Schulaufsicht festschrieb. Die religiöse Schule dagegen blieb grundsätzlich bestehen.[5]

Durch diese Einbindung der bürgerlichen Parteien gelang die erhoffte Beruhigung der politischen Lage. Ausdruck hiervon waren die am 12. August beschlossene Bayerische Verfassung und die kurz darauf vollzogene Rückkehr des Parlaments aus Bamberg nach München. Die Verfassung, welche sich an den Bestimmungen der Reichsverfassung orientierte, setzte dabei auf eine parlamentarische und repräsentative Demokratie und enthielt auch einen kleinen Grundrechtska-

---

1 Vgl. das Kapitel *Bürgerwehrbewegung/en*.

2 THOMAS MANN: Tagebücher. 1918–1921, Frankfurt am Main 1979, S. 223.

3 Vgl. HARTMANN: Bayerns Weg in die Gegenwart (wie Anm. 108, S. 41), S. 475.

4 Vgl. WOLFGANG EHBERGER: Bamberger Abkommen, 30. Mai 1919, in: HLB (2006).

5 Vgl. O.A.: Bamberger Vereinbarung sowie O.A.: Das neue Regierungsprogramm, in: Bayerische Staatszeitung 7,138 (1.06.1919), S. 1f.

talog. Die schulpolitischen Einigungen aus dem Bamberger Abkommen wurden übernommen.[6]

Wirtschaftlich jedoch blieb die Bewältigung der Kriegsfolgen prägend. Eine neue schwere Belastung für die junge Republik, ebenso wie für die bayerische Regierung, bildete hierbei der am 28. Juni 1919 geschlossene Vertrag von Versailles, welcher durch seine Inhalte auch auf das politische Klima drückte.[7] Besonders belastend wirkten in diese Richtung die, im Artikel 231 statuierte, alleinige Kriegsschuld Deutschlands, die von den Alliierten weniger als Umschreibung der Kausalitäten eingebracht wurde, sondern vielmehr zur moralischen Begründung der Reparationszahlungen Deutschlands diente.[8] In Deutschland verstand man dies als Beschuldigung der alten Führungseliten, die die Deutsche Kriegsschuld daher umso vehementer negierten und somit die Kriegsniederlage sowie deren Folgen den „Revolutionären" aufluden.[9] Daneben wirkten in deutschnationalen Kreisen die Gebietsabtretungen aller Kolonien (Art. 118–158), ein Verbot der Vereinigung von Deutschland und Österreich (Art. 80) sowie der Verlust von Grenzregionen an Belgien, Frankreich, Polen, Dänemark und die Tschechoslowakei (Art. 31–117) überaus ernüchternd. Ebenfalls große Aufregung rief die Forderung nach der Auslieferung deutscher Kriegsverbrecher, wie die des Kaisers und ranghoher Generäle und Politiker, hervor (Art. 227–230), die jedoch trotz vertraglicher Fixierung nie umgesetzt wurde. Letztlich fanden lediglich einige wenige Verfahren mit keinen oder sehr milden Strafen vor deutschen Gerichten statt. Langfristig die größte Wirkung hatten jedoch die in den Artikeln 231–247 geregelten Reparationszahlungen, welche langwierige diplomatische Verhandlungen nach sich zogen und durch das Weimarer „Revisionssyndrom"[10] das deutsche Reich für lange Zeit sowohl wirtschaftlich als auch politisch belasteten. Der allgemein als „Schandfrieden" oder auch „Mordfrieden" titulierte Vertrag führte zu tiefer Trauer angesichts der verlorenen Stellung Deutschlands.[11] Die Parteien, welche den Vertrag gezwungener-

---

6 Der vollständige Text: Verfassungsurkunde des Freistaates Bayern vom 14.08.1919, in: Gesetz- und Verordnungsblatt für den Freistaat Bayern vom 15.09.1919, S. 531–553. Zur vertiefenden Lektüre über die Entstehung der Verfassung vgl. WOLFGANG EHBERGER: Bayerns Weg zur parlamentarischen Demokratie. Die Entstehung der Bamberger Verfassung vom 14. August 1919 (Studien zur bayerischen Verfassungs- und Sozialgeschichte 29), München 2013; DERS.: Robert Piloty und die Entstehung der Bamberger Verfassung, in: HORST GEHRINGER/HANS-JOACHIM HECKER/HANS-GEORG HERMANN (Hg.): Demokratie in Bayern. Die Bamberger Verfassung von 1919 (Veröffentlichungen des Stadtarchivs Bamberg 30), Bamberg 2019, S. 141–163.

7 Ausführlich zum Versailler Vertrag siehe: EBERHARD KOLB: Der Frieden von Versailles, 2. Aufl. (Beck'sche Reihe 2375), München 2011; GERD KRUMEICH (Hg.): Versailles 1919. Ziele – Wirkung – Wahrnehmung (Schriften der Bibliothek für Zeitgeschichte / Neue Folge 14), Essen 2001; ANDREAS PLATTHAUS: Der Krieg nach dem Krieg. Deutschland zwischen Revolution und Versailles 1918/19, Berlin 2018; ECKART CONZE: Die große Illusion. Versailles 1919 und die Neuordnung der Welt, München 2018; MARGARET MACMILLAN: Die Friedensmacher. Wie der Versailler Vertrag die Welt veränderte, Berlin 2015.

8 Vgl. KOLB: Der Frieden von Versailles (wie Anm. 7), S. 66.

9 Vgl. KARL-LUDWIG AY: Von der Räterepublik zur Ordnungszelle Bayern. Die politischen Rahmenbedingungen für den Aufstieg Hitlers in München, in: BJÖRN MENSING/FRIEDRICH PRINZ (Hg.): Irrlicht im leuchtenden München? Der Nationalsozialismus in der „Hauptstadt der Bewegung", Regensburg 1991, S. 9–26, hier: S. 20.

10 KARSTEN RUPPERT: Der Nationalismus der systemstabilisierenden Parteien der Weimarer Republik, in: HEINER TIMMERMANN (Hg.): Nationalismus und Nationalbewegung in Europa 1914–1945 (Dokumente und Schriften der Europäischen Akademie Otzenhausen 85), Berlin 1999, S. 183–234, hier: S. 232.

11 So beschloss beispielsweise die Münchner Burschenschaft Danubia angesichts dieses Vertrages für ein halbes Jahr Volltrauer anzulegen. Vgl. Danubenzeitung Nr. 4/5 (15.07.1919), S. 23.

maßen und nur unter enormen Druck unterzeichnet hatten, wurden ebenso wie die Weimarer Republik selbst und die Siegermächte zum Objekt des Ärgers, wenn nicht gar zum Feindbild, großer Personenkreise insbesondere des Bürgertums.[12]

Nachdem sich die Stimmung innerhalb der Regierung auch um die Kirchen- und Schulpolitik zuspitzte und sich im Bürgertum die skeptische Stimmung gegenüber der Sozialdemokratie zunehmend Bahn brach, fiel die bayerische Koalition im März 1920 auseinander. Ausschlaggebend hierfür waren Anforderungen aus dem Versailler Vertrag, welche die militärische Abrüstung Deutschlands sowie die Reduzierung deutscher Truppenverbände auf 100.000 Mann vorsahen. Bereits im Oktober 1919 war es Wolfgang Kapp (1858–1922), einem Berliner Führer rechter Kräfte, auf Reichsebene gelungen, die *Nationale Vereinigung* zu begründen, welche die Einigung aller nationalen Kräfte unter Einbeziehung der Freikorps anstrebte und beabsichtigte an die *Deutsche Vaterlandspartei* anzuknüpfen. Als dann ab Januar 1920 die konkrete Reduzierung des deutschen Truppenkontingents und somit auch die Auflösung der Freikorps anstand, bildete diese *Nationale Vereinigung* gemeinsam mit General Walther Freiherr von Lüttwitz (1859–1942) den Kern des Widerstandes. Die Marinebrigade des Kommandeurs Hermann Ehrhardt (1881–1971) verweigerte sich mit Unterstützung von General Lüttwitz ihrer Auflösung und putschte. Es gelang Berlin einzunehmen und die Regierung zu vertreiben. Der Putsch brach allerdings auf Reichsebene mangels Unterstützung durch die Beamtenschaft und das Heer sowie angesichts eines Generalstreiks der Arbeiter schnell zusammen. In Bayern jedoch wussten der bayerische Reichswehroberbefehlshaber, General Arnold von Möhl (1867–1944), der Münchner Polizeipräsident Ernst Pöhner (1870–1925), Landeshauptmann Georg Escherich (1870–1941)[13] und der oberbayerische Regierungspräsident Gustav von Kahr (1911–1934) die Situation für ihre Zwecke zu nutzen. Angesichts einer stark antisozialistischen Stimmung in den Wehrverbänden sowie im Bürgertum suggerierten sie, die Sicherheit der Regierung sei nicht mehr aufrecht zu erhalten und bauten so implizit eine Drohkulisse gegenüber selbiger auf. Auf dieser Basis forderten sie, die vollziehende Gewalt mit sofortiger Wirkung an General Möhl zu übertragen. Am 14. März gab das Ministerium, angesichts dieses Druckes, nach und übertrug tatsächlich die vollziehende Gewalt für München-Stadt und -Land an Möhl. Kahr wurde ihm als Regierungskommissar an die Seite gestellt. In der Folge trat Hoffmann und mit ihm die Regierung zurück. Die BVP nutzte die Gelegenheit und beendete die Zusammenarbeit mit der unliebsamen SPD. Hiermit war die Basis für die *Ordnungszelle Bayern* gelegt. Kahr wurde am 16. März zum neuen Ministerpräsidenten gewählt.[14] Die SPD verlor in Bayern für 25 Jahre die Regierungsverantwortung und an ihrer Stelle trat der BB in die Regierungskoalition ein. Am 6. Juni gesellte sich, nach Wahlverlusten der Liberalen bei den Landtagswahlen, die rechtskonservative und deutschnationale BMP, welche seit März die bayerische Landesgruppe der DNVP bildete, zur bestehenden Regierungskoalition.

Trotz dieser zunehmenden Orientierung nach rechts und einer engen Kooperation mit den Wehrverbänden konnte auch Kahr sich nicht für längere Zeit im Amt halten. Dennoch war seine Amtszeit für die nächsten Jahre der bayerischen Politik wegweisend. Unter dem Schlagwort der *Ordnungszelle Bayern* erwuchsen unter dem Deckmantel einer vermeintlichen Volksgemeinschaft, welche sich die Begrif-

---

12 Vgl. BIEBER: Bürgertum in der Revolution (wie Anm. 66, S. 29), S. 232.

13 Georg Escherich (1870–1941), studierter Forstwirt, übernahm nach seiner Kriegsteilnahme eine entscheidende Rolle beim Aufbau der bayerischen Einwohnerwehren und bildete im Frühjahr die reichsweit agierende *Orgesch*. Daneben war er weiterhin als Oberforstrat tätig. Vgl. CHRISTOPH HÜBNER: Organisation Escherich (Orgesch), 1920/21, in: HLB (2006).

14 BRUNO THOSS: Kapp-Lüttwitz-Putsch, 1920, in: HLB (2012).

fe Ruhe und Ordnung auf die Fahnen geschrieben hatte, nationale und völkische Extreme, die Kahr nicht mehr kontrollieren konnte. Bayern wurde zum „Hort der Reaktion".[15] Kahr scheiterte schließlich im Konflikt mit Berlin über die Existenz der paramilitärischen Verbände in Bayern, als die BVP ihm die Unterstützung auf seinem Eskalationskurs verweigerte. Sein Nachfolger als Ministerpräsident wurde am 21. September 1921 der BVP-nahe Beamte Hugo Graf von Lerchenfeld (1871–1944).[16]

Nachdem es diesem zunächst gelang eine Regierung ohne Beteiligung der BMP zu bilden, versuchte er sich von den vaterländischen Verbänden und der anwachsenden nationalsozialistischen Bewegung zu distanzieren, stolperte aber schließlich über eine Krise seines Kabinetts und über den verlorenen Rückhalt in der eigenen Partei. Die Kabinettskrise entstand angesichts einer vom Reich erlassenen Notverordnung zum Schutz der Republik sowie des Republikschutzgesetzes, welche beide auf die Ermordung Walther Rathenaus (1867–1922, DDP) durch rechte Kräfte reagierten.[17] Während die BVP hierdurch bayerische Rechte verletzt sah und das Reichsgesetz am 24. Juli 1922 verfassungswidrig durch eigene Verordnungen zu ersetzen suchte, nahmen die Liberalen einen gemäßigten Standpunkt ein, suchten eine gute Zusammenarbeit mit dem Reich und fühlten sich von der BVP übergangen. Die Folge war der Austritt der DDP aus der bayerischen Regierungskoalition und der Wiedereinstieg der BMP, in Person des Katholiken Franz Gürtner (1881–1941).[18] Dieser stellte, gemeinsam mit einer Mehrheit der BVP, den diplomatischen Kurs Lerchenfelds sowie seine kritische Haltung gegenüber der völkischen Bewegung zunehmend in Frage. Lerchenfeld sah keine Basis für eine weitere Zusammenarbeit mit der eigenen Partei sowie der BMP und trat im November 1922 zurück.[19]

An seine Stelle trat wiederum ein BVP-naher Beamter, Eugen Ritter von Knilling (1865–1927). Bestimmende Momente seiner Regierungszeit waren die steigende Inflation, der gegen die französische Besetzung des Ruhrgebiets geführte Ruhrkampf[20] und der wachsende Einfluss der vaterländischen Verbände, welcher im Herbst 1923 zunächst in der Erklärung des Ausnahmezustandes – einhergehend mit der Übertragung der vollziehenden Gewalt an Generalstaatskommissar Kahr – und schließlich im Hitlerputsch mündete.[21]

Wirtschaftlich war der Zeitraum von 1918 bis 1923 gekennzeichnet von einer zunehmenden Inflation. Bereits im März 1919 hatte das Reich bedingt durch die Finanzierung des Krieges und der anstehenden Demobilmachung, der Umstellung

---

15 FLORIAN BECK/MARITA KRAUSS: Leben in München. Von der Jahrhundertwende bis 1933, München 1990, S.22.

16 Vgl. HARTMANN: Bayerns Weg in die Gegenwart (wie Anm. 108, S. 41), S. 480; BAUER/PIPER: Kleine Geschichte Münchens (wie Anm. 17, S. 53), S. 210f. Weitere Ausführungen hierzu folgen im Kapitel *Die neuen (para-)militärischen Verbände*.

17 Zum Republikschutzgesetz siehe GOTTHARD JASPER: Der Schutz der Republik. Studien zur staatlichen Sicherung der Demokratie in der Weimarer Republik 1922–1930 (Tübinger Studien zur Geschichte und Politik 16), Tübingen 1963, insbesondere: S. 92–100.

18 Franz Gürtner (1881–1941), katholischer Jurist im bayerischen Staatsdienst, wurde nach seiner Tätigkeit als bayerischer Justizminister (1922–1932) Reichsjustizminister. Zu ihm vgl. LOTHAR GRUCHMANN: Gürtner, Franz, in: NDB 7 (1966), S. 288f.

19 Vgl. HARTMANN: Bayerns Weg in die Gegenwart (wie Anm. 108, S. 41), S. 481.

20 Zur Ruhrbesetzung durch die Franzosen und dem Ruhrkampf siehe: GERD KRUMEICH/JOACHIM SCHRÖDER (Hg.): Der Schatten des Weltkriegs. Die Ruhrbesetzung 1923 (Düsseldorfer Schriften zur neueren Landesgeschichte und zur Geschichte Nordrhein-Westfalens 69), Essen 2004.

21 Vgl. BAUER: Geschichte Münchens (wie Anm. 22, S. 55), S. 158; HARTMANN: Bayerns Weg in die Gegenwart (wie Anm. 108, S. 41), S. 482f.

der Wirtschaft auf Friedenszeiten und angesichts der Unterstützung von Kriegsgeschädigten Schulden in Höhe des dreifachen Volksvermögen aufgenommen. Ein weiteres Ansteigen dieser Schulden war durch die im Versailler Vertrag festgesetzten Reparationszahlungen sowie die Gebietsverluste vorherbestimmt. Dieser Status wurde jedoch durch die staatlich gesteuerte Wirtschaftsführung zunächst kaum wahrgenommen. Die Inflation vollzog sich dann in mehreren Phasen. Einer anfangs gemäßigten Inflation folgte ein Zeitraum wirtschaftlicher Stabilisierung, bevor nach Beginn der Reparationszahlungen im Juni 1921 erneut die Inflation einsetzte, die ab Juli 1922 in einer Hyperinflation mündete, welche durch den vom Staat querfinanzierten Ruhrkampf schließlich zum Währungskollaps im Herbst 1923 führte.[22] In Bayern setzte das Wirtschaftswachstum sowie der Anstieg der durch den Krieg beachtlich gesunkenen Reallöhne deutlich später ein als im Rest Deutschlands, da durch die Zeit der Räteregierung ein hohes Maß an Verunsicherung vorherrschte.[23] Die Anfangsphase der Inflation jedoch hatte für die Gesamtwirtschaft bis Mitte 1922 durch Geldentwertung und Absenkung aller inländischen Kosten zunächst positive Folgen. Ein beachtliches Wirtschaftswachstum, erhebliche Investitionen aus dem Ausland und annähernd Vollbeschäftigung waren die Folge.[24] Erst im Rahmen der Hyperinflation sanken die Reallöhne und stiegen die Arbeitslosenzahlen drastisch an.[25]

Besonders betroffen von der Inflation waren Mittelstand und Bildungsbürgertum, die teils beträchtliche Finanzvermögen besaßen, welche im Rahmen der Inflation nivelliert wurden und somit ihre Einkommensbasis erheblich schmälerten. Rentiers und Privatgelehrte, Studenten, Ärzte und Juristen waren hiervon besonders betroffen, aber auch Angestellte und Beamte litten mitunter an den Folgen der Inflation. Dies wurde von den Betroffenen allgemein als Problem und Statusverlust wahrgenommen.[26] Daher begann man sich im Bildungsbürgertum bald selbstständig um eine Bewältigung der Not in der eigenen sozialen Gruppe zu bemühen. Hierzu gründete sich etwa der *Notbund Geistiger Arbeiter* in München oder der *Verein Studentenhaus*. Führende Persönlichkeiten Münchens aus Wirtschaft, Politik und Bürgertum trugen diese Vereine. So etwa die Bürgermeister Münchens, die Präsidenten der Hochschulen, Ministerpräsident Eugen von Knilling (1865–1927), der nationalkonservative Kommerzienrat Eugen Zentz, der Ingenieur und Begründer des Deutschen Museums Oskar von Miller oder der katholische Mäzen Freiherr von Cramer-Klett.[27] Sie versuchten für Münchens Akademiker Spen-

22 Vgl. URSULA BÜTTNER: Weimar. Die überforderte Republik 1918–1933. Leistung und Versagen in Staat, Gesellschaft, Wirtschaft und Kultur, Stuttgart 2008, S. 166–171.

23 Vgl. GABRIELA SPERL: Wirtschaft und Staat in Bayern. 1914–1924 (Schriften der Historischen Kommission zu Berlin 6), Berlin 1996, S. 338–343.

24 Vgl. BÜTTNER: Weimar. Die überforderte Republik 1918–1933 (wie Anm. 22), S. 171f.

25 Vgl. SPERL: Wirtschaft und Staat in Bayern (wie Anm. 23), S. 498.

26 Vgl. BÜTTNER: Weimar. Die überforderte Republik 1918–1933 (wie Anm. 22), S. 172–174; SPERL: Wirtschaft und Staat in Bayern (wie Anm. 23), S. 497; TENFELDE: Stadt und Bürgertum im 20. Jahrhundert (wie Anm. 72, S. 30), S. 320f.

27 Theodor Cramer-Klett (1874–1938) hatte zunächst Jura studiert und war als Attaché in Rom tätig. Bald jedoch übernahm er den Familienkonzern, welcher heute als MAN fortbesteht. Nach seiner Konversion 1907 war er auch ein bedeutender Mäzen u. a. der katholischen Kirche und ermöglichte beispielsweise die Wiederaufnahme des monastischen Lebens in Ettal, Plankstetten und Wessobrunn. Er war ein Vertrauter der Päpste und führend bei diversen Vereinen vertreten wie beispielsweise dem *Studentenhaus München*, der *Gesellschaft von Freunden und Förderern der Universität München*, dem *Verband der Vereine Kath. Akademiker zur Pflege der kath. Weltanschauung*, dem *Caritasverband der Erzdiözese München-Freising* und dem *Ludwig-Missions-Verein*. Zu ihm siehe insbesondere MARGOT HAMM/WOLFGANG BUDE/HEIMAT- UND GESCHICHTSVEREIN

den aus den eigenen Reihen und im Ausland zu akquirieren. Hierbei stellte man die „unaussprechliche Not“ der „geistigen Arbeiter Deutschlands“ heraus, welche wiederholt zu Selbstmorden oder dem Hungertod unter Ärzten und Anwälten geführt habe. Um einer „Proletarisierung“ und „Bolschewisierung“ vorzubeugen, rief man daher zur Unterstützung des deutschen Kulturlebens, kurzum der Akademiker auf.[28]

Die hier nur kurz angerissenen Spannungsfelder des turbulenten Zeitraums von 1919 bis 1923 sollen im folgenden anhand von innerbürgerlichen und innerkirchlichen Diskursen und Handlungsfeldern nachverfolgt werden, um daran die mentalen und sozialen Entwicklungen der verschiedenen gesellschaftlichen Gruppen nachzuzeichnen.

1 Das Bürgertum auf der Suche nach Einheit

Es wurde schon herausgearbeitet, dass sich das Bürgertum als Reaktion auf den politischen Umbruch und im Kontext einer starken sozialistischen Bewegung neu zu organisieren begann und hierzu neben diversen Berufs- und Standesvereinen auch nach allgemeinen bürgerlichen Organen strebte.[29]

Diese Tendenzen lassen sich als charakteristisch auch für den Zeitraum von 1919 bis 1923 ausmachen, wenngleich sich der Blickwinkel der Vergemeinschaftung teils weitete, dabei aber oftmals an seine Grenzen stieß.

1.1 Die Sehnsucht nach Vergemeinschaftung

1.1.1 Ursachen der Suche nach Vergemeinschaftung

Bereits am 9. Mai 1919 riefen bedeutende Vertreter des Bildungsbürgertums – unter diesen die Schriftsteller Thomas (1875–1955) und Heinrich Mann (1871–1950), Ricarda Huch (1864–1947), Rainer Maria Rilke (1875–1926), Wilhelm Hausenstein (1882–1957), der Nationalökonom Lujo Brentano (1844–1931), der Illustrator Emil Preetorius (1883–1973) und der Pädagoge Georg Kerschensteiner (1854–1932) – in den *Münchner Neuesten Nachrichten* zur Einigkeit und Verbindung von Bürgertum und Arbeiterschaft auf.[30]

Zwar zeigte dieser Aufruf keine nennenswerten Folgen, aber die Sehnsucht nach einer gemeinsamen Basis beziehungsweise Verständigung wird deutlich. Als Ausgangspunkt für diese „Suche nach Ganzheit“ macht der Hamburger Soziologe Stefan Breuer den Übergang von der Moderne zur Postmoderne aus, der allgemein als Harmonieverlust wahrgenommen wurde. Dieses Gefühl sei entsprungen aus

(ASCHAU (CHIEMGAU)) (Hg.): Herrschaft und Schloss Hohenaschau mit Prientalmuseum. Eine Dokumentation, Aschau im Chiemgau 2010, S. 126–145; MARC SIEGL: Die Cramer-Klett, eine Industriellen-Familie und ihre Bedeutung für das Priental. Das Bürgertum als Nachfolger des Adels im 19. und 20. Jahrhundert, 2. Aufl. (Chronik Aschau i. Ch. 3), Aschau i. Ch 2008.

28 Vgl. Anschreiben des Deutschen Notbundes Geistiger Arbeiter in München vom 09.03.1923 an das Deutsche Generalkonsulat in New York, BayHStA MInn 72893.

29 Siehe Kapitel *Neuansätze auf Vereinsebene*.

30 Vgl. Aufruf, in: MNN 72,178 (9.05.1919), S. 2; FRIEDRICH PRINZ: Präludium oder erste Niederlage des Nazismus? Münchens kulturelles Milieu in den Zwanziger Jahren, in: BJÖRN MENSING/FRIEDRICH PRINZ (Hg.): Irrlicht im leuchtenden München? Der Nationalsozialismus in der „Hauptstadt der Bewegung“, Regensburg 1991, S. 27–48, hier: S. 31; REICHLMAYR: Geschichte der Stadt München (wie Anm. 17, S. 53), S. 144; BECK/KRAUSS: Leben in München (wie Anm. 15, S. 100), S. 21f.

der Spannung von „Freiheits- und Autonomiegewinn" bei gleichzeitigem „Brüchigwerden von Traditionen" sowie zwischen „neuhumanistischen Idealen" und einer von „Kapitalismus, Bürokratie und Szientismus" geprägten Lebenswelt, begleitet durch die Erfahrung einer nicht mehr leistbaren „Retotalisierung" der Wissenschaft.[31]

Ein gutes Beispiel für diese neue Suche nach Ganzheit des Bürgertums stellt der *Heimatdienst Bayern* dar. Hier schlossen sich der *Bürgerrat München*, der *Bayerische Industriellenverband* und weitere Wirtschaftsverbände zusammen, um insbesondere finanziell den Kampf für „gesundes nationales Denken zur Hebung der Arbeitsmoral und Arbeitsfreudigkeit und ... gegen den Bolschewismus" zu unterstützen.[32] Ein führender Vertreter des Heimatdienstes war der Journalist Fritz Gerlich (1883–1934), der beispielsweise die Zeitschrift des Bundes *Feurio. Heimatdienst Bayern für Ordnung, Recht und Aufbau* redigierte. Trotz der dezidiert antibolschewistischen Ausrichtung wurde hier gegenüber der neuen Republik ein gemäßigter Kurs vertreten.[33] Der *Heimatdienst Bayern* erstrebte die „Auferstehung [...] des Volkes" durch Negierung beziehungsweise Hintanstellung der Parteipolitik. Im Fokus standen der wirtschaftliche und staatliche Wiederaufstieg Deutschlands durch sittliche und nationale Sammlung.[34] Diese Motive war auch die Kirche bereit zu unterstützen und tat dies durch Kardinal Faulhaber auch finanziell.[35] Hierbei war man augenscheinlich bereit, konfessionelle Zusammenarbeit zu fördern, denn die dem Bittbrief beigelegten Schriften und der Einfluss Gerlichs legten eine evangelische Prägung nahe.[36] Ähnlich gestaltete sich das Projekt *Deutsches Hochstift*, welches von nationalen, akademischen und kirchlichen Kreisen gemeinsam getragen wurde. Man schrieb sich gemeinsam und konfessionsübergreifend die „nationale Wiedergeburt" im „Glauben an unseres Volkes sittliche Erneuerung" auf die Fahnen. Der Gründungsaufruf wurde neben General Ludendorff (1865–1937)[37] und Franz Oberst von Epp (1868–1947)[38] auch vom His-

31 STEFAN BREUER: Die Völkischen in Deutschland. Kaiserreich und Weimarer Republik, Darmstadt 2008, S. 14f.

32 BIEBER: Bürgertum in der Revolution (wie Anm. 66, S. 29), S. 251f.

33 Vgl. MORSEY: Fritz Gerlich (1883–1934) (wie Anm. 104, S. 68), S. 71f. SCHÄFER: Fritz Gerlich 1883–1934 (wie Anm. 104, S. 68), S. 92–95.

34 Vgl. Anschreiben des Heimatdienst Bayern (München) vom 23.02.1920 an Kardinal Faulhaber, EAM NL Faulhaber 7415.

35 Vgl. Antwort Faulhabers an den Heimatdienst Bayern vom 09.03.1920: „Ihre Organisation hat sich das herrliche Ziel gesteckt, unter Ablehnung aller partei-politischen Bestrebungen auf eine sittliche und damit auch wirtschaftliche und staatsbürgerliche Auferstehung unseres Volkes hinzuarbeiten. Jeder, der es gut meint mit der Zukunft unseres Volkes, muß dieses herrliche Ziel begrüßen". EAM NL Faulhaber 3803.

36 Vgl. Anschreiben des Heimatdienst Bayern (München) vom 23.02.1920 an Kardinal Faulhaber, EAM NL Faulhaber 7415.

37 Ausführlich zu Erich Ludendorff, einem Führer völkischer und rechter Kräfte in der Zeit von 1920–1924 siehe: BRUNO THOSS: Der Ludendorff-Kreis 1919–1923. München als Zentrum der mitteleuropäischen Gegenrevolution zwischen Revolution und Hitler-Putsch (Miscellanea Bavarica Monacensia 78), München 1978; ANDREAS SCHWAB: Vom totalen Krieg zur deutschen Gotterkenntnis. Die Weltanschauung Erich Ludendorff (Schriftenreihe der Eidgenössischen Militärbibliothek und des Historischen Dienstes 17), Bern 2005.

38 Franz Oberst von Epp (1868–1947), katholischer gebürtiger Münchner, wurde nach dem Abitur Berufssoldat und im Laufe des 1. Weltkriegs geadelt. Als Oberst wurde er von Reichswehrminister Gustav Noske Anfang 1919 mit der Bildung eines bayerischen Freikorps zum Grenzschutz beauftragt, welches er in Thüringen begann aufzubauen. Nach der Eroberung Münchens wurde das Freikorps in die Reichswehr eingegliedert und Epp übernahm das Kommando der Schützen-Brigade 21. Zeitweilig waren ihm auch die Einwohnerwehren, die *Technische Nothilfe* und die

toriker Karl Alexander von Müller (1882–1964),[39] dem Theologen Georg Pfeilschifter (1870–1936),[40] Generalmusikdirektor Hans Pfitzner (1869–1949),[41] Benediktinerabt Ildefons Herwegen (1874–1946)[42] und den Erzbischöfen Faulhaber, Hartmann (Köln) und Hauck (Bamberg) unterzeichnet.[43] Ob dieses Projekt dann tatsächlich verwirklicht werden konnte, ließ sich aus Quellen und Sekundärliteratur nicht erschließen.

Prägend bei diesen neuen Zusammenschlüssen war der Versuch, die Gesellschaft wieder zu einen und zwar unter nationalen und bürgerlichen Vorgaben. Hierfür wurden jenseits des akademischen Horizonts Allianzen und Interessengemeinschaften geschmiedet, welche die neuen Vergemeinschaftsungsformen prägten. Gemeinsam war diesen Zusammenschlüssen eine konservative und nationale Prägung, weswegen neben den Akademikern auch die Kirchen, das Militär sowie die Industrie als Verbündete gewählt wurden und zumeist auch der Mittelstand sowie die Arbeiterschaft als Zielgruppe in den Blick genommen wurde. Weitere Beispiele dieser bürgerlichen Suche nach Vergemeinschaftung unter nationalen Vorzeichen, bei gleichzeitiger Hintanstellung parteipolitischer oder konfessioneller Grenzen, ließen sich anführen. Entscheidender sind aber die dahinter liegenden Motive.

Stadtpolizei unterstellt. 1923 schied er aus der Reichswehr aus und wandte sich dann 1928 der NSDAP zu. 1933 wurde er zuerst Reichskommissar und dann Reichsstatthalter für Bayern. Vgl. Bernhard Grau: Steigbügelhalter des NS-Staates. Franz Xaver Ritter von Epp und die Zeit des Dritten Reiches, in: Marita Krauss (Hg.): Rechte Karrieren in München. Von der Weimarer Zeit bis in die Nachkriegsjahre, München 2010, S. 29–51; Katja-Maria Wächter: Die Macht der Ohnmacht. Leben und Politik des Franz Xaver Ritter von Epp (1868–1946) (Europäische Hochschulschriften Reihe 3, Bd. 824), Frankfurt am Main u. a. 1999.

39 Karl Alexander von Müller (1882–1964) stammte aus Münchens großbürgerlichen katholischen Kreisen und war ein renommierter Historiker. 1917 wurde er Honorarprofessor an der LMU und Syndikus der Bayerischen Akademie der Wissenschaften. Eine Professur an der LMU erhielt er erst 1928. Parallel war er publizistisch im Sinne der *Alldeutschen* tätig z. B. von 1914–1933 als Mitherausgeber der *Süddeutschen Monatshefte* und 1935–1944 der *Historischen Zeitschrift*. Politisch war er ein klarer Gegner der Weimarer Republik, vertrat deutschnationale Positionen und trat in diesem Sinne auch öffentlichkeitswirksam auf. Auf dieser Basis hatte er nach 1933 auch keine Probleme sich mit den Nationalsozialisten zu arrangieren und im 3. Reich Karriere zu machen. Ausführlich zu ihm vgl. Matthias Berg: Karl Alexander von Müller. Historiker für den Nationalsozialismus (Schriftenreihe der Historischen Kommission bei der Bayerischen Akademie der Wissenschaften 88), Göttingen 2014; Hans Wolfram von Hentig: Müller, Karl Alexander von, in: NDB 18 (1997), S. 440–442.

40 Georg Pfeilschifter (1870–1936), Münchner Priester und Kirchenhistoriker, lehrte ab 1917, nach Lehrtätigkeit in Freiburg, an der LMU. 1922/23 war er Rektor der LMU und 1925 Mitbegründer der *Deutschen Akademie*, einer tendenziell nationalkonservativ ausgerichteten Gesellschaft zur Pflege , Verbreitung und Erforschung der deutschen Kultur. 1933 bekannte er sich gemeinsam mit zahlreichen anderen Professoren zu Adolf Hitler. Vgl. Hubert Wolf: Pfeilschifter, Georg, in: NDB 20 (2001), S. 329f.

41 Hans Pfitzner (1869–1949), der bekannte und bestens vernetzte evangelische Komponist und Dirigent (u. a. vernetzt mit Gustav Mahler und Thomas Mann), floh nach dem 1. Weltkrieg aus Straßburg und ließ sich am Ammersee nieder. Er hing der nationalsozialistischen Weltanschauung an, hatte jedoch unter deren Herrschaft keinen nennenswerten Erfolg mehr. Vgl. Bernhard Adamy: Pfitzner, Hans, in: NDB 20 (2001), S. 341–343.

42 Ildefons Herwegen (1874–1946) war seit 1913 Abt von Maria Laach und bedeutender Wegbereiter der liturgischen Erneuerung. Politisch vertrat er nationalkonservative Standpunkte und lehnte die Weimarer Republik ab. Vgl. Friedrich Wilhelm Bautz: Herwegen, Ildefons, in: BBKL 2 (1990), 775f.; Emmanuel von Severus: Herwegen, Ildefons, in: NDB 8 (1969), S. 723.

43 Vgl. Brief des Deutschen Hochstift an Kardinal Faulhaber, Juli 1919, EAM NL Faulhaber 7238.

Was rief im Münchner Bürgertum eine derartig starke Sehnsucht nach Einheit, Geschlossenheit und Gemeinsamkeiten hervor? Zu Grunde lag eine anhaltende Endzeitstimmung, die seit dem Ende des 19. Jahrhunderts um sich griff und den Übergang der Moderne zur Postmoderne – zunächst unter dem Titel *Fin de siècle* – prägte.[44] Diese basierte auf einer sich im Bürgertum ausbreitenden Krisenmentalität. Im Fokus stand hierbei das Bedürfnis nach einer Neuausrichtung, um der Bedrohung des eigenen Prestiges sowie der Infragestellung bürgerlicher Wertvorstellungen, flankiert von Proletarisierungsangst angesichts der eigenen ökonomischen Lage, zu entrinnen.[45] Auch die antisemitischen und großdeutschen Positionen des *Alldeutschen Verbandes*, dessen Mitglieder schätzungsweise zu 70% dem Bildungsbürgertum entstammten,[46] waren in diesem Sinne, gemäß dem Hamburger Historiker Hering, „Teil einer fundamentalen Krise vor allem männlich deutscher bildungsbürgerlicher Identität."[47] Dieser empfundenen „Degeneration", „Dekadenz" und „Zerrissenheit" stellte man eine „natürliche Ordnung", „Schicksalsverbundenheit", und Wertegemeinschaft als erstrebtes Ziel gegenüber.[48] Gemeinsam war diesen überaus heterogenen Kräften, welche für eine „grundlegende Kulturreform [eintraten], die Kritik an der liberalen und aufklärerischen Tradition und das Bestreben, Gesinnungsgemeinschaften zu bilden".[49] Im Bürgertum stand dabei neben einigen wenigen Gruppierungen mit „avantgardistisch-sektiererischen" Zügen schnell eine breit aufgestellte „kulturelle Sammlungsbewegung" im Fokus, die trotz aller Heterogenität auf Ganzheit und Vergemeinschaftung abzielte.[50] Kennzeichen hierfür war beispielsweise eine immer wieder beschworene überparteiliche und überkonfessionelle Haltung.[51]

Ausgangspunkt war hierbei oftmals die bürgerliche Suche nach einer Annäherung an die Arbeiterschaft sowie die Sicherung der eigenen Position. Ausschlaggebend wurde daneben die Kriegserfahrung, welche die „verbreitete Angst vor gesellschaftlicher Degeneration [aktualisierte.]"[52] Im Krieg, so glaubte man, waren

44 Vgl. MOMMSEN: Die Auflösung des Bürgertums seit dem späten 19. Jahrhundert (wie Anm. 56, S. 25), S. 12f. BLASCHKE: Krise als gedachte Unordnung (wie Anm. 68, S. 29); MICHAEL GRAETZ/ARAM MATTIOLI (Hg.): Krisenwahrnehmungen im Fin de siècle. Jüdische und katholische Bildungseliten in Deutschland und der Schweiz (Clio Lucernensis 4), Zürich 1997. Die beiden Letzteren arbeiteten auch heraus, wie sehr Katholiken diesem Antimodernismus des Fin de siècle und seiner Krisenmentalität zuneigten.

45 Vgl. NORBERT KAMPE: Studenten und „Judenfrage" im deutschen Kaiserreich. Die Entstehung einer akademischen Trägerschicht des Antisemitismus (Kritische Studien zur Geschichtswissenschaft 76), Göttingen 1988, S. 206.

46 Vgl. UTA JUNGCURT: Alldeutscher Extremismus in der Weimarer Republik. Denken und Handeln einer einflussreichen bürgerlichen Minderheit, Berlin und Boston 2014, S. 97f. und 118.

47 RAINER HERING: Konstruierte Nation. Der Alldeutsche Verband 1890 bis 1939 (Hamburger Beiträge zur Sozial- und Zeitgeschichte 40), Hamburg 2017, S. 11.

48 Vgl. PETER EMIL BECKER: Sozialdarwinismus, Rassismus, Antisemitismus und Völkischer Gedanke (Wege ins Dritte Reich 2), Stuttgart und New York 1990, S. 505.

49 MOMMSEN: Die Auflösung des Bürgertums seit dem späten 19. Jahrhundert (wie Anm. 56, S. 25), S. 21.

50 Vgl. EBD., S. 21.

51 So beispielsweise bei: JOSEF LISTL: Was will der Rhäten-Herold?, in: Rhaeten Herold 1,1 (1.10.1923), S. 1f., hier: S. 2; Vgl. auch die Thesen zur breiten Anschlussfähigkeit des Georges-Kreis und der Kosmiker: WALTER SCHMITZ/UWE SCHNEIDER: Völkische Semantik bei den Münchner ‚Kosmikern' und im George-Kreis, in: UWE PUSCHNER/WALTER SCHMITZ/JUSTUS H. ULBRICHT (Hg.): Handbuch zur „Völkischen Bewegung" 1871–1918, München 1999, S. 711–746, hier: S. 745.

52 BRUENDEL: Volksgemeinschaft oder Volksstaat (wie Anm. 1, S. 49), S. 298.

alle Gegensätze zum nationalen Wohl zurückgestanden. Jene Erfahrung der Frontsoldaten trieb diese an die Spitze der Suche nach einer neuen Vergemeinschaftung.[53] Nach dem verlorenen Krieg und den harten Bedingungen des Versailler Vertrags wurde die pessimistische Kulturkritik des *Fin de siècle* wieder laut und wandte sich im Schatten einer deutschen nationalen Identitätskrise gegen die Moderne sowie den vermeintlich vorherrschenden Materialismus und Rationalismus. „Der Appell an das Elementare und Schicksalhafte, an das Absolute und Mythische [... war eine] rebellische Antwort auf die ‚graue Republik'"[54] und rückte nationale Interessen, welche mit dem Kriegsende verloren beziehungsweise verraten worden seien, in den Fokus. Aktuelle Problemstellungen wurden dabei regelmäßig als „Mißbildung des sogenannten Volkskörpers" interpretiert.[55] Insofern stellt die „konservative Revolution"[56] auch eine nationale Sammelbewegung neuen Typs im Zuge des Kulturpessimismus dar. Diese bereits im Weltkrieg entflammte Diskussion um eine neue bindende Gemeinschaft unter nationalen Dach barg „sozialrevolutionäre" Sprengkraft für die sich in Klassen und Milieus bewegende Gesellschaft und war „Ausdruck des spezifischen Modernitätsglaubens" großer Teile des Bürgertums.[57] Durch den Rückgriff auf die Nation hoffte man exklusive bürgerliche Lebensentwürfe und Deutungsmuster zu bewahren und zur gesamtgesellschaftlichen Leitkultur zu entwickeln. Damit sollte letztlich die eigene Vormachtstellung gesichert oder gar ausgebaut werden. Dies lässt sich beispielsweise anhand der *Kosmiker* und des *Georges-Kreises* nachweisen, welche zutiefst im Bildungsbürgertum verankert waren. Hier hielten im Rahmen der Krisenanalyse ähnliche Diskurse und Argumente wie die soeben Beschriebenen Einzug. So wurden höchst irrationale, emotional aufgeladene Denkweisen und Ideologien wie der Antisemitismus zunehmend anschlussfähig und „kulturell drapiert".[58]

Dabei trugen diese Diskussionen und ihre Vertreter zugleich wesentlich dazu bei, dass sich das bürgerlich-liberale Milieu weiter auflöste, indem sich im Rahmen einer Hoffnung auf Integration in die Volksgemeinschaft, ein Radikalnationalismus Bahn brach, welcher mit exklusiven Vorstellungen des Volks arbeitete.[59] Die Idee der pluralistischen und diskursiv gestalteten Lebenswelt, wie sie der Liberalismus andachte, wurde dabei vehement abgelehnt. Zur Erreichung der *Volksgemeinschaft* setzte man stattdessen auf „das klassenüberwindende Konzept

---

53 Vgl. GUDRUN FIEDLER: Jugend im Krieg. Bürgerliche Jugendbewegung, Erster Weltkrieg und sozialer Wandel 1914–1923 (Archiv der Deutschen Jugendbewegung 6), Köln 1989, S. 70.

54 ANTON KAES (Hg.): Weimarer Republik. Manifeste und Dokumente zur deutschen Literatur 1918–1933, Stuttgart 1983, S. XLI f.

55 BRUENDEL: Volksgemeinschaft oder Volksstaat (wie Anm. 1, S. 49), S. 298.

56 Der Begriff wurde von ARMIN MOHLER: Die konservative Revolution in Deutschland. Ein Handbuch, 4. Aufl., Darmstadt 1994, eingeführt, um konservative Angriffe auf die Weimarer Republik skizzieren zu können. Umstritten ist das Konstrukt, da der Autor es nutzte, um diese Bewegungen vom Nationalsozialismus abzugrenzen und teilweise zu legitimieren. Stefan Breuer arbeitete in seiner Auseinandersetzung mit dem Begriff heraus, dass letztlich das einigende Band der konservativen Revolutionäre lediglich die Ablehnung des politischen Liberalismus gewesen sei. Er schlägt auf Grund der Begriffsunschärfe daher den m.E. ebenso unscharfen alternativen Begriff „neuer Nationalismus" vor. Vgl. STEFAN BREUER: Anatomie der konservativen Revolution, 2., durchges. und korrigierte Aufl., Darmstadt 1995, S. 181f.

57 BRUENDEL: Volksgemeinschaft oder Volksstaat (wie Anm. 1, S. 49), S. 302f.

58 SCHMITZ/SCHNEIDER: Völkische Semantik bei den Münchner ‚Kosmikern' und im George-Kreis (wie Anm. 51, S. 105), S. 745. Hier wird auch das Eindringen derartiger Denkweisen in eine zunächst fortschrittliche und moderne Kulturbewegung skizziert.

59 Vgl. BRUENDEL: Volksgemeinschaft oder Volksstaat (wie Anm. 1, S. 49), S. 304.

des völkischen Nationalismus".[60] Das integrative Moment der Kriegsgemeinschaft trat dabei vollkommen zurück und wich dem exklusiven Konzept der Volksgemeinschaft, die sich an der Frontgemeinschaft orientierte und Anknüpfungspunkt für das Bürgertum wurde.[61] So boten Kulturpessimismus und neue Motive sowie Notwendigkeiten für den nationalen Zusammenschluss – zu nennen sind hier zuerst: der verlorene Weltkrieg und der als Schmach empfundene Versailler Vertrag, aber auch die als Chaos und proletarische Diktatur empfundene Übergangszeit zwischen Monarchie und Republik sowie die sich anbahnende Inflation – die Basis für eine Suche nach Vergemeinschaftung unter nationalem Vorzeichen. Diese ersehnte Volksgemeinschaft stellte den vermeintlichen Ausweg aus der Krise dar und wurde begleitet von der Ausbildung der völkischen Idee, dem Ruf nach einem starken Führer, der Überhöhung der eigenen Rasse und des eigenen Volkes sowie von antisemitischen, antisozialistischen und antibolschewistischen Exkludierungsbestrebungen.[62]

Dieser sich ergebende Weg in das Fahrwasser der völkischen Organisationen war jedoch anfangs weder zu erkennen noch zwangsläufige Folge der Ausrichtung am Volksinteresse und der Vergemeinschaftungssuche jenseits bestehender sozialer Gruppen und Klassen. Die Suche nach Vergemeinschaftung fand zunächst auf breiterer Basis statt und knüpfte an den von Kaiser Wilhelm II. beschworenen Burgfrieden des Kriegsbeginns an, der vermeintlich integrativ alle Kräfte unter dem Banner der Nation geeint hatte.[63] Im Fokus stand hierbei der Begriff des „Volks" beziehungsweise der „Volksgemeinschaft". Dabei wurden diese Begriffe vom gesamten politischen Spektrum einschließlich der SPD genutzt,[64] indem man sich auf das Schlüsselerlebnis von 1914 oder andere vorgelagerte vermeintliche Ganzheitserfahrungen bezog, um daraus unterschiedliche Forderungen und Sinnstiftungen abzuleiten.[65] Auch Katholiken stellten damals das Bekenntnis zum Volk und die Volksinteressen in den Fokus ihrer Arbeit so beispielsweise die Zeitschrift des CV, die *Academia*, in ihren programmatischen Ausführungen über die Zeit nach dem Ende des Krieges und der Räterepublik:

> „Sie [Die Zeitschrift Academia] muß jetzt die Arbeit am Wiederaufbau des Zusammenbruchs, an der Heilung und Stärkung des Volksganzen in den Vordergrund rücken. Das ‚Allgemeine' ihres Programmes, die allgemeinen, die völkischen, kulturellen und sozialen Interessen müssen geweckt und gepflegt werden.

60 MARTIN HILLE: Revolutionen und Weltkriege. Bayern 1914 bis 1945, Köln, Weimar und Wien 2018, S. 90.

61 Vgl. BRUENDEL: Volksgemeinschaft oder Volksstaat (wie Anm. 1, S. 49), S. 310f.

62 Vgl. BECKER: Sozialdarwinismus, Rassismus, Antisemitismus und Völkischer Gedanke (wie Anm. 48, S. 105), S. 506.

63 Vgl. z. B. WILLY GLASEBOCK: Katholische Studentenschaft und völkische Bewegung (Wege zur Deutschen Volksgemeinschaft 1. Folge), München 1923, S. 3: „vorübergehend in den Zeiten völkischer Not [...] herrschte sogenannter Burgfriede."

64 So spricht man auch in der SPD immer wieder ganz selbstverständlich von der Deutschen Volksgemeinschaft in deren Sinne die SPD handele. Siehe z. B. O.A.: Wohin des Wegs, Herr Kardinal?, in: MP 36,201 (30.08.1922), S. 1.

65 Vgl. JEFFREY VERHEY/JÜRGEN BAUER/EDITH NERKE: Der „Geist von 1914" und die Erfindung der Volksgemeinschaft, Hamburg 2000, S. 346f. BREUER: Die Völkischen in Deutschland (wie Anm. 31, S. 103), S. 15; PAUL CIUPKE: Diskurse über Volk, Gemeinschaft und Demokratie in der Erwachsenenbildung der Weimarer Zeit, in: PAUL CIUPKE u. a. (Hg.): „Die Erziehung zum deutschen Menschen". Völkische und nationalkonservative Erwachsenenbildung in der Weimarer Republik (Geschichte und Erwachsenenbildung 23), Essen 2007, S. 11–30, hier: S. 18; BRUENDEL: Volksgemeinschaft oder Volksstaat (wie Anm. 1, S. 49), S. 140.

> Der geistige Austausch über die Lebensfragen unseres Volkstums soll nun die erste Stelle einnehmen.“[66]

Gefördert wurde diese breite Rezeption der völkischen Begriffe ganz bewusst, indem man sie mit dem „Topos der ‚Überparteilichkeit‘“[67] verband und so suggerierte, dass völkische Interessen jenseits aller bestehenden Parteien und Unterschiede angestrebt werden könnten. Dabei wurde bewusst ausgeklammert, dass auch mit diesen Begriffen ganz klare politische Vorstellungen verbunden waren, die im Diskurs der folgenden Jahre immer deutlicher hervortreten sollten und schließlich auch Niederschlag in parteipolitischen Programmen fanden. Besonders Akademiker beriefen sich, laut Hering, gern auf den Topos der Überparteilichkeit, um „aus ihrer angeblichen Überparteilichkeit einen Führungsanspruch [abzuleiten].“[68]

Aus der sehr bewusst wahrgenommenen Umbruchszeit nach der Kriegsniederlage erwuchsen somit heterogene Hoffnungen, welche sich mit dem Begriff der *Volkgemeinschaft* verbinden konnten. Im Fokus dieser Hoffnungen stand dabei die Sehnsucht sich geeint durch ein gemeinsames Fundament den anstehenden Herausforderungen der Umbruchszeit zu stellen.

Die vielschichtigen Begriffe „Volk“ beziehungsweise „Volksgemeinschaft“, die sich allgemein auf alle Staatsbürger, aber eben auch auf eine exklusivistisch verstandene Gemeinschaft beziehen konnten und können, waren dabei vielfältig anschlussfähig und boten verschiedene Zugriffsweisen auf die Begriffe und ihre Inhalte an. Diese Vielschichtigkeit wurde in der Weimarer Republik aus verschiedenen Gründen zunehmend problematisch und ist es bis heute geblieben,[69] was im Folgenden kurz erörtert werden soll.

1.1.2 Das Ziel der Suche

Der Begriff des *Volkes* ist seit dem Beginn der Neuzeit allgemein mit einer Gruppe oder Gemeinschaft von Menschen mit gleicher Sprache und Kultur verbunden sowie hochgradig emotional aufgeladen. Man kann, ähnlich wie bei der Nation, nur von einer konstruierten Gemeinschaft sprechen. Neben objektiven Faktoren wie der gleichen Sprache, desselben übergeordneten Staatsgebildes, einer irgendwie gearteten beziehungsweise konstruierten „kulturellen Verwandtschaft“ und der politischen Schicksalsgemeinschaft, spielen subjektive Faktoren wie die eigene gefühlte Zugehörigkeit oder die Exklusion bestimmter Gruppierungen eine große Rolle bei der Zuschreibung des Begriffs *Volk*. Daneben wird dieser Gruppe eine Form von kollektiver Subjektivität zugeschrieben, welche die Individuen über sich

---

66 O.A.: Zum Geleite – Kommentar zur vergangenen Zeit, in: Academia 32,1/2 (15.6.1919), S. 1. Ganz ähnlich machten sich die StdZ dieses Gedankengut zu eigen. Vgl. etwa ERNST BÖMINGHAUS: Katholisch und völkisch?, in: StdZ 107 (1924), S. 329–336; JOACHIM SCHMIEDL: Der katholische Aufbruch der Zwischenkriegszeit und die Stimmen der Zeit, in: MICHEL GRUNEWALD/UWE PUSCHNER (Hg.): Le milieu intellectuel catholique en Allemagne, sa presse et ses réseaux (1871–1963). Das katholische Intellektuellenmilieu in Deutschland, seine Presse und seine Netzwerke (1871–1963) (Convergences 40), Bern u. a. 2006, S. 232–254, hier: S. 248.

67 Als entscheidendes Charateristikum für den Erfolg der völkischen Bewegung wird die Überparteilichkeit insbesondere herausgearbeitet bei: HERING: Konstruierte Nation (wie Anm. 47, S. 105), z. B. S. 21, 403 oder 494.

68 EBD., S. 494.

69 So berufen sich in der Zeitgeschichte neben der freiheitlichen Bürgerbewegung der DDR, die zur deutschen Wiedervereinigung führte, auch rechte und rechtsradikale Bewegungen darauf im Namen des Volkes zu sprechen.

hinaushebt. *Volk* kann man somit als „überindividuelles und substanzielles Kollektivsubjekt" definieren,[70] welches sich auf verschiedene Gemeinsamkeiten beruft. Damit ist allerdings noch nichts über die substanzielle Füllung oder Zielsetzung des *Volkes* ausgesagt und hierin liegt das Problem begründet, welches sich in der Einheitssuche des deutschen Bürgertums herauskristallisierte.[71]

Als besonders problematisch erwies sich im folgenden die dominante Rolle der *völkischen Bewegung* bei der Suche nach einer breit angelegten *Volksgemeinschaft* und somit die Verknüpfung mit überaus exklusiven Gemeinschaftsvorstellungen. Hierbei handelte es sich nicht nur um eine reine Suche nach dem deutschen Gemeinschaftswesen und den „ursprünglichen Wesens- und Charaktermerkmalen des Deutschen", sondern hauptsächlich um eine „Gegenbewegung" zu jedem „Internationalismus" sowie als undeutsch empfundenen Erscheinungen.[72] Ausschlaggebend war dabei auch die Vorgeschichte der *völkischen Bewegung*, die sich ab 1890 mit Entstehen des *Alldeutschen Verbandes*[73] oder des *Deutschbundes*[74] in Deutschland ausmachen lässt. Als Vordenker und Ideengeber sind dabei der französische Diplomat und Revolutionsgegner Joseph Arthur de Gobineau (1816–1882), der Kulturphilosoph Paul de Lagarde (1827–1891), der Konvertit und Kulturpessimist Julius Langbehn (1851–1907) sowie der antisemitische Schriftsteller Houston Stewart Chamberlain (1855–1927) zu benennen.[75] Diese hatten der *völkischen Bewegung* folgende Kernbestandteile eingeprägt:

- Das eigene, in diesem Falle germanisch/arische Volk erhält in der eigenen Bezugswelt eine verabsolutierte, zumeist unreflektierte Rolle und nimmt die Stelle eines hohen bis des obersten Wertes ein.
- Hiermit verbinden sich vielfach rassistische und/oder antisemitische Denkmuster.
- Damit einhergeht die Minderbewertung anderer Völker.
- Auffällig ist weiterhin die religiöse Aufladung beziehungsweise Durchdringung dieser Grundgedanken.

Insofern verwundert es nicht, wenn die *völkische Bewegung* stets in enger Anlehnung an Nationalismus, Rassismus und Antisemitismus betrachtet wird und als entscheidende Ideengeberin und Wegbereiterin des Nationalsozialismus gilt, der sie nach einer Hochphase Anfang der 1920er-Jahre ablöste. Die gemeinsame Abgrenzung gegenüber allem Jüdischen ergab sich dabei aus einer Sündenbockrolle, die von verschiedenen Seiten befeuert wurde. Zum einen wurden Juden als zumeist östliche Immigranten betrachtet, daneben als Bolschewisten, aber auch als Repräsentanten des alten und gescheiterten Systems, des Kapitalismus und des Liberalismus.[76] So gelang es, initiiert durch den *Alldeutschen Verband*, diese höchst

---

70 CIUPKE: Diskurse über Volk, Gemeinschaft und Demokratie in der Erwachsenenbildung der Weimarer Zeit (wie Anm. 65, S. 107), S. 19.

71 Vgl. EBD., S. 19.

72 UWE PUSCHNER/WALTER SCHMITZ/JUSTUS H. ULBRICHT (Hg.): Handbuch zur „Völkischen Bewegung" 1871–1918, München 1999, S. XVIII.

73 Vgl. HERING: Konstruierte Nation (wie Anm. 47, S. 105); JUNGCURT: Alldeutscher Extremismus in der Weimarer Republik (wie Anm. 46, S. 105).

74 Vgl. DIETER FRICKE: Der „Deutschbund", in: UWE PUSCHNER/WALTER SCHMITZ/JUSTUS H. ULBRICHT (Hg.): Handbuch zur „Völkischen Bewegung" 1871–1918, München 1999, S. 328–340.

75 Zu den Vordenkern und Ideengebern der völkischen Bewegung vgl. BECKER: Sozialdarwinismus, Rassismus, Antisemitismus und Völkischer Gedanke (wie Anm. 48, S. 105).

76 Vgl. ADAM R. SEIPP: 'Scapegoats for a Lost War'. Demobilisation, the Kapp Putsch, and the Politics of the Streets in Munich, 1919–1920, in: War & Society 25,1 (2013), S. 35–54, hier: S. 46f.

widersprüchlichen bestehenden antisemitischen Ressentiments zu schüren und den Juden die Niederlage des Weltkriegs sowie den Niedergang Deutschlands anzulasten. Mit dieser vereinfachenden und populistischen Antwort auf die Herausforderungen der frühen Weimarer Republik gelang eine erfolgreiche Propaganda sowohl gegen das Judentum als auch gegen die Demokratie und den neu errichteten Staat. „Der drohende oder tatsächliche Statusverlust gerade im Bildungs- und Besitzbürgertum schien durch die alldeutsche Ideologie aufgefangen werden zu können“[77]

Objektiv betrachtet ist die völkische Bewegung vor allem als eine Antwort auf die Modernisierung und ihre Probleme zu betrachten, welche inklusive einhergehender Phänomene – wie Industrialisierung, Globalisierung und Demokratisierung – aus eigennützigen Motiven grundsätzlich abgelehnt wurde. Stattdessen erstrebte man die Wiedergeburt der Volksgemeinschaft auf dem Wege des Rechtsnationalismus sowie Antisemitismus und suchte so einer zunehmenden Pluralisierung der Gesellschaft entgegen zu wirken, um den eigenen sozialen Status zu wahren.[78] Demnach lässt sich die völkische Bewegung als „Mittelstandsideologie“ und „soziale Bewegung“[79] der Verlierer der Hochindustrialisierung, des Massenparlamentarismus sowie eines verstärkten Individualismus skizzieren, welche sich rechtsnationale Positionen zu eigen machte.[80] Innerhalb der völkischen Bewegung zielte man auf einen gesunden wirtschaftlichen Status für die eigene Gruppe ab und suchte sich gegenüber der Arbeiterschaft sowie dem Großkapital zu behaupten. Als Basis postulierte man diverse Gemeinsamkeiten, die ein Handlungskollektiv entstehen ließen. Bestandteil dieser Gemeinsamkeiten waren neben der gemeinsamen Abstammung und Sprache, auch die Gemeinschaft des Blutes, des Bodens, der Arbeit, des Rechtes sowie der Bildung. Insofern leistete die völkische Ideologie „einen wichtigen Beitrag zur Überbrückung der Heterogenität der deutschen Rechten“ und darüber hinaus.[81] Die Anschlussfähigkeit für das sich im Krisenmodus befindende und nach Statuswahrung strebende Bürgertum tritt klar hervor. Auch mit dem in Ablehnung gegenüber der Moderne verharrenden Katholizismus[82] ergaben sich vielfache Schnittmengen.

Die Ideen der völkischen Bewegung waren jedoch keineswegs gänzlich neue Ideen, die erst durch die Kriegsniederlage in Bayern Fuß fassten und zuvor lediglich im deutschen Protestantismus bestanden hatten. Vielmehr gab es bereits vor dem 1. Weltkrieg auch in München – zwar im bescheidenen Rahmen – ein verzweigtes völkisches Vereinswesen. Hierzu gehörte etwa der 1897 begründete *Deutschvölkische Verein Odin*, aus welchem sich wohl inhaltliche und perso-

---

77 HERING: Konstruierte Nation (wie Anm. 47, S. 105), S. 496.

78 Beispielhaft sei hier ein Auszug aus der Bundeszeitung der Burschenschaft Guelfia 1,11/12 (September 1921), S. 91f. zitiert: „Zersetzender Mamonismus und hohler Materialismus sind die gravierenden Zeichen unserer Zeit. [...] Dieser ungesunde staatszerstörende Gang der Entwicklung hat auch seinen Niederschlag in den politischen Parteien gefunden. Bar jeglichen Ideales schenkt eine erstaunend große urteilslose Masse des deutschen Volkes verantwortungslosen Parteiführern geneigtes Ohr, welche in ihrer skrupellosen Art [...] mit dem gefährlichen Feuer der Jakobiner spielen [...]. Mit schwulstigen Worten sprechen sie von Nationaler Demut, als Tugend mit blutrünstigen Reden wecken sie den Klassenhaß und rufen zum Bruderkriege auf, als den Weg zur Freiheit und mit greischenden Geifer verherrlichen sie den Internationalismus als Begriff des erweiterten Vaterlandes.“

79 BREUER: Die Völkischen in Deutschland (wie Anm. 31, S. 103), S. 21.

80 Vgl. DERS.: Die Völkischen in Deutschland (wie Anm. 31, S. 103), S. 14–21; JULIAN KÖCK: „Die Geschichte hat immer Recht“. Die Völkische Bewegung im Spiegel ihrer Geschichtsbilder (Campus historische Studien 73), Frankfurt am Main und New York 2015, S. 36–38.

81 DERS.: „Die Geschichte hat immer Recht“ (wie Anm. 80), S. 111.

82 Vgl. ALTERMATT: Katholizismus und Moderne (wie Anm. 36, S. 16), S. 58 oder 383.

nelle Anknüpfungspunkte zur NSDAP ergaben,[83] und dessen zwischen 1899 und 1901 erscheinende Zeitschrift *Odin. Ein Kampfblatt für die alldeutsche Bewegung* (seit April 1900: *Kampfblatt für Alldeutschland*). Diesen Verein kennzeichnete, wie der Berliner Historiker Uwe Puschner herausarbeiten konnte, eine spezifische katholische Prägung, welche personell und inhaltlich der österreichischen *Los-von-Rom-Bewegung* nahestand und insofern für eine Aufhebung des römischen Einflusses auf den christlichen Glauben in Deutschland sowie eine interkonfessionelle Öffnung und völkische Ausrichtung desselben eintrat.[84] Daneben bestanden in München, neben den bereits erwähnten Ortsgruppen des *Reichshammerbundes* und der *Alldeutschen*, der um 1900 gegründete *Deutschvölkische Verein Bismarck*, der seit 1904 bestehende *Akademische Bund Ethis*, der seit 1907 bestehende *Ring der Norda*, der *Urda-Bund* und seit 1913 die *Vereinigung Asgard*.[85]

Fest steht, dass der klare Vergemeinschaftungsentwurf deutschnationaler und völkischer Kräfte, welcher eine vermeintliche deutsche Antwort auf aktuelle soziale und nationale Probleme und zusätzlich, durch einfache Polarisierung, auch eindeutige Schuldzuweisungen beziehungsweise Entschuldigungen anbot, große Anknüpfungspunkte zu anderen Vergemeinschaftungsbestrebungen in der deutschen Gesellschaft bot. Dabei war durch die Unklarheit der substantiellen Füllung der Begriffe *Volk* sowie *Volksgemeinschaft* oftmals auch nicht klar, welcher Gruppierung und Zielsetzung bestimmte Personen oder Gruppen zuneigten. Auf Basis des Minimalkonsens – Erneuerung, Stärkung und Erhaltung der deutschen Volksgemeinschaft – nahm die völkische Bewegung in den Diskursen der frühen Weimarer Republik in München dann bald die zentrale Rolle ein. Das Kollektiv-Subjekt der *Volksgemeinschaft* übernahm im gesellschaftlichen Diskurs, häufig vor persönlichen und politischen Interessen, eine klare Vorrangstellung.[86] Während christliche Kreise unter diesem Schlagwort – wie generell – primär den Ausbau oder Erhalt des Einflusses von Religion und Kirche auf die Gesellschaft erstrebten, suchten alte Führungseliten, etwa aus dem Militär, mit dem Rekurs auf die Volksgemeinschaft, vornehmlich den eigenen sozialen Status zu sichern oder wiederherzustellen. Daneben waren es rassistische und radikal-nationale Vorstellungen, welche nach einer vergrößerten Machtbasis für das deutsche Reich strebten und sozialistisch angehauchte Ideen, die über die Volksgemeinschaft den sozialen Ausgleich erhofften. Ein Diskurs über diese divergierenden, konträren Vorstellungen und Zielperspektiven bezüglich des Idealbilds *Volksgemeinschaft* unterblieb dabei unter den durchaus heterogenen Befürwortern dieser *Volksgemeinschaft* zumeist. Die inhaltliche Füllung der Begriffe blieb dementsprechend wage.

1.1.3 Völkische Vergemeinschaftung

Eine große Rolle spielte bei der Verbreitung des Idealbilds der *Volksgemeinschaft* sowie völkischer Ideen – neben der bereits skizzierten *Thule-Gesellschaft*[87] – der DVSTB. Dieser war bereits im Februar 1919 unter dem Druck der Revolution

83 Vgl. UWE PUSCHNER: Katholisches Milieu und alldeutsch-völkische Bewegung. Die Münchner Zeitschrift Odin (1899–1901), in: MICHEL GRUNEWALD/UWE PUSCHNER (Hg.): Le milieu intellectuel catholique en Allemagne, sa presse et ses réseaux (1871–1963). Das katholische Intellektuellenmilieu in Deutschland, seine Presse und seine Netzwerke (1871–1963) (Convergences 40), Bern u. a. 2006, S. 143–167, hier: S. 146; O.A.: „Odinsknaben" – „Hitlerjungen", in: MP 39,67 (23.03.1925), S. 2.

84 EBD.

85 Vgl. EBD., S. 145.

86 Vgl. HERING: Konstruierte Nation (wie Anm. 47, S. 105), S. 14.

87 Vgl. das Kapitel *Die Thule-Gesellschaft*.

durch Anregung des *Alldeutschen Verbandes* gegründet worden und wurde im Reichsgebiet durch den gläubigen Katholiken und ehemaligen bayerischen General Konstantin von Gebsattel (1854–1932) geleitet.[88] Dem DVSTB schlossen sich neben den ehemaligen Antisemitenparteien und -verbänden auch der völkische *Reichs-Hammerbund* und der *Deutschvölkische Bund* an. Damit war der „völkische Nationalismus zum Juniorpartner des alten Nationalismus geworden" – also vornehmlich der *Alldeutschen*, welche die Führungsrolle im DVSTB übernahmen. Die organisierte völkische Bewegung der Vorkriegszeit war damit am Ende, völkisches Gedankengut jedoch lebte in dieser und in anderen Organisationen fort und bald kam es zu einem neuen Aufschwung, auch da sich Antisemiten und Nationalisten dem völkischen Standpunkt annäherten.[89]

In München entwickelte sich der DVSTB recht bald zur „schlagkräftigsten völkischen Gruppierung".[90] Im Juli 1920 umfasste die sehr aktive Studentengruppe des DVSTB bereits 1800 Mitglieder, also knapp 20% der Studierenden.[91] Generell wurde die völkische Bewegung eine starke Jugendbewegung. 85% der Mitglieder waren unter 45 Jahre alt. Die Zentren der Bewegung lagen neben München in Hamburg und Berlin. Die Münchner Ortsgruppe hatte Mitte 1920 etwa 4000 Mitglieder, welche zumeist Beamte (oftmals Lehrer), Kaufleute, Gewerbetreibende und Handwerker waren.[92] Prägend waren also Akademiker sowie der Mittelstand. Führend in München traten besonders der protestantische Verleger Julius Friedrich Lehmann (1864–1935)[93] sowie der katholische Schriftsteller Dietrich Eckart (1868–1923) hervor.[94]

Auch die bereits skizzierte *Thule-Gesellschaft* wirkte nach dem Ende der Räterepublik weiter. Die zunächst evangelisch und antikatholisch geprägte Gesellschaft erhielt jedoch zunehmend eine katholische Prägung, als im Mai 1919 Sebottendorf München verließ und die Publizisten Franz Schrönghamer-Heimdal (1881–1962)[95] sowie Eckart im *Münchener/Völkischen Beobachter* regelmäßige Autoren wurden und schließlich die Katholiken Max Sesselmann (1898–1968) und Georg

88 Vgl. HERING: Konstruierte Nation (wie Anm. 47, S. 105), S. 429.

89 BREUER: Die Völkischen in Deutschland (wie Anm. 31, S. 103), S. 149.

90 HILLE: Revolutionen und Weltkriege (wie Anm. 60, S. 107), S. 90.

91 Vgl. UWE LOHALM: Völkischer Radikalismus. Die Geschichte des Deutschvölkischen Schutz- und Trutz-Bundes 1919–1923 (Hamburger Beiträge zur Zeitgeschichte 6), Hamburg 1970, S. 168f.

92 Vgl. BREUER: Die Völkischen in Deutschland (wie Anm. 31, S. 103), S. 152; LOHALM: Völkischer Radikalismus (wie Anm. 91), S. 119.

93 Julius Friedrich Lehmann (1864–1935) war zunächst Verleger medizinischer Publikationen, der zunehmend auf dem Gebiet der Rassenlehre und des Antisemitismus veröffentlichte und hier bewusst pseudowissenschaftliche Autoren und ihre Abhandlungen förderte. Daneben war er einer der frühen Förderer der NSDAP.

94 Vgl. RICHARD BAUER u. a.: München – „Hauptstadt der Bewegung". Bayerns Metropole und der Nationalsozialismus, München 1993, S. 56; MARTIN LEUTZSCH: Karrieren des arischen Jesus zwischen 1918 und 1945, in: UWE PUSCHNER/CLEMENS VOLLNHALS (Hg.): Die völkisch-religiöse Bewegung im Nationalsozialismus. Eine Beziehungs- und Konfliktgeschichte (Schriften des Hannah-Arendt-Instituts für Totalitarismusforschung 47), Göttingen u.a. 2012, S. 195–217, hier: S. 195.

95 Franz Schrönghamer-Heimdal (1881–1962) war ein katholischer antisemitischer Schriftsteller und volkstümlicher Poet, der sich in radikal-nationalen und monarchistischen Projekten der frühen Zwischenkriegszeit publizistisch hervortat. 1924 kandidierte er für den *Völkischen Block* für den Landtag. Zu ihm vgl. OTHMAR PLÖCKINGER: Unter Soldaten und Agitatoren. Hitlers prägende Jahre im deutschen Militär 1918–1920, Paderborn u. a. 2013, S. 261–263; HASTINGS: Catholicism and the roots of Nazism (wie Anm. 30, S. 16), S. 52–58.

Müller dessen Schriftleitung übernahmen. So erschien im *Völkischen Beobachter* im Juni 1919 ein Artikel über die Vereinbarkeit von Antisemitismus und Katholizismus,[96] welchem ähnliche Artikel folgten, beispielsweise durch den Priester Bernhard Stempfle (1882–1934),[97] den späteren politischen Redakteur des äußerst antisemitischen Mießbacher Anzeigers.[98]

Bereits im Sommer 1919 rief Schrönghamer-Heimdal die völkischen Katholiken zum Anschluss an den Kampf gegen das Judentum auf und propagierte hierfür eine überkonfessionelle christliche Ausrichtung.[99] Jesus betrachtete er dabei als Arier, was er anhand seiner arischen Geisteshaltung nachzuweisen suchte.[100] Dieses Gedankengut konnte Schrönghamer 1920 auch für kurze Zeit als Redakteur beim *Bayerischen Königsboten*, einer Zeitschrift der Monarchisten in Bayern, verbreiten.[101] Auf ähnlichen Wegen war auch der Theologiestudent Josef Roth (1897–1941)[102] unterwegs, welcher seit 1919 wiederholt im *Völkischen Beobachter* publizierte[103] und gegenüber dem Ultramontanismus und der strengen Konfessionsabgrenzung insbesondere auf politischem Felde äußerst kritisch eingestellt

96 Vgl. RHENUS: Kann ein Katholik Antisemit sein?, in: VB 33,19 (7.06.1919), S. 1f.

97 Bernhard Stempfle (1882–1934) war katholischer Ordenspriester. Mit dem zunehmenden Niedergang seines Ordens wandte er sich nach dem Weltkrieg der Politik zu und war zwischen 1922–1925 Redakteur des *Miesbacher Anzeigers*, Pressereferent der *Organisation Kanzler (Orka)* sowie Mitglied der *Freien Vereinigung Kath. Studenten*. Zwischen 1919 und Ende 1922 veröffentlichte er unter anderem im VB mehrere Artikel für die NSDAP sowie Hitler und gegen die BVP. Er stand dem Nationalsozialismus jedoch, trotz inhaltlicher Nähe, zwiegespalten gegenüber. Beispielsweise: REDIVIVUS [STEMPFLE]: Ist Erzberger jüdischer Abstammung?, in:VB 33,36 (20.09.1919), S. 3; Siehe auch sein nach 1923 verfasstes Manuskript *Adolf Hitler „der Ausländer“*, BayHStA NL Stempfle 7, in welchem er für eine Einbürgerung Hitlers Partei ergriff. Zu Stempfle vgl. BayHStA NL Stempfle sowie HASTINGS: Catholicism and the roots of Nazism (wie Anm. 30, S. 16), S. 67f. und 119; OTHMAR PLÖCKINGER: Geschichte eines Buches. Adolf Hitlers „Mein Kampf“ 1922–1945. eine Veröffentlichung des Instituts für Zeitgeschichte, 2., aktualisierte Aufl., München 2011, S. 133–141.

98 Vgl. HASTINGS: Catholicism and the roots of Nazism (wie Anm. 30, S. 16), S. 66f.

99 Vgl. FRANZ SCHRÖNGHAMER-HEIMDAL: Judas, der Weltfeind. Was jeder über die Juden wissen muß; die Judenfrage als Menschheitsfrage und ihre Lösung im Lichte der Wahrheit, München 1919; DERS.: Weihnacht, in: VB 33,73 (24.12.1919), S. 1.

100 Vgl. die Artikelserie: WIDAR WÄLSUNG [SCHRÖNGHAMER-HEIMDAL]: War Jesus ein Jude? Eine deutsche Antwort, in: VB 34,16 (25.02.1920), S. 2, VB 34,17 (28.02.1920), S. 2, VB 34,18 (3.03.1920), S. 2, VB 34,19 (6.03.1920), S. 2 und VB 34,20 (10.03.1920), S. 2f. Dort hieß es im VB 34,18 (3.03.1920), S. 2 beispielsweise: „Der höchste Geist, lebte nur im reinsten Blute. Das war und ist das arisch-germanische. So war Jesus Christus zwar jüdischer Staatsbürger, aber arischer Stammesgenosse.“

101 Vgl. HASTINGS: Catholicism and the roots of Nazism (wie Anm. 30, S. 16), S. 79–82; FENSKE: Konservativismus und Rechtsradikalismus in Bayern nach 1918 (wie Anm. 140, S. 74), S. 123f.

102 Josef Roth (1897–1941), gebürtiger Münchner, studierte nach einer kurzen Kriegsteilnahme im Herzöglichen Georgianum Theologie und betätigte sich im völkischen Spektrum u. a. beim DVSTB sowie beim *Bund Oberland*. 1922 wurde er zum Priester geweiht. Im Folgejahr veröffentlichte er das Buch „Die Kirche und die Jugendfrage“ und feierte die Messe auf dem deutschen Tag in Nürnberg. Ab 1934 war Roth dann hauptberuflich für die NSDAP tätig. Zu Josef Roth siehe auch: FORSTNER: Priester in Zeiten des Umbruchs (wie Anm. 89, S. 34), S. 437–439; ROMAN BLEISTEIN: „Überläufer im Sold der Kirchenfeinde“. Josef Roth und Albert Hartl: Priesterkarrieren im Dritten Reich, in: Beiträge zur altbayerischen Kirchengeschichte 42 (1996), S. 71–109, hier: S. 72–89; KEVIN P. SPICER: Hitler's Priests. Catholic clergy and national socialism, DeKalb, Illinois 2008, S. 42–44.

103 Vgl. z. B. JOSEF ROTH: Über die Stellung der Katholiken zur völkischen Wiedergeburt, in: VB 33,33 (6.08.1919), S. 2.

war. Er trat für einen radikalen völkischen Antisemitismus ein und erstrebte hierbei interkonfessionelle Zusammenarbeit.[104] Nichtsdestotrotz waren seine Eltern eng mit Kardinal Faulhaber verbunden und Josef Roth war, ähnlich wie der antisemitische Heimatdichter Franz Schrönghamer-Heimdal, Mitglied der katholischen bayerischen Studentenverbindung *Rhaetia*, welche 1925 auch den schon genannten Graf von Arco, den Mörder Eisners, als Mitglied aufnahm.[105]

Gemeinsames Kennzeichen dieser Völkischen war dabei ein überaus starker Antisemitismus, der durch viele jüdische Köpfe in den Reihen der Räterepublikaner noch befördert worden war. So gelang es zunehmend das Judentum als Feind- und Gegenbild des deutschen Volkes aufzubauen. Zugleich bot der vermeintliche jüdische Einfluss eine einfache Erklärung für die Kriegsniederlage sowie alle abgelehnten Zeiterscheinungen, wie beispielsweise die Republik oder die zunehmende Pluralisierung der deutschen Gesellschaft. Hiermit konnte man erfolgreich an bestehende Ressentiments anknüpfen.

Die Anschlussfähigkeit des Antisemitismus in der Münchner Gesellschaft lässt sich etwa an einer Kundgebung unter dem Schlagwort „Judenfrage“ am 7. Januar 1920 ablesen, zu der etwa 7000 Personen in den Münchner Kindlkeller kamen. Auch Hitler trat hier als Redner auf.[106] Neben dem Antisemitismus wurde durch die Völkischen die Fortschreibung der Feindbilder aus dem Kriege forciert. Verschwörungstheorien gegenüber England und Frankreich, begründet durch den negativen Kriegsverlauf, verquickten sich mit antisemitischen Ressentiments. Hier fanden auch neue Mitglieder und Gruppierungen Anknüpfungspunkte zu den Völkischen. Der Antisemitismus als „archimedischer Punkt“ des DVSTBs und seiner politischen Agitation diente dabei als „vorzüglichstes propagandistisches Mittel zum Aufbau einer breiteste Massen ansprechenden Organisation“.[107]

Aus der Krisenwahrnehmung des Mittelstandes und des Bürgertums, vor allem auch zahlreicher Akademiker, erwuchs so zunehmend ein Antisemitismus, welcher durch Antikapitalismus, Antiliberalismus und Antibolschewismus bestärkt wurde und durchaus heterogen eingestellte Personengruppen miteinander verband.[108] Dies gelang durch erfolgreiche Propaganda der völkischen Bewegung und ihrer Organe wie beispielsweise den *Völkischen Beobachter* oder *Deutschlands Erneuerung*. Daneben sorgten Vorträge aus den höchsten akademischen Kreisen Münchens für eine Verbreitung des Themenkomplexes in der Gesellschaft. So hielten die beiden Professoren und Mitglieder der Bayerischen Akademie der Wissenschaften, der Hygieniker Max von Gruber (1853–1927) und der Historiker Karl Alexander von Müller (1882–1964), wiederholt Vorträge zu völkischen Themen, in denen sie sich für die Rassenhygiene stark machten. Solche Vorträge hielten sie beispielsweise in den militärisch-politischen Ausbildungskursen in der Münchner LMU, die auch von Hitler besucht wurden.[109] Max von Gruber nutzte

---

104 Vgl. EBD.; Siehe auch: HASTINGS: Catholicism and the roots of Nazism (wie Anm. 30, S. 16), S. 69.

105 Vgl. EBD., S. 68–70.

106 Vgl. LOHALM: Völkischer Radikalismus (wie Anm. 91, S. 112), S. 293.

107 DERS.: Völkischer Radikalismus (wie Anm. 91, S. 112), S. 22f. Ausführlich zur rassistischen und antisemitischen Ideologie und Programmatik des DVSTB auch: WALTER JUNG: Ideologische Voraussetzungen, Inhalte und Ziele außenpolitischer Programmatik und Propaganda in der deutschvölkischen Bewegung der Anfangsjahre der Weimarer Republik. Das Beispiel Deutschvölkischer Schutz- und Trutzbund, Göttingen 2003, URL: https://ediss.uni-goettingen.de/handle/11858/00-1735-0000-0006-B4BD-2 (besucht am 20. 02. 2021).

108 Vgl. LOHALM: Völkischer Radikalismus (wie Anm. 91, S. 112), S. 121.

109 Vgl. JUNGCURT: Alldeutscher Extremismus in der Weimarer Republik (wie Anm. 46, S. 105), S. 285f.

auch seinen Einfluss auf andere bildungsbürgerliche Vereinigungen, um das Gedankengut weiterzutragen. Hier lässt sich beispielsweise auf den kulturreformerischen *Dürerbund* verweisen.[110] Generell standen junge Akademiker völkischem und antisemitischem Gedankengut aufgeschlossen gegenüber, was im Kapitel *Völkische Bewegung und Studentenschaft* noch näher ausgeführt werden wird. Daher suchten völkische Organisationen regelmäßig die Anknüpfung an studentische Organisationen. So richtete man gemeinsam vaterländische oder völkische Veranstaltungen aus. Beispielhaft sei hier ein Vaterländischer Abend genannt, welcher vom *Bayerischen Ordnungsblock* und *Hochschulring Deutscher Art* (HdA) gemeinsam ausgerichtet wurde und am 27. Mai 1921 im Bürgerbräukeller stattfand.[111]

Auch gezielt organisierte Veranstaltungen und Maßnahmen sorgten für ein antisemitisches Klima. So kam es etwa Ende 1919 im Rahmen einer Protestkundgebung gegen die „Berliner Judenregierung" auf dem Odeonsplatz zu Ausschreitungen gegen Juden. Daneben initiierten Münchner Studierende *Theaterskandale* bei den Aufführungen von Heinrich Lautensacks *Das Gelübde*[112] und Frank Wedekinds *Schloß Wetterstein.*[113] Selbige richteten sich neben der Sittenlosigkeit der Stücke beziehungsweise der dargestellten Pluralisierung von Lebensentwürfen gegen das angeblich vornehmlich jüdische Publikum.[114] Eine Verknüpfung mit monarchistischen Forderungen wie etwa anlässlich einer Demonstration mit circa 2000 Personen im März 1920 war nicht ungewöhnlich.[115]

Hier wird allerdings auch deutlich, dass trotz großer Einigkeit bezüglich der Notwendigkeit einer Überwindung des gegenwärtigen Status – verlorener Krieg, harte Bedingungen des Versailler Vertrags, wirtschaftliche Schwierigkeiten –, Einigkeit letztlich lediglich in der Ausrichtung auf eine neue Vergemeinschaftungsidee – die Volksgemeinschaft – bestand. Durch Erreichung der Volksgemeinschaft erhoffte man sich die Wiedergeburt eines stolzen und starken Deutschlands. Einigkeit über eine weitergehende konkrete Zielperspektive bestand jedoch selbst innerhalb der organisierten völkischen Bewegung nicht. So strebten einige nach der Restauration der Monarchie und der alten Ordnung, wohingegen von anderen neue Modelle der Volksgemeinschaft, des totalen Staates oder eines organischen Staatsaufbaus diskutiert beziehungsweise erstrebt wurden.[116] Auch dies führte dazu, dass der DVSTB, neben organisatorischen Problemen und internen Auseinandersetzungen, zunehmend unattraktiv wurde und sich die Mitglieder anderen Verbänden und Gruppierungen zuwandten.[117] Flankiert wurde dies noch durch den gescheiterten Versuch von Lorenz Mesch (1885–1967) und Rudolf John (1883–1930) im Jahr 1921 einen selbständigen bayerischen DVSTB zu errichten. Damit

110 Vgl. HELLMUTH AUERBACH: Vom Trommler zum Führer. Hitler und das nationale Münchner Bürgertum, in: BJÖRN MENSING/FRIEDRICH PRINZ (Hg.): Irrlicht im leuchtenden München? Der Nationalsozialismus in der „Hauptstadt der Bewegung", Regensburg 1991, S. 67–91, hier: S. 69; JUNGCURT: Alldeutscher Extremismus in der Weimarer Republik (wie Anm. 46, S. 105), S. 286; Zum Dürerbund allgemein vgl. GERHARD KRATZSCH: Kunstwart und Dürerbund. Ein Beitrag zur Geschichte der Gebildeten im Zeitalter des Imperialismus, Göttingen 1969.

111 Vgl. Bundeszeitung der Burschenschaft Guelfia 1,9 (Juni 1921), S. 65.

112 HEINRICH LAUTENSACK: Das Gelübde. Schauspiel in vier Aufzügen, Leipzig 1916.

113 FRANK WEDEKIND: Schloß Wetterstein. Schauspiel in 3 Akten, 3., veränd. Aufl., München 1912.

114 Vgl. StAM Pol. Dir. 4593 sowie LUDWIG LEISS: Kunst im Konflikt. Kunst und Künstler im Widerstreit mit der "Obrigkeit", Berlin und New York 1971, S. 283–288; Vgl. LOHALM: Völkischer Radikalismus (wie Anm. 91, S. 112), S. 292.

115 Vgl. Bericht der Polizeidirektion München vom 8.3.1920, BayHStA MInn 71712; SEIPP: 'Scapegoats for a Lost War' (wie Anm. 76, S. 109), S. 43.

116 Vgl. LOHALM: Völkischer Radikalismus (wie Anm. 91, S. 112), S. 328.

117 Vgl. EBD., S. 254–278.

wollte man sich von der preußisch-berlinerischen Prägung des Bundes sowie den hohen finanziellen Abgaben an die Zentrale des Bundes lösen. Der Versuch scheiterte an einer Klage des DVSTBs, was langwierige Streitigkeiten innerhalb des Bundes und dessen langsamen Untergang in Bayern bedeutete.[118]

Daneben war ab 1920 eine sehr ähnlich agierende Bewegung, Adolf Hitlers NSDAP, als weitere Sammelbewegung zu den bisherigen völkischen Vereinigungen hinzugetreten. Gemeinsam besuchte man Veranstaltungen, teilte sich Redner und verfolgte ähnliche Inhalte und Ziele. Auch Hitlers Antisemitismus unterschied sich nur marginal von demjenigen anderer völkischer Redner. So waren Mehrfachmitgliedschaften zwischen völkischen Vereinigungen und der NSDAP die Regel und erst ab 1922 erfolgte eine klarere Scheidung zwischen völkischer Bewegung und NSDAP, welche erstere nach und nach ablöste.[119]

Die NSDAP beherrschte in diesem Jahr bereits die Szene der„völkischen und nationalistischen Rechten", was sich etwa an der Zahl der öffentlichen Versammlungen ausmachen lässt, die diejenige des DVSTBs weit überstieg (51 zu 7).[120] Der Erfolg dieser neuen Bewegung im katholischen Bayern dürfte auch darauf beruht haben, dass sie sich im Gegensatz zu vielen bestehenden völkischen gesamtdeutschen Organisationen, wie dem *Alldeutschen Verband* oder dem DVSTB, weniger protestanten- und preußenfreundlich gerierte, sondern bewusst auch katholische Elemente und Persönlichkeiten integrierte.[121] Auch der im März 1920 gegründeten Dachorganisation der deutschvölkischen Organisationen, der *Deutschvölkischen Arbeitsgemeinschaft*, welche von Schulrat Wilhelm Rohmeder (1843–1930) geleitet wurde, gehörte die NSDAP an. Die Arbeitsgemeinschaft bestand daneben aus DVSTB, *Alldeutschem Verband*, *Deutschbund*, *Deutschnationalem Handlungsgehilfen-Verband*, *Reichshammerbund* und *Thule-Gesellschaft*.[122]

Gemeinsam war diesen völkischen Bewegungen, trotz großer Unterschiede in der konkreten Ausgestaltung,[123] eine Ausrichtung auf Ganzheit und Überwindung der Separierung sowie Pluralisierung der Gesellschaft. Hierzu orientierte man sich als oberstem Wert an der Nation beziehungsweise am Volk, wobei beide Begriffe mit rassistischen Vorstellungen aufgeladen waren. In der Vorstellung der Völkischen hätte eine Orientierung am – von ihnen identifizierten – Volksinteresse letztlich eine Wiedergeburt eines starken deutschen Vaterlandes und somit einen Ausweg aus der als krisenhaft empfundenen Gegenwart eröffnet. Mit dieser Zielrichtung war man anschlussfähig in großen Teilen des gebildeten Bürgertums sowie des durch Proletarisierung bedrohten Mittelstandes.

1.1.4 Die Ordnungszelle Bayern

Das völkische Gedankengut sowie damit verknüpfte Begriffs- und Denkmuster der Vergemeinschaftungssuche, welche letztlich zunächst eine Revision der Kriegsniederlage und des Versailler Vertrag intendierten, beeinflussten auch andere Perso-

118 Vgl. BREUER: Die Völkischen in Deutschland (wie Anm. 31, S. 103), S. 160.

119 Vgl. LOHALM: Völkischer Radikalismus (wie Anm. 91, S. 112), S. 297–302.

120 Vgl. EBD., S. 302.

121 Siehe hierzu auch die Kapitel *Katholiken im Bündnis mit den Völkischen* und *Unvereinbarkeit von Katholizismus und völkischem Denken?*. Vgl. auch HASTINGS: Catholicism and the roots of Nazism (wie Anm. 30, S. 16), insbesondere S. 107–138.

122 Vgl. O.A.: Vortragsankündigung der Deutschvölkischen Arbeitsgemeinschaft München, in: VB 34,34 (20.04.1920), S. 3. LOHALM: Völkischer Radikalismus (wie Anm. 91, S. 112), S. 297.

123 Vgl. auch BREUER: Die Völkischen in Deutschland (wie Anm. 31, S. 103), S. 11f. GUY TOURLAMAIN: Völkisch Writers and National Socialism. A Study of Right-Wing Political Culture in Germany, 1890–1960 (Cultural History an literary imagination 21), Oxford u. a. 2014, S. 4.

nengruppen und Netzwerke über den Mitgliederbestand der völkischen Organisationen hinaus. Es verwundert daher nicht, wenn völkisches Gedankengut bald auch politisch wirksam wurde. Während die Revision des Versailler Vertrages ebenso wie eine Orientierung am Volkswohl allgemeiner parteipolitischer Konsens waren, drangen weitergehende völkische Denk- und Argumentationsmuster vornehmlich in die bürgerlichen, konservativen, nationalen und christlichen Parteien ein. In Bayern übernahm hierbei der *Bayerische Ordnungsblock* eine zentrale Rolle, indem er unter seinem Dach alle vaterländisch denkenden Vereinigungen zu sammeln suchte. Spätestens in der Regierungszeit Kahrs, welche aufs engste mit dem *Bayerischen Ordnungsblock* und der Idee der *Ordnungszelle Bayern* verbunden war, wurden völkische Denk- und Argumentationswege salonfähig und fanden konkreten Niederschlag in legislativen, judikativen und exekutiven staatlichen Handlungen. Deswegen wird die Zeit von 1920 bis 1924 allgemein als die Zeit der *Ordnungszelle Bayern* betitelt, wenngleich dem heute eine pejorative Konnotation beigestellt ist.[124]

Das Eindringen völkischen Denkens in die Politik war eng gekoppelt mit der Suche nach Ganzheit sowie Recht und Ordnung, die man spätestens mit dem Versailler Vertrag verloren glaubte. Daher war die klare Zielperspektive vieler Parteien nach dem Ende der Räterepublik auf die Bewahrung beziehungsweise Wiederherstellung von Ruhe und Ordnung ausgelegt. Das Augenmerk lag hier zumeist deutlich auf der Abwehr linker Umstürze, richtete sich bald aber auch gegen jegliche Bewegungen und Veranstaltungen, welche die althergebrachte Ordnung weitergehend verändern oder umgestalten wollten. Auf dieser Basis verbanden sich konservative Denkmuster zunehmend mit nationalen und völkischen Ideen.

„Durch Beitritt zum Ordnungsblock soll ein jeder mithelfen, Deutsches Bürgertum, deutsche Art und deutsche Sitte zu erhalten."[125] So hieß es in Verlautbarungen des *Bayerischen Ordnungsblocks* im Mai 1920 und hieran wird deutlich, dass es sich im Wesentlichen um ein bürgerliches, nationales und konservatives Vergemeinschaftungsprojekt handelte. Einig war man sich im *Ordnungsblock* außerdem in der vehementen Ablehnung gegenüber der Politik der Reichsregierung.[126]

Als Gegenmodell zu selbiger entwickelte man die maßgeblich von Kahr geprägte Idee der *Ordnungszelle Bayerns*, die sich prägnant und einfach zusammenfassen lässt: Bayern sollte zu einem Hort von Ruhe und Ordnung werden, weswegen es insbesondere galt linke beziehungsweise revolutionäre Kräfte radikal zu bekämpfen. Diese *Ordnungszelle Bayern* sollte dann Strahlkraft ins Reich entwi-

124 Vgl. HARTMANN: Bayerns Weg in die Gegenwart (wie Anm. 108, S. 41), S. 478–487; KARL-ULRICH GELBERG/ELLEN LATZIN: Ordnungszelle Bayern, in: HLB (2007).

125 Vgl. Aufruf *Die Zeitfreiwilligen-Verbände*, in: Münchner Studentendienst 1,2/3 (1920), S. 31. Zu finden auch bei: HANS FENSKE: Bayerischer Ordnungsblock (BOB), 1920–1923, in: HLB (2006).

126 Eindrucksvoll lässt sich dies anhand der Plakate des *Ordnungsblocks* nachweisen, die hier wiedergegeben werden: z. B.: „Politische Schwäche und moralische Feigheit der Reichsregierung ließen die Kräfte der Zerstörung erstarken." oder „Fort mit einer Reichsregierung, die ihre Anhänger in dem vom Ausland durchseuchten Teil der Bevölkerung sucht!" oder „Die unsoziale Politik einer geld- und machtgierigen Berliner Gesellschaft scheut die Wiederherstellung staatlicher Gewalt, weil sie sich weiter auf Kosten des deutschen Volkes mästen will. Die Reichsregierung, die heute nur Vertretung einer Minderheit des deutschen Volkes ist, läßt sich von diesen Schiebern der Politik und des Geschäfts nasführen und kommandieren." Die Landesabteilung Bayern der Reichszentrale für Heimatdienst an das Reichswehrministerium. München, 10. Mai 1920, Dok. Nr. 90, in: MARTIN VOGT: Das Kabinett Müller I (1920) (Akten der Reichskanzlei. Weimarer Republik. online), Boppard am Rhein 1971, URL: https://www.bundesarchiv.de/aktenreichskanzlei/1919-1933/0000/mu1/index.html (besucht am 03. 09. 2019).

ckeln und anderen zum Vorbild dienen, damit letztlich wieder ein gesundes und geordnetes Deutschland entstehe. Schon kurz nach seinem Amtsantritt verkündete Kahr daher selbstbewusst: „Der Blick ist von auswärts deshalb vielfach auf Bayern gerichtet, weil man weit über die Grenzen des Reiches hinaus hier in Bayern die Zelle erblickt, von der aus die Ruhe und Ordnung ihren Weg sich bahnen und erobern werden“[127]

Praktisch versuchte man diese *Ordnungszelle* durch eine enge Kooperation von Politik, Verwaltung, Justiz, Militär und Einwohnerwehren zu erreichen und war bereit hierbei auch extreme nationale und völkische Kräfte einzubinden.[128] Es handelte sich also um ein „Politisches Konzept mit antisozialistischer, antisemitischer, national-konservativer, teilweise auch monarchistischer Komponente.“[129]

Getragen wurde diese *Ordnungszelle Bayern* neben den konservativen bürgerlichen Parteien (BMP/DNVP, DVP und BVP) vor allem durch die vaterländischen Verbände und das politische Organ dieser Politikrichtung, den *Bayerischen Ordnungsblock*, aber auch durch bürgerliche und konservative Zeitungen und Zeitschriften. Zu nennen wären hier beispielsweise die zunächst bürgerlich-liberalen, zunehmend konservativ werdenden, *Münchner Neuesten Nachrichten* um den Redakteur Fritz Gerlich oder die konservativen *Süddeutschen Monatshefte* um den Herausgeber Nikolaus Cossmann.[130] Insbesondere die *Süddeutschen Monatshefte* brachte konservative Kräfte vielfältiger Couleur in ihrem Herausgeberkreis zusammen. Zu diesem zählten neben dem alldeutschen katholischen Herausgeber und Publizisten jüdischer Abstammung, Paul Nikolaus Cossmann (1869–1942), auch die Schriftsteller Wilhelm Weigand (1862–1949) und der katholische Josef Hofmiller (1872–1933), der liberale Politiker Friedrich Naumann (1860–1919), der Komponist Hans Pfitzner (1869–1949) sowie der nationalkonservative Historiker Karl Alexander von Müller (1882–1964). Zum Kreis rund um die Zeitschrift gehörten zumindest kurzzeitig auch der katholische Schriftsteller Carl Muth (1867–1944), die Generäle Ludendorff und Otto von Lossow (1868–1938), der Geopolitiker Karl Haushofer (1869–1946), der Schriftsteller Thomas Mann (1875–1955) und der katholische Konvertit und Industrielle Freiherr Theodor Cramer-Klett (1874–1938).[131]

Eine ähnliche Multiplikatoren- und Vernetzungsfunktion hatte auch der *Bayerische Ordnungsblock* selbst inne, welcher als Kernzelle einer zunehmend völkischen Ausrichtung der Politik anzusehen ist. Er bestand aus etwa 40 nationalen Gruppierungen, gründete sich Ende März 1920 und bekannte sich zum „föderativen Reichsgedanken“ sowie „einer christlich-deutschvölkischen Weltanschauung“.[132] Er soll um die 50.000 Mitglieder umfasst haben und verband unter seinem Dach unter anderem den *Alldeutschen Verband*, die NSDAP, den *Bayerischen Heimat- und Königsbund* sowie den *Bund Bayern und Reich*.[133] Einigendes Moment war hauptsächlich die Gegnerschaft zum Kommunismus, welchen man als

127 Rede von Kahrs auf dem Landesparteitag der BVP am 2.05.1920, abgedruckt in: Landesparteitag der Bayerischen Volkspartei, in: BK 64,124 (3.05.1920), S. 1.

128 Vgl. Karl-Ulrich Gelberg/Ellen Latzin: Ordnungszelle Bayern, in: HLB (2007).

129 Ebd.

130 Vgl. Paul Hoser: Münchner Neueste Nachrichten, in: HLB (2006); Hans-Christof Kraus: Süddeutsche Monatshefte, in: Ebd.

131 Vgl. Karl Alexander von Müller: Im Wandel einer Welt. Erinnerungen Band Drei 1919–1932, München 1966, S. 134.

132 Hille: Revolutionen und Weltkriege (wie Anm. 60, S. 107), S. 94.

133 Vgl. Hans Fenske: Bayerischer Ordnungsblock (BOB), 1920–1923, in: HLB (2006).

permanente und übergroße Gefahr betrachtete,[134] weswegen man den *Ordnungsblock* auch zurecht als „überparteiliche Sammlungspolitik gegen den Bolschewismus“[135] bezeichnen kann. Bewusst suchte der *Ordnungsblock* sich bürgerlich und überparteilich darzustellen, obwohl man eine Zusammenarbeit mit der DDP ebenso wie mit der SPD bewusst ausschloss. Damit vertrat man klar nationale und antisozialistische sowie antiliberale Positionen. Einig war man sich zudem in der radikalen Ablehnung des Versailler Vertrages, womit auch innenpolitische Revisionsbestrebungen verknüpft waren.[136]

Die Richtung des Verbandes war also klar: Gegen die damalige demokratische Reichspolitik, insbesondere gegen die Politik der SPD, gegen eine Erfüllung des Versailler Vertrages, für eine stärkere föderalistische Gestaltung Deutschlands und für eine stärkere Gewichtung nationaler und/oder völkischer Elemente in der Politik. Somit kann man die Idee der Ordnungszelle Bayerns zwar nicht als völkische Idee einstufen, jedoch hingen ihr auch die Völkischen an und deren Ideen fanden nun ganz offiziell Einzug und Niederschlag in der bayerischen Landespolitik.

Im *Bayerischen Ordnungsblock* nahm der Ingenieur Paul Tafel (1872–1953),[137] Mitglied des *Alldeutschen Verbandes* und des DVSTBs, eine leitende Funktion wahr. Aufs engste verbunden war er dabei mit der BMP, für welche er bei der Reichstagswahl 1920 kandidierte.[138] Aber auch DVP und BVP trugen den *Bayerischen Ordnungsblock* mit und beriefen sich auf das Konzept der *Ordnungszelle Bayerns*. Wie bereits dargestellt (siehe das Kapitel *Die Thule-Gesellschaft*) wurde diese Rechts- und Ordnungsvorstellung maßgeblich durch das Schreckgespenst der Revolution, welches mit dem Geiselmord im Luitpoldgymnasium belegt wurde, begünstigt. Auf diese Weise konnten sich radikale völkische Kräfte wie die *Thule-Gesellschaft* oder der DVSTB als Garanten von Recht und Ordnung stilisieren und wurden zu legitimen Bündnispartnern bürgerlicher, konservativer und nationaler sowie christlicher Parteien.

Der *Bayerische Ordnungsblock*, welcher „Ordnung und Staatsautorität [...] ohne hinblick auf Parteien oder Staatsform auf nationaler und christlicher, deutschvölkischer Grundlage“[139] erstreben wollte und sich so bewusst die Option offen hielt, jenseits der parlamentarischen Demokratie zu agieren, konnte sich dabei auf prominente Persönlichkeiten der Münchner Gesellschaft stützen. So gehörten dem Führungskreis zu Beginn des Jahres 1920[140] neben dem Hygieniker Max

134 „Die Gefahr des Bolschewismus [...] wird drohender von Stunden zu Stunde.“ Aufruf *Die Zeitfreiwilligen-Verbände*, in: Münchner Studentendienst 1,2/3 (1920), S. 31. Zu finden auch bei: HANS FENSKE: Bayerischer Ordnungsblock (BOB), 1920–1923, in: HLB (2006).

135 HILLE: Revolutionen und Weltkriege (wie Anm. 60, S. 107), S. 94.

136 Vgl. GEYER: Verkehrte Welt (wie Anm. 28, S. 15), S. 115f.

137 Paul Tafel (1872–1953) gehörte zunächst der BMP an, war Mitbegründer der Deutschen Arbeiterpartei, der Vorläuferpartei der NSDAP, und eine entscheidende Kraft bei der *Großdeutschen Zeitung*, einem Ersatzprodukt des *Völkischen Beobachters*. Er war auch Vorsitzender des Bayerischen Industriellenverbandes und setzte sich für einen nationalen Rätestaat sein, welcher durch „deutschen Sozialismus“ und „deutsche Demokratie“ gekennzeichnet sein sollte. Vgl. PAUL TAFEL: Das neue Deutschland. Ein Rätestaat auf nationaler Grundlage, München 1920. Zu ihm siehe: LOHALM: Völkischer Radikalismus (wie Anm. 91, S. 112), S. 292; JUNGCURT: Alldeutscher Extremismus in der Weimarer Republik (wie Anm. 46, S. 105), S. 284f.

138 Vgl. LOHALM: Völkischer Radikalismus (wie Anm. 91, S. 112), S. 297.

139 „Ziele des Bayerischen Ordnungsblock“, Beilage eines Anschreibens der Bundesleitung des Bayerischen Ordnungsblocks an Kardinal Faulhaber vom 11.05.1920, EAM NL Faulhaber 7606.

140 Die im Folgenden genannten Personen ergeben sich aus der Unterschriftenliste eines Anschreibens der Bundesleitung des *Bayerischen Ordnungsblocks* an Kardinal Faulhaber vom 11.05.1920, EAM NL Faulhaber 7606.

von Gruber, dem Neurologen Wilhelm Kattwinkel (1866–1935) und dem Dermatologen Leo von Zumbusch (1874–1940), allesamt Universitätsprofessoren, auch der Fabrikbesitzer Eduard Dieminger (*1877), der völkische gesinnte evangelische Münchner Pfarrer Martin Joch (1865–1945),[141] der von Faulhaber geschätzte Franziskanerpater Polykarp Schmoll (1877–1958)[142] und der Schriftsteller Friedrich Freksa (1882–1955) sowie zahlreiche Militärs an. Zu letzteren zählten beispielsweise der Offizier German Böhm (1896–1942), welcher auch in die Fememorde in Bayern verstrickt war,[143] der Hauptmann und Journalist Otto von Haydebrek (1887–1959) und der Hauptmann Gottfried Schapper (*1888), welcher ab 1920 auch Mitglied der NSDAP und Funktionär mehrerer nationaler Organisationen war. Daneben gehörten zum Führungskreis des *Ordnungsblocks* auch Politiker der beteiligten Parteien. Für die BVP war beispielsweise Hauptmann Karl Schwend (1890–1968), der Hauptschriftleiter der Parteikorrespondenz und ein enger Vertrauter der Führungsriege der Partei vertreten. Für die DNVP/BMP übernahm unter anderem Oberstleutnant Eugen Trautmann (1875–1932) und für die DVP Kommerzienrat, Handelsrichter und Vorsitzender des Polytechnischen Vereins Max Jodlbauer (1860–1929)[144] diese Rolle.[145]

Kardinal Faulhaber tat auf Anfrage des Vereins in einem Brief seine Förderung und Unterstützung der Anliegen kund, wenngleich er sich öffentlich nicht zum *Bayerischen Ordnungsblock* bekennen wollte. Hierzu verwies er darauf, dass Politik und Religion getrennt bleiben sollten.[146]

Hieran wird bereits ersichtlich, wie unter den Begriffen „Recht und Ordnung" völkische Parolen und antisemitische Tendenzen die Münchner Gesellschaft durchzogen und bürgerliche, christliche, konservative und radikal-nationale Positionen unhinterfragt nebeneinander standen. Besonders die DNVP/BMP stellte diese völkischen Tendenzen ganz offen heraus. Jedoch machten sich auch andere bürgerlichen Parteien dieses Gedankengut zu eigen. Die bayerische DVP etwa beschäftigte sich auf dem Münchner Vertretertag 1920 offen mit dem Thema und bezog im völkischen Sinne klar Stellung gegen ostjüdische Zuwanderung.[147] Die BVP, welche in der bayerischen Staatsregierung maßgeblich mit der BMP zusammenarbeitet, erkannte ebenfalls die Relevanz der „Judenfrage" öffentlich an und würdigte den gemeinsamen Kampf gegen Marxismus und Internationalismus – trotz internationaler Grundhaltung und Ausrichtung der katholischen Kirche – positiv. So geschehen etwa durch den Landtagsabgeordneten und späteren Bundesminister Fritz Schäffer (1888–1967), der auch bewusst die NSDAP und ihre

141 Zu ihm vgl. MENSING: „Hitler hat eine göttliche Sendung" (wie Anm. 286, S. 95), S. 97f.

142 Zu ihm vgl. Polykarp Schmoll, in: Kritische Online-Edition der Tagebücher Michael Kardinal von Faulhabers (1911–1952) (wie Anm. 209, S. 84).

143 Vgl. ausführlich zu den Femenmorden: ULRIKE CLAUDIA HOFMANN: „Verräter verfallen der Feme!" Fememorde in Bayern in den zwanziger Jahren, Köln, Weimar und Wien 2000. Die Rolle Böhms wird auf S. 53f., 148 und 186 skizziert. Zu ihm siehe auch: MAX HIRSCHBERG: Jude und Demokrat. Erinnerungen eines Münchener Rechtsanwalts; 1883 bis 1939 (Biographische Quellen zur Zeitgeschichte 20), München 1998, S. 197.

144 Vgl. MORSEY: Fritz Gerlich (1883–1934) (wie Anm. 104, S. 68), S. 60.

145 Die aufgelisteten Personen sind der Unterschriftenliste des Anschreiben der Bundesleitung des *Bayerischen Ordnungsblocks* an Kardinal Faulhaber vom 11.05.1920, EAM NL Faulhaber 7606 entnommen.

146 Vgl. Antwort Kardinal Faulhabers an den *Bayerischen Ordnungsblock* vom 21.05.1920, EAM NL Faulhaber 7606.

147 Vgl. LOHALM: Völkischer Radikalismus (wie Anm. 91, S. 112), S. 199.

Einstellung rechtfertigte.[148] Insofern ist der These des Historikers Martin Geyer bezüglich der Anknüpfung bürgerlicher Parteien an die neue völkische Bewegung auf Basis des „Revolutionstraumas" nur zuzustimmen: „Gerade in [...] der Bekämpfung des Marxismus, wähnte man sich ähnlich wie die Mittelpartei und die Volkspartei mit der neuen Bewegung einig."[149]

Besonders ausgeprägt war diese Nähe zu völkischem Gedankengut bei der bereits im Dezember 1918 in Franken gegründeten BMP. Mit vielen Völkischen teilte man die klare Stellung gegen Sozialismus, Bolschewismus und Großkapital. Gerade zu Beginn besaß die Partei einen starken völkischen-antisemitischen Einschlag, welcher sich durch den Anschluss des *Deutschnationalen Volksvereins Münchens* im November 1919 noch verstärkte[150] – dann jedoch durch die Verbindung mit der DNVP 1920 wieder milderte.[151] Die Ortsgruppe München umfasste zu Beginn des Jahres 1920 ungefähr 2500 Mitglieder und hatte erheblichen Einfluss, da sie ungefähr ein Viertel der BMP ausmachte.[152] Ab Mitte 1920 stellte sie bis 1932, mit kurzer Unterbrechung im Jahr 1921, den bayerischen Justizminister. Zunächst von Juli 1920 bis September 1921 Christian Roth (1873–1934)[153] und dann ab August 1922 Franz Gürtner (1881–1941). Daneben war Oberst von Xylander (1872–1946)[154] eine prägende Persönlichkeit der Partei, die er nach Span-

148 Aus der Rede Schäffers im Bayerischen Landtag am 21.11.1922: „wir haben [...] antisemitische Bewegungen in unserem deutschen Vaterlande schon immer gehabt [...] und wir wären Toren, wenn wir über der Verallgemeinerung, über der bewußten Ungerechtigkeit, die in der antisemitischen Propaganda steckt und die wir verurteilen, die Frage vergessen würden, ob eine geistige Frage wirklich besteht und ob es mit polizeilicher Gewalt verhindert werden kann, daß an diese geistige Frage gerührt wird. Die Judenfrage ist so alt wie unsere Kultur, sie ist älter wie unsere Kultur. [...] Es ist das Erstaunen [...] darüber, daß in ihren eigenen Reihen ein fremdes Volk lebt, ein Volk, überall zu finden und nirgends daheim. Ein Volk, das sich nie vermischt und vermengt mit dem Volke in dem es lebt, das sehr häufig wirtschaftlich die vorherrschende Stellung erringt und damit auch geistig, kulturell, politisch von maßgebendem Einfluss wird. [...] Und wer wird es nicht verstehen, daß in unserer Zeit [...] der Gedanke keimt im ganzen deutschen Volke, daß der Irrglaube an die Internationale, an den internationalen Marxismus ein Verrat am deutschen vaterländischen Gedanken gewesen ist und daß aus diesem Verrat eine furchtbare Saat aufgegangen ist für das deutsche Volk? [...] Wer will es da nicht verstehen, daß gerade hieraus eine junge Bewegung ersteht, die als besonderes Charakteristikum die antimarxistische Note hat?" BAYERISCHER LANDTAG: Verhandlungen des bayerischen Landtages. III. Tagung 1922/23. Stenographische Berichte Nr. 144 bis 179, München 1922/23, S. 175–182, hier: v. a. S. 181.

149 GEYER: Verkehrte Welt (wie Anm. 28, S. 15), S. 283f.

150 Vgl. FLUGBLATT: Bayerisches Volk! Wach auf!, 1919, URL: https://epub.ub.uni-muenchen.de/10716/ (besucht am 27. 02. 2021).

151 Vgl. ELINA KIISKINEN: Die Deutschnationale Volkspartei in Bayern (Bayerische Mittelpartei) in der Regierungspolitik des Freistaats während der Weimarer Zeit (Schriftenreihe zur bayerischen Landesgeschichte 145), München 2005, S. 45–48.

152 Vgl. EBD., S. 65.

153 Christian Roth (1873–1934), Evangelischer Jurist und Beamter im bayerischen Staatsdienst, war 1919 an der Gründung der Münchner Einwohnerwehr beteiligt und ab 1920 für verschiedene rechtsnationale und völkische Parteien im Land- und Reichstag. 1923 war er Geschäftsführer der *Arbeitsgemeinschaft der Vaterländischen Kampfverbände* und nahm am Hitlerputsch teil. Zu ihm vgl. THOMAS SCHLEMMER: Roth, Christian, in: NDB 22 (2005), S. 110.

154 Rudolf von Xylander (1872–1946) stammte aus einer bayerischen Offiziersfamilie, schlug ebenfalls die Offizierslaufbahn ein, kam 1910 zum Generalstab nach Berlin und nahm in verschiedenen Funktionen am 1. Weltkrieg teil. Im Anschluss war er Teil der Friedenskommission sowie Leiter der Saar-Abgrenzungskommission, von welcher er jedoch abberufen wurde. Im September 1921 wurde er mit seiner Beförderung zum Oberst in den Ruhestand versetzt. Nach dem Krieg betätigte er sich in der *völkischen Bewegung* sowie in verschiedenen Parteien, zunächst der BMP, ab 1922

nungen mit der DNVP jedoch im November 1922 mit einer Münchner Gruppe verließ, um die völkischen Ziele auch politisch und nicht lediglich rhetorisch zu verwirklichen. Diese Gruppe gründete zunächst die *Deutschvölkische Freiheitspartei*, welche den *völkischen Rechtsblock* in Bayern sowie zahlreiche Mitglieder des DVSTBs an sich band. Ab 1923 stand man in engem Austausch und in Zusammenarbeit mit der NSDAP, welcher man den süddeutschen Raum überließ und daher in München keine nennenswerte Relevanz mehr hatte. Nach dem Verbot der NSDAP war Xylander dann 1924 maßgeblich an der Gründung des *völkischen Blocks* beteiligt, der alle völkisch gesinnten Kräfte einigen wollte. Das Konzept schien zunächst aufzugehen. Der *völkische Block* konnte im April 1924 die BMP bei den Landtagswahlen mit 17,1% der Stimmen deutlich überflügeln und wurde in München bei den Reichstagswahlen im Mai mit circa 80.000 Stimmen sogar mit Abstand stärkste Partei. Bis Dezember verlor der *völkische Block* jedoch rasch wieder an Einfluss und wurde bei den nächsten Reichstagswahlen in München mit ungefähr 30.000 Stimmen nur noch viertstärkste Kraft.[155]

Wie weit der politische Einfluss der rund um den *Ordnungsblock* agierenden Kräfte reichte, lässt sich etwa angesichts einer reichsweiten Demonstration vaterländischer Organisationen gegen den Versailler Friedensvertrag sowie gegen die Kriegsschuldlüge im Juni 1922 erahnen. In München beteiligten sich an dieser Massenkundgebung die *Deutsche Arbeitsgemeinschaft für Wahrheit, Recht und Ehre*, der *Bayerische Bürgerblock*, der *Bayerische Kriegerbund*, der *Bayerische Ordnungsblock*, der *Bund Bayern und Reich*, der *Verband nationalgesinnter Soldaten*, der *Frontkriegerbund*, der HdA, die *Interessengemeinschaft ehemaliger Heeres- und Marineangehöriger*, der *Reichsbund der Kriegsteilnehmerverbände deutscher Hochschulen*, die *Nationale Einheitsfront* sowie weitere Verbände. SPD und linke Kräfte riefen zu Gegendemonstrationen zum Schutz der Republik auf, nachdem zuvor rechte Kreise am 4. Juni 1922 ein Attentat auf den ehemaligen Reichskanzler Philipp Scheidemann (1865–1939) verübt und den Zentrumsabgeordneten und ehemaligen Finanzminister Matthias Erzberger (1875–1921) sowie am 24. Juni 1922 den Außenminister Walther Rathenau (1867–1922) ermordet hatten. Aus sozialdemokratischer Perspektive befürchtete man, wohl vollkommen zurecht, einen gewaltsamen Staatsstreich rechter Kräfte. Neben der breiten Beteiligung an dieser Demonstration wird der Einfluss des *Ordnungsblocks* aus einem Schreiben des bayerischen Innenministers von Juni 1922 deutlich. Hierin äußerte der BVP-Politiker und überzeugte Katholik Franz Xaver Schweyer (1868–1935)[156] – welcher übrigens bereits 1922 drastische Maßnahmen wie die Ausweisung Adolf Hitlers verhängen wollte – sich bezüglich der anstehenden Demonstration. Trotz der zu erwartenden Auseinandersetzungen wies Schweyer die Exekutivorgane des Staates lediglich an jegliche Gewalt von linker Seite zu verhindern,

---

der Deutschvölkischen Freiheitspartei und 1924 war er Mitbegründer des *völkischen Blocks*. Zu ihm vgl. ALBERT THIEL/MATTHIAS REINERT: Xylander, Rudolf Ritter von, 2007, URL: http://bundesarchiv.de/aktenreichskanzlei/1919-1933/0000/adr/getPPN/116943157/ (besucht am 05.12.2020).

155 Vgl. zum gesamten Absatz BREUER: Die Völkischen in Deutschland (wie Anm. 31, S. 103), S. 181–184. Siehe auch Abbildung *Wahlergebnisse in München und Bayern (1912–1933)* auf S. 23.

156 Franz Xaver Schweyer (1868–1935) war seit 1898 im bayerischen Staatsdienst, 1920 dann Staatssekretär und 1921 Minister im Innenministerium. 1924 fiel er den Vorbehalten der BMP ihm gegenüber zum Opfer und wurde darauf Aufsichtsratsvorsitzender der bayerischen Großkraftwerke. Zu ihm vgl. THOMAS SCHLEMMER: Schweyer, Franz, in: NDB 24 (2010), S. 82f.; PETER CHRISTOPH DÜREN: Minister und Märtyrer. Der bayerische Innenminister Franz Xaver Schweyer (1868–1935), Augsburg 2015.

wohingegen er statuierte, dass „irgendwelche Gewaltbewegung [der Rechtsorganisationen ...] nicht anzunehmen [sei]“.[157] Hieran wird deutlich, dass er ein einseitiges Vorgehen der Polizei gegen linke Demonstranten begrüßte, sich dagegen mit Agitationen gegen die eigenen Verbündeten nicht anfreunden konnte. Dieses Agieren lässt sich quasi durchgängig in der Phase der *Ordnungszelle Bayern* beobachten. Exponenten waren hier – mehr noch als Schweyer – die Justizminister der BMP – Roth und Gürtner – sowie der Münchner Polizeipräsident Ernst Pöhner. An der Kundgebung selbst, welche von der Polizei im Nachgang, ganz im Gegensatz zu den Gegendemonstrationen, als unpolitisch und überaus friedlich charakterisiert wurde, nahmen wohl zwischen 40.000 bis 50.0000 Personen teil.[158] Die Folge der polizeilichen Handlungen am 28. Juni war dann jedoch eine Anfrage des Münchner Stadtrats (auf Antrag der KPD) an die Staatsregierung bezüglich ausufernder polizeilicher Gewalt gegen die republikanischen und linken Demonstranten und ob die Regierung diesbezüglich gedenke, gegen einzelne Beamte tätig zu werden oder gar Monarchisten aus dem Staatsdienst zu entfernen.[159] Eine aktive Auseinandersetzung mit diesen Vorwürfen unterblieb, da man sich die Auffassung der Polizei und rechter Kräfte zu eigen machte, dass die Gegendemonstranten bewusst provozierend aufgetreten seien. Große Zustimmung für diese Agitation erhielt man hierfür aus der konservativen Presse,[160] während sich die sozialdemokratische Presse über dieses rechtswidrige Vorgehen erfolglos echauffierte.[161]

Insgesamt war dieser Aufschwung völkischer Ideen in München also relativ breit sowie heterogen aufgestellt und erfasste Personenkreise auch aus den traditionell katholischen Parteien. Besonders erfolgreich konnte die völkische Bewegung jedoch weiterhin bei ihrem alten Stammklientel, in evangelischen Kreisen, anknüpfen. So waren führende Deutschvölkische wie beispielsweise der Verleger Julius Friedrich Lehmann und dessen Schwiegersohn der Veterinärmediziner und Führer des *Bundes Oberland* Friedrich Weber (1892–1955),[162] der Hygienikprofessor Max von Gruber, der Publizist und Leiter des *Heimatdienstes Bayern* Karl Graf von Bothmer (1881–1947) sowie General Ludendorff Mitglieder der evangelischen Gemeinde Münchens. Auch der evangelische national-konservative Monarchist Pfarrer Gottfried Traub (1869–1956), einer der designierten Minister

157 Anschreiben des Innenministerium (gez. Dr. Schweyer) an Regierungspräsidenten, Polizeipräsident von München und den Vorstand des Staatspolizeiamtes Nürnberg-Fürth vom 22.06.1922, BayHStA MInn 71712.

158 Vgl. Bericht der Polizeidirektion vom 07.07.1922 über die Kundgebung auf dem Königsplatz vom 28.06.1922 an das Innenministerium, BayHStA MInn 71712.

159 Vgl. Anschreiben des 1. Bürgermeister der Stadt München (Eduard Schmid (1842–1906)) an Innenminister Schweyer vom 04.07.1922, BayHStA MInn 71712.

160 Vgl. O.A.: Kundgebung auf Königsplatz – Umsturz oder Schutz der Verfassung, in: MNN 75,269 (30.06.1922), S. 3.

161 O.A.: Kundgebung auf Königsplatz um 16.8 – Der schlecht informierte Minister, in: MP 36,182 (7.08.1922), S. 2.

162 Friedrich Weber (1892–1955) studierte ab 1912 Tiermedizin in München, gehörte dem Wandervogel an, wo er seine künftige Frau Mathilde, die Tochter des antisemitischen Verlegers Julius Lehmann, kennenlernte. Nach dem Krieg engagierte er sich bei paramilitärischen Aktionen insbesondere beim *Bund Oberland*, dessen Bundesleiter er 1922 wurde, und hatte über den Schwiegervater Kontakt in diverse rechtsradikale Gruppierungen u. a. auch zur NSDAP. Nach dem Hitlerputsch wurde er als einer der Hauptschuldigen zu fünf Jahren Festungshaft verurteilt. Später wurde er Reichsführer der Deutschen Tierärzte und Ministerialdirektor. Vgl. RALF FASTNER: 'Reichsärzteführer' Dr. Friedrich Weber. Freikorpskämpfer, 'Blutordensträger', Karrierist, in: MARITA KRAUSS (Hg.): Rechte Karrieren in München. Von der Weimarer Zeit bis in die Nachkriegsjahre, München 2010, S. 115–132.

des Kapp-Lüttwitz Putsches, lebte ab 1921 in München und gab dort neben der *München Augsburger Abendzeitung* (MAA) die *Eisernen Blätter* – beides Organe der national-konservativen Elite – heraus. Insgesamt wies die evangelische Kirche Münchens eine starke Nähe zu völkischem Gedankengut und seinen Vertretern auf. Beispielsweise hielten die Pfarrer der Matthäus-Kirche Friedrich Langenfaß (1880–1965) und Martin Joch (1865–1945) im Februar 1921 eine Veranstaltung zum Thema „Der Christ und der Antisemitismus“ ab.[163] Auf dieser wurde zwar dem antisemitischen Rassismus widersprochen, zugleich aber durch den Vorsitzenden des DVSTBs – Justizrat Willibald Zezschwitz (1876–1948) – für diesen geworben und zahlreiche antisemitische Klischees als berechtigt dargestellt.[164] Auch im evangelischen Gemeindeblatt Münchens konnte der evangelische Historiker und Pfarrer Björn Mensing einen Einfluss von antisemitischem und völkischem Gedankengut nachweisen.[165]

Daneben waren auch Katholiken in völkischen Kreisen bestens vernetzt und gehörten in München zu ihren führenden Kräften. Schon für die Vorkriegszeit konnte der amerikanische Historiker Derek Hastings nachweisen, dass unter Münchens Reformkatholiken nationalistische, anti-ultramontane und zentrumsfeindliche Rhetorik stark verbreitet war und dass in deren Mitte unter anderem die *Krausgesellschaft* und Zeitschriften wie *Das 20. Jahrhundert* und *Das Hochland* standen.[166] Nach dem Krieg griffen völkische Katholiken große Teile dieses Gedankenguts auf und verstanden sich in dieser Tradition stehend. So rechnete sich auch der führende religiöse Autor des *Völkischen Beobachters*, Alfred Miller (*1897),[167] ebenso wie der Redakteur des VB, Hansjörg Maurer (1891–1959),[168]

163 Vgl. BJÖRN MENSING: Pfarrer und Nationalsozialismus. Geschichte einer Verstrickung am Beispiel der Evangelisch-Lutherischen Kirche in Bayern (Arbeiten zur Kirchlichen Zeitgeschichte B 26), Göttingen 1998, S. 73f.

164 Vgl. EBD., S. 74.

165 Vgl. MENSING: „Hitler hat eine göttliche Sendung“ (wie Anm. 286, S. 95), S. 97f.

166 Vgl. HASTINGS: Catholicism and the roots of Nazism (wie Anm. 30, S. 16), S. 26–30. Diese antiultramontane und zentrumskritische Haltung wird auch durch Zeitzeugen, wie den Theologiestudenten Joseph Bernhart (1881–1969), bestätigt. Vgl. MANFRED WEITLAUFF (Hg.): Joseph Bernhart. Erinnerungen 1881–1930, Weißenhorn 1992, S. 197–200. Hastings jedoch sieht die Reformkatholiken hierbei bereits klar völkisches Gedankengut vertreten und ignoriert liberale und demokratische Tendenzen in diesen Kreisen. Eine präzisere Ergänzung zur Krausgesellschaft und in ihrem Umfeld erscheinenden Zeitschriften bietet diesbezüglich dann die Darstellung HAUSTEIN: Liberal-katholische Publizistik im späten Kaiserreich (wie Anm. 87, S. 33). Zu den liberalen Tendenzen siehe v. a. S. 222f.

167 Alfred Miller (*1897), gebürtiger Ulmer, wurde noch in der Schulzeit Mitglied des katholischen Quickborn, studierte ab Februar 1919 Tiermedizin sowie Philosophie an der LMU, gehörte hier dem Hochlandverband an und engagierte sich in völkischen Kreisen. Im VB veröffentlichte er vielfach zu religiösen Themen, wandte sich dabei jedoch zunehmend vom Katholizismus ab und einer nordisch-germanischen Religion zu.

168 Hansjörg Maurer (1891–1959) studierte nach seinem Schulbesuch bei den Benediktinern in Metten in München und, nach seinem Kriegseinsatz, in Berlin, bevor er 1920 nach München zurückkehrte. Hier schloss er sich dem DVSTB an und war ab Mai 1920 Autor sowie vorübergehend Chefredakteur beim VB. In dieser Zeit bekannte er sich zum Altkatholizismus, wandte sich jedoch in den 1930ern wieder dem Katholizismus zu und 1926 von NSDAP und VB aus nicht genau geklärten Gründen ab, um in den 1930er Jahren Gegner des Nationalsozialismus zu werden. Zu ihm vgl. WINFRIED SCHMIDT (Hg.): ... war gegen den Führer äußerst frech ... Der Chefredakteur und nachmalige Tierarzt Hansjörg Maurer und seine Würzburger politischen Tagebuchblätter aus den Jahren 1936 und 1937, Karlstadt 1999; HASTINGS: Catholicism and the roots of Nazism (wie Anm. 30, S. 16), S. 86–102.

diesen Kreisen zu.[169] Noch nach seiner Abwendung vom Katholizismus widmete Miller eines seiner Werke seinem „hochverehrten Lehrer und väterlichen Freund Herrn Univ. Prof. Dr. J.[oseph] Schnitzer“, einer der Hauptpersonen der deutschen Modernismuskontroverse.[170] Anti-Ultramontanismus, die Zuwendung zum Nationalen und die Abwendung von den katholischen Parteien können somit als Einfallstor für völkisches Gedankengut betrachtet werden. Die reformerische Gesinnung dagegen, welche Schnittmengen zu diesen Haltungen aufwies, war für eine völkische Grundeinstellung nicht entscheidend. Daher kann es nicht verwundern, wenn Miller den anti-ultramontanen Reichsverband dafür kritisierte nicht klar genug antisemitische Positionen zu beziehen.[171]

Die Gegnerschaft gegen den Ultramontanismus und den politischen Katholizismus findet sich auch im *Münchener/Völkischen Beobachter* und in der im Dezember 1918 vom katholischen Publizisten Dietrich Eckart herausgegebenen Zeitschrift *Auf gut Deutsch* wieder. Hier veröffentlichten ähnliche Autoren wie in den zuvor genannten Zeitschriften. Einige dieser Autoren wandten sich im Laufe der Zeit von ihren katholischen Milieuparteien oder -vereinigungen ab und stärker nationalen Parteien und Vereinigungen zu. Zu ihnen gehörte auch Dietrich Eckart, der 1919 die BVP verließ, als diese auf größere Distanz zum Antisemitismus ging und sich den demokratischen Parteien sowie der SPD zuwandte, mit welchen man dann auch ein Regierungsbündnis knüpfte. Organisatorisch spiegelt sich das Abrücken katholischer Personengruppen vom Parlamentarismus der Weimarer Republik bei gleichzeitiger Zuwendung zu national-konservativen und teils völkischem Gedankengut in der Gründung des *Katholikenausschuss in der DNVP* im November 1920 wieder. Den Anschluss an die DNVP begründete der Leiter des reichsweiten Ausschusses, der westfälische Katholik Engelberg Freiherr von Landsberg-Velen und Steinfurt, gegenüber dem Episkopat mit folgenden Worten:

> „Unser unumwundenes Bekenntnis zur monarchistischen Staatsverfassung mußte uns der Deutsch-Nationalen Volkspartei zuweisen und trennt uns vom jetzigen Zentrum [...]. Wir können uns nicht für eine auch nur teilweise Auslieferung der Regierungsgewalt an eine Partei einsetzen, welche den Ausgang jeder Gewalt von Gott leugnet und statt dessen die verhängnisvolle Irrlehre von der Volkssouveränität verkündet. [...] Reich und Staaten der Willkürherrschaft und der Korruption der Linken aussetzte. [...] Insbesondere glauben wir auch ihr [der DNVP] als Katholiken volles Vertrauen entgegenbringen zu können, da nur ein durch parteipolitische Voreingenommenheit getrübtes Urteil diese junge Partei mit dem Erbe kulturkämpferischer Tendenzen belasten kann. [...] In den internationalen Ideengängen eines gottentfremdeten Rationalismus erblicken wir dagegen keine dauernde Sicherung für unsere Rechte oder gar für den Weltfrieden, vielmehr sehen wir die wichtigste politische Aufgabe der Gegenwart in der Wachhaltung und Wiedererweckung des christlich geläuterten nationalen Gedankens, besonders in dem vom Sozialismus betörten breiten Volksmassen. Diese Aufgabe zeichnet uns zugleich unsere Stellung zur Judenfrage vor. Bei voller Wahrung des Gebotes der christlichen Nächstenliebe, welches niemanden ausschließt, sind wir nicht gewillt, einem uns wesensfremden und international gesinnten Gastvolke einen weit über seine Zahl hinausgehenden, geheimen oder öffentlichen politischen Einfluß zuzugestehen, der unsere kulturelle Selbstbestimmung gefährdet und erfahrungsgemäß keineswegs in der Richtung christlicher Volserziehung [sic!] wirkt. Die Nöte und Sorgen unserer katholischen Glaubensgenossen in außerdeutschen Ländern sind uns nicht fremd. Höher aber als die Interessen der Bevölkerung irgend eines frem-

169 Vgl. etwa ALFRED MILLER: Anti-ultramontaner Reichsverband und Freimaurerei, in: VB 35,80 (22.10.1921), S. 2f.

170 ALFRED MILLER: Völkerentartung unter dem Kreuz. Der abendländische Geistespolyp als Fluch der Welt, 2. Aufl., Leipzig 1936, S. III.

171 Vgl. ALFRED MILLER: Anti-ultramontaner Reichsverband und Freimaurerei, in: VB 35,80 (22.10.1921), S. 2f.

> den Landes, stehen uns die Gesamtinteressen des eigenen Volkes, sodaß wir unsere Stellungnahme zu den Fragen der äußeren Politik nicht von konfessionellen Erwägungen abhängig machen können.“[172]

Bereits in diesen wenigen Zeilen wird der antisemitische Einschlag sowie die Orientierung am Volk als oberstem Leitmotiv dieser nationalkonservativen Katholiken deutlich. Für ein Wiedererstarken Deutschlands und des eigenen Volkes setzte man auf eine christliche Erziehung und suchte Glaubenselemente zu stärken sowie kulturkämpferische Tendenzen zu eliminieren. Konfessionelle Erwägungen dagegen wurden als sekundär angesehen und stattdessen eine Orientierung an den Interessen des eigenen Volkes als primäres Ziel ausgemacht. Außerdem wird die antidemokratische und restaurative Haltung deutlich herausgestellt, welche sich nach einer göttlichen Autorität (zurück-)sehnt und sich (zumindest in diesem Anschreiben) deutlich für die Monarchie und einen Gottesbezug in der Verfassung ausspricht. Daneben wurde eine Kooperation mit sozialdemokratischen Parteien vehement abgelehnt. Somit waren in diesen Zeilen die entscheidenden Kritikpunkte konservativer katholischer Kräfte am *Zentrum* benannt: die Abwendung von der alten Staatsform, die pragmatische Zusammenarbeit mit Liberalen und Sozialdemokraten und die auf Kompromissen und realistischen Erwägungen basierende Zustimmung zu Verträgen und Gesetzen, welche den Interessen der Christen und des deutschen Volkes vermeintlich entgegenliefen, wie beispielsweise die Annahme einer Verfassung ohne Gottesbezug oder der Zustimmung zum Versailler Vertrag. Im *Reichskatholikenausschuss der DNVP* sammelten sich also Katholiken, welche sich der Kirche teils aufs engste verpflichtet fühlten und nicht zuletzt auf dieser Basis ihre Beweggründe auch dem Episkopat darlegten, die sich jedoch zugleich völkischen Positionen zuneigten und für das Agieren des katholischen Milieus und seiner Parteien nur wenig Verständnis aufbringen konnten. Der implizierte Vorwurf an die katholischen Parteien sowie die Regierungsparteien, das Vaterland verraten zu haben, war nicht neu und fand sich bereits 1919 in einem Plakat des antisemitischen *Deutschnationalen Volksvereins München*.[173]

Ein bedeutender Verfechter der rechtskatholischen Richtung in München war der Publizist und Historiker Max Buchner, (1881–1941)[174] der Herausgeber der *Gelben Hefte*. Er stand der bayerischen Abteilung des *Reichskatholikenausschuss der DNVP* vor, welche sich im April 1920 gegründet hatte. Besondere Wirkung entfaltete daneben der 1921 auf dem Parteitag der DNVP in München bekanntgegebene Übertritt des bekannten Zentrumspolitikers und bestens vernetzten Martin

---

172 Freiherr Landsberg Steinfurt (1. Vors. des Reichs-Ausschusses der Katholiken in der DNVP, Berlin) an Kardinal Faulhaber vom 10.11.1920, EAM NL Faulhaber 7603.

173 Vgl. FLUGBLATT: Bayerisches Volk! Wach auf! (wie Anm. 150, S. 121).

174 Max Buchner (1881–1941) war, nach seiner Habilitation 1911, in München als außerordentlicher Professor und Publizist tätig. Ab 1924 gab er das Nachfolgeorgan der HpBl, die *Gelben Hefte*, heraus. 1926 wurde er schließlich Professor in Würzburg, 1936 in München. Politisch setzte er sich für die Monarchie unter preußischer Führung ein. Er war Mitglied des DVSTBs sowie der katholischen Studentenverbindung *Aenania* München. Zu ihm vgl. JENS FLEMMING: „Vollprozentige Katholiken und Deutsche!“ Max Buchner, die Gelben Hefte und der Rechtskatholizismus zwischen Demokratie und Diktatur, in: MICHEL GRUNEWALD/UWE PUSCHNER (Hg.): Le milieu intellectuel catholique en Allemagne, sa presse et ses réseaux (1871–1963). Das katholische Intellektuellenmilieu in Deutschland, seine Presse und seine Netzwerke (1871–1963) (Convergences 40), Bern u. a. 2006, S. 363–394; CHRISTOPH HÜBNER: Ein bayerischer Vertreter des Weimarer „Rechtskatholizismus“. Max Buchner als Historiker, Politiker und Publizist in München und Würzburg (1919–1933), in: Jahrbuch für fränkische Landesforschung 66 (2006), S. 441–461; JÜRGEN STEINLE: Max Buchner und die Gelben Hefte in der Weimarer Republik, in: Historisches Jahrbuch 113 (1993), S. 427–446.

Spahn (1875–1945). In der Folge schlossen sich vermehrt junge katholische Intellektuelle sowie Adelige dieser Abkehr vom *Zentrum* an und fanden in nationalkonservativen Parteien wie der DNVP eine neue politische Heimat.[175]

Spätestens mit dem Hitlerputsch vom 8./9. November 1923 wurde jedoch deutlich, dass das Konzept der *Ordnungszelle Bayern* gescheitert war. Die Maßnahmen der national-konservativen bayerischen Regierung hatten keinesfalls für Ruhe und Ordnung gesorgt, sondern in Bayern revolutionäre Kräfte von rechts toleriert und begünstigt, die nun umso gefährlicher auf den Bestand von Ruhe und Ordnung wirkten. Auch die erstrebte bayerische Geschlossenheit und Einigkeit konnte weder im bürgerlichen noch im nationalen Sinne, geschweige denn gesamtgesellschaftlich, erreicht werden.[176] Der *Bayerische Ordnungsblock* dagegen hat maßgeblich zur Bündelung und Förderung rechter Kräfte beigetragen, welche ab 1922 erfolgreich begannen sich auch jenseits und teils in Opposition zur Politik des *Ordnungsblockes* zu politisieren. Als entscheidende Etappen könnte man hier das Erstarken der NSDAP, welches spätestens auf dem Deutschen Tag 1922 in Coburg offenkundig wurde, oder das Hervorgehen der *Vereinigten Vaterländischen Verbände* aus dem *Ordnungsblock* Ende 1922 benennen.[177] Dem *Ordnungsblock* kam in der Folge dann keine nennenswerte Bedeutung mehr zu. Durch Vorträge, Propaganda, Veranstaltungen (z. B. Deutsche Feiern) und Vernetzung hatte er allerdings seinen Anteil geleistet, um die Politik im völkischen Sinne zu prägen, die endgültige Auflösung der Einwohnerwehren zu verhindern und extremstes Gedankengut in die Mitte der Gesellschaft zu tragen.[178]

Die breite gemeinsame Interaktion von Kirchen, Deutschnationalen, Monarchisten, Separatisten und Deutschvölkischen im *Ordnungsblock*, welche sich auf die Gewährung von Ruhe und Ordnung sowie die Orientierung an einer Politik im Sinne der Volksgemeinschaft fokussierte, forcierte daneben eine weitgehende Ablehnung der damaligen Gestalt der Weimarer Republik. Es verwundert daher nicht, wenn „die zentralen Schaltstellen in Polizei, Verwaltung und Militär [...] neu besetzt wurden".[179] Trotz dieses völkischen Interessen zuneigenden und breit aufgestellten Bündnisses aus regierenden Parteien, deutschnationalen Kräften und Einwohnerwehren, lässt sich eine völkische Politik jedoch nur an wenigen konkreten politischen Maßnahmen festmachen. Dies lag wohl nicht zuletzt daran, dass zahlreiche der geforderten völkischen politischen Maßnahmen nicht in der Kompetenz der bayerischen Landesregierung lagen, sondern höchstens auf Reichsebene oder in Aushandlung mit den Vertragspartnern des Versailler Vertrages in Angriff genommen werden konnten. Daneben dürfte eine Rolle gespielt haben, dass man wohl fürchtete, mit radikalen völkischen Maßnahmen, beispielsweise gegen ausländische Minderheiten, potentielle Wählergruppen zu verschrecken.[180] Daneben bestand in der praktischen Umsetzung zahlreicher nationaler Ideen keineswegs Einigkeit, sondern vielmehr oftmals nur ein Minimalkonsens. So

175 Vgl. „Was hat uns Katholiken zum Anschluß an die Deutschnationale Volkspartei geführt?", in: Blätter der Bayerischen Mittelpartei 4,10 (4.02.1922), S. 1; LARRY EUGENE JONES: Catholics on the Right. The Reich Catholic Committee of the German National People's Party, 1920–33, in: Historisches Jahrbuch 126 (2006), S. 221–268, hier: S. 233–235; GABRIELE CLEMENS: Rechtskatholizismus zwischen den Weltkriegen, in: ALBRECHT LANGNER (Hg.): Katholizismus, nationaler Gedanke und Europa seit 1800 (Beiträge zur Katholizismusforschung / B), Paderborn u. a. 1985, S. 111–130, hier: S. 123f.

176 Vgl. KARL-ULRICH GELBERG/ELLEN LATZIN: Ordnungszelle Bayern, in: HLB (2007).

177 Vgl. HANS FENSKE: Bayerischer Ordnungsblock (BOB), 1920–1923, in: HLB (2006).

178 Vgl. EBD.

179 KARL: Die Münchener Räterepublik (wie Anm. 17, S. 53), S. 255.

180 Vgl. BREUER: Die Völkischen in Deutschland (wie Anm. 31, S. 103), S. 183.

war das „System der Ordnungszelle ein vielschichtiges und labiles Gebilde, dessen rivalisierende Träger eine beachtliche Eigendynamik entfalteten. Die Hauptrollen übernahmen neben Kahr, dem Wehrkreiskommando VII, der BVP und dem Polizeiapparat, der Ludendorff-Kreis sowie die *Organisationen Escherich (Orgesch), Kanzler (Orka)* und *Pittinger*. Eher an der Peripherie waren dagegen zunächst die nationalrevolutionären Gruppen und die NSDAP angesiedelt."[181] Somit reichte die Sehnsucht nach Vergemeinschaftung zwar zur Errichtung verschiedener neuer Vergemeinschaftungsformen und Bündnisse aus, diese wiesen jedoch stets nur eine geringe Homogenität auf. Völkische und rassische Engführungen der Vergemeinschaftungsidee trugen vielmehr das ihre dazu bei, den Anspruch auf Ganzheit in Frage zu stellen und im rationalen Gegensatz zur eigentlichen Zielrichtung, einer Ausrichtung auf Exklusivität, Vorschub zu leisten.[182] Dennoch suchte die völkische Ideologie einen rationalen Anspruch geltend zu machen und diente so als „Ergänzungs- und Vertiefungsideologie"[183] für die auftauchenden Brüche in den Denksystemen einer heterogenen und sich schneller verändernden Gesellschaft.

Die tragenden Parteien des *Ordnungsblock*, die DVP, BVP und BMP beschränkten sich aus den skizzierten Gründen dabei zumeist auf eine rhetorische Nähe zu völkischen Kräften und duldeten deren teils rechtswidrigen Agitationen innerhalb Bayerns. Hierbei stach insbesondere die BMP hervor, welche eine große personelle Schnittmenge mit *Alldeutschen* und DVSTB aufwies, jedoch auch von vielen völkischen Kräften als zu inkonsequent wahrgenommen wurde. Auf dieser Basis suchten radikale völkische Kräfte bald explizit nach neuen politischen Verwirklichungsmöglichkeiten. Hierbei spielten neue explizit völkische, beziehungsweise national-radikale Parteien wie die NSDAP, aber auch die ins Illegale abwandernden Einwohnerwehren eine große Rolle.

1.2 Die neuen (para-)militärischen Verbände

Die Einwohnerwehren und Freiwilligenverbände, welche sich bereits in den Revolutionstagen bildeten, erfuhren in München nach dem Ende der Räterepublik insbesondere im Bürgertum und unter Studenten große Unterstützung.[184] Sie wuchsen in Bayern rasch auf einen Mitgliederbestand von nahezu 300.000 (März 1920) an und hatten zu Hochzeiten – kurz vor der offiziellen Auflösung im Juli 1921 – über 350.000 Mitglieder.[185] Auch in München hatten die Einwohnerwehren bereits im Januar 1920 über 20.000 und im Juli 1921 ungefähr 30.000 Mitglieder. Da die Mitglieder nicht genau bekannt sind, kann man lediglich über die Führungsebene der 29 Münchner Bezirksorganisationen auf die soziale Struktur zurückschließen, welche nach der Analyse des Münchner Historikers Martin Geyer vornehmlich aus Kaufleuten, Unternehmern, Ärzten, Rechtsanwälten, ehemaligen Offizieren und höheren Beamten bestand.[186] Das gleiche Ergebnis findet sich bei der Analyse einer Liste der *Münchener Freiwilligen Rettungsgesellschaft* aus dem Jahr 1920.[187]

181 HILLE: Revolutionen und Weltkriege (wie Anm. 60, S. 107), S. 98.
182 Vgl. hierzu auch: BECKER: Sozialdarwinismus, Rassismus, Antisemitismus und Völkischer Gedanke (wie Anm. 48, S. 105), S. 573f.
183 KÖCK: „Die Geschichte hat immer Recht" (wie Anm. 80, S. 110), S. 111.
184 Vgl. hierzu auch das Kapitel *Bürgerwehrbewegung/en*.
185 Vgl. TAPKEN: Die Reichswehr in Bayern von 1919 bis 1924 (wie Anm. 162, S. 77), S. 156.
186 Vgl. GEYER: Verkehrte Welt (wie Anm. 28, S. 15), S. 118f.
187 Vgl. Mitgliederliste der Münchener Freiwilligen Rettungsgesellschaft e.V. 1920, StM Vereine 229.

Diese Gesellschaft war auf das engste mit der Einwohnerwehr verbunden, dessen Sanitätskolonne sie bildete und aus welcher ihre Mitglieder hervorgingen.

Hier schlossen sich also bürgerliche Kräfte, der Mittelstand und Offiziere der alten Armee zusammen, um in Bayern Ruhe und Ordnung zu erhalten sowie den Staat vor gewaltsamen Agitationen zu schützen. Weitere Motive für die Mitgliedschaft in den Wehrverbänden dürften das gesicherte Einkommen gewesen sein, das zahlreiche der Verbände ihren Mitgliedern durch den Anschluss an die Reichswehr bieten konnten.[188]

Grundsätzlich verstand man sich als Selbstschutzorganisation zur Sicherung von bürgerlichem, beziehungsweise auf dem Land, von bäuerlichem Besitz und Status.[189] Bezeichnend ist, dass man dem Staat die Übernahme dieser Aufgaben nur bedingt zutraute und auch er selbst sich in den Revolutionstagen regelmäßig auf die Freiwilligenverbände verlassen musste. Aus dieser Erfahrung wurde die Organisation in Einwohnerwehren und Freiwilligenverbänden für das Bürgertum als besonders notwendig stilisiert.[190]

In München diente hierzu insbesondere der Rekurs auf die überwundene Räterepublik und die regelmäßigen Bezugnahmen auf deren Terrorherrschaft, die mit dem Geiselmord im Luitpoldgymnasium belegt wurde. Überdies wurde, anhand revolutionärer Arbeiterunruhen, etwa im Rheinland oder auch in Thüringen, der Beleg für die andauernde Gefahrensituation geführt.[191] Neben dem Selbstschutz übernahmen Einwohnerwehren und Freiwilligenverbände jedoch auch kulturelle und gesellschaftliche Aufgaben und wollten ihren Mitgliedern ein soziales Netzwerk jenseits von Parteien, Klassen und Konfessionen bieten.[192] Hiermit knüpften sie an die skizzierte Suche nach Vergemeinschaftung an.

Problematisch diesbezüglich war neben der bereits skizzierten einseitigen Zusammensetzung, dass die Wehrverbände aus der Erfahrung der Räterepublik von Beginn an auch ein antisozialistisches Moment durchzog, wenngleich sie zunächst der sozialdemokratischen Regierung unterstellt waren. Der bürgerliche, konservative und nationale Einschlag wurde dabei in den Wehrverbänden durch Ausschluss linker Elemente weitergehend gefördert. Um sozialdemokratische Elemente weitgehend aus den Organisationen herauszuhalten, konzentrierte sich die Werbung der Einwohnerwehren zunächst auf ländliche Regionen und richtete sich in den Großstädten primär an eindeutig dem Bildungs- oder Wirtschaftsbürgertum zugehörige Personenkreise.[193] Ganz bewusst hieß es bereits in der Satzung, dass lediglich „national gesinnte Persönlichkeiten" den Einwohnerwehren beitreten können.[194]

Diese Entwicklung wurde auch durch akademische Vereine gefördert. So legte einer der großen akademischen Vereine Münchens, der AGV mit damals knapp 2000 Mitgliedern, Anfang 1920 per Beschluss auf der Plenarversammlung fest, dass jedes Mitglied zum Beitritt in Einwohnerwehr oder *Technische Nothilfe* ver-

188 Vgl. TAPKEN: Die Reichswehr in Bayern von 1919 bis 1924 (wie Anm. 162, S. 77), S. 125.

189 Vgl. MÜLLER: Der Wehrverband als Bürgerpflicht? (wie Anm. 103, S. 68), S. 51.

190 Vgl. EBD., S. 52.

191 Vgl. Aufruf *Die Zeitfreiwilligen-Verbände*, in: Münchner Studentendienst 1,2/3 (1920), S. 31; Pacelli an Gasparri vom 14.04. und 20.04.1920, in: Kritische Online-Edition der Nuntiaturberichte von 1917–1929 (wie Anm. 26, S. 56).

192 Vgl. GEYER: Verkehrte Welt (wie Anm. 28, S. 15), S. 119; MÜLLER: Der Wehrverband als Bürgerpflicht? (wie Anm. 103, S. 68), S. 5f.

193 Vgl. RENATE SCHOBER: Der Aufmarsch der Gegenrevolution. Nach dem Schock der Räteregierung: Die bayerischen Einwohnerwehren, in: PETER KIRTZER (Hg.): Unbekanntes Bayern. Politik, Staat und Kirche II, München 1980, S. 33–44, hier: S. 36f.

194 Vgl. TAPKEN: Die Reichswehr in Bayern von 1919 bis 1924 (wie Anm. 162, S. 77), S. 139.

pflichtet sei und alle Unterstützer der Räterepublik aus dem Verein ausscheiden sollten.[195]

Ein weiterer Schritt zu einem klaren Profil sowie eine organisatorische Weiterentwicklung der Wehrverbände war dann die mit Billigung der bayerischen Regierung vollzogene Bildung des *Landesverbands der Einwohnerwehren* am 27. September 1919, welche die vielen lokalen und regionalen Selbstschutzorganisationen unter einem Dach vereinte. Der Plan hierzu stammte von Georg Escherich (1870–1941), welcher dann auch der erste Landeskommandant des neuen Verbandes wurde. Trotz offensichtlich erwünschter Staatsnähe in der finanziellen und strukturellen Ausstattung sowie in den zugedachten Aufgabenbereichen wurde der Verband bewusst als privater Verein statuiert und somit prinzipiell der direkten staatlichen Kontrolle, insbesondere dem Einfluss der sozialdemokratischen Regierung entzogen.[196]

Als am 1. Oktober 1919 der Protestant Hermann Kriebel (1878–1941) die Leitung der Geschäftsführung des *Landesverbandes der Einwohnerwehren* übernahm, „begann die militante Durchorganisierung, die fortwährend gesteuerte Propaganda gegen links und die blendend organisierten illegalen Waffenverschiebungen".[197] Folglich begannen die Wehrverbände schon sehr bald nach Gründung des Landesverbandes ihre über die privatrechtliche Organisation gewonnene Freiheit zu nutzen, um im national-konservativen wenn nicht gar revolutionären Sinne zu agieren und somit nicht im Sinne der damals noch sozialdemokratischen Regierung. Die Regierung dagegen betrachtete die Wehrverbände weiterhin als Stütze des Militärs und der Polizei, welche sie im Ernstfall auch zur Sicherung der deutschen Grenzen einsetzen wollte.

Das antisozialistische Element von Einwohnerwehr und Freiwilligenverbänden trat dann spätestens im Rahmen des Kapp-Putsches offen zu Tage. Während dieser auf Reichsebene zu Auseinandersetzungen um den Charakter der Wehren und Verbände im demokratischen Staat führte, gelang den Wehrverbänden in Bayern, durch die Bedrohung der Regierung, die Etablierung einer bürgerlich-konservativen Regierung unter Gustav von Kahr.[198]

Dieser hatte in der Gründung, Etablierung und Förderung der bayerischen Einwohnerwehren als Regierungspräsident von Oberbayern ähnlich wie Rudolf Kanzler (1873–1956)[199] eine große Rolle gespielt. Als Ministerpräsident förderte Kahr die Einwohnerwehren und Freiwilligenverbände nun ganz offiziell aus Staatsmitteln, weswegen der Einwohnerwehr 1920 über 10 Millionen Mark zuflossen.[200] Daneben wurden die Gruppierungen durch Spendengelder etwa von Münchner Industriellen wie dem Handschuhfabrikant Heinrich Roeckl (1867–1950), dem

195 Vgl. PHILISTERVERBAND DES AKADEMISCHEN GESANGVEREINS MÜNCHEN (Hg.): Geschichte des Akademischen Gesangvereins München, 1861–1961, München 1961, S. 75f.

196 Vgl. TAPKEN: Die Reichswehr in Bayern von 1919 bis 1924 (wie Anm. 162, S. 77), S. 136; HORST G. W. NUSSER: Konservative Wehrverbände in Bayern, Preußen und Österreich. 1918–1933, 2. Aufl. (Moderne Geschichte 1,1), München 1990, S. 102.

197 DERS.: Konservative Wehrverbände in Bayern, Preußen und Österreich (wie Anm. 196), S. 106.

198 Vgl. FENSKE: Konservativismus und Rechtsradikalismus in Bayern nach 1918 (wie Anm. 140, S. 74), S. 92–94.

199 Rudolf Kanzler (1873–1956): „Der ehemalige Abgeordnete der Bayerischen Volkspartei, war ohne jeden Zweifel der rührigste, gewandteste, organisatorisch befähigste Initiator der Einwohnerwehr." NUSSER: Konservative Wehrverbände in Bayern, Preußen und Österreich (wie Anm. 196), S. 86. Kanzler war Obergeometer in Rosenheim und bei Aufbau und Vereinigung der Einwohnerwehren als stellvertretender Landesleiter wegweisend. Später gründete er die *Orka*, welche in Österreich gegen die Republik und für einen Anschluss an Deutschland agierte.

200 Vgl. Niederschrift der Ministerratssitzung vom 30.10.1920, BayHStA MHIG 216.

Direktor der Franziskanerbrauerei Gabriel Sedlmayr (1850–1931) oder dem nationalkonservativen Tabakfabrikant und Leiter des *Heimatdienstes Bayern* Eugen Zentz (1870–1945) unterstützt.[201] Hinzu kam in Bayern eine langfristige und enge Zusammenarbeit der Wirtschaftsstelle der Einwohnerwehren mit der Reichswehr und hier insbesondere mit Ernst Röhm (1887–1934), der eine Schlüsselrolle bei der Versorgung der Einwohnerwehren mit Waffen spielte.[202]

Als besonders folgenreich für die Entwicklung der Einwohnerwehren erwiesen sich jedoch die Festlegungen des Versailler Vertrags in den Artikeln 160, 177 und 178, welche ab dem 31. März 1920 eine Maximalgröße des deutschen Heeres von 100.000 Personen vorschrieben und auch jede Mobilmachung oder Ergänzungsformationen des Heeres sowie jede Befassung mit militärischen Angelegenheiten in Hochschulen, Vereinen und anderen Vereinigungen untersagten. Auf dieser Basis war es naheliegend, dass es zu Konflikten um die Einwohnerwehren kommen musste, die sich ja ausdrücklich als Selbstschutzorganisationen in Ergänzung von Heer und Polizei verstanden und sich dementsprechend militärisch organisierten und schulten sowie im engsten Kontakt mit dem Reichsheer agierten. Nachdem die Macht der Regierung Kahr aufs engste mit den Wehrverbänden verknüpft war, stand Kahr jeglicher Beeinträchtigung oder Auflösung der Wehrverbände feindlich gegenüber, weswegen es zum Konflikt mit der Reichsregierung in Berlin kam, welche die alliierten Vorgaben umzusetzen hatte.

Mit der schließlich erzwungenen Reduzierung der Heeresbestände und Auflösung der Einwohnerwehren verschob sich ein Großteil von deren Agitationen in rechtliche Graubereiche oder die Illegalität, was wiederum von der bayerischen Regierung toleriert und sogar gefördert wurde. In diesen neuen Verbänden, welche jetzt nicht mehr in enger Verbindung mit staatlichen Stellen agieren konnten, dominierten nun deutlich nationale und rechte Kräfte, welche künftig die Wehrverbände für ihre Zwecke instrumentalisierten und auf dieser Basis ein rechtsstaatliches Agieren gegen rechte Kräfte extrem erschwerten.

Bereits kurz nach dem Aufflammen erster Diskussionen über den Fortbestand der Einwohnerwehren nach dem Kapp-Putsch und erster Auflösungsforderungen durch die Interalliierte Militärkommission im März 1920 sowie der daraufhin beginnenden Auflösung der Einwohnerwehren in Preußen, begannen im Mai 1920 die ersten Überführungen der Wehren in neue Organisationsformen. Hier gründete sich sehr schnell die von Kahr begrüßte *Orgesch*, welche reichsweit die Einwohnerwehren unter bayerischer Führung einigen sollte und ab August im Münchner Vereinsregister eingetragen war.[203] Ebenso bildete sich die *Orka*, welche sich auf den Aufbau von Wehrverbänden in Österreich fokussierte und zunächst eng mit der *Orgesch* verbunden war, jedoch ab Sommer 1921 unabhängig agierte.[204] Diese Organisationen, welche im Sommer 1920 etwa zwei Millionen Wehrmänner in ihrem Einflussbereich versammelten, bauten geheime Waffenlager vornehmlich im ländlichen Bereich auf. Gegen Gegner der Einwohnerwehren, welche beispielsweise solche Waffenverstecke an die Polizei verrieten, ging man auf das energischste vor. Hierbei schreckte man auch vor Morden (sog. Fememorden) nicht zurück, die sich relativ leicht verschleiern ließen, da diese durch den Münchner Polizeipräsi-

201 Vgl. SCHOBER: Der Aufmarsch der Gegenrevolution (wie Anm. 193, S. 129), v. a. S. 38–40.

202 Vgl. HILLE: Revolutionen und Weltkriege (wie Anm. 60, S. 107), S. 93.

203 Vgl. EBD., S. 95; CHRISTOPH HÜBNER: Organisation Escherich (Orgesch), 1920/21, in: HLB (2006).

204 Vgl. DERS.: Organisation Kanzler (Orka), 1920/21, in: HLB (2006).

denten Pöhner ebenso wie durch Justizminister Christian Roth gedeckt wurden.[205] Ein ähnlich entgegenkommendes Vorgehen erhoffte sich Escherich für seine Organisation von der Reichsregierung, der er mehrfach die Dienste seiner Organisation anbot, welche jedoch am 5. August 1920 beschloss, auch zur Sicherung der Außengrenzen alleinig auf die Reichswehr zu setzen.[206] Dementsprechend wurde die Organisation in Preußen, anders wie in Bayern, verboten.[207]

Mit wachsendem Druck der Entente zur Auflösung der Einwohnerwehren, wobei sich die deutsche Reichsregierung durch das Protokoll von Spa im Juli 1920 vertraglich zur sofortigen Entwaffnung der Einwohnerwehren verpflichten musste und alternativ von Gebietsbesetzungen bedroht war, nahm eine Diskussion zwischen Bayern und dem Reich ihren Anfang. Diese hatte schwerwiegende Auswirkungen auf die bayerische Wahrnehmung der Berliner Reichsregierung sowie des Verhältnisses zum Reich, ebenso wie zur Republik insgesamt.[208]

Nachdem Kahr durch seine Rolle bei der Gründung und beim Aufbau der Einwohnerwehren mit diesen persönlich eng verflochten und durch ihre Rolle bei seinem politischen Aufstieg nicht gewillt war, diese „stärkste Säule seiner Herrschaft preiszugeben",[209] verwundert es nicht, dass er sich der Auflösung mit allen Mitteln widersetzte. Die erwünschte bayerische Sonderrolle, die mit der besonders großen Bedrohung durch kommunistische und bolschewistische Putsche sowie dem nicht wehrmäßigen Charakter der reinen Selbstschutzorganisationen begründet wurde, gedachte Kahr gegenüber der Entente und dem Reich durchzusetzen und war hierfür auch bereit, einen Einmarsch der Entente ins Ruhrgebiet in Kauf zu nehmen.[210]

Um diese klare Haltung für die Einwohnerwehren zu verdeutlichen, diente das 1. Landesschießen der bayerischen Einwohnerwehren, zu welchem am 26. September 1920 ungefähr 40.000 Wehrmänner[211] unter schwarz-weiß-roten und weiß-blauen Fahnen in ihren Trachten und Uniformen nach München kamen. Dies wurde sowohl in Berlin als auch im Ausland als bewusste Provokation wahrge-

---

205 Vgl. SCHOBER: Der Aufmarsch der Gegenrevolution (wie Anm. 193, S. 129), S. 42f. Ausführlich zu den Fememorden in Bayern: HOFMANN: „Verräter verfallen der Feme!" (wie Anm. 143, S. 120).

206 Vgl. Der Landeshauptmann der Einwohnerwehren Bayerns, Escherich, an den Reichskanzler vom 27.07.1920, Dok. Nr. 35 und Aufzeichnung über die Kabinettssitzung vom 5.08.1920, Dok. Nr. 44 sowie Ministerratssitzung vom 23.08.1920, Dok. Nr. 54, in: PETER WULF: Das Kabinett Fehrenbach (1920/21) (Akten der Reichskanzlei. Weimarer Republik. online), Boppard am Rhein 1972, URL: https://www.bundesarchiv.de/aktenreichskanzlei/1919-1933/0000/feh/index.html (besucht am 03. 09. 2019).

207 Zur *Orgesch* vgl. FENSKE: Konservativismus und Rechtsradikalismus in Bayern nach 1918 (wie Anm. 140, S. 74), S. 108–110.

208 Vgl. Einleitung. Entwaffnung, Wehrverbände und Reichswehr, in: WULF: Das Kabinett Fehrenbach (1920/21) (wie Anm. 206).

209 HILLE: Revolutionen und Weltkriege (wie Anm. 60, S. 107), S. 95.

210 Vgl. Reichskanzler an Außenminister vom 29.09.1920, Dok. Nr. 78 und bayerischer Außenminister an Reichskanzler vom 11.02.1921, Dok. Nr. 174 sowie Antwort der Bayerischen Staatresgierung (Kahr) auf Forderung der Reichsregierung an Entwaffnung mitzuwirken vom 4.04.1921, Dok. Nr. 228, in: WULF: Das Kabinett Fehrenbach (1920/21) (wie Anm. 206); Vgl. auch WOLFGANG BENZ: Süddeutschland in der Weimarer Republik. Ein Beitrag zur deutschen Innenpolitik 1918–1923 (Beiträge zu einer historischen Strukturanalyse Bayerns im Industriezeitalter 4), Berlin 1970, S. 280f.

211 Die Zahlen differieren hier stark. Während TAPKEN: Die Reichswehr in Bayern von 1919 bis 1924 (wie Anm. 162, S. 77), S.158 von etwa 70.000 Personen spricht, gehen HILLE: Revolutionen und Weltkriege (wie Anm. 60, S. 107), S. 96 und CHRISTOPH HÜBNER: Erstes Landesschießen der bayerischen Einwohnerwehren, 1920, in: HLB (2006) von ungefähr 40.000 Personen aus.

nommen.[212] Letztendlich blieb jedoch der Reichsregierung kein anderes Mittel als der diplomatische Weg, um die Auflösung der Einwohnerwehren durchzusetzen, wenn sie nicht auf die Reichsexekution durch die Reichswehr und somit auf einen Bürgerkrieg zurückgreifen wollte. Dessen war man sich auch in München bewusst und beharrte daher überaus stur auf dem eigenen Standpunkt,[213] den man auch in der bayerischen Presse selbstbewusst vortrug.[214]

Im Januar 1921 verpflichtete eine klare und unmissverständliche Note der Pariser Konferenz (24. bis 29. Januar) Deutschland mit Frist bis zum 30. Juni zur endgültigen Auflösung der Einwohnerwehren. Die Reichsregierung ebenso wie alle Ministerpräsidenten, außer dem bayerischen, stimmten der Annahme der Pariser Note am 5. Februar zu.[215] In der Folge verbot die Reichsregierung am 22. Februar per Gesetz alle Selbstschutzorganisationen und die Entente besetzte im März einzelne Städte im Rheinland. Dennoch verweigerte die bayerische Staatsregierung weiterhin die Gefolgschaft und hielt an ihrem Sonderkurs fest, indem sie jede aktive Mitwirkung an der Entwaffnung verweigerte und verlauten ließ:

> „Die Bayerische Staatsregierung ist der Anschauung, daß sie mit dem Vollzug der Anordnung des Reichskommissars vom 13. Oktober 1920 an sich nicht zu befassen ist, da sie nicht als Vollzugsorgan des Reichsentwaffnungskommissars in Betracht kommen kann [... und] die Forderungen [... der] Entwaffnung [...] zur Zeit für die bayerische Einwohnerwehr unerfüllbar erscheinen.“[216]

Hierbei konnte sie sich in Bayern auf eine breite bürgerliche Mehrheit stützen, die im Wesentlichen aus dem *Bayerischen Ordnungsblock* und den angeschlossenen Organisationen bestand und somit auch durch einen Großteil der Presse mitgetragen wurde.[217] So kam es etwa am 6. Februar 1921 zu Protesten von annähernd 20.000 Personen vor der Feldherrnhalle für die Beibehaltung der Einwohnerwehren.[218] Auch Kardinal Faulhaber teilte diese Unterstützung bezüglich der Einwohnerwehren als staatstragender Macht und nahm zu keinem Zeitpunkt negativ Bezug auf die Fememorde oder die paramilitärischen Wehrverbände.[219]

Aus dieser Haltung heraus erstrebte Bayern – in gänzlicher Verkennung der außenpolitischen Lage – eigene Verhandlungen mit Frankreich zu führen und versprach sich aus dem gemeinsamen katholischen Background sowie der eigenen

212 Vgl. CHRISTOPH HÜBNER: Erstes Landesschießen der bayerischen Einwohnerwehren, 1920, in: HLB (2006); TAPKEN: Die Reichswehr in Bayern von 1919 bis 1924 (wie Anm. 162, S. 77), S. 158; HILLE: Revolutionen und Weltkriege (wie Anm. 60, S. 107), S. 96.

213 Vgl. Niederschriften der Ministerratssitzungen vom 8.07.1920, vom 9.07.1920 und vom 12.07.1920, BayHStA MA 99515.

214 Vgl. z. B. O.A.: Vor Spa, in: MNN 73,266 (3.07.1920), S. 1; O.A.: Sicherheits- und Einwohnerwehr, in: MNN 73,276 (9.07.1920), S. 1f. oder O.A.: Bayern für Erhaltung der Einwohnerwehr, in: MNN 73,277 (10.07.1920), S. 1. Siehe auch: SPERL: Wirtschaft und Staat in Bayern (wie Anm. 23, S. 101), S. 404.

215 Vgl. Einleitung. Entwaffnung, Wehrverbände und Reichswehr, in: WULF: Das Kabinett Fehrenbach (1920/21) (wie Anm. 206).

216 Bayerisches Innenministerium (Kahr) an Reichsministerium des Innern vom 2.12.1920, Dok. Nr. 127, in: EBD.

217 Vgl. den Bericht des preußischen Gesandten Zech aus München über die Verhältnisse in Bayern insbesondere der bayerischen Presse an das Auswärtige Amt vom 17.12.1920, Dok. Nr. 139, in: EBD.

218 Vgl. FENSKE: Konservativismus und Rechtsradikalismus in Bayern nach 1918 (wie Anm. 140, S. 74), S. 105.

219 Vgl. LEUGERS: „Weil doch einmal Blut fliessen muss, bevor wieder Ordnung kommt“ (wie Anm. 247, S. 89), S. 212–214.

nationalen und bürgerlichen Haltung eine einvernehmliche Verständigung erreichen zu können.[220] Selbst nach einem Londoner Ultimatum der Entente am 5. Mai 1921 und der Androhung von harten Sanktionen war nicht klar, ob Bayern einlenken würde. Erst als auf Bitten der neuen Reichsregierung unter Joseph Wirth (1879–1956)[221] die BVP und deren einflussreicher Gründer Heinrich Held (1868–1938)[222] überzeugt werden konnten, opferte man die Wehren unter staatlicher Organisation, um den Bestand des Reiches und die Reichsregierung nicht weiter zu gefährden.[223] Am 4. Juni erging der Entwaffnungsentschluss und am 28. Juni der Auflösungsbefehl. Hiervon betroffen war neben der Bayerischen Einwohnerwehr auch die *Orgesch* und somit die Person Escherichs, der beiden Organisationen vorgestanden hatte.[224]

Allein das zahlenmäßige Gewicht dieser paramilitärischen Verbände war beachtlich und überstieg dasjenige der gesamten Reichswehr. Dies galt in ähnlicher Weise auch für die militärische Ausrüstung. Daher kann es nicht verwundern, dass die Einwohnerwehren in Bayern ein erhebliches Machtpotential besaßen. Auf dieses wollten weder Kahr noch die Mitglieder, insbesondere die Anführer, der Wehren verzichten. Jedoch verselbständigte sich die Entwicklung der bisher unter einem staatlichen Dach zusammengehaltenen Wehren nach der erzwungenen Loslösung von Reichswehr und bayerischer Regierung zunehmend und führte zu einer Zersplitterung in diverse Gruppierungen und Richtungen. Der damalige bayerische Staatssekretär und spätere Innenminister Schweyer äußerte hierzu 1925, dass die Auflösung der zentral organisierten Einwohnerwehren „für die ganze Weiterentwicklung des vaterländischen Vereinswesens [...] von wesentlicher, geradezu verhängnisvoller Bedeutung [war]. Was bisher in großen Gedanken und großen

220 Vgl. etwa HEINRICH STRAUBINGER: „Ultima ratio" im Problem der Einwohnerwehr, in: HpBl 167,1 (1921), S. 59–64, „Was in Berlin nicht erreicht werden kann, kann in München erreicht werden. Wir warten auf den führenden Staatsmann. Auf ihn zu hören wird und kann Paris sich nicht weigern."

221 Zu ihm vgl. ULRIKE HÖRSTER-PHILIPPS: Joseph Wirth 1879–1956. Eine politische Biographie (Veröffentlichungen der Kommission für Zeitgeschichte B 82), Paderborn u. a. 1998; HEINRICH KÜPPERS: Joseph Wirth. Parlamentarier, Minister und Kanzler der Weimarer Republik (Historische Mitteilungen 27), Stuttgart 1997.

222 Heinrich Held (1868–1938), in Regensburg ansässiger Jurist und Journalist, war ab 1907 Landtagsabgeordneter und zwischen 1919 und 1925 der Fraktionsvorsitzende der BVP. 1924 wurde er Ministerpräsident und blieb dies bis zu seiner Absetzung durch die Nazis. Er war daneben Mitglied einer Münchner KV Verbindung. Zu ihm vgl. WINFRIED BECKER: Heinrich Held (1868–1938). Aufstieg und Sturz des bayerischen Parlamentariers und Ministerpräsidenten, in: Zeitschrift für bayerische Landesgeschichte 72 (2009), S. 807–891; BARBARA PÖHLMANN: Heinrich Held als Bayerischer Ministerpräsident (1924–1933). Eine Studie zu 9 Jahren bayerischer Staatspolitik, München 1995; RICHARD KESSLER: Heinrich Held als Parlamentarier. Eine Teilbiographie 1868–1924 (Beiträge zu einer historischen Strukturanalyse Bayerns im Industriezeitalter 6), Berlin 1971.

223 Vgl. SCHOBER: Der Aufmarsch der Gegenrevolution (wie Anm. 193, S. 129), S. 43f. Siehe auch das in FN 7 der Kabinettssitzung vom 27.05.1921 wiedergegebene Anschreiben Wirths an den einflussreichen BVPler Georg Heim vom 11.05.1921, Dok. Nr. 16, in: INGRID SCHULZE-BIDLINGMAIER: Die Kabinette Brüning I und II (1921/22), Bd. 1 (Akten der Reichskanzlei. Weimarer Republik. online), Boppard am Rhein 1973, URL: http://www.bundesarchiv.de/aktenreichskanzlei/1919-1933/0000/wir/wir1p/kap1_2/kap2_16/para3_7.html (besucht am 03.09.2019).

224 Vgl. CHRISTOPH HÜBNER: Organisation Escherich (Orgesch), 1920/21, in: HLB (2006).

Gefäßen zusammengehalten war [...] zerfiel nunmehr in kleinere und kleinste Gedankensplitter".[225]

Der von Sanitätsrat Otto Pittinger (1876–1926) am 21. Juni 1921 gegründete *Bund Pittinger*, ab April 1922 *Bund Bayern und Reich*, konnte dabei die größte Zahl der bisherigen Wehrverbände in seinen Reihen vereinigen. Er schrieb seinen mehr als 50.000 Mitgliedern eine „arische Abstammung" sowie eine „christlich-völkische Weltanschauung"[226] vor und er sollte informell als Nachfolgeorganisation des *Landesverbandes der Einwohnerwehren* agieren. Hierfür kam der Organisation neben strukturellen und finanziellen Begünstigungen bis 1923 auch das Privileg zu, bei neuen Mitgliedern der Reichswehr mitreden zu können.[227] Die Überführung in eine einheitliche Organisation oder auch nur die Einigung unter einem Dach scheiterten jedoch, und stattdessen gründeten sich zahlreiche neue und oftmals im geheimen agierende Organisationen aus den bestehenden Wehrverbänden. Die größten und bedeutendsten dieser Organisationen waren neben dem *Bund Bayern und Reich*, die *Vereinigten vaterländischen (Bezirks-)Vereine Münchens*, der *Bund Oberland* und die *Reichsflagge*.

Kurzfristig gelang unter dem Dach der *Vereinigten Vaterländischen Verbände*, einer Gründung unter Federführung Pittingers und Leitung des BMP-Politikers Hermann Bauer (1884–1960),[228] am 9. November 1922 nochmals eine Sammlung zahlreicher der nationalen und vaterländischen Gruppierungen.[229] Den *Vereinigten Vaterländischen Verbänden*, gehörten neben den (para-)militärischen Organisationen *Bund Bayern und Reich*, *Reichsflagge* und *Vaterländischen Vereine Münchens* unter anderem auch der *Bayerische Ordnungsblock*, die NSDAP, der *Deutsche Offiziersbund*, die *Deutschvölkische Arbeitsgemeinschaft*, der *Bayerische Kriegerbund*, der HdA und der DVSTB an.[230] Nicht dazu gehörten dagegen die Bünde *Oberland* und *Wiking*.

Prägend wurde nach der offiziellen Auflösung der Einwohnerwehren bald ein Konflikt zwischen einem eher monarchistisch-föderalen Flügel, der vor allem von Pittingers *Bund Bayern und Reich* verkörpert wurde, und völkisch-unitaristischen Kräften, welche sich später in der *Arbeitsgemeinschaft der Vaterländischen Kampfverbände* beziehungsweise dem *Deutschen Kampfbund* zusammenschlossen. Basis für die verschiedenartigen Neugründungen waren dabei neben den genannten sich bereits abzeichnenden politischen Divergenzen auch persönliche Animositäten gegenüber der Person Pittingers. So wandte sich beispielsweise die von Hauptmann Adolf Heiß (1882–1945) geleitete *Reichsflagge*, welche

---

225 FRANZ XAVER SCHWEYER: Politische Geheimverbände. Blicke in die Vergangenheit und Gegenwart des Geheimbundwesens, Freiburg i.Br 1925, S. 101.

226 HILLE: Revolutionen und Weltkriege (wie Anm. 60, S. 107), S. 112. Vgl. auch CHRISTOPH HÜBNER: Bund „Bayern und Reich", 1920–1935, in: HLB (2006).

227 Vgl. NUSSER: Konservative Wehrverbände in Bayern, Preußen und Österreich (wie Anm. 196, S. 130), S. 234.

228 Hermann Bauer (1884–1960) gehörte dem Wingolfsbund an und war somit einer der wenigen Münchner Akademiker, welcher den explizit konfessionell protestantisch ausgerichteten Studentenverbindungen angehörte. So hatten Wingolf und Schwarzburgbund in München 1925 zusammen nur knapp 100 Mitglieder. Vgl. AUGUST WINKLER (Hg.): Vademekum Wingolfitikum, 7. Aufl., Wolfrathshausen 1925; HERMANN GOEBEL/WALTER HARDER (Hg.): Mitgliederverzeichnis des Schwarzburgbundes, 7. Aufl., Wünsdorf 1925. Bauer war Münchner Gymnasialprofessor und ab 1924 Landtagsabgeordneter.

229 Vgl. CHRISTOPH HÜBNER: Vereinigung vaterländischer Verbände in Bayern (VVVB), 1922–1927, in: HLB (2006); HILLE: Revolutionen und Weltkriege (wie Anm. 60, S. 107), S. 112.

230 Vgl. FENSKE: Konservativismus und Rechtsradikalismus in Bayern nach 1918 (wie Anm. 140, S. 74), S. 164f.

zunächst vornehmlich in Franken agierte, von der staatsnahen Organisation Pittingers ab, da sie dessen nicht vorhandenen Militärrang nicht akzeptieren wollte. Ende 1921 gründete sich eine Münchner Ortsgruppe dieses Verbandes, welche von Ernst Röhm (1887–1934) geleitet wurde. Gemeinsam schloss man sich im Februar 1923 der *Arbeitsgemeinschaft der Vaterländischen Kampfverbände* sowie im September dem *Deutschen Kampfbund* an. Auf Druck des Nürnberger Bürgertums trat die *Reichsflagge* aus diesem Verband jedoch auf Grund zu großer Radikalität des selbigen bereits einen Monat später wieder aus. Röhms Münchner und weitere Süddeutsche Ortsgruppen dagegen spalteten sich ab und gründeten den *Bund Reichskriegsflagge*.[231]

In München vereinigten die früheren Führer der Münchner Einwohnerwehren, der Kaufmann Major Alfred Zeller (1885–1945) sowie der Fabrikdirektor Max Kühner (1872–1932), die Mehrheit der aufgelösten Wehren unter dem Dach der *Vereinigten vaterländischen (Bezirks-)Vereine Münchens*, welche sich bald dem völkischer Lager zuwandten.[232] In diesem Verband waren um die 30.000 Mitglieder organisiert, die großteils dem Bürgertum entstammten. Am 4. Februar 1923 trat auch dieser Verband der *Arbeitsgemeinschaft der Vaterländischen Kampfverbände* bei, nahm hier jedoch eine vergleichsweise passive Rolle ein und trat bald wieder aus. Daraufhin spalteten sich zwei Bezirksvereine um Zeller ab und nannten sich fortan *Kampfbund München*.[233]

Der *Bund Oberland*[234] dagegen gründete sich am 31. Oktober 1921 und stellte die Fortsetzung des bestehenden Freikorps gleichen Namens dar, blieb jedoch überaus heterogen. Konflikte traten hier insbesondere zwischen der neuen bürgerlichen Bundesleitung um den Eisenbahninspektor Friedrich Knauf (*1873) und den alten soldatischen sowie jugendbewegten Kräften auf, wobei letztere teils dem Nationalbolschewismus zuneigten. Einigkeit bestand lediglich in einer deutlich geringeren föderalistischen Ausrichtung als in den anderen bayerischen Bünden. Nach dem Ausscheiden von Friedrich Knauf aus dem Bund im Herbst 1922 übernahm der Veterinärmediziner Friedrich Weber (1892–1955) die Leitung. Dieser warf Knauf eine zu große Nähe zu Pittinger sowie zur BVP vor und titulierte ihn unter anderem als „Jesuiten-Spion".[235] Er führte den Bund in völkisches Fahrwasser und die Nähe der NSDAP.

Derjenige Teil dieser kurz skizzierten Splitterverbände, welcher sich in völkischer beziehungsweise nationalrevolutionärer Richtung entwickelte, spielte im Rahmen des wirtschaftlich und politisch aufgeladenen Jahres 1923 nochmals eine verhängnisvolle Rolle.

Insgesamt waren die Freiwilligenverbände und Einwohnerwehren für ihre Mitglieder eine soziale Gemeinschaft, die ihnen Sicherheit und Geborgenheit in massiven Wandlungsprozessen suggerierte. Insofern fand sich in den Wehren und Verbänden eine Form der ersehnten Gemeinschaft wieder und zugleich ein – wenn auch von Gewalt geprägtes – Instrument, um den eigenen Status, welcher vermeintlich vom neuen Staats- und Wirtschaftsmodell ebenso wie vom Bolschewismus bedroht wurde, aufrecht zu erhalten. Diese Vergemeinschaftung nahm zu-

---

231 Vgl. CHRISTOPH HÜBNER: Reichsflagge, 1919–1927, in: HLB (2006).

232 Vgl. GEYER: Verkehrte Welt (wie Anm. 28, S. 15), S. 121.

233 Vgl. CHRISTOPH HÜBNER: Verband der Vaterländischen Bezirksvereine Münchens e.V., 1921–1929/30, in: HLB (2006).

234 Zum im Folgenden über den *Bund Oberland* Ausgeführtem vgl. FENSKE: Konservativismus und Rechtsradikalismus in Bayern nach 1918 (wie Anm. 140, S. 74), S. 159–164; CHRISTOPH HÜBNER: Bund Oberland, 1921–1923/1925–1930, in: HLB (2006).

235 Vgl. Bericht über Mitgliederversammlung des Bundes Oberland in Colosseumsbierhalle am 29.09.1922 vom 4.10.1922, StAM Pol. Dir. 6878.

nehmend nationale Züge an und richtete sich neben den alliierten ausländischen Mächten auch gegen innerstaatliche Kräfte, welche den ausländischen Forderungen gezwungenermaßen nachgeben wollten oder gesetzeswidrige Akte der Einwohnerwehren juristisch beziehungsweise legislativ verfolgten. So verbreitete sich in diesen Verbänden bald ein überaus negatives Image der Reichsregierung sowie der gesamten neuen deutschen Staatsform, welche nicht gewillt oder fähig schien, das Bedürfnis nach Aufrechterhaltung einer nationalen Schutzgemeinschaft nach den Ideen von 1914 zu gewähren. Insofern führte die breit angelegte kontrafaktische Diskussion und gesetzeswidrige Agitation um den Fortbestand der Freiwilligenverbände und Einwohnerwehren in Bayern dazu, dass nationale und antidemokratische Haltungen zunahmen und zugleich eine Ablösung von demokratischen, bürgerlichen Parteien gekoppelt mit einer Zuwendung zu radikaleren nationalen und völkischen Gruppierungen weiter bürgerlicher Kreise zu beobachten war. Das Münchner Bürgertum war in diese Agitationen besonders stark involviert, da die Wehrverbände und Einwohnerwehren sich innerhalb der Stadt fast ausschließlich aus dem Bürgertum rekrutierten. Insbesondere die jungen Studenten galten den Militärs, welche zumeist die führenden Kräfte in den Wehrverbänden darstellten, als national zuverlässig.[236]

Insofern leisteten Einwohnerwehren und Wehrverbände, die Diskussion um ihre Auflösung sowie die dann vollzogene Umbildung in privat und teils geheim agierende paramilitärische Organisationseinheiten einen beträchtlichen Beitrag zur bereits beschriebenen politischen Hinwendung bürgerlicher Kreise zu völkischen Ideen und Ordnungsvorstellungen, die sich dann auch politisch niederschlugen. Hierbei fungierten die paramilitärischen Organisationen durch ihre starke militärische Ausrüstung und Organisation zum einen als beachtliches politisches Drohpotential für jegliche ihnen auch nur vermeintlich ungelegene Politik, wie dies etwa beim Sturz der Regierung Hoffmann deutlich wurde, und schufen zum anderen Handlungsoptionen für verschiedene Vorstellungen einer nationalen konservativen Politik.

Der Weg der radikalen völkischen Agitation erschien dabei zahlreichen Akademikern in den Münchner Wehren als folgerichtiger nächster Schritt zur im bürgerlichen Lager verbreiteten Wunschvorstellung einer wiedererstarkten und souveränen deutschen Nation auf Basis der Volksgemeinschaft. Radikale nationale Gruppierungen schienen in der Lage, das vermeintlich gemeinsam gehegte Interesse tatsächlich umzusetzen, welches bis zum Einknicken vor Entente und Reichsregierung auch durch bürgerliche Parteien und Publikationen in Bayern immer wieder zugesagt worden war. Somit waren radikale völkische Gruppen im gemeinsamen Bündnis gegen den Bolschewismus und für Ruhe und Ordnung nicht nur salonfähig geworden, sondern erschienen zunehmend als glaubhafte und erwünschte Alternative zum Programm der demokratischen und bürgerlichen Parteien. Der Mythos einer deutschen/völkischen Wiedergeburt gegen jeglichen Widerstand innerer und äußerer Feinde wurde somit zunehmend eine plausibel erscheinende Münchner Zukunftsperspektive. Hierfür erachtete man eine radikale Umgestaltung der bestehenden Verhältnisse als ersten notwendigen Schritt. Dabei wurden nur in den seltensten Fällen die heterogenen politischen Vorstellungen und Ideale der verschiedenen politischen Akteure klar voneinander unterschieden, bestehende Differenzen wahrgenommen oder gar ausgetragen. Neben Teilen des Mittelstandes und des Wirtschafts- und Bildungsbürgertums eigneten sich in München diese Denkweise vornehmlich die Studierenden an den Universitäten an und gerieten somit mitten hinein in Diskurse, die letztlich erst nach dem Hitlerputsch gänzlich offenkundig wurden.

---

236 Vgl. TAPKEN: Die Reichswehr in Bayern von 1919 bis 1924 (wie Anm. 162, S. 77), S. 411.

1.3 Völkische Bewegung und Studentenschaft

Die überproportionale Einbindung des Münchner Bürgertums in nationale, restaurative sowie völkische Agitationen lässt sich somit besonders gut anhand der nachrückenden bürgerlichen Generation, versinnbildlicht durch die Studierenden, nachweisen.

Die Studierenden waren in den Einwohnerwehren durch eigene Kompanien besonders gut repräsentiert und ihr Beitritt zu den Einwohnerwehren und Freikorps wurde auch durch Hochschulleitungen, die bayerische Regierung sowie weitere bürgerliche Kreise spätestens ab Mai 1919 massiv gefördert. Hierzu wurden beispielsweise die Vorlesungszeiten den Bedürfnissen der Wehrverbände angepasst.[237]

Daneben ließ die Reichswehr, auch auf Wunsch der Regierungen, deutschlandweit an den Hochschulen Kurse zur politischen Bildung einrichten. Hieran bestand in der Reichswehr ein großes Interesse, da man in den Studierenden großes konservativ-monarchistisches Potential sah.[238] In München übernahm der Leiter des *Bayerischen Heimatdienstes* Karl Graf von Bothmer die Organisation dieser Kurse, nachdem der priorisierte Fritz Gerlich diese Aufgabe abgelehnt hatte. Bothmer gestaltete die Kurse, seinen eigenen Interessen entsprechend, mit national zuverlässigen Referenten, welche überwiegend aus seinem Bekanntenkreis stammten und oftmals, wie er selbst, Autor in den *Süddeutschen Monatsheften* oder in *Auf gut deutsch* waren. An der Hochschule wurde der Historiker Karl Alexander von Müller der Gewährsmann für diese Kurse und von Seiten der Reichswehr war der Katholik Hauptmann Karl Mayr (1883–1945),[239] der spätere Vorgesetzte Adolf Hitlers, für die Kurse verantwortlich. Als Referenten konnten unter anderem der alldeutsche Publizist Paul Nikolaus Cossmann, der Schriftsteller Josef Hofmiller, der Ethnologe Adolf Dirr (1867–1930) sowie der völkische Wirtschaftstheoretiker Gottfried Feder gewonnen werden.[240]

Über diese Kurse gelang es alldeutschen Agitatoren in Verbindung mit der Reichswehr, unter Billigung und Förderung von Universitätsleitung und Regierung, nicht nur heimkehrende Soldaten sondern auch Studierende politisch zu indoktrinieren ohne dass Hochschulleitung oder Regierung Einfluss auf die Inhalte der angebotenen Kurse gehabt hätten. Die Kurse waren dabei dezidiert antibolschewistisch ausgerichtet, wobei verschiedene Referenten hierunter auch die Sozi-

---

237 Vgl. o.A.: Studienbetrieb und Teilnahme an den Freikorps, in: Bayerische Staatszeitung 7,122 (13.05.1919), S. 4; o.A.: Studenten und Einwohnerwehren: Allgemeine Studentenversammlung, in: MP 33,110 (12.05.1919), S. 4; Allgemeine Studentenversammlung an der Universität, in: MNN 72,181 (10./11.05.1919), S. 5; Vgl. auch Othmar Plöckinger: Adolf Hitler als Hörer an der Universität München im Jahr 1919. Zum Verhältnis zwischen Reichswehr und Universität, in: Elisabeth Kraus (Hg.): Die Universität München im Dritten Reich. Aufsätze. Teil 2 (Beiträge zur Geschichte der Ludwig-Maximilians-Universität München 4), München 2008, S. 13–47, hier: S. 15f. Siehe auch das Kapitel *Bürgerwehrbewegung/en*.

238 Vgl. Tapken: Die Reichswehr in Bayern von 1919 bis 1924 (wie Anm. 162, S. 77), S. 200.

239 Karl Mayr (1883–1945) war Offizier der Reichswehr, leitete unter General von Möhl die Propagandaabteilung des Gruppenkommandos 4 und verantwortete in dieser Funktion die antibolschewistischen Aufklärungskurse, die auch Hitler besuchte. Im Laufe des Jahres 1920 distanzierte er sich von der BVP und monarchistisch-föderalistischen Bestrebungen, schied aus dem Militärdienst aus und wandte sich kurzfristig der NSDAP zu, welche er jedoch bereits 1921 wieder verließ und sich hierauf der Republik sowie der Sozialdemokratie zuwandte. Vgl. Franz Menges: Mayr, Karl, in: NDB 16 (1990), S. 564f.

240 Zu den Kursen vgl. Plöckinger: Adolf Hitler als Hörer an der Universität München im Jahr 1919 (wie Anm. 237), S. 16–28.

aldemokratie oder gar das ganze demokratische System subsumierten.[241] Somit ist die politisch deutschnationale bis alldeutsche sowie teils antisemitische Prägung, welche die Kurse gemäß dem Historiker Joachimstaler an Hitler vermittelten und welche „durch die Enttäuschung über den verlorenen Krieg und die Revolution sowie die Räteherrschaft in München"[242] auf fruchtbaren Boden fiel, auch bei anderen Hörern aus militärischen oder bürgerlichen Kreisen anzunehmen.

Auch darüber hinaus waren die Studierenden weitestgehend dem nationalkonservativen Spektrum zuzuordnen. Diese Hinordnung resultierte aus der bereits skizzierten Suche nach Vergemeinschaftung angelehnt an den Ideen von 1914. Darunter verstand man nun eine Etablierung einer wehrhaften Volksgemeinschaft auf nationaler Grundlage, welche bestehende Gegensätze aufheben sollte, sowie die Verteidigung des Führungsanspruches der akademischen Elite, welchen man durch die Revolution sowie die neue Staatsform massiv in Frage gestellt sah. Hinzu traten der als massive Unrechtmäßigkeit empfundene Versailler Vertrag, gegen welchen die Studierenden eigene Protestveranstaltungen organisierten,[243] die Unfähigkeit die militärische Niederlage Deutschlands wahr- und anzunehmen ebenso wie eine wirtschaftliche Lage, welche zunehmend die eigene Elitenstellung gefährdete.[244]

Ausdruck dieser sich verschlechternden wirtschaftlichen Lage akademischer Kreise waren unter den Studierenden die zunehmenden Debatten über das sich nach dem Krieg etablierende Werkstudententum sowie die sich etablierenden Hilfsangebote der Studentenschaft für ihre Mitglieder. Hatten bereits vor dem Krieg mit den katholischen akademischen *Vinzenzvereinen* und dem in München seit 1913 bestehenden *Akademisch sozialen Ausschuss* studentische Einrichtungen zur sozialstudentischen Arbeit bestanden,[245] wandten sich diese mit ihren Angeboten erst nach dem Krieg verstärkt den Studierenden selbst zu. Exemplarisch kann die Einrichtung von studentischen Mittagstischen, welche wohl zu einem erheblichen Teil durch die *Vinzenzkonferenz von St. Ludwig* getragen wurden, benannt werden.[246]

Auf Betreiben von Fritz Beck erfolgte im März 1920 die Gründung des *Vereins Studentenhaus München*, welcher sich hochschulübergreifend um die sozialen Belange der Münchner Studierenden kümmern und bestehende Tätigkeiten koordinieren sollte. Getragen wurde dieser Verein von der Münchner Bürgerschaft sowie den Dozenten und Studierenden der Hochschulen. Vorsitzende des Vereins waren dementsprechend vornehmlich Persönlichkeiten des Münchner Bürgertums wie der BVP-Politiker Eugen von Knilling, der Katholik und Pädagoge Aloys Fi-

241 Vgl. DERS.: Unter Soldaten und Agitatoren (wie Anm. 95, S. 112), S. 219f.

242 ANTON JOACHIMSTHALER: Hitlers Weg begann in München 1913–1923, Überarb. und um die Jahre 1920–1924 erw. Neuaufl., München 2000, S. 229.

243 Vgl. O.A.: Münchener Brief, in: Deutsche Hochschulzeitung 13,18/20 (20.07.1921), S. 10.

244 Ähnlich: „In der studentischen Ablehnung der parlamentarischen Demokratie flossen viele Strömungen zusammen: Da war die Ideologie der Volksgemeinschaft; da war nach dem verlorenen Krieg der Haß gegen die Sieger, deren Staatsform man auch noch übernehmen sollte; da war der Haß gegen die Revolutionäre im eigenen Deutschland; da war die Ablehnung einer Staatsform, die mit Deutschlands Niederlage und Schwäche identifiziert wurde; da war aber vor allem die Ablehnung einer Staatsform, die dem eigenen Anspruch auf Führung so wenig entgegenkam." HANS PETER BLEUEL/ERNST KLINNERT: Deutsche Studenten auf dem Weg ins Dritte Reich. Ideologien – Programme – Aktionen 1918–1935, Gütersloh 1967, S. 100.

245 Vgl. HEINRICH GÖDDE: Die Anfänge der studentischen Selbstverwaltung. Mit besonderer Berücksichtigung der Münchener Verhältnisse, München 1951, S. 22–29.

246 Vgl. FISCHER: Die wirtschaftliche Lage der Studentenschaft Münchens und die Bedeutung der Studentenfürsorge (wie Anm. 32, S. 56), S. 25f.

scher (1880–1937), der Präsident der evangelischen Landessynode Wilhelm Freiherr von Pechmann (1859–1948),[247] sowie der nationalkonservative und in bürgerlichen Vereinen bestens vernetzte Kaufmann Eugen Zentz (1870–1945). Die Geschäftsführung dagegen lag in den Händen der Rektoren von Universität, Technischer Hochschule und Handelshochschule sowie Vertretern der allgemeinen Studentenausschüsse der drei Hochschulen. Tätigkeitsfelder des Vereins waren neben der günstigen oder kostenlosen Ausgabe von Studentenessen, die Vermittlung von Bedarfsartikeln und Stellenangeboten sowie die Akquise der hierfür benötigten Sach- und Finanzmittel.[248]

Hierzu ersuchte das Direktorium des *Vereins Studentenhaus München* bereits am 18. Dezember 1919, also vor der Gründung, beim Kultusministerium um finanzielle und materielle Unterstützung. Dieses Anliegen, welches ja auch von bekannten Politikern mitgetragen war, wurde wohlwollend geprüft und der Verein erhielt in der Folge wiederholt Beiträge aus dem Staatshaushalt. Während sich die Summen bis zum Frühjahr 1922 im niedrigen Bereich von einigen Tausend Mark pro Jahr bewegten, wurden dem Verein im August 1922 für die Studentenfürsorge in München und Umgebung fast 230.000 Mark zur Verfügung gestellt. Hier machte sich die wachsende Not sowie die beginnende Inflation unter den Akademikern bereits bemerkbar. Auch in der Folgezeit gab das Ministerium hohe Summen für die Studentenfürsorge aus und debattierte wiederholt über die Höhe der studentischen Pflichtbeiträge zum *Verein Studentenhaus*.[249]

Ausgangslage für diese staatliche Förderung war die zunehmend als dringlich empfundene Situation der bayerischen Studentenschaft. Bereits 1921 legte Aloys Fischer hierzu im Rahmen einer Publikation des Münchner Studentenhausvereins seine Analyse der Situation dar und stellte fest, dass die Studenten „relativ am tiefsten von dem allgemeinen Niedergang unserer Wohlfahrt betroffen [sind]" und zugleich ein „Überangebot an studierten Kräften" besteht.[250] Ausgangsbasis für diese Erkenntnisse war eine Befragung unter den Studierenden in München gewesen, wobei sich herausstellte, dass fast 20% der Studierenden ihr Studium eigentlich nicht mehr finanzieren könnten und somit auf Hilfe angewiesen wären.[251]

Um diese Hilfe jedoch erhalten zu können, wurden Kriterien entwickelt, die vornehmlich mit der Kriegsteilnahme oder alternativ der Übernahme einer Werksstudentenstelle verknüpft wurden.[252] Dabei war das nach dem Krieg sich ausbreitende Werkstudententum, gerade auch in katholischen Kreisen, stets mit einem starken missionarischen Impetus versehen und sollte einen Beitrag zur Herbeiführung der Volksgemeinschaft leisten und mithelfen, dass die Arbeiter in Begegnung mit der „Überlegenheit des Geistes" den „Marxismus und ähnliches über

247 Wilhelm Freiherr von Pechmann (1859–1948), 1919–1922 Präsident der Landessynode der Deutschen Evangelischen Kirche in Bayern und weiterer hochkarätiger Kirchenämter, war im Zivilberuf Direktor der Bayerischen Handelsbank. Später gehörte er zur Bekennenden Kirche und somit den Gegnern des Nationalsozialismus. Er konvertierte allerdings kurz vor seinem Tod 1946 zum Katholizismus. Vgl. ADALBERT VON PECHMANN: Pechmann, Wilhelm Freiherr von, in: NDB 20 (2001), S. 152f.

248 Vgl. Bericht von Fritz Beck über die Arbeit des Vereins Studentenhaus e.V. an das Kultusministerium vom Dezember 1920, BayHStA MK 40807.

249 Der Briefwechsel sowie der komplette Akt finden sich in BayHStA MK 40807.

250 FISCHER: Die wirtschaftliche Lage der Studentenschaft Münchens und die Bedeutung der Studentenfürsorge (wie Anm. 32, S. 56), S. 4.

251 Vgl. EBD., S. 8–17.

252 Vgl. Richtlinien der Wirtschaftsfürsorge des Verein Studentenhaus München, die Fritz Beck am 6.12.1921 dem Kultusministerium vorlegte, BayHStA MK 40807.

Bord [werfen].“[253] Somit ist, neben der angespannten wirtschaftlichen Lage, auch aus diesem missionarischen Impetus zu erklären, dass im Wintersemester 1923/24 über 50% der Studierenden zumindest zeitweise einer Nebentätigkeit nachgingen, wobei der Großteil dieser Beschäftigungen lediglich in den Semesterferien erfolgte.[254] Vor der zunehmenden Inflation und aktiven Bewerbung des Werkstudententums hatte dieses dagegen selbst in den Semesterferien nicht wesentlich mehr als ein Drittel der Studierenden betroffen.[255]

Insofern kann man konstatieren, dass die Akademiker zwar durch ihre besonders häufig gezeichneten Kriegsanleihen sowie durch die Inflation, welche vor allem Geldvermögen hart traf, wirtschaftlich besonders getroffen wurden, jedoch mit dieser Situation relativ souverän umzugehen wussten, wenngleich die subjektive Wahrnehmung hier teils deutlich divergierte und ein besonders negatives Bild der eigenen Situation gezeichnet wurde.[256]

Ein starker Beleg für die auf dieser Basis vollzogene Zuwendung der Studentenschaft zu national-konservativen sowie völkischen Ideen sind dann die Ergebnisse der AStA-Wahlen.

Abbildung 11: AStA Wahlen an der LMU 11.11.1919[257]

Liste	Stimmen	Prozent
Korporationen & assoziierte Vereinigungen	1631	49,48%
Kath. Nichtinkorporierte	234	1,04%
Kriegsteilnehmer	687	20,84%
Freistudentenschaft	381	11,56%
Sozialistische Studenten	195	5,92%
Jüdische Korporationen und Studierende	163	4,95%
Summe / Wahlbeteiligung	3298	ca. 50%

Hatten bei den ersten Wahlen im Dezember 1918 noch etwa ein Viertel der Studierenden Gruppierungen mit uneingeschränkt republikanischen Einstellungen gewählt,[258] so konnten Freistudentenschaft und Sozialistische Studenten im Folgejahr lediglich circa 17% der Stimmen auf sich vereinigen. Auch wenn die Beteiligung an den Wahlen deutlich abnahm, zeichnete sich ansonsten ein ganz ähnliches Ergebnis wie im Vorjahr ab. Der größte Unterschied bestand darin, dass es den alten Korporationen gelungen war, sich unter einem Dach zu vereinigen und hierbei auch die Stimmen an sich zu binden, die zuvor für Fachbereichsvertreter gestimmt hatten. Bedenkt man, dass diese Liste mit den Kriegsteilnehmern und der verbleibenden katholischen Liste ein Bündnis einging, standen 1920 lediglich

253 Luible, Martin: Katholizismus und Gemeinschaftsidee, in: Akademische Monatsblätter 36,6/7 (10.04.1924), S. 17f., hier S. 17.

254 Vgl. Analyse der Studentenbefragung, in: ALOYS FISCHER: Die 5 ersten Jahre akademischer Fürsorgearbeit im Verein Studentenhaus Muenchen e.V. 1920–25, München 1925, S. 20–52.

255 Vgl. Statistik bei: JÜRGEN SCHWARZ: Studenten in der Weimarer Republik. Die deutsche Studentenschaft in der Zeit von 1918 bis 1923 und ihre Stellung zur Politik (Ordo politicus 12), Berlin 1971, S. 70.

256 Vgl. beispielsweise die Wahrnehmung der Professorenschaft, welche von HUERKAMP: Weibliche Konkurrenz auf den akademischen Arbeitsmärkten (wie Anm. 74, S. 31), S. 273–275, analysiert wurde.

257 Datenmaterial entnommen aus: UA-M G-XIX-9.

258 Zu den Wahlen 1918 vergleiche Tabelle *AStA Wahlen an der LMU 11.12.1918* auf S. 59.

etwas mehr als 20% der Studierenden, nämlich diejenigen die den Freistudenten, sozialistischen und jüdischen Studierende zuzählten, außerhalb eines breit angelegten Konsenses im AStA. Pater Franz Xaver Hecht, Mitglied der katholischen Studentenverbindung *Aenania*, blieb Vorsitzender des Gremiums.

Abbildung 12: AStA Wahlen an der LMU 1.06.1920[259]

Liste	Stimmen	Prozent
Waffenring und Burschenschaften	706	17,04%
Kath. und protest. Korporationen	535	12,92%
Schwarze Verbindungen	309	7,46%
Kriegsteilnehmer	358	8,64%
Nichtinkoporierte Gruppen	919	22,19%
Kath. Nichtinkorporierte	256	6,18%
Freistudentenschaft	819	19,77%
Chemiker	105	2,54%
Jüdische Korporationen	128	3,09%
Summe / Wahlbeteiligung	4142	ca. 62%

Auch wenn das Bündnis aller Korporationen nicht einmal ein Semester hielt und die katholischen und protestantischen Korporationen sowie weitere nicht inkorporierte Gruppierungen sich hieraus zu den Wahlen im Sommersemester 1920 wieder lösten, blieb die sogenannte deutschvaterländische Listenverbindung, welche knapp 75% der Stimmen erfasste, im AStA bestehen. Lediglich eine kleine Gruppe von Chemikern löste sich gänzlich von dieser. Daneben stellten die sozialistischen Studierenden keine eigene Liste mehr, sondern riefen zur Wahl der Freistudenten auf, was deren Stimmanteile deutlich mehrte. Die *Deutsche Hochschulzeitung* berichtete über diese Wahlen in München: „Die Geister haben sich reinlich geschieden, hie völkisch! – dort jüdisch!“[260] Die sich bereits Ende 1919 abzeichnende Spaltung der Studentenschaft in eine dem völkischen Gedankengut zuneigenden Majorität und einer republikanischen Minorität wird hieran nochmals deutlich. Von der Majorität wurde dabei augenscheinlich auch republikanisches und sozialistisches Gedankengut tendenziell als jüdisch angesehen, wodurch der antisemitische sowie antirepublikanische Einschlag zahlreicher Studierender besonders klar wird.

Im Folgejahr veränderte sich das Bild nicht wesentlich. Weiterhin bildeten die Korporationen mit weiteren vaterländischen Gruppierungen und unter Mitwirkung der Katholiken eine vaterländische Listenverbindung, welche über 70% der studentischen Stimmen vereinigen konnte. Neu war, dass bereits etwa 35% der Studierenden offen die Liste der Deutschvölkischen Finkenschaft unterstützten, wobei im Vergleich zu 1920 vor allem eine Wählerwanderung von den Anhängern des Waffenrings, der Kriegsteilnehmer und sonstiger vaterländischer Gruppierungen zu dieser neuen Liste stattfand, welche sich dann gemäß Listenvereinigung auch diesem Lager zurechnete. Die katholischen Listen dagegen blieben im gesamten Zeitraum in ihren Ergebnissen relativ konstant und verloren somit bis 1921 kaum Stimmen an nationale Gruppierungen.

259 Datenmaterial entnommen aus: UA-M G-XIX-9.

260 Vgl. AStA-Wahlen in München, in: Deutsche Hochschulzeitung 12,25/27 (24.07.1920), S. 5.

261 Datenmaterial entnommen aus: UA-M G-XIX-9.

Abbildung 13: AStA Wahlen an der LMU Sommersemester 1921[261]

Liste	Stimmen	Prozent
Waffenring	437	10,69%
Kath. Korporationen	512	12,53%
Schwarze Verbindungen	202	4,94%
Kath. Nichtinkorporierte	286	7,00%
Deutschvölkische Finkenschaft und Mediziner	1437	35,16%
Freiheitlicher Hochschulblock	688	16,83%
Jungstudentische Liste	321	7,85%
Jüdische Liste	131	3,21%
Summe / Wahlbeteiligung	4087	ca. 50%

Auch die republikfreundlichen Studierenden, welche sich tendenziell in der Liste der Freistudenten beziehungsweise des freiheitlichen Hochschulblocks sammelten, blieben eine relativ konstante Gruppe. Neu hinzu kam im Jahr 1921 die jungstudentische Liste, welche den sich etablierenden Jugendbewegungen zuzuordnen ist und sich nicht in das bestehende Schema einordnen lässt, weswegen sie auch unabhängig blieb.

Abbildung 14: AStA Wahlen an der LMU Wintersemester 1922[262]

Liste	Prozent	
Korporationen	33,33%	
Völkische Finkenschaft und Mediziner	26,67%	
Kath. Hochschulblock	16,67%	
Freiheitlicher Hochschulblock	16,67%	
Jugendbewegung	6,67%	
Summe / Wahlbeteiligung	4092	ca. 50%

Ende 1922 dagegen ergab sich ein neues Bild im AStA der LMU. Während sich ein Teil der katholischen Korporationen (die CV-Verbindungen) mit den anderen Korporationen zusammengeschlossen hatte, stand daneben unabhängig eine gemeinsame katholische Liste, welcher ebenfalls katholische Verbindungen angehörten. Eine solche neue Vereinigung waren auch jüdische Studierende und Freistudenten eingegangen, was jedoch der Liste zu keinem Stimmenzuwachs verhelfen konnte. Stimmenverschiebungen im eigentlichen Sinne fanden lediglich zwischen den Korporationen und den Deutschvölkischen sowie in kleinem Umfang zu Ungunsten der Jugendbewegung statt. Vorsitzender des AStA wurde der aus der katholischen Studentenverbindung *Aenania* kommende Edmund Stoeckle (1899–1986).[263]

262 Datenmaterial entnommen aus:UA-M G-XIX-9.

263 Edmund Stoeckle (1899–1986) entstammte einer bekannten Münchner Familie, war Jurist und Mitglied im *Freikorps Epp* und wie schon der Vater und seine Brüder in der katholischen Studentenverbindung *Aenania* Mitglied. 1919–1924 war er Vorsitzender des Münchner AStA sowie der deutschen Studentenschaft Bayerns. Von 1933–1934 war er für die NSDAP Bürgermeister Augsburgs, arbeitete ansonsten den Großteil seines Lebens als Jurist.

Insgesamt lässt sich also eine große Einigkeit innerhalb der Studentenschaft ausmachen, wenn es darum ging, sich prinzipiell auf einen nationalen und konservativen Standpunkt zu stellen. Lediglich sozialistische und freistudentische Studierende stellten sich jenseits dieses breiten Konsenses auf, ebenso wie jüdische Verbindungen und Studierende, die gezwungenermaßen aus diesem Bündnis exkludiert wurden und auch deswegen zunehmend ein Bündnis mit den Gruppierungen der Minorität suchten. Auch einzelne katholische Gruppierungen, insbesondere die nicht Korporierten bezogen vereinzelt Stellung außerhalb der breiten nationalen Einigungsfront. Zu ernsthafteren politischen Auseinandersetzungen zwischen den studentischen Gruppierungen der Majorität dagegen kam es erst ab dem Jahre 1923. Der Konflikt mit dem Lager der Minorität dagegen brach sich regelmäßig Bahn.

Ein Ausdruck davon, ebenso wie ein Zeichen für die Einstellung einer Majorität der Studenten sowie der Professorenschaft, war die Verurteilung des Grafen Arco zu Beginn des Jahres 1920 und die sich daran anschließenden Tumulte innerhalb der Münchner Studentenschaft.

Am 16. Januar 1920 verurteilte das Volksgericht unter dem vorsitzenden Richter Georg Neithardt (1871–1941),[264] welcher knapp vier Jahre später auch das skandalöse Urteil anlässlich des Hitlerputsches sprechen sollte, Kurt Eisners Mörder zum Tode. Das Gericht erkannte Arco bewusst die bürgerlichen Ehrenrechte nicht ab, da seine Tat „nicht niederer Gesinnung, sondern der glühenden Liebe zu seinem Volke und Vaterland“ entsprungen „und Ausfluß der in weiten Volkskreisen herrschenden Empörung über Eisner“ gewesen sei,[265] und konnotierte den Mord somit positiv. Bereits am Folgetag nahm der gesamte Ministerrat dieses Urteil zurück, indem sie Arco zu Festungshaft begnadigten. Zuvor jedoch kam es zu folgenreichen Szenen an der Universität. Dort fand eine Vollversammlung der Studentenschaft im Audimax statt. Diese verabschiedete mit großer Mehrheit und mit Unterstützung des Rektors, des berühmten Internisten Friedrich Müller, der Arco im Rahmen dieser Versammlung als mannhaft lobte, eine Resolution an die bayerische Regierung und forderte eine umgehende Begnadigung Arcos. Lediglich Vertreter des *Sozialistischen Studentenverbandes* äußerten Kritik an diesem Vorgehen und kritisierten den Rektor für seinen Ausspruch, welcher einen politischen Mord positiv gewürdigt habe.[266] In der Folge beschimpfte das AStA-Mitglied Walther Hemmeter (1887–1958)[267] seine sozialistischen Kommilitonen.[268] Die beschimpften Studenten wiederum wandten sich an den berühmten Soziologen

264 Georg Neithardt (1871–1941) entstammte aus dem protestantischen Bürgertum Nürnbergs, studierte Jura in Erlangen und München und wurde 1919 Richter am Volksgericht in München. Hier leitete er verschiedene politische Prozesse u. a. gegen Graf Arco und Adolf Hitler. Zum ihm vgl. BERNHARD HUBER: Georg Neithardt. Nur ein unpolitischer Richter?, in: MARITA KRAUSS (Hg.): Rechte Karrieren in München. Von der Weimarer Zeit bis in die Nachkriegsjahre, München 2010, S. 95–111.

265 Zitiert nach: DIRK KÄSLER: Max Weber. Preuße, Denker, Muttersohn. Eine Biographie, München 2014, S. 893.

266 Vgl. zu den Ereignissen in der Universität: O.A.: Kundgebung der Münchner Studentenschaft zur Verurteilung des Grafen Arco, in: Deutsche Hochschulzeitung 12,1/4 (30.01.1920), S. 9.

267 Walther Hemmeter (1887–1958) war Jurist, 1916 Oberleutnant der Reserve, führend im *Bund Wiking*, wirkte bei der Etablierung des AStA an der LMU für den Waffenring bzw. das Corps Suevia mit, war Mitglied des DVSTBs und an der Ablösung der Regierung Hoffmann im März 1920 beteiligt. Im Hitler-Prozess 1924 war er der Verteidiger von Pöhner und Robert Wagner. Vgl. OTTO GRITSCHNEDER: Der Hitler-Prozeß und sein Richter Georg Neithardt. Skandalurteil von 1924 ebnet Hitler den Weg, München 2001, S. 156.

268 Vgl. KÄSLER: Max Weber (wie Anm. 265), S. 893.

und national-liberal eingestellten Max Weber zur Schlichtung, welcher bereits innerhalb der Vollversammlung gegen die erfolgten Beleidigungen sowie Aussprüche des Rektors protestiert hatte, hierzu jedoch keine Antwort erhalten hatte. Weber hatte bereits im Vorfeld in einem privaten Brief das Klima an der Universität als „extrem reaktionär und außerdem radikal antisemitisch" charakterisiert.[269] Auf dieser Basis wandte sich Weber an den Senat und bezog in seiner Vorlesung am 19. Januar Stellung zu den Ereignissen in der Studentenversammlung sowie zum Urteil gegen Arco. Hierbei vertrat er den Standpunkt, dass Arco trotz seines „ritterlich[en] und in jeder Beziehung mannhaft[en]" Auftretens vor Gericht sowie seiner überzeugten und tapferen Tat, womit Weber sich hinter die Grundpositionen Arcos stellte, hätte hingerichtet werden sollen, um für Befriedung der Lage zu sorgen. Zugleich bestand er auf einer Entschuldigung Hemmeters für die geäußerten Beleidigungen.[270]

Obwohl in der Folge sowohl Müller klarstellte, dass seine Aussagen nicht auf den Mord bezogen zu verstehen seien, Hemmeter bereits am 22. Januar seine Beleidigungen zurücknahm und Weber diesem Beispiel folgte, kam es in der Folge zum organisierten Entrüstungssturm national-konservativer Studenten. Diese tauchten ab dem 21. Januar vermehrt in Webers Vorlesungen auf und sorgten durch einen entsprechenden Lärmpegel dafür, dass eine reguläre Fortführung seiner Veranstaltungen unmöglich wurde. Erst mit Einführung sowie Kontrolle von Hörsaalkarten konnte Weber den regulären Lehrbetrieb wieder aufnehmen.[271] Auch wenn der AStA sich von diesen Erscheinungen distanzierte, beschwerte man sich zugleich über Weber und seine „Anwürfe gegen [eine] große Gruppe Studierender" sowie die Besprechung „politische[r] Dinge in anrüchiger Art und Weise".[272] Die Störenfriede, unter denen wohl besonders die Mitglieder der katholischen bayerischen Studentenverbindung *Rhaetia* aufgefallen waren, wurden gebeten, sich beim Rektor zu melden, mussten allerdings keineswegs mit einer Strafe rechnen.[273] So erklärte etwa die *Rhaetia* gegenüber dem Rektor, dass sie die Proteste in Webers Vorlesung nicht initiiert habe und die Teilnahme durch ihre Mitglieder freiwillig erfolgte, jedoch verständlich sei, da Weber den „glühenden Patrioten und mannhaften Wahrheitshelden" Arco beleidigt habe. Man glaubte sich also im Recht und empfand es als unproblematisch sich zu den Störaktionen zu bekennen.[274]

Die sozialistischen Studierenden dagegen nahmen nur unter Protest ihre Mitarbeit im AStA wieder auf, da sie eine Tolerierung derartiger Vermischungen von sachlicher und persönlicher Ebene nicht hinnehmen wollten[275] und auch die Freie Studentenschaft ließ bis zur Entschuldigung durch Hemmeter ihre Arbeit im AStA ruhen.[276]

Ganz anderes ging der Medizinprofessor Siegfried Mollier (1866–1954) mit den Vorgängen um. Er bat in seiner Vorlesung seine Hörer sich zu Ehren Arcos von

269 Max Weber an Hofrat von Lukaez vom 9.01.1920, zit. nach: LOHALM: Völkischer Radikalismus (wie Anm. 91, S. 112), S. 164.

270 Zitiert nach: MARIANNE WEBER: Max Weber. Ein Lebensbild, 3. Aufl. unveränd. Nachdr. d. 1. Aufl. 1926, Tübingen 1984, S. 684f.

271 Vgl. Senatsniederschrift der LMU vom 24.01.1920, UA-M D-III-93.

272 Bekanntmachungen des AStA der LMU vom 23.01.1920, UA-M G-XVI-19.

273 Vgl. Senatsniederschrift der LMU vom 24.01.1920, UA-M D-III-93.

274 Erklärung der Rhaetia vom 28.01.1920 gegenüber dem Rektor der LMU, UA-M G-XVI-19.

275 Vgl. Schreiben der Sozialistischen Studentenschaft vom 21. und 22.01.1920 an den Senat bzw. Rektor der LMU, UA-M G-XVI-19.

276 Vgl. Schreiben der Fraktion der Freien Studentenschaft an den Rektor der LMU vom 21.01.1920, UA-M G-XVI-19.

den Sitzen zu erheben und bekam angeblich nichts davon mit, dass ein einzelner Student, welcher sich nicht erhob, gewaltsam angegangen wurde.[277] Zu dieser Aktion gab es gänzlich andere Reaktionen als bei Weber. Lediglich die Freistudenten merkten an, dass wenn Webers Aussagen als unzulässige politische Einlassungen kritisiert würden, dies wohl auch für die Aussagen Molliers gelte.[278] Der Senat dagegen tadelte neben den massiven Störungen von Webers Vorlesung auch dessen Aufgreifen von politischen Tagesfragen innerhalb des Wissenschaftsbetriebes, tat sich aber sichtlich schwer auch Molliers Aufgreifen von politischen Fragen als verwerflich einzustufen.[279] Ernsthafte Konsequenzen entsprangen aus diesem Intermezzo somit für keine Seite. Weber jedoch hatte in München ab diesem Zeitpunkt einen schweren Stand, auch da das Gerücht kursierte, er sei Jude.[280] Zudem wurde an der Hochschule deutlich, dass eine liberale, republikfreundliche Einstellung unter den Studierenden in der Defensive stand und mit massivem Gegenwind der alten Korporationen sowie der Majorität der Studierenden rechnen musste, die nach dem Ende der Räterepublik und einer sich abzeichnenden Schwächung der Sozialdemokratie in Bayern zunehmend mutiger und deutlicher ihre Standpunkte vertraten.

Ausdruck hiervon war beispielsweise auch die Wiederbelebung der Reichsgründungsfeierlichkeiten am Tag der Kaiserproklamation von 1871 (18. Januar) im universitären Kontext. Diese Feierlichkeiten gingen auf eine Initiative der Studentenverbindungen zurück und hatten in München vor Kriegsende lediglich dreimal stattgefunden, bevor sie 1921 wiederbelebt wurden.[281] Insbesondere die Verbindungen begingen diese Feierlichkeiten im festlichen Rahmen und unter Beteiligung national gesinnter Persönlichkeiten in verschiedenen Kommersen, welche üblicherweise in den großen Münchner Sälen stattfanden. So nahmen etwa an den Feierlichkeiten des Münchner Waffenrings, neben dem unter Jubel empfangenen General Ludendorff, führende Persönlichkeiten der Einwohnerwehrbewegung wie Forstrat Escherich und Oberst von Epp teil.[282] Bei den Feierlichkeiten der Münchner Corps werden statt Ludendorff die Rektoren der Universitäten, Ministerpräsident Kahr, Polizeipräsident Pöhner, der spätere bayerische Innenminister Schweyer, Münchens protestantischer 2. Bürgermeister Hans Küfner (1871–1935) sowie der deutschvölkische Politiker Oberst von Xylander als anwesende Prominente aufgeführt.[283] Ein ähnliches Bild bot die Feier der Münchner Burschenschaften im Folgejahr[284] sowie des *katholischen Akademikerausschusses*, welcher am 17.

277 Vgl. Bericht von Professor Mollier an den Rektor der LMU vom 27.01.1920, UA-M G-XVI-19.

278 Vgl. Erklärung der Freien Studentenschaft vom 27.01.1920 an den Rektor der LMU, UA-M G-XVI-19.

279 Vgl. Protokoll der Senatssitzung der LMU vom 29.01.1920, UA-M G-XVI-19.

280 Zum gesamten Vorgang um Weber vgl. auch KÄSLER: Max Weber (wie Anm. 265, S. 144), S. 893f. O.A.: Eine verhinderte Vorlesung, in: MNN 73, 29 (22.01.1920), S. 3.

281 Vgl. MATTHIAS BERG: Münchner Rektorats- und Universitätsreden 1918–1933, in: CLAUDIUS STEIN (Hg.): Der rhetorische Auftritt. Redekultur an der Ludwig-Maximilians-Universität München: Rektorats- und Universitätsreden 1826–1968 (Beiträge zur Geschichte der Ludwig-Maximilians-Universität München 7), München 2016, S. 119–142, hier: S. 126.

282 O.A.: Reichsgründungsfeier des Münchner Waffenrings, in: Corpsstudentische Monatsblätter 16,3/4 (12.02.1921), S. 66.

283 O.A.: Reichsgründungsfeier der Münchener Corpsphilister, in: Corpsstudentische Monatsblätter 16,5 (15.03.1921), S. 80f.; O.A.: Reichsgründungskommers in München, in: Deutsche Korpszeitung 38,1 (5.04.1921), S. 6–10.

284 Vgl. HENNING LENTHE (Hg.): Frei in Rede – Kühn in Tat. Die Geschichte der Burschenschaft Danubia zu München Band 1, München 1998, S. 160.

Januar 1921 im Löwenbräukeller gemeinsam mit Kahr und Ludendorff die Reichsgründungsfeier beging.[285]

Neben diesen durch die studentischen Korporationen getragenen Feierlichkeiten, veranstaltete auch die LMU selbst zwischen 1921 und 1923 Reichsgründungsfeiern in ihren Räumlichkeiten. Zu diesen gehörte ganz selbstverständlich ein Aufmarsch der Fahnenabordnungen sowie eine nationale Rede. 1922 waren diese Feierlichkeiten mit dem Gedenken an die im 1. Weltkrieg verstorbenen Universitätsangehörigen verbunden. Zentrale Aspekte in den Reden anlässlich der Reichsgründungsfeierlichkeiten waren der „Vergleich der ruhmvollen Vergangenheit des Reiches mit seiner traurigen Gegenwartsgestalt", die Äußerung des „Wunsch[es] nach Wiederherstellung der alten Größe und Herrlichkeit des Reiches" sowie der „Appell an die studentische Jugend, das Verlorene wiederzuerringen".[286] Somit stellte die Münchner Universität ganz offiziell eine positive Würdigung der monarchischen Staatsform und der Tradition des deutschen Reiches in den Fokus und disqualifizierte die Ereignisse der Revolution sowie die neu errichtete Republik.

Dies wurde auch im Kontext der 450-Jahrfeier der LMU deutlich, welche 1922 aus Geldmangel im kleinen Rahmen unter Beteiligung von Ministerpräsident Lerchenfeld, Regierungspräsident Kahr, der Generäle Ludendorff, Möhl und Bothmer sowie Kronprinz Rupprecht[287] und weiterer Persönlichkeiten aus dem Hause Wittelsbach stattfand. Hier, wie bei anderen Anlässen wurde eine Beflaggung in blau-weiß sowie schwarz-weiß-rot vorgenommen und somit die damaligen Reichsfarben schwarz-rot-gold bewusst nicht gezeigt – ein delegitimatorisches Vorgehen.[288]

Besonders deutlich wird diese gesamtuniversitäre politische Richtung, wenn man auf Versuche einer positiven Würdigung der Weimarer Republik innerhalb des Kontextes der Universität blickt. Im Juli 1924 beispielsweise reagierte der Senat der Universität auf die Anfrage zur Abhaltung einer Verfassungsfeier durch republikanische Studenten[289] mit einer Absage, da zu den bisherigen drei Feierlichkeiten innerhalb der Universität, inklusive der Reichsgründungsfeierlichkei-

285 O.A.: Langobardia, in: Academia 33,11 (25.03.1921), S. 257f.; O.A.: Festkommers zur Reichsgründungsfeier, in: Unitas 61,2 (Februar 1921), S. 31.

286 KURT SONTHEIMER: Die Haltung der deutschen Universitäten zur Weimarer Republik, in: Universitätstage 1966. Nationalsozialismus und die deutsche Universität (Veröffentlichungen der Freien Universität Berlin), Berlin 1966, S. 24–42, hier: S. 30f. Vgl. auch die Reden und Berichte: ERICH MARCKS: Das Deutsche Reich. Rede zur Feier seines 50. Gedenktages. Gehalten an der Universität München, Berlin 1921; O.A.: Unseren im Weltkrieg Gefallenen. Gedächtnisfeier der Ludwig-Maximilians-Universität in München am 18. Januar 1922, München 1922; MICHAEL DOEBERL: Bayern und die Bismarckische Reichsgründung. Rede bei der Reichsgründungsfeier der Münchner Universität am 18. Januar 1923, UA-M D-X-27.

287 Kronprinz Rupprecht von Bayern (1869–1955) studierte in Berlin und München bevor er eine Militärlaufbahn einschlug. Ab 1916 setzte er sich für einen deutschen Friedensschluss ein. Nach dem Krieg war er immer wieder in Pläne involviert die bayerische Monarchie zu restaurieren. Ausführlich zu ihm vgl. DIETER J. WEISS: Kronprinz Rupprecht von Bayern (1969–1955). Eine politische Biographie, Regensburg 2007; DERS.: Ein Wittelsbacher zwischen Monarchie und Demokratie. Kronprinz Rupprecht von Bayern: ein Lebensbild, in: ULRIKE LEUTHEUSSER/HERMANN RUMSCHÖTTEL (Hg.): König Ludwig III. und das Ende der Monarchie in Bayern, München 2014, S. 67–82.

288 Vgl. MAXIMILIAN SCHREIBER: Die Ludwig-Maximilians-Universität und ihre Jubiläumsfeiern in der ersten Hälfte des 20. Jahrhunderts, in: ELISABETH KRAUS (Hg.): Die Universität München im Dritten Reich. Aufsätze. Teil 1 (Beiträge zur Geschichte der Ludwig-Maximilians-Universität München 1), München 2006, S. 479–504, hier: S. 481f.

289 Vgl. Gesuch um Hörsaalüberlassung durch Arbeitsgemeinschaft republikanischer Studenten vom 03.07.1924, UA-M D-IX-32.

ten, keinerlei Ergänzungsbedarf bestehe.[290] Bereits 1919 gedachte man die neue Verfassung lediglich im kleinen Rahmen zu würdigen und dies auch nur insofern hierzu ein ausdrücklicher Befehl der Staatsregierung vorläge.[291]

Hieran wird deutlich, wie die nach Kriegsende zunächst tonangebenden republikfreundlichen oder zumindest pragmatischen Studierenden nach und nach an den Rand des universitären Spektrums gedrängt wurden. Die Mehrheit der Professorenschaft sowie der Studentenschaft waren sich in dieser Agitation einig. Diesem konservativen Konsens suchte man auch durch das Eingehen neuer Bündnisse im Zuge des verstärkten Bedürfnisses nach Vergemeinschaftung Ausdruck zu verleihen. Hierbei gewannen im studentischen Kontext nationalrevolutionäre und völkische Ideen rasch an Einfluss, was im folgenden skizziert werden soll.

War die Etablierung von Studentenausschüssen sowie die Errichtung der *Deutschen Studentenschaft*, neben dem Versuch sich politisch Gehör zu verschaffen und die eigenen Interessen besser verwirklichen zu können, vor allem ein Ausdruck des Wunsches nach Vergemeinschaftung gewesen, so verstetigte sich dieses Bedürfnis weiterhin. Besonders wirksam wurde es unter den studentischen Korporationen, welche angesichts der veränderten Ausgangslage ihren Bestand besonders bedroht sahen. Zunächst erfolgte 1919 die Einigung der schlagenden Verbände im *Deutschen Waffenring*, dann 1920 die Etablierung des HdAs und 1921 die Einigung nahezu aller studentischen Korporationen auf eine gemeinsame Grundlage durch das *Erlanger Verbände- und Ehrenabkommen*,[292] welches von der Deutschen Burschenschaft initiiert und als „Bedürfnis unserer ganzen völkischen Einstellung und Zielsetzung" skizziert wurde.[293] In München wurde dieses Abkommen 1922 noch durch ein weiteres Abkommen ergänzt, welches Studentenschaft und Offiziersverbände auf eine gemeinsame Grundlage stellte. Das sogenannte *Münchener Abkommen* regelte alle Ehrenhändel zwischen diesen Gruppierungen.[294] Insgesamt vollzog sich damit auch eine Akzeptanz des katholischen Standpunktes, der Ablehnung des Duells mit der Waffe aus religiösen Gründen, durch die schlagenden Korporationen sowie Offiziersverbände, welcher zuvor immer wieder hinterfragt oder als minderwertig charakterisiert worden war.

Während Waffenring und Verbändeabkommen pragmatisch die Spannungen zwischen den verschiedenen Verbänden aus dem Alltag abbauten, stellte der HdA bewusst eine politische Sammlungsbewegung dar. Hier sammelte sich eine Gruppe, die zum einen eine vertiefte Form der Vergemeinschaftung auf nationaler Grundlage anstrebte, zum anderen aber auf Basis inhaltlicher Differenzen geneigt war, die gesamte deutsche Studentenschaft zu spalten. Dieser Prozess lässt sich in den nächsten Jahren auf gesamtdeutscher Ebene gut nachzeichnen und hing vordergründig mit Debatten rund um die Mitgliedschaftskriterien in den lokalen und übergreifenden Studentenschaften zusammen. In Wahrheit trafen hier jedoch auch verschiedene Vorstellungen über die zukünftige politische und gesellschaftliche Gestaltung Deutschlands aufeinander. Der national-völkische Standpunkt, welcher vornehmlich vom HdA vertreten wurde, gewann dabei zunehmend an Gewicht. Diese Spannungen führten innerhalb der *Deutschen Studentenschaft* zu erhebli-

290 Vgl. Antwortschreiben der LMU an Arbeitsgemeinschaft republikanischer Studenten vom 24.07.1924, UA-M D-IX-32.

291 Vgl. Senatsniederschrift der LMU vom 30.07.1919, UA-M D-III-93.

292 Vgl. auch HANS BOHRMANN: Strukturwandel der deutschen Studentenpresse. Studentenpolitik und Studentenzeitschriften 1848–1974 (Kommunikation und Politik 4), München 1975, S. 65.

293 Bericht des Hochschulpolitischen Ausschusses (Anlage 9), in: Sitzungs-Bericht zum Burschentag in Eisenach 1921, S. 121, DB-A B IV Burschentage.

294 Vgl. O.A.: Münchner Ehrenabkommen, in: Akademische Monatsblätter 36,1/5 (25.02.1925), S. 8; [HERMANN] HAGEN: Münchener Ehrenabkommen, in: Academia 35,5/6 (11./12.1922), S. 62f.

chen Streitigkeiten, welche auf dem Studententag in Erlangen 1921 begannen und sich über mehrere Studententage und verschiedenste Verfassungsbeschlüsse für die *Deutsche Studentenschaft* hinzogen, bis die Studentenschaften 1927 in Preußen aufgelöst wurden.[295]

Der HdA, welcher erst im Spätherbst 1920 in München eine Gruppe bilden konnte, stellte dabei eine nationale und völkische Sammelbewegung dar und kämpfte für eine *Deutsche Studentenschaft* auf national-völkischer und großdeutscher Basis. Dementsprechend wollte man die lokalen Studentenschaften Österreichs sowie weitere deutschsprachige Studentenvereinigungen inkludieren, ausländische beziehungsweise volksfremde Studenten, zu denen man beispielsweise auch Juden zählte, dagegen ausschließen.

Aus dem Mund des Medizinstudenten Werner Pankow, dem Vorsitzenden der Münchner Gruppe des HdAs, klang das dann so:

> „[Die] Bewegung des Hochschulrings deutscher Art [...] ist die studentische nationale Einheitsfront gegen jüdische, pazifistische und internationale Zersetzung unseres Volkes. Von ihrer anfänglichen Abwehrhaltung ist sie übergegangen zum Aufbau einer Gemeinschaft aller Deutschstämmigen, Überbrückung der sozialen Gegensätze, Pflege nationaler Gesinnung, Arbeit für die Heimkehr der losgerissenen und von uns getrennten Deutschen im Reich und Hinführung der Jugend aus vergiftender parteipolitischer Beeinflussung zum überpersönlichen Wirken an den Zielen unseres Volkes."[296]

Eng mit dem nationalen und völkischen Gedanken verbunden war beim HdA somit auch der soziale Gedanke, indem man glaubte in der Volksgemeinschaft die aktuellen sozialen Probleme und Klassengegensätze überwinden zu können. Die Gründung der Münchner Gruppierung erfolgte daher beispielsweise auf einer von Fritz Beck initiierten sozialstudentischen Tagung der *deutschen Studentenschaft* unter Beteiligung der Burschenschaften, Katholiken und einiger national eingestellten Freistudenten, während sich andere Studentenverbindungen wie die Corps erst später anschlossen. Somit gingen soziales und völkisches Programm im HdA eine enges Bündnis ein.[297]

Bezüglich der konkreten Ausgestaltung dieser klaren völkischen Ausrichtung des HdAs bestand jedoch keine Einigkeit innerhalb des HdAs. Dies lag zu einem erheblichen Teil am Einfluss national-konservativer Kräfte aus BMP und BVP. Aus diesem Grund rechnet der Historiker Breuer den HdA auch nicht gänzlich dem völkischen Spektrum zu.[298] Seine Ziele suchte der HdA hauptsächlich durch politische Betätigung innerhalb der organisierten Studentenschaft, Vernetzung untereinander und mit weiteren nationalen Vereinigungen sowie durch nationale Erziehung beziehungsweise Bildung zu erreichen. Hierzu hielt man beispielsweise

---

295 Vgl. zu diesem Verfassungsstreit innerhalb der Deutschen Studentenschaft: SCHWARZ: Studenten in der Weimarer Republik (wie Anm. 255, S. 141), S. 232–276; JARAUSCH: Deutsche Studenten (wie Anm. 73, S. 30), S. 141–151.

296 O.A.: Hochschulring Deutscher Art München, in: Deutsche Hochschulzeitung 14,1 (10.01.1922), S. 9.

297 Vgl. STUDENTENHAUS MÜNCHEN (Hg.): Die Sozial-Studentische Arbeit. Niederschrift der Sozial-Studentischen Tagung vom 5. und 6. November 1920 in der Ludwig-Maximilians-Universität München, München 1920, S. 48; ALTHERRENVERBAND DER BURSCHENSCHAFT DANUBIA IN MÜNCHEN (Hg.): Geschichte der Burschenschaft Danubia München Bd. 2 (wie Anm. 112, S. 69), S. 46.

298 Vgl. BREUER: Die Völkischen in Deutschland (wie Anm. 31, S. 103), S. 209f.

sogenannte *Vaterländische Abende* ab, zumeist in Kooperation mit anderen nationalen Organisationen wie beispielsweise dem *Bayerischen Ordnungsblock*.[299]

Per kooperativem Beitritt waren dem HdA nahezu alle studentischen Korporationen, insbesondere diejenigen des Waffenrings, beigetreten. Die meisten dieser Korporationen machten sich dabei ähnlich der *Deutschen Burschenschaft* nach und nach den völkischen Standpunkt zu eigen.[300] Aus dem Korporationswesen lehnte lediglich der UV bereits 1920 die Zusammenarbeit mit dem HdA ab und sprach sich im Juni 1922 für eine prinzipielle Ablehnung desselben aus, während im KV die Mitgliedschaft den einzelnen Verbindungen überlassen wurde.[301] In München entschieden sich die meisten KV-Verbindungen dabei im Laufe des Jahres 1922 für eine aktive Mitarbeit im HdA, wobei besonders die *Rheno-Bavaria* durch aktive Mitarbeit im Vorstand der Münchner Gruppierung auffiel.[302]

Katholische Verbindungen, vor allem diejenigen des CV, schlossen sich dabei dem HdA aufgrund der von diesem propagierten und verheißenen Volksgemeinschaft, dem Ideal der parteipolitischen und konfessionellen Neutralität, einer strikten Ablehnung des Bolschewismus sowie der Bejahung des großdeutschen Gedankens an. Insofern teilte man einige völkische Ideale und erachtete eine nationalpolitische Erziehung für die eigene Zukunft als wesentlich. Dementsprechend arbeiteten die katholischen Münchner Verbindungen auch in den Führungsgremien des HdA in Bayern sowie in München mit.[303]

Bei der Professorenschaft dagegen war die politische Tätigkeit des HdA innerhalb der Universität Münchens nicht unumstritten. Obwohl am 26. November 1920 noch die Gründung der Münchner HdA-Gruppe in Universitätsräumlichkeiten erfolgt war, verweigerte der Senat im Juni und Juli 1921 dem HdA auf Basis seiner politischen Ausrichtung seine Räumlichkeiten für Vorträge und Veranstaltungen und bat derlei Veranstaltungen durch den AStA organisieren zu lassen,[304] was dieser dann auch bereitwillig tat.[305] Knapp ein halbes Jahr später dagegen beschäftigte der Senat sich erneut mit der Überlassung von Hörsälen und beschloss hier grundsätzlich restriktiver wie bisher vorzugehen, dabei jedoch „auf der anderen Seite für Bestrebungen der Universität selbst, ihrer Lehrer oder Studenten, wie z. B. auch für allgemeine vaterländische Bestrebungen, mehr Spielraum als bisher zu geben“. Hierunter verstand man auch, dass dem HdA Räume überlassen würden, sofern „er sich von Antisemitismus innerhalb und ausserhalb der Universität fernhalte“.[306] In der Folge fanden, ohne dass eine Einhaltung der genannten Be-

299 Vgl. z. B. Bericht über Vaterländischen Abend am 27.05.1921: O.A.: Bericht von den Aktiven, in: Bundeszeitung der Burschenschaft Guelfia 1,9 (1921), S. 65.

300 So ließ die Deutsche Burschenschaft bereits 1920 verlauten: „Die Buschenschaft steht auf dem Rassenstandpunkte, deshalb dürfen nur deutsche Studenten arischer Abstammung, die sich offen zum Deutschtum bekennen, in die Burschenschaft aufgenommen werden. Die Burschenschaft verpflichtet sich aufs neue, ihre Mitglieder zu völkischem Bewußtsein zu erziehen.“ Bericht über den Deutschen Burschentag 1920, in: Burschenschaftliche Blätter 34,6 (3.09.1920), S. 92–95.

301 Vgl. SCHWARZ: Studenten in der Weimarer Republik (wie Anm. 255, S. 141), S. 241–244 und 264.

302 Vgl. KSTV RHENO-BAVARIA MÜNCHEN (Hg.): Einhundert Jahre KStV Rheno-Bavaria München. 23. Mai 1903–2003. Ein geschichtliches Lesebuch, München 2003, S. 37f.

303 Vgl. PETER STITZ: Der CV 1919–1938. Der hochschulpolitische Weg des Cartellverbandes der katholischen deutschen Studentenverbindungen (CV) vom Ende des 1. Weltkrieges bis zur Vernichtung durch den Nationalsozialismus (Der Weisse Turm. Zeit- und Lebensbilder aus dem katholischen Studententum 4), München 1970, S. 44.

304 Vgl. Senatsniederschrift der LMU vom 1.06.1921, UA-M D-III-94.

305 Vgl. Vortrag des indischen Dichters Tagore, UA-M G-III-4e Bd. 3.

306 Vgl. Senatsniederschrift der LMU vom 19.11.1921, UA-M D-III-95.

dingung nachgewiesen war, einige Vorträge in den Räumlichkeiten der Universität statt, unter anderem im Februar 1922 ein Vortrag des bekannten Historikers und Rechtskatholiken Martin Spahn über die Freiheitskämpfe der Völker.[307]

Treffend charakterisierte die sozialdemokratische *Münchener Post* den HdA als „deutschmonarchistisch", völkisch, in München auf „rücksichtslose Bekämpfung der Sozialdemokratie" ausgerichtet, wobei man hierunter „in Wirklichkeit alles, was sich republikanisch nannte", subsumiert habe, und somit letztlich als „reaktionär". Realistisch resümierte die Zeitung, dass diese Einstellung von der Mehrheit der Studentenschaft geteilt würde und hierbei antisemitische Propaganda sowie wirtschaftliche Not eine entscheidende Rolle spielen würden.[308]

Diese klare politische Verordnung wurde jedoch von einem Großteil der Mitglieder des HdA sowie der Universität entweder nicht wahrgenommen oder nicht als problematisch eingestuft. Diese betrachteten den HdA vielmehr als vaterländische, überparteiliche und somit zu begrüßende Vereinigung. Der HdA nahm dabei nicht nur quantitativ eine bedeutsame Rolle an der Hochschule ein, sondern wurde auch gegenüber demokratischen oder sozialistischen Studentenvereinigungen bevorzugt. Dies kam etwa zum Tragen, wenn diese bei der Universität eine Gleichberechtigung in der Nutzung von Räumlichkeiten einforderten, welche ihnen jedoch auf der Basis ihrer politischen Ausrichtung stets versagt wurde.[309]

Die Freistudenten, der *Klub demokratisch gesinnter Studenten*, sowie die verschiedenen sozialistischen Gruppierungen (*Gruppe sozialistischer Akademiker*, *Gemeinschaft sozialistischer Studenten* und *Sozialistische Studentenschaft*), welche in München parteiübergreifend sozialistische Studenten zu einigen versuchten – jedoch nach der Niederschlagung der Räterepublik nie mehr als 100 Mitglieder vereinten –,[310] konnten in Münchens akademischen Kreisen kaum Fuß fassen. Selbst das *Reichskartell Deutscher Republikanischer Studenten*, welches im August 1922 nach dem Mord an Außenminister Rathenau die demokratische Minderheit der Studierenden gegen republikfeindliche Agitationen einte und in München eine kurzlebige Zentralstelle bildete, spielte insofern an der Universität nur eine marginale Rolle.[311]

Anders sah die Lage wie bereits erwähnt für die örtliche Münchner Studentengruppe des DVSTBs[312] aus, die mit 1800 Mitgliedern bereits im Juli 1920 ungefähr 20% der Studierenden in ihren Reihen vereinigte. Kurz nach der Gründung wurde diese Gruppierung vom Senat der LMU als neue studentische Organisation akzeptiert, während in derselben Sitzung die Zulassung einer sozialistischen Studentengruppe abgelehnt wurde.[313] Die Mitglieder der studentischen Ortsgruppe des DVSTBs „zählten zu der Avantgarde des völkischen Gedankens in der Universität und waren wesentlich dafür mitverantwortlich, daß Antisemitismus und Arierparagraph aus den politischen Diskussionen der Studenten nicht verschwanden und Eingang in die Korporationen und Studentenverbände fanden."[314] Maßgeblich hierfür verantwortlich war der Initiator dieser Gruppierung, der Student und Burschenschafter Karl Braßler. Dieser warb im *Völkischen Beobachter* für die

307 Vgl. Vortrag Martin Spahns am 13.02.1922, UA-M G-III-4c, Bd. 35.
308 Vom deutschmonarchistischen „Hochschulring Deutscher Art", in: MP 36,9 (12.01.1922), S. 2f.
309 Vgl. zu den immer wiederkehrenden Debatten: UA-M G-III-4c Bd. 0 Unterakt I.
310 Vgl. FRANZ WALTER: Sozialistische Akademiker- und Intellektuellenorganisationen in der Weimarer Republik (Reihe Politik- und Gesellschaftsgeschichte 22), Bonn 1990, S. 58f.
311 Vgl. EBD., S. 70f.
312 Zu dieser vgl. auch LOHALM: Völkischer Radikalismus (wie Anm. 91, S. 112), S. 167–169.
313 Vgl. Senatsniederschrift der LMU vom 30.07.1919, UA-M D-III-93.
314 LOHALM: Völkischer Radikalismus (wie Anm. 91, S. 112), S. 167f.

studentische Neugründung[315] und setzte sich in diesem Blatt sowie in der *Deutschen Burschenschaft* erfolgreich für die Ausschließung von Juden sowie die Verbreitung des Antisemitismus ein.[316] Recht bald trug dieses Gedankengut in den Münchner Studentenverbindungen Frucht, indem dort antisemitische Vorträge mit pseudowissenschaftlichen Anstrich zum Alltagsgeschäft wurden.[317]

Trotz der großen Reichweite der Gruppe und Bündnissen mit *Fichte-Hochschulgruppe, Nationaler Finkenschaft* sowie einigen Studentenverbindungen, welche auch korporativ dem DVSTB beitreten konnten, spielte die Gruppe ab 1922 kaum noch eine Rolle, da eine reichsweite Organisation scheiterte, Braßler nach einem Verfahren wegen Erpressung von der Bildfläche verschwand und andere Gruppierungen wie beispielsweise der HdA sich die antisemitischen und völkischen Forderungen zu eigen gemacht hatten und so dessen Funktion übernahmen.[318]

Somit wird am Beispiel des HdAs sowie des DVSTBs und ihrer Stellung innerhalb der Universität die politische Ausrichtung der Universität und letztlich der akademischen Kreise Münchens sehr deutlich.

Nach der Niederschlagung der Räterepublik sowie der Unterzeichnung des Friedensvertrags von Versailles gerieten die Akademiker zunehmend in Distanz zur Sozialdemokratie sowie zur neuen demokratischen und republikanischen Staatsform, welche als eine mögliche politische Richtung wahrgenommen und als solche zumeist abgelehnt wurde.[319] Hiergegen ersehnte man eine nationale Vergemeinschaftung gemäß der vermeintlich im Krieg geglückten überkonfessionellen, überparteilichen sowie milieuübergreifenden Kriegsgemeinschaft von 1914. Diese „Flucht ins Überparteilich-Nationale ließ [...] die demokratischen Grundlagen des politischen Lebens mißachten".[320] Jede Bewegung, die sich gegen den Bolschewismus und für nationale Ideen aussprach, konnte sich in akademischen Kreisen daher tendenziell großer Beliebtheit erfreuen. Daneben wurde die zunehmend nationale Ausrichtung der Akademiker auch durch Militär, Adel und wirtschaftsbürgerliche Kreise mitgetragen und ab März 1920 konnte sie sich auch auf die bayerische Regierung stützen. National-konservative und völkische Agitationen wurden nun in München auf akademischer sowie staatlicher Ebene gefördert und gegenüber demokratischen und sozialistischen Agitationen auch rechtlich begünstigt. Einig war man sich hier vor allem in der Ablehnung des Status quo und ersehnte eine, wie auch immer geartete Wiedergeburt Deutschlands aus dem empfundenen und wahrgenommenen Niedergang. Große Uneinigkeit dagegen bestand über die zukünftige Ausrichtung.

315 KARL BRASSLER: Kommilitonen der Universität und der Techn. Hochschule, die ihr deutscher und germanischer Abstammung seid!, in: VB 33,33 (6.08.1919), S. 3.

316 O.A.: Hochschulnachrichten, in: VB 33,35 (13.08.1919), S. 4; KARL BRASSLER: Die Revolutionsmacher, in: Ebd. 33,60 (8.11.1919), S. 2.

317 So berichtet beispielsweise SCHNELLER: 3. Friedensbericht der Burschenschaft Guelfia vom 25.08.1919, S. 7, DB-A 339, dass ein wissenschaftlicher Vortrag des DVSTBs vom 18. August das „gespannte Interesse aller Bundesbrüder" geweckt habe und sich mit dem „Kernproblem in der Judenfrage auseinandergesetzt habe".

318 Vgl. LOHALM: Völkischer Radikalismus (wie Anm. 91, S. 112), S. 169.

319 Vgl. BLEUEL/KLINNERT: Deutsche Studenten auf dem Weg ins Dritte Reich (wie Anm. 244, S. 139), S. 56f.

320 SONTHEIMER: Die Haltung der deutschen Universitäten zur Weimarer Republik (wie Anm. 286, S. 147), S. 33.

1.4 Restaurative Alternativen zur Weimarer Reichsverfassung

Ein wesentliches Moment der reichs- und republikskeptischen oder gar feindlichen Kräfte war die Orientierung am Föderalismus und/oder Monarchismus. Insbesondere in konservativen Kreisen spielte eine solche Ausrichtung eine bedeutsame Rolle.

1.4.1 Föderalistische Bestrebungen

Federführend in den föderalistischen Bestrebungen waren BB, BVP und BMP, wobei BVP und BMP auch monarchistische Kräfte in ihren Reihen sammelten und die BMP dezidiert monarchistisch ausgerichtet war.[321] Die Monarchisten sammelten sich daneben zumeist noch im *Bayerischen Heimat- und Königsbund*.

Anlass zum Föderalismus gaben den Bayern dabei der bereits im Krieg zunehmende Zentralismus der Berliner Reichsregierung und eine damit einhergehende Angst, aus dem protestantischen Preußen benachteiligt zu werden. Durch die Weimarer Reichsverfassung verlor Bayern viele seiner Reservat- und Sonderrechte, beispielsweise die eigene Post, Eisenbahn oder Militärhoheit. Als das Reich dann, den Gegebenheiten des verlorenen Krieges sowie den daraus resultierenden Reparationen entsprechend, im Rahmen der Erzbergerschen Finanzreform 1919/20 auch die Steuerhoheit von den Ländern übernahm,[322] regte sich vermehrt Widerstand.[323]

Während auch die Regierungen Eisner und Hoffmann danach strebten, bayerische Interessen gegenüber dem Reich zu vertreten, nahmen derlei Bestrebungen durch den *Bayerischen Ordnungsblock* und die BVP geführten Regierungen deutlich zu. Sie richteten sich dann auch bewusster gegen die Berliner Reichsregierung und die von ihr vertretene Politik, welche man als Gefahr für Bayern und das Reich betrachtete.

Bereits im April 1920 berichtete die Preußische Gesandtschaft über die sich mit der Regierung Kahr etablierenden Zustände aus München:

> „Sie [die Unterstützer der Regierung Kahr] realisieren, daß der neue Kurs in Bayern nicht sehr viel praktische Bedeutung haben wird, da der Schwerpunkt der politischen Begebenheiten ja nicht in München, sondern in Berlin liegt. Aus dieser Feststellung folgt zwangsläufig der Wunsch, die Berliner Vorherrschaft abzuschütteln. Redensarten wie ‚Wir haben keine Lust, uns weiter von Berliner Juden und Bolschewisten regieren zu lassen' oder ‚Wir sind zwar reichstreu, wenn es aber so weitergeht, könnte Bayern schon aus Selbsterhaltungstrieb gezwungen werden, sich vom Reiche zu trennen', sind heute allenthalben an der Tagesordnung."[324]

Als Träger dieser föderalistischen und teils separatistischen Ideen identifizierte der preußische Gesandte Zech neben der ländlichen Bevölkerung zunehmend das städtische Bürgertum und insbesondere den *Bayerischen Ordnungsblock*, welcher in diesem Sinne Propaganda betreibe. Daher hielt er fest: „Dieses ständige gehässige Mäkeln an allem, was von Berlin aus geschieht, ist ein äußerst gefährliches Spiel

321 Vgl. Bericht Nr. 130 des württembergischen Gesandten Carl Moser von Filseck vom 23.06.1920 über die Versammlung der BMP, in: WOLFGANG BENZ (Hg.): Politik in Bayern 1919–1935. Berichte des württembergischen Gesandten Carl Moser von Filseck (Schriftenreihe der Vierteljahrshefte für Zeitgeschichte 22/23), Stuttgart 1971, S. 61.

322 Zur Finanzreform vgl. CHRISTOPH PALMER: Reichsfinanzreform (Weimarer Republik), in: HLB (2018).

323 Vgl. BENZ: Süddeutschland in der Weimarer Republik (wie Anm. 210, S. 132), S.185–188.

324 Bericht der Preußischen Gesandtschaft Münchens an das Auswärtige Amt vom 6.04.1920, Dok. Nr. 18, in: VOGT: Das Kabinett Müller I (1920) (wie Anm. 126, S. 117).

mit dem Feuer. Die Verbindung zwischen Nord und Süd wird gelockert und eine Atmosphäre geschaffen, die die vernunftgemäße Überlegung immer mehr zurückdrängt."[325]

Treffend hatte man also hier bereits erkannt, dass der bayerische Föderalismus, welcher verbal teils auch zum Separatismus neigte, vornehmlich politischer Natur war. Zum einen galt es die eigene konservative Politikrichtung zu stärken und die hierfür nötigen Machtmittel zu erhalten, was durch die im Reich regierende SPD massiv hinterfragt wurde. Zum anderen dienten diese Agitationen auch dazu, ein regionales Vergemeinschaftungsgefühl gegenüber einer vermeintlich feindseligen, zumindest aber bayerischen Interessen gegenüber negativ gezeichneten, Reichsregierung zu etablieren. Insofern diente der Föderalismus, neben der Verwirklichung bayerischer Interessen, auch als Vehikel der konservativen Politik von BVP und BMP. Daneben entsprach er dem Versuch, Bayern als eigenständiges Gebilde zu stärken und konnte aus dem katholischen Subsidiaritätsprinzip begründet werden. Der bayerische Föderalismus war, gemäß dem Berliner Historiker Benz, „das Bestreben, den jeweiligen status quo ante zu halten und gegen alle Unitarisierungstendenzen abzusichern. Eine über die eigenen Interessen hinausführende Föderalismuskonzeption hat man in Bayern nie zu entwickeln versucht."[326]

Diesen Ansätzen folgend trachtete die BVP danach, die Eigenständigkeit Bayerns gegenüber Berlin sowie eine großdeutsche Ausrichtung zu betonen und schrieb sich ins Parteiprogramm: „Berlin darf nicht Deutschland werden und Deutschland nicht Berlin. [...] In diesem Sinne fordern wir: Bayern den Bayern. [...] Den Anschluß unserer deutschen Brüder in Böhmen und in den deutschösterreichischen Ländern an den deutschen Staatenbund begrüßen und fördern wir auf das allerwärmste."[327]

Daneben versuchte man in Bayern verstärkt, die großdeutsche Lösung, insbesondere die Angliederung Österreichs voranzutreiben. Diesbezüglich hatte der Führer der katholischen Bauernbewegung, Georg Heim (1865–1938), bereits im November 1918 Verhandlungen mit dem Tiroler Landeshauptmann aufgenommen.[328] Zu Beginn bestand hier ein sehr enges Bündnis mit dem protestantischen Grafen Karl Bothmer, der jedoch später zur *Bayerischen Königspartei* wechselte. Ähnliches galt auch für den Katholiken Dietrich Eckart, den späteren Mentor Hitlers, mit welchem Bothmer durch die gemeinsame Arbeit für die Zeitschrift *Auf gut Deutsch* verbunden war.[329] Diese vaterländisch gesinnten Personen traten für einen föderalistischen-ständischen Staatsgedanken ein, welcher ein Bollwerk gegen das vermeintlich bolschewistische Berlin und die Übermacht Preußens bilden sollte.[330] Hierfür nahm diese Gruppe auch Kontakte zu separatistischen Kreisen im Rheinland auf, welche dezidiert eine Lossagung von Preußen vorantrieben.[331]

325 Bericht der Preußischen Gesandtschaft Münchens an das Auswärtige Amt vom 6.04.1920, Dok. Nr. 18, in: VOGT: Das Kabinett Müller I (1920) (wie Anm. 126, S. 117).

326 BENZ (Hg.): Politik in Bayern 1919–1935 (wie Anm. 321, S. 153), S. 10.

327 GENERALSEKRETARIAT DER BAYERISCHEN VOLKSPARTEI (Hg.): Im Zeichen des Föderalismus. Programme und Programmatisches der Bayerischen Volkspartei, München 1924, S. 6f.

328 Vgl. FENSKE: Konservativismus und Rechtsradikalismus in Bayern nach 1918 (wie Anm. 140, S. 74), S. 113–116.

329 Eckart soll auch am 13. März 1920 Heim in Regensburg zwecks einer konservativen Regierungsübernahme aufgesucht haben. Vgl. BENZ: Süddeutschland in der Weimarer Republik (wie Anm. 210, S. 132), S. 272.

330 Vgl. EBD., S. 276f.

331 Zur Zusammenarbeit Heims mit Bothmer und Separatisten vgl. FENSKE: Konservativismus und Rechtsradikalismus in Bayern nach 1918 (wie Anm. 140, S. 74), S. 116–122.

Dieses Bündnis zerbrach jedoch schnell wieder angesichts auseinanderstrebender Ideale bezüglich Antisemitismus und parteipolitischer Ausrichtung.[332]

Derartige bayerische Alleingänge aus den Reihen der BVP waren, wie auch bereits anhand der Einwohnerwehren skizziert, keine Einzelfälle und sorgten für eine zunehmende Frontstellung zwischen Bayern und der Reichsregierung in Berlin. So kam es beispielsweise zu Konflikten um die diplomatische Vertretung des Reiches. Trotz diesbezüglich klarer Regelungen in der Reichsverfassung suchte Bayern hier den Vorkriegsstatus zu bewahren.[333] Als im Juli 1920 die französische Regierung um die Errichtung einer Botschaft in München ersuchte, protestierte man zwar energisch hiergegen, vertrat jedoch mit Kahr die Meinung, man könne diesen Wunsch nicht verwehren.[334] Kahr garantiere, dass hierdurch die Reichseinheit nicht gefährdet werde, konnte sich jedoch nicht verkneifen anzumerken, dass diese allerdings durch „die Anwesenheit des Bolschewismus in Berlin“ zerbrechen könnte.[335] Obwohl der Schritt die Reichsregierung verstimmte, wurde am 16. Juli 1920 der französische Gesandte Emil Laurent Dard in München akkreditiert. Ähnliche Versuche Frankreichs bezüglich der Beförderung föderalistischer und separatistischer Tendenzen in Bayern lassen sich hinsichtlich der Einwohnerwehraffäre ausmachen.[336] So fasste der preußische Gesandte Zech die Angelegenheit treffend folgendermaßen zusammen:

> „So kommt es, daß die Lockungen französischer Agenten, wenn sie als Gegengabe gegen die Lostrennung Bayerns Entgegenkommen in der Entwaffnungsfrage in Aussicht stellen, selbst in solchen Kreisen auf fruchtbaren Boden fallen, die sonst mit Separatismus nichts zu tun haben wollen; und dies um so mehr, als die Überzeugung hier sehr weit verbreitet ist, Norddeutschland werde doch dem Bolschewismus zum Opfer fallen, und dann könne Bayern nur durch eine möglichst starke bewaffnete Macht in der Hand der bürgerlichen Organisationen vor der Ansteckung bewahrt werden.“[337]

Hier schwang der starke Idealismus und Sendungsgedanke Kahrs und des *Ordnungsblocks* mit. Man ging davon aus, dass nur aus Bayern und mit den Ideen und Mitteln der BVP beziehungsweise der national-konservativen Mehrheit ein Wiedererstarken Deutschlands gelingen konnte. Als Keimzelle erachtete man hierfür die Wehrverbände sowie die bayerische Politik. Zur Sicherung dieser Kräfte sowie zur Schwächung linksgerichteter Kräfte in Deutschland war man daher auch bereit, gemeinsam mit der Entente zu agieren und zur Not zumindest zeitweise eine Separation Bayerns vom Reich vorzunehmen. Dieses Thema war auch regelmäßiger Diskussionsgegenstand in der *Vereinigung geistiger Arbeiter* in der BVP

332 Vgl. EBD., S. 116f. und 122.

333 Vgl. BENZ: Süddeutschland in der Weimarer Republik (wie Anm. 210, S. 132), S. 221f. und S. 234–249.

334 Vgl. ANDREA M. MÜLLER: Die französische Gesandtschaft in München in den Jahren der Weimarer Republik. Französische Politik im Spiegel der diplomatischen Berichterstattung (Miscellanea Bavarica Monacensia 184), München 2010, S. 53–55.

335 Aufzeichnung des Reichsaußenministers über seine Unterredungen mit dem französischen Botschafter Emile Laurent Dard und dem bayerischen Ministerpräsidenten von Kahr über die Ernennung eines französischen Gesandten in München vom 3.07.1920, Dok. Nr. 12, in: WULF: Das Kabinett Fehrenbach (1920/21) (wie Anm. 206, S. 132).

336 Vgl. MÜLLER: Die französische Gesandtschaft in München in den Jahren der Weimarer Republik (wie Anm. 334), S. 134–136, 145f., 200–206 und 211–222.

337 Bericht der Preußischen Gesandtschaft Münchens an das Auswärtige Amt vom 23.08.1920, Dok. Nr. 55, in: WULF: Das Kabinett Fehrenbach (1920/21) (wie Anm. 206, S. 132).

sowie innerhalb der BVP selbst.[338] Auch Georg Heim war in separatistische Planungen und diesbezügliche Absprachen mit Frankreich verstrickt.[339] Im Rahmen der zunehmenden Nationalisierung des bayerischen Klimas, der durch Frankreich aufoktroyierten harten Friedensbedingungen und der erzwungenen Auflösung der Wehrverbände kühlte diese Stimmung und mit ihr der Separatismus in Bayern jedoch merklich ab.[340] Dies wohl auch, da BVP und BMP die Lage realistisch einschätzten und wussten, dass die bayerische Eigenstaatlichkeit weder praktikabel noch von der Bevölkerung gewünscht war.[341]

Dennoch suchte man nach Wegen die Unabhängigkeit Bayerns vom Reich zu wahren und nutzte hierfür regelmäßig Sondergesetze und Ausnahmezustände, was zu Konflikten mit der Reichsregierung führte. Basis hierfür war die nach Art. 48 der Weimarer Reichsverfassung auch den Landesregierungen zukommende Möglichkeit, „bei Gefahr im Verzug“ sogenannte Notverordnungen zu erlassen. Hierbei kam jedoch dem Reichspräsidenten oder dem Reichstag eine Kontrollfunktion zu, die diese Verordnungen der Länder aufheben konnten. In Bayern wurde auf dieser Basis der Kriegszustand am 1. Dezember 1919 durch Ausnahmeverordnungen ersetzt, welche beispielsweise den Fortbestand der Volksgerichte und die Möglichkeit der Schutzhaft sicherten ansonsten jedoch „im politischen Leben Bayerns bis zum Kapp-Putsch keine große Rolle [spielten.]“[342]

Während die Übernahme der Regierung durch Kahr und die mit der Entwaffnung der Arbeiter einhergehende Beendigung des Generalstreiks in Bayern eigentlich die Basis für einen Fortbestand von Notverordnungen gegen linke Umstürze eliminierte, erließ die neue Regierung vornehmlich aus populistischen Gründen neue Ausnahmegesetze.[343] Diese Verordnungen vom 20. März, 8. April und 25. Oktober 1920 dienten vor allem der Ausweisung von unliebsamen Ausländern wie Ostjuden,[344] der Propagierung eines energischen Vorgehens der Regierung gegen Preistreiberei und schufen Mittel zum Vorgehen gegen die Kahr nicht genehme Presse sowie Personen und Veranstaltungen. Insofern stärkte die Regierung Kahr hier durch Sondergesetzgebungen, die nicht auf eine konkrete Gefahr reagierten, den eigenen Standpunkt. „Das Ausnahmerecht wurde in Bayern [dabei] in den Jahren 1920 und 1921 vorwiegend gegen die radikale Linke angewendet.“[345] Daraufhin regte sich ernsthafterer Widerstand aus der Reichsregierung, die eine derartig weite Auslegung des Notverordnungsrechtes durch Kahr kritisch hinterfragte und die Wucherverordnung am 1. Januar 1921 durch ein eigenes Gesetz

338 Vgl. Bericht Nr. 135 des württembergischen Gesandten Carl Moser von Filseck vom 26.06.1920, in: BENZ (Hg.): Politik in Bayern 1919–1935 (wie Anm. 321, S. 153), S. 62.

339 Vgl. MÜLLER: Die französische Gesandtschaft in München in den Jahren der Weimarer Republik (wie Anm. 334, S. 155), S. 42–48; Bericht Nr. 151 des württembergischen Gesandten vom 9.07.1920, in: BENZ (Hg.): Politik in Bayern 1919–1935 (wie Anm. 321, S. 153), S. 64.

340 Vgl. Bericht Nr. 85 des württembergischen Gesandten vom 3.03.1922, in: DERS. (Hg.): Politik in Bayern 1919–1935 (wie Anm. 321, S. 153), S. 92.

341 Vgl. auch SPERL: Wirtschaft und Staat in Bayern (wie Anm. 23, S. 101), S. 408.

342 THOMAS LANGE: Bayern im Ausnahmezustand 1919–1923. Zur politischen Funktion des bayerischen Ausnahmerechts in den ersten Jahren der Weimarer Republik, München 1989, S. 81.

343 Vgl. EBD., S. 88.

344 Zur Ausweisung der etwa 300 jüdischen Familien aus Bayern und dem Wiederaufgreifen dieser Politik durch Kahr 1923 vgl. HEIKE SPECHT: Zerbrechlicher Erfolg, in: RICHARD BAUER (Hg.): Jüdisches München. Vom Mittelalter bis zur Gegenwart, München 2006, S. 137–160, hier: S. 148f.

345 LANGE: Bayern im Ausnahmezustand 1919–1923 (wie Anm. 342), S. 120.

ersetzte.[346] Auch wenn Kahr auf der Rechtmäßigkeit der eigenen Verordnungen bestand und verfassungsmäßig gerechtfertigte Bemühungen der Reichsregierung zur Einschränkung des Notverordnungsrechts zurückwies, nahm er die bayerische Wucherverordnung zurück.[347]

Zum ernsthaften Konflikt kam es dann, wie bereits angerissen, um die im Rahmen des Erzbergermordes am 29. August 1921 erlassene Notverordnung des Reichspräsidenten, welche sich erstmals dezidiert gegen rechtsradikale und völkische Elemente richtete und den seit 1919 fortbestehenden bayerischen Ausnahmezustand zu ersetzen suchte. Dies stieß naheliegenderweise auf Ablehnung bei den vaterländischen Verbänden Bayerns sowie den bayerischen Regierungsparteien und führte zum Protest gegen diese Verordnung. Der eigene Ausnahmezustand und insbesondere die Schutzhaft stellte man als absolute Notwendigkeiten dar und monierte vornehmlich die Nichtbeteiligung Bayerns bei der Erarbeitung der Gesetze, die starke Ausrichtung gegen rechts und die Eingriffe in die Polizeihoheit der Länder.[348] Obwohl die Reichsregierung Kompromissbereitschaft zur Anpassung der Verordnung signalisierte, war Kahr nicht gewillt, nach der Einwohnerwehraffäre erneut nachzugeben. Auf dieser Basis bemühte man sich um eine Nichtanwendung der Verordnung innerhalb Bayerns und brach damit bewusst die Reichsverfassung, um vermeintliche bayerische Interessen zu wahren.[349] Die BVP war, trotz grundsätzlichem Einverständnis mit den Forderungen Kahrs, jedoch nicht gewillt, diesen eskalativen und kompromisslosen Kurs Kahrs und der BMP weiter mitzutragen. Dies führte schließlich, zum Bedauern der BVP, zum Rücktritt Kahrs, Justizminister Roths und des Münchner Polizeipräsidenten Pöhner.[350] Mit der neuen konzilianten Regierung Lerchenfeld gelang dann ein Kompromiss in Sinne der BVP. Die Reichsverordnung wurde an bayerische Bedürfnisse angepasst und im Gegenzug der bayerische Ausnahmezustand aufgehoben. In der Praxis änderte sich dadurch nur sehr wenig an der rechtslastigen Exekutive und Judikative in Bayern.

Im Rahmen der Ermordung Rathenaus wiederholte sich dieser Konflikt zwischen Bayern und dem Reich. Wieder kam es in Bayern zu Protesten, da man nicht konsultiert worden sei, sich die Verordnung einseitig gegen rechts und nicht auch gegen nicht-gewalttätige Republikgegner richte und man Eingriffe in die eigenen Hoheitsrechte insbesondere der Justiz, durch den neuen Staatsgerichtshof zum Schutz der Republik, befürchtete. Mit diesen Begründungen brachten BVP und BMP Interpellationen im Landtag ein.[351] Ministerpräsident Lerchenfeld machte sich diesen Standpunkt seiner Partei weitgehend zu eigen, wenngleich er Verhandlungsbereitschaft signalisierte.[352] Dementsprechend hatte Innenminister Schweyer bereits am 26. Juni, also unmittelbar nach Gesetzeserlass, die bayerischen Behörden angewiesen, bei Anwendung der Reichsverordnung sein Ministerium zu infor-

346 Vgl. Reichskanzler an das Bayerische Außenministerium (Kahr) vom 11.11.1920, Dok. Nr. 110, in: WULF: Das Kabinett Fehrenbach (1920/21) (wie Anm. 206, S. 132).

347 Vgl. Kahr an den Reichskanzler vom 9.01.1921, Dok. Nr. 150, in: EBD.

348 Vgl. Verhandlungen zur Republikschutzverordnung mit der bayerischen Sonderkommission am 7.09.1921, Dok. Nr. 81, in: SCHULZE-BIDLINGMAIER: Die Kabinette Brüning I und II (1921/22), Bd. 1 (wie Anm. 223, S. 134).

349 Vgl. HANS HINTERBERGER: Unpolitische Politiker? Die bayerischen „Beamtenministerpräsidenten“ 1920–1924 und ihre Mitverantwortung am Hitlerputsch, Regensburg 2016, S. 168; LANGE: Bayern im Ausnahmezustand 1919–1923 (wie Anm. 342), S. 131–136.

350 Vgl. HINTERBERGER: Unpolitische Politiker? (wie Anm. 349), S. 176.

351 Vgl. Landtagsverhandlungen am 28.06.1922, in: BAYERISCHER LANDTAG: Verhandlungen des bayerischen Landtages. II. Tagung 1921/22. Stenographische Berichte Nr. 110 bis 135, München 1922, S. 765–777.

352 Vgl. EBD., S. 778f.

mieren, um so den Vollzug kontrollieren und nötigenfalls verhindern zu können.[353] Bayern erließ am 24. Juli 1922 eine eigene Notverordnung, welche deckungsgleich mit dem Republikschutzgesetz war, jedoch alle Befugnisse in Bayern beließ und somit das Republikschutzgesetz für Bayern aussetzte.[354] Hier ging man im Sinne bayerischer Interessen bewusst und eindeutig verfassungswidrig vor. Die BVP fühlte sich bemüßigt, angesichts der politischen Polarisierung und des Drucks der vaterländischen Verbände, die Geltung der Verfassung sowie von reichsweiten Gesetzen nicht nur zu hinterfragen oder zu verzögern, sondern bewusst außer Kraft zu setzen.

Nachdem das Reich nicht gewillt war, zum äußersten Mittel der Reichsexekution zu greifen und auch Lerchenfeld sich weiterhin verhandlungsbereit zeigte, kam es in den Verhandlungen ab dem 9. August zum weit möglichsten Entgegenkommen der Reichsregierung, woraufhin die bayerische Verordnung am 24. August aufgehoben wurde. Dennoch demonstrierten die vaterländischen und völkischen Verbände gemeinsam mit den Regierungsparteien Bayerns noch am 16. August mit etwa 50.000 Personen auf dem Königsplatz gegen das Republikschutzgesetz und erhöhten so den Druck auf die bayerische Regierung enorm.[355] Trotz der behaupteten Rechtslastigkeit des neuen Gesetzes wurde es in Bayern vornehmlich gegen das linke Lager angewandt. Eine Anwendung gegen rechts wurde dagegen in Bayern niemals ernsthaft versucht. Konsequenterweise setzte Kahr dann am 28. September 1923 den Vollzug des Gesetzes für Bayern verfassungswidrig außer Kraft.[356] Zu Recht hat der Historiker Thomas Lange hierzu bemerkt, dass im Streit mit Berlin die föderalistischen Motive nicht allein ausschlaggebend waren, ob und wann es zum Konfliktfall mit Berlin über die jeweiligen Hoheitsrechte kam. Bedeutsamer war die parteipolitische Ausrichtung der Berliner Reichsregierung und die Gewährleistung der Möglichkeit eines antisozialistischen sowie die Vermeidung eines gegen rechts gerichteten Vorgehens in Bayern.[357]

Während man hier vor allem verbal, durch die Schaffung von Fakten oder das Ignorieren von Berliner Vorgaben gehandelt hatte, begab sich die BVP im November 1923 auf den verfassungskonformen Weg, ihre föderalistischen Interessen durchzusetzen. Sie versuchte nun die Weimarer Reichsverfassung durch Vorlage eines konkreten föderalistischen Programms zu reformieren, was jedoch ohne Erfolg blieb.[358] Die entscheidende Basis hatte hierbei 1920 die *Mittwochs-Vereinigung der Geistesarbeiter der Bayerischen Volkspartei* erarbeitet. Diese Vereinigung bestand mit Heinrich Held, Georg Heim, dem Juraprofessor Konrad

353 Vgl. LANGE: Bayern im Ausnahmezustand 1919–1923 (wie Anm. 342, S. 156), S. 145f.

354 Vgl. EBD., S. 152–155.

355 Vgl. JOACHIMSTHALER: Hitlers Weg begann in München 1913–1923 (wie Anm. 242, S. 139), S. 303; HILLE: Revolutionen und Weltkriege (wie Anm. 60, S. 107), S. 104; CHRISTOPH HÜBNER: Bund „Bayern und Reich", 1920–1935, in: HLB (2006).

356 Vgl. LANGE: Bayern im Ausnahmezustand 1919–1923 (wie Anm. 342, S. 156), S. 175–179.

357 Vgl. EBD., S. 219–221.

358 Vgl. Denkschrift der Bayerischen Staatsregierung zur Revision der Weimarer Reichsverfassung vom Januar 1924, BayHStA MA 103255.

Beyerle (1872–1933),[359] Ministerialrat Hans Schmelzle (1874–1955),[360] Ministerialrat Karl Stützel (1872–1944),[361] dem Vorsitzenden der Reichstagsfraktion Johann Leicht (1868–1940)[362] und dem Historiker und Präsidenten der Görresgesellschaft Hermann von Grauert (1850–1924) aus der absoluten Parteielite. Diese Gruppe legte 1920 eine erste Denkschrift zur Revision der Reichsverfassung vor, welche dann ab der Landesversammlung 1921 durch eine Kommission innerhalb der Partei weiterbearbeitet wurde und sich schließlich 1922 auch im Bamberger Programm der Partei niederschlug.[363] Zentrale Forderungen waren hierbei die Wiederherstellung der Steuerhoheit der Länder, die Schaffung eines neben dem Reichstag stehenden föderalen Organs, die zur Verfügungstellung erstrebter Machtmittel, wie die Leitung des Heeres, oder die Ermächtigung zur Notgesetzgebung.[364] Dabei betonte Konrad Beyerle, dass der Föderalismus dem „Wesen des deutschen Volkes“ entspräche und eine „Bürgschaft auch des konfessionellen Friedens“ darstelle und suchte so Verbündete außerhalb Bayerns zu gewinnen.[365] Insofern vollzog die BVP erst mit der Denkschrift von 1924 eine „verfassungspolitische Neuorientierung“, indem die seit 1920 praktizierte „schroffe Ablehnung der Weimarer Verfassung“ durch eine „föderalistisch akzentuierte Revisionspolitik“ abgelöst wurde.[366] Ganz in diesem Sinne suchte die BVP auch in Bayern die Verfassung umzugestalten, konnte hierfür jedoch weder im Landtag noch beim mit den Landtagswahlen am 6. April 1924 durchgeführten Volksentscheid die nötigen Mehrheiten für ihre Ideen einer ständischen Kammer oder eines Staatspräsidenten gewinnen.[367] Entscheidend war dabei auch, dass sich die Völkischen ge-

---

359 Konrad Beyerle (1872–1933) war seit 1918 Professor für Rechtsgeschichte in München. Er war Mitglied der Weimarer Nationalversammlung und entwarf hier die Reichsverfassung mit. Bis 1924 gehörte er dem Reichstag an. Zu ihm vgl. THOMAS HENSE: Konrad Beyerle. Sein Wirken für Wissenschaft und Politik in Kaiserreich und Weimarer Republik (Rechtshistorische Reihe 256), Frankfurt am Main u.a. 2002; CHRISTOPH WEISZ: Die Revolution von 1918 im historischen und politischen Denken Münchener Historiker der Weimarer Zeit. (Konrad Beyerle, Max Buchner, Michael Doeberl, Erich Marcks, Karl Alexander von Müller, Hermann Oncken), in: KARL BOSL (Hg.): Bayern im Umbruch. Die Revolution von 1918, ihre Voraussetzungen, ihr Verlauf und ihre Folgen, München und Wien 1969, S. 535–578.

360 Hans Schmelzle (1874–1955) studierte als Sohn eines Landwirtes Jura in München und trat danach in den Staatsdienst. Ab der Regierung Kahr wirkte er als Ministerialrat und ab 1921 als Staatsrat. 1927 wurde er Finanzminister, zog sich jedoch 1930 aus der Politik zurück. Zu ihm vgl. FRANZ MENGES: Schmelzle, Hans, in: NDB 23 (2007), S. 131f.

361 Karl Stützel (1872–1944) studierte Jura und wurde 1918 Regierungsrat, 1920 Ministerialrat und 1924 Innenminister. Zu ihm vgl. THOMAS FÜRST: Karl Stützel. Ein Lebensweg in Umbrüchen: Vom Königlichen Beamten zum Bayerischen Innenminister der Weimarer Zeit (1924–1933) (Mainzer Studien zur neueren Geschichte 19), Frankfurt am Main u.a. 2007; OLIVER BRAUN: Stützel, Hans, in: NDB 25 (2013), S. 637f.

362 Johann Leicht (1868–1940) war Bamberger Priester und Domkapitular. Er gehörte seit 1913 dem Reichstag an und war seit 1919 Fraktionsvorsitzender der BVP im Reichstag. Zu ihm vgl. CHRISTIAN MAGA: Prälat Johann Leicht (1868 - 1940), konservativer Demokrat in der Krise der Zwischenkriegszeit. Eine politische Biographie des Vorsitzenden der Reichstagsfraktion der Bayerischen Volkspartei in Berlin, Würzburg 1990.

363 Vgl. KLAUS SCHÖNHOVEN: Die Bayerische Volkspartei 1924–1932 (Beiträge zur Geschichte des Parlamentarismus und der politischen Parteien 46), Düsseldorf 1972, S. 43–49; BENZ: Süddeutschland in der Weimarer Republik (wie Anm. 210, S. 132), S. 303–305.

364 Vgl. GENERALSEKRETARIAT DER BAYERISCHEN VOLKSPARTEI (Hg.): Im Zeichen des Föderalismus (wie Anm. 327, S. 154), S. 8–10.

365 Zitiert nach: EBD., S. 18.

366 SCHÖNHOVEN: Die Bayerische Volkspartei 1924–1932 (wie Anm. 363), S. 280.

367 Vgl. HINTERBERGER: Unpolitische Politiker? (wie Anm. 349, S. 157), S. 447.

gen das breite von Otto Pittinger geleitete Bündnis aus BVP, BMP, *christlichen Bauernvereinen, Bürgerrat München, Bund Bayern und Reich* sowie *Bayerischem Heimat- und Königsbund* stellten, welches für ein „deutsches Volkstum auf christlicher Staatsgrundlage“ eintrat.[368]

Es lässt sich also festhalten, dass die in Bayern gebräuchliche Parole „Los von Berlin“ durchaus heterogen ausgelegt wurde. Einig war man sich bezüglich dieser Parole lediglich in der Skepsis gegenüber dem neuen System und der Notwendigkeit von Abwehrmaßnahmen gegen einen von Berlin drohenden Bolschewismus.[369] Insofern hatte der betont bayerische Föderalismus auch eine antisozialistische Stoßrichtung, indem sich dahinter eine Ablehnung von Industrialisierung, Moderne und das Erstarken des politischen Einflusses der Arbeiterschaft verbarg.[370] So konnten sich unter der Parole des Föderalismus konservative, separatistische, völkische ebenso wie monarchistische Kräfte vereinen. Katholisch-konservative Kräfte konnten sich in diesen Bestrebungen und Parolen gut wiederfinden. Es überrascht nicht, dass auch die *Historisch-politischen Blätter* sich diesen Standpunkt zu eigen machten[371] und ihre Hoffnungen auf das konservativ regierte Bayern richteten: „Was in Berlin nicht erreicht werden kann, kann in München erreicht werden. Wir warten auf den führenden Staatsmann. Auf ihn zu hören wird und kann Paris sich nicht weigern.“[372]

Somit diente der Föderalismus in Bayern letztlich „politische[n] Ziele[n], deren Erreichung weitgehend die Wiederherstellung der vorrevolutionären Verfassung in Deutschland bedeutet hätte: Ausschaltung jeglichen politischen Einflusses der Sozialdemokratie in Bayern und im Reich; Wiederherstellung des alten Bundesrates (um den Einfluß der Parlamente zu verringern); Verfassungsautonomie der Länder (um die Monarchie in Bayern wieder einführen zu können); eigene Kompetenzen für den AZ [Ausnahmezustand] (um mit politischen Gegnern nach eigenem Belieben verfahren zu können).“[373]

1.4.2 Bestrebungen zur Restauration der Monarchie

Auf dieser Basis überrascht die enge Verknüpfung mit dem monarchistischen Gedanken nicht weiter. Für dieses Gedankengut stand zunächst insbesondere die bereits im November 1919 begründete *Bayerische Königspartei*.[374] Hier übernahm das ehemalige BVP-Mitglied und der Verleger der Münchner Zeitschrift *Jugend*, Josef Mayer-Koy (*1887),[375] eine zentrale Rolle. Auch die studentischen Korporationen waren an der Gründung beteiligt. Die BVP sowie Heim dagegen sahen sich, als Gerüchte über ihre Beteiligung an diesem Projekt aufkamen, damals noch genötigt, auf Distanz zu dieser neuen Partei zu gehen, die auch antisemitische

368 FENSKE: Konservativismus und Rechtsradikalismus in Bayern nach 1918 (wie Anm. 140, S. 74), S. 238.

369 Vgl. EBD., S. 70.

370 Vgl. HANNSJÖRG BERGMANN: Der Bayerische Bauernbund und der Bayerische Christliche Bauernverein (Schriftenreihe zur bayerischen Landesgeschichte 81), München 1986, S. 121–123.

371 O.A.: Bayerische Wirtschaftspolitik, in: HpBl 171,3 (1923), S. 165–177.

372 O.A.: Ultima ratio im Problem der Einwohnerwehr, in: HpBl 171,1 (1923), S. 59–64.

373 LANGE: Bayern im Ausnahmezustand 1919–1923 (wie Anm. 342, S. 156), S. 229.

374 Vgl. zur Königspartei FENSKE: Konservativismus und Rechtsradikalismus in Bayern nach 1918 (wie Anm. 140, S. 74), S. 123–129; DIETER J. WEISS: Bayerische Königspartei, 1919–1926, in: HLB (2006).

375 Der Todeszeitpunkt ließ sich nicht eruieren.

Ressentiments in ihren Reihen pflegte.[376] Hier fand auch der ehemalige Vertraute Heims und Ausrichter der politischen Kurse der Reichswehr in den Räumlichkeiten der LMU, Graf Bothmer, eine neue Heimat.

Während die Partei sich in ihrer Gründungsbekanntgabe zu völkischen und antisemitischen Motiven bekannte[377] und der deutschvölkische Publizist Franz Schrönghamer-Heimdal als erster Schriftleiter das Parteiblatt, den *Bayerischen Königsboten*, übernahm, nahm die Gruppierung, bedingt auch durch den Einfluss Bothmers und Mayer-Koys, zunehmend eine gemäßigte Stellung bezüglich der Judenfrage ein.[378]

Innerhalb der *Bayerischen Königspartei* kam es in der zweiten Jahreshälfte 1920 zu Streitigkeiten bezüglich der Stellung des preußischen Herrscherhauses in einer wieder zu errichtenden Monarchie. Etwa zeitgleich hatten Bothmer und Mayer-Koy das starre Festhalten Bayerns an der Einwohnerwehr sowie die *Orgesch* kritisiert und waren in Fühlung zu den von Frankreich gestützten Separatisten im Rheinland getreten, was auch in der Presse thematisiert wurde, und somit die Partei in Misskredit brachte.[379]

In der Folge gründete sich, obwohl Mayer-Koy und Bothmer im März 1921 per Misstrauensvotum aus der *Bayerischen Königspartei* ausgeschlossen wurden, der *Bayerische Heimat- und Königsbund*.[380] Hierbei handelte es sich um eine weitere überparteiliche Sammelbewegung monarchistisch gesinnter Personen, die der *Bayerischen Königspartei* mit bald über 50.000 Mitgliedern zumeist aus Bauern- und Bürgertum rasch den Rang ablief. Der württembergische Gesandte Carl Moser von Filseck (1869–1949) sah hierbei den BVP-Politiker Georg Heim als einen der führenden Köpfe an.[381] Insgesamt stand der Bund den Einwohnerwehren um Escherich sowie den konservativen bürgerlichen Parteien BVP und BMP nahe und vertrat neben dem monarchischen auch das föderalistische Prinzip. Dementsprechend unterstützte diese Bewegung in den Folgejahren die bayerische Regierung beispielsweise gegen den Hitlerputsch, schloss sich dem *Bayerischen Ordnungsblock* an und arbeitete ab 1925 mit dem *Bund Bayern und Reich* zusammen.[382]

Beiden monarchistischen Organisationen war gemeinsam, dass sie sich nicht als demokratische Parteien, sondern als eine politische Richtung verstanden. Dementsprechend suchten sie die Restauration der Monarchie auch nicht über die Parlamente zu verwirklichen. Stattdessen erstrebte man die Restauration der

---

376 Vgl. Hille: Revolutionen und Weltkriege (wie Anm. 60, S. 107), S. 87; Vgl. Bericht Nr. 215 des württembergischen Gesandten vom 3.12.1919, in: Benz (Hg.): Politik in Bayern 1919–1935 (wie Anm. 321, S. 153), S. 43.

377 „Wir wollen und werden die jüdische Zwingherrschaft brechen aus uns selbst heraus, ohne Anwendung undeutscher Ausnahmegesetze, dadurch, dass wir zu unseren altehrwürdigen christlichen und deutsch-völkischen Idealen zurück kehren" Denkschrift vom Oktober 1919: Josef Mayer-Koy: Bayern!, Anlage in: Kritische Online-Edition der Nuntiaturberichte von 1917–1929 (wie Anm. 26, S. 56).

378 Vgl. Fenske: Konservativismus und Rechtsradikalismus in Bayern nach 1918 (wie Anm. 140, S. 74), S. 117 und 124; Hastings: Catholicism and the roots of Nazism (wie Anm. 30, S. 16), S. 82.

379 Vgl. zum gesamten Absatz: Dieter J. Weiss: Bayerische Königspartei, 1919–1926, in: HLB (2006).

380 Zum *Bayerische Heimat- und Königsbund* vgl. Dieter J. Weiss: Bayerischer Heimat- und Königsbund „In Treue fest" (BHKB) – Bayernbund e. V., in: HLB (2006).

381 Vgl. Bericht Nr. 85 des württembergischen Gesandten vom 3.03.1922, in: Benz (Hg.): Politik in Bayern 1919–1935 (wie Anm. 321, S. 153), S. 91.

382 Vgl. Bauer u. a.: München – „Hauptstadt der Bewegung" (wie Anm. 94, S. 112), S. 61f.

Monarchie auf dem Wege einer Volksabstimmung sowie durch Beeinflussung der Gesellschaft im monarchistischen Sinne.

Greifbar wurden Versuche eines monarchistischen Umsturzes erstmals im November 1921 im Rahmen des Begräbnisses des abgedankten Königs Ludwig III. Es kursierten Gerüchte um einen Putsch durch den Leiter des *Bundes Bayern und Reich*, Otto Pittinger, die jedoch nie konkreter wurden. Ausschlaggebend hierfür war, dass der als neue Monarch vorgesehene Kronprinz Rupprecht die Zeit nicht für gekommen hielt, die Reichseinheit durch die Errichtung einer bayerischen Monarchie gefährdet schien und zugleich die Monarchisten die Verantwortungsübernahme angesichts der herausfordernden Zeitumstände scheuten.[383] Konkret wurden die Pläne im August 1922 nach einer Protestversammlung der vaterländischen Verbände auf dem Münchner Königsplatz gegen die Republikschutzverordnung. Die Planungen Pittingers, Ernst Röhms und des Münchner Polizeipräsidenten Pöhners zur Wiedereinsetzung des Monarchen, in welche auch vaterländische Kreise wie die Wehrkreisleitung oder Hitler eingeweiht waren, scheiterten letztlich am Widerstand der Staatsregierung und der erneuten Zurückhaltung des Kronprinzen.[384]

Insgesamt hatte das Haus Wittelsbach in Bayern auch nach der Revolution ein hohes Ansehen und trat regelmäßig öffentlich in Erscheinung. Dabei nahm man ähnlich wie Persönlichkeiten aus Universität, Politik, Einwohnerwehren und Heer repräsentative Funktionen bei Festlichkeiten wahr und war so auch in akademischen Kreisen präsent, zum Beispiel bei den 450-Jahr-Feiern der Universität.[385] Besondere Ehrungen erfuhren König Ludwig III. und seine bereits zuvor verstorbene Gemahlin angesichts ihres Todes. So wurde Ludwig III. – anders als etwa Kurt Eisner – in einer Senatssitzung gesondert gewürdigt.[386] Die Anfang November 1921 von Kardinal Faulhaber zelebrierte und von Regierungspräsident Kahr organisierte Beisetzung sowie der Leichenzug des Königspaares in München gerieten zu einer durchinszenierten monarchistischen Kundgebung.[387] Begeistert beteiligten sich auch die studentischen Korporationen an diesen Feierlichkeiten.[388] Jedoch war die Sehnsucht nach der Restauration einer autoritativen Ordnung vielfältig allgemeiner gehalten. So richtete sich der Blick zahlreicher Akademiker zwar auf eine erwartete und erhoffte charismatische Führungspersönlichkeit, diese war jedoch nicht zwangsläufig mit einem Monarchen verknüpft.[389]

383 Vgl. Pacelli an Gasparri vom 08.04.1921, in: Kritische Online-Edition der Nuntiaturberichte von 1917–1929 (wie Anm. 26, S. 56); Bericht Nr. 277 des württembergischen Gesandten vom 11.10.1921, in: BENZ (Hg.): Politik in Bayern 1919–1935 (wie Anm. 321, S. 153), S. 88; O.A.: Der monarchistische Gedanken in Bayern, in: HpBl 168,10 (1921), S. 570–575; Vgl. auch CHRISTOPH HÜBNER: Bund „Bayern und Reich", 1920–1935, in: HLB (2006).

384 Vgl. NUSSER: Konservative Wehrverbände in Bayern, Preußen und Österreich (wie Anm. 196, S. 130), S. 221; CHRISTOPH HÜBNER: Bund „Bayern und Reich", 1920–1935, in: HLB (2006).

385 Vgl. SCHREIBER: Die Ludwig-Maximilians-Universität und ihre Jubiläumsfeiern in der ersten Hälfte des 20. Jahrhunderts (wie Anm. 288, S. 147), S. 482.

386 Vgl. Senatsniederschrift der LMU vom 19.11.1921, UA-M D-III-95.

387 Vgl. etwa O.A.: König Ludwig III. von Bayern, in: HpBl 168,8 (1921), S. 501f. oder die Berichte des württembergischen Gesandten Nr. 284 vom 22.10.1921 und Nr. 306 vom 7.11.1921, in: BENZ (Hg.): Politik in Bayern 1919–1935 (wie Anm. 321, S. 153), S. 89–91.

388 Vgl. etwa O.A.: Aenania, in: Academia 34,7/8 (11./12.1921), S. 220.

389 Vgl. SONTHEIMER: Die Haltung der deutschen Universitäten zur Weimarer Republik (wie Anm. 286, S. 147), S. 32; MARC ZIRLEWAGEN: Der Kyffhäuser-Verband der Vereine Deutscher Studenten in der Weimarer Republik (GDS-Archiv Beiheft 8), Köln 1999, S. 73; FRIEDHELM MENNEKES: Die Republik als Herausforderung. Konservatives Denken in Bayern zwischen Wei-

Die Diskursfelder Separatismus sowie Monarchismus wurden somit in Krisenzeiten Bayerns besonders virulent. Dementsprechend spielten sie im politischen Diskurs in der Krise um die Einwohnerwehren sowie den bayerischen Ausnahmezustand eine Rolle als mögliche Lösungswege. Mit der Debatte um die Loslösung Bayerns vom Reich oder der Umgestaltung der Staatsform erhoffte man sich, zum einen die Möglichkeit einer bayerischen Politik gegen die Bestimmungen des Versailler Vertrags und den Druck der Entente oder Berlins zu eröffnen, zum anderen suchte man mit diesen Drohungen auch die Berliner Reichsregierung für die eigene Position zu gewinnen oder zumindest Druck im eigenen Sinne aufzubauen.

Auf dieser Basis verwundert es nicht, wenn ganz ähnliche Debatten im Herbst 1923 angesichts der desolaten wirtschaftlichen Lage und daraus resultierender politischer Krisen erneut aufkamen und wiederum Hoffnungen in die Restauration der Monarchie oder eine Separation vom Reich gelegt wurden. Daneben spielte hier die Hoffnung hinein, dem massiven Druck radikaler völkischer Kräfte durch eine derartige konservative Tat zu entgehen und somit Handlungsfreiheit für die eigene Position zu erhalten oder wiederzuerlangen. Einen anschaulichen Bericht über diese Bestrebungen in München gab der Nuntius nach Rom weiter. Zunächst berichtete er über die auf Basis der wirtschaftlichen Not und der Unzufriedenheit mit der Reichsregierung anwachsenden separatistischen Bestrebungen, um im Anschluss von einem Treffen mit Gustav von Kahr, dem Widersacher General Ludendorffs zu berichten. Dieser habe bezüglich der Separation Bayerns, einer Vereinigung mit Österreich sowie der Wiedererrichtung der Monarchie ein positives Votum der Kirche einholen wollen, woraufhin Pacelli auf die politische Neutralität Roms verwiesen habe.[390] Letztlich verständigten sich BVP, BMP und Pittinger in Absprache mit Kronprinz Rupprecht jedoch auf die Einsetzung Kahrs als Generalstaatskommissar.[391] Ganz ähnliche monarchistische Bestrebungen wurden dann auch kurz vor der Machtergreifung durch die Nationalsozialisten in Bayern 1933 wieder virulent und hier zuletzt auch von der SPD mitgetragen.[392]

Zusammenfassend lässt sich also festhalten, dass Münchens Akademiker nach der Niederschlagung der Räterepublik zunehmend eine rechts-konservative Haltung einnahmen. Wirtschaftliche Not, der Kampf um den eigenen Stand in der Gesellschaft, die als Schmach empfundenen Friedensbedingungen des Versailler Vertrages sowie die nicht akzeptierte Kriegsniederlage spielten hierbei eine entscheidende Bedeutung.[393] In der Folge „wurden auf einem Kampffeld zwei verschiedene Auseinandersetzungen ausgetragen; sie durchdrangen einander und schaukelten sich gegenseitig hoch: 1. der Kampf militaristischer, nationalistischer und völkischer Kräfte gegen den revolutionären und demokratischen Sozialismus, gegen die Erfüllung des Friedens von Versailles und gegen die bürgerliche Demo-

---

marer Republik und antidemokratischer Reaktion (1918–1925) (Beiträge zu einer historischen Strukturanalyse Bayerns im Industriezeitalter 8), Berlin 1972, S. 118f.

390 Pacelli an Gasparri vom 10. September 1923, in: Kritische Online-Edition der Nuntiaturberichte von 1917–1929 (wie Anm. 26, S. 56).

391 Vgl. HILLE: Revolutionen und Weltkriege (wie Anm. 60, S. 107), S. 119; Siehe auch Bericht Nr. 263 des württembergischen Gesandten vom 18.09.1923, in: BENZ (Hg.): Politik in Bayern 1919–1935 (wie Anm. 321, S. 153), S. 130.

392 Vgl. hierzu: PETER CLAUS HARTMANN: Der Katholische Kampf und Widerstand gegen den Nationalsozialismus in München (1922–1945), in: Zeitschrift für bayerische Landesgeschichte 80,1 (2017), S. 245–290, hier: S. 266–270.

393 Vgl. die ähnliche Analyse von BECKER: Bürgerliche Lebenswelt und Politik in München (wie Anm. 29, S. 15), S. 28f. Diese sieht jedoch eine durch die genannten Faktoren „begünstigte Fragmentierung des Bürgertums" als entscheidende Ursache für die „politische Radikalisierung" bürgerlicher Kreise an.

kratie des Staates von Weimar, und 2. der Konflikt zwischen bayerischem Föderalismus und zentralistischer Reichsverfassung."[394] In dieser weitgehend ablehnenden Haltung bezüglich der Entwicklung des deutschen Staates sowie der Weimarer Republik bildete sich ein breites Bündnis verschiedener politischer Kräfte und Ordnungsvorstellungen. Einigkeit bestand dabei nur bezüglich minimaler Punkte, wobei aufkommende Konfliktfelder innerhalb der nationalen-vaterländischen Einheitsfront marginalisiert oder tabuisiert wurden. So war es möglich, dass föderalistische, separatistische, alldeutsche, völkische, monarchistische, konservative, militaristische und antisemitische Kräfte gemeinsam für Ruhe und Ordnung, die Erhaltung bayerischer Wehrverbände, eine Revision der Weimarer Verfassung sowie gegen Bolschewismus und Sozialismus, gegen die Berliner Reichsregierung und die Erfüllung der Versailler Friedensbedingungen eintraten. Zentrale Organisationen waren hierbei, neben den Wehrverbänden, BVP und BMP, der *Bayerische Ordnungsblock*, der *Deutschvölkische Schutz- und Trutzbund* sowie im Bereich der Hochschulen der *Hochschulring Deutscher Art*.

2 Die Katholische Mehrheitsgesellschaft

In die oben genannten Bewegungen und Tendenzen waren auch die katholischen Akademiker involviert und tauchten durch katholische Korporationen oder Einzelpersönlichkeiten in den diversen Bewegungen, Organisationen und bedeutsamen Positionen bereits wiederholt auf. Im Folgenden soll noch einmal dezidiert herausgearbeitet werden, ob und welche Rolle die katholische Konfessionszugehörigkeit innerhalb der skizzierten Entwicklungen spielte und wie sich katholische Gruppierungen und Persönlichkeiten bezüglich der turbulenten Entwicklungen zwischen 1919 und Ende 1922 verhielten.

Dezidiert sei dabei nochmals darauf hingewiesen, dass der katholische Bevölkerungsanteil in München im Untersuchungszeitraum bei über 80% lag und auch die Katholiken unter den Akademikern stets die Mehrheit repräsentierten. Auffällig war dagegen die relativ geringe Parteibindung der oberbayerischen Katholiken an die BVP.

Die pragmatische Agitation der katholischen Parteien und ihre Bündnisse mit sozialistischen und demokratischen Parteien sowie die Zustimmung zu Versailler Vertrag und Weimarer Reichsverfassung, waren hierbei ausschlaggebende Gründe für Katholiken, ihre angestammten Parteien, vornehmlich das *Zentrum*, mit Kritik und Skepsis zu betrachten. Insbesondere der Sozialismus galt den gebildeten Katholiken Münchens durch den Kampf um die christliche Schule und nach dem Ende der Räterepublik, mit der er weiterhin assoziiert wurde, als materialistisch und somit religions- und christentumsfeindlich.[395] Diese Haltung führte etwa den in München lehrenden Juristen Carl Schmitt (1888–1976) zu seiner sich verstärkenden Zuwendung zum Nationalismus[396] und ist auch in den konservativen katholischen *Historisch-politischen Blättern* gut belegt.[397] In diesen Kreisen wurde die Kriegsniederlage und der in Deutschland flächendeckend abgelehnte Vertrag von Versailles durch „die Lauheit [...] des Nationalstolzes in weiten Kreisen des deutschen Volkes" sowie die Vorherrschaft der „materielle[n] Weltanschauung" be-

394 AY: Von der Räterepublik zur Ordnungszelle Bayern (wie Anm. 9, S. 98), S. 11.

395 Vgl. hierzu auch das Kapitel *Die Schulfrage als Scheideweg*.

396 Vgl. Helmut Quaritsch: Carl Schmitt (1888–1976), in: ARETZ/MORSEY/RAUSCHER: Zeitgeschichte in Lebensbildern (wie Anm. 26, S. 15), Bd. 9 (1999), S. 199–220, besonders: S. 203f.

397 Vgl. O.A.: Der „christliche" Sozialismus, in: HpBl 168,4 (1921), S. 185–193 und HpBl 168,5 (1921), S. 255–263 .

gründet.[398] Demgegenüber erachtete man „den Geist der Wiedererhebung [...] auf dem Boden der christlichen Lehre“ als entscheidenden Schritt, damit „Deutschland aus Schmach und Schande wiedererstehen und eine Stellung unter den Völkern einnehme“, die ihm gebühre.[399] Ganz in diesem Sinne erstrebte man eine Rekatholisierung, hier verbunden mit dem Ziel der „Wiederherstellung der Autorität“, wofür man Kirche und Papsttum als entscheidende Bündnispartner erachtete.[400] Als gemeinsame Gegner wurden der gottverlassene „Judenliberalismus“ der Entente und der „Judensozialismus in Moskau und Berlin“ ausgemacht.[401]

Allgemein wurde der Versailler Friedensvertrag auch in katholischen Kreisen als ungerechter Friedensschluss betrachtet[402] und teils gar als teuflisches Werk[403] oder Gotteslästerung[404] gebrandmarkt. Die Ablehnung des Friedens von Versailles stellte ein Einfallstor für national-konservative Ideen dar und ermöglichte es, eine spezifisch katholische Form der Dolchstoßlegende zu etablieren. Verantwortlich für den Krieg war demnach die Zurückdrängung der Religion. Als Ursache dieses religiösen Abfalls machte man den preußischen Militarismus, den Liberalismus, den Materialismus oder auch den Sozialismus aus. Daneben verbreitete sich in katholischen Kreisen die Idee, dass insbesondere die deutschen Katholiken von der Kriegsschuld freizusprechen seien, da sie für den Frieden eingestanden seien, wenn sie etwa die Friedensinitiative Benedikt XV. von 1917 unterstützt hätten.[405]

Auch auf dieser Basis erhofften und beanspruchten katholische Akademiker in München nach dem 1. Weltkrieg eine führende Stellung in der Gesellschaft für den Katholizismus sowie für sich selbst. Als Ursache für den desolaten Status Deutschlands – eine in katholischen Kreisen weit verbreitete Wahrnehmung – meinten die bayerischen Bischöfe dabei bereits im Dezember 1918 die, im Zuge der Abkehr vom Katholizismus erfolgte, „Entsittlichung“ ausmachen zu können.[406] Dementsprechend erstrebte man die Wiederherstellung der „öffentlichen Ordnung“ durch „Religion und Sittlichkeit“ und rief die Katholiken dazu auf, unter diesen Aspekten an den anstehenden Wahlen teilzunehmen.[407] Die Fuldaer Bischofskonferenz forderte die katholischen Akademiker, vornehmlich die noch Studierenden, 1922 ganz in diesem Sinne auf, tatkräftig an der Erneuerung des Glaubens mitzuwirken, da hierdurch auch die Restauration des Vaterlandes einhergehe. Hierzu wurde besonders die Mitarbeit in den sozialen katholischen Vereinigungen empfohlen.[408]

Trotz dieser nach Kriegsende wahrgenommenen Chancen und Hoffnungen, bestanden in katholischen Kreisen große Vorbehalte gegenüber der neuen Staatsordnung sowie ihrer Verfassung. Während sich diese bei der Fuldaer Bischofskon-

---

398 O.A.: Der Versailler Text und die Folgen von Ablehnung oder Annahme, in: HpBl 163,12 (1919), S. 764–770, hier: S. 765.

399 O.A.: Der Vorfriede von Versailles, in: HpBl 164,1 (1919), S. 60–64, hier: S. 64.

400 O.A.: Neujahr 2020 (Schluß), in: HpBl 165,2 (1920), S. 83–93, hier: S. 89.

401 EBD., S. 92.

402 Vgl. LEUGERS: Einleitung: Zwischen Revolutionsschock und Schulddebatte (wie Anm. 224, S. 86), S. 16.

403 Vgl. O.A.: Der hl. Augustinus über den Frieden von Versailles, in: Akademische Bonifatius-Korrespondenz 38,2 (1.05.1923), S. 60.

404 Vgl. DR.- R.: Die Gotteslästerung von Versailles, in: Hochland 18,2,12 (1921), S. 753–755 und Hochland 19,1,2 (1922), S. 238–240.

405 Vgl. RUSTER: Die verlorene Nützlichkeit der Religion (wie Anm. 78, S. 32), S. 73.

406 Hirtenbrief der bayerischen Bischöfe vom 17.12.1918, verlesen am 29.12, EAM Nachlass Faulhaber 4100.

407 EBD.

408 Gemeinsames Hirtenwort der Bischofskonferenz in Fulda an die kath. Akademiker vom 25.08.1922, EAM NL Faulhaber 6570.

ferenz vornehmlich gegen zu weitreichende Eingriffe in das Selbstbestimmungsrecht der Kirchen – vornehmlich auf dem Gebiet der Schule – wandten,[409] erstrebten die bayerischen Katholiken angeführt durch die BVP eine an der Bismarckschen Reichsgründung orientierte Revision der Weimarer Reichsverfassung. Hierbei spielten hauptsächlich föderalistische, jedoch auch monarchistische und demokratiefeindliche Motive eine Rolle.[410]

Die bayerischen Bischöfe betrachteten dementsprechend den Frieden von Versailles als „ein Ende mit Schrecken und ein Schrecken ohne absehbares Ende" und die Weimarer Verfassung als Ende der Selbständigkeit Bayerns, weswegen sie ihre Zeit als „Tage des Zornes" charakterisierten[411] und somit in die Nähe des Weltendes rückten.[412] Auf dieser apokalyptischen Basis sahen sie ihre Zeit am „Tiefstand der öffentlichen Sittlichkeit" angekommen und fühlten sich darin durch „Vergnügungssucht und Tanzwut und Fleischeslust, [... durch] Habsucht und [...] Wuchergeist" bestätigt.[413] Auch dies führte zur Ablehnung der Weimarer Republik durch die kirchliche Obrigkeit Bayerns. Diese trauerte stattdessen wie Faulhaber der Monarchie nach und suchte deren Image in der Bevölkerung aufzubessern, wie etwa durch die „monarchistische Inszenierung der Beisetzungsfeierlichkeiten des Königspaares".[414] Auf der anderen Seite delegitimierten die bayerischen Bischöfe die Weimarer Republik, indem sie 1924 einstimmig beschlossen, dass „eine Mitfeier des Jahrestages der Weimarer Verfassung (11. August) [...] für das laufende Jahr so auch in den nächsten Jahren von den bayerischen Bischöfen einstimmig abgelehnt [wird]." Begründet wurde dies damit, dass „das bayerische Volk [... darin] eine kirchliche Anerkennung der Weimarer Verfassung erblicken [würde]."[415]

Ein besonderes anschauliches Beispiel der Ablehnung der Weimarer Republik durch die Katholiken Münchens und ihr Zuneigung zur konservativen nationalen Bewegung gab dabei der Katholikentag 1922 in München. Nicht nur hatte das örtliche Planungskomitee, „zum Erstaunen der rheinischen Zentrumsabgeordneten um Konrad Adenauer", vom Anbringen der aktuellen Reichsflagge abgesehen und stattdessen in blau-weiß oder schwarz-rot-weiß beflaggt,[416] sondern es durchzog auch durchweg ein „vaterländischer Geist" die Veranstaltungen, was insbe-

409 Vgl. Die Fuldaer Bischofskonferenz an den Reichspräsidenten und die Reichsregierung. Köln, im Oktober 1919, Dok. Nr. 92, in: Anton Golecki: Das Kabinett Bauer (1919/1920) (Akten der Reichskanzlei. Weimarer Republik. online), Boppard am Rhein 1980, URL: http://www.bundesarchiv.de/aktenreichskanzlei/1919-1933/0000/feh/feh1p/kap1_2/para2_237.html (besucht am 03. 09. 2019).

410 Vgl. Herbert Speckner: Die Ordnungszelle Bayern. Studien zur Politik des bayerischen Bürgertums, insbesondere der Bayerischen Volkspartei, von der Revolution bis zum Ende des Kabinetts Dr. von Kahr, Erlangen 1955, S. 150f. Siehe jedoch auch das bereits in den Kapiteln *Katholische Geistliche und das Ende der Monarchie* und *Restaurative Alternativen zur Weimarer Reichsverfassung* Ausgeführte.

411 Hirtenbrief der Bayerischen Bischofskonferenz vom September 1919, in: Amtsblatt für die Erzdiözese München und Freising 20 (25.09.1919), S. 1–5, hier: S. 1.

412 Eine Bezugnahme auf Zef. 2,2f. ist hier naheliegend.

413 Hirtenbrief der Bayerischen Bischofskonferenz vom September 1919, in: Amtsblatt für die Erzdiözese München und Freising 20 (25.09.1919), S. 1–5, hier: S. 4f.

414 Leugers: Einleitung: Zwischen Revolutionsschock und Schulddebatte (wie Anm. 224, S. 86), S. 14.

415 Protokoll der Freisinger Bischofskonferenz am 9./10.09.1924, EAM NL Faulhaber 4057.

416 Antonia Leugers: Katholische Kriegsfriedensdiskurse der Münchner Zwischenkriegszeit, in: Dies. (Hg.): Zwischen Revolutionsschock und Schulddebatte. Münchner Katholizismus und Protestantismus im 20. Jahrhundert (theologie.geschichte 7), Saarbrücken 2013, S. 141–191, hier: S. 160; Vgl. auch Hugo Stehkämper: Konrad Adenauer als Katholikentagspräsident 1922.

sondere auf den Studentenkommersen deutlich wurde.[417] Zusätzlich kam es zum Schlagabtausch zwischen Kardinal Faulhaber und dem Republikaner und Präsidenten des Katholikentags, Konrad Adenauer. Adenauer hatte man in München bewusst als am besten geeigneten Nicht-Bayern zum Präsident des Katholikentages ausgewählt, da der bekennende Föderalist über ausreichend Bekanntheit verfügte und dennoch nicht in die aktuellen Streitigkeiten der Reichsregierung und Bayerns verwickelt war.[418] Bereits bei der feierlichen Eröffnungsmesse auf dem Königsplatz kam es jedoch zum Eklat, da Faulhaber den mangelnden Gottesbezug in der Verfassung anprangerte und auch ansonsten die deutsche Gesetzgebung angriff, die in seinen Augen „die Gebote Gottes nicht mehr gelten" lassen würde.[419] Darüber hinaus proklamierte er: „Die Revolution war Meineid und Hochverrat und bleibt in der Geschichte ewiglich belastet und gezeichnet mit dem Kainsmal, auch wenn sie gute Erfolge neben den schlechten, wenn sie Vorteile brachte da und dort. Eine Untat kann aus Grundsatz nicht heilig gesprochen werden."[420]

Diesen Aussagen konnte und wollte der Republikaner Adenauer nicht unkommentiert stehen lassen und nutzte daher seine Schlussworte zum Katholikentag, indem er die Bemerkungen Faulhabers aus den „Verhältnissen örtlicher Natur" zwar als erklärbar titulierte, aber vor Augen führte, dass es innerhalb des Katholizismus auch andere Auffassungen geben würde und insgesamt nach Einigkeit zu trachten und der Blick für das Mögliche zu bewahren sei.[421] Durch diese Worte fühlte sich Faulhaber, der meinte mit seinen Worten lediglich jegliche Revolutionsbestrebungen verurteilt, die katholische Prinzipientreue angemahnt sowie die Zentrumspolitiker zur Distanz vor dem Bolschewismus angeregt zu haben, missverstanden und persönlich gekränkt.[422] Er machte daher Adenauer dafür verantwortlich, „das rein politische Gebiet" auf den Katholikentag gebracht zu haben, um „den republikanischen Standpunkt der Zentrumspartei zu rechtfertigen".[423] Zusätzlich habe er die Monarchie nicht ausreichend gewürdigt.[424] Damit verkannte er völlig, dass seine Aussagen nur in dem Sinne zu verstehen waren, dass er damit sowohl Revolution als auch die republikanische Staatsform sowie deren Verfassung und Gesetzgebung auf das heftigste kritisierte und insofern er derjenige gewesen war, der seine Predigt für politische Agitationen genutzt hatte. Immer wieder rechtfertigte er dabei im Nachgang seine tiefgreifende Kritik dadurch, dass er lediglich „die Revolution als ein Unrecht gegen das vierte Gebot Gottes gekennzeichnet und auch für die staatliche Gesetzgebung das Richtmaß der Gebote Gottes gefordert" und somit keineswegs „die Verfassung von Weimar und die republikanische Staatsform in sich verurteilt" habe.[425]

Form und Grenze politischer Entscheidungsfreiheit im katholischen Raum (Veröffentlichungen der Kommission für Zeitgeschichte B 21), Mainz 1977, S. 29f.

417 Vgl. DERS.: Konrad Adenauer als Katholikentagspräsident 1922 (wie Anm. 416), S. 27–29.

418 EBD., S. 7.

419 O.A.: Wohin des Wegs, Herr Kardinal?, in: MP 36,201 (30.08.1922), S. 1.

420 EBD.

421 Zit. nach STEHKÄMPER: Konrad Adenauer als Katholikentagspräsident 1922 (wie Anm. 416), S. 105–107.

422 Vgl. Faulhaber an den bayerischen Gesandten Otto von Ritter in Rom vom 19.09.1922, EAM NL Faulhaber 1352.

423 EBD.

424 Vgl. EBD.; STEHKÄMPER: Konrad Adenauer als Katholikentagspräsident 1922 (wie Anm. 416), S. 59.

425 Faulhaber an den bayerischen Gesandten in Rom vom 19.09.1922, EAM NL Faulhaber 1352; Ganz ähnlich: Faulhaber an Pacelli vom 19.10.1922, in: Kritische Online-Edition der Nuntiaturberichte von 1917–1929 (wie Anm. 26, S. 56).

Adenauers Rede rief in Bayern, auch innerhalb der BVP, große Entrüstung hervor.[426] Auch der Vorsitzende des deutschen Zentralkomitees der Katholiken Aloys zu Löwenstein (1871–1952) lehnte die Rede Adenauers grundsätzlich ab, wobei er vor allem den öffentlichen Widerspruch gegen einen Bischof kritisierte.[427] Unisono wurde Faulhabers Rede als gegen die Weimarer Republik gerichtet verstanden.[428] Konservative Organe wie die *Historisch-politischen Blätter*[429] oder der *Völkische Beobachter* [430] feierten die Rede Faulhabers dementsprechend begeistert, wenngleich man das Phänomen Katholikentag auf völkischer Seite als nicht mehr zeitgemäß erachtete.[431] Die Regierungsparteien der Weimarer Republik dagegen verwarfen Faulhabers Position und erachteten diese als gefährlich,[432] was sie teils auch in der Presse kundtaten.[433]

Münchens gebildete Katholiken teilten also zu überwiegenden Teilen grundsätzlich die bürgerliche Ablehnung von Individualismus, Relativismus, Liberalismus, Utilitarismus, Kapitalismus und Technizismus und wiesen Tendenzen zur Ablehnung von Subjektivismus und Rationalismus auf. Ähnlich wie bürgerliche Kreise erblickten diese Katholiken in den mit der Industrialisierung verknüpften Erscheinungen eine Erschütterung der bestehenden Gesellschaftsordnung sowie des bürgerlichen Wertesystems und assoziierten diese Prozesse zusätzlich mit der Infragestellung und Loslösung von der kirchlichen Autorität.[434] Demgegenüber suchten bürgerliche ebenso wie katholische Kräfte nach dem Untergang der Monarchie und in der als chaotisch empfundenen Weimarer Republik nach einheits- und gemeinschaftsstiftenden Elementen sowie einer Restaurierung der Ordnung durch die Anlehnung an bekannte oder neue Autoritäten. Ganz in diesem Sinne erstrebte man objektive Ordnungssysteme und Normen zu statuieren, die man als organisch aus der Tradition erwachsen charakterisierte.[435] Die katholische Kirche wurde dabei, ebenso wie die Volksgemeinschaft, als eine derartige organisch gewachsene Gemeinschaft erachtet.[436] Hierdurch suchte man letztlich eines der Zentralprobleme der Moderne, die Bestimmung des Verhältnisses des Individuums zur übergeordneten Gemeinschaft beziehungsweise zwischen Freiheit und Autorität, im eigenen, autoritätsbewahrenden Sinne zu negieren.

---

426 Vgl. STEHKÄMPER: Konrad Adenauer als Katholikentagspräsident 1922 (wie Anm. 416, S. 166), S. 57.

427 Vgl. EBD., S. 70.

428 Vgl. EBD., S. 54.

429 Vgl. O.A.: Christliche Staatspolitik, in: HpBl 170,6 (1922), S. 361–363.

430 O.A.: Zeichen der Zeit, in: VB 36,69 (30.08.1922), S. 2; R.[VERMUTLICH ALFRED ROSENBERG]: Katholikentag und Nationalsozialismus, in: VB 36,70 (2.09.1922), S. 1f.

431 A.R.[ALFRED ROSENBERG]: Gedanken zum Katholikentag, in: VB 36,69 (30.08.1922), S. 2.

432 So soll sich, gemäß Adenauer, Reichskanzler Wirth in Rom „über die Haltung des Herrn Kardinals Faulhaber in politischen Dingen beschwert habe[n].“: Adenauer an Cramer-Klett vom 16.06.1923, NL Faulhaber 3503.

433 „wir verbitten es uns, daß diese [unsere] Arbeit verunglimpft und beschimpft wird von einer Seite, die alle Ursache hätte, sich für sie dankbar zu zeigen und an ihr tätigen Anteil zu nehmen. [...] Wohin führt die Richtung, in die seine Worte weisen? Sie können keine andere Deutung erfahren, als die einer Kampfansage gegen den Staat, weil seine politischen Lebensformen der Demokratie mit seiner autoritären, aus der kirchlichen Hierarchie stammenden Auffassung nicht übereinstimmen.“ O.A.: Wohin des Wegs, Herr Kardinal?, in: MP 36,201 (30.08.1922), S. 1.

434 Vgl. RUSTER: Die verlorene Nützlichkeit der Religion (wie Anm. 78, S. 32), S. 130–133.

435 Vgl. DERS.: Die verlorene Nützlichkeit der Religion (wie Anm. 78, S. 32), S. 134f. HILLE: Revolutionen und Weltkriege (wie Anm. 60, S. 107), S. 152.

436 Vgl. RUSTER: Die verlorene Nützlichkeit der Religion (wie Anm. 78, S. 32), S. 138–142.

Im scheinbaren Widerspruch hierzu kann man die unmittelbaren Jahre nach dem 1. Weltkrieg für den deutschen Katholizismus dennoch als Zeit des Umbruchs charakterisieren, was zur Aufsplitterung des Katholizismus in verschieden gelagerte Interessensgruppen führte. Der Krieg wurde dabei „als Einschnitt und Abschluß eines dekadenten Zeitalters [aufgefasst ...], dem nun eine neue Epoche folgen soll“.[437] Ausdruck hiervon war die klare Haltung der katholischen Parteien als staatstragende Macht. Auch in Bayern übernahm die BVP im März 1920 diese Rolle.

Daneben war die Zeit geprägt von einem Aufschwung des katholischen Vereinslebens, was sich etwa für die katholischen Studentenverbindungen des CV nachweisen lässt. Hier wurde aufgrund der Überfüllung der bestehenden katholischen Verbindungen in München 1922 die CV-Verbindung *Trifels* gegründet. *Trifels* konnte sich bei der Gründung der Unterstützung von Kultusminister Franz Matt (1860–1929),[438] Innenminister Franz Xaver Schweyer und Nuntius Pacelli erfreuen, die auch selbst Mitglied der Neugründung wurden.[439] Im Studentenverband KV kam es 1922 zur Aufnahme der *Südmark*, welche zuvor als *Akademischer Görresverein* bestanden hatte, und 1924 gründete sich die *Rheno-Saxonia*. Der *Akademische Bonifatiusverein* dagegen, welcher außerhalb Bayerns als Standesverein der akademisch gebildeten Katholiken fungierte, erlebte in München, trotz regelmäßiger Empfehlung durch Kardinal Faulhaber,[440] in der Weimarer Republik nur einen geringen Aufschwung. Er wurde erst 1922 wiederbegründet und hatte seinen Schwerpunkt im Herzoglichen Georgianum und somit bei Theologiestudenten.[441] Zahlenmäßig blieb die Münchner Gruppe im Untersuchungszeitraum mit unter 100 Personen überschaubar.[442]

Angelehnt an den Historiker Reinhard Richter kann man sieben Ansätze ausmachen, um das Verhältnis der Katholiken zur Weimarer Republik zu umschreiben:

- Katholische Parteien
- Nationalkatholiken
- Christliche Sozialisten
- Katholische Pazifisten
- Anhänger der Abendlandsidee
- Liturgische Erneuerer und Universalisten

437 REINHARD RICHTER: Nationales Denken im Katholizismus der Weimarer Republik, Münster u.a. 2000, S. 50.

438 Franz Matt (1860–1929) studierte Jura und durchlief eine normale Beamtenlaufbahn. Von 1920–1926 war er, nachdem er bereits seit 1908 in diesem Ministerium tätig war, Kultusminister in Bayern und in dieser Funktion maßgeblich an der Niederschlagung des Hitlerputsches sowie an der Ausarbeitung des Konkordats beteiligt. Daneben gehörte er der *Aenania* an und war 1919–1927 deren Philistervorstand. Zu ihm vgl. LYDIA SCHMIDT: Kultusminister Franz Matt (1920–1926). Schul-, Kirchen- und Kunstpolitik in Bayern nach dem Umbruch von 1918 (Schriftenreihe zur bayerischen Landesgeschichte 126), München 2000.

439 Vgl. KDSTV TRIFELS I. C.V. (Hg.): KDStV Triefls 1922–1972. Festschrift zum 50jährigen Bestehen, München 1972, S. 15–18.

440 Vgl. Gemeinsames Hirtenwort der Bischofskonferenz in Fulda an die kath. Akademiker am 25.8.1922, EAM NL Faulhaber 6570; MICHAEL VON FAULHABER: Wir Akademiker und die Kirche. Vortrag vor einer Studentenversammlung in München am 5. Februar 1913, in: DERS. (Hg.): Zeitfragen und Zeitaufgaben. Gesammelte Reden, Freiburg i. Br. 1919, S. 349–378, hier: S. 377.

441 Vgl. Akademische Bonifatius-Korrespondenz 37,1 (1.01.1922), S. 58, 60 und 64.

442 Vgl. Akademische Bonifatius-Korrespondenz 39,2/3 (15.06,1924), S. 123 und 127.

- Katholische Jugendbewegungen[443]

Auch wenn diese Einteilung auf Basis sich abzeichnender Überschneidungen und angesichts großer Heterogenität innerhalb der jeweiligen Ansätze, insbesondere für die bayerischen Verhältnisse, zu kurz greift, gelingt es Richter anhand dieser Einteilung die verschiedenen Strömungen des deutschen Katholizismus der Weimarer Republik nachzuzeichnen, was in der Folge auch für München vorgenommen werden soll. Insbesondere treten durch diese Abgrenzung Minderheitenpositionen eines weltoffenen und liberaleren, ebenso wie eines radikalen nationalen Katholizismus deutlich hervor.

2.1 Katholische Aufbrüche in die Moderne

Der christliche Sozialismus sowie ein katholischer Pazifismus stellten dabei ein solches akademisches Minderheitenphänomen dar, wobei Berührungspunkte untereinander, zur Jugendbewegung sowie zur Lebens- und Bodenreformbewegung bestanden. Bei beiden Bewegungen trat der deutsche Nationalismus klar in den Hintergrund. Prägend war dabei tendenziell eine Abwendung von den etablierten katholischen Parteien nach links, da man deren Ausrichtung als zu nationalistisch oder kapitalistisch bewertete, sowie eine starke publizistische Tätigkeit.

Innerhalb einer verstärkten Zuwendung katholischer Intellektueller zum Sozialismus spielte die 1920 in Bayern gegen die BVP etablierte *Christlich-Soziale Partei* des Publizisten Vitus Heller (1882–1956) eine gewisse Rolle. Diese wandte sich den katholischen Arbeitern sowie zunehmend der Sozialdemokratie und dem Kommunismus zu, war jedoch quantitativ nie von größerer Relevanz.[444]

Ebenso wie der katholische Pazifismus konnten die christlichen Sozialisten unter Münchens Akademikern nach Beendigung der Räterepublik keinen großen Einfluss entwickeln. Während der Pazifist Friedrich Wilhelm Foerster in München im und kurz nach dem Krieg noch erheblichen Einfluss auf die Studierenden gehabt hatte und auch als Inspirator der katholischen Friedensbewegung gilt,[445] schwand sein Einfluss in München nun erheblich. Dennoch gründete sich im Oktober 1919 in München noch der *Friedensbund Deutscher Katholiken*.[446] Federführend war unter anderem der Münchner Journalist und spätere Mitbegründer der *Christlich-Sozialen Partei* Josef Kral (1887–1965), welcher in München 1919 den *Bund der christlichen Sozialisten* begründet hatte.[447] Der Friedensbund konnte bis 1921 reichsweit lediglich 1200 Mitglieder aufnehmen, wurde von den Bischö-

443 Vgl. RICHTER: Nationales Denken im Katholizismus der Weimarer Republik (wie Anm. 437, S. 169), S. 50–253.

444 Vgl. zu dieser Entwicklung DERS.: Nationales Denken im Katholizismus der Weimarer Republik (wie Anm. 437, S. 169), S. 116–127; DIRK H. MÜLLER: Arbeiter, Katholizismus, Staat. Der Volksverein für das katholische Deutschland und die katholischen Arbeiterorganisationen in der Weimarer Republik (Reihe Politik- und Gesellschaftsgeschichte 43), Bonn 1996, S. 78f. Zur weiteren Entwicklung des sich ab 1923 um die Rhein-Mainische Volkszeitung sammelnden Linkskatholizismus vgl. auch SIEGFRIED HEIMANN/FRANZ WALTER: Religiöse Sozialisten und Freidenker in der Weimarer Republik (Reihe Politik- und Gesellschaftsgeschichte 31), Bonn 1993, S. 206–220; BRUNO LOWITSCH: Der Kreis um die Rhein-Mainische Volkszeitung, Wiesbaden u.a. 1980.

445 Vgl. BRUNO HIPLER: Friedrich Wilhelm Foerster (1869–1966), in: StdZ 208 (1990), S. 113–124.

446 Zu diesem vgl. DIETER RIESENBERGER: Die katholische Friedensbewegung in der Weimarer Republik. Mit einem Vorwort von Walter Dirks, Düsseldorf 1976; DERS.: Friedensbund Deutscher Katholiken, 1919–1933, in: HLB (2006).

447 Vgl. STEFAN UMMENHOFER: Wie Feuer und Wasser? Katholizismus und Sozialdemokratie in der Weimarer Republik, Berlin 2003, S. 204.

fen nicht unterstützt und gewann erst nach dem dritten internationalen Friedenskongress 1923 in Freiburg an Einfluss, nachdem Kreise um die *Rhein-Mainische Volkszeitung* sich für den Bund stark machten.[448]

Dieser sozialistischen und pazifistischen Ideen zuneigenden Richtung gehörte in seiner Berliner Zeit auch die schillernde Persönlichkeit des Priesters Ernst Thrasolt (1878–1945) an. Der Förderer der katholischen Jugendbewegung hatte zuvor jedoch noch in Kontakt mit dem deutschvölkischen Dietrich Eckart und dessen Zeitschrift *Auf gut deutsch* gestanden. Er selbst gab die, bis zu Beginn der 1920er Jahre katholisch deutschvölkisch ausgerichtete, lebensreformerische Zeitschrift *Das Heilige Feuer* heraus.[449] Diese Zeitschrift, welche eine umfassende Erneuerung des katholischen Glaubenslebens anstrebte und Initialwirkung für die katholische Jugendbewegung entfaltete,[450] diente völkischen Autoren wie Franz Schrönghamer-Heimdal sowie den Protestanten Heinrich Pudor (1865–1943) oder Philipp Stauff (1876–1923) dabei als „Brückenkopf in die Kreise gebildeter Katholiken und zur dortigen Platzierung ihrer Weltanschauung".[451] Eines der zentralen Kernziele der sich um die Zeitschrift sammelnden *Großdeutschen Jugend* war dabei die Erneuerung Deutschlands, dessen kulturellen und politischen Niedergang man wahrzunehmen wähnte, durch die Wiederbelebung des Christentums mit den Mitteln der Jugendbewegung.[452] Im Laufe der Zeit wandten sich die Zeitschrift ebenso wie Thrasolt jedoch dem christlichen Pazifismus sowie Solidarismus zu und vertraten in diesem Zuge eine linkskatholische Ausrichtung unter Hintanstellung völkischer und lebensreformerischer Elemente.[453] Insofern blieben die hier vollzogenen Kompromisse und Gemeinsamkeiten zwischen katholischen Reformern und völkischen Kräften „inhaltlich und zeitlich begrenzt".[454]

Die skizzierten linkskatholischen Richtungen standen dabei auf unterschiedliche Weise in Kontakt zu Carl Sonnenschein und seiner dem *Volksverein für das Katholische Deutschland* nahestehenden *Sozialstudentischen Zentrale* in Berlin[455] sowie zur katholischen Jugendbewegung.[456] Die bereits erwähnte *Großdeutsche Jugend*, welche das Ideal der Wandervogelbewegung sowie lebensreformerische Konzepte übernahm, verstand sich als lose organisierte Tatgemeinschaft,[457] welche sich um die Zeitschrift *Das Heilige Feuer* sammelte und in die anderen Ver-

448 Vgl. DIETER RIESENBERGER: Friedensbund Deutscher Katholiken, 1919–1933, in: HLB (2006).

449 Zu dieser Zeitschrift vgl. THOMAS REINECKE: „Das heilige Feuer". Eine katholische Zeitschrift 1913–1931, in: UWE PUSCHNER/WALTER SCHMITZ/JUSTUS H. ULBRICHT (Hg.): Handbuch zur „Völkischen Bewegung" 1871–1918, München 1999, S. 164–171; GREGOR HUFENREUTER: Das Heilige Feuer. Katholiken und völkische Bewegung vor 1914, in: MICHEL GRUNEWALD/UWE PUSCHNER (Hg.): Le milieu intellectuel catholique en Allemagne, sa presse et ses réseaux (1871–1963). Das katholische Intellektuellenmilieu in Deutschland, seine Presse und seine Netzwerke (1871–1963) (Convergences 40), Bern u. a. 2006, S. 170–189; WEISS: Kulturkatholizismus (wie Anm. 7, S. 11), S. 174f.

450 Vgl. FRANZ HENRICH: Die Bünde katholischer Jugendbewegung. Ihre Bedeutung für die liturgische und eucharistische Erneuerung, München 1968, S. 26–30.

451 HUFENREUTER: Das Heilige Feuer (wie Anm. 449), S. 183.

452 Vgl. HENRICH: Die Bünde katholischer Jugendbewegung (wie Anm. 450), S. 31.

453 Vgl. REINECKE: „Das heilige Feuer" (wie Anm. 449), S. 168–170.

454 HUFENREUTER: Das Heilige Feuer (wie Anm. 449), S. 186.

455 Zum Kontakt Thrasolts und der katholischen Pazifisten zu Sonnenschein vgl. EBD., S. 172 und 185.

456 Vgl. HENRICH: Die Bünde katholischer Jugendbewegung (wie Anm. 450), S. 23f.

457 Vgl. die programmatischen Aussagen zu den Münchner Gruppen in: TRUDE BOSSLET/MÜNCHNER GRUPPEN DER GROSSDEUTSCHEN JUGEND: An alle Stämme der deutschen Jugend (Unsere Heimat 1), München 1919.

bände hinein wirken wollte.[458] Die Gruppen erreichten nur wenige Katholiken und standen wiederholt im Konflikt mit der Amtskirche, da man die eigene Unabhängigkeit bewahren wollte und sich daher der geforderten Unterstellung unter einen Geistlichen widersetzte. Daneben trugen die Propagierung pazifistischer und sozialistischer Ideen, die Forcierung ökumenischer Bestrebungen sowie die Positionierung gegen die Indizierung und Exkommunikation des Breslauer Kirchenhistorikers und Reformkatholiken Joseph Wittig (1879–1949) zu einer innerkirchlich schwierigen Lage bei.[459] Mehrere Münchner Gruppen der *Großdeutschen Jugend* sind im Untersuchungszeitraum belegt.[460] Genauere Mitgliederzahlen ließen sich jedoch nicht ermitteln.[461]

Eine ganz ähnliche Entwicklung nahm der *Quickborn*,[462] eine sich seit 1909 rasch ausdehnende katholische koedukative Jugend- und Abstinenzbewegung. Diese wurde durch den Theologen Romano Guardini (1885–1968), der sich 1920 der Bewegung anschloss, maßgeblich geprägt. Er war es, der die junge Organisation in ihrer antiautoritativen und koedukativen Ausrichtung gegenüber den deutschen Bischöfen verteidigte und deren Wichtigkeit für eine Einwirkung auf die deutsche Jugendbewegung aufzeigte.[463] Mit dem Auftreten Guardinis beim *Quickborn* fielen die Klärung des Verhältnisses von kirchlicher Autorität und Bund sowie ein verstärktes Eindringen der liturgischen Bewegung in diesen zusammen.[464]

In München hatte die Bewegung 1926 etwa 450 Mitglieder, wobei die Gruppen primär an den höheren Schulen angesiedelt waren. Zu Beginn der 1920er Jahre ist von ähnlichen Zahlen auszugehen.[465] Gewissermaßen die universitäre Organisation des *Quickborn* stellte der *Hochlandverband* dar, welcher in München ungefähr 10% der Mitglieder des *Quickborns* vereinigte.[466] Hier wirkte beispielsweise auch der Sohn der bekannten Landtagsabgeordneten und Sozialarbeiterin Ellen Ammann (1870–1932), Rolf Ammann, mit. Dieser gab einige Jahre das Sprachrohr der katholischen Jugendbewegung, die Zeitschrift *Die Schildgenossen*, heraus. Innerhalb der Akademikerschaft traten *Quickborn* und *Hochland* mit caritativen Liederabenden und Weihnachtsfeiern hervor, die sie seit 1923 für den *Verein Studentenhaus* ausrichteten[467] und welche auch durch den *Völkischen Beobachter* beworben wurden.[468]

---

458 Vgl. HENRICH: Die Bünde katholischer Jugendbewegung (wie Anm. 450, S. 171), S. 36.

459 Vgl. RICHTER: Nationales Denken im Katholizismus der Weimarer Republik (wie Anm. 437, S. 169), S. 179–182; HENRICH: Die Bünde katholischer Jugendbewegung (wie Anm. 450, S. 171), S. 42–50.

460 Vgl. DERS.: Die Bünde katholischer Jugendbewegung (wie Anm. 450, S. 171), S. 455.

461 Von den Münchner Gruppen Heimat, Turm, Heliand und Mitleide berichtet HILDE SCHNEIDER: Seid Wache und Wecker, in: TRUDE BOSSLET/GROSSDEUTSCHE JUGEND: „Wer dem Leben opfert, den lässt das Leben nicht" (Unsere Heimat 2), München 1919, S. 16–20.

462 Vgl. HUFENREUTER: Das Heilige Feuer (wie Anm. 449, S. 171), S. 174.

463 Vgl. Bericht Guardinis an Faulhaber über die Quickborntagung vom 5.09.1920, EAM NL Faulhaber 6552.

464 Vgl. zur Quickborntagung 1920: HENRICH: Die Bünde katholischer Jugendbewegung (wie Anm. 450, S. 171), S. 87–100.

465 Vgl. Entwicklung und Stand der Jugendbewegung in München Stand 4.9.1926, EAM NL Faulhaber 6556.

466 Vgl. EBD.

467 Vgl. den Akt zu Hörsaalüberlassungen an den Quickborn: UA-M G-III-4e Bd. 5.

468 Vgl. O.A.: Die Münchener Hochländer und Quickborner, in: VB 37,6 (20.01.1923), S. 4.

Daneben stand als katholische Jugendbewegung der *Bund Neudeutschland*,[469] welcher vom Kölner Kardinal Hartmann ab 1919 massivst befördert wurde und sich zum Ziel gesetzt hatte, möglichst (wieder) flächendeckend marianische Schülergruppen an höheren Schulen zu etablieren.[470] Dabei unterstützt wurde er insbesondere durch die Jesuiten, welche auch zuvor die meisten der marianischen Kongregationen betreut hatten. Neben den kulturellen Idealen der Jugendbewegung, wie einer verstärkten Zuwendung zur Natur, Sport und Kultur, griff der Bund auch, typisch katholisch, die soziale und caritative Arbeit sowie den Gedanken der Marianischen Kongregationen auf, um so „beim Aufbau unseres Vaterlandes als Führer und Mitschaffer ihre Rolle [zu] spielen".[471] Das Anknüpfen an den Weg der Aussöhnung mit dem deutschen Nationalbewusstsein und seiner Kultur, welches durch die Zeitschrift *Hochland* bereits seit knapp 15 Jahre eingefordert wurde,[472] wurde hier also bewusst forciert und sollte durch religiös-sittliche Erneuerung angestrebt werden.

Eine erste Münchner Gruppe, welche den sich bildenden Bund entscheidend mitformen sollte, ist spätestens im Frühjahr 1919 nachweisbar und bildete sich um den Jesuitenpater Georg Habrich. Dieser Kreis gab seit diesem Zeitpunkt die Beilage zur Zeitschrift *Leuchtturm*, *Der Aufstieg*, später mit dem Untertitel *Nachrichtenblatt des Verbandes Neudeutschland*, heraus.[473] Basis dieser wie weiterer Gruppen waren die in Großteilen des Reiches aufgelösten, in Bayern jedoch weiterhin existierenden marianischen Studentenkongregationen an den höheren Schulen. Im September 1919 regte Habrich einen Zusammenschluss dieser Kongregationen mit über 400 Mitgliedern zum *Münchener katholischen Studentenzirkel* an. Der Zirkel gab sich die „Losung: Glaube, Freiheit, Fortschritt, und ein Bollwerk gegen die nagenden Kräfte des Unglaubens und des Umsturzes"[474] und eignete sich allmählich jugendbewegte Ideen an. Die durch Münchner Schüler herausgegebene Zeitschrift *Der Aufstieg* übernahm hierbei eine richtungsweisende Rolle diese Ideen zu verbreiten. Sie fanden auch auf der ersten Verbandstagung des *Bundes Neudeutschland* Ende Dezember 1919 Berücksichtigung.[475] Dennoch dauerte es noch bis 1922 bis der Bund sich endgültig als katholische Jugendbewegung etablierte und somit stärker von der vereinsmäßigen Organisation als Kongregation löste.[476] Die Münchner Gruppen nahmen eine gute Entwicklung und hatten bis 1926 etwa 600 Mitglieder sowie eine etablierte Hochschulgruppe mit circa 65 Mitgliedern.[477] Daneben etablierte sich 1924 in München unter dem Namen *Holdschaft* noch eine

---

469 Zum Bund in der Zwischenkriegszeit vgl. STEFANIE KÜHNE: Lebensgestaltung in Christus. Katholische Jugendbewegung in der Zwischenkriegszeit (1919–1938). Aufgezeigt am Beispiel des Bundes Neudeutschland, Freiburg 1999; RONALD WARLOSKI: Neudeutschland, German Catholic students 1919–1939, The Hague 1970.

470 RICHTER: Nationales Denken im Katholizismus der Weimarer Republik (wie Anm. 437, S. 169), S. 194f.

471 O.A.: Vom Geist Neudeutschlands, in: Der Aufstieg 2,2 (1.1.1920), S. 9–12, hier: S. 12.

472 Die Arbeitsgrundlage der Zeitschrift veröffentliche Muth unter dem Pseudonym *Veremundus* bereits vorab: CARL MUTH: Steht die Katholische Belletristik auf der Höhe der Zeit?, Mainz 1898, v. a. S. 78–82.

473 Vgl. HENRICH: Die Bünde katholischer Jugendbewegung (wie Anm. 450, S. 171), S. 153.

474 JOSEPH BANDREGEL: Unsere Münchener katholischen Studentenzirkel, in: Der Aufstieg 1,4 (15.09.1919), S. 26–29, hier: S. 29.

475 Vgl. die oben skizzierten Kernelemente des Bundes oder HENRICH: Die Bünde katholischer Jugendbewegung (wie Anm. 450, S. 171), S.156–158.

476 Vgl. EBD., S.170f.

477 Vgl. Entwicklung und Stand der Jugendbewegung in München Stand 4.9.1926, EAM NL Faulhaber 6556.

vornehmlich aus Studierenden bestehende Abspaltung des *Bundes Neudeutschland*, welche etwa 30 Personen umfasste, im Gegensatz zu *Neudeutschland* gemischtgeschlechtlich aufgestellt war und stärker den Idealen der Jugendbewegung und der Selbstorganisation zuneigte.[478]

In der katholischen Öffentlichkeit wurden diese jugendbewegten Gruppierungen mit ihrer Präsentation und der Verabschiedung der sogenannten *Münchner Formel* auf dem Münchner Katholikentag 1922 bekannt, welche durch die Münchner Gruppierungen initiiert worden war.[479] Während die *Freideutsche Jugend* sich in der *Meißner-Formel* 1913 zu Eigenverantwortung und Freiheit bekannt hatte, stellten sich die katholische Jugendbewegung mit ihrer Formel bewusst in den Dienst der Kirche und grenzte sich somit von den Freideutschen ab:

> „Wir jungen Katholiken aller Stände bekennen uns zur heiligen katholischen Kirche, der wir in Gehorsam, Ehrfurcht und freudiger Liebe in Gemeinschaft mit dem ganzen katholischen Volke dienen wollen. Durch ungebrochene Wahrhaftigkeit, opferfreudige Einfachheit und liebevolle Gemeinschaft wollen wir in voller Auswirkung der katholischen Grundsätze neues Leben aufbauen helfen."[480]

München stellte also für die sich etablierende katholische Jugendbewegung ein wichtiges Zentrum dar. Hier entstanden schnell größere Gruppierungen der neuen Bewegungen. Zusätzlich waren die Münchner Jugendbewegten geistig entscheidend an der Prägung ihrer Bünde beteiligt, indem sie Verantwortung in den sich etablierenden Verbandsmedien übernahmen und die Etablierung jugendbewegter Ideen, wie diejenige der Selbstbestimmung, einforderten.

Die Basis für die sich ausbreitende Jugendbewegung war, wie bereits vor dem Krieg, die Abkehr von der mit Liberalismus, Materialismus und Individualismus assoziierten bürgerlichen Gesellschaft und Lebenskultur, die als krisenhaft empfunden wurde, wofür Kriegsniederlage und politischer Umbruch als letzte Belege gewertet wurden. Insbesondere Individualismus, Rationalismus und Funktionalismus wurden abgelehnt und stattdessen die „organische Gemeinschaftsidee" beschworen, welche in den Jugendbünden und der Natur erfahrbar sei.[481] Hinter dieser Grundausrichtung, einer Erneuerung der Gesellschaft und einer Zuwendung zu neuen romantischen Gemeinschaftssehnsüchten, verbarg sich zu einem gewissen Teil auch eine „Sehnsucht nach Hierarchie, nach dem Festen, Absoluten und Endgültigen"[482] und ein „Unbehagen [an ...] der Moderne schlechthin".[483] Demgegenüber stellte man die eigene Jugendbewegung beziehungsweise den katholischen Glauben als Basis einer neuen Gesellschaft und Kultur heraus.

Dieses Fundament teilte Münchens Jugendbewegung mit anderen bürgerlichen Kräften, die aus ihrem Unbehagen an der Moderne, insbesondere der Weimarer Republik, keinen Hehl machten. Eine Anfälligkeit für restaurative und völkische Gemeinschaftsutopien durch Überhöhung und Idealisierung von Nation und Volk – auch ins Sakrale – durch die katholischen Jugendbewegungen ist daher augenfällig und sowohl für Personen im Kreise des *Bundes Neudeutschland* als auch des *Quickborn* nachweisbar.[484] So gehörte beispielsweise der Veterinmärme-

---

478 Vgl. EBD. sowie Denkschrift über die Holdschaft (ohne Datum), EAM NL Faulhaber 6556.

479 Vgl. RICHTER: Nationales Denken im Katholizismus der Weimarer Republik (wie Anm. 437, S. 169), S. 196; HENRICH: Die Bünde katholischer Jugendbewegung (wie Anm. 450, S. 171), S. 174.

480 zitiert nach: RICHTER: Nationales Denken im Katholizismus der Weimarer Republik (wie Anm. 437, S. 169), S. 196.

481 Vgl. EBD., S. 178.

482 HILLE: Revolutionen und Weltkriege (wie Anm. 60, S. 107), S. 152.

483 EBD., S. 152.

484 Vgl. EBD., S. 153.

dizinsstudent Alfred Miller (*1897), Mitglied im *Quickborn* sowie im *Hochland*, der sich auch den Reformkatholiken Philipp Funk, Joseph Schnitzer und Hugo Koch verbunden fühlte,[485] bereits früh der NSDAP an, schrieb zahlreiche Artikel für den VB[486] und wandte sich schließlich ganz vom katholischen Glauben ab. Ein weiterer Student der Veterinärmedizin Hansjörg Maurer (1891–1959) entstammte möglicherweise ebenfalls dem *Quickborn*,[487] und wirkte ab Mai 1920 als Autor sowie vorübergehend als Chefredakteur für den *Völkischen Beobachter* und bald auch als Organisator für NSDAP-Veranstaltungen sowie Mitglied der *Sturmabteilung* (SA).[488]

Somit boten die entworfene und teils sakralisierte Vergemeinschaftungssehnsucht und das Bedürfnis nach einer Neuordnung der gesellschaftlichen und politischen Verhältnisse Deutschlands gute Anknüpfungspunkte für nationales und völkisches Gedankengut. Die bewusst unpolitische Haltung der Bünde führte dabei dazu, dass ganz verschiedenartige politische Vorstellungen und Richtungen innerhalb dieser ihren Platz fanden und zumeist unkommentiert nebeneinander standen.[489] Dementsprechend konnte der Kirchenhistoriker Hubert Jedin (1900–1980) in seinen Lebenserinnerungen festhalten, dass er in seiner Münchner Zeit durch ein Hochlandmitglied, Othmar Weinzierl (1891–1969), die völkischen Ideen kennengelernt habe, welchen jedoch der *Hochlandverband*, trotz nationaler Grundausrichtung, überwiegend nicht angehangen habe.[490]

Kardinal Faulhaber war den katholischen Jugendbewegungen insgesamt positiv gesonnen und folgte damit den Einschätzungen der Fuldaer Bischofskonferenz von 1920.[491] 1920 wurde er Ehrenvorstand des *Bundes Neudeutschland*[492] und äu-

485 Vgl. ALFRED MILLER: Ultramontanes Schuldbuch. Eine deutsche Abrechnung mit dem Zentrum und seinen Hintermännern, Breslau 1922, S. 127.

486 Gemäß HASTINGS: Catholicism and the roots of Nazism (wie Anm. 30, S. 16), S. 219 schrieb Miller zwischen 1920 und 1922 auch unter den Kürzeln A.M., –LL– oder M. mindestens 120 Beiträge für den VB. Beispielhaft lassen sich benennen: ALFRED MILLER: Friedensbund deutscher Katholiken, in: VB 34,10 (04.02.1920), S. 2; DERS.: Judas der Würger, in: VB 34,64 (15.07.1920), S. 1; DERS.: Judentum und Bolschewismus sind eins, in: VB 34,88 (7.10.1920), S. 5; DERS.: Katholische Kirche und Judentum, in: VB 35,95 (14.12.1921), S. 3.

487 Während EBD., S. 88 diese Mitgliedschaft als Tatsache postuliert, äußert SCHMIDT (Hg.): ... war gegen den Führer äußerst frech ... (wie Anm. 168, S. 124), S. 72, auf welchen Hastings sich beruft, hier Zweifel.

488 Vgl. DERS. (Hg.): ... war gegen den Führer äußerst frech ... (wie Anm. 168, S. 124), S. 37; HASTINGS: Catholicism and the roots of Nazism (wie Anm. 30, S. 16), S. 89.

489 Vgl. die Analyse von KATJA MARMETSCHKE: „Nicht mehr Jugendbewegung, sondern Kulturbewegung!“ Die Zeitschrift Die Schildgenossen in der Weimarer Republik, in: MICHEL GRUNEWALD/UWE PUSCHNER (Hg.): Le milieu intellectuel catholique en Allemagne, sa presse et ses réseaux (1871–1963). Das katholische Intellektuellenmilieu in Deutschland, seine Presse und seine Netzwerke (1871–1963) (Convergences 40), Bern u. a. 2006, S. 281–317, hier: S. 300–308. Diese stellt das Nebeneinanderstehen von mindestens drei politischen Richtungen innerhalb der Zeitschrift des Quickborn *Die Schildgenossen* gut heraus.

490 Vgl. KONRAD REPGEN: Hubert Jedin. Lebensbericht. Mit einem Dokumentenanhang (Veröffentlichungen der Kommission für Zeitgeschichte A 35), Mainz 1984, S. 69f. Im Kontrast hierzu behauptet Hastings, wohl auch da es seine These von der besonders großen Anhänglichkeit von Reformkatholiken gegenüber dem völkischen Gedankengut stützt, dass: „According to Jedin's mention, the Munich HV was literally teeming with radical nationalists and völkisch activists in 1920.“ HASTINGS: Catholicism and the roots of Nazism (wie Anm. 30, S. 16), S. 86f.

491 Vgl. Protokoll der Fuldaer Bischofskonferenz vom 17.–20.08.1920, EAM NL Faulhaber 3102.

492 Vgl. Schreiben Faulhabers an Bund Neudeutschland vom 28.08.1920, EAM NL Faulhaber 6552.

ßerte sich trotz der für ihn offenen Autoritätsfrage innerhalb des *Quickborn* auch diesem gegenüber sehr hoffnungsfroh.[493]

Im Rahmen dieser organisierten, eher liberal angehauchten katholischen Aufbrüche in der Weimarer Republik ist auch die *Freie Vereinigung katholischer Studenten* zu benennen. Diese stand in großer Nähe zur *Sozialstudentischen Zentrale*, bestand in München seit 1911 und suchte die nicht durch Studentenkorporationen vertretenen katholischen Studierenden zu einen. Bedauerlicherweise ist die Quellenlage für diese Vereinigung sehr dürftig und eine weitergehende Analyse daher bisher nicht vorgenommen und auch hier nicht möglich.[494] Die Mitgliederzahl der Vereinigung, welche summarisch erst für das Jahr 1926 vorliegt, wird für München mit 200 angegeben und hätte damit etwa 20% derjenigen Studierenden ausgemacht, die von klassischen katholischen Verbindungen erfasst wurden. Die Angabe wurde jedoch vom Autor der Zusammenstellung stark bezweifelt. Er geht stattdessen von knapp 20 Mitgliedern aus.[495] Die Wahrheit lag wohl in der Mitte. Einen Nachweis bieten die Zahlen von 1930, welche die studentische Mitgliederstärke mit 60 und die der Altmitglieder mit 261 angibt.[496] Auch die bereits skizzierten Wahlergebnisse des AStA deuten an, dass diese Gruppe, welche sich bewusst abseits der Korporationen und somit der vaterländischen Einheitsfront stellte, mindestens 250 Personen vertrat. Neben hochschulpolitischen Aktivitäten veranstaltete die Vereinigung wöchentlich Vorträge, wo neben bekannten katholischen Persönlichkeiten wie Graf Pestalozza, den Jesuiten Peter Lippert (1879–1936) und Heinrich Sierp (1873–1955) auch der Individualpsychologe Leonhard Seif (1866–1949)[497] oder der deutschnationale Hygieniker Max von Gruber (1853–1927) Vorträge hielten – letzterer zum Thema „die Judenfrage als Rassenfrage".[498]

Auch unter den Mitgliedern dieser Vereinigung befanden sich Rechtskatholiken, wie Karl Debus (1891–1957),[499] Martin Weigl, der Leiter der katholischen *Sozialstudentischen Zentrale Münchens*[500] oder der Ordenspriester Bernhard Stempfle (1882–1942), welche zumindest kurzzeitig der NSDAP nahestanden.[501]

Daneben bestanden an katholischen studentischen Organisationen in München noch die *Akademische Vinzenz-* und *Elisabethkonferenz* sowie jeweils eine Maria-

493 Vgl. privates Schreiben Faulhabers an den Passauer Moraltheologen Ignaz Klug vom 17.09.1920, EAM NL Faulhaber 6552; Faulhaber an Ludwig Schätz (Vorsitzender Hochland München) vom 19.09.1920, EAM NL Faulhaber 6556.

494 Dies wurde bereits durch FUCHS: „Vom Segen des Krieges" (wie Anm. 115, S. 43), S. 23 festgestellt.

495 Vgl. Übersicht über die studentischen Organisationen in München im SoSe 1926, hier: S. 8f., EAM NL Faulhaber 6558.

496 Vgl. O.A.: Kurze Geschichtliche Abrisse aller Deutschen Studentischen Vereinigungen in Deutschland, Danzig und den Sudetenländern. München, in: MICHAEL DOEBERL u. a. (Hg.): Das akademische Deutschland. Bd. 2 Die deutschen Hochschulen und ihre akademischen Bürger, Berlin 1931, S. 955–984, hier: S. 981.

497 Vgl. KATHOL. AKADEMIKER-AUSSCHUSS MÜNCHEN (Hg.): Mitteilungen für die katholischen Studierenden der Münchener Hochschulen 1919/20, München 1919, S. 14.

498 Vgl. DERS. (Hg.): Mitteilungen für die katholischen Studierenden an den Münchener Hochschulen 1920/21 (wie Anm. 201, S. 82), S. 7.

499 Karl Debus (1891–1957), Redakteur bei *Neues Reich* und *Schönere Zukunft*, später CSU-Mitglied.

500 Vgl. den Artikel O.A.: Die sozialstudentische Zentrale München des Volksvereins für das kath. Deutschland, in: MKK 12,23 (8.06.1919), S. 173. Hier findet sich auch ein Bekenntnis zur Volksgemeinschaft.

501 Vgl. HASTINGS: Catholicism and the roots of Nazism (wie Anm. 30, S. 16), S. 95.

nische Kongregation für Studenten und Studentinnen. Die Mitgliederzahl dieser Organisationen betrug 1926 insgesamt jedoch nicht mehr als 50 Personen und ist somit vernachlässigbar.[502]

Es „ist [also] nicht zu leugnen, dass sich nicht wenige katholische Bildungsbürger von der antiintellektualistischen, neuromantischen, lebensreformerischen, ästhetischen Grundstimmung der Jahrhundertwende ‚wiederverzaubert' fühlten. [...] Schließlich können selbst die Anfänge der deutschen liturgischen Bewegung unter Ildefons Herwegen von hierher gedeutet werden. Bei der Mysterientheologie Odo Casels ist dies eindeutig."[503] Insofern kann es nicht verwundern, wenn auch die Ideengeber der liturgischen Bewegung sich in ihren neu-romantischen und restaurativen Bestrebungen einig mit weiten Kreisen des Bildungsbürgertums wussten. So trauerte etwa Ildefons Herwegen der Monarchie nach und suchte konservative Kräfte zu fördern, weswegen er gemeinsam mit dem *katholischen Akademikerverband* 1933 vorübergehend große Hoffnungen an den NS-Staat knüpfte.[504] Er veröffentlichte bereits 1914 in der völkisch angehauchten Zeitschrift das *Heilige Feuer*, welche in dieser Zeit die Feier der Liturgie durch verschiedenste Impulse zu erneuern suchte,[505] über „Das Kunstprinzip der Liturgie".[506]

Insbesondere der *Quickborn* griff die Impulse der liturgischen Bewegung begeistert auf und trug sie weiter. Ausdruck hiervon waren die breite Beschäftigung mit dieser Thematik in den Zeitschriften *Quickborn* und *Schildgenossen*.[507] Gerade das Gemeinschaftserlebnis, welches von der katholischen Jugendbewegung nun auch in der Liturgie erfahrbar wurde, spielte hierbei eine entscheidende Rolle.[508] 1922 griff so auch der *Bund Neudeutschland* endgültig die Ideen der liturgischen Bewegung auf und machte sie sich zu eigen.[509]

Neben der katholischen Jugendbewegung war es der *katholische Akademikerverband*, der die Impulse Pius X. zur liturgischen Erneuerung aufgriff und in großer Nähe zur Abtei von Ildefons Herwegen in Maria Laach sowie zum *Akademischen Bonifatiusverein* operierte.[510] In München war der Verband durch den

502 Vgl. Übersicht über die studentischen Organisationen in München im SoSe 1926, hier: S. 10., EAM NL Faulhaber 6558.

503 WEISS: Kulturkatholizismus (wie Anm. 7, S. 11), S. 38.

504 Vgl. EMMANUEL VON SEVERUS: Herwegen, Ildefons, in: NDB 8 (196), S. 723; MARCEL ALBERT: „Zwecks wirksamer Verteidigung und Vertretung der katholischen Weltanschauung". Der Katholische Akademikerverband 1913–1938/39 (Libelli Rhenani 35), Köln 2010, S. 77–94; Zur Geschichte Maria Laachs in der Zwischenkriegszeit, welche eng mit der liturgischen Bewegung verknüpft war, sowie im Nationalsozialismus siehe auch: DERS.: Die Benediktinerabtei Maria Laach und der Nationalsozialismus (Veröffentlichungen der Kommission für Zeitgeschichte B 95), Paderborn u. a. 2004.

505 Vgl. HENRICH: Die Bünde katholischer Jugendbewegung (wie Anm. 450, S. 171), S. 28f.

506 Vgl. ILDEFONS HERWEGEN: Das Kunstprinzip der Liturgie, in: Das Heilige Feuer 2 (1914/15), S. 30–34.

507 Vgl. HENRICH: Die Bünde katholischer Jugendbewegung (wie Anm. 450, S. 171), S. 110–113.

508 Vgl. EBD., S. 115.

509 Vgl. EBD., S.173f.

510 Vgl. ALBERT: „Zwecks wirksamer Verteidigung und Vertretung der katholischen Weltanschauung" (wie Anm. 504); GUIDO MÜLLER: Katholische Akademiker in der Krise der Moderne. Die Entstehung des Katholischen Akademikerverbands im wilhelminischen Deutschland zwischen bildungsbürgerlichen Reformbewegungen und Laienapostolat, in: MICHAEL GRAETZ/ARAM MATTIOLI (Hg.): Krisenwahrnehmungen im Fin de siècle. Jüdische und katholische Bildungseliten in Deutschland und der Schweiz (Clio Lucernensis 4), Zürich 1997, S. 285–300; WEISS: Kulturkatholizismus (wie Anm. 7, S. 11), S. 83–85; RICHTER: Nationales Denken im Katholizismus der Weimarer Republik (wie Anm. 437, S. 169), S. 176.

Verein akademisch gebildeter Katholiken Münchens präsent. Die Initiative zur Wiederbegründung des Vereins nach dem Weltkrieg erfolgte durch Hofprediger Georg Stipberger (1881–1971), Pater Lippert, Anton Graf von Pestalozza und Carl Muth. Die Gründungssitzung fand am 12. März 1919 unter Beteiligung von knapp 20 Personen statt. Pestalozza, Muth und Lippert wurden hier in den Vorstand des Vereins gewählt und Domkapitular Michael Buchberger sowie Georg Stipberger in den geistlichen Ausschuss. Somit stand der Verein von Beginn an in engster Fühlung zum Klerus, der zugleich durch den geistlichen Ausschuss eine große Bedeutung zuerkannt bekam. Der Verein suchte dann auch zeitnah den Kontakt zu Kardinal Faulhaber.[511] Dieser sah in diesem Verband eine besonders fördernswerte Initiative des kirchennahen Laienapostolats zur engeren Anbindung akademischer Kreise an die Kirche sowie zur Vertiefung ihres religiösen Wissens und förderte den Verein dementsprechend.[512] Seit spätestens 22.10.1919 gehörte er selbst dem Münchner Verein an[513] und hielt für diesen regelmäßig Vorträge.[514]

Bereits in der ersten Mitgliederversammlung des Vereins hielt Carl Muth am 3. Oktober 1919 einen Vortrag zu den Zielen und Ideen des Vereins und stellte dabei die Verchristlichung der Welt durch das Laienapostolat der katholischen Akademiker als oberstes Ziel des Verbandes heraus. Dieses sollte durch die religiöse Bildung der Mitglieder und die Förderung gemeinsamer gottesdienstlicher Feiern verwirklicht werden. Politik dagegen sollte keine Rolle spielen.[515]

Im Rahmen des Katholikentags fand am 29. August 1922 ein Festabend des *Vereins akademisch gebildeter Katholiken* im Hotel Vier Jahreszeiten statt. Neben einer Rede des Vorsitzenden, des Philosophen Dietrich von Hildebrand (1889–1977), über die „Führeraufgaben der katholischen Akademiker", hielt Freiherr Theodor Cramer-Klett einen Vortrag über „Weltanschauungsaufgaben der kath. Akademiker beim sozialen Wiederaufbau" und erkannte hierin „der katholischen Kirche, beziehungsweise dem Wiederlebendigwerden katholischer Gedankenwelt und katholischen Lebens allein die Fähigkeit zu, die soziale Frage zu lösen."[516]

Das Programm der Lösung der widrigen Zeitumstände durch Rekatholisierung der Welt, insbesondere durch Zuweisung einer Führungsrolle an die katholischen Akademiker in diesem Komplex, und der damit einhergehenden Beanspruchung einer Superiorität vor anderen Weltanschauungen und politischen Ordnungsvorstellungen wird anhand dieser Veranstaltung besonders deutlich. Durch diese Einforderung eines Tatkatholizismus in Verbindung mit eng an die Autorität angelegten kulturellen und religiösen Aktivitäten, sammelte der Verband in seinen Reihen vornehmlich kirchlich konservative, integralistische und autoritaristisch eingestellte Kräfte, welche teils auch antidemokratisches Gedankengut vertraten.[517] Mit dieser Grundhaltung suchten die dem Verein angeschlossenen Akademiker weiterhin eine Führungsrolle in der Gesellschaft sowie im Bildungsbürgertum zu

511 Vgl. Verein akad. gebildeter Katholiken an Faulhaber vom 23.03.1919, EAM NL Faulhaber 6570.

512 Vgl. Schlagwort *Katholischer Akademikerverband* Deutschlands, in: Kritische Online-Edition der Nuntiaturberichte von 1917–1929 (wie Anm. 26, S. 56); MÜLLER: Katholische Akademiker in der Krise der Moderne (wie Anm. 510, S. 177).

513 Vgl. Verein akad. gebildeter Katholiken an Faulhaber vom 22.10.1919, EAM NL Faulhaber 6570.

514 Vgl. Faulhaber an Verein akad. gebildeter Katholiken vom 19.12.1919, EAM NL Faulhaber 6570; Verein akad. gebildeter Katholiken an Faulhaber vom 27.11 und 20.12.1920, ebd.

515 VEREIN AKADEMISCH GEBILDETER KATHOLIKEN MÜNCHEN E.V.: Die Idee unseres Vereins. Sein einziges und wahres Bildungsgesetz (aus einem Vortrag von Carl Muth am 3.10.1919 in München), EAM NL Faulhaber 6570.

516 Das Programm sowie Festblatt zur 62. Katholiken-Versammlung Nr. 5 (1922), S. 6, EAM NL Faulhaber 3502.

517 Vgl. WEISS: Kulturkatholizismus (wie Anm. 7, S. 11), S. 160–162.

übernehmen und sich insofern auch dem Habitus und der Kultur der Bildungsbürger anzunähern. Letztlich machte man sich jedoch hierdurch auch die bürgerliche Krisenerfahrung der Unzulänglichkeit von Rationalität, Liberalismus und tagespolitischen Entwicklungen zu eigen und versuchte diese durch eine Beseitigung der Unterschiede zwischen Wissenschaft und Glauben sowie Politik und Religion aufzulösen.[518] Ohne Reflexion über die Unmöglichkeit aus dem katholischen Glauben konkrete politische Gestaltungsvorgaben abzuleiten, übertrug man hiermit letztlich nur die eigene autoritative Einstellung auf den politischen Bereich, trieb eine Nationalisierung des Katholizismus voran und lehnte die parlamentarische Demokratie ab.[519] Auch wenn der Verein nur eine gewisse Gruppe von Münchens katholischen Akademikern in seinen Reihen sammeln konnte,[520] spielte er doch durch seine große Kirchennähe eine gewisse Rolle. Ebenso bedeutsam war seine gute Vernetzung in Jugendbewegung und liturgischer Bewegung, wobei hier vornehmlich Guardini einer der Brückenbauer war.[521]

Der Kirchenhistoriker Joachim Schmiedl stellt insgesamt also folgerichtig fest, dass die Zeit nach dem Versailler Friedensvertrag von den Katholiken als allgemeine Zeit der kulturellen und gesellschaftlichen Krise wahrgenommen wurde. In bewusster Frontstellung zur krisenhaft empfundenen Moderne, suchte man in dieser Zeit des Umbruchs dann dennoch zahlreiche reformerische Aufbrüche zu setzen.[522] Gerade aus dem Bewusstsein der Veränderungsbedürftigkeit sieht Schmiedl zahlreiche positive Aufbrüche erwachsen. Dazu zählt er ein neues Laienbewusstsein, eine stärkere Zuwendung zu den Sozialprinzipien des Christentums, die Wiederentdeckung des mystischen Charakters der Kirche, die liturgische Erneuerung, die Zuwendung zur Ökumene sowie eine allmähliche Öffnung für die demokratische Staatsform. Zusätzlich entdeckt er durch die personalistische Philosophie und die historische Forschung sich neue eröffnende theologische Zugänge.[523] Über die Darstellung dieser positiven Neuaufbrüche gerät der Blick auf die negativen Begleiterscheinungen in den Hintergrund. Selbst in den Bewegungen, welche maßgebliche Neuaufbrüche innerhalb der katholischen Kirche anstießen oder moderne Ideen und Zeiterscheinungen aufgriffen, gab es eine große Anfälligkeit für nationale und völkische Zuspitzungen, die am Beispiel von Einzelpersonen innerhalb der verschiedenen Organisationen und besonders eindrücklich durch die Zeitschrift *Das Heilige Feuer* belegt werden kann. Daneben sollte man nicht vergessen, dass diese Bewegungen zumeist vornehmlich den Zweck erfüllten, den Bestand und die Bedeutung des Katholizismus im sich modernisierenden Staats- und Gesellschaftsgefüge zu bewahren oder auszubauen.

Auch sollte nicht außer acht bleiben, dass die kurz angerissenen liberalen und sozialen Neuaufbrüche – insbesondere auf dem politischen Feld – in München nur durch eine Minderheit getragen wurden. Daneben existierten ambivalente Bewegungen, wie diejenige der Jugendbewegung oder der liturgischen Bewegung, die auf einzelne Phänomene der empfundenen Krise zu reagieren suchten und dabei

---

518 Vgl. DAGMAR PÖPPING: Abendland. Christliche Akademiker und die Utopie der Antimoderne 1900–1945, Berlin 2002, S. 137.

519 Vgl. ALBERT: „Zwecks wirksamer Verteidigung und Vertretung der katholischen Weltanschauung" (wie Anm. 504, S. 177), S. 104.

520 1924 umfasste die Münchner Gruppe rund 700 Mitglieder. Vgl. Die katholische Akademikerbewegung, in: BK 68,24 (24.01.1924), S. 3.

521 Vgl. WEISS: Kulturkatholizismus (wie Anm. 7, S. 11), S. 84f. ALBERT: „Zwecks wirksamer Verteidigung und Vertretung der katholischen Weltanschauung" (wie Anm. 504, S. 177), S. 52.

522 Vgl. SCHMIEDL: Der katholische Aufbruch der Zwischenkriegszeit und die Stimmen der Zeit (wie Anm. 66, S. 108), S. 232f.

523 Vgl. EBD., S. 234–238.

in ihrer Verhältnisbestimmung zur Moderne sowie zur Weimarer Republik zwiegespalten blieben. Demgegenüber jedoch stand die große Mehrheit der Akademiker, welche zwar auch das Bedürfnis nach Veränderungen verspürte und die damalige Zeit als Krise empfand, hieraus jedoch andere Ideen und Vorstellungen entwickelte. Den meisten akademisch gebildeten Katholiken ging es angesichts der Weimarer Republik und der Krisenzustände eben nicht darum, diese Krise durch ein Ankommen des Katholizismus in der Moderne zu überwinden, sondern durch den Wiederaufbau beziehungsweise die Restauration einer katholischen Kultur und die Rekatholisierung der Welt.[524]

2.2 Zuwendung zum Nationalen

> „Bei aller Uneinigkeit im Blick auf die konkreten Probleme der Gegenwart bestand doch in katholischen Kreisen eine außerordentliche Einigkeit darin, die Ursachen für den deutschen Zusammenbruch und die Unordnung der Zeit bei den geistigen Mächten der Moderne, bei Liberalismus, Sozialismus, Kantianismus, Individualismus, Idealismus usw. zu suchen. Deren immer wieder beschworenen ‚Zusammenbruch' zugleich mit der deutschen Niederlage zu nennen bedeutete, die katholischen Traditionen in das hellste Licht zu rücken. Die alten Feinde schienen abgewirtschaftet zu haben".[525]

Auf dieser Basis erklärt sich, dass die bayerischen Katholiken Sammlungs- und Einigungsbewegungen sehr offen gegenüberstanden. Dabei forderte man, dass es nun gelte, zur Bewältigung der bestehenden Probleme eine Einigung jenseits der bestehenden Parteien und Klassen zu erstreben und so allein dem deutschen Volk zu dienen. Verknüpft wurde diese Einstellung regelmäßig mit einem „katholischen Menschheitsrettungs-Pathos",[526] also der Vorstellung, dass bei einer Restauration des Katholizismus und mit diesem verbundener Werte ein Wiedererstarken der deutschen Nation automatisch einhergehe und umgekehrt mit der katholischen Mitarbeit am Wiederaufbau der deutschen Nation zugleich eine Rekatholisierung Deutschlands erfolge.

Diesen Standpunkt machten sich auch die meisten katholischen Akademiker zu eigen. So beispielsweise der CV,[527] die *Görresgesellschaft*[528] oder die *Gelben Hefte* von Max Buchner.[529]

2.2.1 Die BVP und die National-Konservativen

Katholiken nahmen die Moderne im Allgemeinen als defizitär wahr. Den Katholizismus erachtete man dementsprechend als positiven Gegenentwurf und suchte nach Möglichkeiten, ihm sowie damit verbundenen Ideen zur Durchsetzung zu verhelfen. In Bayern übernahm hierbei die BVP als konservativ-föderalistische Abspaltung des *Zentrums* die führende Rolle. Ausschlaggebend für diese Richtung waren, neben Kriegsniederlage und Vertrag von Versailles, die stärker agrarische

---

524 Vgl. WEISS: Kulturkatholizismus (wie Anm. 7, S. 11), S. 95–98.

525 RUSTER: Die verlorene Nützlichkeit der Religion (wie Anm. 78, S. 32), S. 75.

526 EBD., S. 76.

527 Vgl. O.A.: Zum Geleite – Kommentar zur vergangenen Zeit, in: Academia 32,1/2 (15.6.1919), S. 1. Bereits Zitiert auf S. 107 dieser Arbeit.

528 Vgl. RUDOLF MORSEY: Die Görres-Gesellschaft zur Pflege der Wissenschaft. Streiflichter ihrer Geschichte, Paderborn u. a. 2009, S. 124f.

529 Vgl. STEINLE: Max Buchner und die Gelben Hefte in der Weimarer Republik (wie Anm. 174, S. 126), v. a. S. 434–437.

und damit auch konservative Grundprägung der BVP. Hinzu kam die nach der Räterepublik deutlich ausgeprägtere Ablehnung aller sozialistischen Tendenzen und die besondere föderalistische Tradition Bayerns, welche durch den Verlust der Reservatrechte und weiterer als unitaristisch empfundener Reformen aus Berlin noch bestärkt wurde.[530]

Als stärkste Partei in Bayern stand die BVP ab März 1920 stets in der Regierungsverantwortung, nahm diese jedoch in der Tradition des monarchistischen Staates bis 1924 lediglich durch „Beamtenministerpräsidenten“ wahr. Dahinter stand die nicht nur bei der BVP verbreitete Idee, „dass ein unpolitischer, über den Parteien schwebender Mann die Leitung des Staates innehatte, der selbstlos nur seine Beamtenpflicht für sein Land erfülle und nicht Partikularinteressen diene“.[531] So knüpfte man konsequent an die Vorstellung der überparteilichen Sammlung an, welche bereits bei der Gründung der BVP, die sich als konfessionsübergreifende Partei der Ordnung verstand, eine große Rolle gespielt hatte.

Dass diese Vorstellung einer Utopie entsprach, sollte anhand der von Gustav von Kahr etablierten Ordnungszellenpolitik deutlich geworden sein. In staatlicher Leitungsfunktion war es eben nicht möglich, überparteilich, geschweige denn unpolitisch zu bleiben, wie Kahr dies gerne über sich selbst postulierte.[532] Ebenfalls gelang es der BVP nicht, alleinige bürgerliche Ordnungskraft in Bayern zu werden. Letztlich spielten konfessionelle Aspekte in der BVP weiterhin eine Rolle und führten dazu, dass diese eine weitgehend katholische Partei blieb, während sich konservative bürgerliche Protestanten tendenziell in der BMP sammelten. Mit dieser und weiteren antisozialistisch und vaterländisch gesinnten Organisationen, wie beispielsweise den Wehrverbänden, bildete man jedoch im Sinne der Sammlung bereitwillig Bündnisse. Tatsächlich verbarg sich hinter der Fokussierung der BVP auf Überparteilichkeit und die Präferenz zu „unpolitischen“ Ministerpräsidenten jedoch auch dezidiert eine Skepsis gegenüber der parlamentarischen Demokratie und dem Parteiensystem.

Daher machte die BVP mit dem Protestanten Kahr eben bewusst keine neutrale und über den politischen Richtungen stehende Persönlichkeit zum Ministerpräsidenten, sondern „eine Person [...], die dem Wandel vom Königreich zur Republik voller Abscheu gegenüberstand.“[533] Kahrs antiparlamentarische und antisozialistische Gesinnung war hierbei in der BVP-Führung nicht ungewöhnlich. Auch bei Georg Heim – einem der Förderer und Vertrauten Kahrs – sind solche Tendenzen belegt.[534] Kahr betrachtete man dabei in der BVP durch seine guten Kontakte in die Wehrverbände als Garanten für Ruhe und Ordnung, weswegen auch im Sommer 1920 nicht in Erwägung gezogen wurde, Kahr, bei dem unklar war und ist, ob er überhaupt der BVP angehörte,[535] durch einen anderen BVP-näheren Kandidaten abzulösen.[536]

---

530 Vgl. Verständigung zwischen Deutschland und Frankreich?, in: HpBl 165,11 (1920), S. 680–694, wobei sich die Zeitschrift ausdrücklich für eine Unterstützung des Kurses der BVP durch alle deutsche Katholiken aussprach (S. 681). Siehe auch: HILLE: Revolutionen und Weltkriege (wie Anm. 60, S. 107), S. 86f.

531 HINTERBERGER: Unpolitische Politiker? (wie Anm. 349, S. 157), S. 8.

532 Vgl. GUSTAV VON KAHR: Lebenserinnerungen, BayHStA NL Kahr 66, S. 1437.

533 HINTERBERGER: Unpolitische Politiker? (wie Anm. 349, S. 157), S. 41.

534 Vgl. EBD., S. 59f.

535 Vgl. die quellenbasierte Diskussion bei EBD., S. 179–188. Hier wird die Beziehung Kahrs zur BVP letztlich als „Zweckbeziehung“ charakterisiert (S. 188).

536 Vgl. Parteivorsitzender Karl Friedrich Speck an Kahr vom 7.06.1920, BayHStA, NL Kahr 38.

Ausdruck dieser generellen Skepsis der BVP wie Kahrs gegenüber dem Parlamentarismus und der Weimarer sowie der bayerischen Verfassung waren auch die Bestrebungen zur Verfassungsänderung. Wenn es darum ging die Errichtung einer zweiten Kammer, die Etablierung eines direkt zu wählenden Staatspräsidentenamtes oder die Erleichterung von Volksentscheiden zu erlangen, deutete sich dabei auch stets der Wille zur Schwächung der bestehenden Parlamente und eine Sehnsucht zur Restauration des abgelösten Systems an.[537]

Bereits Mitte 1920 bezog Kahr dabei klar Stellung gegen linke Kräfte sowie den liberalen Koalitionspartner und somit für das parteiliche und gesetzeswidrige Handeln des Münchner Polizeipräsidenten Pöhner, dessen Absetzung unter anderem die DDP forderte. Somit positionierte er sich klar im deutschnationalen Lager. Die BVP folgte hierbei den Haltungen Kahrs.[538] Spätestens hier wurde deutlich, dass die BVP im Zweifel bereit war, den Ideen der Restauration sowie der Bewahrung von Ruhe und Ordnung, verknüpft mit antisozialistischen Idealen, den Vorzug vor rechtsstaatlichem Handeln zu gewähren.

Auf die Spitze getrieben wurde dieses gesetzeswidrige Handeln noch durch die partikularistische Haltung Bayerns, die wiederholt durch Nichtanwendung, Verschleppung oder lediglich eingeschränkte Anwendung von Reichsgesetzen zur Erreichung eigener vermeintlich höherer Ziele, das gesamte demokratische und parlamentarische System der Weimarer Republik desavouierte. Hierbei waren die katholischen Politiker der BVP unter Umständen auch bereit, eine (zeitweilige) Trennung vom Reich oder eine Reichsexekution in Kauf zu nehmen, um beispielsweise das militärische Machtmittel der Wehrverbände nicht aus der Hand geben zu müssen.[539] Unterstützung für diesen Kurs erfuhr man auch aus der konservativen katholischen Presse.[540]

Damit gaben die BVP und Kahr der Radikalisierung in Bayern unbewusst Vorschub und trugen zu dieser maßgeblich bei, indem sie „den Kräften, die am 8. November 1923 putschten, [ein] anschauliches Beispiel [gaben], dass man sich im Sinne des Kampfes gegen links, des Kampfes gegen den Versailler Vertrag und des Kampfes gegen ein [...] für Deutschland nachteiliges parlamentarisches System eben nicht an das bestehende Recht und die bestehende Ordnung halten müsse, da diese sowieso zu Unrecht existierten."[541]

Selbst nachdem sich die BVP von Kahr, der ihr einen zu eskalativen Kurs betrieben hatte, getrennt hatte, behielten er und insbesondere seine Ideen Einfluss in der BVP. Ausdruck hiervon war etwa eine Mitte 1922 gehaltene Rede Kahrs vor BVP-nahen Studenten und Beamten, in welcher er sich zur Begeisterung seiner Zuhörer deutlich für die Wiedererrichtung der Monarchie in Bayern aussprach.[542]

Jedoch betrachtete nicht nur die BVP den Protestanten Kahr als einen besonders geeigneten Ministerpräsidenten, sondern auch zahlreiche Vertreter der katholischen Kirche. So erachtete Nuntius Pacelli Kahr als der katholischen Kirche nicht nur politisch nahestehend, sondern auch als ihr gegenüber wohlwollend und respektvoll eingestellt.[543] Dementsprechend lobte Pacelli auch seinen Einsatz

537 Vgl. HINTERBERGER: Unpolitische Politiker? (wie Anm. 349, S. 157), S. 86f.

538 Vgl. EBD., S. 90.

539 Siehe bereits die Ausführungen auf S. 157. Vgl. auch EBD., S. 129.

540 Vgl. beispielsweise [FRANZ XAVER] HOERMANN: Pariser Konferenz, in: HpBl 167,4 (1921), S. 237–248.

541 HINTERBERGER: Unpolitische Politiker? (wie Anm. 349, S. 157), S. 227.

542 Vgl. O.A.: Herr von Kahr und der monarchische Gedanke, in: MNN 75,234 (3./4.06.1922), S. 2.

543 Vgl. Schioppa an Gasparri vom 16.03.1920 und Pacelli an Gasparri vom 03.10.1921, in: Kritische Online-Edition der Nuntiaturberichte von 1917–1929 (wie Anm. 26, S. 56).

für den bayerischen Staat im Sinne von Ruhe und Ordnung. Ein ähnliches Urteil von Pacelli erhielt auch Polizeipräsident Pöhner, dessen mutigen und engagierten Einsatz gegen linke Kräfte Pacelli positiv würdigte, wenngleich der Nuntius die Nachgiebigkeit gegenüber rechts negativ anmerkte.[544] Dementsprechend wurde Kahrs Politik von Pacelli zumeist wohlwollend zur Kenntnis genommen. Dies galt beispielsweise auch für den Kurs in der Frage der Einwohnerwehren, die Eskalationspolitik gegenüber dem Reich und auch bezüglich den Versuchen noch im Herbst 1923 die nationalsozialistische Bewegung wieder in die vaterländische Einheitsfront einzubinden und so zu kontrollieren. Kritische Wertungen hierzu nahm Pacelli in seinen Berichten nach Rom nicht vor.[545]

Gleiches lässt sich für Faulhaber festhalten, der Kahr ebenfalls äußerst positiv gegenüberstand[546] und diesen als „Träger einer [...] besonderen Mission", der die „Wendung zum Aufstieg" bringe, ansah. Er fügte ganz im Sinne des bayerischen Föderalismus und des Gedankens der Ordnungszelle an: „Das Ministerium [Kahr] hat uns aus dem Chaos gerettet und uns das Bewußtsein der bayerischen Staatspersönlichkeit wiedergegeben".[547] Dementsprechend kritisierte auch Faulhaber in keiner Weise die durch die bayerische Exekutive gedeckten Fememorde, die ihm bekannten illegalen Waffenverstecke und Wehragitationen oder die Infragestellung der staatlichen Ordnungsmacht durch die Regierung Kahr und die Münchner Polizeidirektion. Vielmehr erachtete er ein Mitwirken an der illegalen Aufrechterhaltung der Wehrverbände durch die Kirche als legitimen Beitrag zur Bewahrung von Ruhe und Ordnung sowie zur Verhinderung einer Durchsetzung des Bolschewismus.[548]

Diesen positiven Eindruck gegenüber der Regierung übernahm man auch in Rom, so dass Faulhaber an Kahr berichten konnte, „der Pabst [!] habe mit wärmsten Interesse von Bayern gesprochen und sofort den Namen Kahrs als Stifter der Ordnung mit großer Anerkennung genannt und beigefügt ‚das ist ein Staatsmann'. Auch Kardinalstaatssekretär Gasparri und das Kardinalskollegium habe sich in diesem Sinne mit größter Hochachtung ausgesprochen."[549]

Diese Nähe der katholischen Kirche zu Kahr wurde von diesem erwidert. Insgesamt „fühlte sich Kahr", gemäß dem Münchner Historiker Ferdinand Kramer, „augenscheinlich einem respektvollen Miteinander der christlichen Konfessionen verpflichtet, was ihm umso leichter fiel, als er offensichtlich eine wachsende Distanz zur evangelischen Geistlichkeit und zunehmend Sympathie für die katholische Kirche entwickelte."[550] Belegbar ist diese Sympathie durch regelmäßige Kontakte zu kirchlichen Würdenträgern, Klosterbesuche[551] und Kahrs Teilnahme an der katholischen Liturgie, welche er ebenso wie die Volksfrömmigkeit überaus positiv bewertete.[552] Letztlich betrachtete Kahr die katholische Kirche, mit wel-

544 Vgl. Pacelli an Gasparri vom 03.10.1921, in: EBD.

545 Vgl. Pacelli an Gasparri vom 12.02.1921, 27.09.1923 und 03.10.1923, in: EBD.

546 Vgl. Schioppa an Gasparri vom 24.03.1920, in: EBD.

547 Rede Faulhabers anlässlich eines Dinners zu seiner Kardinalserhebung bei Kahr am 17.05.1921, zit. nach: FERDINAND KRAMER: Kirchen und Religion in den „Lebenserinnerungen" von Gustav von Kahr, in: Zeitschrift für bayerische Landesgeschichte 80,1 (2017), S. 213–244, hier: S. 243.

548 Vgl. LEUGERS: „Weil doch einmal Blut fliessen muss, bevor wieder Ordnung kommt" (wie Anm. 247, S. 89), S. 112–114.

549 Aus den Lebenserinnerungen Kahrs, zit. nach: KRAMER: Kirchen und Religion in den „Lebenserinnerungen" von Gustav von Kahr (wie Anm. 547), S. 240.

550 EBD., S. 226.

551 Vgl. EBD., S. 229f.

552 Vgl. EBD., S. 234 und 240.

cher er sich politisch einig wusste, jedoch vor allem „als wichtige Stützen für den Staat, der in Kahrs Vorstellungswelt im Zweifel unbedingten Vorrang hat[te]“ und dementsprechend sakralisiert wurde.[553]

Insbesondere in der Verbindung zur Monarchie wusste sich Kahr, mit Faulhaber, den meisten führenden Politikern der BVP sowie vielen katholischen Akademikern einig. „Sie blieben ‚Gefühlsmonarchisten‘ und bekannten sich nur bedingt als ‚Vernunftrepublikaner‘.“[554] Insofern blieb die in München über 10.000 Mitglieder starke BVP[555] auch bis mindestens 1924 eine nicht im eigentlichen Sinne „parlamentarisch agierende Partei“.[556] Die konservative und antisozialistische Politik der *Ordnungszelle Bayern* wurde dabei von der Kirche freudig mitgetragen. In diesem Kontext konnten beispielsweise Kardinal Faulhaber und Nuntius Pacelli, im Bündnis mit der BVP, den Vatikan dazu gewinnen, sich für die Aufrechterhaltung der Einwohnerwehren in Bayern einzusetzen.[557] Selbst der Protestant Gustav Kahr konnte im Rückblick erfreut feststellen, dass Anfang Juni 1921 eine große Wallfahrt nach Altötting stattfand, bei welcher für ihn und um Beistand für seine Politik gebetet wurde.[558]

Auch wenn der Nachfolger Kahrs, der kirchentreue Katholik Lerchenfeld, deutlich konzilianter und reichsfreundlicher ausgerichtet und gewillt war, im Rahmen der bestehenden Staatsordnung zu operieren, ist auch er „im gewissen Sinne als ein Vertreter der Ordnungszelle zu sehen. Das heißt, dass er ebenfalls vom Freistaat aus auf die Verhältnisse im ganzen Reich ausstrahlen und eine politische Alternative zur Reichsregierung darstellen wollte.“[559] Dies entsprach seiner antikommunistischen und antisozialistischen Grundausrichtung sowie einer bleibenden Trauer über die abgelöste Monarchie. Diese monarchische Grundhaltung, welche auf breite Zustimmung bei Bayerns Katholiken traf, blitzte etwa beim Katholikentag 1922 in München durch, als er „ohne Absicht, nur zwischen hinein einmal von dem angestammten Herrscherhaus sprach“ und hierauf „ein Beifallsturm und eine Ovation ein[setzten], die sich kaum mehr bändigen ließ[en].“[560] Dementsprechend blieben die Skepsis gegenüber dem neuen politischen System sowie die Rechtslastigkeit der Justiz auch in seiner Amtszeit bestehen.[561]

Dennoch hielt Lerchenfeld am 5. April 1922 im Landtag eine Rede gegen den sich ausbreitenden Antisemitismus und Nationalsozialismus und brachte zum Ausdruck:

> „Die Regierung ist nicht gewillt, sich die Tätigkeit, ja den Terrorismus dieser Gruppe [der Nationalsozialisten] gefallen zu lassen. [...] Ich glaube, daß wir alle Veranlassung haben, diesem Herrn [Hitler...] vorzuhalten, [...] daß er nicht durch

553 KRAMER: Kirchen und Religion in den „Lebenserinnerungen“ von Gustav von Kahr (wie Anm. 547, S. 183), S. 239.

554 SCHÖNHOVEN: Die Bayerische Volkspartei 1924–1932 (wie Anm. 363, S. 159), S. 25.

555 Nachgewiesene Mitgliedszahl im Dezember 1925: 13.000. Zuvor waren keine belastbaren Zahlen zu eruieren.Vgl. EBD., S. 65.

556 FENSKE: Konservativismus und Rechtsradikalismus in Bayern nach 1918 (wie Anm. 140, S. 74), S. 30f.

557 Vgl. Pacelli an Gasparri vom 14.04.1920, 20.04.1920, 23.10.1920 und 05.02.1921 sowie die Antwort vom 26.04.1920, in: Kritische Online-Edition der Nuntiaturberichte von 1917–1929 (wie Anm. 26, S. 56).

558 Vgl. GUSTAV VON KAHR: Lebenserinnerungen, BayHStA NL Kahr 66, S. 877; HINTERBERGER: Unpolitische Politiker? (wie Anm. 349, S. 157), S. 147.

559 EBD., S. 245.

560 Faulhaber an den bayerischen Gesandten in Rom (Ritter) vom 19.09.1922, EAM NL Faulhaber 1352.

561 Vgl. HINTERBERGER: Unpolitische Politiker? (wie Anm. 349, S. 157), S. 256f.

eine alles Maß überschreitende Hetze gegen Regierung und Volksgenossen, die ihm gerade nicht gefallen, das Gastrecht mißbrauche, das er in Bayern besitzt. [...] Die Regierung hat die Pflicht, die Staatsbürger zu schützen, also auch unsere jüdischen Staatsbürger, wobei ich auf dem Standpunkt stehe, daß die Einwanderung ostjüdischer Elemente auf jeden Fall zu verhüten ist. Aber als Mensch und Christ verurteile ich einen Antisemitismus, der den Grund für alle Krankheiten unseres Volkslebens im jüdischen Geiste sieht. [...] Alle die beklagenswerten Erscheinungen lassen sich vielmehr nur durch die sittliche Kraft des ganzen Volkes überwinden."[562]

Damit gab sich Lerchenfeld deutlich weitsichtiger als viele seiner Parteigenossen,[563] da er lediglich latent antijüdische Ressentiments gegenüber Ostjuden durchscheinen ließ, den Antisemitismus als solchen und insbesondere als Erklärungsursache für alle Übel der Zeit jedoch deutlich kritisierte. Demgegenüber präsentierte er eine sittliche Erneuerung eines geeinten Deutschlands als Lösung für die Krisen seiner Zeit. Diesem Kurs entsprechend stand er einem radikalantisemitischen Nationalismus skeptisch gegenüber. Dies äußerte sich auch in seiner Skepsis gegenüber der BMP und den gemeinsam mit Innenminister Schweyer betriebenen Versuchen dem Radauantisemitismus, wie er vornehmlich im völkischen und nationalsozialistischen Lager vorherrschte, entgegenzutreten.

Auch wenn das Vorgehen Lerchenfelds und Schweyers – etwa durch die von Schweyer geäußerte Absichtserklärung, Hitler ausweisen zu lassen sowie erste Sondierungsgespräche hierzu[564] – hauptsächlich rhetorischer Natur war und daher nur von geringem Erfolg gekrönt wurde, weckte es den Widerstand nationaler und völkischer Kräfte. Dies gilt ebenso für Lerchenfelds konzilianten Kurs der Reichsregierung gegenüber. Lerchenfeld wurde fortan das Feindbild der nationalvölkischen Bewegung und galt auch innerhalb der eigenen Partei und somit tendenziell auch bei den Kirchenoberen als Linker und wurde dementsprechend skeptisch betrachtet.[565] Insbesondere der *Völkische Beobachter* erging sich in massive, auch persönliche Angriffe gegen die vermeintliche Linkslastigkeit Lerchenfelds und wurde in diesem Kontext im Oktober 1921 für einige Tage verboten.[566] Jedoch auch das Parteiblatt der BVP, der BK, „glaubte gar, einen ausgleichenden

---

562 Haushaltssrede Lerchenfelds im Bayerischen Landtag am 5.04.1922, in: BAYERISCHER LANDTAG: Verhandlungen des bayerischen Landtages (wie Anm. 351, S. 157), S. 435–450, hier: S. 445f.

563 Vgl. die bereits auf S. 121 zitierte Rede Schäffers im Bayerischen Landtag vom 21.11.1922, mit welcher er die Berechtigung der Judenfrage bestätigte und die Agitation der NSDAP als verständlich herausarbeitete: DERS.: Verhandlungen des bayerischen Landtages (wie Anm. 148, S. 121), S. 175–182.

564 Vgl. hierzu mit euphemischer Würdigung Schweyers: DÜREN: Minister und Märtyrer (wie Anm. 156, S. 122), S. 35f.

565 Vgl. Pacelli an Gasparri 03.10.1921, in: Kritische Online-Edition der Nuntiaturberichte von 1917–1929 (wie Anm. 26, S. 56); HINTERBERGER: Unpolitische Politiker? (wie Anm. 349, S. 157), S. 253–255.

566 Ausschlaggebend für das Verbot waren wohl die Artikel: HSJ [HANS JÖRG MAURER]: Graf Lerchenfeld, in: VB 35,76 (5.10.1921), S. 1; DERS.: Der eiserne Kanzler, ebd. und O.A.: In Berlin, in: VB 35,77/78 (1.10.1921), S. 1. Nach Wiederzulassung setzte man die Angriffe gegen Lerchenfeld ungehindert fort. Beispielsweise: O.A.: Graf Lerchenfelds jüdische Umgebung, in: VB 35,91 (30.11.1921), S. 1; O.A.: Kampf gegen die Lüge. Abrechnung mit dem Grafen Lerchenfeld, in: VB 36,15 (22.02.1922), S. 2; O.A.: Der Demokrat Graf Lerchenfeld, in: VB 36,28 (8.04.1922), S. 1.

Gegenkurs zur angenommenen Linkslastigkeit des Grafen einschlagen zu müssen“[567]

So drängte die BVP, auch unter dem Druck der sich ihrem Einfluss zunehmend entziehenden vaterländischen Verbände, die Regierung Lerchenfeld verstärkt am Regierungskurs Kahrs anzuknüpfen. Als BVP, BMP, BB und vaterländische Verbände aus Eigeninteresse und im föderalistische Sinne im Juni 1922 dazu aufriefen, die Berliner Verordnung zum Schutz der Republik nicht zu akzeptieren, „forderte damit [auch die katholische BVP] den Bruch der Weimarer Verfassung“.[568] Der konkrete Handlungsvorschlag, die Verordnung in Bayern nicht zu vollziehen und stattdessen eine eigene zu erlassen, stammte dann auch von den BVP-Ministern Schweyer, Matt und Oswald (1866–1945)[569] sowie von dem den BB angehörenden Johannes Wutzlhofer (1871–1936).[570]

Nach erneuter Zuwendung zur BMP und verstärktem Bemühen um die vaterländischen Verbände, ließ die BVP Lerchenfeld dann fallen und setzte mit dem Katholiken und BVP-Beamten Eugen von Knilling eine „Hommage nach rechts“.[571] Knilling knüpfte dann auch an der Politik Kahrs an und suchte das nationale Lager durch Integration der Rechten wieder zu einen. „Konkret bedeutete dies den Kampf gegen die politische Linke und gleichzeitig Einbindung und Vorteile für die politische Rechte.“[572] Die *Vereinigten Vaterländischen Verbände Bayerns* stellten hier einen neuen Versuch dar, das heterogene vaterländische Lager zu sammeln. Ausgangspunkt war die Annahme, dass der Staat der Unterstützung aller dieser Verbände bedürfe, die alle zumindest einen guten Kern aufweisen würden.[573] Die BVP agierte also durch Knilling in unmittelbarer Nähe mit diversen rechten Kräften, was etwa bei einem Treffen der Vertreter dieser Richtungen am 5. Januar 1923 deutlich wurde. Hier traf die Staatsregierung mit Lossow, Seißer, Ludendorff, Hitler, Bothmer, Epp und Kahr zusammen.[574]

Begünstigt wurde diese Annäherung der rechten Verbände in Bayern auch durch eine Pause in den Konflikten mit dem Reich, was zugleich die innerbayerischen Konfliktfelder minimierte. Entscheidenden Anteil an der Beruhigung der Lage hatte dabei die rein bürgerliche Reichsregierung unter Wilhelm Cuno (1876–1933)[575] sowie die große Einigkeit bezüglich der Durchführung des Ruhrkampfes 1923.

Lediglich die NSDAP bedrohte diese von der BVP erwünschte nationale Einheitsfront durch ihre massiven Agitationen gegen Landes- und Reichsregierung sowie ihr gesetzeswidriges öffentliches Auftreten. Dennoch war sie Knilling und der BVP als antimarxistischer Bundesgenosse grundsätzlich willkommen.[576] Auch

567 HINTERBERGER: Unpolitische Politiker? (wie Anm. 349, S. 157), S. 258. Siehe auch Lerchenfeld an Held vom 16.12.1922, BayHStA, NL Held 892.

568 EBD., S. 279.

569 Heinrich Oswald (1866–1945), aus Arbeiterschaft stammender BVP-Landtagsabgeordneter, war ab 1919 als Staatsrat und von 1920 bis 1928 als Sozialminister tätig. Zu ihm vgl. ALBERT THIEL/MATTHIAS REINERT: Oswald, Heinrich, 2007, URL: http://www.bundesarchiv.de/aktenreichskanzlei/1919-1933/0000/adr/getPPN/11715962X/ (besucht am 05. 12. 2020).

570 Vgl. Niederschrift der Ministerratssitzung vom 13.7.1922, BayHStA, MA 99517; HINTERBERGER: Unpolitische Politiker? (wie Anm. 349, S. 157), S. 278.

571 EBD., S. 353.

572 EBD., S. 366.

573 Vgl. EBD., S. 392.

574 Vgl. EBD., S. 369–371, GUSTAV VON KAHR: Lebenserinnerungen, BayHStA NL Kahr 68, S. 1167.

575 Zu ihm vgl. GOTTFRIED KLEIN: Cuno, Wilhelm, in: NDB 3 (1957), S. 438f.

576 Vgl. LANGE: Bayern im Ausnahmezustand 1919–1923 (wie Anm. 342, S. 156), S. 187f.

wenn die Unterschiede in Denk- und Handlungsweise zwischen BVP und NSDAP Schweyer und Lerchenfeld bereits 1922 deutlich vor Augen getreten waren und sie dagegen vorzugehen suchten, setzte man weiterhin Hoffnung in die Einigung der vaterländischen Verbände und betrachtete diese im Zweifelsfall als kleineres Übel gegenüber Sozialismus oder gar Bolschewismus. Dementsprechend äußerte Innenminister Schweyer, einer der gegenüber der NSDAP kritischsten Geister, noch am 25. April 1923: „Die vaterländische Bewegung im ganzen ist, wie ich wiederholt schon betont habe, ihrem innersten Kerne nach eine gesunde, natürliche und deshalb begrüßenswerte Erscheinung."[577] Er fügte jedoch hierzu noch an: „Die Pflege des vaterländischen Gedankens, die Sammlung aller vaterländisch gerichteten Kräfte, fern von parteipolitischen Bestrebungen, muß die einzige und ausschließliche Aufgabe der vaterländischen Verbände sein".[578] Daher bekundete er seinen Unmut und Unverständnis darüber, „wenn national gerichtete Vereinigungen eine national gerichtete Reichs- oder Landesregierung bekämpfen statt sie [zu] unterstützen."[579] Dies richtete sich zweifellos gegen die NSDAP und ihr nahestehende Verbände, die nicht bereit waren, den nationalen Sammlungskurs der BVP mitzutragen. Dennoch nahm Schweyer die in den vaterländischen Verbänden vorkommenden „Übertreibungen und Torheiten, ja noch Schlimmeres, Ausschreitungen und Gesetzwidrigkeiten" insofern in Schutz, als er sie als das Werk von Einzelpersonen charakterisierte.[580] Schweyer sprach im weiteren Verlauf seiner Rede noch dezidiert die besondere Rolle der NSDAP an. Er grenzte diese als politische Partei von den anderen vaterländischen Organisationen ab, da sie durch ein unitaristisches und in diversen Fragen sehr wages Programm auffalle, welches zudem durch den „extremen Rassenantisemitismus [...] mit den Grundsätzen der christlichen Moral in unvereinbarem Widerspruche" stehen würde.[581] Dennoch war er nicht bereit, energischer gegen diese vorzugehen als mit Aufklärungsarbeit und der üblichen Gesetzesanwendung, wie dies auch gegen links zu geschehen habe.[582]

Vor allem die Anerkennung der begrüßenswerten Haltung und Entwicklung der vaterländischen Verbände durch Schweyer war ebenso wie die Skepsis gegenüber Sozialdemokratie und Parlamentarismus in akademischen Kreisen Bayerns weit verbreitet und entsprach der Haltung sowie inneren Überzeugung der katholischen BVP.[583] „Der Kampf gegen Revolution, Kirchenfeindlichkeit und Sozialismus, der Kampf des katholischen Bayern gegen das bolschewistische und militaristische Berlin bildete den Generalnenner aller in der BVP vertretenen Interessen."[584] In diesem Sinne agierte die BVP im engen Bündnis mit der BMP und den vaterländischen Verbänden und machte sich mehr und mehr von deren bewaffneten Einheiten erpressbar, wenn nicht gar abhängig. Zunehmend wurde es der Regierung unmöglich, politisch und juristisch gegen diese ihr nahestehenden oder verbündeten Gruppierungen und somit gegen das eigene Klientel vorzugehen. Er-

577 Rede Schweyers im Bayerischen Landtag vom 25.04.1923: BAYERISCHER LANDTAG: Verhandlungen des bayerischen Landtages. III. Tagung 1922/23. Stenographische Berichte Nr. 180 bis 212, München 1923, S. 148.

578 EBD., S. 149.

579 EBD., S. 149.

580 EBD., S. 149.

581 EBD., S. 151.

582 Vgl. EBD., S. 150–152.

583 Vgl. FENSKE: Konservativismus und Rechtsradikalismus in Bayern nach 1918 (wie Anm. 140, S. 74), S. 310f.

584 BERGMANN: Der Bayerische Bauernbund und der Bayerische Christliche Bauernverein (wie Anm. 370, S. 160), S. 49.

schwert wurde diese Sachlage dadurch, dass bestehende Differenzen oft erst spät wahrgenommen, benannt oder ausgetragen wurden.

Selbst als man Anfang Januar 1923 in der bayerischen Regierung einhellig die Gefährlichkeit der NSDAP angesichts eines zu befürchtenden Umsturzversuchs erkannt hatte, konnte man sich, durch Unsicherheiten hinsichtlich der Machtlage der Regierung, nicht entschließen, konsequent gegen die Partei vorzugehen.[585] Indem man jedoch zuvor rechtswidrige Aktionen konservativer und rechter Kräfte in Bayern lange ignoriert, gebilligt und wie beispielsweise im Falle der seit 1921 im geheimen agierenden Wehrverbände auch gefördert hatte, trug die BVP maßgeblich zum Erstarken rechtsradikalen und republikfeindlichen Gedankenguts in den Jahren zwischen 1919 und 1923 bei. Unter ihrem Schutz war es möglich, dass sich Organisationen wie die NSDAP nahezu ungestört entwickeln konnten.[586] Insofern waren auch die Parteianhänger der BVP und unter diesen auch Münchens katholische Akademiker für diese Entwicklungen mitverantwortlich.

Es waren eben in dieser Zeit durchgängig katholische Akademiker, die die Führungspositionen der BVP bekleideten und diese Führungspersönlichkeiten waren in Münchens katholischen und akademischen Kreisen oftmals bestens vernetzt. Eine bedeutsame Rolle spielten hierbei die Studentenverbindungen. Zahlreiche bayerische Beamte waren im konfessionsübergreifenden AGV beheimatet, wo sich etwa Kahr, Knilling, der katholische Demokrat Eduard Hamm (1879–1944)[587] ebenso wie der Leiter der politischen Polizei Münchens und spätere nationalsozialistische Politiker Wilhelm Frick (1877–1946) zusammenfanden.[588]

Daneben waren es vornehmlich die katholischen Verbindungen in denen sich die Führungspersönlichkeiten der BVP vernetzten. So waren etwa Kultusminister Franz Matt, Innenminister Franz Xaver Schweyer, Konrad Beyerle ebenso wie die Ministerialräte Karl Stützel, Karl Mößmer (1873–1935) und Wilhelm Laforet (1877–1959) Mitglied der knapp 1000 Mitglieder starken CV-Verbindung *Aenania*. Daneben gehörten sie zumeist wenigstens einer weiteren Münchner CV-Verbindung an.[589] Im zweitgrößten katholischen Studentenverband, dem KV, waren daneben der Fraktionsvorsitzende Heinrich Held, Finanzminister Wilhelm Krausneck (1875–1927) und Staatsrat Hans Schmelzle beheimatet.

Die BVP-Politiker agierten hierbei auch als Milieumangager und Netzwerker innerhalb der katholischen Verbindungslandschaft, was an ihren Mehrfachmitgliedschaften, der Beteiligung bei Neugründungen, wie etwa der *Trifels*, und ihren einflussreichen Positionen innerhalb der katholischen Verbindungslandschaft abzulesen ist. So war etwa Kultusminister Matt zeitgleich in sechs katholischen Verbindungen Münchens Mitglied und stand der ältesten und größten, der *Aenania*,

585 Vgl. Niederschrift der Ministerratssitzung vom 5.01.1923, BayHStA MA 99518; LANGE: Bayern im Ausnahmezustand 1919–1923 (wie Anm. 342, S. 156), S. 189–202.

586 Vgl. EBD., S. 223.

587 Zu ihm vgl. MANUEL LIMBACH: Bürger gegen Hitler. Vorgeschichte, Aufbau und Wirken des bayerischen „Sperr-Kreises" (Schriftenreihe der Historischen Kommission bei der Bayerischen Akademie der Wissenschaften 102), Göttingen 2019, S. 69–91 und 102–105.

588 Vgl. die Nr. 427, 565, 761 und 837 im fast 2000 Personen umfassenden Mitgliederverzeichnis von 1920: OTTO GRÜBEL (Hg.): Sondershäuser Verband Deutscher Studenten-Gesangsvereine. Verzeichnis der Philister (Altherren). (Stand vom 1. Februar 1920), München 1920; HINTERBERGER: Unpolitische Politiker? (wie Anm. 349, S. 157), S. 219.

589 Vgl. ENGELBERT SIEGL: Gesamt-Verzeichnis des C.V. Die Ehrenmitglieder, Alten Herren und Studierenden des C.V., des Cartell-Verbandes der katholischen deutschen Studentenverbindungen. Nach dem Stande vom 1. April 1924. Archiv-Aenania, Wien 1924, S. 356–376 und 786–788.

zugleich als Vorstand der berufstätigen Mitglieder von 1919 bis 1927 als Philistersenior vor.[590]

Überdies sollte klar geworden sein, dass der Kurs der BVP von Faulhaber ebenso wie von Pacelli zu weiten Teilen mitgetragen wurde. Diese waren darüber hinaus über ihre eigenen Verbindungszugehörigkeit mit dem politischen Katholizismus Bayerns bestens vernetzt. Während Pacelli bei der BVP-nahen *Trifels* mitwirkte und hier Ehrenmitglied wurde, war Faulhaber seit seiner Studienzeit dem KV eng verbunden. Lediglich bei zu großen Konzessionen gegenüber rechtsradikalen Kräften, wie diese durch die Person Pöhners vorgenommen wurden, äußerte man dezente Kritik.[591] Ansonsten jedoch trug die Kirchenleitung in München den rechtslastigen Kurs der BVP mit und war bereit über einiges hinwegzusehen, solange die einflussreiche Stellung der katholischen Partei erhalten blieb und die Sozialdemokratie von der Regierung ferngehalten wurde. Daneben war für Pacelli eines der wichtigsten politischen Bewertungskriterien, ob mit einer Regierung der Konkordatsabschluss zur Sicherung der kirchlichen Stellung vorangetrieben werden könne.[592] Auch ansonsten nutzte die kirchliche Obrigkeit ihre guten Kontakte zur bayerischen Regierung. So gelang es Kardinal Faulhaber sowohl Ministerpräsident Lerchenfeld als auch Knilling einzuspannen, um gegen ihm unliebsame Propaganda seine Person betreffend in der ausländischen Presse vorzugehen.[593]

Man kann die BVP und ihre Parteigänger in dieser Phase somit zwar weiterhin als national-konservativ mit föderalistischem Einschlag beschreiben, aber es herrschte eine große Offenheit und Toleranz gegenüber völkischen und radikalnationalistischen Gruppierungen, Ideen und Agitationen vor. Der Tübinger Historiker Dieter Langewieche konstatiert daher zurecht, eine „‚Nationalisierung‘ des katholischen Gebildeten“ bereits in der wilhelminischen Ära, wobei jedoch dann „die Emotionen, die der Krieg freisetzte, [...] die Abwehrkräfte, die bis dahin [...] noch in Distanz zum radikalen 'Normalnationalismus' des Wilhelminismus gehalten hatten, [zerstört wurden].“[594]

2.2.2 Katholiken im Bündnis mit den Völkischen

Mit der katholischen BVP waren jedoch weitere national-konservative und weiter rechts stehende Organisationen verbündet. Diese standen nicht jenseits oder außerhalb des katholischen Spektrums, sondern auch diese banden katholische Akademiker ganz im Sinne der nationalen Sammlung aller Kräfte ein. Daher soll hier ein Blick auf die rechts der BVP stehenden Organisationen und die Agitation und die Beteiligung katholischer Kreise an selbigen vorgenommen werden.

Die in der unmittelbaren Nachkriegszeit in der Zeitschrift *Das Heilige Feuer* und der mit ihr zusammenhängenden *Großdeutschen Jugend* vertretene überaus nationale bis völkische Grundeinstellung wurde bereits herausgestellt. Auch hier bildete die Ablehnung des Versailler Friedensvertrages sowie die Skepsis gegen-

590 Vgl. HARTMANN: Der Katholische Kampf und Widerstand gegen den Nationalsozialismus in München (1922–1945) (wie Anm. 392, S. 163), S. 250.

591 Vgl. Pacelli an Gasparri vom 03.10.1921, in: Kritische Online-Edition der Nuntiaturberichte von 1917–1929 (wie Anm. 26, S. 56).

592 Vgl. die Angaben zur neuen Regierung Lerchenfelds: Pacelli an Gasparri vom 10.11.1922 und ebenso beim Antritt Kahrs als Generealstaatskommissar: Pacelli an Gasparri vom 03.10.1923, in: EBD.

593 Vgl. Lerchenfeld an Faulhaber 18.09.1922 und Knilling an Faulhaber 23.11.1922, EAM NL Faulhaber 9901.

594 LANGEWIESCHE: Vom Gebildeten zum Bildungsbürger? (wie Anm. 125, S. 46), S. 120.

über der neu gestalteten Weimarer Republik den Ausgangspunkt der die Konfessionsschranken überschreitenden Sammlung mit dem Ziel der Erneuerung Deutschlands.[595] Dabei wurde diese völkische Sammlung um eine geistliche, christliche Dimension ergänzt und letztlich der angestrebten Erneuerung der Religion untergeordnet.[596] Insofern hatte dieses Bündnis mit national-völkischen Kräften lediglich einen vorübergehenden und experimentellen Charakter.[597]

Ähnliches lässt sich über die meisten anderen nationalen und vaterländischen Sammlungsbewegungen sowie über die Beteiligung der Münchner Katholiken an diesen aussagen. Diese Bündnisse hielten oftmals bis in die zweite Jahreshälfte des Jahres 1923 an, wo durch den Hitlerputsch der weltanschauliche Konflikt dann offen zutage trat und eine noch zu skizzierende Loslösungsbewegung der Katholiken von diesen Bewegungen oder der Kirche einsetzte.

Die Basis für diese Bündnisse war die angestrebte Volksgemeinschaft unter nationalen Vorzeichen, welche auch allgemeine katholische Zielvorstellung war. Prägend hierbei waren antisozialistische, antiliberale, kapitalismuskritische sowie restaurative Tendenzen, welche in katholischen Kreisen Bayerns überaus anschlussfähig waren. Rassistische und antisemitische Motive dagegen blieben im katholischen Umfeld in der Regel sekundär. Andererseits setzten viele Katholiken mit der angestrebten Volksgemeinschaft auch eigene Schwerpunkte und erhofften über diese vornehmlich den „Teufelskreis von Inklusion und Exklusion aufzubrechen, [sowie] sozialintegrativ auf eine neuartige, Klassenschranken und Feindstereotypen überwindende Volksgemeinschaft hinwirken [zu können].“[598] Als besonderes Mittel zur Herstellung dieser Einheit wurde dabei die sozial-caritative Arbeit herausgestellt.

Der Katholische Akademikerausschuss als übergeordnetes Bündnis aller katholischen studentischen Vereinigungen führte dementsprechend ganz selbstverständlich auch national-restaurative Reichsgründungsfeierlichkeiten unter Beteiligung von General Ludendorff durch.[599] Dabei hatte sich der Ausschuss das Ziel gesetzt, „Wege zu immer stärkeren Verinnerlichung zur Vertiefung der katholischen Weltanschauung und zu tätiger Mitarbeit am sozial-caritativen Wirken zu suchen und zu weisen.“ Auf dieser Basis forderte man die angeschlossenen studentischen Organisationen auf, Vertreter zu den hierzu begründeten katholischen Zusammenschlüssen zu entsenden.[600]

Der fließende Übergang zwischen christlich caritativer Betätigung und einer Tendenz zur Sammlung national eingestellter Kräfte mit völkischen Tendenzen wird dann deutlicher, wenn man eine Rede des großen Vorkämpfers der studentischen Selbstverwaltung und sozialstudentischen Arbeit, von Pater Franz Xaver Hecht,[601] betrachtet. Dieser referierte 1919 auf der Cartellversammlung des CV über die Wichtigkeit des Engagements katholischer Akademiker in der studen-

595 Vgl. Bosslet/Grossdeutsche Jugend: „Wer dem Leben opfert, den lässt das Leben nicht“ (wie Anm. 461, S. 172), S. 4f.

596 Vgl. Hufenreuter: Das Heilige Feuer (wie Anm. 449, S. 171), S. 181.

597 Ebd., S. 186.

598 Rüdiger vom Bruch: Zeitschriften katholischer Studentenverbindungen vor 1914, in: Michel Grunewald/Uwe Puschner (Hg.): Le milieu intellectuel catholique en Allemagne, sa presse et ses réseaux (1871–1963). Das katholische Intellektuellenmilieu in Deutschland, seine Presse und seine Netzwerke (1871–1963) (Convergences 40), Bern u. a. 2006, S. 59–84, hier: S. 81.

599 Siehe hierzu das bereits über die studentischen Reichsgründungsfeierlichkeiten Ausgesagte auf S. 146.

600 Aufruf des Kath. Akademiker-Ausschuss vom 29.11.1919, EAM NL Faulhaber 6552.

601 Zu ihm vergleiche bereits die Ausführungen auf S. 66.

tischen Selbstverwaltung und insbesondere auf dem sozialen Gebiet und ließ es sich nicht nehmen, in diesem Kontext das „schwierige Gebiet“ der „Judenfrage“ zu thematisieren.[602] Hierzu führte er aus:

> „Wir dürfen uns nicht widerstandslos von der Hochflut der Judenfeindschaft fortreißen lassen, sondern müssen den Blick offenhalten, prüfen und unterscheiden, wie weit eine Zurückdrängung der Juden geboten und mit dem Gerechtigkeitsgefühl vereinbar ist. Zunächst scheint mir die Judenfrage in der Gegenwart mehr eine Einwandererfrage zu sein, wir müssen den Zustrom vom Osten unbedingt abdämmen. Die Abwehrstimmung dagegen muß in weiteste Kreise getragen, zu einer Volksbewegung gemacht werden. Wie sollten wir Hunderttausende gänzlich volks- und stammesfremder Neubürger aufnehmen [...]? [...] Dagegen scheint gegen alteingesessene Juden Zurückhaltung, zumal auf der Hochschule am Platze. [...] Sie ist eine völkische Frage und muß vom Volke entschieden werden. Wenn die Juden in vielen Dingen trotz ihrer geringen Zahl einen überragenden Einfluß erlangt haben, ist es oft unsere eigene Schuld gewesen. Wir müssen ihren Arbeitseifer nachahmen und auf diese Weise das Entgangene zurückgewinnen.“[603]

Hier wurde also auf der zentralen Versammlung des in München größten katholischen Akademikerverbandes bereits 1919 die Berechtigung der Judenfrage zugestanden und ein klares Vorgehen gegen ostjüdische Einwanderung sowie eine weitere Beschäftigung mit dieser völkischen Frage empfohlen. Dass Hecht dabei zu den gemäßigten Kräften gehörte, wird daran deutlich, dass er die Beachtung der Gerechtigkeit und Mäßigung, eines Fernhaltens der Debatte von der Hochschule sowie die Einholung des jüdischen Vorsprungs durch eigene Tatkraft empfahl.

Jedoch waren die katholischen Akademiker nicht nur bezüglich der Judenfrage in die zeitgenössischen Diskurse eingebunden. Sie fühlten sich auch in die Pflicht genommen, sich an der Aufrechterhaltung von Ruhe und Ordnung zu beteiligen und begaben sich dabei zumeist bereitwillig in enge Bündnisse mit antisozialistisch, restaurativ und national-konservativ eingestellten Kräften. Dementsprechend forderten die akademisch gebildeten Katholiken nicht nur die Erhaltung der Einwohnerwehren in Bayern und eine damit einhergehende Wendung gegen Berlin. Sie waren vielmehr selbst entscheidender Bestandteil dieser Wehrverbände. Diese bildeten sich aus der vielfach katholisch geprägten Landbevölkerung sowie aus den akademischen Kreisen der Städte. In München stellten die katholischen Verbindungen hierbei eigene Zeitfreiwilligenkompanien auf und motivierten ihre Mitglieder, möglichst geschlossen in die freiwilligen Wehrverbände oder deren angeschlossene (Nachfolge-)Organisationen einzutreten.[604]

Besonders ausgeprägt war diese Bereitschaft zur Eingliederung in die nationale Volksgemeinschaft im größten katholischen Studentenverband, im CV. Hier propagierte 1921 der Münchner Student der Staatswissenschaft Hermann Hagen,

602 Franz Xaver Hecht: Wir und die Civitas academia. Vortrag bei der 50. Cartellversammlung in Würzburg, in: Academia 32,9 (15.01.1920), S. 265–267 und 32,10 (15.02.1920), S. 286–288, hier: S 286.

603 Ebd., S. 286f.

604 Vgl. Academia 33,1 (20.05.1920), S. 15; Academia 33,2 (20.06.1920), S. 47f.; Philisterverein Langobardia (Hg.): 100 Jahre Katholische Deutsche Studentenverbindung Langobardia München zu Bayreuth im CV (wie Anm. 53, S. 60), S. 68–81; K.D.St.V. Tuiskonia München (Hg.): K.D.St.V. Tuiskonia München 1900–2000. Chronik: 100 Jahre, München 2000, S. 116; KStV Rheno-Bavaria München (Hg.): Einhundert Jahre KStV Rheno-Bavaria München (wie Anm. 302, S. 150), S. 30f. Heinrich Netz: Siebzig Jahre Moenania 1907–1977. Festschrift zum 70. Stiftungsfest der KDStV Moenania – München im CV, München 1977, S. 14; Martin Luible: Hundert Semester Saxonia München. 1883–1933. 14. Juli, München 1936, S. 80 und 100; L. Brunner/A. Mitterwieser (Hg.): Festschrift zum 50. Stiftungsfest der katholischen bayerischen Studenten-Verbindung Rhaetia. 1881–1931, München 1931, S. 54.

welcher im Vorjahr noch dem Gesamtverband sowie dem Würzburger AStA vorgestanden hatte, in der Verbandszeitschrift des CV die Unvereinbarkeit der Mitgliedschaft in einer katholischen Verbindung und in einer sozialdemokratischen Partei auf Basis des katholischen Glaubens.[605] Bereits zwei Jahre zuvor waren in der Verbandszeitschrift die Schwierigkeiten mit dem Sozialismus durch die Verbindung der katholischen Akademiker mit der „nationale[n] Idee“ und dem „Autoritätsgedanken“ gegenüber dem „sozialistischen Gleichheitsgedanken“ sowie der Kirchenferne der Sozialdemokratie begründet worden.[606] Dagegen hielt der spätere Herausgeber der *Gelben Hefte*, Max Buchner, eine Öffnung nach rechts für Katholiken durchaus für angebracht und referierte in diesem Sinne auch auf der Cartellversammlung 1920. Hier skizzierte er, dass für ihn ein Ausschluss der Parteipolitik aus dem Verbandsleben durchaus vorstellbar wäre, aber es – allein schon zur Gewinnung neuer Mitglieder – in jedem Falle gelte, nationale und vaterländische Betätigungen zu fördern.[607] Dementsprechend sollte der Verband gegenüber allen Parteien, die ein Programm besäßen, welches mit dem „Prinzip der Katholizität und seinem Grundsatz der Vaterlandsliebe“ zu vereinbaren sei, den Standpunkt der Neutralität einnehmen. Zugleich sei daher klar, dass „der C.V.er kein Parteigänger einer der Linksparteien einschließlich der demokratischen Parteien sein kann“.[608] An diesen, im Zentralorgan des bedeutsamen Akademikerverbandes CV durch Münchner Akademiker getroffenen Äußerungen wird deutlich, wie weit gerade diese von den liberalen, demokratischen und erst recht von linken und sozialistischen Ideen entfernt waren. Daher war man bereit, im nationalen Sinne das katholische Lager nach rechts zu öffnen.

Noch deutlichere Tendenzen einer Öffnung nach rechts wurden bezüglich der Ziele eines angestrebten Akademikeraustausches mit Ungarn artikuliert. Ziel dieses Austausches sei es, „die christlich-nationalen Kreise der beiden Länder durch die Bildungsschicht enger zu verknüpfen und dadurch der roten, jüdischen, maurerischen und mammonistischen und jeder faden internationalen Weltgemeinschaft entgegenzuwirken.“[609] Aus heutiger Perspektive ist es erschreckend, wie eine katholische Vereinigung hier selbst harmlose studentische Austauschprogramme national überhöhte und in einem antisozialistischen sowie völkisch-antisemitischen Kontext verortete. Ganz in diesem Sinne beschloss der CV Mitte 1920 auch alle Personen jüdischer Abstammung von der Mitgliedschaft auszuschließen und machte sich somit das rassistische Menschenbild zu eigen.[610]

Eine ähnliche Zuwendung zum Nationalen lässt sich im KV beobachten, in dessen Verbandsorgan der Münchner KVer und spätere Herausgeber des Verbandsorgans, Martin Luible, 1921 verlauten ließ: „Gerade die katholische Kirche verkörpert das Prinzip des christlichen Nationalismus. Darum kann ein guter Katholik niemals ein schlechter Nationalist sein.“[611] Und selbst der sonst konfessio-

605 [Hermann] Hagen: Sozialisten im CV, in: Academia 33,8/9 (20.01.1921), S. 212.

606 o.A.: Student und Politik, in Academia 31,11 (15.03.1919), S. 278f.

607 Max Buchner: C.V. und politische Betätigung. Referat auf der Cartellversammlung am 25.08.1920, in: Academia 34,3 (25.7.1921), S. 54–57 sowie 34,4 (25.08.1921), S. 149–151 und 34,5/6 (09./10.1921), S. 173–176; hier: S. 56.

608 Ebd., S. 174.

609 o.A.: Der Akademikeraustausch der katholischen Liga für praktische akademische Kulturarbeit, in: Academia 33,7 (20.11.1920), S. 165f.

610 Vgl. o.A.: Aus der Bewegung, in: VB 34,101 (21.11.1920), S. 5; Joseph Weiss: Die Regensburger C.V., in: Academia 33,6 (20.10.1920), S. 147.

611 Martin Luible: Austausch katholischer Akademiker, in: Akademische Monatsblätter 34,1 (25.10.1921), S. 5.

nell ungebundenen Organisationen, wie dem HdA, gegenüber sehr skeptisch eingestellte UV war nicht frei von völkischen und antisemitischen Einschlägen und drückte 1920 in seiner Verbandszeitschrift großes Verständnis gegenüber dem Antisemitismus aus, da „das Volk instinktmäßig den jüdischen Einfluß auf die ganz verkehrte Fragestellung der Moderne empfindet, die Schuld an der Umprägung der erst nur als Großbetrieb organisierten Wirtschaft zum rein geldschaffenden, kulturwidrigen Mammonismus und die Schuld an der wieder judaistischen Gegenwirkung des materialistischen Sozialismus."[612] Somit waren auch im UV antisemitische und völkische Grundgedanken wie die Ablehnung des Liberalismus, der Moderne, des Kapitalismus sowie des Sozialismus und deren Verknüpfung mit dem Judentum nicht unbekannt.

Auch im agitatorischen Bereich standen die Studentenverbände rechts und nahmen etwa geschlossen an den groß inszenierten Beisetzungsfeierlichkeiten Ludwig III.[613] oder den Reichsgründungsfeierlichkeiten teil. Die bereits skizzierte Anwesenheit national-konservativer Persönlichkeiten bei den Feierlichkeiten der katholischen Akademikerverbände lässt sich auch an anderen Stellen nachweisen. Etwa anlässlich des Katholikentages 1922 in München, wo auf den studentischen Kommersen zur Verwunderung Konrad Adenauers oder Joseph Joos (1878–1965), des Präsidiums des Katholikentages, neben der katholischen Prominenz auch Ludendorff, Kahr und Escherich zu den Ehrengästen zählten.[614]

Einen besonderen Ausdruck dagegen fand die nationale Ausrichtung durch die Agitation der *katholischen bayerischen Studentenverbindung Rhaetia*. Diese bemühte sich besonders um den katholischen Mörder Eisners, den Grafen Arco. Bereits nach seiner Verurteilung hatte sich die *Rhaetia* bei den Studentenprotesten für die Begnadigung Arcos und gegen den vermeintlich unnationalen Max Weber besonders hervorgetan.[615] Weitere katholische Verbindungen teilten diese Begeisterung für Arco.[616] Auch die Kirchenleitung würdigte durch Kardinal Faulhaber, der die Ermordung Eisners zunächst noch als für Bayern schwerwiegende Tat bedauert hatte,[617] den politischen Mord Arcos nachträglich, indem er ihn nach dessen Haftentlassung umgehend empfing.[618] Ebenso wie Faulhaber betrachtete Pacelli den Grafen Arco, wie dessen Frau berichtet haben soll, eben nicht als Mörder, sondern als Helden. Daran hinderte sie auch nicht, dass Arco seine Tat wohl nie wirklich bereute.[619]

Die *Rhaetia* blieb Arco weiterhin mental und freundschaftlich verbunden und konnte diesen bald nach seiner Haftentlassung 1924 auf dem alljährlichen Stiftungsfest begrüßen. Er erhielt, hieran wird seine Stellung innerhalb der Verbindung deutlich, die Gelegenheit zu einer vaterländischen und monarchistischen Anspra-

612 O.A.: Zum K.C zwei Richtungen im Judentum, in: Unitas 60,5 (Februar 1920), S. 95.
613 Vgl. etwa O.A.: Schyria, in: Unitas 62,2 (Dezember 1921), S. 42.
614 Vgl. STEHKÄMPER: Konrad Adenauer als Katholikentagspräsident 1922 (wie Anm. 416, S. 166), S. 28f. LEUGERS: Katholische Kriegsfriedensdiskurse der Münchner Zwischenkriegszeit (wie Anm. 416, S. 166), S. 160f.
615 Vgl. das bereits hierzu Ausgeführte auf S. 144.
616 Vgl. Auszug aus der Verbindungschronik, in: PHILISTERVEREIN LANGOBARDIA (Hg.): 100 Jahre Katholische Deutsche Studentenverbindung Langobardia München zu Bayreuth im CV (wie Anm. 53, S. 60), S. 74.
617 Vgl. Tagebucheintrag Faulhabers vom 21.02.2019, S. 51, Kritische Online-Edition der Tagebücher Michael Kardinal von Faulhabers (1911–1952) (wie Anm. 209, S. 84).
618 Vgl. MICHAEL BRENNER: Der lange Schatten der Revolution. Juden und Antisemiten in Hitlers München 1918–1923, Berlin 2019, S. 144.
619 Vgl. HITZER: Anton Graf Arco (wie Anm. 21, S. 51), S. 382.

che[620] und wurde im Verbindungsblatt als „Rächer seines Königs", der „in moralisch berechtigter Volksnotwehr" gehandelt habe, gewürdigt.[621] Bereits im Folgejahr wurde er feierlich in die *Rhaetia* aufgenommen und als Begründung für diese außerordentliche Aufnahme auch sein politischer Mord angeführt, weswegen er als „Retter Bayerns" betitelt wurde.[622] Interessanterweise hielt auf eben diesem Fest der dem Nationalsozialismus zuneigende Priester Josef Roth die Festrede, welcher in diesem Kontext Rationalismus sowie starken Subjektivismus und Individualismus bei der Jugendbewegung kritisierte und diesen Erscheinungen die Tradition und Autorität des katholischen Glaubens sowie die Erziehung durch die katholischen Studentenverbindungen als ausgleichende Elemente gegenüberstellte.[623]

Mit rechtswidrigen Mitteln, wie etwa einem politischen Mord, hatte man in diesen Kreisen kein Problem. Weitere Belege für die Ablehnung der demokratischen Staatsform innerhalb der *Rhaetia* finden sich regelmäßig in der Verbandszeitschrift, wenn etwa über die Aktivitäten des *Heimat- und Königbundes* berichtet wurde und die Mitarbeit in diesem als gänzlich unpolitisch empfohlen wurde, da der Bund „sich in seinen Zielen und Bestrebungen aufs engste mit unserer Verbindung [decke]" und es sich nicht um eine Partei handle,[624] oder die Demokratie als Abstieg und „Zwingherrschaft" bezeichnet wurde.[625] Die besonders ausgeprägte monarchistische Ausrichtung der *Rhaetia* tritt hier offen zu Tage.

Eine Beteiligung aller Münchner CV-Verbindungen sowie der meisten KV-Verbindungen am HdA und somit ein Bekenntnis zur völkischen Ausrichtung der Studentenschaft kann auf Basis dieser stark ausgeprägten antisozialistischen, illiberalen, teils antidemokratischen, monarchistischen und antisemitischen Ausrichtung der Verbindungen kaum noch überraschen.[626] Der CVer und AStA-Vorsitzende Edmund Stoeckle warb dementsprechend im Rahmen einer Veranstaltung der katholischen studentischen Organisationen auf dem deutschen Katholikentag 1922 in München auch ganz unumwunden für den HdA. In seinem Vortrag begründete er die Wichtigkeit der Mitarbeit im HdA dadurch, dass „nur energische Mitarbeit [...] den Einfluß sichern [kann], der uns auf Grund unserer Stärke und Bedeutung gebührt."[627] Im HdA selbst wirkte dann der *Aenane* Franz Pfeiffer an entscheidender Stelle im deutschen Führerausschuss mit und übernahm so auf nationaler Ebene Verantwortung. In München waren daneben die CVer Josef

620 Vgl. MITTERWIESER: Das 43. Stiftungsfest vom 17.–20. Juli 1924, in: Der Rhaeten Herold 2,5 (1.08.1924), S. 5.

621 O.A.: Dunkle und lichte Tage in Bayerns junger Geschichte, in: Der Rhaeten Herold 2,5 (1.08.1924), S. 1–5.

622 SEIDL: Semester-Bericht. S–S. 1925, in: Der Rhaeten Herold 2,18 (1.09.1925), S. 1–5, hier: S. 4.

623 Vgl. O.A.: Aus der Festrede des 44. Stiftungsfestes, in: Der Rhaeten Herold 2,17 (1.08.1925), S. 2–5.

624 JOH. SCHMAUS: Bayerischer Heimat- und Königsbund, in: Der Rhaeten Herold 1,4 (1.07.1924), S. 5f.

625 Vgl. „Wir Rhäten aber wissen, daß das demokratische Staatsideal [...] das Ende sein würde wie in Rußland; [...] wir wissen, daß es seit dem Fall der Krone und seit Weimar mit Bayern rasend bergab ging; [...] wir wissen, daß die Krone die Freiheit ist, die Republik aber leicht die Zwingherrschaft der Zahl werden kann". BRUNNER/MITTERWIESER (Hg.): Festschrift zum 50. Stiftungsfest der katholischen bayerischen Studenten-Verbindung Rhaetia (wie Anm. 604, S. 191), S. 60f.

626 Vgl. das bereits Ausgeführte zum HdA auf S. 150.

627 Das Programm sowie Festblatt zur 62. Katholiken-Versammlung Nr. 5 (1922), S. 11, EAM NL Faulhaber 3502.

Diehl und Karl Hugo Siegert in den Führungsgremien des HdAs vertreten, wobei letzterer auch Kreisleiter von Bayern war.[628]

Noch 1923 beschrieb der CVer Willy Glasebock den Wert des HdAs in der Bildung von „Gemeinschaftskreise[n] auf völkisch-nationaler Grundlage“ und in der tatkräftigen Handlung seiner Mitglieder. Dagegen mutete es ihm unverständlich an, wenn „[Teile] des katholischen Volkes dieser neuen jungen Bewegung mit einem gewissen Mißtrauen gegenüber[standen].“[629] Dagegen stellte Glasebock deutlich heraus: „Prinzipielle Bedenken für den Eintritt eines Katholiken in den HdA können nicht bestehen. Wir Katholiken haben die vielmehr vaterländische Pflicht, dieser Bewegung unsere Kräfte zu leihen!“[630] Er begründete dies aus der Notwendigkeit, in krisenhaften Zeiten alle deutschen Kräfte zu einen und so den aus dem Weltkrieg etablierten Status des Burgfriedens von 1914 wiederherzustellen.[631] In diesem Kontext stellte der Autor das völkische Prinzip durchweg positiv und als mit dem Katholizismus gut zu vereinbaren dar. Hierfür klammerte er übertriebene antisemitische Auslassungen oder völkische Straf- und Gewalttaten ebenso wie die teilweise vorhandene Ablehnung jedes Gottesbezuges oder jeglicher internationalen Vergemeinschaftung als dem völkischen Prinzip nicht entsprechend aus seiner Betrachtung ohne nähere Erklärung aus.[632] Damit wandte er sich bewusst gegen katholische Stimmen, die wohlbegründet das Projekt HdA skeptisch betrachteten.

Hier ist zunächst der UV zu benennen, welcher in München jedoch neben dem *Hochlandverband* mit lediglich etwa 60 studierenden Mitgliedern der mit Abstand kleinste katholische korporative Akademikerverband war.[633] Auch wenn man die nationalen Beweggründe anderer Korporationen zum Beitritt im HdA akzeptierte, lehnte man die eigene Mitarbeit aus grundsätzlichen Überlegungen ab. Als besonders problematisch erachteten die *Unitarier* dabei die kämpferische Haltung der Völkischen gegen jede Form des Internationalismus und somit auch gegen den Katholizismus.[634] Weitsichtig hieß es dabei in ihrem Verbandsorgan zum HdA:

> „Alle Phrasen von Volksgemeinschaft und nationaler Arbeit sind nur äußerer Firnis, hinter dem sich das wahre Gesicht verbirgt, das Gesicht des Akademikers der Vorkriegszeit [...]. Ein auf diesem Boden gewachsener Nationalismus ist weit entfernt von kraftvollem Nationalgefühl [...] und entwickelt sich zum Chauvinismus. Er wird eine Art Ersatzweltanschauung des Unglaubens und des verflachten Protestantismus, aufbauend auf Völkerhaß und Völkerkampf, auf Nationalegoismus und auf dem Machtgedanken. [...] Ein Katholik kann da nicht mitmachen. Ihm ist die Nation nur Stufe, nicht Vollendung, ihm ist seine internationale Religion das Höchste, und dann erst ist er national [...]. Diese Liebe ist zu gesund, als daß sie angefacht werden müßte durch Rassen- und Völkerhaß, wie er in der Form des Antisemitismus im H.D.A. seine tollsten Blüten treibt. [...] Führt das Volk zu Gott und nicht gegen die Juden, dann nur wird es gerettet.“[635]

Die *Unitarier* lehnten den HdA also vornehmlich aus konfessionellen Erwägungen ab, da er aus ihrer Perspektive die Fortsetzung eines übersteigerten preußisch-

628 Vgl. STITZ: Der CV 1919–1938 (wie Anm. 303, S. 150), S. 44; HASTINGS: Catholicism and the roots of Nazism (wie Anm. 30, S. 16), S. 92.

629 GLASEBOCK: Katholische Studentenschaft und völkische Bewegung (wie Anm. 63, S. 107), S. 4.

630 EBD., S. 11.

631 Vgl. EBD., S. 3 und 11.

632 Vgl. EBD., S. 7.

633 Vgl. zur Mitgliederstärke: O.A.: Guelfia und Schyria, in: Unitas 61,5 (August 1921), S. 160f.

634 O.A.: Hochschulring deutscher Art, in: Unitas 61,3 (April 1921), S. 61f., hier: S. 61.

635 EBD., S. 62.

protestantischen Nationalismus betrieb und dabei „auch jetzt noch dieselben Leute am Ruder sind, die uns bisher als ultramontan und antinational bezeichneten“.[636] Daneben erachtete man „rein negativen Antisemitismus“ sowie „Hurra-Patriotismus“ nicht als die probaten Mittel zum „Wiederaufstieg unseres Volkes“.[637] Als Gegenentwurf propagierte man stattdessen die Erneuerung von christlichem Glauben und Moral. Insofern war es die verbleibende Skepsis gegenüber den alten bürgerlich-protestantischen Gruppierungen des Kulturkampfes, die die *Unitarier* vor dem völkisch-nationalen Zusammenschluss abschreckte und sie insofern auch zu einem gewissen Grad vor Antisemitismus und überhöhtem Nationalismus bewahrte. Inwieweit sich jedoch die Münchner *Unitarier* diese Positionierung des Gesamtverbandes zu eigen machten, ließ sich leider im Rahmen dieser Arbeit nicht ermitteln. Nachweislich blieben sie jedoch dem HdA fern, ohne dessen Arbeit allerdings inhaltlich zu bekämpfen.

Anderen Katholiken dagegen ging das Engagement sowie die Einbindung der katholischen Verbindungen in den HdA noch nicht weit genug. Der junge CVer und stellvertretende AStA-Vorsitzende Felix Brandl (1896–1963)[638] hatte bereits 1920 mit seiner Studentenverbindung *Aenania* „zur Gründung einer Arbeitsgemeinschaft der großen auf deutsch-vaterländischer Grundlage stehenden studentischen Verbände“ angeregt, damit die katholischen Studenten zukünftig eine führende Position in diesen Agitationen einnähmen. Die Cartellversammlung des CV lehnte es 1920 jedoch ab, dieses Anliegen weiter voranzutreiben.[639] Damit überließ man das Projekt den Burschenschaften, die nun den HdA gründeten. Brandl und weitere verfolgten den Gedanken der Einbindung katholischer Kräfte ins völkische Lager jedoch weiter und gründeten hierzu die *Völkische Arbeitsgruppe katholischer Akademiker*. Dieser gehörten aus München neben Felix Brandl auch seine Bundesbrüder Hermann Hagen und Franz Pfeiffer, sowie der CVer Hugo Siegert an.[640]

Auch diese Gruppe fühlte sich dem Bündnis von sozialstudentischer und nationaler Arbeit im Sinne der Überbrückung der Klassenunterschiede weiterhin verpflichtet und bot in diesem Sinne im Sommer 1922 eine politisch-soziale Schulungswoche für katholische Studenten in der Abtei St. Ottilien an. Zweck der Veranstaltung war die „Vertiefung und Schulung in den grossen völkischen, sozialen und studentischen Fragen“. Dementsprechend wurde die Veranstaltung „dem Dienst am deutschen Volke“ gewidmet.[641] Des weiteren organisierte die Gruppe Vorträge durch ihre Mitglieder sowie katholische Persönlichkeiten, welche in Münchens studentischen Kreisen ein gewisses Ansehen besaßen. Beispielhaft seien hier die Vorträge des CV-Seelsorger und frühen Hitler-Gegners Erhard Schlund

636 WILHELM GROTE: Zur Hochschulpolitik, in: Unitas 62,6 (August 1922), S. 164–168, hier: S. 167.

637 EBD., S. 167.

638 Felix Brandl (1896–1963) studierte nach dem Krieg Jura und wurde Aenane. Später als Regierungsrat in Neuburg engagierte er sich im konservativen Widerstand gegen Hitler. Nach dem Krieg setzte er seine juristische Karriere u. a. im Justizministerium fort. Zu ihm vgl. seinen Personalakt in BayHStA, MInn 83243 und MJu 20493 sowie LIMBACH: Bürger gegen Hitler (wie Anm. 587, S. 188), S. 295.

639 Vgl. FELIX BRANDL: Brauchen wir eine Arbeitsgemeinschaft der vaterländischen Verbände?, in: Academia 33,8/9 (20.01.1921), S. 209–212.

640 Vgl. Anschriftenverzeichnis, in: FRANZ BAUER: 3. Rundschreiben der völkischen Arbeitsgruppe kath. Akademiker (Februar 1922), KSC B6 Nr. 21.

641 FRANZ BECKER: 2. Rundschreiben der völkischen Arbeitsgruppe kath. Akademiker (08.08.1921), KSC B6 Nr. 21.

(1888–1953)[642] über „Die Kulturkraft der christlichen Weltanschauung", derjenige des Benediktiner Hugo Lang (1892–1967)[643] über „Die Kirche und die Judenfrage" oder Vorträge von Andreas und Eduard Stoeckle über den deutschen Katholizismus oder die sportliche Betätigung angeführt.[644] Schwerpunkte waren in dieser völkisch-katholischen Arbeitsgruppe also katholische, nationale sowie politische Themen, welche auch im allgemeinen studentischen Umfeld diskutiert wurden. Insofern bemühte sich die Gruppe wohl die Zeitgemäßheit der katholischen Akademiker zu wahren und diese nach Möglichkeit an die Spitze der studentischen Organisationen zu bringen. Hierzu war man bereit sich national anzupassen oder zumindest die Bereitschaft hierzu zu signalisieren. Nur konsequent ist es daher, dass es aus München vornehmlich diejenigen katholischen Akademiker waren, die als Mitglied oder durch Vortragstätigkeit in dieser Gruppe mitarbeiteten, die ohnehin schon Führungspositionen in der Münchner Studentenschaft oder im HdA übernommen hatten.

Um weitere Katholiken für die aktive Mitarbeit in der national-völkischen Sammlungsbewegung zu gewinnen, war es daher der *völkischen Arbeitsgruppe katholischer Akademiker* ein großes Anliegen darzulegen, dass für Katholiken eine Mitarbeit im parteipolitisch neutralen HdA unbedenklich möglich sei. Daher stellte man heraus, dass der HdA „von seinen Mitgliedern Religion, sittliche Erneuerung und Erziehung zu charakterfesten Menschen [verlange]". Wohingegen Angriffe gegen dieses Gremium lediglich aus „Unkenntnis", „Parteimomenten" oder aus „örtlichen Verstössen und Irrungen" Einzelner zu erklären seien. Diese Angriffe gingen vornehmlich und gänzlich zu Unrecht von parteipolitisch gebundenen Kräften aus, die im HdA eine deutschnationale (DNVP) Gruppierung erblicken würden.[645] In München wie generell in Bayern war durch das Regierungsbündnis der BVP mit der BMP/DNVP aus dieser Richtung deutlich weniger Skepsis gegenüber dem HdA zu erwarten. Die *Völkische Arbeitsgruppe katholischer Akademiker* hatte auch deshalb ihren Arbeitsschwerpunkt in Bayern.

Dieses Gedankengut hielt jedoch nicht nur Einzug in die katholischen Studentenverbindungen, sondern war auch über diese hinaus in Münchens katholischen Kreisen verbreitet. Die *Münchener Katholische Kirchenzeitung* (MKK) etwa vertrat, unter ihrem Herausgeber Franz Xaver Meisl (1887–1951)[646], im Laufe des Jahres 1920 einen antisemitischen Kurs, den Kampf gegen den Internationalismus und das internationale jüdische Volk,[647] was diesen wohl schließlich noch im sel-

642 Erhard Schlund (1888–1953) war Franziskanerpater und Mitglied mehrere CV-Verbindungen sowie ab 1921 der erste CV-Seelsorger. Er gilt als einer der ersten entschiedenen katholischen Gegner des Nationalsozialismus. Zu ihm vgl. MICHAEL FELLNER: Pater Erhard Schlund OFM (1888–1953) und seine Auseinandersetzung mit der völkischen Bewegung und dem Nationalsozialismus, in: Beiträge zur altbayerischen Kirchengeschichte 43 (1998), S. 131–214.

643 Hugo Lang (1892–1967) war ab 1919 in der Studentenseelsorge in München tätig und ab 1951 Abt von St. Bonifaz. Vgl. WILLIBALD MATHÄSER: Lang, Hugo, in: NDB 13 (1982), S. 538f.

644 FRANZ BECKER: 2. Rundschreiben der völkischen Arbeitsgruppe kath. Akademiker (08.08.1921), KSC B6 Nr. 21.

645 Vgl. FRANZ BAUER: 3. Rundschreiben der völkischen Arbeitsgruppe kath. Akademiker (Februar 1922), KSC B6 Nr. 21.

646 Franz Xaver Meisl (1887–1951) war Priester und Sekretär des *Diözesanen Pressvereins* sowie 1919/20 Herausgeber der MKK. Er wandte sich später deutlich gegen den Nationalsozialismus. Vgl. BERNHARD HÖPFL: Katholische Laien im nationalsozialistischen Bayern. Verweigerung und Widerstand zwischen 1933 und 1945 (Veröffentlichungen der Kommission für Zeitgeschichte B 78), Paderborn u. a. 1997, S. 84.

647 Vgl. O.A.: Wie entstand der Internationalismus der Freimaurerei, in: MKK 13,7 (15.02.1920), S.50f.; O.A.: Das kommunistische Ostjudentum in Oesterreich, in: MKK 13,14 (04.04.1920),

ben Jahr seinen Posten kostete.[648] In diesem Kontext wurde die „Judenfrage" auch als „die brennendste und entscheidenste [...] Frage der Gegenwart" eingestuft, wobei letztlich die entschiedene „Bekämpfung des christusfeindlichen Judentums" anstünde.[649] Dabei sprach man sich selbst vom Antisemitismus frei, obwohl offen über Ausweisungen, Pogrome und inquisitorische Maßnahmen nachgedacht wurde.[650]

Daneben waren es verschiedene katholische Vereinigungen, unter anderem der von Ellen Ammann vertretene *katholische Frauenbund* und Vertreterinnen der Marianischen Kongregationen, die sich, ganz im zeitgemäßen rassistischen Gedankengut verhaftet, über den Aufenthalt farbiger französischer Truppen in Deutschland echauffierten und Pacelli sowie Pius XI. dazu gewinnen konnten, gegen diese „schwarze Schmach"[651] und das von ihnen „ausgehende Unheil" vorzugehen. Der Einsatz des Vatikans in dieser Angelegenheit geschah jedoch bewusst im Verborgenen und zeigte wohl keinen nennenswerten Erfolg.[652] Faulhaber griff das Thema 1922 auf dem Katholikentag ganz offen auf und beschuldigte Frankreich hierdurch die christliche Zivilisation anzugreifen.[653] Auch die katholischen Studentenverbindungen beteiligten sich öffentlich an den vom *Notbund gegen die Schwarze Schmach* organisierten Protestkundgebungen.[654]

Eine besondere Gruppierung stellten bei diesen nationalen und im Bündnis mit völkischen und antisemitischen Kräften agierenden Katholiken diejenigen dar, die sich nicht nur durch Bündnisse oder die Mitarbeit in bestimmten Organisationen oder bei einzelnen Anliegen klar verorteten, sondern die diese Verortung durch eine Abkehr von der BVP und den Eintritt in eine andere Partei deutlich machten. Um den nationalen Bedürfnissen solcher Katholiken entsprechen zu können, kamen dabei in Bayern eigentlich nur die BMP/DNVP oder national-völkische Splitterparteien wie die NSDAP in Frage. Der in Bayern durch den CVer Max Buchner geführte *Katholikenausschuss in der DNVP*[655] ist das beste Beispiel der Zuwendung von Katholiken zu nationaler ausgerichteten Parteien. Hierdurch glaubten sie, ihre völkische und antisemitische Denkweisen sowie ihre antidemokratische und kompromisslos-ablehnende Haltung gegenüber der Weimarer Republik besser zum Ausdruck bringen zu können. Auf dieser Linie agierten zum Teil auch die konservativen *Historisch-politischen Blätter*, wenn sie die Zuwendung zur und die Tätigkeit katholischer Priester in der DNVP beschrieben und sich dabei darauf beriefen, dass die katholische Einheit ohne parteipolitische Hürden besser gewahrt werden könne, wenngleich als einzige Alternative zu den dezidiert katholischen Parteien die DNVP in Frage käme.[656]

Auf dieser Basis kann es nicht verwundern, dass sich zu diesem Zeitpunkt, neben bereits genannten Einzelpersönlichkeiten wie Dietrich Eckart, auch weitere

---

S. 100; O.A.: Der jüdische Imperialismus, in: MKK 13,15 (11.04.1920), S. 107; O.A.: Wo steht der Gegner?, in: MKK 13,19 (09.05.1920), S. 131f.

648 Vgl. HASTINGS: Catholicism and the roots of Nazism (wie Anm. 30, S. 16), S. 62f.

649 O.A.: Nicht Jugendhass, sondern Christenschutz, in: MKK 13,18 (02.05.1920), S. 125f.

650 Vgl. EBD.

651 Vgl. hierzu auch: IRIS WIGGER: Schwarze Schmach, in: HLB (2006).

652 Gasparri an Pacelli vom 11.06.1920, in: Kritische Online-Edition der Nuntiaturberichte von 1917–1929 (wie Anm. 26, S. 56).

653 Vgl. LEUGERS: Katholische Kriegsfriedensdiskurse der Münchner Zwischenkriegszeit (wie Anm. 416, S. 166), S. 151–153.

654 Vgl. LUIBLE: Hundert Semester Saxonia München (wie Anm. 604, S. 191), S. 101.

655 Vgl. auch das bereits Ausgeführte auf S. 125.

656 Vgl. etwa A.W. HOPMANN: Religion und Partei, Katholizismus und Deutschnationale, in: HpBl 168,5 (1921), S. 245–308.

katholische Akademiker offen zur NSDAP bekannten. Ende 1922 etwa legte die „denkende Frauenwelt Münchens" Kardinal Faulhaber dar, warum Hitler und seine Bewegung sittlich erbauend und keinesfalls religiös schädlich seien.[657] Zugleich rief man den Kardinal sowie seine Kleriker auf, ebenfalls Stellung zu beziehen, da der Bolschewismus sich lediglich durch den Antisemitismus bekämpfen ließe.[658]

Für NSDAP-Mitglieder aus den Reihen der Studentenverbindungen kann man beispielhaft den *Aenanen* und Rechtsanwalt Josef Brücklmayr (*1885), die Medizinstudenten Hans Vianden (*1894) und Josef Mayer (*1896), den Ingenieurstudent Robert Liebel (*1900) oder den Studenten der Architektur Karl Schreiber (1897–1983) benennen, welche im Laufe des Jahres 1920 der NSDAP beitraten. Auch der aus dem katholischen *Hochlandverband* stammende Alfred Miller (*1897) oder der Theologiestudent und Rhaete Josef Roth waren zu diesem Zeitpunkt bereits Parteimitglieder.[659] Vor allem letztere wurden dabei auch publizistisch tätig und begaben sich damit in eine Reihe mit dem generell stark durch katholische Autoren geprägten *Völkischen Beobachter*.[660]

Josef Roth beispielsweise bekannte sich bereits im Sommer 1919 zum deutsch-völkischen Gedanken und zur „nationalen Wiedergeburt", welche seines Erachtens einen „antisemitischen Charakter haben" müsse.[661] Dem Katholizismus, welchen er als den „geborene[n] Gegner des Judentums" betrachtete, schrieb er dabei eine bedeutende Rolle zu und plante die Beseitigung der jüdischen Rasse aus Deutschland durch Aufklärung und nicht näher definierte „öffentlich organisierte Betätigung des Deutschtums".[662]Auf Pogrome dagegen wollte er bewusst verzichten und sah die völkische Bewegung wohl auch von dieser Warte aus, jenseits eines abzulehnenden ungesunden und übertriebenem Nationalismus, agieren.[663] Diese antisemitische Grundhaltung übertrug der mittlerweile zum Priester geweihte Roth 1923 auch auf die Kirche und beschuldigte letztlich die Jesuiten die Verjudung der Kirche verschuldet zu haben.[664] In den folgenden Jahren suchte Faulhaber mäßigend auf ihn einzuwirken, was jedoch nur begrenzt gelang.[665]

Ein weiterer Beleg für die katholische Zuneigung zum *Völkischen Beobachter* und zur NSDAP war die Gründung des *Bundes der Beobachterfreunde* im katholischen Gesellschaftshaus.[666]

Insofern standen die katholischen Akademiker Münchens ihren evangelischen und freireligiösen Mitbürgern was die Mitarbeit und publizistische Agitation im nationalen und völkischen Sinne angeht in nichts nach. Es waren zwar nur Einzelpersönlichkeiten, die eine treibende Kraft bildeten, wenn es darum ging, völ-

657 Vgl. Die „denkende Frauenwelt Münchens" an Faulhaber vom 15.12.1922, EAM NL Faulhaber 8042.

658 EBD.

659 Vgl. SIEGL: Gesamt-Verzeichnis des C.V. (wie Anm. 589, S. 188), S. 786–788 und 352–415; HASTINGS: Catholicism and the roots of Nazism (wie Anm. 30, S. 16), S. 92f.

660 Vgl. das bereits Ausgeführte zu den katholischen Einflüssen auf den VB auf S. 113.

661 Josef Roth: Über die Stellung der Katholiken zur völkischen Wiedergeburt, in: VB 33,33 (6.08.1919), S. 2.

662 EBD.

663 Vgl. EBD.

664 Vgl. JOSEPH ROTH: Katholizismus und Judenfrage, München 1923, S 7; BLEISTEIN: „Überläufer im Sold der Kirchenfeinde" (wie Anm. 102, S. 113), S. 74f.

665 Vgl. DERS.: „Überläufer im Sold der Kirchenfeinde" (wie Anm. 102, S. 113), S. 74f.

666 Vgl. O.A.: Einladung zur Gründungsversammlung des Bundes der Beobachterfreunde, in: VB 34,67 (25.07.1920), S. 5; O.A.: Zur Gründungsversammlung des Bundes Beobachterfreunde, in: VB 34,69 (31.07.1920), S. 4.

kisches, nationales oder gar antisemitisches Gedankengut voranzutreiben. Allerdings agierte die überwiegende Mehrheit der akademisch gebildeten Katholiken Münchens im Zeitraum zwischen 1919 und 1923 in diesen Themenfeldern in engen Bündnissen mit völkischen, national-revolutionären und auch antisemitischen Wortführern, mit welchen man über die vaterländischen Organisationen eng verbunden war. Dabei fühlten sich viele katholische Akademiker auch verpflichtet, aktiv in diesen Organisationen mitzuwirken und Verantwortung zu übernehmen. Dabei ging es ihnen vor allem darum, katholischen Einfluss auf die von ihnen ersehnte nationale Wiedergeburt Deutschlands zu erhalten. Hierbei machte man sich, sofern sie nicht ohnehin bereits zum eigenen Fundus gehört hatten oder voller Begeisterung aufgenommen wurden, die in diesen Kreisen kursierenden Ideen und Denkweisen zu eigen. Elemente einer völkischen und antisemitischen Weltanschauung waren daher auch unter Münchens katholischen Akademikern weit verbreitet und gewannen Einfluss auf spezifische katholische Gesellschaftsentwürfe.

Lediglich ein kleiner Teil der akademisch gebildeten Katholiken Münchens nahm dagegen die bestehenden Unterschiede zwischen Katholizismus und rechtsradikalen, völkischen oder antisemitischen Einstellungen als derart gravierend wahr, dass man sich von gemeinsamen Bündnissen, welche beispielsweise auch die bayerische Regierungsarbeit prägten, bewusst fernhielt. Ein etwas größerer Anteil dagegen versuchte mäßigend auf die nationale Sammlungsbewegung einzuwirken und die negativen Elemente der nationalen, bürgerlichen Einigung auszuschließen oder klein zuhalten. Als eines dieser übertriebenen, mit negativen Begleiterscheinungen verbundenen Elemente wurde in der Regel der radikale Antisemitismus sowie gewaltsames und rechtswidriges Vorgehen angesehen. In beiden Bereichen war die NSDAP die besonders auffällige Kraft und dementsprechend suchten einzelne Personen, zumeist aus der BVP, ihren Einfluss und ihre Agitationen zu minimieren oder zumindest in die richtige Richtung zu leiten. Das hierbei auch parteipolitische Gründe eine Rolle spielten, ist nicht von der Hand zu weisen.

Eine nicht zu vernachlässigende Gruppe katholischer Akademiker vollzog im untersuchten Zeitraum also laut und selbstbewusst eine möglichst große Angleichung, unter Hintanstellung aller konfessioneller Überlegungen, an die nationalen und völkischen Gruppierungen und forderte diese auch von ihrem katholischen Umfeld ein. Hierbei war zumeist der Grad der Aneignung der mit der völkischen Denkweise aufs engste verknüpften antisemitischen und rassistischen Ideologie ausschlaggebend dafür, wie sehr man bereit war in völkischen Gruppierungen mitzuarbeiten oder sich ihnen anzupassen. Daneben war unter den katholischen Akademikern die Hoffnung auf nationale Sammlung unter dem Dach der Volksgemeinschaft ein ausschlaggebendes Motiv zur Mitarbeit bei oder der Angleichung an völkische Gruppierungen. Bei einzelnen mag jedoch auch der Gedanke mitgeschwungen haben, hierdurch den Katholizismus endgültig aus seiner Inferiorität gegenüber dem preußischen Nationalbewusstsein zu befreien und in diesem Zuge eine gleichberechtigte oder gar die Führungsrolle in der Gesellschaft zu übernehmen. Besonders intensiv war die Motivation zur Mitarbeit und Anpassung an die national-völkische Bewegung dabei unter den katholischen Studierenden, insbesondere in den katholischen Studentenverbindungen des CV.

Die Basis für diese Entwicklungen hatte unter anderem die Übernahme der aus dem *Fin de siècle* bekannten allgemeinen bürgerlichen Krisenstimmung gegeben, die im Katholizismus der Nachkriegszeit auf das engste mit dem Glauben an die Möglichkeit zur Schaffung neuer Wege für den deutschen Nationalstaat, die katholische Kirche sowie die katholischen Akademiker verbunden wurde. Die Ausprägungen und Vorstellungen bezüglich dieser Neuaufbrüche gingen dann jedoch relativ weit auseinander. Große Einigkeit bestand allerdings in der Ablehnung von Liberalismus, Sozialismus und parlamentarischer Demokratie. Einig war man sich auch in der Zielsetzung. Erstrebt wurde eine auf nationalem und christlichem Boden stehende Volksgemeinschaft. Zu realisieren suchte man dieses Ziel vornehmlich durch die Orientierung an romantisch angehauchten Vorstellungen über Staats- und Gesellschaftsentwürfe aus der Vergangenheit. Insofern stellten die propagierten völkischen Neuaufbrüche zumeist lediglich leicht modifizierte restaurative und konservative Gesellschaftsentwürfe der Vorkriegszeit dar.

2.3 Katholische Gesellschaftsentwürfe

Neben der Orientierung an den bürgerlichen, zumeist national, konservativ oder gar völkisch geprägten Anschauungen, entwickelten sich im Rahmen des Katholizismus allerdings auch einige spezielle Ordnungsvorstellungen, die an konservative Entwürfe angelehnt waren. Anknüpfungspunkt hierfür war das unter Katholiken verbreitete Menschheitsrettungspathos.[667] Hierunter verstand man die Hoffnung durch Hinführung zum Katholizismus über eine geordnete und an christlichen Normen orientierte Gesellschaft eine starke, nach Möglichkeit christlich-katholisch geprägte, deutsche Nation aufzubauen. So gedachte man letztlich zahllose Menschen vor sozialer Verelendung sowie sittlicher und religiöser Degeneration zu bewahren. Der Katholizismus diente hierbei also als Ordnungsmodell, welcher Katholiken in ihrer Kritik an den als ungeordnet empfundenen Zuständen sowie bezüglich christlicher Gestaltungsideen motivierte und solches Tun legitimierte.[668] Im Wesentlichen waren es drei Ordnungsvorstellungen, die hierfür im akademischen, katholischen Kontext an Bedeutung gewannen:

- Das christliche Abendland und die Vision des Reiches,
- der Ständestaat und
- die Monarchie.

Sie „stammten weitgehend aus der 'kultur- und gesellschaftskritischen Stimmung der Zeit vor 1914' [...]. Zwei Gedankenkreise skizzierten hauptsächlich diese Denkrichtung: ein romantisch-gemeinschaftlicher und ein obrigkeitlich-autoritärer."[669] Ein Anknüpfen an die Vorstellungen des verstorbenen bayerischen Ministerpräsidenten, Reichskanzlers und einflussreichen Vordenkers und Mitbegründers der katholischen Studentenverbindungslandschaft sowie der *Görresgesellschaft*, Georg von Hertling (1843–1919), ist unverkennbar.[670] Hertling vertrat hierbei die Vorstellung, dass Recht und Sittlichkeit und somit letztlich auch der Staat dem Naturrecht entsprängen und somit ebenso wie die Autorität metaphysisch zu begründen seien. Der Staat sei letztlich ein „Organismus, ein Naturprodukt"[671]

667 Vgl. RUSTER: Die verlorene Nützlichkeit der Religion (wie Anm. 78, S. 32), S. 76.

668 Vgl. JOHANNES TRÖGER: Kulturkritik und Utopie. Das Denken rechter katholischer Intellektueller in Deutschland und Großbritannien 1918–1939, Paderborn u. a. 2016, S. 54.

669 MENNEKES: Die Republik als Herausforderung (wie Anm. 389, S. 162), S 20.

670 Vgl. hierzu seine politische Schrift: GEORG VON HERTLING: Recht, Staat und Gesellschaft, 4. Aufl., München und Kempten 1917.

671 MENNEKES: Die Republik als Herausforderung (wie Anm. 389, S. 162), S. 63. Zur Rezeption Hertlings durch konservative Kräfte in der Weimarer Republik siehe auch S. 61–63.

2.3.1 Abendlandsidee und Vision des Reiches

Nach dem Krieg knüpfte man auf katholischer Seite an zeitgenössische Diskurse an. Für die Abendlandsidee[672] hatte insbesondere der protestantische Münchner Philosoph Oswald Spengler (1880–1936) mit seinem kulturpessimistischen Werk *Der Untergang des Abendland*[673] entscheidende Impulse gegeben.[674] Spengler, welcher seine Grundthese bereits vor Kriegsende und Revolution aufgestellt hatte, knüpfte mit seinem pessimistischen Szenario des Untergangs der abendländischen Kultur an die grundsätzliche Krisenwahrnehmung des deutschen Bürgertums an und „[formulierte] das alle metapolitischen Spekulationen prägende kulturhistorische Szenario".[675] „Spengler prägte [damit] zentrale Motive der zeitgenössischen konservativen Ablehnung der Weimarer Demokratie", indem er Kulturverfall und zunehmende Politisierung miteinander verknüpfte und der demokratischen Republik somit eine „zynisch-dekadente Geschmacksnote beimischte".[676] Demgegenüber propagierte Spengler einen „diktatorischen ‚Cäsarismus'" und war auf dieser Basis später auch dem Nationalsozialismus gegenüber grundsätzlich positiv eingestellt.[677]

Nach Kriegsniederlage, Revolution und Versailler Vertrag wurden Spenglers Thesen neu interpretiert und in den Zeitumständen eine Bestätigung seiner Thesen ausgemacht. Dementsprechend hatte Spenglers Werk in der Zwischenkriegszeit „publizistische Hochkonjunktur", auch da die abendländische Kultur in seinem Werk nicht eindeutig definiert und somit deutungsoffen war.[678] Einigkeit bestand lediglich in dem Bedürfnis der „Erneuerung der [...] Einheit des christlichen Abendlandes", in der „Kulturkritik" sowie im Willen ein „neues Wertesystem gegen den Fortschritts- und Technikglauben" zu etablieren.[679] Auf dieser Basis konnten die Nationalsozialisten Spengler, obwohl dieser stets eine gewisse persönliche Distanz zu ihnen wahrte, als einen ihrer Ideengeber beanspruchen und behaupteten, er sei „schon zu dreiviertel Nationalsozialist, ohne es zu wissen."[680] Auch in

672 Vgl. zur christlichen Rezeption besonders: PÖPPING: Abendland (wie Anm. 518, S. 179); HEINZ HÜRTEN: Der Topos vom christlichen Abendland in Literatur und Publizistik nach den beiden Weltkriegen, in: ALBRECHT LANGNER (Hg.): Katholizismus, nationaler Gedanke und Europa seit 1800 (Beiträge zur Katholizismusforschung / B), Paderborn u. a. 1985, S. 131–154.

673 OSWALD SPENGLER: Der Untergang des Abendlandes. Umrisse einer Morphologie der Weltgeschichte. Bd. 1 Gestalt und Wirklichkeit, München 1919, (Erstausgabe 1918 in Wien); DERS.: Der Untergang des Abendlandes. Umrisse einer Morphologie der Weltgeschichte. Bd. 2 Wetlhistorische Perspektiven, 16.-30. Aufl., München 1922.

674 Vgl. PÖPPING: Abendland (wie Anm. 518, S. 179); zum Fortwirken der Ideen Spenglers beispielsweise: ALEXANDER DEMANDT/JOHN FARRENKOPF: Der Fall Spengler. eine kritische Bilanz, Köln u.a. 1994; MANFRED GANGL: Spengler – ein Denker der Zeitenwende (Schriften zur politischen Kultur der Weimarer Republik 12), Frankfurt am Main 2009.

675 RAIMUND VON DEM BUSSCHE: Konservatismus in der Weimarer Republik. Die Politisierung des Unpolitischen (Heidelberger Abhandlungen zur mittleren und neueren Geschichte 11), Heidelberg 1998, S. 369.

676 EBD., S. 370.

677 EBD., S. 370.

678 HEINZ HÜRTEN: Der Topos vom christlichen Abendland in Literatur und Publizistik nach den beiden Weltkriegen, in: DERS. (Hg.): Katholiken, Kirche und Staat als Problem der Historie. Ausgewählte Aufsätze 1963–1992, Paderborn u. a. 1994, S. 282–307, hier: S. 282; Vgl. auch PÖPPING: Abendland (wie Anm. 518, S. 179), S. 29.

679 RICHTER: Nationales Denken im Katholizismus der Weimarer Republik (wie Anm. 437, S. 169), S. 147.

680 ALFRED ROSENBERG: Oswald Spengler und die völkische Bewegung, in: Deutsche Hochschulzeitung 16,42 (25.10.1924), S. 2f., hier: S. 3.

studentischen Kreisen wurden die Ideen Spenglers thematisiert[681] und fanden etwa beim UV als Vortragsthema ihren Platz.[682] Letztlich waren Spenglers Thesen, neben der als treffend empfundenen Zeitanalyse, auch dadurch anschlussfähig, da die „Utopie vom Abendland" einen an metaphysischen Werten (Gott, Freiheit, Staat) orientierten Gegenentwurf zum befürchteten eigenen Untergang darstellte und sich primär gegen die „wirtschaftliche und geistige Globalisierung" richtete.[683] Somit gelang es Spengler, ein breites bürgerliches, zumeist konservativ ausgerichtetes, Orientierungsbedürfnis zu bedienen.

Der Abendlandbegriff konnte hierbei auch von katholischer Seite aufgegriffen und das Abendland mit der deutschen, katholisch geprägten Kultur identifiziert werden. Dem Christentum wurde eine geschichtsgestaltende Rolle zugeschrieben, um den befürchteten Untergang des Abendlandes abzuwenden.[684] Der in katholischen Kreisen bedeutsame Philosoph Max Scheler (1874–1928), welcher 1916 zum Katholizismus konvertiert war, hatte hierfür bereits im 1. Weltkrieg die Basis gelegt.[685] Mit der Postulierung einer spezifisch deutschen Sendung, an deren Gelingen Scheler – nahezu analog zum „Untergang des Abendlandes" – den Untergang oder das Fortbestehen Europas festmachte, forderte er eine Einigung Europas unter christlichen und sozialen Vorzeichen, bei gleichzeitiger Zurückdrängung von Liberalismus und Kapitalismus.[686] Der Katholik und deutschvölkische Publizist Franz Schrönghamer-Heimdal knüpfte mit seinem Werk *Das kommende Reich*[687] hieran an. Das Abendland und ein zu errichtendes Reich stilisierte er als deutsche Mission, welche im Gegensatz zu Sozialismus, Liberalismus, Rationalismus und Kapitalismus und somit letztlich zu westlich liberal-demokratischen und östlich bolschewistischen Gesellschaftsentwürfen stehe.[688]

Gerade aus der Idee einer spezifisch deutschen Sendung in Verbindung mit einer „antiwestliche[n] und antiparlamentarische[n] Grundeinstellung", wobei auch die Demokratie als „dem deutschen Volke artfremd" abgelehnt wurde, erwuchsen konservative Ordnungsvorstellungen, wie „nationalistisch verengte Reichs-

681 So wurde Spengler selbstverständlich bei den Deutschen Burschenschaften ausführlich zum Thema. Vgl. etwa GEORG ESCHENHAGEN: Der Untergang des Abendlandes (Oswald Spengler), in: Burschenschaftliche Blätter 34,1 (20.04.1920), S. 3–5.

682 Vgl. O.A.: Vortrag über „Kultur- und Zivilisationsproblem in Spenglers Untergang des Abendlandes", in: Unitas 61,2 (Februar 1921), S. 48.

683 PÖPPING: Abendland (wie Anm. 518, S. 179), S. 71.

684 Vgl. HÜRTEN: Der Topos vom christlichen Abendland in Literatur und Publizistik nach den beiden Weltkriegen (wie Anm. 672), S. 132–134.

685 Maßgeblich in den beiden Werken: Europa und der Krieg (1915) und Der Genius des Krieges und der Deutsche Krieg (1915), in: MAX SCHELER: Politisch-Pädagogische Schriften, Studienausg., 2. Aufl. (Gesammelte Werke 4), Bonn 2008, S. 7–266.

686 Vgl. PÖPPING: Abendland (wie Anm. 518, S. 179), S. 30f. DANIEL WEIDNER: Das Absolute des Krieges. Max Schelers Kriegsdenken und die Rhetorik des Äußersten, in: GALILI SHAHAR (Hg.): Texturen des Krieges. Körper, Schrift und der Erste Weltkrieg (Tel Aviver Jahrbuch für deutsche Geschichte 43), Göttingen 2015.

687 FRANZ SCHRÖNGHAMER-HEIMDAL: Das kommende Reich. Entwurf einer Weltordnung aus dem deutschen Wesen, Augsburg 1918.

688 Vgl. KLAUS BREUNING: Die Vision des Reiches. Deutscher Katholizismus zwischen Demokratie und Diktatur (1929–1934), München 1969, S. 40–44. Siehe auch die Artikel von SCHRÖNGHAMER-HEIMDAL im VB: Der versäumte Friede, in: VB 33,33 (6.08.1919), S. 1; Kapitalismus, in: VB 33,33 (6.08.1919), S. 1f., VB 33,37 (20.08.1919), S. 3f. und VB 33,40 (30.08.1919) S. 2f.; Ihr Schläfer erwacht! Ein Heimruf zum lebendigen Gott, in: VB 33,63 (19.11.1919), S. 1; Reaktion, in: VB 33,71 (17.12.1919), S. 2; Staatsformen, in: VB 33,72 (20.12.1919), S. 3f.

idee, Monarchie, Ständestaat und christlich-deutscher Sozialismus".[689] Auf katholischer Seite wurde hierzu das idealisierte und romantisierte *Heilige römische Reich deutscher Nation* als Bezugspunkt gewählt, dessen Kultur es zu erhalten oder wiederzuerrichten gelte. Die *Historisch-politischen Blätter* ließen hierzu verlauten: „Es hat schon einmal ein geeinigtes Mitteleuropa gegeben, das heilige Römische Reich deutscher Nation! [...] Nur im echten, alten, großdeutschen Gedanken, der in der Habsburger Monarchie nie ganz verblaßt war, liegt die Zukunft."[690] Hier wurden also Gemeinschaftsidee, die mittelalterliche Gesellschaft und die hierarchisch gegliederte Ordnung als katholische Sehnsuchtsorte idealisiert.

Indem man dieses Reich in direkter Identität zur deutschen Nation postulierte, konnte man auf ein großdeutsch oder gar mitteleuropäisch angelegtes Ziel spekulieren und insofern den eigenen Expansionsdrang und die angestrebte Machtstellung in Europa legitimieren.[691] Hierzu griff man auch auf naturrechtliche Begründungen zurück und erachtete die hierarchische Ordnung als aus der Schöpfung ableitbar, während die Demokratie in diesem Sinne als unkatholisch abgelehnt wurde.[692] Daneben wurde das hierarchisch geordnet gedachte Reich analog zum Gottesreich verstanden oder als Verwirklichung des Christentums im politischen Bereich erachtet.[693] Typisch war es, auf den Spuren des Eusebius von Cäsarea (3./4. Jh.) oder der Drei-Zeiten-Lehre des Joachim von Fiore (12. Jh.), das Reich als heilsgeschichtliche Größe zu betrachten.[694] Insofern entsprach die starke Annäherung an nationale Ideen durch gebildete Katholiken nicht nur ihren eigenen Überzeugungen und Traditionen, sondern diente auch der Rekatholisierung, indem man durch Sakralisierung des Staates eine weitere Säkularisierung zu verhindern suchte.[695]

Dem pessimistischen Untergangsszenario Spenglers stellte man die Vision eines vermeintlich friedlichen christlichen, katholischen Europa entgegen, welches unter deutscher Vorherrschaft zu errichten wäre. Hiermit konnte man an die romantischen Vorstellungen des *Sacrum Imperium* sowie an nationale Überlegungen über die deutsche Vormachtstellung anknüpfen. Die Basis hierzu stellte das, in Anlehnung an Spenglers Untergangsszenario entwickelte Narrativ „eines mehrere hundert Jahre währenden Prozesses der Abweichungen und Verfehlungen, in dem die Grundlagen menschlicher Gemeinschaft selbst systematisch vernichtet wurden", dar.[696] Als Ausgangspunkte dieser Vernichtung wurden auf katholischer Seite dabei die französische Revolution oder Renaissance und Reformation angesehen.[697] Die national-konservative Abendlandinterpretation durch gebildete Katholiken stellte dabei keine genuin katholische Idee dar, sondern „diente [... letztlich] dazu, nationale Hegemonieinteressen zu legitimieren" und tendierte dementsprechend zum Brückenschlag mit nicht-katholischen nationalen Ordnungsvorstellungen.[698]

---

689 CLEMENS: Rechtskatholizismus zwischen den Weltkriegen (wie Anm. 175, S. 127), S. 118.
690 O.A.: Weltbaumeisterei und Vernunft, in: HpBl 170,2 (1922), S. 102–109, hier: S. 108f.
691 Vgl. CLEMENS: Rechtskatholizismus zwischen den Weltkriegen (wie Anm. 175, S. 127), S. 120.
692 Vgl. BREUNING: Die Vision des Reiches (wie Anm. 688, S. 203), S. 291.
693 Vgl. EBD., S. 292–300.
694 Vgl. EBD., S. 302.
695 Vgl. EBD., S. 317.
696 TRÖGER: Kulturkritik und Utopie (wie Anm. 668, S. 201), S. 71.
697 Vgl. EBD., S. 84; O.A.: Der Vater des Liberalismus, in: HpBl 161,12 (1918), S. 877–890; FRANZ XAVER HOERMANN: Treue und Treubruch, in: HpBl 170,12 (1922), S. 674–678.
698 PÖPPING: Abendland (wie Anm. 518, S. 179), S. 17f.

Auch der Rückgriff auf die Vision des Reiches knüpfte dabei an zeitgenössische Diskurse und Ideen an. Ideengeber der heterogen aufgefassten[699] Idee vom neuen oder 3. Reich war neben Schrönghamer-Heimdal insbesondere der konservative Berliner Publizist Moeller van den Bruck (1876–1925),[700] welchen ab 1920 eine Freundschaft mit Spengler verband.[701] Nach diesem sollte Deutschland, unter Ablehnung von Bolschewismus, Kapitalismus und Liberalismus, unabhängig von den westlichen Ordnungsvorstellungen seinen Weg gehen und gerade so seine nationale Mission erfüllen.[702] Im Fokus stand dabei die Weiterentwicklung des Bismarckreiches auf nationaler Grundlage. Hierzu erachtete Moller van den Bruck das zu errichtende 3. Reich als Synthese zu Nationalismus und Sozialismus sowie zur These des Heiligen Römischen Reiches deutscher Nation (1. Reich) und der Antithese des Bismarckreiches (2. Reich).[703]

Dabei war Moeller van den Bruck über den *Berliner Juniklub* und Martin Spahn mit den deutschnationalen Katholiken bestens vernetzt.[704] Martin Spahn, der „Vorkämpfer der nationalen Integration der deutschen Katholiken“ agierte hierbei in „enge[r] Verbindung mit den Reformkatholiken, die sich um den Anschluß der Katholiken an das kulturelle und wissenschaftliche Leben der Nation bemühten“.[705] Bereits im Laufe des Weltkrieges hatte Spahn, um der Parlamentarisierung vorzugreifen, eine „Vorstellung von einem ständisch-monarchischen Staat [...] mit einer sozialen Fürsorgepflicht des Kaisers entwickelt“.[706] Dementsprechend übernahm er die Vision des dritten Reiches, welche er mit der katholischen Idee eines ständisch-monarchischen Staates und dem – auch von Spengler und Moeller van den Bruck vertretenen – deutschen Sozialismus verband.[707] Hinter diesem nationalen Sozialismus verbarg sich ein antikapitalistisches sowie antisozialistisches Programm, welches unter nationalen Vorzeichen lediglich bestehende soziale Unterschiede kaschieren sollte. Andere national-konservative Katholiken wie Max Buchner, welcher in seinen *Gelben Heften* regelmäßig die Ideen Moeller van den Brucks aufgriff und ganz in seinem Sinne das Reich „als eine neue organische Gemeinschaft“ ersehnte, orientierte sich in der Zielperspektive eher am eben erst erloschenen Wilhelminischen Kaiserreich oder der Reichsgründung Bismarcks.[708] Katholiken, die sich dem protestantischen Nationalismus weniger verbunden fühlten, nivellierten dagegen teils die Zeit des Wilhelminischen Kaiserreichs oder gar die Entwicklung seit der Reformation.[709]

699 Vgl. zur Vielschichtigkeit des Reichstopos: TRÖGER: Kulturkritik und Utopie (wie Anm. 668, S. 201), S. 84.

700 Zu ihm vgl. VOLKER WEISS: Moderne Antimoderne. Arthur Moeller van den Bruck und der Wandel des Konservatismus, Paderborn u. a. 2012.

701 CLEMENS: Rechtskatholizismus zwischen den Weltkriegen (wie Anm. 175, S. 127), S. 119.

702 Vgl. ARTHUR MOELLER VAN DEN BRUCK: Das Recht der jungen Völker, München 1919.

703 Vgl. MOHLER: Die konservative Revolution in Deutschland (wie Anm. 56, S. 106), S. 24; ARTHUR MOELLER VAN DEN BRUCK: Das dritte Reich, Berlin 1923.

704 Vgl. GABRIELE CLEMENS: Martin Spahn und der Rechtskatholizismus in der Weimarer Republik (Veröffentlichungen der Kommission für Zeitgeschichte B 37), Mainz 1983, besonders: S. 225f. JONES: Catholics on the Right. (wie Anm. 175, S. 127), S. 234.

705 CLEMENS: Martin Spahn und der Rechtskatholizismus in der Weimarer Republik (wie Anm. 704), S. 223.

706 EBD., S. 224.

707 Vgl. EBD., S. 225f.

708 STEINLE: Max Buchner und die Gelben Hefte in der Weimarer Republik (wie Anm. 174, S. 126), S. 431.

709 Vgl. TRÖGER: Kulturkritik und Utopie (wie Anm. 668, S. 201), S. 86f.

Insgesamt aber standen christlich geprägte Abendlandsidee und jungkonservative Reichsidee in einem Näheverhältnis und schufen Anknüpfungspunkte zwischen den beiden Richtungen. Unterschiede in der katholischen Auslegung der Ideen lagen im starken Rekurs auf das katholische Mittelalter, die angestrebte bedeutende Stellung der Kirche im neuen Staat, eine tendenziell positivere Einstellung gegenüber der Monarchie sowie ein starker Fokus auf die Errichtung einer ständisch geordneten Gesellschaft.[710] Diese Annäherung der Ideen wurde, neben einer grundsätzlichen katholischen konservativen Grundhaltung und der allgemeinen Enttäuschung über die Ergebnisse des 1. Weltkrieges, durch das katholische Wohlwollen gegenüber einer hierarchisch gegliederten Ordnung sowie die Ablehnung einer individualistischen und liberalen Staatsordnung begründet.[711] Eine Annäherung der Ideen gelang auch so unproblematisch, da Reichsidee sowie Abendlandvorstellung vielfach anschlussfähig waren und sich hinter diesen nur selten konkrete Gestaltungsideen verbargen.[712]

Besonders verbreitet war die „Utopie vom Abendland" unter den katholischen Akademikern, welche sich bereits dem protestantischen Nationalbewusstsein angenähert hatten, und im *katholischen Akademikerverband*.[713] Gemeinsam mit der katholischen Jugendbewegung und der liturgischen Bewegung[714] begrüßte man „ausdrücklich das ‚Neue', ‚Organische', ‚Irrational-Mystische' und ‚Gemeinschaftliche' [...], das [...] im abendländischen Universalismus zum Ausdruck kam"[715] Hierbei griffen die, zum Teil ursprünglich der antiultramontanen katholischen Reformbewegung nahestehenden Akademiker die Reformimpulse Pius X. auf, um sich mit diesen ganz im Sinne der konservativen bürgerlichen Wende gegen Sozialismus, Liberalismus und letztlich gegen die Moderne zu stellen.[716] Diese Einstellung setzte sich bis in die 1930er Jahre durch die Fokussierung auf eine „Reichstheologie" sowie einen letztlich nicht tragbaren antirationalistischen „Wissenschaftsbegriff" fort.[717]

Aus diesem Umfeld ging jedoch im Oktober 1925 auch die vom *Aenanen* und Reformkatholiken Hermann Platz (1880–1945) geleitete Zeitschrift *Abendland. Deutsche Monatshefte für europäische Kultur, Politik und Wirtschaft* hervor.[718] Die Zeitschrift diskutierte „eine große Variationsbreite von Europamodellen", wobei man zumeist „den gedanklichen Mustern der konservativ-revolutionären Antworten auf Spengler verpflichtet" blieb.[719] In diesem Sinne setzte sich hier, in Anlehnung an den konservativen Staatsrechtler Carl Schmitt (1888–1985),[720] ein „Kulturkreisdenken" durch, welches primär an konfessionsübergreifenden und natio-

710 Vgl. CLEMENS: Rechtskatholizismus zwischen den Weltkriegen (wie Anm. 175, S. 127), S. 120f.

711 Vgl. EBD., S. 122.

712 Vgl. TRÖGER: Kulturkritik und Utopie (wie Anm. 668, S. 201), S. 178.

713 PÖPPING: Abendland (wie Anm. 518, S. 179), S. 265.

714 Zur Nähe dieser Bewegungen zur Abendlandsidee vgl. ALBERT: „Zwecks wirksamer Verteidigung und Vertretung der katholischen Weltanschauung" (wie Anm. 504, S. 177), S. 52.

715 MÜLLER: Katholische Akademiker in der Krise der Moderne (wie Anm. 510, S. 177), S. 294.

716 Vgl. RICHTER: Nationales Denken im Katholizismus der Weimarer Republik (wie Anm. 437, S. 169), S. 176; PÖPPING: Abendland (wie Anm. 518, S. 179), S. 80f. und 266.

717 DIES.: Abendland (wie Anm. 518, S. 179), S. 266.

718 Zu dieser Zeitschrift vgl. WEISS: Kulturkatholizismus (wie Anm. 7, S. 11), S. 186–194.

719 PÖPPING: Abendland (wie Anm. 518, S. 179), S. 266.

720 Zur Bedeutung Schmitts für die Zeitschrift sowie zur Person siehe HANS MANFRED BOCK: Der Abendland-Kreis und das Wirken von Hermann Platz im katholischen Milieu der Weimarer Republik, in: MICHEL GRUNEWALD/UWE PUSCHNER (Hg.): Le milieu intellectuel catholique en Allemagne, sa presse et ses réseaux (1871–1963). Das katholische Intellektuellenmilieu in

nalen Abendlandentwürfen interessiert war.[721] Dennoch gelang es Platz, bei antiliberaler, antikapitalistischer und antisozialistischer Grundausrichtung, die mit der Völkerverständigung assoziierte Europaidee vor allem im westdeutschen Raum am Leben zu halten.[722] Hierbei sprach er den Katholiken durch ihre Einbindung in die internationale katholische Bildungsgemeinschaft eine besondere Rolle zu.[723] Zu den Herausgebern der liberalen Zeitschrift gehörte auch der ehemalige Ministerpräsident Hugo Graf von Lerchenfeld, welcher sich bereits zuvor im europäischen Sinne um die Völkerverständigung bemüht hatte.[724]

Insgesamt waren die katholischen Antworten auf den von Spengler postulierten Untergang des Abendlandes der „Versuch einer Konterrevolution“.[725] Indem man eben dieses Abendland, in Ablehnung von Sozialismus, Liberalismus und Kapitalismus, zu restaurieren suchte und hierbei zumeist auf die romantisierte Vision des mittelalterlichen *Heiligen Römischen Reiches deutscher Nation* zurückgriff, gab man sich der Illusion hin eine fortschreitende Säkularisierung und Pluralisierung durch Zurückdrehen der Zeit aufhalten zu können.

2.3.2 Ständestaatsidee

Auch die Ständestaatsidee[726] stellte eine romantisch geprägte Idee dar. Sie zielte auf die Veränderung der parlamentarisch-demokratischen Verfassung ab und war eine primär katholische Antwort auf die Moderne. Im Fokus stand dabei die Zurückdrängung der industriellen und kapitalistischen Wirtschaftsordnung unter Ausschaltung der etablierten Gewerkschaften. Hierzu erstrebte man in Anlehnung an vermeintlich geordnete Gesellschaftsordnungen des Mittelalters die Errichtung einer (berufs)ständisch zusammengesetzten Kammer, welche entweder neben das demokratisch gewählte Parlament treten oder dieses ersetzen sollte. Dadurch suchte man den Parteienpluralismus, welchem man die Schuld an der „Aufspaltung der Gesellschaft“ zuschob, zu überwinden und knüpfte somit an die zeitgenössischen überparteilichen Sammlungsbestrebungen an.[727] Die Vertreter der Ständestaatsidee suchten also durch geordnete, statische Gesellschaftsentwürfe die durch In-

---

Deutschland, seine Presse und seine Netzwerke (1871–1963) (Convergences 40), Bern u. a. 2006, S. 337–362, hier: S. 337f. WEISS: Kulturkatholizismus (wie Anm. 7, S. 11), S. 182f. und 187.

721 PÖPPING: Abendland (wie Anm. 518, S. 179), S. 266.

722 Vgl. HÜRTEN: Der Topos vom christlichen Abendland in Literatur und Publizistik nach den beiden Weltkriegen (wie Anm. 678, S. 202), S. 289.

723 Vgl. DERS.: Der Topos vom christlichen Abendland in Literatur und Publizistik nach den beiden Weltkriegen (wie Anm. 672, S. 202), S. 135; Zu den Abendlandvorstellungen von Platz vgl. auch: HERMANN PLATZ: Deutschland-Frankreich und die Idee des Abendlandes (Flugschriften d. Rhein. Zentrumspartei 2,2), Köln 1924.

724 Vgl. HUGO VON LERCHENFELD: Die Erziehung des Volkes zur Politik, in: Politische Zeitfragen 4,6 (1922), S. 129–143, hier insbesondere: S. 143; DERS.: Über die politischen Notwendigkeiten, in: Bayerische Staatszeitung 9,240 (14.10.1921), S. 3f.; VERENA SCHÖBERL: „Es gibt ein großes und herrliches Land, das sich selbst nicht kennt ... Es heißt Europa“. Die Diskussion um die Paneuropaidee in Deutschland, Frankreich und Großbritannien 1922–1933 (Gesellschaftspolitische Schriftenreihe der Begabtenförderung der Konrad-Adenauer-Stiftung e.V. 2), Berlin u.a. 2008, S. 88; HINTERBERGER: Unpolitische Politiker? (wie Anm. 349, S. 157), S. 251.

725 BREUNING: Die Vision des Reiches (wie Anm. 688, S. 203), S. 320.

726 Zur Ständestaatsidee vgl. TRÖGER: Kulturkritik und Utopie (wie Anm. 668, S. 201), S. 166–191; BREUNING: Die Vision des Reiches (wie Anm. 688, S. 203), S. 35–37; SASCHA BOHN: Die Idee vom deutschen Ständestaat. Ständische, berufsständische und korporative Konzepte zwischen 1918 und 1933, Hamburg 2011.

727 TRÖGER: Kulturkritik und Utopie (wie Anm. 668, S. 201), S. 175.

dustrialisierung und Kapitalismus pluralisierte Gesellschaft zurückzudrängen.[728] Mit der Ständestaatsidee wollte man dabei einen Weg aufweisen, um Individuum und Staat zusammenzubringen und griff hierfür auf eine naturrechtliche Herleitung der organischen Gemeinschaft zurück. Hierbei betrachtete man die Restauration der mittelalterlichen Ständeordnung als der natürlichen Ordnung sowie dem organischen Staatsaufbau entsprechend und verstand dies als eine Verwirklichung der katholischen Reichsidee.[729]

Bedeutsame Vertreter der Theorie waren, neben dem österreichischen, katholischen Nationalökonom Othmar Spann (1878–1950),[730] der Rosenheimer Professor Franz Xaver Hoermann (1860–1935), welcher Ehrenmitglied der *Aenania* München war, und in den 1930er Jahren der Münchner Philosoph und Konvertit Dietrich von Hildebrand (1889–1977). Hoermann forderte bereits 1918 in den *Historisch-politischen Blättern*, bei Ablehnung von Kapitalismus und Industriestaat, eine mittelständische Wirtschaftsordnung und empfahl hierzu insbesondere eine Rückbesinnung auf Moral und Christentum als Lösung.[731] Deutlich offensiver trug er am gleichen Ort 1921 seine Ablehnung des Parlamentarismus und Parteiensystems vor, welche er als „Folge der individualistischen und liberalen Auflösung der alten Gesellschaft" sowie als „Krankheitserscheinung" charakterisierte.[732] Zugleich trauerte er den hierdurch „[unterdrückten] organischen Gemeinschaften"[733] nach und propagierte als ein solches anzustrebendes organisches Ordnungsmodell den christlichen Ständestaat.[734] Jedoch regte sich hierzu auch Widerstand innerhalb der Zeitschrift. So hielt man Hoermann entgegen, dass die Stände nicht mehr homogen zusammengesetzt seien, sondern innerhalb der Berufsstände politische und weltanschauliche Divergenzen beständen.[735] Somit seien das Übel der Zeit nicht die Parteien, sondern „der Kampf gegen die Religion und die Entfremdung von ihr".[736]

Daneben griff auch der seit 1919 in München wohnhafte Jesuit, Förderer der Jugendbewegung und Organisator der Caritas in Bayern, Constantin Noppel (1883–1945),[737] ständestaatliche Ordnungsvorstellungen auf und suchte sie bereits 1919 mit dem Rätegedanken zu verknüpfen.[738] Weitere Persönlichkeiten schlossen sich im Laufe der 20er Jahre der Ständestaatsidee an. So beispielsweise der ab 1922 in München studierende Hochlandanhänger Eugen Kogon (1903–1987),

728 Vgl. TRÖGER: Kulturkritik und Utopie (wie Anm. 668, S. 201), S. 175.

729 Vgl. BREUNING: Die Vision des Reiches (wie Anm. 688, S. 203), S. 318.

730 Dieser legte 1921 sein Modell eines autoritativen Ständestaates vor: OTHMAR SPANN: Der wahre Staat. Vorlesungen über Abbruch und Neubau der Gesellschaft gehalten im Sommersemester 1920 an der Universität Wien, Leipzig 1921. Zur Person vgl. SABINE A. HARING: Spann, Othmar, in: NDB 24 (2010), S. 629f.

731 Vgl. FRANZ XAVER HOERMANN: Der Industriegeist und die Kehrseite der Industrie, in: HpBl 162,6 (1918), S. 366–375.

732 FRANZ XAVER HOERMANN: Stand, Partei und Staat. Zum Problem der künftigen Volksvertretung, in: HpBl 167,9 (1921), S. 525–540, hier: S. 534.

733 EBD., S. 532.

734 EBD., S. 537.

735 Vgl. A.W. HOPMANN: Ständeprinzip oder Parteiprinzip, in: HpBl 168,4 (1921), S. 193–211, hier: S. 200.

736 EBD., S. 205.

737 Zu ihm vgl. JULIUS OSWALD: Noppel, Constantin, in: NDB 19 (1999), S. 336.

738 Vgl. CONSTANTIN NOPPEL: Der Kampf um das Rätesystem, in: StdZ 97 (1919), S. 278–288; MENNEKES: Die Republik als Herausforderung (wie Anm. 389, S. 162), S. 150.

welcher 1926 bei Spahn promovierte und sich trotz seiner konservativen Prägung dem Pazifismus und später dem Linkskatholizismus zuwandte.[739]

Insofern war die antiparlamentarische und demokratiekritische Ständestaatsidee, trotz konservativer Grundausrichtung, auch für liberalere Einflüsse offen. Dies zeigte sich auch bei Hildebrand, der nationale und hierarchische Aspekte in seiner Ordnungsidee hintanstellte.[740] Dennoch waren „organische Staatsauffassung, ständestaatliche Vorstellungen, Antiliberalismus und Antikapitalismus [...] Brücken zwischen Katholiken und Jungkonservativen Ideen".[741] Insofern kann es nicht überraschen, dass auch die BVP, welche ja genau eine solche Brückenfunktion wahrzunehmen suchte, sich gemäß ständestaatlichen Vorstellungen organisierte. Bis 1920 etwa wurde die Hälfte der Parteiposten an die jeweiligen katholischen Standesorganisationen vergeben. Auch danach bestand ein einflussreicher Wirtschaftsbeirat, welcher die Interessen der verschiedenen Berufsgruppen in der Partei vertreten sollte. Solche Standesvereinigungen innerhalb der BVP bildeten etwa die Beamten mit dem *Landesverband der Beamtenvereinigungen in der BVP* oder die Akademiker mit der *Vereinigung der Geistesarbeiter der BVP*.[742] Zugleich erstrebte man ganz offiziell eine organische Gliederung des Staates aus den Keimzellen der Familien und Berufsstände.[743]

Daneben waren es jedoch auch Katholiken wie Alfred Miller, welche die katholischen Parteien eindeutig ablehnten, die im Ständeparlament und der Überwindung des Parlamentarismus die Chance zur Überwindung des politischen Katholizismus und des mit diesem gleichgesetzten Ultramontanismus witterten und diese Idee daher unterstützten.[744]

Auch wenn somit sowohl Ständestaatsidee als auch Abendlandsutopie nach links anschlussfähig waren, hatten beide Ansätze grundsätzlich einen nationalistischen und republikfeindlichen Kern. Daneben handelte es sich um konservative und die Moderne ablehnende Denkmodelle. Unter akademisch gebildeten Katholiken waren beide Modelle weit verbreitet und wurden nur von wenigen katholischen Persönlichkeiten in einem aufgeschlossenem und modernen Sinne interpretiert.

2.3.3 Restauration der Monarchie

Ebenfalls an überkommenen Ordnungsvorstellungen orientiert waren die Personenkreise, welche nach einer Restauration der Monarchie strebten. Zu diesen wurde bereits einiges ausgeführt. Auch wenn die Anhänglichkeit an die Monarchie kein genuin katholisches Phänomen war, so war sie doch unter Bayerns Katholiken stark verbreitet. Letztlich spielte sie bei bayerischen Katholiken, auch in der Kirchenleitung, bis in die 1930er Jahre hinein eine nicht zu unterschätzende Rolle als

739 HANS-OTTO KLEINMANN: Eugen Kogon (1903–1987), in: ARETZ/MORSEY/RAUSCHER: Zeitgeschichte in Lebensbildern (wie Anm. 26, S. 15), Bd. 9 (1999), S. 223–242.

740 Vgl. TRÖGER: Kulturkritik und Utopie (wie Anm. 668, S. 201), S. 128f. Auch der Theologe Robert Grosche (1888–1967), welcher jedoch nie in München agierte, würdigte die Ständestaatsidee im Sinne der christlichen Soziallehre positiv. Vgl. ROBERT GROSCHE: Die neue Demokratie, in: Hochland 17, 1 (1919/20), S. 1–8.

741 CLEMENS: Martin Spahn und der Rechtskatholizismus in der Weimarer Republik (wie Anm. 704, S. 205), S. 226.

742 Vgl. SCHÖNHOVEN: Die Bayerische Volkspartei 1924–1932 (wie Anm. 363, S. 159), S. 66–68.

743 Vgl. O.A.: Landesversammlung der Bayerischen Volkspartei, in: BK 64,264 (20.09.1920), S. 1–4, hier: S. 1.

744 Vgl. MILLER: Ultramontanes Schuldbuch (wie Anm. 485, S. 175), S. 150f.

katholisch autoritärer Gegenentwurf zur, als durch Chaos und Parteienstreit zerrüttet empfundenen, Weimarer Republik. In studentischen Kreisen war der Gedanke besonders bei der *Rhaetia* verankert und auch Faulhaber suchte den Gedanken voranzutreiben, indem er etwa bei der Beisetzung des verstorbenen Königspaares im November 1921 ausrief: „Die Saat vom November 1918 ist noch nicht ausgereift. Unser Volk hat den Kelch der Bitterkeit immer noch nicht bis zur tiefsten Hefe getrunken. Wir können darum heute noch nicht sagen, wie Gott in diesem Fall das Böse zum Guten lenken werde."[745] Letztlich scheiterte diese Idee jedoch stets am Zögern der Wittelsbacher[746] sowie der tonangebenden Kreise Bayerns, die die jeweiligen Zeitpunkte als ungünstig für die Errichtung der Monarchie erachteten und sich auch nicht zum gewaltsamen Vorgehen durchringen konnten.[747] Stattdessen suchte man die Wiedererrichtung der Monarchie auf verfassungskonforme Art und Weise anzustreben. Dementsprechend hielt sich das bayerische Königshaus, trotz der gern genossenen monarchischen Begeisterung auch auf dem Münchner Katholikentag 1922, wo „Kronprinz Rupprecht [...] nach dem Gottesdienst auf dem Königsplatz mit Hochrufen an den Wagen geleitet [wurde]", bewusst von umstürzlerischen Agitationen fern[748] und scheute letztlich die Verantwortungsübernahme in schwierigen Zeiten.

Insgesamt sahen die akademisch gebildeten Katholiken Münchens nach dem 1. Weltkrieg die Zeit für eine Rekatholisierung ihrer Umwelt gekommen. Als entscheidend hierbei erachteten sie die Wiederherstellung der gesellschaftlichen Ruhe und Ordnung sowie die Absicherung der eigenen und kirchlichen gesellschaftlichen Stellung. Beide sahen sie durch Kriegsniederlage, Inflation und zunehmende Demokratisierung gefährdet und griffen aus diesen Gründen primär auf konservative Ordnungsvorstellungen zur Neugestaltung Deutschlands und der Religion zurück.

> „Gleichzeitig gingen sie [jedoch] auch nicht den Weg der Weltabwendung [...] und verließen sich auch nicht allein auf die Kombination aus Naturrecht und Bibel [...]. Ob bewusst oder unbewusst versuchten sie, ihrer Weltdeutung mit der historischen Legitimation mehr argumentative Wucht zu verleihen [...] und vertraten formal betrachtet reformerische, manchmal revolutionäre Positionen."[749]

Somit können die am Mittelalter orientierten, letztlich zumeist konservativen Bewegungen der Katholiken, doch als Neuaufbrüche in eine veränderte Zeit betrachtet werden. Ähnlich wie in nationalistischen und rechten Kreisen griff man hierzu auf überkommende oder an vergangenen Zuständen ausgerichtete Ideen zurück, die man „zum politischen Mythos stilisierte. Unter diesem Dach konnten sich zahlreiche unterschiedliche Gruppen zusammenfinden, von zumeist katholisch geprägten Vertretern eines christlich-abendländischen Reichsgedankens über imperialistisch gesinnte Nationalrevolutionäre oder Anhänger eines nationalsozialistischen

745 Trauerrede Faulhabers bei der Beisetzung König Ludwig III. und Königin Maria Theresias am 5.11.1921, EAM NL Faulhaber 4203.

746 Vgl. Pacelli an Gasparri vom 8.10.1923, in: Kritische Online-Edition der Nuntiaturberichte von 1917–1929 (wie Anm. 26, S. 56).

747 Ähnlich auch Pacelli in seiner Bewertung der Bayerischen Königspartei: „Senza dubbio da più parti si parla di una agitazione in senso monarchico, ma è molto discutibile se questo sia il momento opportuno per un tale movimento, e quindi è prudente accogliere con ogni riserva anche il suesposto programma ed il partito che forse da esso potrebbe nascere." Pacelli an Gasparri vom 9.11.1919 oder später Pacellis Denkschrift L'idea monarchica in Baviera vom 12.02.1922, in: Ebd.

748 Faulhaber an den bayerischen Gesandten in Rom (Ritter) vom 19.09.1922, EAM NL Faulhaber 1352.

749 Tröger: Kulturkritik und Utopie (wie Anm. 668, S. 201), S. 90.

‚Dritten Reichs'. Über verschiedene Ansätze der inhaltlichen Ausgestaltung hinweg – ständestaatlich, autoritär oder diktatorisch geführt – bot das Reich als Ziel deutscher Politik eine gemeinsame ideologische Basis. Immer war diese Vision eines größeren, mächtigeren Deutschlands gegen die Weimarer Republik gerichtet und sollte den deutschen Anspruch auf Führung in Europa legitimieren."[750]

Daneben existierte lediglich eine verschwindend geringe Minderheit, die sich Anfang der 1920er Jahre in Münchens akademischen Kreisen bewusst pazifistisch und/oder offen gegenüber sozialistischen und liberalen Ideen und Organisationen verhielt. Diese Gruppierungen hatten es gegenüber einem an nationalkonservativen Vorstellungen ausgerichtetem katholischen Klerus und Parteiapparat sowie einer mehrheitlich ebenfalls dieser Richtung anhängenden bürgerlichen Umwelt schwer, den eigenen Standpunkt zu bewahren.

750 HERING: Konstruierte Nation (wie Anm. 47, S. 105), S. 49.

Die Zersplitterung – 1923/1924: Der Hitler-Putsch und dessen Bewältigung

Im Jahr 1923 spitzte sich die seit dem Herbst 1922 krisenhafte Lage in Bayern weiter zu. Angetrieben wurde diese Entwicklung auch durch den Marsch Mussolinis auf Rom und die Übernahme der Regierung dort durch die Faschisten im Oktober 1922. Nach dem Rücktritt des Reichskanzler und Zentrumspolitikers Joseph Wirth bildete sich am 22. November 1922 eine von *Zentrum*, DDP, DVP und BVP gestützte Regierung um den Katholiken, CVer und konservativen Geschäftsmann Wilhelm Cuno (1876–1933).

Dessen Amtszeit war maßgeblich vom Ruhrkampf und der damit zusammenhängenden Inflation geprägt. Frankreich und Belgien zogen, auf Basis von ausstehenden Sachlieferungen durch das deutsche Reich, am 11. Januar 1923 mit Truppen ins Ruhrgebiet ein und suchten so die Einhaltung der Entschädigungen durch Deutschland sicherzustellen. Dieser Akt löste in Deutschland eine enorme Empörung aus und führte am 13. Januar zur Ausrufung des passiven Widerstandes durch die Reichsregierung. Alle Geld- und Sachabgaben an Frankreich und Belgien wurden eingestellt, die deutschen Botschafter abberufen und insbesondere in Industrie, Verwaltung und Verkehrswesen zum Streik aufgerufen. Die Regierung erklärte sich bereit, diesen passiven Widerstand etwa durch Lohnfortzahlungen zu finanzieren. Am 22. Februar erließ man ein Verbot, den Anweisungen der Besatzungsmächte Folge zu leisten, welche im Gegenzug die Wahrung ihrer Interessen durch die Ausweisung von Beamten, die Beschlagnahmung von Sach- und Geldwerten sowie durch eine Abkapselung der besetzten Gebiete vom Reichsgebiet erreichen wollte.[1] Ehemalige Freikorpskämpfer forcierten in dieser Zeit auch den aktiven Widerstand, etwa durch Anschläge und die Ermordung von Kollaborateuren. In diesem Kontext wurde das katholische NSDAP-Mitglied Albert Leo Schlageter (1894–1923)[2] als abschreckendes Beispiel hingerichtet.[3] Erst der auf der Londoner Konferenz am 16. August 1924 beschlossene Dawesplan Plan führte zur endgültigen Beendigung der Ruhrbesetzung (1925) und regelte die Reparationszahlungen Deutschlands neu.

Da der Ruhrkampf jedoch lediglich durch Notendruck finanziert werden konnte, entwickelte sich die bereits laufende Inflation in Deutschland zu einer Hyperinflation. Als daher die Regierung Cuno zunehmend an Rückhalt in der Bevölkerung

---

1 Zum Ruhrkampf siehe: BARBARA MÜLLER: Passiver Widerstand im Ruhrkampf. Eine Fallstudie zur gewaltlosen zwischenstaatlichen Konfliktaustragung und ihren Erfolgsbedingungen (Studien zur Gewaltfreiheit 1), Münster u.a. 1995; KRUMEICH/SCHRÖDER (Hg.): Der Schatten des Weltkriegs (wie Anm. 20, S. 100).

2 Zu ihn vgl. auch: MANFRED FRANKE: Albert Leo Schlageter. Der erste Soldat des 3. Reiches. Die Entmythologisierung eines Helden (Reihe Geschichte Unten), Köln 1980; WOLFRAM MALLEBREIN: Albert Leo Schlageter. Ein deutscher Freiheitskämpfer, Preussisch Oldendorf 1990; STEFAN ZWICKER: „Nationale Märtyrer“: Albert Leo Schlageter und Julius Fučík. Heldenkult, Propaganda und Erinnerungskultur, Paderborn u. a. 2006, S. 125–148; JOHANNES HÜRTER: Schlageter, Albert Leo, in: NDB 23 (2007), S. 23.

3 Vgl. BURKHARD ASMUSS (Hg.): Republik ohne Chance? Akzeptanz und Legitimation der Weimarer Republik in der deutschen Tagespresse zwischen 1918 und 1923 (Beiträge zur Kommunikationsgeschichte 3), Berlin und New York 1994, S. 453f.

sowie im Reichstag verlor, traten Cuno und sein Kabinett am 12. August 1923 zurück. Der nationalliberale Politiker Gustav Stresemann (1878–1929)[4] übernahm die Regierung. Hinter ihm stand eine Koalition aller verfassungstreuen Parteien. Am 26. September 1923 beendete die neue Regierung gezwungenermaßen den passiven Widerstand gegen Frankreich und Belgien, um ein weiteres Voranschreiten der Inflation zu verhindern. Die Inflation wurde durch die Einführung der Rentenmark im November 1923 erfolgreich bekämpft, welche wiederum ab Sommer 1924 durch die Reichsmark abgelöst wurde.[5]

Nachdem jedoch Inflation und Ruhrkrise auch durch lokale politische Krisen begleitet wurden, verhängte Reichspräsident Ebert am 26. September 1923 den Ausnahmezustand über das Deutsche Reich. Die vollziehende Gewalt wurde auf Reichswehrminister Otto Geßler (1875–1955) übertragen. Dieser verhängte dann im Oktober 1923 die Reichsexekution gegen Sachsen und im November gegen Thüringen, nachdem von dort durch die Beteiligung der KPD an der Landesregierung kommunistische Umstürze befürchtet wurden. Hierdurch wurden die sächsische und thüringische Regierung faktisch entmachtet.[6] Eine Reichsexekution gegen Bayern dagegen erachtete man, auch auf Grund der unklaren Haltung der Reichswehr, für nicht durchsetzbar. Nach dem Hitlerputsch verhängte Ebert jedoch den militärischen Ausnahmezustand und übertrug die vollziehende Gewalt auf den Oberbefehlshaber der Reichswehr General Hans von Seeckt (1866–1936), welcher diese bis Februar 1924 innehatte.

Durch die Ungleichbehandlung von rechten und linken Umtrieben sah sich die SPD jedoch bereits im Oktober 1923 gezwungen, die Reichsregierung zu verlassen und stellte am 22. November einen Misstrauensantrag gegen die Regierung Stresemann. Diese stellte nun die Vertrauensfrage und scheiterte an selbiger. Der Zentrumspolitiker und KVer Wilhelm Marx (1863–1946) übernahm nun die von der bürgerlichen Minderheit des Reichstags (*Zentrum*, DVP, DDP und BVP) gestützte Regierung. Er hatte die Regierungsverantwortung in den politisch ruhigeren Jahren der Weimarer Republik bis 1928 mehrmals inne.

1 Scheitern der nationalen Sammlungsbewegung

Nachdem bereits zuvor erste Konflikte im breit angelegten bürgerlichen Bündnis aufgetreten waren, welche vornehmlich über die zunehmende Radikalisierung national-völkischer Kräfte sowie im Streit mit der Reichsregierung entbrannten, beschleunigte sich diese Tendenz im Jahre 1923 und führte letztlich zum endgültigen Auseinanderfallen der erhofften vaterländischen Einheitsfront. Konfessionelle und religiöse Motive beschleunigten diesen Prozess dabei maßgeblich, weswegen

4 Zu ihm vgl. MANFRED BERG: Gustav Stresemann. Eine politische Karriere zwischen Reich und Republik (Persönlichkeit und Geschichte 36,a), Göttingen u.a. 1992; EBERHARD KOLB: Gustav Stresemann (Beck'sche Reihe 2315), München 2003, besonders: S. 76–93; JOHN P. BIRKELUND: Gustav Stresemann. Patriot und Staatsmann. Eine Biografie, Hamburg u.a. 2003; EBERHARD KOLB: Stresemann, Gustav, in: NDB 25 (2013), S. 545–547.

5 Zur deutschen Inflation vgl. GERALD D. FELDMAN: The great disorder. Politics, economics and society in the German inflation. 1914–1924, New York u.a. 1993; HELMUT KERSTINGJOHÄNNER: Die deutsche Inflation 1919–1923. Politik und Ökonomie (Europäische Hochschulschriften 988), Frankfurt am Main u.a. 2004.

6 Vgl. CLAUS-CHRISTIAN W. SZEJNMANN: Vom Traum zum Alptraum. Sachsen in der Weimarer Republik, Leipzig 2000, S. 39–47; MICHAEL ECKARDT (Hg.): Ausnahmezustand in Thüringen – das Krisenjahr 1923 (Quellen zur Geschichte Thüringens 43), Erfurt 2017; HARALD JENTSCH: Die KPD und der „Deutsche Oktober" 1923, Rostock 2005, insbesondere S. 205–270.

es zum Abschluss gilt einen Blick in diese Zersplitterung des nach Einheit strebenden Bürgertums zu werfen.

1.1 Auf dem Weg zur nationalen Revolution

Auch in Bayern verlief der soeben skizzierte Zeitraum überaus turbulent, wenngleich das Kabinett Knilling bis Mai 1924 eine Konstante der bayerischen Politik darstellte. Die bayerische Regierung suchte weiterhin die Volksgemeinschaft unter bürgerlich nationalen Vorzeichen zu verwirklichen, was mit der Etablierung der *Vereinigten Vaterländischen Verbände* Ende 1922 nochmals möglich erschien.[7] Jedoch führten persönliche Animositäten sowie die grundsätzlichen politischen Divergenzen zwischen völkisch-unitaristischen und monarchistisch-föderalistischen Flügeln dazu, dass diese Einigung sich im Laufe des Jahres 1923 schnell wieder löste.[8] Daneben war nahezu allen vaterländischen Verbänden gemeinsam, dass sie sich längst dem Einfluss der bayerischen Regierung entzogen hatten und bereit waren, ihre nationalen, konservativen Interessen unabhängig von selbiger umzusetzen.

Mit dem Deutschen Tag im Oktober 1922 in Coburg hatte der DVSTB, der Organisator dieser Veranstaltung, durch die Mobilisierung von 4000 Anhängern einen seiner letzten Höhepunkte erreicht.[9] Obwohl der DVSTB, trotz reichsweitem Verbot, in Bayern fortbestehen konnte und zu Beginn des Jahres 1923 allein in München noch mehrere tausend Mitglieder aufwies, schliefen die Aktivitäten zunehmend ein.[10] An die Stelle des DVSTB trat zunehmend die NSDAP, welche bereits durch ihre starke uniformierte Präsenz den Deutschen Tag in Coburg dominiert hatte.[11] Dort kam es zu zahlreichen gewaltsamen Auseinandersetzungen der SA mit vermeintlich linken Kräften. Bayerische Behörden sowie Regierung begründeten diese Auseinandersetzungen durch linke Provokationen und nahmen somit die NSDAP in Schutz.[12]

Bei der durch Interpellation der Sozialdemokraten herbeigeführten Landtagsdebatte über dieses Vorgehen, erklärte Innenminister Schweyer, dass die NSDAP sich neben Kritikwürdigem für gute nationale Ziele einsetze. Zugleich gestand er auch ihre Gewaltbereitschaft ein, welche er verurteilte, jedoch als „üble Begleiterscheinungen" qualifizierte. Auf dieser Basis proklamierte er, dass in Coburg die Provokationen eindeutig von links ausgegangen seien und es sich bei den Gewalttaten der Nationalsozialisten somit „fast ausschließlich um vereinzelte Abwehrexzesse, gegen die entsprechende Maßnahmen getroffen worden sind", gehandelt habe.[13]

Auf dieser Basis konnte 1923 in Bayern die Tradition der Deutschen Tage durch die vaterländischen Verbände fortgesetzt werden. 1923 fanden gleich mehrere solcher Tage statt, welche nun durch die Wehrverbände im Bündnis mit BMP

---

7 Zu diesen vgl. auch das bereits Ausgeführte auf S. 135.

8 Vgl. FENSKE: Konservativismus und Rechtsradikalismus in Bayern nach 1918 (wie Anm. 140, S. 74), S. 164f.

9 Vgl. LOHALM: Völkischer Radikalismus (wie Anm. 91, S. 112), S. 264.

10 Vgl. EBD., S. 277f.

11 Vgl. EBD., S. 265; JOACHIM ALBERT: Deutscher Tag, Coburg, 14./15. Oktober 1922, in: HLB (2006).

12 Vgl. EBD.

13 Interpellation der SPD im Bayerischen Landtag und die anschließende Debatte hierzu am 21. und 22.11.1922, in: BAYERISCHER LANDTAG: Verhandlungen des bayerischen Landtages (wie Anm. 148, S. 121), S. 166–221, hier: S. 172–174.

und NSDAP organisiert wurden. Am bedeutendsten war der großangelegte Deutsche Tag am 1./2. September in Nürnberg aus Anlass der Sedanfeier. Hier sollen knapp 100.000 Personen teilgenommen haben, welche aus den Kampfverbänden der völkischen Richtung sowie dem *Bund Bayern und Reich* und weiteren nationalen Vereinigungen stammten.[14]

Eine gewisse Einigkeit bestand also im nationalen Lager fort. Einig war man sich dabei bezüglich des Bedürfnisses, die Machtverhältnisse in Deutschland zu ändern,[15] wobei zunehmend deutlich wurde, dass die Nationalsozialisten hierzu einen gewaltsamen Umsturz anstrebten. BVP und große Teile des Bürgertums lehnten ein gewaltsames Vorgehen allerdings ab. Spätestens in der Ministerratssitzung vom 5. Januar 1923 wurden die Gefährlichkeit der NSDAP sowie die Notwendigkeit zum präventiven Handeln durch die bayerische Regierung allgemein anerkannt. Jedoch erachtete man ein Vorgehen gegen diesen vermeintlich Verbündeten in der vaterländischen Sache als schwierig, da man befürchtete hierdurch den politischen Gegner zu stärken und Unsicherheit bezüglich der Haltung von Polizei und Reichswehr bestand.[16] Auch wenn der Ministerrat sich auf die Verhängung des Ausnahmezustandes über Bayern einigte, welcher am 26. Januar in Kraft trat und bis zum 6. Februar bestand, wurde der in dieser Zeit stattfindende erste Reichsparteitag der NSDAP in München zum vollen Erfolg.[17] Als Epp, Röhm, Lossow und Kahr sich für Lockerungen bezüglich des NSDAP-Parteitages stark machten, musste die Regierung eingestehen, dass militärische Kräfte nur schwer zu mobilisieren waren und ließ den Parteitag quasi ungehindert stattfinden.[18] In zwölf großen Massenveranstaltungen und mit einem Aufmarsch mehrerer tausend SA-Männer konnte die NSDAP ihre Stärke nach außen demonstrieren. Ein erstes Kräftemessen mit der bayerischen Regierung hatte die NSDAP somit für sich entschieden.

Gestützt wurde die NSDAP dabei durch die dem deutschnationalen Lager zuneigende *Deutsche Hochschulzeitung*, welche „das schneidige Auftreten der Sturmabteilung der nationalsozialistischen Studentengruppe“ sowie die Teilnahme zahlreicher Studenten am Parteitag entschieden begrüßte.[19] Dabei nahm die NSDAP nicht nur durch ihr besonders aggressives und massives öffentliches Auftreten eine Sonderstellung innerhalb des vaterländischen Lagers ein. Zugleich stellte sich die Partei auch im Ruhrkampf gegen den nationalen Konsens des passiven Widerstandes. Diesen lehnte sie als verfehlt ab und forderte stattdessen, zunächst energisch gegen Juden, „Novemberverbrecher“, demokratische Parteien sowie den Versailler Vertrag, welche man als innere Feinde betrachtete, vorzugehen. Auf dieser Basis verließen NSDAP und SA am 15. Januar 1923 die *Vereinigten Vaterländischen Verbände*. Weitere Verbände folgten dem Beispiel und das Auseinanderbrechen der vaterländischen Einheitsfront wurde offenbar.[20]

Bereits wenige Tage später gründeten die den Einheitskurs verlassenden Verbände unter der Leitung von Ernst Röhm am 4. Februar die *Arbeitsgemeinschaft*

---

14 Vgl. SIEGFRIED ZELNHEFER: Deutscher Tag, Nürnberg, 1./2. September 1923, in: HLB (2006).

15 Vgl. FENSKE: Konservativismus und Rechtsradikalismus in Bayern nach 1918 (wie Anm. 140, S. 74), S. 320.

16 Vgl. Niederschrift der Ministerratssitzung vom 5.01.1923, BayHStA MA 99518; Siehe auch: LANGE: Bayern im Ausnahmezustand 1919–1923 (wie Anm. 342, S. 156), S. 189f.

17 Zum Parteitag 1923 vgl. SIEGFRIED ZELNHEFER: Die Reichsparteitage der NSDAP. Geschichte, Struktur und Bedeutung der größten Propagandafeste im nationalsozialistischen Feierjahr (Nürnberger Werkstücke zur Stadt- und Landesgeschichte 46), Nürnberg 1991, S. 12–17.

18 Vgl. HILLE: Revolutionen und Weltkriege (wie Anm. 60, S. 107), S. 115f.

19 O.A.: Münchner Brief, in: Deutsche Hochschulzeitung 15,6 (1.3.1923), S. 5.

20 Vgl. HILLE: Revolutionen und Weltkriege (wie Anm. 60, S. 107), S. 112f.

der Vaterländischen Kampfverbände.[21] Hier schlossen sich, mit dem *Bund Oberland*, der SA, der NSDAP, den *Vereinigten vaterländischen (Bezirks-)Vereinen Münchens*, der *Reichsflagge* und der niederbayerischen Sektion des *Bund Bayern und Reich*, diejenigen Kräfte zusammen welche ein aktiveres völkisches Vorgehen propagierten und hierbei auch bereit waren, ohne oder gar gegen die bayerische Regierung zu handeln.[22]

„Aber immer noch umwarben sich beide Seiten, weil sie meinten, nur gemeinsam handeln zu können. Und immer noch waren die Unterschiede zwischen ihnen nicht so groß, daß ein Zusammengehen nicht mehr möglich war."[23] Dementsprechend stand man auch weiterhin im Austausch miteinander.[24] Ernst Röhm, der zuvor alle Waffengeschäfte der Reichswehr koordiniert hatte, erwies sich dabei für die Arbeitsgemeinschaft als besonders wertvoll. Parallel schwand der Einfluss des *Bundes Bayern und Reich*, welcher durch die Inflation seinen finanziellen Machtfaktor weitgehend einbüßte. Zusätzlich dürfte die Parteinahme des Bundesleiters Pittinger für die BVP eine Rolle dafür gespielt haben, dass sich gewisse Kreise dem Bund entfremdeten.[25]

Die *Arbeitsgemeinschaft der Vaterländischen Kampfverbände* unter der politischen Leitung des ehemaligen Justizministers Roth und der militärischen Leitung von Hermann Kriebel suchte die bayerische Regierung aktivst in ihrem Sinne zu beeinflussen.[26] So drohte man etwa mit dem Putsch sofern Dietrich Eckart an den Reichsgerichtshof ausgeliefert würde[27] oder die Regierung die Maifeierlichkeiten von Gewerkschaften, SPD und KPD nicht untersagen würde.[28] Als sich Innenminister Schweyer weigerte, diesem Ansinnen gänzlich nachzukommen und die Feierlichkeiten unter Auflagen genehmigte, sah die Arbeitsgemeinschaft die Zeit zum Handeln gekommen. Am 1. Mai sammelten sich knapp 2000 bewaffnete Mitglieder der Verbände auf dem Oberwiesenfeld. Nur durch ein großes Aufgebot von Landespolizei und Reichswehr, welches Schweyer aus allen Teilen Bayerns zusammengerufen hatte, blieb die Lage ruhig. Innenminister Schweyer versuchte hieraufhin juristisch gegen die Aufwiegler vorzugehen und leitete ein Ermittlungsverfahren ein, was Knilling und Justizminister Gürtner jedoch zu hintertreiben verstanden.[29]

21 Siehe das bereits Ausgeführte auf S. 135.

22 Vgl. HILLE: Revolutionen und Weltkriege (wie Anm. 60, S. 107), S. 113; CHRISTOPH HÜBNER: Bund „Bayern und Reich", 1920–1935, in: HLB (2006).

23 FENSKE: Konservativismus und Rechtsradikalismus in Bayern nach 1918 (wie Anm. 140, S. 74), S. 320.

24 Vgl. CHRISTOPH HÜBNER: Bund „Bayern und Reich", 1920–1935, in: HLB (2006).

25 Vgl. NUSSER: Konservative Wehrverbände in Bayern, Preußen und Österreich (wie Anm. 196, S. 130), S. 238.

26 Vgl. FENSKE: Konservativismus und Rechtsradikalismus in Bayern nach 1918 (wie Anm. 140, S. 74), S. 189f.

27 Vgl. PAUL HOSER: Die politischen, wirtschaftlichen und sozialen Hintergründe der Münchner Tagespresse zwischen 1914 und 1934. Methoden der Pressebeeinflussung / 1, Frankfurt am Main u.a. 1990, S. 250f.

28 Vgl. FENSKE: Konservativismus und Rechtsradikalismus in Bayern nach 1918 (wie Anm. 140, S. 74), S. 191f.

29 Vgl. DERS.: Konservativismus und Rechtsradikalismus in Bayern nach 1918 (wie Anm. 140, S. 74), S. 194f. DERS.: Arbeitsgemeinschaft der Vaterländischen Kampfverbände, 1923, in: HLB (2006); HILLE: Revolutionen und Weltkriege (wie Anm. 60, S. 107), S. 116–118; KIISKINEN: Die Deutschnationale Volkspartei in Bayern (Bayerische Mittelpartei) in der Regierungspolitik des Freistaats während der Weimarer Zeit (wie Anm. 151, S. 121), S. 207–215; HEINRICH HILLMAYR: Hitlers Putsch und die Hintermänner. Ein Kapitel bayerischer Geschichte aus den ersten

All diese Aktionen ließen die NSDAP aus der Reihe der vaterländischen Verbände herausstechen und trugen somit zu einer wachsenden Bekanntheit sowie Mitgliederzahl der Partei bei. Begleitet wurde diese Popularität noch durch die Ähnlichkeiten zu den italienischen Faschisten. Mussolinis Machtübernahme durch brutale Straßenkämpfe und der Marsch auf Rom wurden im nationalen Lager als Vorbild zu einem Marsch auf Berlin stilisiert und förderten den Aufschwung der mit ähnlichen Mitteln agierenden NSDAP.[30]

Als sich die *Arbeitsgemeinschaft der Vaterländischen Kampfverbände* auf dem Deutschen Tag in Nürnberg (1./2. September) auf Anregung von General von Ludendorff zum paramilitärischen *Deutschen Kampfbund* umformte, wurde die Radikalität dieser Organisation bald deutlich. An diesem Projekt wirkten der Gau Niederbayern des *Bundes Bayern und Reich* sowie die *Vereinigten vaterländischen (Bezirks-)Vereine Münchens* nicht mehr mit. Lediglich zwei der 29 Bezirksvereine Münchens, welche mit Alfred Zeller den *Kampfbund München* bildeten, agierten weiterhin im Bündnis mit den radikalen Kräften.[31] Anders als die SA, gehörte auch die NSDAP als politische Partei nicht direkt dem *Kampfbund* an, agierte aber aufs engste mit diesem zusammen. Im Oktober 1923, nach der Einsetzung Kahrs als Generalstaatskommissar, löste sich auch die *Reichsflagge* auf Druck des Nürnberger Bürgertums vom *Kampfbund*.[32] Jedoch bildeten nun die südbayerischen Gruppen um Ernst Röhm die *Reichskriegsflagge* und verblieben beim *Kampfbund*. Zu dieser Gruppierung gehörte auch der Student und spätere SS-Reichsführer Heinrich Himmler (1900–1945).[33] Somit setzte sich im Sommer und Herbst 1923 die Lagerbildung fort. Während gemäßigte und eher passive Kräfte, wie die fast 30.000 Mitglieder fassenden vaterländischen Bezirksvereine Münchens und weitere Organisationen, sich von den radikalen Kräften abwandten, lösten sich aus diesen Gruppierungen die aktivistischen Gruppen und bildeten neue Vereinigungen. Zum großen Teil waren es hierbei die bürgerlichen Kräfte, die um Mäßigung der zum gewaltsamen Umsturz drängenden Kreise um den *Kampfbund* bemüht waren und insofern im Einklang mit der Regierung agierten.

Der *Kampfbund* dagegen proklamierte am 23. September seine Ziele und veröffentlichte am Folgetag sein Aktionsprogramm. Im Fokus standen die Eroberung der polizeilichen Macht, um daraufhin gegen Parlamentarismus, Juden und Weimarer Verfassung vorgehen zu können und so letztlich in Bayern und Berlin die politische Macht zu erlangen.[34] Hitler wurde am 26. September die politische Leitung des Bundes übertragen. Damit war die Macht im radikalen, aktionsbereiten Lager in den Händen Hitlers und Ludendorffs vereint.[35] Getragen wurde der *Kampfbund* dabei auch durch große Teile der Studentenschaft. So warb etwa in der *Deutschen Hochschulzeitung* ein Münchner *Oberländer* ganz offen für den

Nachkriegsjahren, in: PETER KIRTZER (Hg.): Unbekanntes Bayern. Politik, Staat und Kirche II, München 1980, S. 59–70, hier: S. 61.

30 Vgl. KLAUS MÜES-BARON: Heinrich Himmler – Aufstieg des Reichsführers SS (1900–1933), Göttingen 2011, S. 179.

31 Vgl. HANS FENSKE: Arbeitsgemeinschaft der Vaterländischen Kampfverbände, 1923, in: HLB (2006); CHRISTOPH HÜBNER: Verband der Vaterländischen Bezirksvereine Münchens e.V., 1921–1929/30, in: Ebd.

32 Vgl. DERS.: Reichsflagge, 1919–1927, in: HLB (2006).

33 Vgl. DERS.: Reichskriegsflagge, 1923–1925, in: HLB (2006).

34 Vgl. HILLE: Revolutionen und Weltkriege (wie Anm. 60, S. 107), S. 113; SIEGFRIED ZELNHEFER: Deutscher Kampfbund, 1923, in: HLB (2006).

35 Vgl. JOACHIMSTHALER: Hitlers Weg begann in München 1913–1923 (wie Anm. 242, S. 139), S. 314–316.

Bund und rief den Lesern zu: „Ihr völkischen Akademiker gehört vor die Front".[36]

Zunehmende Inflation und das sich abzeichnende Ende des Ruhrkampfes beschleunigten dann den Gang der Ereignisse in Bayern. Bereits als sich ein Ende des passiven Widerstandes gegen die Ruhrbesetzung Frankreichs abzeichnete, äußerte Bayern hierzu seine Bedenken. So wies der bayerische Gesandte Konrad von Preger (1867–1933) in der Beratung der Reichsregierung mit den Ländern darauf hin, dass „die schwersten innerpolitischen Folgen zu befürchten [seien], falls es Frankreich gegenüber zu einer Kapitulation komme." Insbesondere in München würde das „Aufgeben des passiven Widerstandes [... als] eine Auflösung des Reichs" oder „ein zweites Versailles" wahrgenommen. Daher poche man in Bayern auf eine möglichst lange Fortführung des passiven Widerstandes.[37]

Als dieser am 26. September eingestellt wurde, verhängte die bayerische Regierung den Ausnahmezustand über Bayern und machte Kahr zum Generalstaatskommissar. Damit suchte man ganz im Sinne des bisherigen Kurses die radikalen Kräfte zu mäßigen und an die Zeit der Einheitsfront, welche in Kahrs Regierungszeit durch den *Ordnungsblock* und die Politik der *Ordnungszelle* vermeintlich gelungen war, anzuknüpfen.[38] Damit entsprach die Regierung den Interessen der gemäßigten föderalistischen und monarchistischen Kräfte in Bayern, die schon länger nach einem starken Mann zur Klärung der Lage riefen und hierbei entweder einen König oder einen starken nationalen Führer ins Auge fassten. Auch wenn Knilling der Ernennung Kahrs skeptisch gegenüberstand, befasste sich die Regierung bereits am 21. September mit diesem Gedanken.[39] Letztlich fiel die Entscheidung für Kahr durch den Druck der vaterländischen Verbände um Pittinger und da Kronprinz Rupprecht weiterhin die Verantwortungsübernahme ablehnte.[40] Ausschlaggebend war, dass man von Kahr am ehesten erhoffte, die vaterländischen Verbände wieder zu einigen oder zumindest Kräfte aus dem *Kampfbund* abzuziehen, was ja im Falle der *Reichsflagge* auch gelang. Zugleich wurde die Lage jedoch durch die Ernennung Kahrs keineswegs übersichtlicher. So wandte sich ein prominenter alter Verbündeter Kahrs, der ehemalige Justizminister Christian Roth, welcher bereits in der *Arbeitsgemeinschaft der Vaterländischen Kampfverbände* als politischer Führer agiert hatte, nun von der BMP ab und schloss sich unumwunden Hitler und der NSDAP an.[41]

Kahr wurde durch den neuen Ausnahmezustand de facto zum Diktator, der in seiner Macht lediglich durch die theoretische Aufsicht und Kontrolle des Gesamtministeriums beschränkt war, dabei jedoch regelmäßig ihm gesetzte Grenzen überschritt, indem er beispielsweise bereits am 29. September den Vollzug des

---

36 Martin Dachfeld: Die vaterländischen Kampfverbände Bayerns, in: Deutsche Hochschulzeitung 15,24 (20.09.1923), S. 2 und 15,27 (13.10.1023), S. 1.

37 Aufzeichnung über die Kabinettssitzung der Reichsregierung vom 15.09.1923 unter Anwesenheit der Ländervertreter, Dok. Nr. 59, in: Karl Dietrich Erdmann/Martin Vogt: Die Kabinette Stresemann I und II (1923), 2 Bde. (Akten der Reichskanzlei. Weimarer Republik. online), Boppard am Rhein 1978, URL: https://www.bundesarchiv.de/aktenreichskanzlei/1919-1933/0000/str/index.html (besucht am 13. 12. 2020).

38 Vgl. Asmuss (Hg.): Republik ohne Chance? (wie Anm. 3, S. 213), S. 456f.

39 Vgl. Niederschrift der Ministerratssitzung vom 21.09.1923, BayHStA MA 99518 und Hinterberger: Unpolitische Politiker? (wie Anm. 349, S. 157), S. 396f.

40 Vgl. Fenske: Konservativismus und Rechtsradikalismus in Bayern nach 1918 (wie Anm. 140, S. 74), S. 203f.

41 Kiiskinen: Die Deutschnationale Volkspartei in Bayern (Bayerische Mittelpartei) in der Regierungspolitik des Freistaats während der Weimarer Zeit (wie Anm. 151, S. 121), S. 223.

Reichsschutzgesetzes für Bayern einstellte.[42] Bei diesem Kurs konnte Kahr auf die Unterstützung des Gesandten der Reichsregierung in München, Edgar Haniel von Haimhausen (1870–1935), zählen, welcher wiederholt in Berlin für ein maßvolles Vorgehen gegenüber Bayern und Kahr warb und diesen als alternativlos in der Bekämpfung radikaler Kräfte darstellte.[43]

Somit sah Kahr nun die „Gelegenheit gekommen, um seine alten Ziele aus der ‚Ordnungszellenideologie' zu realisieren. In Verbindung mit radikalkonservativen Kreisen in Nord- und Westdeutschland wollte er die Reichsregierung stürzen und durch ein ‚Direktorium' mit Kräften aus Industrie, Landwirtschaft und Militär ersetzen."[44] Diesen Kampf betrachtete Kahr als notwendigen Weltanschauungskampf gegen die „marxistisch-jüdische" Position.[45] Bereits am 27. September verbot er alle öffentlichen politischen Versammlungen und behinderte somit auch weitere Agitationen des *Kampfbundes*, an dessen guten Kern er weiterhin glaubte.[46] Besonders aktiv ging er jedoch gegen linke Kräfte vor, deren Selbstschutzorganisationen und Zeitungen er verbot sowie gegen Mitglieder der KPD, welche er teils mit dem Instrument der Schutzhaft traktierte.[47] Dadurch trug Kahr dazu bei, dass sich der Gedanke weiter festigte, dass ein Handeln gegen Berlin „nicht nur legitim, sondern auch das schlussendliche Ziel bayerischer Politik sei."[48] In diesem Sinne verhandelte Kahr, dessen Ernennung eigentlich eine „Präventivmaßnahme gegen die radikale Rechte"[49] sein sollte, regelmäßig mit dem *Kampfbund* und suchte diesen zum gemeinsamen Handeln zu bewegen.[50] Besonders intensiv interagierte Kahr dabei mit dem Landesleiter der Reichswehr General Otto von Lossow (1863–1938) sowie dem Leiter der Landespolizei Hans von Seißer (1874–1973). Auch mit dem Reichswehrkommandanten General Hans von Seeckt (1866–1936) suchte Kahr das Einvernehmen zur Errichtung einer nationalen Diktatur, konnte diesen jedoch nicht für ein gewaltsames oder illegales Vorgehen gewinnen.[51]

Dagegen führte Kahr Bayern in die harte und verfassungswidrige „offene Rebellion Münchens gegen Berlin".[52] Zunächst verweigerte er den weiteren Vollzug des Reichsschutzgesetzes in Bayern. Im Anschluss sorgte er dafür, dass Lossow einer direkten Weisung aus Berlin nicht nachkam. Am 28. September 1923 hatte

42 LANGE: Bayern im Ausnahmezustand 1919–1923 (wie Anm. 342, S. 156), S. 204–206.

43 Vgl. Staatssekretär von Haniel an den Chef der Reichskanzlei (Werner von Rheinbaben) vom 29.09.1923, Dok. Nr. 93 sowie Selbiger an Selbigen vom 1.10.1923, Dok. Nr. 98 und die Aufzeichnung über ein Telefongespräch Haniels mit Ministerialdirektor Franz Kempner vom Abend des 13.11.1923, Dok. Nr. 248, in: ERDMANN/VOGT: Die Kabinette Stresemann I und II (1923), 2 Bde. (wie Anm. 37, S. 219).

44 CHRISTOPH HÜBNER: Bund „Bayern und Reich", 1920–1935, in: HLB (2006).

45 Ansprache Gustav von Kahrs vor dem Wehrkommando VII am 19.10.1923, BayHStA Generlstaatskommissar 59.

46 Vgl. Pacelli an Gasparri vom 27.09.1923, in: Kritische Online-Edition der Nuntiaturberichte von 1917–1929 (wie Anm. 26, S. 56); GUSTAV VON KAHR: Denkschrift „Der Putsch am 8. November 1923. Vorgeschichte und Verlauf", EAM NL Faulhaber 7150; LANGE: Bayern im Ausnahmezustand 1919–1923 (wie Anm. 342, S. 156), S. 206f.

47 Vgl. HILLE: Revolutionen und Weltkriege (wie Anm. 60, S. 107), S. 120.

48 HINTERBERGER: Unpolitische Politiker? (wie Anm. 349, S. 157), S. 428.

49 FENSKE: Konservativismus und Rechtsradikalismus in Bayern nach 1918 (wie Anm. 140, S. 74), S. 207.

50 Vgl. EBD., S. 209f., 215f. und 221.

51 Vgl. CHRISTOPH HÜBNER: Vaterländische Verbände, 1918/19–1933, in: HLB (2006); KIISKINEN: Die Deutschnationale Volkspartei in Bayern (Bayerische Mittelpartei) in der Regierungspolitik des Freistaats während der Weimarer Zeit (wie Anm. 151, S. 121), S. 228.

52 HARTMANN: Bayerns Weg in die Gegenwart (wie Anm. 108, S. 41), S. 485.

Reichswehrminister Geßler General von Lossow angewiesen, ein Verbot des *Völkischen Beobachters* in Bayern durchzusetzen. Begründet wurde dies mit wiederholten Beleidigungen gegen die Reichsregierung durch das Blatt, wobei vornehmlich auf Artikel vom 27. September Bezug genommen wurde.[53] Der Reichswehrminister hatte seit der Verhängung des Ausnahmezustandes vom 27. September hierzu alle Vollmachten, die er für Bayern auf General Lossow übertragen hatte. Durch die Weigerung Lossows eskalierte der Konflikt mit dem Reich, da man Lossow in Berlin zurecht Befehlsverweigerung vorwarf und ihn am 20. Oktober absetzte. Kahr, der die Absetzung nicht akzeptieren wollte, setzte Lossow wieder in sein Amt ein und sorgte dafür, dass die bayerischen Teile der Reichswehr am 22. Oktober eine neue Verpflichtungsformel auf den bayerischen Staat ablegten und somit dem Zugriff der Reichswehr und der Reichsregierung entzogen wurden.[54]

Somit hatte das Triumvirat um Kahr, Lossow und Seißer mit der bayerischen Reichswehr sowie den vaterländischen Verbänden, trotz teils unklarer Loyalitäten und Interessen, eine bedeutsame Macht in der Hinterhand, welche jedoch zugleich zur politischen Agitation drängte. Während Kahr weiterhin eine föderalistische Richtung forcierte und grundsätzlich auf den Marsch nach Berlin spekulierte, wurde diese aktivistische Ausrichtung ansonsten vorwiegend von unitaristischen und radikalen Kräften rund um den *Kampfbund* geteilt. Nachdem Reichswehrkommandant Seeckt ein solches Vorgehen mitzutragen nicht bereit war, zögerte auch das Triumvirat und wusste die Chancen eines bayerischen Alleingangs gegen die Reichswehr nicht einzuschätzen. Dennoch verhandelte das Triumvirat weiterhin mit den Verbandsführern, zuletzt am 6. November, über ein mögliches Vorgehen zur Errichtung einer nationalen Diktatur und wollte die Planungen hierzu nicht aufgeben.[55]

Solche Überlegungen wurden dann obsolet, als am 8. November die Kampfverbände um Hitler und Ludendorff nicht mehr warten wollten und die Gunst der Stunde zum Putsch nutzten.[56] Im Bürgerbräukeller stürmten sie eine von Eu-

53 Vgl. HOSER: Die politischen, wirtschaftlichen und sozialen Hintergründe der Münchner Tagespresse zwischen 1914 und 1934 (wie Anm. 27, S. 217), S. 257f.

54 Die Verpflichtungsformel lautete:„Auf Grund dieses Aufrufes bekenne ich, daß ich von der bayerischen Staatsregierung als Treuhänderin des deutschen Volkes bis zur Wiederherstellung des Einvernehmens zwischen Bayern und dem Reich in Pflicht genommen bin und erneuere meine Verpflichtung zum Gehorsam gegenüber meinen Vorgesetzten." Bericht des Bayerischen Gesandten Preger in der Sitzung der Ministerpräsidenten und Gesandten der Länder in der Reichskanzlei am 24.10.1923, Dok. Nr. 174, in: ERDMANN/VOGT: Die Kabinette Stresemann I und II (1923), 2 Bde. (wie Anm. 37, S. 219); Vgl. zum Konflikt um Lossow auch: HILLE: Revolutionen und Weltkriege (wie Anm. 60, S. 107), S. 121; FENSKE: Konservativismus und Rechtsradikalismus in Bayern nach 1918 (wie Anm. 140, S. 74), S. 211f. HINTERBERGER: Unpolitische Politiker? (wie Anm. 349, S. 157), S. 420–423.

55 Vgl. GUSTAV VON KAHR: Denkschrift „Der Putsch am 8. November 1923. Vorgeschichte und Verlauf", EAM NL Faulhaber 7150; KIISKINEN: Die Deutschnationale Volkspartei in Bayern (Bayerische Mittelpartei) in der Regierungspolitik des Freistaats während der Weimarer Zeit (wie Anm. 151, S. 121), S. 224–229; FENSKE: Konservativismus und Rechtsradikalismus in Bayern nach 1918 (wie Anm. 140, S. 74), S. 215f. und 221; HILLE: Revolutionen und Weltkriege (wie Anm. 60, S. 107), S. 121–123.

56 Der Hitlerputsch ist bestens erforscht, weswegen hier nur in aller Knappheit auf die Ereignisse eingegangen wird. Eine kurze und knappe Darstellung findet sich in der Anklageschrift des Staatsanwalts Ludwig Stenglein zum Hitlerprozess GRITSCHNEDER: Der Hitler-Prozeß und sein Richter Georg Neithardt (wie Anm. 267, S. 144), S. 16–32; Siehe auch die umfänglichen Darstellungen bei: HAROLD J. GORDON: Hitlerputsch 1923, Frankfurt am Main 1971; WERNER MASER: Die Frühgeschichte der NSDAP, Frankfurt am Main und Bonn 1965; ERNST DEUERLEIN (Hg.): Der Hitler-Putsch. Bayerische Dokumente zum 8./9. November 1923 (Veröffentlichun-

gen Zentz geleitete Veranstaltung der vaterländischen Verbände unter Anwesenheit einiger Mitglieder des Ministerrates sowie von Kahr, Lossow und Seißer. Das Triumvirat wurde mit vorgehaltener Waffe gedrängt sich dem Hitlerputsch anzuschließen, was man (zum Schein) auch tat. In der Nacht wurden diese Zusagen allerdings zurückgezogen und am kommenden Tag die zur Verfügung stehenden Machtmittel zur Niederschlagung des Hitlerputsches genutzt. Kultusminister Matt sowie die Minister Krausneck und Oswald, Staatsrat Schmelzle und die Geschäftsführerin des *katholischen Frauenbundes* Ellen Ammann hatten hierzu bereits alles in die Wege geleitet und sich präventiv nach Regensburg zurückgezogen.[57] Nachdem sich die Reichswehr nicht hinter den Putsch stellte, beendete gegen Mittag eine Schießerei zwischen Landespolizei und Putschisten vor der Feldherrnhalle den geplanten Marsch der Faschisten nach Berlin. Hierbei starben vier Polizisten, ein unbeteiligter Zivilist und fünfzehn Putschisten, unter diesen mehrere Anhänger des Bürgertums wie der Student Karl Laforce (1904–1923), der Ingenieur Max Erwin von Scheubner-Richter (1884–1923), der Landesgerichtsrat Theodor von der Pfordten (1873–1923), drei Bankbeamte und vier Kaufleute. Ludendorff ließ sich sofort verhaften. Hitler und die meisten seiner Anhänger flohen und wurden bald darauf verhaftet. Die am Putsch beteiligten Verbände *Oberland*, *Reichskriegsflagge*, SA und *Kampfbund München* waren bereits in der Nacht verboten worden. Ebenfalls hatte die Reichsregierung in selbiger Nacht die vollziehende Gewalt an den Chef der Heeresleitung General Seeckt übertragen.

1.2 Weitere Entwicklung der völkischen Bewegung

Es sah so aus, als hätten die konservativen Kräfte der Regierung in Bayern den Sieg errungen und könnten nun ungehindert zur Abwicklung der völkischen Verbände sowie ihres Einflusses schreiten. Jedoch gestaltete sich die Ausgangslage in München für dieses Vorgehen weiterhin schwierig. Völkische, föderalistische, monarchistische und konservative Kräfte waren in den vergangenen Jahren zu eng miteinander verwoben gewesen, als dass eine saubere Trennung ohne weiteres vorzunehmen war. Münchens Bevölkerung wusste zunächst nicht, was sie vom Putsch halten sollte, geschweige denn auf welche Seite man sich stellen sollte. Die *Münchner Neuesten Nachrichten* beispielsweise berichteten zunächst sehr wohlwollend über den Putsch,[58] ergriffen aber am Folgetag klar Partei für Kahr und gegen Hitler.[59] Sie blieben dieser Widersprüchlichkeit verhaftet, indem sie „die massenhaften Solidaritätskundgebungen für Hitler“[60] abdruckten, Hitlers Ziele rechtfertigten[61] und zugleich die Lage zu beruhigen suchten[62] sowie Ergebenheits-

gen der Kommission für Zeitgeschichte A 9), Stuttgart 1962; HILLMAYR: Hitlers Putsch und die Hintermänner (wie Anm. 29, S. 217); JOHN DORNBERG: Der Hitlerputsch. 9. November 1923, 2., durchges. Ausg., München 1998; WALTER ZIEGLER: Hitlerputsch, 8./9. November 1923, in: HLB (2006).

57 Vgl. HARTMANN: Der Katholische Kampf und Widerstand gegen den Nationalsozialismus in München (1922–1945) (wie Anm. 392, S. 163), S. 250f.

58 Vgl. O.A. [möglicherweise Paul Nikolaus Cossmann, Alfred Schiedt oder Fritz Gerlich]: Einsetzung eines nationalen Direktoriums, in: MNN 76,304 (9.11.1923), S. 1.

59 Vgl. O.A.: Adolf Hitlers Ehrenwortbruch, in: MNN 76,305 (10.11.1923), S. 1.

60 ASMUSS (Hg.): Republik ohne Chance? (wie Anm. 3, S. 213), S. 481.

61 Vgl. etwa O.A.: Kundgebungen der Studentenschaft, in: MNN 76,307 (12.11.1923), S. 4; O.A.: Demonstrationen am Samstag, in: Ebd., S. 3f.

62 Vgl. etwa O.A.: Generalstaatskommissar Dr. v. Kahr gibt volle Aufklärung. Nicht für unsere Person, sondern für unser Vaterland! – Die Vorgänge im Nebensaal des Bürgerbräukellers –

adressen an Kahr druckten.[63] Die *Deutsche Hochschulzeitung*, das amtliche Nachrichtenblatt der bayerischen Studentenschaft, dagegen verteidigte die Putschisten, bezog Stellung gegen Kahr und die bayerische Regierung[64] und gab einem der Putschisten, dem Führer des *Bundes Oberland*, Friedrich Weber, eine Plattform zur Verbreitung seiner Rechtfertigungen.[65] Daneben rief man zur Weiterarbeit am gemeinsamen Ziel „Wiederaufbau unseres Vaterlandes und Freiheit unseres Volkes" auf.[66] Auch die konservative *München Augsburger Abendzeitung* (MAA) äußerte sich sehr wohlwollend zum Hitlerputsch und suchte die Schuld für dessen Scheitern erstaunlicherweise bei der Berliner Reichsregierung.[67]

Münchens Bevölkerung protestierte in den folgenden Tagen in der Münchner Innenstadt gegen die Niederschlagung des Putsches, mit welchem man die Hoffnung auf ein Ende der niederdrückenden Zustände und die Erfüllung nationaler Träume verbunden hatte.[68] Insbesondere die Studenten taten sich hierbei hervor und gaben ihrer völkischen Gesinnung Ausdruck.[69] Angesicht dieser Situation strebte der überwiegende Teil des Bürgertums nicht nach Abwicklung der völkischen Bewegung, sondern nach dessen Reintegration in die nationale Einheitsfront. In diesem Sinne tätigte auch Münchens *Bürgerrat* einen Aufruf in der Presse.[70] Ganz ähnlich agierten auch die *Vereinigten Vaterländischen Verbände* und Pittinger, eigentlich die konservative Sammlung der regierungstreuen Bünde, welche Kahr noch am 10. November dazu aufriefen, unter ihrer Beteiligung die nationale Diktatur zu errichten und somit die eigenen Wünsche doch noch zu verwirklichen.[71] Auf dieser Basis genoss Hitler im konservativen Lager große Sympathien dafür, dass er zur Tat geschritten war.

Zugleich verbreitete sich das Gerücht, auch da es schwer fiel den Kurswechsel anderweitig zu erklären, Kahr und die BVP seien durch die katholische Kirche zur Niederschlagung des Putsches gedrängt worden. Die Schuld für das Scheitern wurde insbesondere bei Kardinal Faulhaber gesucht. Faulhabers Palais war daher am 10. November der Ort einer großen Kundgebung für Hitler und wurde noch mehrfach von Protestierenden belagert und schließlich im Februar unter Polizeischutz gestellt.[72] Ludendorff war hierbei einer der Hauptvertreter dieses Gerüchtes, welches er mit seiner Theorie einer katholisch-jüdischen Verschwörung

---

Die Pflicht gegen das Volk – Erklärungen Lossows und Seissers [=1 Arikel], in: MNN 76,306 (11.11.1923), S. 1.

63 Vgl. O.A.: Die Stimmung im Land. Für Kahr, in: MNN 76,309 (14.11.1923), S. 1 oder O.A.: Entschließung der kathol. Studentenschaft München, in: MNN 76,309 (14.11.1923), S. 1; Siehe auch: ASMUSS (Hg.): Republik ohne Chance? (wie Anm. 3, S. 213), S. 478–487.

64 Vgl. O.A.: Die Ereignisse in München, in: Deutsche Hochschulzeitung 15,32 (17.11.1923), S. 2f.

65 Vgl. FRIEDRICH WEBER: Der Wahrheit eine Gasse!, in: Deutsche Hochschulzeitung 15,32 (17.11.1923), S. 4.

66 PAUL FRANK: Die Münchener Vorfälle und die Akademikerschaft, in: Deutsche Hochschulzeitung 15,33 (24.11.1923), S. 3.

67 Vgl. O.A.: Bruderkampf, in: MAA 308 (11.11.1923), S. 3.

68 Vgl. O.A.: Demonstrationszüge, in: MNN 76,305 (10.11.1923), S. 6; O.A.: Der Samstag in München, in: AP 260 (12.11.1923), S. 2; O.A.: Der Sonntag in München, ebd.

69 Näheres hierzu wird durch die Kopplung mit konfessionellen Streitigkeiten nochmal ausführlich im Kapitel *Die katholische Studentenschaft* behandelt.

70 Vgl. O.A.: Aufruf des Bürgerrates, in: MNN 76,309 (14.11.1923), S. 1.

71 Vgl. Pittinger an Kahr vom 10.11.1923, abgedruckt bei: DEUERLEIN (Hg.): Der Hitler-Putsch (wie Anm. 56, S. 221), S. 328f. Siehe auch CHRISTOPH HÜBNER: Bund „Bayern und Reich", 1920–1935, in: HLB (2006); DERS.: Vaterländische Verbände, 1918/19–1933, in: Ebd.

72 Vgl. Kultusminister Matt an das Innenministerium sowie an das Außenministerium vom 13.2.1924, BayHStA MInn 73548.

zu untermauern suchte und diese auch öffentlichkeitswirksam beispielsweise im Rahmen seiner Gerichtsverhandlung vortrug.[73]

Insgesamt geriet der im Frühjahr 1924 (26. Februar bis 1. April) in München stattfindende Hitler-Prozess zu einem Skandal für die verfassungsgemäße Rechtsordnung. Nach dem Gesetz und dem Willen der Reichsregierung hätte eigentlich vor dem Leipziger Staatsgerichtshof verhandelt werden müssen. Die bayerische Regierung, welche die eigene Involvierung in Putschpläne vor der Öffentlichkeit verborgen halten wollte, schaffte es angeführt durch Justizminister Gürtner jedoch, dass der Prozess vor dem Münchner Volksgericht stattfand. Dann sorgte der leitende Richter Georg Neithardt (1871–1941) dafür, dass „der Prozeß weniger einer Gerichtsverhandlung denn einer völkischen Agitationsversammlung glich".[74] Neithardt, welcher bereits das Urteil im Prozess gegen Arco gefällt hatte, skizziert der Rechtshistoriker Gritschneder als „einen unfähigen, regierungshörigen Sympathisanten der rechten Szene".[75] Die Angeklagten hielten lange Monologe zu ihren politischen Gestaltungsideen und diese wurden in vollem Umfang in der Presse wiedergegeben. Selbst der Staatsanwalt hielt eine Laudatio zu Hitlers Motiven, bevor er eine achtjährige Haftstrafe beantragte. Dementsprechend milde fielen die Urteile für die Angeklagten aus.[76] Ludendorff wurde freigesprochen, Hitler erhielt fünf Jahre Festungshaft und auch den restlichen Tätern wurden lediglich die Minimalstrafen auferlegt. Weder wurde Hitler ausgewiesen, noch wurden die Entführungen der Minister oder die Tötung von vier Polizisten bei der Strafbemessung berücksichtigt. Zusätzlich wurde Hitler trotz noch bestehender Bewährungsfrist eine vorzeitige Bewährung in Aussicht gestellt,[77] welche dann auch bereits ab September 1924 aktiv vorangetrieben und am 20. Dezember 1924 vollzogen wurde.[78] In seiner kurzen Landsberger Haft konnte Hitler dann den ersten Teil seiner Programmschrift *Mein Kampf* verfassen.[79] „Der Prozeß der Ablösung der bayerischen konservativen Politiker von den völkischen Gruppierungen war für beide Seiten schmerzlich und er behinderte die Wahrheitsfindung in den Voruntersuchungen ebenso wie im Prozeß selbst."[80] Im Endeffekt bestätigte sich hier

---

73 Vgl. LOTHAR GRUCHMANN/REINHARD WEBER: Der Hitler-Prozeß 1924. Wortlaut der Hauptverhandlung vor dem Volksgericht München I. 4 Bde. (Reden, Schriften, Anordnungen), München 1997–1999, beispielsweise S. 253 und 263f. HASTINGS: Catholicism and the roots of Nazism (wie Anm. 30, S. 16), S. 146f. siehe auch: O.A. Eine Abrechnung Ludendorffs mit seinen Gegnern!, in: VK 1,71 (26.04.1924), S. 1f.

74 KIISKINEN: Die Deutschnationale Volkspartei in Bayern (Bayerische Mittelpartei) in der Regierungspolitik des Freistaats während der Weimarer Zeit (wie Anm. 151, S. 121), S. 237. Ausführlich zum Hitler-Prozess siehe: OTTO GRITSCHNEDER: Bewährungsfrist für den Terroristen Adolf H. Der Hitler-Putsch und die bayerische Justiz, München 1990; DERS.: Der Hitler-Prozeß und sein Richter Georg Neithardt (wie Anm. 267, S. 144); BERND STEGER: Der Hitlerprozeß und Bayerns Verhältnis zum Reich 1923/24, in: Vierteljahrshefte für Zeitgeschichte 25,4 (1977), S. 441–466; GRUCHMANN/WEBER: Der Hitler-Prozeß 1924 (wie Anm. 73); HANS-JOACHIM HECKER: Hitler-Ludendorff-Prozess, 1924, in: HLB (2017).

75 GRITSCHNEDER: Der Hitler-Prozeß und sein Richter Georg Neithardt (wie Anm. 267, S. 144), S. 5.

76 Das Urteil findet sich u. a. bei: GRUCHMANN/WEBER: Der Hitler-Prozeß 1924 (wie Anm. 73), S. 341–365.

77 Vgl. GRITSCHNEDER: Der Hitler-Prozeß und sein Richter Georg Neithardt (wie Anm. 267, S. 144), S. 52–54.

78 Vgl. EBD., S. 60–62.

79 Vgl. die wissenschaftliche und quellenkritische Edition: CHRISTIAN HARTMANN u. a. (Hg.): Hitler, Mein Kampf. Eine kritische Edition. Bd. 1, München und Berlin 2016.

80 STEGER: Der Hitlerprozeß und Bayerns Verhältnis zum Reich 1923/24 (wie Anm. 74), S. 457.

nochmal die Praxis der vorangegangenen Jahre in Bayern, Urteile nicht nach dem geltenden Recht, sondern nach der jeweiligen Gesinnung der Täter zu fällen.[81] Das milde Urteil wurde dabei im Gerichtssaal sowie in der Bevölkerung Münchens begeistert gefeiert. Lediglich die SPD, die BVP sowie die Staatsregierung kritisierten das Urteil.[82]

Dabei hatte der Hitlerputsch schon vorab erhebliche Sprengkraft für die politischen Verhältnisse in Bayern entfaltet. Kahr, welcher zu Recht, seine Machtbasis massivst in Frage gestellt sah, trachtete danach ebendiese zu bewahren oder gar auszubauen. In diesem Sinne verbot er am 11. November ohne erkennbaren Grund für zwei Wochen die gesamte bayerische SPD-Presse. Gegen rechts wendete er sich vornehmlich dann, wenn seine Person oder Politik angegriffen wurde und suchte somit sich selbst als den starken nationalen Führer darzustellen.[83] Der Ministerrat jedoch, welcher bisher Kahr in seinem verfassungswidrigen und auf einen politischen Umschwung hinzielenden Agitationen gestützt oder zumindest nicht gehindert hatte, suchte nun Kahr auszubremsen.[84] Dementsprechend stand in der Ministerratssitzung vom 12. November der Amtsverbleib von Kahr sowie der bayerischen Regierung zur Debatte. Während Justizminister Gürtner auf dem Verbleib Kahrs im Amt bestand, die BVP-Minister stattdessen dessen Absetzung forderten, wollte Ministerpräsident Knilling zusätzlich auch noch Innenminister Schweyer und Landwirtschaftsminister Johannes Wutzlhofer aus der Regierung entlassen, um so den Kampfverbänden entgegenzukommen und ihnen eine erneutes Zusammenwirken mit seiner Regierung schmackhaft zu machen.[85] Nur durch Hinzuziehung der Fraktionsvorsitzenden und insbesondere auf Druck der BMP gelang es, sich vorübergehend auf den Status quo zu verständigen, nachdem Kahr die Zusicherung abgegeben hatte, seine Stellung neben der Regierung zu akzeptieren und sich nicht mehr außenpolitisch zu betätigen.[86]

Auch der Gesandte des Reiches in München Haniel von Haimhausen nahm diese Entwicklung als „Aufrechterhaltung eines labilen Gleichgewichts“, welchem er keine „längere Dauer [...] prophezeien“ wolle, wahr, begrüßte jedoch die kurzfristige Stabilität.[87] Zu Recht kommt der Historiker Hans Hinterberger auf dieser Basis zu dem Befund, „dass der Hitlerputsch zunächst keinen wesentlichen Kurswechsel in der bayerischen Politik brachte“.[88] Ein solcher Kurswechsel wäre allerdings, durch die vielfältige Problemstellung von Inflation, Konflikten mit der Reichsregierung, Aufarbeitung des Hitlerputsches sowie regierungskritischer

81 Vgl. EBD., S. 466.

82 Vgl. O.A.: Justizkatastrophe, in: BK 68,93 (2.04.1924), S. 1f. SCHWEYER: Politische Geheimverbände (wie Anm. 225, S. 135), S. 116f. KIISKINEN: Die Deutschnationale Volkspartei in Bayern (Bayerische Mittelpartei) in der Regierungspolitik des Freistaats während der Weimarer Zeit (wie Anm. 151, S. 121), S. 241f.

83 Vgl. LANGE: Bayern im Ausnahmezustand 1919–1923 (wie Anm. 342, S. 156), S. 210f.

84 Vgl. EBD., S. 214f.

85 Vgl. Niederschrift der Ministerratssitzung vom 12.11.1923, BayHStA MA 99518; HINTERBERGER: Unpolitische Politiker? (wie Anm. 349, S. 157), S. 440f. KIISKINEN: Die Deutschnationale Volkspartei in Bayern (Bayerische Mittelpartei) in der Regierungspolitik des Freistaats während der Weimarer Zeit (wie Anm. 151, S. 121), S. 232f. FENSKE: Konservativismus und Rechtsradikalismus in Bayern nach 1918 (wie Anm. 140, S. 74), S. 224.

86 Vgl. HINTERBERGER: Unpolitische Politiker? (wie Anm. 349, S. 157), S. 442f. FENSKE: Konservativismus und Rechtsradikalismus in Bayern nach 1918 (wie Anm. 140, S. 74), S. 226.

87 Der Vertreter der Reichsregierung in München (Haniel von Haimhausen) an die Reichskanzlei vom 14.11.1923, Dok. Nr. 256, in: ERDMANN/VOGT: Die Kabinette Stresemann I und II (1923), 2 Bde. (wie Anm. 37, S. 219).

88 HINTERBERGER: Unpolitische Politiker? (wie Anm. 349, S. 157), S. 454f.

Stimmung in national denkenden Kreisen, wohl auch nur schwerlich umzusetzen gewesen.[89] Ein Wechsel setzte somit nur langsam ein. Mitverantwortlich dafür war auch, dass die BMP nicht bereit war, sich von den völkischen Kräften radikal zu distanzieren.[90]

Am 17. und 18. Februar 1924 traten Kahr als Generalstaatskommissar und Lossow als Landesbefehlshaber der Reichswehr nach einer Kompromissfindung zwischen Berlin und Bayern zurück und öffneten so den Weg für eine weitere Entspannung der Lage der „[verwischten] Grenzen zwischen rechtsextremen, revolutionären Nationalisten und konservativ-bürgerlichen Kräften".[91] Diese vollzog sich dann nach den Landtagswahlen im April 1924. Am 5. Mai 1924 übernahm der Fraktionsvorsitzende der BVP Heinrich Held die Regierungsgeschäfte in Bayern und beendete damit die Zeit der Beamtenminister. Ihm gelang es, die Entwicklung Bayerns und dessen Verhältnis zum Reich in ruhigere Bahnen zu führen, wenngleich die BVP weiterhin stark von der BMP und ihrem nationalen Kurs abhängig blieb, da für sie ein Bündnis mit SPD oder Völkischen nicht infrage kam. Die Abhängigkeit zeigte sich bereits bei den Koalitionsverhandlungen im Frühjahr 1924. Die BMP konnte hierbei die Beibehaltung von Justizminister Gürtner und die Absetzung von Innenminister Schweyer durchsetzen.[92]

Vor neue Probleme war die bürgerliche Regierungskoalition auf politischer Ebene dabei durch die starke völkische Stimmung in Bayern und vor allem in München gestellt. Bei den Landtagswahlen im April 1924 gelang es dem neu gegründeten *völkischen Block* auf Anhieb die meisten der Münchner Stimmen zu erringen und auch in Gesamtbayern lag er als drittstärkste Kraft nur wenige Stimmen hinter den Sozialdemokraten.[93] Die BVP hatte gegenüber der Landtagswahl 1920 in München fast 50.000 Stimmen verloren und auch die BMP verlor über 20.000 Stimmen. Noch schwerer waren nur SPD und USPD von den Entwicklungen getroffen, welche zusammen über 80.000 Stimmen verloren. Gekennzeichnet war diese Wahl in München dementsprechend vom Protest über die Zeitumstände, welcher die Wähler sich entweder der KPD (fast 24.000 neue Wähler) oder den Völkischen (über 105.000 Stimmen) zuwenden ließ. Durch die Beruhigung der Lage schmälerten sich die Ergebnisse des *völkischen Blocks* bis zu den Stadtrats und Reichstagswahlen im Dezember 1924 jedoch erheblich auf lediglich knapp 30.000 Wähler. Die BVP dagegen erreichte in München lediglich 1932 noch einmal die Stimmanzahl von 1920 und der Stimmanteil stieg im Laufe des Jahres 1924 nur sehr langsam wieder an. Die meisten Personen, welche das völkische Lager bald wieder verließen, fanden ihren Weg dagegen ins bürgerliche oder konservative Lager und somit zur DNVP oder DVP. Die NSDAP konnte in München dann erst 1932 wieder an die Ergebnisse des *völkischen Blocks* in den Frühjahreswahlen von 1924 anknüpfen.

Der *völkische Block* selbst war eine im Januar 1924 erfolgte bürgerliche Gründung durch ehemalige Deutschnationale. Federführend waren der ehemalige Justizminister Christian Roth, der bereits im Kontext der *Thule-Gesellschaft* und Bürgerwehr engagierte Rudolf Buttmann, der ehemalige Münchner Polizeipräsident

89 Vgl. FENSKE: Konservativismus und Rechtsradikalismus in Bayern nach 1918 (wie Anm. 140, S. 74), S. 224.

90 Vgl. KIISKINEN: Die Deutschnationale Volkspartei in Bayern (Bayerische Mittelpartei) in der Regierungspolitik des Freistaats während der Weimarer Zeit (wie Anm. 151, S. 121), S. 241f.

91 HARTMANN: Bayerns Weg in die Gegenwart (wie Anm. 108, S. 41), S. 487.

92 Vgl. KIISKINEN: Die Deutschnationale Volkspartei in Bayern (Bayerische Mittelpartei) in der Regierungspolitik des Freistaats während der Weimarer Zeit (wie Anm. 151, S. 121), S. 255–257.

93 Zu den Wahlergebnissen 1924 siehe die Tabelle *Wahlergebnisse in München und Bayern (1912–1933)* auf S. 23.

Ernst Pöhner, der völkische Politiker Rudolf von Xylander sowie der Jurist Alexander Glaser (1884–1934). Hier wollten sich die aufgelösten völkischen und nationalsozialistischen Vereinigungen zu einer politischen Partei sammeln, um sich „das extrem heterogene soziale und politische Protestpotential der Stadt" anzueignen, wobei „Adolf Hitler und Erich Ludendorff [...] die zentralen charismatischen Bezugspersonen dieser neuen populistischen Sammlungsbewegung [waren]."[94] Der Putschteilnehmer und spätere NS-Innenminister Wilhelm Frick (1877–1946) übernahm im Mai 1924 für die Partei ein Reichstagsmandat und auch der katholische Publizist Franz Schrönghamer kandidierte in Niederbayern für den Landtag. Zahlreiche weitere Splittergruppierungen aus dem völkischen Lager lehnten dagegen die Organisation als Partei ab und bekämpften das parlamentarische Engagement.[95] Die bedeutendste alternative Gruppierung stellte dabei die *Großdeutsche Volksgemeinschaft* um Alfred Rosenberg (1893–1946), Julius Streicher (1885–1946) und Hermann Esser (1900–1981) dar.[96] Die große Heterogenität in den Fraktionen in Reichs- und Landtag des *völkischen Blocks* sorgte nach der Haftentlassung Hitlers und der Wiederbegründung der NSDAP dann dafür, dass der Partei kein langfristiger Bestand beschert war.[97]

Parallel vollzog sich die Entwaffnung der vaterländischen Verbände. Kahr verfügte hierzu am 20. November 1923 die Entwaffnung der bereits verbotenen Organisationen des *Kampfbundes* und am 1. Dezember auch die Entwaffnung aller anderen Verbände, die nicht direkt unter staatlicher Kontrolle standen. Ende Dezember beschloss der Ministerrat General von Epp „zum hauptamtlichen Landesbefehlshaber über die vaterländischen Verbände zu berufen", da man über den im vaterländischen Lager anerkannten Epp hoffte, diese wieder direkt unter staatliche Kontrolle zu bekommen.[98] Als Ersatzorganisation für die sich in Auflösung oder Entwaffnung befindenden Verbände wurde daher am 18. Januar der *Deutsche Notbann* unter Leitung von Epp begründet. Dieser wurde als polizeiliche Hilfstruppe getarnt und sollte über staatliche Finanzierung und Ausrüstung die bisherigen Verbände an sich binden. Nennenswerte Aktivitäten konnte der *Notbann* allerdings nicht entwickeln, da die Regierung die Förderung einstellte als man merkte, dass die Entpolitisierung und Reintegration der Kräfte des *Kampfbundes*, welche sich in Röhms *Frontbann* oder anderen Splitterorganisationen sammelten, nicht gelang.[99] Auch wenn die Entwaffnung und Auflösung der vaterländischen Verbände nur langsam voranging und nicht konsequent umgesetzt wurde, da etwa eine Neuorganisation der aufgelösten Verbände zunächst ohne Beanstandungen zugelassen wurde,[100] führte das Vorgehen der bayerischen Regierung dazu, dass die Verbände zunehmend an Macht und Einfluss verloren. Der *Bund Bayern und Reich* etwa, welchen Epp für das Projekt *Notbann* gewonnen hatte,[101] gab am 31. Januar seinen Wehrcharakter auf und wurde somit zu einer BVP-nahen föderalistisch-

94 GEYER: Verkehrte Welt (wie Anm. 28, S. 15), S. 371.

95 Vgl. ROBERT PROBST: Völkischer Block in Bayern (VBl), 1924/25, in: HLB (2006).

96 Vgl. DERS.: Großdeutsche Volksgemeinschaft (GVG), 1924/25, in: HLB (2006).

97 Vgl. DERS.: Völkischer Block in Bayern (VBl), 1924/25, in: HLB (2006).

98 Vgl. Niederschrift der Ministerratssitzung vom 28.12.1923, BayHStA MA 99518; BRUNO THOSS: Deutscher Notbann, 1924–1926, in: HLB (2012); HINTERBERGER: Unpolitische Politiker? (wie Anm. 349, S. 157), S. 449f.

99 Vgl. WÄCHTER: Die Macht der Ohnmacht (wie Anm. 38, S. 104), S. 106–109; BRUNO THOSS: Deutscher Notbann, 1924–1926, in: HLB (2012).

100 Vgl. FENSKE: Konservativismus und Rechtsradikalismus in Bayern nach 1918 (wie Anm. 140, S. 74), S. 227f.

101 Vgl. WÄCHTER: Die Macht der Ohnmacht (wie Anm. 38, S. 104), S. 105.

monarchistischen politischen Organisation, welche langsam in der Versenkung verschwand. Dabei grenzte er sich dezidiert von den Völkischen ab, denen man die Verquickung von Politik und Religion sowie ihre zentralistische Staatsauffassung ankreidete.[102] Angesichts der allgemeinen politischen Beruhigung wurde der *Notbann* und somit der letzte staatlich geförderte Wehrverband in Bayern 1926 aufgelöst, was jedoch auch zur Trennung des desillusionierten Epp von der BVP und seiner Zuwendung zur NSDAP führte.[103]

Fasst man die Entwicklungen zusammen, so vollzog sich im Jahr 1923 ein zunehmendes Auseinanderdriften der zuvor im nationalen Lager weitgehend geeint agierenden bürgerlichen Kräfte. Politische Differenzen zwischen monarchistischen und diktatorischen, föderalistischen und unitaristischen, völkischen und konservativen, gewaltbereiten und moderaten Kräften traten zunehmend offen hervor und drängten zur inhaltlichen Auseinandersetzung. Im Rahmen des Hitlerputsches wurde die Lagerbildung offenbar und nötigte die verschiedenen Richtungen auf Distanz zur jeweiligen anderen zu gehen. Damit starb auch endgültig die Illusion der nationalen bürgerlichen Einheitsfront. Während völkische Kräfte Kahr, die BVP und die katholische Kirche des Verrats an der Nation beschuldigten, gaben diese den voreilig und unabgesprochen losschlagenden Putschisten die Schuld für die Unmöglichkeit der weiteren Verfolgung ihrer Ideen.

Zunächst jedoch herrschte angesichts der unübersichtlichen Ausgangslage Verunsicherung vor. Durch die Niederschlagung des Putsches rückte die Verwirklichung des gemeinsamen Ziels, der Beseitigung der Weimarer Reichsverfassung und des parlamentarischen Systems, wodurch man sich zugleich die Beseitigung des Versailler Vertrags versprach, in weite Ferne. Kurzfristig führte diese Wahrnehmung zur breiten Unterstützung der aktionistischen bürgerlichen Kräfte im *völkischen Block* durch die Münchner Bevölkerung. Zugleich waren hierdurch alle weiteren Einigungsbemühungen zum Scheitern verurteilt. Das Offenbarwerden einer zunehmenden politischen Polarisierung und Pluralisierung, auch im Bürgertum, und die damit einhergehende Gefährdung der Idee der nationalen Einheitsfront sorgte in der Folge auch für Konflikte innerhalb der akademischen und kirchlichen Organisationen. Bei den Münchner Burschenschaften beispielsweise, die im Januar 1924 ihre Reichsgründungskommerse feierten, sorgte die begeisterte Stellungnahme der jungen Aktiven für die radikal-völkische Richtung, welche durch die enthusiastisch gefeierte Anwesenheit Ludendorffs zum Ausdruck gebracht wurde,[104] für größere Irritationen unter den bereits im Berufsleben stehenden Mitgliedern. Diese fühlten sich durch die Einladung Ludendorffs bei gleichzeitiger Weigerung, Persönlichkeiten aus der Staatsregierung einzuladen sowie die klaren Stellungnahmen ihrer studierenden Mitglieder politisch brüskiert und blieben daher weitgehend den Feierlichkeiten fern.[105]

Mit der Auflösung der vaterländischen Wehrverbände, ihrem schwindenden Einfluss auf die bayerische Politik und mit der Entspannung der Lage zwischen Bayern und Reich vollzog sich dann nach und nach die Trennung zwischen kon-

---

102 Vgl. FENSKE: Konservativismus und Rechtsradikalismus in Bayern nach 1918 (wie Anm. 140, S. 74), S. 236; CHRISTOPH HÜBNER: Bund „Bayern und Reich", 1920–1935, in: HLB (2006).

103 Vgl. WÄCHTER: Die Macht der Ohnmacht (wie Anm. 38, S. 104), S. 111; BRUNO THOSS: Deutscher Notbann, 1924–1926, in: HLB (2012).

104 Vgl. Bundeszeitung der Burschenschaft Guelfia 5,1 (April 1924), S. 3 oder den Bericht der Burschenschaft Cimbria zum WiSe 1923/24, in welchem man sich vollumfänglich zu den Kampfverbänden sowie zu Hitler und Ludendorff bekannte (S. 6), DB-A 337.

105 Vgl. EBD., S. 9; Die Bundeszeitung der Burschenschaft Guelfia 5,1 (April 1924), S. 6 resümierte: „Tatsache ist, daß sich durch alle V.a.B.S. und die meisten Altherrenverbände Spaltungen hinsichtlich der Einstellung zur völkischen Frage ergaben."; siehe auch: EBD., S. 2f.

servativen und radikal-nationalistischen sowie völkischen Kräften. Auch auf dieser Basis war Bayern vor den Verlockungen des Nationalsozialsozialismus im Jahr 1933 relativ gefeit. Eine entscheidende Rolle spielte hierbei auch die Positionierung der Münchner Katholiken gegenüber der NSDAP.[106]

2 Katholiken zwischen den Stühlen

Unter den Katholiken bestand bezüglich der Stellungnahme zum radikalen völkischen Lager 1923 keine Einigkeit. Als sich die NSDAP von den regierungsnahen *Vereinigten Vaterländischen Verbänden* ab- und dafür protestantisch geprägten völkischen Organisationen unter dem Einfluss des bekennenden Anti-Katholiken Ludendorff zuwandte, kam es vermehrt zu Konflikten über mögliche katholische Positionierungen zur Partei. Hierzu trug auch der Kurs der BVP bei, die ab Herbst 1922 vor der Gefährlichkeit der Bewegung warnte. Damit gerieten die bürgerlichen Katholiken, welche sich bisher nahezu rückhaltlos zur völkischen Idee bekannt hatten, in die Lage, sich zwischen katholisch föderalistisch-monarchistischer und national-völkischer Richtung entscheiden zu müssen.

2.1 Spaltung der nationalen Bewegung und des Katholizismus

Mehrheitlich stellten sich dabei die bürgerlichen katholischen Kräfte zunächst hinter das Regierungslager und somit hinter die BVP. So bezogen etwa die renommierten konservativen *Historisch-politischen Blätter* klar Position für die Regierung und ihre „repressive Tätigkeit gegenüber allen die Ordnung, Ruhe und Sicherheit des Staates störenden Elementen". Zugleich befürwortete man ein festes „Vertrauensverhältnis zwischen Regierung und vaterländischen Organisationen" sowie die hierdurch angestrebte Bildung einer nationalen, konservativen „bürgerliche[n] Einheitsfront".[107] Die NSDAP dagegen brandmarkte man als christentumsfeindliche Partei, welche zwar gerechtfertigter Weise gegen Judentum und Sozialdemokratie als die Schuldigen des Versailler Vertrages sowie des politischen Umsturzes agierte, jedoch hierbei durch ihr aggressives Auftreten übers Ziel hinausschieße. Daneben gefährde die Partei die nationale Einheitsfront, stehe inhaltlich der Sozialdemokratie nahe und auch ihre unitaristische Haltung sei abzulehnen.[108]

Auch katholische Studierende wandten sich von der Utopie der vaterländischen Einheitsfront enttäuscht ab. So warnte etwa ein katholisches Studentenverbindungsmitglied, welches vorübergehend dem Führerausschuss des Deutschen HdA angehört hatte, bereits im Frühjahr 1922 die katholischen Studierenden vor dem Antisemitismus und Rassismus der mit ihnen im Bündnis stehenden völkischen Kräfte und ermunterte stattdessen zur positiven völkischen und kulturellen Arbeit.[109] Auch die fortbestehenden Weigerungen des *katholischen Hochschulblocks*, sich ins völkische Lager einzugliedern, ist in diesem Sinne zu verstehen

106 Zur Haltung des katholischen Bayerns zum Nationalsozialismus ab 1930 vgl. HÖPFL: Katholische Laien im nationalsozialistischen Bayern (wie Anm. 646, S. 197).

107 O.A.: Regierung und Nationalsozialismus in Bayern, in: HpBl 171,4 (1923), S. 238–252, hier: S. 238f.

108 Vgl. EBD., S. 239–245; Ähnlich auch bereits: FRANZ XAVER HOERMANN: Zum neuen Jahr. Die revolutionäre Auswirkung des Irrtums, in: Ebd., S. 1–16, v. a. S. 5f. und ARMINIUS: Bayern und die Nationalsozialisten, in: HpBl 174,2 (1923), S. 109–116.

109 PROSPER HEYL: Offener Brief an die Hochschulen katholischer Theologie vom 24.5.1922, KSC. B6 Nr. 21.

und sorgte für Irritationen im völkischen Lager, weswegen man dies als Störung des „konfessionellen Frieden[s] der Studentenschaft“ desavouierte[110] und sich gegen einen Missbrauch des katholischen Glaubens für das Betreiben einer „nichtvölkische[n] Hochschulpolitik“ verwahrte.[111]

Der Druck des völkischen Lagers zur Eingliederung der Katholiken wird an derartigen Erklärungen deutlich. Die Infragestellung von radikalem Rassismus und Antisemitismus wurden zunehmend als nicht-vaterländisch gebrandmarkt. Ebenso erging es Orientierungen an einer katholischen gemäßigten Politik.

Demgegenüber suchte sich insbesondere die NSDAP als christliche und katholikenfreundliche Partei zu stilisieren. Dabei verwies man auf das Parteiprogramm vom 24. Februar 1920 in welchem man als Punkt 24 ein „positives Christentum“ propagiert hatte.[112] Hierunter verstand man eine interkonfessionelle mit Radikalantisemitismus und völkischer Ethik vereinbare Spielart des Christentums und suchte hierdurch den Nationalsozialismus für katholische und evangelische Kreise anschlussfähig zu machen.[113] Insofern propagierte man ein spezifisches Verständnis vom Christentum[114] und hatte hiermit zunächst Erfolg, da die Unterschiede zum etablierten kirchlich gebundenen Christentum zunächst von keiner Seite klar benannt wurden. Ganz auf dieser Linie wurden Vorwürfe, welche man der NSDAP machte, regelmäßig mit konfessionellen Vorbehalten der Ankläger oder als Einzelmeinungen von Parteigängern entschuldigt.[115] Demgegenüber suchte man die eigenen Führer als gute Katholiken darzustellen und erstrebte so eine politische Einbindung der Katholiken in die Partei zu erreichen.[116]

In diesem Sinne agierte auch der Katholik und Redakteur des *Völkischen Beobachters* Hermann Esser (1900–1981), dessen Forderung nach Internierung aller Juden in Konzentrationslagern im März 1923 – bei positiver Würdigung – auch im Parteiorgan der BVP abgedruckt wurde.[117] Er wählte sich für seine katholische Trauung, über welche der *Völkische Beobachter* berichtete, Adolf Hitler als Trauzeugen aus.[118] Daneben hielt Esser im Juni 1923 eine Versammlung zum The-

---

110 o.A.: Katholiken zweiter Ordnung, in: VB 37,1 (3.01.1923), S. 3f.

111 o.A.: Erklärung der völkischen Finkenschaft, in: VB 37,1 (3.01.1923), S. 4.

112 Vgl. beispielsweise Franz Schrönghamer-Heimdal: Der Feldzug der Verleumdung, in: VB 37,23 (22.02.1923), S. 6; Das Programm findet sich bei: Ernst Deuerlein (Hg.): Der Aufstieg der NSDAP. in Augenzeugenberichten, Düsseldorf 1968, S. 108–112.

113 Vgl. Richard Steigmann-Gall: The Holy Reich. Nazi conceptions of Christianity, 1919–1945, New York 2003, S. 49.

114 Vgl. Doris L. Bergen: Nazism and Christianity. Partners and Rivals? A Response to Richard Steigmann-Gall, The Holy Reich. Nazi Conceptions of Christianity, 1919–1945, in: Journal of Contemporary History 42,1 (2007), S. 25–33, hier: S. 28.

115 Vgl. beispielsweise Franz Schrönghamer-Heimdal: Der Feldzug der Verleumdung, in: VB 37,23 (22.02.1923), S. 6.

116 Vgl. o.A. Nationalsozialismus und Christentum, in: VB 37,123 (23.06.1923), S. 3: Hier betonte etwa Hermann Esser „daß der Nationalsozialismus nicht in irgendwelcher Feindschaft zur katholischen Kirche stehe, sondern im Gegenteil nichts sehnlicher erwarte, als daß unsere Seelsorger sich mit an die Spitze des Lebenskampfes in der deutschen Nation stellen werden, der zugleich auch ein Kampf für das Christentum ist.“ Siehe auch: Hastings: Catholicism and the roots of Nazism (wie Anm. 30, S. 16), S. 114f.

117 Vgl. o.A.: Die Lösung der Judenfrage endlich gefunden, in: BK 67,69/70 (10./11.03.1923), S. 4; Vgl. auch Dirk Walter: Antisemitische Kriminalität und Gewalt. Judenfeindschaft in der Weimarer Republik, Bonn 1999, S. 113f.

118 Vgl. o.A.: Vermählung von Pg. Hermann Esser, in: VB 37,134 (6.07.1923), S. 4; Hastings: Catholicism and the roots of Nazism (wie Anm. 30, S. 16), S. 107.

ma *Nationalsozialismus und Christentum* ab, um katholischen Angriffen auf die NSDAP entgegenzuwirken.[119]

Eine weitere Stütze auf diesem Kurs bildeten einige katholische Geistliche. Eine gewisse Rolle spielte für die nationale Zuwendung junger Katholiken zum Nationalsozialismus dabei der *Jungdeutsche Orden*, welcher als Wehrverband aus einem Freikorps hervorgegangen war und eine völkisch-christliche – wenngleich nicht immer verfassungsfeindliche – Weltanschauung vertrat.[120] Ihm gehörten beispielsweise Josef Roth, aber auch der NS-nahe Priester und Bruder des Generalsekretärs des *Volksvereins für das katholische Deutschland*, Lorenz Pieper (1875–1951),[121] an. Dieser eigentlich in Paderborn inkardinierte Priester, kam im Frühjahr 1923 nach München, um für den Nationalsozialismus zu werben und blieb der Bewegung treu bis er über die praktizierte Euthanasie im NS-Staat mit ihr brach.[122] Der *Jungdeutsche Orden* stellte sich dabei Anfang November in Gänze auf die Seite des *Kampfbundes*, wurde jedoch vom Putsch selbst „überrumpelt" und distanzierte sich umgehend von Hitlers Umsturzversuch, wobei man jedoch an der gemeinsamen völkischen Auffassung festhielt.[123] Wenig überraschend ist es daher, dass die Fuldaer Bischofskonferenz 1924 den Beitritt zu politischen Kampfverbänden wie dem *Jungdeutschen Orden* nicht als unbedenklich empfehlen wollte.[124]

Der bereits mehrfach erwähnte Josef Roth, welcher 1922 für das Erzbistum München und Freising zum Priester geweiht worden war, setzte seine völkischen Agitationen dennoch nahezu ungehindert fort. Er veröffentlichte sein Werk *Katholizismus und Judenfrage*[125] und Anfang September 1923 hielt er auf dem Deutschen Tag in Nürnberg die Predigt, in welcher er die völkische militärische Aktion als christliche Tat, welche dem Willen des Heilands entspräche, charakterisierte.[126] Inhaltlich wusste sich Roth hierbei mit dem in München wohnhaften Prager Bene-

---

119 Vgl. O.A. Nationalsozialismus und Christentum, in: VB 37,123 (23.06.1923), S. 3; FELLNER: Pater Erhard Schlund OFM (1888–1953) und seine Auseinandersetzung mit der völkischen Bewegung und dem Nationalsozialismus (wie Anm. 642, S. 197), S. 177.

120 Vgl. RICHTER: Nationales Denken im Katholizismus der Weimarer Republik (wie Anm. 437, S. 169), S. 242.

121 Lorenz Pieper (1875–1951) hatte bei Lujo Brentano in München promoviert, war Mitglied im CV und stand auch als Paderborner Priester weiterhin im Kontakt mit reformkatholischen Kreisen in München. Nach dem 1. Weltkrieg war er politisch im DVSTB und im *Jungdeutschen Orden*, aktiv. Früh trat er der NSDAP bei und kam zu deren Unterstützung um Ostern 1923 nach München, wo er bis Oktober verblieb. Zu ihm vgl. WIELAND VOGEL: Katholische Kirche und nationale Kampfverbände in der Weimarer Republik (Veröffentlichungen der Kommission für Zeitgeschichte B 48), Mainz 1989, S. 55–59 und 99; HASTINGS: Catholicism and the roots of Nazism (wie Anm. 30, S. 16), S. 28 und 112f. DERS.: How „Catholic" was the Early Nazi Movement? Religion, Race, and Culture in Munich, 1919–1924 (wie Anm. 30, S. 16), S. 404 und 421.

122 Vgl. RICHTER: Nationales Denken im Katholizismus der Weimarer Republik (wie Anm. 437, S. 169), S. 243f.

123 VOGEL: Katholische Kirche und nationale Kampfverbände in der Weimarer Republik (wie Anm. 121), S. 13f.

124 Vgl. Protokoll der Fuldaer Bischofskonferent vom 18.–20. August 1924, Beschluß Nr. 14, zu finden bei: EBD., S. 341 oder EAM NL Faulhaber 3102.

125 ROTH: Katholizismus und Judenfrage (wie Anm. 664, S. 199).

126 Vgl. Ansprache Joseph Roths bei der Gefallenen-Ehrung der vaterländischen Verbände am 2.09.1923, BayHSTA Bund Bayern und Reich 126; In Auszügen abgedruckt bei: HORST G. W. NUSSER: Konservative Wehrverbände in Bayern, Preußen und Österreich. 1918–1933. Dokumentenanhang, Archivalisches Verzeichnis, Literaturverzeichnis, 2. Aufl. (Moderne Geschichte 1,2), München 1990, S. 23–25.

diktinerabt Alban Schachleiter (1861–1937)[127] einig, mit welchem er regelmäßig korrespondierte.[128]

Schachleiter spielte eine zentrale Rolle bei einer großen Kundgebung aller vaterländischen Kräfte Münchens, welche die NSDAP geschickt für sich zu nutzen wusste.[129] Und zwar feierte Schachleiter am 10. Juni 1923 im Anschluss an eine große Gedenkfeier zu Ehren des durch die Franzosen hingerichteten Albert Leo Schlageter auf dem Königsplatz einen Gottesdienst in St. Bonifaz.[130] Dies konnten die Nationalsozialisten in zweifacher Hinsicht für sich nutzen. Zum einen bekundete die große Präsenz im Gottesdienst von Schachleiter und die persönliche Verbundenheit von ihm zur NSDAP die Katholizität der Bewegung nach außen und wurde dementsprechend dargestellt. Zum anderen war der hingerichtete Schlageter, ein bekennender Katholik, Mitglied einer CV-Verbindung sowie der NSDAP, als politisches Vorbild des völkischen Brückenbauers besonders geeignet und daneben auch bei anderen vaterländische Verbände hoch geschätzt. Hitler erhielt durch die Verbundenheit Schlageters zur NSDAP auf dem Königsplatz die Gelegenheit zur Ansprache. Die Verehrung und Betonung der Vorbildfunktion sowie Katholizität Schlageters bot sich für die NSDAP zur Gewinnung katholischer Akademiker also an. Auch bei diesen war Schlageter hoch geschätzt wie etwa die gesonderte Gedächtnisfeier der Münchner CV-Verbindungen am 15. Juni unter Beteiligung der Minister Matt und Schweyer versinnbildlicht.[131] Es zeigt sich hier erneut, dass junge katholische Akademiker besonders offen für nationales und völkisches Gedankengut waren und es der NSDAP erfolgreich gelang, die entsprechenden Überschneidungen in Weltbild und Personenkult herauszuarbeiten.[132]

---

127 Alban Schachleiter (1861–1937), bekannter und bedeutender Abt des Benediktinerklosters in Prag, musste dieses wegen seiner deutschnationalen Gesinnung nach Kriegsende und Revolution verlassen. Ab diesem Zeitpunkt wohnte er teilweise in München und neigte ab 1923 der NSDAP zu, was ihn wiederholt in Konflikte mit der kirchlichen Hierarchie brachte (Vgl. hierzu auch BayHStA NL Schachleiter 6). Wiederholt feierte er Gottesdienste für die NSDAP, weihte deren Fahnen und blieb mit Hitler bis zu seinem Tod persönlich verbunden. Zu ihm vgl. WILLI EISELE: Abt Alban Schachleiter OSB (1861–1937) und sein Umfeld. Annäherung an eine schillernde Persönlichkeit – ein Werkstattbericht. Teil II: 1921 bis 1937, in: Beuroner Forum 8/9 (2016/17), S. 111–180; ROMAN BLEISTEIN: Abt Alban Schachleiter OSB. Zwischen Kirchentreue und Hitlerkult, in: Historisches Jahrbuch 115 (1995), S. 170–187; SPICER: Hitler's Priests (wie Anm. 102, S. 113), S. 35–37.

128 Die Korrespondenz findet sich im Akt BayHStA NL Schachleiter 11.

129 Vgl. zum Memorium Schlageters innerhalb der NSDAP die zahlreichen Artikel im VB. Beispielsweise die Leitartikel: A.R.[ALFRED ROSENBERG]: Albert Leo Schlageter zum Gedächtnis, in: VB 37,112 (10./11.06.1923), S. 1; O.A.: Der Treueschwur am Königsplatz, in: VB 37,113 (12.06.1923), S. 1; O.A.: Zu Schlageters Hinrichtung, in: VB 37,114 (13.06.1923), S. 1; Oder: O.A.: Nachruf für Schlageter, in: VB 37,117 (16.06.1923), S. 4.

130 Vgl. FELLNER: Pater Erhard Schlund OFM (1888–1953) und seine Auseinandersetzung mit der völkischen Bewegung und dem Nationalsozialismus (wie Anm. 642, S. 197), S. 177f.

131 Vgl. O.A. FRITZ SPENGLER: Die Schlageter-Gedächtnisfeier des C.V., in: BK 67,169 (19.06.1923), S. 5; FLORIAN MAYR: Konfessionen im theatralen Diskurs. Fünf Schlaglichter, in: ANTONIA LEUGERS (Hg.): Zwischen Revolutionsschock und Schulddebatte. Münchner Katholizismus und Protestantismus im 20. Jahrhundert (theologie.geschichte 7), Saarbrücken 2013, S. 216–241, hier: S. 231; PHILISTERVEREIN LANGOBARDIA (Hg.): 100 Jahre Katholische Deutsche Studentenverbindung Langobardia München zu Bayreuth im CV (wie Anm. 53, S. 60), S. 92.

132 Hitler etwa beendete seine Ansprache und Würdigung Schlageters mit einer Art nationalem Gebet: „Herrgott! Wir versprechen dir, daß wir uns für unsere Freiheit bis zum letzten Atemzuge opfern werden und dazu gib uns deinen Segen! Nicht zu ruhen, nicht zu rasten gilt es im Geist des Widerstandes, bis der Tag kommt, wo es durch Deutschland brausen wird: Das Volk steht auf! Der Sturm bricht los!" O.A.: Der Treueschwur am Königsplatz, in: VB 37,113 (12.06.1923), S. 1.

Daneben wusste sich die NSDAP jedoch auch mit Generalstaatskommissar Kahr in vielen politischen Zielen einig. Dieser suchte weiterhin ein Bündnis mit den radikalen völkischen Kräften herbeizuführen und strebte selbst danach, die *Ordnungszelle Bayern* auf das Reich auszudehnen, worunter grundsätzlich eine Beseitigung der Weimarer Verfassung sowie der parlamentarischen Demokratie subsumiert wurde. So wenig die Amtskirche sich bisher gegen den konservativen Kurs und ihr Zusammengehen mit radikalen Kräften gewandt hatte, regte sich nun langsam Widerstand gegen ein sich abzeichnendes gewaltsames Vorgehen und eine vermutete Reduzierung katholischer Einflüsse durch die Zurückdrängung der BVP aus der Regierung. Mit Besorgnis berichtete Pacelli bereits Anfang September von dem zunehmenden Einfluss der vaterländischen Kräfte nach Rom, was auf eine vorübergehende Trennung vom Reich sowie die Restauration der Monarchie hinauslaufen könnte.[133] Kahr habe ihm, Pacelli, dieses Ansinnen, bereits vor seiner Einsetzung als Generalstaatskommissar, ganz offen vorgetragen und die Einstellung Roms zu erfahren gesucht. Pacelli erklärte hierauf die Neutralität des Heiligen Stuhls bezüglich derartiger politischer Fragen und scheint einem derartigen revolutionären Vorgehen zwar nicht mit Wohlwollen jedoch auch nicht mit Abneigung gegenübergestanden zu haben.[134]

Insgesamt scheint Pacelli jedoch erleichtert gewesen zu sein, dass Kronprinz Rupprecht in der schwierigen Lage nicht bereit war, die Regierung zu übernehmen, auch da Pacelli danach trachtete, das monarchische Prinzip nach Möglichkeit nicht zu beschädigen.[135] Daneben scheint ihn das Abrücken Kahrs von separatistischen Tendenzen beruhigt zu haben, von dessen Politik er nun sehr wohlwollend nach Rom berichtete.[136] Kritik oder Bedenken bezüglich der Agitation der Nationalsozialisten oder der Vaterländischen Kampfverbände fallen dementsprechend in Pacellis Berichten nach Rom nur sehr dezent aus.[137]

Auch wenn Faulhaber bereits nach seiner Amerikareise im Frühjahr 1923, auf welcher er erfolgreich Mittel zur Linderung der Not in Deutschland sammelte, aus völkischen Kreisen massiv als Verräter angegriffen wurde, konnte er sich nur schwerlich durchringen, sich offen von diesen Kräften zu distanzieren. Ausschlaggebend für diese erstmals offen hervortretenden Differenzen war, dass Faulhaber in Amerika auch moralische Fehler Deutschlands im Weltkrieg – wie den Angriff auf das neutrale Belgien oder die Torpedierung des Passagierschiffes Lusitania – benannt hatte, was ihn von radikal-nationalistischen Kräften als Verrat an der vaterländischen Sache angelastet wurde.[138] Während rechte Kräfte wie der Katholik Max Sesselmann Faulhaber drängten, die bevorstehende Revolution zu unterstützen,[139] suchten Kräfte aus *Zentrum* und BVP Faulhaber zu einer Stellungnahme gegen die radikalen völkischen Kräfte zu bewegen.

Anfang Oktober 1923 wandte sich diesbezüglich der Fraktionsvorsitzende der BVP, Heinrich Held, an Faulhaber und ersuchte ihn, den Nationalsozialismus und

133 Vgl. Pacelli an Gasparri vom 10.09.1923, in: Kritische Online-Edition der Nuntiaturberichte von 1917–1929 (wie Anm. 26, S. 56).

134 Vgl. Pacelli an Gasparri vom 10.09.1923, in: EBD.

135 Vgl. Pacelli an Gasparrie vom 8.10.1923, in: EBD. Pacelli erklärte „In tal guisa lo stesso principio monarchico rimarrebbe, forse irreparabilmente, compromesso."

136 Vgl. Pacelli an Gasparrie vom 8.10.1923, in: EBD.

137 Vgl. etwa Pacelli an Gasparri vom 10.09.1923 oder 3.10.1923, in: EBD.

138 Vgl. SCHWAIGER: Zwischen Monarchie und Diktatur (wie Anm. 220, S. 85), S. 303f. Aufgegriffen wurde die Thematik auch im Hitlerprozess. Vgl GRUCHMANN/WEBER: Der Hitler-Prozeß 1924 (wie Anm. 73, S. 224), Bd. 3, S. 1057 und 1183f.

139 Vgl. Max Sesselmann an Faulhaber vom 23.09.1922, EAM NL Faulhaber 7000.

die völkischen Agitationen als unchristlich zu verurteilen.[140] Mit ganz ähnlicher Absicht ersuchte auch Reichskanzler Stresemann Faulhaber sich in dieser Angelegenheit zu positionieren. Angesichts dieser Erwartungshaltung aus dem politischen Katholizismus positionierte sich Faulhaber nun am 6. November mit einem offenen Brief an Stresemann[141] und innerhalb seiner publizierten Allerseelenpredigt am 4. November.[142] Dabei griff er jedoch nicht wie erhofft die Nationalsozialisten dezidiert an, sondern bezog Position für den Wert jeden menschlichen Lebens. Hierbei erwähnte er explizit auch die Juden und wandte sich somit gegen den Rassenantisemitismus sowie ein gewaltsames Vorgehen gegen Juden. An seinen generellen Vorbehalten gegenüber dem Judentum oder der assoziierten Verbindung desselben mit dem abgelehnten Sozialismus und Liberalismus änderte dies jedoch nichts. Auch zu einer dezidierten Stellungnahme beispielsweise gegen die von Kahr in Gang gebrachten Ausweisungen jüdischer Mitbürger oder gegen den aggressiven Kurs der Völkischen konnte sich Faulhaber zu diesem Zeitpunkt nicht durchringen.[143] Dennoch riefen diese Positionierungen Faulhabers deutlichen Widerspruch unter den Völkischen hervor, was sich etwa im der kirchlichen Hierarchie bis dato relativ neutral gegenüberstehenden *Völkischen Beobachter*[144] sowie in den erbosten Protestbriefen an den Kardinal widerspiegelte.[145] Für die Völkischen war klar, dass Faulhaber sich mit seinen Statements auf die Seite des politischen Katholizismus und „der Bayerischen Volksverblödungspartei“ stellte.[146]

Somit lassen sich zwar ab Ende 1922 erste Brüche zwischen kirchlicher Hierarchie, katholischen Akademikern und den völkischen Kräften aufweisen, eine klare Trennung oder Absetzung erfolgte jedoch nur vereinzelt. Selbst Held, der die „nationalistische-völkische Bewegung“ intern als „große Bewegung des Abfalls vom katholischen Glauben und der Kirche“ sowie Gefahr für Kirche und Staat

140 Vgl. Held an Faulhaber vom 6.09.1923 [eigentlich 6.10.1923 = Fehldatierung im Original], EAM NL Faulhaber 7407 (abgedruckt bei LUDWIG VOLK (Hg.): Akten Kardinal Michael von Faulhaber 1917–1945. Bd. 1 1917–1934 (Veröffentlichungen der Kommission für Zeitgeschichte A 17), Mainz 1975, S. 314–317); Vgl. auch HILLE: Revolutionen und Weltkriege (wie Anm. 60, S. 107), S. 105.

141 Faulhaber an Stresemann vom 6.11.1923, EAM NL Faulhaber 7229 (abgedruckt bei VOLK (Hg.): Akten Kardinal Michael von Faulhaber 1917–1945 (wie Anm. 140), S. 318–320); Aufgegriffen etwa durch O.A.: Katholizismus und Bürgerkrieg. Eine Warnung Kardinal Faulhabers, in: BK 67,311 (8.11.1923), S. 1; O.A.: Nicht Umsturz, sondern sittliche Wiedergeburt! Kardinal Faulhaber an Stresemann, in: AP 256 (7.11.1923), S. 2; Sittliche Erneuerung. Schriftwechsel zwischen Kardinal Faulhaber und Reichskanzler Stresemann, in: MNN 76,303 (8.11.1923), S. 4.

142 Es sind zwei Wortlaute übermittelt: „Es darf niemand verhungern, niemand erfrieren; auch der Jude nicht.“ O.A: Allerseelenpredigt des Kardinals Faulhaber, in: AP 255 (6.11.1923), S. 3. Mit anderem Wortlaut: „Mit blindem Hass gegen Juden und Katholiken, gegen Bauern und Bayern werden keine Wunden geheilt. [...] Wir fragen nicht nach [der] Partei, jedes Menschenleben ist etwas Kostbares.“ O.A.: Allerseelenpredigt des Herrn Kardinals im Dom 1923 über das Thema „Die leidende Kirche und der deutsch Job“, in: BK 67,309 (6.11.1923), S. 3f., hier: S. 4.

143 Vgl. LEUGERS: „Weil doch einmal Blut fliessen muss, bevor wieder Ordnung kommt“ (wie Anm. 247, S. 89), S. 98.

144 Vgl. O.A.: Kardinal Faulhaber als Judenschützer, in: VB 37,226 (6.11.1923), S. 5; O.A.: Kardinal Faulhaber, in: VB 37,228 (8.11.1923), S. 2.

145 Vgl. Die Betriebsräte der Masch. Fab. MAN und L.A. Riedinger an Faulhaber vom 1.12.1923 (Augsburg), EAM Nachlass Faulhaber 9262 oder Bankbeamter Hanns E. Friedl an Faulhaber vom 7.11.1923, ebd. oder Josef K. an Faulhaber vom 7.11.1923, ebd.

146 O.A.: Kardinal Faulhaber, in: VB 37,228 (8.11.1923), S. 2.

charakterisierte,[147] konnte kein organisiertes und erfolgreiches Vorgehen gegen die Bewegung vorantreiben. Ihm erging es wie anderen BVP-Politikern, welche die Gefahr des Nationalsozialismus erkannt hatten oder zumindest den eigenen politischen Einfluss gefährdet sahen. Ein striktes Vorgehen gegen die erstarkten vaterländischen Verbände sowie ihre paramilitärischen Organisationen war in Bayern angesichts der Krisenzeit sowie der Stimmung innerhalb des Münchner Bürgertums nicht mehr durchzusetzen. Dies auch deswegen, da zwischen den verschiedenen vaterländischen Verbänden eine klare Unterscheidung oder Differenzierung nur den Wenigsten gelang und auch intern nicht immer gegeben war. Dabei hatte sich in der Führungsriege der BVP spätestens mit dem klar gegen die Regierung gerichteten Vorgehen der vaterländischen Kampfverbände am 1. Mai 1923 eine recht eindeutige Einschätzung bezüglich der NSDAP herausgebildet. Diese deutliche Einstufung der Bewegung als die eigene Position sowie den Staat gefährdend kam in der Ministerratssitzung am 8. Mai klar zum Ausdruck.[148] Aus den geschilderten Umständen konnten oder wollten sich die meisten gebildeten Katholiken in Kirche und Politik jedoch nicht zum Handeln durchringen und suchten stattdessen die gefährlichen Kräfte wieder ins eigene Lager einzubinden.

2.2 Reaktionen auf den Hitler-Putsch

Ein drastischer Wandel bezüglich der Möglichkeit zur Zusammenarbeit mit rechten Kräften vollzog sich mit beziehungsweise kurz nach dem Hitlerputsch. Mit der Abwendung Kahrs und der BVP vom durch radikal-völkische Kräfte getragenen nationalen Umsturz war die Bruchlinie zwischen Katholiken und Hitleranhängern vorgegeben. Dennoch wollten Kahr und zahlreiche BVP-Abgeordnete, wie auch Schweyer und Held, zunächst am Konzept der *Ordnungszelle* festhalten oder dessen Scheitern, ohne jegliche Bereitschaft zum Eingeständnis einer eigenen Mitschuld, den Nationalsozialisten anlasten. So äußerte etwa Held noch im Februar 1924:

> „Wir sind der Auffassung, daß wir in der besten Entwicklung waren, daß wir in der Tat verdient haben, die Ordnungszelle genannt zu werden, wir haben die Auffassung, daß von Bayern aus eine Gesundung des deutschen Vaterlandes gekommen wäre, aber leider nicht durch unsere Schuld, sondern durch anderer Leute Schuld sind wir weit zurückgeworfen in dieser Entwicklung".[149]

Ganz ähnlich verteidigte Schweyer 1925 die Politik der BVP und ihren Glauben an den guten Kern der vaterländischen Bewegung.[150]

Die Nationalsozialisten auf der anderen Seite wiesen die Schuld für das Scheitern der nationalen Revolution und damit des vermeintlich gemeinsamen Zieles, der Errichtung von Ruhe und Ordnung auf dem Boden der nationalen Volksgemeinschaft in Gesamtdeutschland, vornehmlich den ehemaligen Verbündeten und somit Kahr, der BVP und der katholischen Kirche zu. Die kurz zuvor von Faulhaber veröffentlichten Worte gegen den radikalen Rassenantisemitismus wurden in

147 Held an Faulhaber vom 6.09.1923 [richtig wäre: 6.10.1923. Es liegt eine Fehldatierung im Original vor], EAM NL Faulhaber 7407 (abgedruckt bei VOLK (Hg.): Akten Kardinal Michael von Faulhaber 1917–1945 (wie Anm. 140), S. 314–317).

148 Vgl. Niederschrift der Ministerratssitzung vom 8.5.1923, BayHStA MA 99518.

149 Rede Helds im Landtag am 8.02.1924, in: BAYERISCHER LANDTAG: Verhandlungen des bayerischen Landtages. IV. Tagung 1923/24. Stenographische Berichte Nr. 213 bis 222, München 1923/24, S. 192–201, hier: S. 200; Vgl. auch KARL-ULRICH GELBERG/ELLEN LATZIN: Ordnungszelle Bayern, in: HLB (2007).

150 Vgl. SCHWEYER: Politische Geheimverbände (wie Anm. 225, S. 135), S. 100–103.

diesem Kontext „politisch hochexplosiv" und Faulhaber von den radikalen Völkischen „als einer der Hauptschuldigen hingestellt."[151]

Der Katholik Alfred Miller etwa verschärfte in diesem Kontext seine Kritik an den Jesuiten sowie am politischen Katholizismus[152] und gab der katholischen Kirche die Schuld für das Scheitern der nationalen Einheitsfront.[153] Seine Entfremdung von der katholischen Kirche wurde durch den Hitlerputsch somit beschleunigt und führte dazu, dass er sich einer nordisch-germanischen Religionsform zuwandte und Ende der 1920er Jahre für die offensiv antichristlichen Zeitschriften *Durchbruch* und *Flammenzeichen* arbeitete.[154] Auch der katholisch erzogene Heinrich Himmler, welcher bis 1921 noch der BVP zuneigte und auch nach seinem Beitritt zur NSDAP im Sommer 1923 weiterhin am katholischen Glaubensleben teilnahm, wandte sich 1924 von der katholischen Kirche ab und zunehmend einer germanisch-nordischen Religion zu.[155]

Auch wenn weiterhin versucht wurde die Christlichkeit der völkischen Bewegung[156] sowie das unchristliche Agieren von *Zentrum* und BVP, durch ihre Mitarbeit im parlamentarischen Staat sowie ausgehend der Zusammenarbeit mit Liberalen und Sozialdemokraten, aufzuzeigen,[157] standen die Zeichen zunehmend auf Trennung. Begünstigt wurde diese Entwicklung durch antikatholische Äußerungen und Verschwörungstheorien, welche in völkischen Kreisen kursierten und insbesondere von Ludendorff sowie dem katholischen thüringischen völkischen Abgeordneten Artur Dinter (1876–1948) geteilt und verbreitet wurden.[158] So ließ etwa eines der Nachfolgeorgane des *Völkischen Beobachters*, die *Großdeutsche Zeitung* verlauten: „Judentum und Zentrum verfolgen dieselbe Taktik: Jenes betreibt möglichst im Dunkeln die staatliche und völkische Zersetzung [...]. An der gotteslästerlichen Naturwidrigkeit, das gottgewollte deutsche Volkstum ersticken zu helfen, wird das Zentrum mitsamt seinen jüdischen und verjudeten, mammonistischen und atheistischen Bundesgenossen scheitern: das walte und will Gott!"[159] In ähnlicher Stoßrichtung äußerte sich auch der spätere Parteiideologe Alfred Rosenberg.[160]

---

151 SCHWAIGER: Zwischen Monarchie und Diktatur (wie Anm. 220, S. 85), S. 307f.

152 Diese war zuvor bereits in folgenden beiden Werke zum Ausdruck gekommen: MILLER: Ultramontanes Schuldbuch (wie Anm. 485, S. 175); DERS.: Die katholische Kirche und das Judentum in der Geschichte, Breslau 1922.

153 Vgl. DERS.: Der Jesuitismus als Volksgefahr. Eine Betrachtung zu den Münchener Nobermbereignissen, 3. Aufl. (Völkisches Rüstzeug 1), München 1924, S. 3.

154 Vgl. HASTINGS: Catholicism and the roots of Nazism (wie Anm. 30, S. 16), S. 153f.

155 Vgl. MÜES-BARON: Heinrich Himmler – Aufstieg des Reichsführers SS (1900–1933) (wie Anm. 30, S. 218), v. a. S. 155–201; PETER LONGERICH: Heinrich Himmler, München 2010, v. a. S. 51–88; HASTINGS: Catholicism and the roots of Nazism (wie Anm. 30, S. 16), S. 144–155; STEIGMANN-GALL: The Holy Reich (wie Anm. 113, S. 230), S. 107f.

156 Beispielsweise propagierten die Völkischen: „In erster Linie tut uns not eine geistige, sittliche Erneuerung. Ohne wahrhaft christliche Erziehung, ohne wahrhaft christlichen Geist in Volk und Regierung sind alle anderen Maßnahmen nur Stückwerk oder umsonst." JOHANNES DINGFELDER: Die erste Ausgabe, in: Großdeutsche Zeitung 1,1 (29.01.1924), S. 1.

157 Vgl. beispielsweise O.A.: Christentum und Völkische Bewegung, in: Großdeutsche Zeitung 1,4 (1.02.1924), S. 4.

158 Vgl. beispielsweise: O.A.: Eine unerhörte Beschimpfung des Kardinals Faulhaber, in: BK 68,68 (8.03.1924), S. 1; O.A.: Die erste völkische Rede im Thüringer Landtag, in: Großdeutsche Zeitung 1,34 (7.03.1924), S. 1f. O.A.: Die Stellung der Völkischen zur Religion, in: BK 68,163 (15.06.1924), S. 1.

159 P.L.: Zentrum und Katholikentum, in: Großdeutsche Zeitung 1,10 (8.02.1924), S. 1.

160 Vgl. ALFRED ROSENBERG: Zentrum und Bayerische Volkspartei. Als Feinde des Deutschen Staatsgedankens (Völkisches Rüstzeug 2), München 1924; DERS.: Dr. Georg Heim und die No-

Im Fokus stand also zumeist weiterhin die Kritik an den politischen Agitationen der Katholiken, wobei sich nun die Kritik jedoch nicht allein gegen die katholischen Parteien, sondern auch gegen die kirchliche Hierarchie und insbesondere gegen die Person Kardinal Faulhabers richtete. Diesem warf man vor, aus parteipolitischen Erwägungen einen Kulturkampf heraufzubeschwören, der so von niemandem aus dem völkischen Lager gewollt sei.[161] Angesichts dieser Angriffe sahen sogar die preußische Regierung[162] und der damals noch protestantische Redakteur der *Münchner Neuesten Nachrichten* Fritz Gerlich[163] sich genötigt, sich vom Verhalten Ludendorffs gegenüber dem Heiligen Stuhl sowie von den Schuldzuweisungen an die Katholiken zu distanzieren. Ähnlich hielten es natürlich auch die katholischen Kreise, welche Ludendorff und den Völkischen vorwarfen die nationale Einheit durch konfessionelle Auseinandersetzungen zu stören.[164] Auch wenn Hitler sich bewusst von den anti-katholischen Agitationen fernhielt und sich gegen den Vorwurf der Kirchenfeindlichkeit zur Wehr setzte, kam es über die skizzierten Konfliktlinien zur Trennung von Katholiken und Nationalsozialisten.[165] Katholiken, welche sich auf die Seite der Völkischen stellten, wies man ihre Widersprüche zur kirchlichen Hierarchie nach und sprach ihnen die Katholizität ab.[166]

In der Folge rückten bekennende Katholiken, so auch katholische Geistliche, von der NSDAP und ihrem Putsch ab oder hielten sich mit öffentlichen Äußerungen vorübergehend zurück. In der Phase des Verbots sowie der Neubegründung der Partei spielten katholische Kräfte daher keine entscheidende Rolle mehr.[167] Durch Ludendorff und die Zusammenarbeit der NSDAP mit weiteren völkischen Kräften fanden dagegen vermehrt protestantische Kräfte – beispielsweise aus Franken oder Norddeutschland – zur Partei. Durch die konfessionell aufgeladenen Auseinandersetzungen nach dem Hitlerputsch verstärkte sich die Rolle von Protestanten innerhalb der Partei. So ergriffen beispielsweise die Pfarrer Oskar Daumiller (1882–1970), Johannes Kreppel (1874–1928) oder Dekan Hermann Lembert (1862–1933) im evangelischen Gottesdienst Partei für Hitler und seinen Putsch.[168] Auf der 28. Generalsynode des *Evangelischen Bundes* im September 1924 positionierten sich mehrere Redner deutlich an der Seite der völkischen Kräfte, nachdem

---

vemberrepublik. Flugschrift aus dem demnächst erscheinenden Werk: „Die Novemberrevolution“ (Völkisches Rüstzeug 3), München 1924.

161 Vgl. O.A.: Kardinal Faulhaber als Politiker, in: Großdeutsche Zeitung 1,20 (20.02.1924), S. 4. Mit ähnlichem Inhalt der protestreiche Brief an einen katholischen Pfarrer O.A.: Volksparteiliche Aufklärung. Ein offener Brief, ebd. 1,21 (21.02.1924), S. 2.

162 Vgl. O.A.: Die preußische Regierung an den heiligen Stuhl, in: BK 68,68 (8.03.1924), S. 1.

163 Vgl. FRITZ GERLICH: Protestantismus und völkische Bewegung, in: MNN 77,264 (27.09.1924), S. 5.

164 Vgl. etwa O.A.: Splitter und Spähne. Zu den Ludendorff-Reden, in: BK 68,98 (7.04.1924), S. 1, und 5f. sowie BK 68,100 (9.04.1924), S. 2f. Eine Sammlung der Artikel, die gegen die Kirchenfeindlichkeit Ludendorffs Position bezogen, wurde auch als Buch veröffentlicht: ERICH LUDENDORFF: Ludendorff und wir Bayern. Ein Spiegelbild für die „Völkischen“, München 1924.

165 Vgl. HASTINGS: Catholicism and the roots of Nazism (wie Anm. 30, S. 16), S. 147.

166 Vgl. INGBERT NAAB (KAPUZINER): „Die Katholiken und die völkische Bewegung“, in: BK 68,116 (29.04.1924), S. 1; O.A.: Kann ein Katholik völkisch sein?, in: BK 68,117 (30.04.1924), S. 1f. O.A.: Die Stellung der Völkischen zur Religion, in: BK 68,163 (15.06.1924); S. 1.

167 Vgl. HASTINGS: Catholicism and the roots of Nazism (wie Anm. 30, S. 16), S. 159–161.

168 Vgl. MENSING: „Hitler hat eine göttliche Sendung“ (wie Anm. 286, S. 95), S. 100; DERS.: Pfarrer und Nationalsozialismus (wie Anm. 163, S. 124), S. 77f.

sich im April 1924 bereits die *Arbeitsgemeinschaft völkischer Pfarrer* gebildet hatte.[169]

Demgegenüber positionierte sich Kardinal Faulhaber, wohl auch wegen der Beschuldigungen und Verleumdungen gegen seine Person, klar gegen die Nationalsozialisten. Am 15. Februar 1924 wandte er sich in einer durch die Presse vielfach abgedruckten Ansprache im Löwenbräukeller dezidiert an die durch den *katholischen Akademikerausschuss* geeinten Studenten und präsentierte ihnen 23 Thesen mit welchen er zur Stellungnahme gegen die radikalen völkischen Kräfte aufrief. Dabei rückte Faulhaber die Nationalsozialisten und ihre Agitationen in den Kontext des Kulturkampfes sowie der marxistischen kirchenfeindlichen Vorgehensweisen.[170] Hierbei stellte er auch die Pflicht zur politischen Agitation durch Katholiken, die gesunde Vaterlandsliebe der Katholiken sowie ihren unverzichtbaren Dienst für die Volksgemeinschaft heraus und ermutigte zum konfessionellen Frieden.[171]

Zusätzlich stellte Faulhaber seinen Fasten-Hirtenbrief 1924 unter den Titel *Die zehn Gebote Gottes im Volks- und Völkerleben*. Mit diesem suchte er die völkischen und nationalen Kräfte in München auf die Notwendigkeit eines christlichen Fundaments hinzuweisen und stellte dementsprechend die zehn Gebote als „Sittenspiegel für die völkische Gemeinschaft, Richtmass der sittlichen Gesellschaftsordnung" heraus. Dabei kam er zu dem Fazit, dass Volk, Sittlichkeit und Religion auf das engste miteinander verknüpft sind: „Wer also heute sagt: Gebt dem Volke wieder sittliche Grundsätze, der sagt damit: Gebt dem Volke wieder Religion!"[172]

Daneben ging Faulhaber juristisch gegen einzelne Personen und über seine Person verbreitete Gerüchte vor. Diesbezüglich stellte er auch bereits Ende Januar 1924 über die Münchner Presse klar, dass die Gerüchte bezüglich seiner Beteiligung bei der Niederschlagung des Hitlerputsches oder zur Errichtung einer katholischen Donaumonarchie haltlos seien und fühlte sich auch genötigt herauszustellen, „daß auch die Behauptung der Vatikan habe mit solchen Plänen je in Verbindung gestanden, sie erwogen oder gar gefördert, eine reine Erfindung ist."[173] Faulhaber führte im folgenden Prozesse gegen den ehemaligen Kapitänleutnant Hellmuth von Mücke (1881–1957), Johann Danner sowie den völkischen Schriftsteller Rainer Huppertz, welche zumeist mit einer Entschuldigung oder erzwungenen Richtigstellung der Beschuldigten endeten.[174]

Völkische Kreise reagierten auf dieses Vorgehen Faulhabers verstärkt mit dem Vorwurf der parteipolitischen Agitation.[175]

---

169 Vgl. MENSING: „Hitler hat eine göttliche Sendung" (wie Anm. 286, S. 95), S. 101f. DERS.: Pfarrer und Nationalsozialismus (wie Anm. 163, S. 124), S. 83f. Auch HASTINGS: Catholicism and the roots of Nazism (wie Anm. 30, S. 16), S. 162 arbeitet den zunehmenden Einfluss protestantischer Kreise innerhalb der NSDAP heraus.

170 Vgl. O.A.: Deutsches Ehrgefühl und katholisches Gewissen, in: Akademische Monatsblätter 36,6/7 (10.04.1924), S. 18f. O.A.: Deutsches Ehrgefühl und katholisches Gewissen. 23 Thesen unseres Kardinals an die katholischen Studenten, in: BK 68,47 (16.02.1924), S. 1; O.A.: Deutsches Ehrgefühl und katholisches Gewissen, in: AP 41 (17.2.1924), S. 3.

171 Vgl. MICHAEL VON FAULHABER: Deutsches Ehrgefühl und katholisches Gewissen (Zur religiösen Lage der Gegenwart 1), München 1925, S. 36–42.

172 Vgl. Fastenhirtenbrief Faulhabers vom 19.02.1924, EAM NL Faulhaber 4170.

173 O.A.: Zurückweisung der Angriffe gegen den Kardinal, in: MNN 77,28 (29.01.1924), S. 5.

174 Vgl. zu den Prozessen Danner und Mücke die Akte EAM NL Faulhaber 9882 und zu Huppert EAM NL Faulhaber 9880.

175 Vgl. O.A.: Kardinal Faulhaber als Politiker, in: Großdeutsche Zeitung 1,20 (20.02.1924), S. 4.

2.2.1 Protestkundgebungen

Kardinal Faulhaber stand bei seinem Vorgehen gegen nationalsozialistische und völkische Anfeindungen von Beginn an nicht allein da, sondern wurde durch Katholiken und insbesondere das *Zentralkomitee der Münchener Katholiken* unterstützt.

Am 11. Dezember 1923 ersuchte der Vorsitzende des Zentralkomitees Johann Rauch (1876–1936)[176] Ministerpräsident Knilling zugunsten der Katholiken zu intervenieren. Andernfalls würde man zur „allerschärfsten Gegenwehr [...] schreiten", um das katholische „Haus- und Bürgerrecht zu wahren."[177] Diese Forderung nach Unterbindung von Angriffen auf die Kirche wiederholte man im Februar 1924 angesichts des bevorstehenden Prozesses gegen die Beteiligten des Hitlerputsches.[178] Flankiert wurden diese Forderungen durch Presseerklärungen gegen das kulturkämpferische Vorgehen der Völkischen.[179] Hierbei wurden „die Katholiken zu geschlossener Gegenwehr" aufgerufen[180] und diesbezüglich für den 10. April – also bewusst nach Prozessende – eine Großkundgebung im Löwenbräukeller angesetzt, um gegen die Angriffe auf Kirche, Papsttum und den Kardinal zu protestieren.[181] Den Antisemitismus der Nationalsozialisten und somit ihr Menschenbild dagegen griff das Zentralkomitee beziehungsweise dessen Vorsitzender lediglich im Bezug auf den radikalen Rassestandpunkt an. Ansonsten rückte man selbst die Juden – ebenso wie die staatstragenden Kräfte der Weimarer Republik – in die Nähe von „Parasiten" und „schädlichen Fremdkörpern".[182] Mit diesen Klarstellungen suchte Rauch auch die Verlautbarungen Faulhabers bezüglich der Juden ins rechte Licht zu rücken.

Die vom *Zentralkomitee* initiierte katholische Kundgebung am 10. April stand dann gewissermaßen in Tradition zur Veranstaltung des *katholischen Akademikerausschusses* am 15. Februar desselben Jahres, auf welcher Faulhaber sich mit seiner programmatischen Rede an die Studenten gewendet hatte, und zielte ebenfalls auf Mobilisierung der katholischen Kräfte gegen kirchenfeindliche Agitationen ab. Unter Anwesenheit zahlreicher Prominenter betonte der KVer und spätere langjährige Oberbürgermeister Münchens, Stadtrat Karl Scharnagl (1881–1963), dass sich die Kundgebung nicht „gegen einen Heerführer oder eine vaterländische Bewegung oder eine Konfession" richte, sondern ein Bekenntnis zum Katholizis-

176 Johann Rauch (1876–1936) war Stadtbaurat und für die BVP ab 1919 Stadtrat in München und ab 1923 Mitglied des Reichstags. Daneben war er der Philistersenior der *Rhaetia* und somit der Vorsitzende der berufstätigen Mitglieder der Verbindung sowie als Vorsitzender des Zentralkomitee der Katholiken in München aktiv. Vgl. Hans/ Johann Rauch, in: Kritische Online-Edition der Nuntiaturberichte von 1917–1929 (wie Anm. 26, S. 56); Kritische Online-Edition der Tagebücher Michael Kardinal von Faulhabers (1911–1952) (wie Anm. 209, S. 84).

177 Zentralkomitee der Münchener Katholiken an Regierung Knilling vom 11.12.1923, in: StAM Pol. Dir. 6687.

178 Vgl. Zentralkomitee der Münchener Katholiken an Innenministerium vom 11.01.1924, BayHStA MInn 73548.

179 Beispielsweise O.A.: Forderung der Münchner Katholiken, in: BK 67,345 (12.12.1923), S. 1f. O.A: Protest der Münchener Katholiken, in: BK 68,72 (12.03.1924), S. 1; ZENTRALKOMITEE DER KATHOLIKEN MÜNCHENS: An die Katholiken Münchens!, in: BK 67,320/321 (17./18.11.1923), S. 1; HANS RAUCH: Lehren des 8. November, in: Ebd., S. 2; ANTONIA LEUGERS: „Kardinal Faulhaber zeigt ein zwiespältiges Wesen". Beobachtungen zu den Jahren 1923/24 und 1933/34, 2014, URL: http://universaar.uni-saarland.de/journals/index.php/tg/article/view/717/762 (besucht am 20. 01. 2021).

180 O.A: Protest der Münchener Katholiken, in: BK 68,72 (12.03.1924), S. 1.

181 Vgl. O.A.: An die Katholiken Münchens, in: BK 68,95 (4.04.1924), S. 6.

182 HANS RAUCH: Lehren des 8. November, in: 67,320/321 (17./18.11.1923), S. 2.

mus darstelle.[183] Dennoch verwahrten sich Faulhaber und Stadtrat Rauch deutlich gegen völkische Anfeindungen gegen die katholische Kirche, auch in ihrer ultramontanen Ausprägung.[184] In diesem Sinne verstanden die Katholiken im September 1924 die Erklärung des *Evangelischen Bundes*, mit welcher diese sich auf der Seite der Völkischen positionierten, als Kampferklärung gegen die romtreuen Katholiken. Das *Zentralkomitee* protestierte daher gegen selbige Erklärung. [185]

Durch diese Agitationen schlossen sich zunehmend die katholischen Reihen gegenüber den radikalen völkischen Kräften. Hierbei wurde Faulhaber zum Integrationspunkt der Katholiken und von diesen zum katholischen Märtyrer stilisiert. Man darf die katholische Milieubindung in Verbindung mit der abstoßenden Kraft der genannten Ereignisse als derart hoch bezeichnen, dass die Münchner Katholiken sich wie in einem neuen „Kulturkampf"[186] fühlten. Dieses Gefühl in einem neuen Kulturkampf zu stehen, wurde insbesondere durch Kardinal Faulhaber empfunden und bewusst verbreitet.[187] Aufgegriffen wurde diese Sichtweise durch die katholische Presse, wie beispielsweise durch den BVP-nahen *Bayerischen Kurier*. So gelang es, die Nationalsozialisten und radikale völkische Kräfte als kirchenfeindlich zu brandmarken und ihnen die Eröffnung eines neuen Kulturkampfes anzulasten. Hierbei wurde der Begriff des Kulturkampfes immer wieder aufgegriffen und trug zur Solidarisierung der Katholiken beziehungsweise Entsolidarisierung mit der *völkischen Bewegung* erheblich bei.[188]

Als Beleg für die Kirchenfeindlichkeit der Völkischen konnte man dabei insbesondere ihre nach dem gescheiterten Hitlerputsch zunehmenden Angriffe auf die Jesuiten, welche vielfach mit den Juden gleichgesetzt wurden, den Ultramontanismus sowie die Angriffe Ludendorffs und weiterer Völkischer auf Kardinal Faulhaber und die kirchliche, römische Hierarchie anführen.[189] Besonders hervorgehoben wurde dabei, wenn Aussagen von völkischen Katholiken im Widerspruch zur katholischen Lehre standen. Vermehrt wurde solchen Personen nun ihre Katholizität abgesprochen.[190]

Auch dem völkischen Umbruch gegenüber grundsätzlich positiv eingestellten Kräften, wie dem *Jungdeutschen Orden* oder vielen Deutschnationalen, bei-

---

183 Polizeibericht vom 11.04.1924 über die Kundgebung, in: StAM Pol. Dir. 6687.

184 Vgl. EBD.

185 Vgl. O.A.: Protest des Zentralkomitees der Münchener Katholiken, in: BK 68,252 (12.09.1924), S. 1.

186 Vgl. O.A.: Kardinal Faulhaber als Politiker, in: Großdeutsche Zeitung 1,20 (20.02.1924), S. 4; O.A.: Kulturkampf-Dämmerung?, in: AP 261 (13.11.1923), S. 1.

187 Vgl. etwa Faulhaber an Generalvorstand des Bonifatiusvereins in Paderborn vom 23.11.1923, EAM NL Faulhaber 3751: „[...] ich in unseren gegenwärtigen Kulturkampfe Wichtigeres zu tun habe." Vgl. auch: FAULHABER: Deutsches Ehrgefühl und katholisches Gewissen (wie Anm. 171, S. 238), S. 16f.

188 Beispielweise: O.A.: Eine unerhörte Beschimpfung des Kardinals Faulhaber, in: BK 68,68 (8.03.1924), S. 1; O.A.: Sind die Deutschvölkischen kirchenfeindlich?, in: BK 68,87 (27.03.1924), S. 1; O.A.: Grundsätzliches, in: BK 68,231 (22.08.1924), S. 1f.

189 Vgl. EBD. sowie O.A.: Der völkische Kampf gegen den Katholizismus, in: BK 68,110 (23.04.1924), S. 1f.

190 Vgl. etwa INGBERT NAAB: „Die Katholiken und die völkische Bewegung", in: BK 68,116 (29.04.1924), S. 1: „Mit dem gleichen Recht, mit dem sich der Verfasser als Katholik ausgibt, kann sich auch ein Jude oder Heide als Katholik ausgeben. [...] Die Bekämpfung der Glaubensgrundlage der katholischen Kirche ist so klar, daß auch der Verfasser selbst zugibt, daß ein strenggläubiger Katholik nicht zugleich gut völkisch sein könnte. [...] Wer der Autorität der Kirche auch nur in einem Glaubensartikel die Gefolgschaft versag, hat damit den Boden der Kirche verlassen."

spielsweise dem evangelischen Pastor Traub[191] oder dem katholischen Historiker Alexander von Müller,[192] gingen die Angriffe insbesondere Ludendorffs auf die katholische Kirche zu weit. So wurde Ludendorff auch aus dem eigenen Lager die Befeuerung des Kulturkampfes vorgeworfen und auf Wiederherstellung der konfessionellen Einigkeit im nationalen Lager gehofft. Ludendorff jedoch trieb durch seine Äußerungen auch nach dem Hitler-Prozess die Loslösung der Katholiken von den Deutschvölkischen weiter voran, wenngleich er wohl meinte, sich lediglich gegen den politischen Katholizismus und eine vermeintliche Fremdbestimmung der deutschen Katholiken zu positionieren.[193]

Äußerst skeptisch zeigte sich die katholische Presse gegenüber neuen Vereinigungen des Brückenbaus wie etwa dem von Wilhelm Stark initiierten *Katholikenbund für nationale Politik*, welchem auch Josef Roth angehörte.[194] Der Bund deklarierte Hitler als überzeugten Katholiken, forderte unumwunden dessen Freilassung[195] und sprach sich 1925 für dessen Wahl zum Reichspräsidenten aus.[196] Der *Bayerische Kurier* sprach solchen Brückenbauern die Katholizität ab, da die „vertretene Religion der ‚romfreien' Kirche [...] nun einmal mit dem Katholizismus gar nichts mehr gemeinsam [habe].“[197] Hitler dagegen direkt zu kritisieren tat sich die katholische bayerische Presse sichtlich schwer.[198] So wurde er lediglich dafür kritisiert einer solchen rom- und kirchenfeindlichen Bewegung vorzustehen und auf dieser Basis seine Kirchlichkeit hinterfragt.[199]

Es gründeten sich nun auch national geprägte und teilweise völkisch angehauchte katholische Alternativorganisationen zu den (vermeintlich) kirchenfeindlich agierenden radikalen völkischen Verbänden. Beispielhaft kann hier der im September 1924 gegründete und im Dezember auch in München etablierte *Reichs- und Heimatbund Deutscher Katholiken*,[200] welcher sich unter den drei Prinzipien katholisch, föderalistisch-großdeutsch und überparteiisch einte, benannt werden. Der Bund erstrebte die „politische, wirtschaftliche und soziale Wiedergesundung des deutschen Volkes“ auf der Basis „eines Reichs- und Staats-Ideals das zugleich christlich und deutsch ist.“[201] Von den Leitideen knüpfte man also bewusst an den Vorstellungen der *Ordnungszelle Bayerns* oder der nationalen Volksgemeinschaft an, suchte diese jedoch christlich und katholisch auszurichten und den bestehenden

191 Vgl. etwa O.A.: Splitter und Spähne. Zu den Ludendorff-Reden, in: BK 68,98 (7.04.1924), S. 1, und 5f. sowie BK 68,100 (9.04.1924), S. 2f.

192 Vgl. O.A.: Der völkische Kampf gegen den Katholizismus, in: BK 68,110 (23.04.1924), S. 1f.

193 Vgl. O.A.: Splitter und Spähne. Zu den Ludendorff-Reden, in: BK 68,98 (7.04.1924), S. 1.

194 Vgl. VOGEL: Katholische Kirche und nationale Kampfverbände in der Weimarer Republik (wie Anm. 121, S. 231), S. 126.

195 Vgl. O.A.: Die Deutsche Schmach, in: VK 1,206 (5./6.10.1924), S. 1.

196 Vgl. Aufruf des KATHOLIKENBUND FÜR NATIONALE POLITIK: Katholiken, in: VK 2,85 (28.03.1925): „Adolf Hitler [...] verlangt von seinen Anhängern unbedingten Gehorsam. Er kann ihn auch von den katholischen Nationalsozialisten verlangen, denn niemals hat er uns Katholiken die Gefolgschaft unmöglich gemacht. Immer hat er unsere religiöse Überzeugung geachtet. Niemals hat er die religiöse Überzeugung seiner Anhänger zu beeinflussen gesucht. Sein innenpolitischer Kampf gilt nur dem atheistischen Marxismus und dem Judentum, dem Totengräber der christlichen Moral und der deutschen Freiheit. [...] Wir handeln auch bei der Wahl im Sinne unseres Führers Adolf Hitler.“

197 O.A.: Grundsätzliches, in: BK 68,231 (22.08.1924), S. 1f.

198 Vgl. HASTINGS: Catholicism and the roots of Nazism (wie Anm. 30, S. 16), S. 147.

199 Vgl. O.A.: Grundsätzliches, in: BK 68,231 (22.08.1924), S. 1f.

200 Zu diesem vgl. auch GREGORY MUNRO: Hitler's Bavarian antagonist. Georg Moenius and the Allgemeine Rundschau of Munich; 1929–1933, Lewiston, New York u.a. 2006, v. a. S. 196f.

201 Aufruf. An die Katholiken Deutschlands, in: BK 68,342 (11.12.1924), S. 5.

konservativen Ordnungsvorstellungen den kirchenfeindlichen Kern zu nehmen. In Bayern bestand der national geprägte Bund vornehmlich aus BVP-nahen Katholiken, weswegen auch der Landtagsabgeordnete Karl Rothmeier (1877–1926), der BVP-Mitbegründer Sebastian Schlittenbauer (1874–1936) oder der spätere bayerische Ministerpräsident und Bundesminister Fritz Schäffer (1888–1967) den Bund unterstützten. Daneben gehörte auch der KVer und Schriftleiter Martin Luible zu den Förderern des Bundes.[202] Insofern kann man den *Reichs- und Heimatbund Deutscher Katholiken* als katholischen, bürgerlich geprägten Gegenentwurf zu den ins völkische Lager abgeglittenen vaterländischen Verbänden betrachten.[203]

Auf Basis der föderalistischen und antipreußischen Grundstimmung des Bundes wurde dieser von Beginn an aus Berlin mit Skepsis betrachtet, wobei man dem Bund auf Basis der beispielsweise für das Rheinland geforderten Selbstverwaltung wiederholt eine partikularistische oder separatistische Grundhaltung unterstellte.[204] Insgesamt blieb der Bund eine überschaubare Intellektuellengruppierung, welche sich für einen strikten Föderalismus sowie ein geeintes Großdeutschland stark machte. Letztlich stritt man somit für eine Revitalisierung des untergegangenen *Heiligen Römischen Reiches deutscher Nation* oder des *Abendlandes* und proklamierte diese Idee als Gegenentwurf zum oftmals im Bündnis mit Rassismus und Antisemitismus agierenden radikalen chauvinistischen Nationalismus. Auch über diesen Bund forcierte sich somit eine Loslösung der national-konservativen katholischen Ordnungsvorstellungen von den radikal-nationalistischen völkischen Ideen.

2.2.2 Die katholische Studentenschaft

Daneben waren es vor allem die Entwicklungen und Ereignisse in der Münchner Studentenschaft, die eine Scheidung der Katholiken vom national-völkischen Lager vorantrieben. Entscheidender Austragungsort dieser Ereignisse waren die Ortsgruppe des Münchner HdAs sowie der AStA.

Wie bereits dargestellt engagierten sich unter den bürgerlichen und akademisch gebildeten Kräften besonders die jungen Akademiker verstärkt in völkischen Vereinigungen und neigten deren Gedankengut zu. Insofern verwundert es nicht, dass ein Großteil der Münchner Studentenschaft der Niederschlagung des Hitlerputsches mit Unverständnis gegenüberstand und diese zutiefst bedauerte. Bereits am 10. und erneut am 12. November 1923 wurden zu diesem Thema in den Räumlichkeiten der Universität Studentenversammlungen abgehalten, wobei letztere durch den katholischen Studenten und einen der führenden Aktivisten des HdAs Karl von Guttenberg (1902–1945)[205] geleitet wurde. Guttenberg gehörte der

202 Vgl. EBD.

203 Vgl. Aktennotiz des bayerischen Innenministeriums über eine Versammlung des Bundes im April 1925, BayHStA MInn 73591.

204 Vgl. Preußisches Innenministerium (Severing) an sämtliche Staatsminister, Reichsminister für besetzte Gebiete, Auswärtiges Amt, Reichspressestelle und preußische Pressestelle vom 21.12.1924 (durch Reichsminister für besetzte Gebiete am 2.01.1925 an Landesregierung in München weitergeleitet), BayHStA MInn 73591.

205 Karl von Guttenberg (1902–1945) studierte zunächst Jura in München und unterhielt Kontakte zu einflussreichen Personen der vaterländischen Szene quer über die Lager, so etwa zu Kahr, Pittinger, Fritz Gerlich, Max Buchner, Ernst Pöhner oder zum Geschichtsphilosophen Oswald Spengler. Guttenberg selbst ist dem deutschnationalen Lager zuzurechnen. Nach dem Wechsel zum Geschichtsstudium, studierte und promovierte er bei Max Buchner in Würzburg, wandte sich später gegen den Nationalsozialismus und wurde nach dem Attentat vom 20. Juli 1944 verhaftet und ermordet. Vgl. LEUGERS: „Kardinal Faulhaber zeigt ein zwiespältiges Wesen“ (wie

katholischen KV-Verbindung *Rheno-Bavaria* an und hatte sich bereits vor dem Putsch für diese nationale Tat erklärt, mit welcher er die Hoffnung verband, dass darin die völkischen Kräfte mit den katholischen Kräften um Kahr gemeinsam agieren würden.[206]

Ganz in seinem Sinne bezog die Studentenversammlung drastisch Stellung gegen die Niederschlagung des Hitlerputsches. Daneben kam es am 12. November zu so nicht geplanten Angriffen gegen die katholische Kirche und die Person Faulhabers, welchem man eine Hauptschuld für die Niederschlagung des Putsches zusprach. Hierbei wurden Kahr, Matt und Faulhaber als „Jesuitenknechte" tituliert, was wiederum Faulhaber sowie zahlreiche katholische Akademiker erregte, die ihre nationale Zuverlässigkeit und hierdurch ihr Ehrgefühl infrage gestellt sahen.[207] Die aufgebrachte Studentenversammlung war dabei nicht einmal mehr gewillt die Professorenschaft zu Wort kommen zu lassen und selbst dem zur Mäßigung mahnenden völkischen Redner Hermann Ehrhardt schenkte man kein Gehör.[208] Durch die aus der Versammlung entstehenden Tumulte sowie die deutliche Aussprache der Studierenden gegen die legitime Regierung und für die Putschisten, inklusive Anfeindungen gegen die Reichswehr, sah sich der Senat genötigt die Universität vorübergehend zu schließen.[209] Man forderte die Studenten zur Errichtung eines Ordnungsdienstes auf und eröffnete den Lehrbetrieb nach Bildung eines solchen schließlich am 16. November wieder.[210] Hierbei war man dann auch bereit darüber hinwegzusehen, dass der Ordnungsdienst sich vornehmlich aus den Reihen derer zusammensetzte, die zuvor noch massiv zur Störung der Ordnung beigetragen hatten – nämlich aus den Kräften des HdAs. Einen Beitrag hierzu hatte auch der *Aenane* und AStA-Vorsitzende Edmund Stoeckle geleistet, der den Senat der Universität auf den „durchaus vaterländischen Gehalt der studentischen Kundgebungen" verwies und damit das Vorgehen der Studierenden entschuldigte. Insgesamt war man in der Universität nicht gewillt gegen die radikaleren Gesinnungsgenossen vorzugehen, sondern strebte nach Verständigung.[211] Ganz in diesem Sinne beantwortete der Rektor den Einspruch des *katholischen Akademikerausschuss* gegen die „kulturkämpferische[n] Demonstrationen" in der Universität.[212] Er verurteilte die Auswüchse und Angriffe auf das schärfste, stufte solche jedoch als bedauerliche Einzelfälle ein, welche vornehmlich durch Nichtstudierende verursacht worden seien.[213] Auch wenn Kultusminister Matt zu einem drastischen Vorgehen

Anm. 179, S. 239); HÜBNER: Ein bayerischer Vertreter des Weimarer „Rechtskatholizismus" (wie Anm. 174, S. 126), hier: S. 449; zu seinem Netzwerk 1923 v. a. MARIA THEODORA VON DEM BOTTLENBERG-LANDSBERG: Karl Ludwig Freiherr von und zu Guttenberg, Berlin 2003, S. 37.

206 Vgl. die Zuschrift KARL LUDWIG FREIHERR ZU GUTTENBERG (Mitglied des Führerausschusses des Deutschen HdA): Das nationale Ziel und Bayern, in: VB 37,211 (19.10.1923), S. 2.

207 Vgl. ARTHUR FRITSCH: Die Novembervorgänge an der Münchner Universität, in: Academia 36,5–8 (15.12.1923), S. 17f.; STITZ: Der CV 1919–1938 (wie Anm. 303, S. 150), S. 46.

208 Vgl. Bericht von Lossows an Kahr sowie den Senat der LMU vom 12.11.1923, UA-M G-XVI-22 2. Fasc.

209 Vgl. Senatsniederschrift der LMU vom 12.11.1923, UA-M D-III-96; Vgl. auch WOLFGANG ZORN: Die politische Entwicklung des deutschen Studententums 1918–1931, in: KURT STEPHENSON/ALEXANDER SCHARF/WOLFGANG KLÖTZER (Hg.): Darstellungen und Quellen zur Geschichte der deutschen Einheitsbewegung im neunzehnten und zwanzigsten Jahrhundert. Bd. 5, Heidelberg 1965, S. 223–307, hier: S. 280.

210 Vgl. Senatsniederschrift der LMU vom 14.11.1923, UA-M D-III-96.

211 EBD.

212 Einspruch des Kath. Akademikerausschusses vom 13.11.1923, UA-M G-XVI-22 2. Fasc.

213 Rektor der LMU an den kath. Akademikerausschuss vom 17.11.1923, ebd.

gegen die studentischen Rädelsführer aufrief[214] und sich verwundert über das zurückhaltende Vorgehen der Universitätsleitung zeigte,[215] hielt diese an ihrem Kurs fest.[216]

Insbesondere der stellvertretende Vorsitzende des HdAs Kleo Pleyer (1898–1942),[217] welcher selbst der katholischen Kirche angehörte, hatte sich mit seinen Angriffen gegen die „schwarze Internationale" hervorgetan und sah auch im Nachhinein nicht ein, sich bei den katholischen Kommilitonen zu entschuldigen, sondern forderte vielmehr seine Widersacher zum Duell heraus. Zwar war man im Deutschen HdA angesichts der weit über München hinaus Wellen schlagenden Streitigkeiten um Mäßigung bemüht, allerdings nicht bereit sich grundsätzlich von „dem größten Feldherrn unserer Zeiten, Ludendorff", dem Hitlerputsch, Äußerungen gegen BVP-Mitglieder oder auch nur von der Person Kleo Pleyers zu distanzieren. Ende November 1923 ließ der Deutsche HdA verlauten, dass jeglicher „konfessionelle Hader [...] nicht vaterländisch" sei und man die katholischen Kommilitonen gegen Anfeindungen verteidigen werde. Zugleich bekannte man jedoch die eigene „unwandelbare Treue zu General Ludendorff" sowie zur völkischen Bewegung. Ganz in diesem Sinne forderte man die Freilassung der Putschisten und bezog Stellung gegen Kultusminister Matt, der Ludendorff „in aller Oeffentlichkeit" als Preuße geschmäht habe.[218]

Als Ende Dezember 1923 Kultusminister Matt Kleo Pleyer und einen weiteren Agitator des HdAs, Heinrich Bennecke (1902–1972), auf Grund ihrer regierungsfeindlichen Agitation in der Presse, aus Bayern ausweisen ließ, rief das den wütenden Protest des HdAs hervor und führte zur weiteren Solidarisierung völkischer Kräfte mit Pleyer und gegen die BVP.[219] Auch wenn durch Fürsprache des AStA und entgegenkommendes Verhalten, wie im Falle Benneckes, dessen Ausweisung letztlich unterblieb, der Staat leicht zum Einlenken zu bewegen war,[220] führte die Begebenheit zur Verhärtung der Fronten. Dies auch deshalb, da Pleyer aus Tübingen und Berlin seine Angriffe gegen die katholische Kirche fortsetzte.[221]

Auf der anderen Seite protestierte die im *katholischen Akademikerausschuss* zusammengeschlossene katholische Studentenschaft gegen die Bestrebungen, „einen verhängnisvollen Keil in die studentische nationale Bewegung hineinzutreiben", gelobte dem Kardinal die Gefolgschaft und stellte sich „hinter die gesetzmä-

---

214 Vgl. Matt an Rektorat der LMU vom 29.11.1923, ebd.

215 Vgl. Matt an Rektorat der LMU vom 22.01.1924, ebd.

216 Vgl. Protokoll der Senatssitzung der LMU vom 26.01.1924, ebd.

217 Kleo Pleyer (1898–1942), der gebürtige Sudetendeutsche, studierte nach seiner Kriegsteilnahme und dem nachgeholten Abitur in Prag und agierte hier als Führer der Deutschen Studentenschaft bereits deutschvölkisch und antisemitisch u. a. gegen den Rektor, weswegen er im Oktober 1923 seinen Studienort nach München verlagern musste. Hier gehörte er dem Vorstand des HdAs an, redigierte auch das Blatt desselben und nahm begeistert am Hitlerputsch teil. Nach seiner Ausweisung aus Bayern setzte er sein Studium in Tübingen und Berlin fort und wurde als Schüler von Martin Spahn und Hermann Oncken selbst Geschichtsprofessor. Dem Nationalsozialismus blieb er treu verbunden. Vgl. HERMANN WEISS: Pleyer, Kleo, in NDB 20 (2001), S. 541f.

218 O.A.: Von den Hochschulen, in: Deutsche Korpszeitung 40,9 (Dezember 1923), S. 146f., hier: S. 146.

219 Vgl. Senatsniederschrift der LMU vom 26.01.1924, UA-M D-III-96; STITZ: Der CV 1919–1938 (wie Anm. 303, S. 150), S. 47.

220 Vgl. den zugehörigen Akt u. a. mit Schreiben des AStA an den Rektor der LMU sowie Rücknahme der Ausweisung durch Staatskommissar Mantel vom 30.03.1923, UA-M G-XVI-21.

221 Vgl. O.A.: Kulturkampf, in: BK 64,36 (5.02.1924) S. 2 und BK 68,33 (2.2.1924), S. 1f.

ßige Staatsautorität."[222] Die Äußerungen Stoeckles, des Kahr-freundlichen Senats und des *katholischen Akademikerausschuss* verdeutlichen, wie konsterniert man über die nun deutlich hervortretende Spaltung des nationalen Lagers und wie groß zugleich der Wunsch war, das endgültige Auseinanderfallen desselben zu verhindern. Hervortretende und lautstark artikulierte antikatholische und antikirchliche Ressentiments, welche sich nun durch die klare Positionierung der katholischen BVP gegen die Putschisten mit politischen Haltungen verbanden, waren dabei ausschlaggebender für die sich fortschreitende Trennung als das Ereignis des Putsches selbst. Zunächst jedoch setzten viele Akademiker jeglicher Konfession ihre Hoffnung darein, durch Beruhigung der politischen Lage auch den konfessionellen Hader zu befrieden oder gedachten, durch Lösung der konfessionellen Spannungen die nationale Einheitsfront wiederherzustellen.

Ganz in diesem Sinne stellte am 24. Januar 1924 die Mehrheit der katholischen Münchner Verbindungen einen Antrag beim örtlichen HdA, welcher die Missbilligung und Distanzierung von den Aussagen Pleyers sowie eine erneute Ausrichtung des HdAs als „Dienst an der gesamten vaterländischen Bewegung" und somit eine Distanzierung vom Nationalsozialismus forderte.[223] Der HdA lehnte diesen Antrag vehement ab und zeigte sich somit nicht nur zur zugesagten Verteidigung der katholischen Kommilitonen nicht bereit, sondern stellte sich vielmehr hinter Kleo Pleyer. Es kam zum Bruch mit den katholischen Verbänden, welche bis auf die *Rheno-Bavaria* ihre Mitarbeit im HdA einstellten und diesen später verließen. Zunächst jedoch reichte man anlässlich der mangelnden Verständigungsbereitschaft Beschwerde gegen das Agieren des Münchner HdA beim gesamtdeutschen Führerausschuss des HdAs ein. Die Verbindungen des Münchner CV legten dem Führerausschuss des HdAs zusätzlich einen Fragenkatalog vor, durch welchen sie dessen Haltung zur katholischen Religion zu klären suchten. Der Fragenkatalog bringt klar zum Ausdruck, wie wenig man sich bisher mit dem weltanschaulichen Standpunkt der bisherigen Verbündeten in der nationalen Sache beschäftigt hatte. Außerdem zeigt das Schreiben, dass die Unterschiede im Welt-, Menschen- und Religionsbild angesichts der politischen und konfessionellen Auseinandersetzungen rund um den Hitlerputsch nun klar hervortraten und aus katholischer Perspektive der Klärung bedurften. So ersuchte man, beispielsweise das Verhältnis der Zuordnung von völkischer Bewegung zu den bestehenden Weltanschauungen und Religionen zu bestimmen und hierbei insbesondere das Verhältnis der Völkischen gegenüber den katholischen Dogmen und Traditionen, dem Alten Testament sowie der internationalen Ausrichtung der Kirche zu erfahren. Zugleich hoffte man auf eine Distanzierung der Völkischen von kirchenfeindlichen Bestrebungen wie Germanisierungsversuchen der Religion, der *Los-von-Rom-Bewegung* oder neugermanischen Religionsformen.[224]

Der HdA antwortete am 24. Mai nach längeren Beratungen auf das Anschreiben des Münchner CV und suchte die Aussagen Pleyers bezüglich der „schwarzen Internationale" sowie des Kampfes zweier Weltanschauungen zu relativieren, indem man diese als politische Aussagen einer Privatperson verstanden wissen wollte.[225] Bezüglich des Fragenkatalogs wählte man kurze und prägnante Antworten,

222 Entschließung der kath. Studentenschaft Münchens, ohne Datum (vermutlich Mitte November 1923), UA-M G-XVI-22 2. Fasc.; Vgl. mit ähnlichem Inhalt: O.A.: Die Ereignisse in München, in: Deutsche Hochschulzeitung 15,32 (17.11.1923), S. 2f.

223 O.A.: Hochschulring Deutscher Art München und Münchener C.V., in: BK 68,25 (25.1.1924), S. 3.

224 Vgl. Beschwerdeschrift des Zusammenschluss der Münchner CV-Verbindungen an den Führerausschuss des Deutschen HdAs vom 9.02.1924, K.S.C. B7 Nr. 22.

225 Vgl. Vorstand des Deutschen HdAs an die Münchner CV-Verbindungen vom 24.05.1924, ebd.

lehnte die „Umbiegung der christlichen Religion in altgermanisches Heidentum“ sowie die *Los-von-Rom-Bewegung* ab, bekannte sich zur parteipolitischen Neutralität, den völkisch-großdeutschen Zielen sowie zur Distanz gegenüber der Tagespolitik. Zugleich wollte man es den einzelnen Mitgliedern überlassen, ob sie die völkische Bewegung als Weltanschauung erachteten, stellte jedoch heraus, dass „nach Ansicht des Deutschen Hochschulrings der Katholizismus in keiner Weise den Bestand des Staates gefährdet und gegen das Sittlichkeitsgefühl der germanischen Rasse verstösst.“[226] Trotz dieser auf Verständigung und Kompromissbereitschaft deutenden Worte setzte sich die Auseinandersetzung um die Mitarbeit der Katholiken im HdA fort. Dies lag auch daran, dass sich die Deutschvölkischen im HdA weiterhin für den Nationalsozialismus sowie Ludendorff und somit für Personenkreise aussprachen, welche die katholische Kirche massivst attackierten.[227] Daneben jedoch suchte man verbal die Wiedereingliederung der Katholiken voranzutreiben, wenn man beispielsweise auf der Deutschen Woche des Münchner HdAs eine Konzentration auf die „völkisch-soziale und völkisch-großdeutsche Arbeit“ beschwor und jegliche konfessionelle Streitigkeiten verwarf.[228]

Eine solche Wiederherstellung der Einheitsfront misslang jedoch. Die Münchner UV-Verbände, welche von vornherein dem Projekt HdA skeptisch gegenübergestanden hatten, erklärten die Ereignisse rund um den Hitlerputsch als das „‚Werk‘ von Nichtakademikern und hauptsächlich auch des Hochschulrings deutscher Art“ mit seinen „antikatholische[n] Tendenz[en]“. Man konnte sich in der praktizierten Haltung bestätigt fühlen.[229] Der KV sprach sich durch den Philistertag im Herbst 1924 zwar äußerst positiv gegenüber der vaterländischen Arbeit und den Bestrebungen zur Wiedererrichtung Deutschlands auf dem Boden der Volksgemeinschaft aus, distanzierte sich dann jedoch deutlich von den Agitationen des HdAs der letzten Zeit, welche zu oft parteipolitischer Natur gewesen seien. Eine Mitarbeit im HdA sei daher nur noch dort möglich, wo sich der örtliche HdA „jeder einseitigen Stellungnahme in kultureller und parteipolitischer Hinsicht enthält.“[230] Noch weiter ging hier die Vertreterversammlung des KV, welche mit geringer Stimmenmehrheit – begründet durch die parteipolitische Neutralität des Verbandes – eine korporative Mitgliedschaft in richtungspolitischen Organisationen wie dem HdA oder auch dem republikanischen Studentenbund ausschloss.[231] Damit vollzog auch der KV, wenn auch nicht so einhellig wie der UV, die Abkehr vom HdA und somit vom völkischen Lager. In München verblieb lediglich die *Rheno-Bavaria* noch bis 1927 im HdA. Dabei stand die Verbindung unter massiven Druck der kirchlichen Hierarchie, der anderen katholischen Vereine sowie der Presse, was beispielsweise an der vorübergehenden Distanzierung von den Aktionen Guttenbergs deutlich wird.[232] Ausschlaggebend für das selbstbewusste Auftreten der *Rheno-Bavaria* war dabei auch, dass der Verbindung viele katholische Adelige angehörten, die traditionell relativ unabhängig agierten sowie dem Offizierskorps

226 EBD.

227 Vgl. ZORN: Die politische Entwicklung des deutschen Studententums 1918–1931 (wie Anm. 209, S. 243), S. 281.

228 O.A.: Zur Deutschen Woche des Hochschulrings Deutscher Art München, in: Bayerische Hochschulzeitung 5,2 (5.7.1924), S. 1.

229 XAVER WALDMANN: München, in: Unitas 64,1/2 (März/April 1924), S. 10.

230 O.A.: Entschließung des 3. KV Philistertages, in: Akademische Monatsblätter 37,1 (Oktober 1924), S. 11.

231 Vgl. O.A.: Die 50. Vertreterversammlung in Hannover (3.–7.9.1924), in: Ebd., S. 12–22, hier: S. 15.

232 Vgl. O.A.: Völkisch-Sozialistische Verbrüderung, in: BK 68,29 (29.01.1924), S. 3f.; O.A.: Kulturkampf, in: BK 68,33 (2.02.1924), S. 2.

und somit auch General Ludendorff nahestanden. Daneben stellte die Verbindung neben dem im HdA einflussreichen Guttenberg mit Friedrich Carl Savigny[233] ein weiteres Mitglied der Vorstandschaft des HdAs.

Deutlich schwerer tat sich der CV mit dem endgültigen Bruch mit dem völkischen Lager. Zwar hatten alle Münchner CV-Verbindungen im Januar 1924 die Mitarbeit im HdA eingestellt, jedoch erhoffte man, über die Klärung der bestehenden konfessionellen Spannungen noch über längere Zeit eine Wiedererrichtung der nationalen Sammlung erreichen zu können. Daher beraumte man wiederholt Treffen an, welche die konfessionelle Einigung im HdA wiederherstellen sollten. Dementsprechend suchte der CV zunächst seinen ausgleichenden Standpunkt zu wahren, wenn er sich etwa im Herbst 1924 deutlich zu Kirche und der kirchlichen Leitung als den „religiösen von Gott gesetzten Führern" bekannte und seine Mitglieder an den Primat Gottes sowie des religiösen Lebens gemahnte und somit Stellung im konfessionellen Streit bezog, jedoch zugleich jegliche direkte Stellungnahme gegenüber völkischen Agitationen unterließ.[234] Als Bedingung für eine weitere Mitarbeit im HdA forderte man die Unterlassung von kirchenfeindlichen Agitationen[235] und kam damit nicht den Wünschen der im Berufsleben stehenden Mitglieder des Verbandes nach, die bereits im Juni 1924 deutlich für eine Loslösung der CV-Verbindungen vom HdA votiert hatten.[236]

Als die internen Streitigkeiten des HdAs auf der Vertreterversammlung im Oktober 1924 dann offen zur Aussprache kamen, ergriff der Katholik Martin Spahn offen Partei für das bisherige Agieren der Vorstandschaft und suchte die bestehenden Spannungen aus der Parteipolitik des *Zentrums* zu erklären. Dennoch sprach sich der HdA mehrheitlich gegen die spaltenden und demotivierenden konfessionellen Streitigkeiten aus.[237] Die neue Zusammensetzung des Vorstandes des HdAs bot dann Gelegenheit zur Aussprache mit dem CV. Im März 1925 kam es in München zum Treffen zwischen der gesamtdeutschen Leitung des HdA sowie Vertretern des Münchner HdA und des CV, wobei man nach dem Ausscheiden Kleo Pleyers aus der aktiven Arbeit im HdA beiderseits kompromissbereit war und somit die Vergangenheit ruhen lassen wollte, um künftig wieder gemeinsam in vaterländischer sowie partei- und konfessionsübergreifender Einigkeit an der Erneuerung Deutschlands zu wirken.[238] Auch wenn der CV dementsprechend am 8. Mai 1925 seinen Münchner Mitgliedern wieder den Beitritt zum HdA empfahl,[239] gelang eine wirkliche Einigung nicht mehr, da auch die meisten Bischöfe den Status der Trennung begrüßten, und die akademische Jugend aufforderten sich

233 Friedrich Carl Savigny (1903–1944) studierte Theologie und Jura in München und gehörte ab 1933 zu den Mitarbeitern Papens. Er stand auch im Kontakt zu Teilen des konservativen Widerstandes, starb jedoch 1944 beim Fronteinsatz.

234 Bericht des CV-Seelsorgers Erhard Schlund über einen Entschluss des CV an Faulhaber vom 15.09.1924, EAM NL Faulhaber 6558.

235 Vgl. O.A.: Die Beschlüsse der 54. CV-Versammlung, in: Academia 37,6 (15.10.1924), S. 82–86, hier: S. 83.

236 Vgl. O.A.: Geschäftsbericht der 3. Generalversammlung des AHB zu Würzburg (12.–14. Juni 1924), in: Academia 37,5 (15.09.1924), S. 55f.

237 Vgl. O.A.: Der Zerfall des Hochschulrings, in: BK 68,310 (9.11.1924), S. 5f.

238 Vgl. Bericht über die Verhandlungen des Deutschen Hochschulringes mit dem Münchner CV am 8.3.1925, K.S.C. A1 Nr. 676 I.

239 Vgl. STITZ: Der CV 1919–1938 (wie Anm. 303, S. 150), S. 49.

schwerpunktmäßig in den katholischen Vereinigungen zu engagieren, welche den nationalen Gedanken bereits voll umfänglich verwirklichen würden.[240]

Auch außerhalb der katholischen Studentenverbindungen fand die Diskussion um den HdA Raum. So äußerte der Leiter der *Allgemeinen Rundschau*, Otto Kunze (1885–1929), sich wiederholt gegen die Mitarbeit im HdA, da trotz gewisser Ähnlichkeiten doch erhebliche Unterschiede zwischen HdA und den katholischen Akademikern bestünden.[241] Insbesondere die Beeinflussung von Katholiken durch die ihnen wesensfremde völkische Weltanschauung wurde dabei überaus skeptisch gesehen, während die Zusammenarbeit aller nationalen Kräfte tendenziell begrüßt wurde. Dementsprechend arbeitete der *katholische Akademikerbund*, eine weitere katholische Gegengründung zum HdA, die Unterschiede in der Zielsetzung heraus: Während der HdA die „Völkisch-deutsche Kultur auf Grund des Gewaltstaates und der Volksallmacht“ als Ziel habe, setze sich die katholische Akademikerschaft für eine „christlich-deutsche abendländische Kultur auf Grund des Rechtsstaates und des Volksseins“ ein.[242] Letztlich sei es lediglich auf der Basis des katholischen Christentums möglich, Deutschland und das deutsche Volkstum zu erneuern, während der HdA für die protestantische Nationalkultur streite.[243] Ganz ähnlich agierte auch der *Bayerische Kurier*, welcher im Sinne der BVP den studentischen Agitationen mit Unverständnis gegenüberstand und versuchte die Studenten zur klaren Stellungnahme im Sinne der katholischen Regierungspartei zu ermutigen.[244]

Allerdings war die Agitation einzelner Studierender gegenüber der katholischen Kirche nicht der alleinige Grund zum Bruch des bisherigen engen Verhältnisses der national gesinnten Akademiker. Der Bruch manifestierte sich noch durch die etwa zeitgleich stattfindenden AStA-Wahlen und die Neukonstituierung des AStA. Nach den Wahlen im Jahr 1924 waren die völkischen Kräfte (Waffenring und völkische Finkenschaft), welche exakt die Hälfte der Sitze einnahmen und somit auch ohne die katholischen Verbindungen ihre Position behaupten konnten, nicht mehr bereit das Bündnis mit der katholischen Liste fortzusetzen. Stattdessen arrangierten sie sich mit einem Kommilitonen aus dem freistudentischen Lager, was für Missstimmung und Unverständnis bei den Katholiken sorgte. Über diese Vorgänge echauffierte sich die katholische Presse in der Folge ausgiebig und griff dabei insbesondere den katholischen Theologiestudenten Friedrich Carl von Savigny und den bereits erwähnten katholischen Studenten Guttenberg, welche diesen Kurs unterstützten, scharf an.[246] Zugleich begrüßte die katholische Presse teils die „endlich erfolgte klare Scheidung der Geister“ durch welche man hoffte, dass den Studenten „endlich die Augen aufgehen“ über das Wesen der völkischen

---

240 Vgl. Niederschrift zur Freisinger Bischofskonferenz am 9./10.09.1924, EAM NL Faulhaber 4057; Protokoll der Fuldaer Bischofskonferenz vom 18.–20.08.1924, Beschluss Nr. 14, EAM NL Faulhaber 3102.

241 Vgl. z. B. Otto Kunze: Das Nationalbewußtsein der gebildeten Katholiken, in: Allgemeine Rundschau 21,6 (7.02.1924), S. 81f.

242 Katholische Akademikerbund (Hg.): Flugschrift Nr. 3. Katholische Akademikerschaft und Hochschulring deutscher Art. I. Teil, Würzburg 1924, S. 6.

243 Vgl. ebd., S. 8–10.

244 Vgl. etwa o.A.: Kulturkampf, in: BK 64,36 (5.02.1924), S. 2; o.A.: Der Zerfall des Hochschulrings, in: BK 68,310 (9.11.1924), S. 5f.

245 Datenmaterial entnommen aus: UA-M G-XIX-9.

246 Siehe beispielsweise: o.A.: AStA-Wahlen in München, in: Unitas 64,1/2 (März/April 1924), S. 11; o.A.: Bezeichnend, in: BK 68,26 (26.01.1924), S. 3; o.A.: Völkisch-Sozialistische Verbrüderung, in: BK 68,29 (29.01.1924), S. 3f.

Abbildung 15: AStA Wahlen an der LMU 22.01.1924 und 27.11.1924[245]

Januar 1924

Liste	Stimmen	Prozent
Münchner Waffenring	1086	29,10%
Liste kath. Studenten	909	24,36%
völkische Finkenschaft	829	22,21%
nationale Finkenschaft	343	9,19%
Freie Hochschulgruppe	404	10,83%
Vaterländische Bund deutscher Studenten	161	4,31%
Summe / Wahlbeteiligung	3732	ca. 51%

November 1924

Liste	Stimmen	Prozent
Großdeutsche Arbeitsgemeinschaft	2007	46,78%
Liste kath. Studenten	1076	25,08%
Vaterländische Werkstudenten	311	7,25%
nationale Finkenschaft	314	7,32%
Freie Hochschulgruppe	423	9,86%
Jugendbewegung	159	3,71%
Summe / Wahlbeteiligung	4290	ca. 75%

Bewegung[247] und sich nun eine neue „Einheitsfront" bilden würde „gegen den ‚völkischen' Terror."[248]

Eine weitere Begebenheit war eng mit diesem Konflikt zwischen katholischen und völkischen Kräften verwoben. So fand, nur wenige Tage vor den Streitigkeiten um die Vorstandswahlen im AStA und der (zeitweiligen) Aufgabe der Mitarbeit der katholischen Studentenverbindungen im HdA, am 21. Januar 1924 ein Disziplinarverfahren der Universität gegen Guttenberg und den katholischen Vorsitzenden des Münchner HdAs Ernst Rüdiger Graf zu Starhemberg (1899–1956)[249] statt. Den beiden wurde vorgeworfen, durch ihre Agitation für den HdA die Rektoratsantrittsrede am 15. Dezember 1923 sabotiert zu haben. Den Ausgangspunkt hierfür bildete ein Gespräch der beiden mit dem Rektor. Am 14. Dezember teilten sie diesem mit, dass der Vorstand des HdAs beschlossen habe, im Falle eines Erscheinens von Kultusminister Matt, der als erklärter Gegner Ludendorffs und Hitlers unter nationalen Studierenden äußerst unbeliebt war, die Rektoratsantrittsrede zu stören. Der Rektor, welcher für die Veranstaltung auf einen Ordnerdienst aus den Reihen der Korporationen gesetzt hatte, sagte hieraufhin die Veranstaltung

247 O.A.: Völkisch-Sozialistische Verbrüderung, in: BK 68,29 (29.01.1924), S. 3f., hier: S. 4

248 O.A.: Kulturkampf an der Hochschule?, in: Allgemeine Zeitung 127,33 (2.02.1924), S. 3; Ähnlich: O.A.: Von der Münchener Studentenschaft, in: Akademische Monatsblätter 36,6/7 (10.04.1924), S. 22f.

249 Ernst Rüdiger Graf zu Starhemberg (1899–1956), der katholische Österreicher und spätere Vizekanzler in den Regierungen Dollfuß und Schuschnigg, studierte ab 1921 in Innsbruck und München und gehörte dem *Bund Oberland* an. Er nahm auch am Hitlerputsch teil, ging jedoch später auf Distanz zur NS-Bewegung. Zu ihm vgl. URSULA K. MINDLER: Starhemberg, Ernst Rüdiger Fürst von, in: NDB 25 (2013), S. 68f.

ab und suchte gegen den HdA sowie die Beteiligten vorzugehen. Trotz der Aussage, dass der Münchner Waffenring bei Erscheinen Matts nicht chargieren würde, distanzierten sich nahezu alle Korporationen von den angekündigten Störungen der Veranstaltung und konnten so einer weiteren Verfolgung entgehen.[250]

Dennoch machte eine Landtagsanfrage der SPD bezüglich der abgesagten Rektoratsantrittsfeier ein Vorgehen erforderlich.[251] Dementsprechend kam es zum Verfahren gegen die vermeintlichen Anstifter der Aktion. Jedoch gelang es den beiden Angeklagten, wohl unter bereitwilliger Mithilfe des ihnen wohlgesonnenen Senats, ihr Verhalten als reine, mit den besten Absichten erfolgte Warnung des Rektor und keinesfalls als Drohung erscheinen zu lassen.[252] Dementsprechend wurde die geplante Störung der Veranstaltung auch nicht geahndet.[253] Die ablehnende Haltung der Studentenschaft gegenüber dem Kultusminister blieb bestehen und führte im Januar 1924 auch noch zur Absage der universitären Feierlichkeiten anlässlich der Reichsgründung.[254]

Diesen „Terror der nationalistischen Studentenschaft" kennzeichnete die zentrumsnahe *Kölnische Volkszeitung* als „viel wüster [...], als alles, was die Münchener Hochschule in den Novembertagen 1918 und selbst unter der Räteherrschaft erlebte."[255] Derartige fortlaufend gegeneinander erhobene Beschuldigungen und Auseinandersetzungen, welche durch die jeweiligen Presseorgane noch forciert wurden, trugen wesentlich zur Polarisierung zwischen Katholiken und Völkischen bei. Unmittelbar nach dem Hitlerputsch hatte sich diese zunehmende Spaltung der verschiedenen Lager, innerhalb der von den meisten Studierenden angestrebten nationalen Einheitsfront, jedoch noch nicht eindeutig abgezeichnet. So hielt etwa der Jesuitenpater Rupert Mayer (1876–1945) Mitte November mit Anhängern der katholischen Studentenverbindungen, noch ganz im Sinne dieses Einheitsgedankens, eine Gedächtnisfeier für alle im Rahmen des Hitlerputsches zu Tode Gekommenen.[256]

Durch die skizzierten und fortgesetzten Angriffe auf die katholische Partei, die katholische Kirche insgesamt und ihre Würdenträger, setzte dann eine deutliche Distanzierung der katholischen Studierenden von ihren völkischen Kommilitonen ein. Diese sich auch im AStA widerspiegelnde Spaltung setzte sich nach den Wahlen Ende des Jahres 1924 fort. Erst durch die bereits erwähnte Aussprache zwischen HdA und CV im März 1925 konnten sich die verhärteten Fron-

250 Vgl. Senatsniederschrift der LMU vom 18.12.1923, UA-M D-III-96; Niederschrift über Besprechung der Korporationsvertreter mit dem Rektor der LMU am 18.12.1923, UA-M G-XVI-23.

251 Kurze Anfrage Nr. 738 vom 18.12.1923, UA-M D-II-32 Bd. 3.

252 Vgl. Niederschrift der Einvernahme Guttenbergs und Starhembergs am 22.12.1923 sowie Senatsniederschrift der LMU vom 21.01.1924, UA-M G-XVI-23.

253 Vgl. Senatsniederschrift der LMU vom 21.01. und 26.01.1924, UA-M D-III-96.

254 Vgl. O.A.: Münchener Brief, in: Deutsche Hochschulzeitung 16,5 (2.02.1924), S. 4.

255 O.A.: Katholische Studenten und Hochschulring deutscher Art, in: Kölnische Volkszeitung 65,60 (23.1.1924), S. 2.

256 Vgl. ARTHUR FRITSCH: Die Novembervorgänge an der Münchner Universität, in: Academia 36,5–8 (15.12.1923), S. 17f. PHILISTERVEREIN LANGOBARDIA (Hg.): 100 Jahre Katholische Deutsche Studentenverbindung Langobardia München zu Bayreuth im CV (wie Anm. 53, S. 60), S. 95; Bereits im Sommer 1923 hatte Rupert Mayer sich vom übertriebenen Nationalismus distanziert, zugleich jedoch die Ideen von 1914 idealisiert und das Christentum als Basis der neuen völkischen Vergemeinschaft charakterisiert. Vgl. O.A.: Katholizismus und Gemeinschaftsidee (Gedanken aus einem Vortrag von P. Rupert Mayer S.J. auf der 1. Schulungswoche des M.K.V. im S.-S. 1923), in: Akademische Monatsblätter 36,6/7 (10.4.1924), S. 17f. Ähnlich wie Mayer gedachte auch der katholische deutschnationale Historiker Karl Alexander von Müller in der Uni aller Gefallenen. Vgl. MÜLLER: Im Wandel einer Welt (wie Anm. 131, S. 118), S. 182.

ten innerhalb des AStA etwas entspannen, da nun auch Katholiken wieder zugestanden wurde für vaterländische Belange einzustehen und etwa zeitgleich die völkischen Agitationen in München nachließen.[257] Hiermit verschwand auch die Kulturkampf-Rhetorik zunehmend.

Dennoch war insbesondere den dem politischen Katholizismus anhängenden Kräften sowie großen Teilen der katholischen Kerngemeinde deutlich geworden, dass eine Trennung von katholischer Religion und politischem Tagesgeschehen, welche man in Anlehnung an die immer wieder beschworene Volksgemeinschaft des 1. Weltkrieges und weiter zurückliegender Zeiten beschworen hatte, eine verfängliche Hoffnung darstellte. Die völkische Bewegung und ihre Parteien waren selbst politische Richtung und bekannten sich religiös vielfach zu der Religionspolitik Ludendorffs, also einer vom Protestantismus und/oder neugermanischen Vorstellungen geprägten Richtung, welche mit dem Katholizismus – auch in seiner unpolitischen Form – unvereinbar, da anti-katholisch aufgeladen, war. Tiefergehende politische Motive, wie die Ablehnung des Rassismus oder Antisemitismus oder gar des politischen Systems eines autoritativen Staates, spielten dagegen für die Loslösung der Katholiken vom Nationalsozialismus und der völkischen Bewegung nur eine untergeordnete Rolle, wenn sie überhaupt zum Ausdruck gebracht wurden. Somit blieben in katholischen akademischen Kreisen, trotz zunehmender drastischer Ablehnung des Nationalsozialismus, antiparlamentarische und nationale Grundeinstellungen prägend. Dies wird etwa anhand der 1924 auf dem Reichsgründungskommers der katholischen Studentenverbindungen von Regierungsrat Otto Bohl (1885–1969)[258] gehaltenen Rede deutlich. Während der Bismarcksche Nationalstaat sowie eine Politik nach „vaterländischen Gesichtspunkten" in der Rede verklärt wurden, charakterisierte der Redner den Parlamentarismus als Systems des Niedergangs und des Chaos.[259] Damit knüpfte er an monarchistische und konservative Vorstellungen an, welche auch Kahr in seiner Regierungsarbeit leiteten. Große Teile des akademischen Katholizismus vollzogen somit keineswegs eine Abwendung vom national-konservativen Modell der *Ordnungszelle Bayern*, sondern lediglich vom als antikatholisch verbrämten Nationalsozialismus.

2.2.3 Unvereinbarkeit von Katholizismus und völkischem Denken?

Parallel zur katholischen Abkehrbewegung von der völkischen Bewegung und dem Nationalsozialismus, auch innerhalb der katholischen Studentenschaft, verlief die Diskussion darüber, ob Nationalsozialismus und katholischer Glaube miteinander vereinbar seien oder ob für Katholiken nicht vielmehr aus religiösen Gründen eine Parteimitgliedschaft bei der NSDAP unmöglich sei. Von katholischer Seite stand dabei im Fokus zu belegen, dass der Nationalsozialismus beziehungsweise seine Anhänger kirchenfeindlich agieren würden. Nur selten wurde daneben explizit versucht, nachzuweisen, inwieweit die völkische Weltanschauung und mit ihr zusammenhängende Inhalte auch konkreten christlichen oder katholischen Glaubensinhalten zuwiderliefen. Insofern waren der Antisemitismus und Rassismus der Nationalsozialisten ebenso wie ihre Überordnung der Nation gegenüber allen an-

257 Vgl. Bericht über die Verhandlungen des Deutschen Hochschulringes mit dem Münchner CV am 8.3.1925, K.S.C. A1 Nr. 676 I.

258 Otto Bohl (1885–1969), der Jurist, *Aenane* und BVP- Politiker, arbeitete im Sozial- und Innenministerium bevor er 1930 Oberbürgermeister von Augsburg wurde. Vgl. PETER WISCHENBARTH: Der Landkreis Neu-Ulm und seine Vorläufer. Eine Verwaltungsgeschichte, Neu-Ulm 2012, S. 79.

259 O.A.: Rede des AH Regierungsrates I. Kl. Dr. Bohl Ae auf dem Reichsgründungskommers in München am 21. Januar 1924, in: Academia 36,10 (15.2.1924), S. 41f.

deren Werten zwar Kritikpunkte am Nationalsozialismus, aber letztlich nicht ausschlaggebend für dessen Ablehnung.

Einer der bedeutsamsten Vorkämpfer der Unvereinbarkeitsthese wurde hierbei der Münchner Franziskanerpater und Hochschulseelsorger Erhard Schlund. Er hielt beispielsweise im April 1924 auf der Tagung der katholischen Studenten- und Studentinnen-Seelsorger einen Vortrag über *Die deutsch-völkische Bewegung und die Studentenschaft.*[260] Daneben veröffentliche er – dabei auch auf die Arbeit anderer Autoren zurückgreifend – mehrere Artikel und Bücher zur völkischen Weltanschauung. Dabei setzte er sich bereits seit Sommer 1923 immer wieder kritisch mit der religiösen und weltanschaulichen Ausrichtung des Nationalsozialismus auseinander[261] und fasste seine gesammelten Artikel dann 1924 in einer Publikation zusammen.[262] Aber auch die Rolle der Münchner Studenten insbesondere des HdA[263] oder des *Jungdeutschen Ordens*[264] beleuchtete er äußerst skeptisch und charakterisierte deren Agitationen als tendenziell unchristlich. Zusätzlich publizierte er zwei Zitatensammlungen, welche die unchristliche Haltung der Nationalsozialisten aufweisen sollten.[265] Dabei wies Schlund im Rahmen seiner Werke anhand von prägnanten Zitaten und Sprechphrasen nach, dass völkische Autoren von sich selbst regelmäßig als Glaubensgemeinschaft sprächen,[266] das deutsche Volkstum als höchsten aller Werte auch religiös verständen,[267] und daneben die Gleichsetzung der schwarzen Internationalen mit der roten und goldenen Internationalen und somit die Verquickung von Ressentiments gegen Juden, Jesuiten und Ultramontanismus alltäglich seien.[268] „Sachlich und frei von Polemik“ gelang es ihm so, ausgehend von der Hinterfragung des im Parteiprogramm der Nationalsozialisten propagierten positiven Christentum, das „Pseudochristentum“ des Nationalsozialismus und die Unvereinbarkeit dieser neuen Weltanschauung mit einer getreuen Mitgliedschaft in der den Nationalstaat übersteigenden und an Gott als höchstem Wert orientierten katholischen Kirche offenzulegen.[269]

Zugleich jedoch blieb Schlund seinen national-völkischen Zeitgenossen verbunden, wenn er betonte, dass die Vaterlandsliebe eine christliche Tugend sei und ein Katholik sich

> „mit den Antisemiten einig sein [wird] in dem Schmerz über den immer größer werdenden Einfluß des Judentums, namentlich in Deutschland, und in dem

---

260 Vgl. Mitteilungen aus der Vereinigung von kath. Studenten- und Studentinnen-Seelsorgern für das deutsche Sprachgebiet Nr. 13 (April 1924), EAM NL Faulhaber 6552.

261 ERHARD SCHLUND: Der Münchener Nationalsozialismus und die Religion, in: Allgemeine Rundschau 20,31 (2.08.1923), S. 365–367 und 20,32 (9.08.1923), S. 379–381 sowie DERS.: Nationalisierung und Germanisierung der Religion, in: Allgemeine Rundschau 20,38 (20.09.1923), S. 451–453; DERS.: Die neugermanische Religion, in: Allgemeine Rundschau 20,40 (04.10.1923), S. 478–480 und 20,41 (11.10.1923), S. 488–491; DERS.: Neugermanische Kirchen, in: Allgemeine Rundschau 20,43 (25.10.1923), S. 515f., 44/45 (6.11.1923), S. 528–530 und 46 (15.11.1923), S. 540–542.

262 ERHARD SCHLUND: Neugermanisches Heidentum im heutigen Deutschland, München 1924.

263 Beispielsweise Erhard Schlund: Die Münchener Universitäts-Studenten und der 12. November, in: AP 295 (25.12.1923), S. 1f.

264 ERHARD SCHLUND: Der jungdeutsche Orden (Jungdo), München 1924.

265 DERS.: Völkische Scherenschnitte, München 1924; DERS.: Nachdenkliches aus dem Hitler-Prozeß, München 1924.

266 Vgl. DERS.: Völkische Scherenschnitte (wie Anm. 265), S. 6f.

267 Vgl. EBD., S. 7–10.

268 Vgl. EBD., S. 18f. und 22f.

269 Vgl. FELLNER: Pater Erhard Schlund OFM (1888–1953) und seine Auseinandersetzung mit der völkischen Bewegung und dem Nationalsozialismus (wie Anm. 642, S. 197), S. 182.

> Wunsch, diesen Einfluß immer mehr gemindert zu sehen. Er wird vor allem bedauern und bekämpfen die habgierige Jagd nach Geld und materiellen Gütern, die Vorherrschaft auf finanziellem Gebiete, den destruktiven Einfluß der Juden auf Religion, Sitte, Literatur und Kunst und politisches und soziales Leben. Er wird sich wohl immer bewusst bleiben, daß die Juden Rassefremde sind. Aber er wird nicht so weit gehen, die Juden einzig wegen ihrer Rasse zu bekämpfen und vertreiben zu wollen und noch weniger wird er das alte Testament ablehnen."[270]

Somit griff er antijüdische und antisemitische Ressentiments auf. Klare Trennlinien zum Rassegedanken werden bei ihm und vielen weiteren bayerischen Nationalisten dieser Zeit kaum deutlich.[271] Als wesentlicher Unterschied zu den radikalen Antisemiten zeichnete sich jedoch ein Festhalten an christlicher Nächstenliebe und biblischem Gleichwertigkeitsgedanken aller Menschen sowie die Abscheu gegenüber jeder Form des gewaltbereiten Extremismus ab.[272] Dementsprechend deutlich hatte sich Schlund auch bereits zuvor gegen den Bolschewismus positioniert.[273]

Ähnlich wie Schlund, konnte sich auch der als Gegner des radikalen Nationalsozialismus bekannte bayerische Innenminister Schweyer nur schwerlich zur finalen Abkehr von diesem durchringen. So sah er in seinen 1925 veröffentlichten Erinnerungen eine wesentliche Schuld für die „Zersplitterung der vaterländischen Bewegung" in der erzwungenen Auflösung der von ihm, als „unpolitische, überparteiliche" und „demokratischen Grundsätzen" entsprechend, verklärten Einwohnerwehren.[274] Dementsprechend war er weiterhin bereit, die „vaterländische Gesinnung und Opferwilligkeit des großen Teils der Mitglieder aller vaterländischen Vereinigungen" positiv zu würdigen und griff lediglich die Unaufrichtigkeit einiger nicht näher benannter Führer gegenüber der Politik der Regierung an.[275] Letztlich bedauerte er, dass durch den Hitlerputsch und damit einhergehende „kulturkämpferische Auslassungen schlimmster Art" die „notwendige nationale Geschlossenheit des deutschen Volkes" und somit das Ziel der völkischen Bewegung nicht verwirklicht werden konnte.[276] Eine wesentliche Schuld hierfür erblickte er im Agieren einiger völkischer Kräfte im Gefolge der *Los-von-Rom-Bewegung* und ihrer Agitation für eine deutsche Nationalkirche.[277] In diesem Kontext griff er auch die zentralistische und antikirchliche Agitation der Nationalsozialisten an, welche diese durch das „Taschenspielerkunststück, daß man nicht den religiösen Katholizismus, sondern nur den politischen Katholizismus" meine, zu kaschieren suche.[278] Letztlich jedoch wolle man dort doch eine eigene „Weltanschauung durch Erstrebung eines germanisierten Christentums [...]. Der deutsche Gedanke wird förmlich zum Gotte erhoben." Dementsprechend geriere die Bewegung sich zwar christlich, verstehe hierunter jedoch lediglich „die Verwerfung des Judentums".[279]

270 ERHARD SCHLUND: Katholizismus und Vaterland. Eine prinzipielle Untersuchung, München 1923, S. 33.

271 Vgl. FELLNER: Pater Erhard Schlund OFM (1888–1953) und seine Auseinandersetzung mit der völkischen Bewegung und dem Nationalsozialismus (wie Anm. 642, S. 197), S. 159.

272 Vgl. EBD., S. 163.

273 ERHARD SCHLUND: Der Bolschewismus. Sein Begriff, seine Geschichte, seine Ziele, seine Wirkungen, seine Aussichten, Diessen vor München 1919.

274 SCHWEYER: Politische Geheimverbände (wie Anm. 225, S. 135), S. 99 und 101.

275 EBD., S. 101.

276 EBD., S. 107.

277 Vgl. EBD., S. 107.

278 EBD., S. 121.

279 EBD., S. 123f.

Schweyer benannte also klar die Gefährlichkeit des radikalen Nationalsozialismus und sah ähnlich wie Schlund, dass deren völkischer Kurs letztlich auf die Errichtung einer pseudoreligiösen Weltanschauung hinauslief und somit dem Christentum diametral entgegenstand. Entsprechend suchte er gegen diese Bewegung vorzugehen, wenngleich er auf Basis des eigenen konservativen, demokratiekritischen und nationalen Standpunktes auch bestehende gemeinsame Ziele sah und hoffte, die ehemaligen Verbündeten wieder in die eigenen Reihen integrieren zu können. Auch sein Nachfolger als Innenminister, Karl Stützel (1872–1944), folgte diesem Kurs ab 1924, wenn er Hitler nach seiner Haftentlassung in Bayern mit einem Redeverbot belegte und sich um dessen Ausweisung bemühte, zugleich jedoch gegen jede andere Form des Extremismus vorging.[280]

Diese Grundausrichtung einer Bekämpfung radikaler völkischer Kräfte als antichristlich und insbesondere katholikenfeindlich wurde ab 1924 innerhalb weiter katholischer Kreise zum Allgemeintenor und dementsprechend in den BVP-nahen Blättern wie etwa dem *Bayerischen Kurier* oder der *Augsburger Postzeitung* bereitwillig verbreitet.[281] Unterstützung bei der Verteidigung deutscher Katholiken erhielt man dabei auch von Nuntius Pacelli, welcher etwa die *Stimmen der Zeit* zur klaren Stellungnahme gegen Angriffe auf die katholische Kirche motivierte.[282] Auch in Rom warb er dafür, sich deutschfreundlich zu gerieren, etwa indem man deutsche Heiligsprechungsprozesse beschleunige.[283] Das dahinter zumindest bei vielen BVP-Anhängern zunächst auch eine Ausrichtung am Parteiwohl stand, lässt sich kaum verhehlen. Schließlich vertrat auch die BVP den Anspruch, die nationalkonservative Sammelbewegung zu leiten.

Durch die wiederholt vorgetragenen Beschuldigungen, dass durch völkische Persönlichkeiten und insbesondere die Nationalsozialisten der Kulturkampf gegen die katholische Kirche erneut eröffnet worden sei, was sich anhand von Aussagen Ludendorffs, Kleo Pleyers und anderer Personen belegen ließ, sahen sich völkisch gesinnte Akademiker zum Handeln herausgefordert. Ebenso suchten am konfessionellen Frieden interessierte völkische Kräfte die Wogen zu glätten. Umso dringlicher wurde dies, da sich aus katholischen Kreisen vermehrt die Einstellung Bahn brach, welche Schlund dann wissenschaftlich und sachlich fundiert zum Ausdruck brachte, als er die völkische Weltanschauung und somit eine Mitarbeit im völkischen Lager mit dem katholischen Glauben als unvereinbar erklärte. Auf dieser Basis drohte nicht nur der endgültige Bruch mit ehemaligen politischen Verbündeten, sondern auch die Abkehr gewisser Teile der katholischen Mehrheitsgesellschaft Bayerns vom Nationalsozialismus.

Als Gegenmaßnahmen beteuerten völkische Kräfte regelmäßig auf Veranstaltungen sowie in ihrer Presse, dass sich ihre Aussagen lediglich gegen die Politisierung der Religion, welche jedoch eng mit dem Agieren der katholischen Parteien sowie dem Ultramontanismus und der päpstlichen Politik verbunden sei, richteten. Inwieweit es sich hierbei um Schutzbehauptungen handelte oder die Autoren tatsächlich selbst davon überzeugt waren, dass sie lediglich gegen eine katholische Politik agieren würden, ohne dabei den Kern des Glaubens beziehungsweise dessen Verkünder zu treffen, bleibt unklar. Allerdings war diese Überzeugung weit verbreitet, lässt sich bereits im Rahmen des Kulturkampfes antreffen und wurde

280 Vgl. FÜRST: Karl Stützel (wie Anm. 361, S. 159), S. 294–313 sowie S. 265–284.

281 Einen besonderen Ausdruck fand dies in der gesonderten Drucklegung einer Sammlung von Artikeln über die Kirchenfeindlichkeit Ludendorffs: LUDENDORFF: Ludendorff und wir Bayern (wie Anm. 164, S. 237).

282 Vgl. Pacelli an Gasparri vom 10.04.1924, in: Kritische Online-Edition der Nuntiaturberichte von 1917–1929 (wie Anm. 26, S. 56).

283 Vgl. Pacelli an Gasparri vom 26.04.1924, in: EBD.

durch Katholiken wie Alfred Miller[284] oder auch den protestantischen General Ludendorff weitergetragen. Letzterer brandmarkte die katholische Politik, welche durch die Jesuiten und Rom forciert würde, im Hitler-Prozess mehrfach als deutschfeindlich.[285] Das Argument, Angriffe gegen die katholische Kirche und ihre Mitglieder als Kampf gegen die Parteipolitik der katholischen Parteien und der kirchlichen Hierarchie darzustellen und somit die Beschwerden hierüber ebenfalls als parteipolitisch motiviert abzukanzeln, wie dies etwa einer der Verursacher des Konflikts, Kleo Pleyer, vornahm,[286] verfehlte seine Wirkung nicht.

Daneben wurde weiterhin Adolf Hitler, wie es bereits Rudolf Heß 1921 in einem Empfehlungsschreiben an Ministerpräsident Kahr dargestellt hatte, als „lauterer Charakter [... und] guter Katholik" dargestellt,[287] dem man durchaus „unbedingten Gehorsam" leisten könne, da er den „Katholiken die Gefolgschaft [niemals] unmöglich gemacht [habe]", sondern vielmehr die „religiöse Überzeugung [der Katholiken] geachtet" habe.[288]

Eine entscheidende Rolle in dieser Agitation zur Aussöhnung völkischer und katholischer Kreise sollten die Treffen völkischer Katholiken am 25. April 1924 übernehmen, welche parallel im Bürgerbräu- und Löwenbräukeller unter dem Thema *Kann ein Katholik völkisch sein?* mit mehr als 1000 Besuchern stattfanden. Organisiert wurden sie von den Katholiken und NSDAP-Mitgliedern Hans Dauser (1877–1969), Max Sesselmann und Friedrich Ferrari.[289] Aufgegriffen wurden hierbei die positive Darstellung Hitlers sowie die These von der Unvereinbarkeit von Katholizismus mit demokratischen und sozialistischen Kräften. Daneben wurden insbesondere die Vorwürfe aus dem Umfeld der BVP als politisch motiviert charakterisiert, da sie sich lediglich auf aus dem Zusammenhang gerissene Zitate stützen könne, die teils nicht einmal von katholischen, andernfalls von unmaßgeblichen Rednern stammen würden.[290] Abschließend legten die Anwesenden folgendes Bekenntnis ab:

> „Wir Katholiken Münchens [...], die wir uns der völkischen Bewegung angeschlossen haben, führen keinen Kampf gegen das Kreuz, das Symbol des Christentums, gegen die katholische Kirche, gegen den Hl. Vater und gegen unseren Sprengelhirten. [...] Wir völkischen Katholiken wissen im Verein mit unseren christlichen Volksgenossen aller Konfessionen, daß wahre Religiosität keinen Parteihader in religiöser oder konfessioneller Hinsicht kennt, und wollen daher die christliche Religion außerhalb des politischen Parteigezänkes gestellt sehen."[291]

Auch in den *Burschenschaftlichen Blättern*, der Zeitschrift der deutschen Burschenschaften, betonten einzelne Autoren dass wahrhafte Katholiken nicht im „Widerspruch [ständen...] zu einer völkisch-nationalen Politik oder zu einer judengegnerischen Einstellung des deutschen Katholiken." Der Konflikt resultiere vielmehr aus der politischen Ausrichtung der katholischen Parteien als international,

284 Vgl. MILLER: Ultramontanes Schuldbuch (wie Anm. 485, S. 175), S. IIIf.

285 Vgl. beispielsweise GRUCHMANN/WEBER: Der Hitler-Prozeß 1924 (wie Anm. 73, S. 224), Bd. 1, S. 253f. und 262–264.

286 Vgl. O.A.: Kulturkampf, in: BK 68,33 (2.2.1924), S. 1f.

287 Rudolf Heß an Hitler vom 17.05.1921, zit. nach: SPECKNER: Die Ordnungszelle Bayern (wie Anm. 410, S. 166), S. 205; DEUERLEIN (Hg.): Der Hitler-Putsch (wie Anm. 56, S. 221), S. 39f.

288 Aufruf des KATHOLIKENBUND FÜR NATIONALE POLITIK: Katholiken, in: VK 2,85 (28.03.1925).

289 Vgl. Bericht der Polizeidirektion über die Versammlung vom 26.04.1924, in: StAM Pol. Dir. 6687; HASTINGS: Catholicism and the roots of Nazism (wie Anm. 30, S. 16), S. 426f.

290 Vgl. Bericht der Polizeidirektion über die Versammlung vom 26.04.1924, in: StAM Pol. Dir. 6687; O.A.: Kann ein Katholik völkisch sein?, in: Großdeutsche Zeitung 1,73 (29.04.1924), S. 8.

291 EBD.

pazifistisch, demokratisch und pro-jüdisch.[292] Ganz in diesem Sinne wollte man katholisch und völkisch bleiben und äußerte in diesem Sinne auch Unverständnis über Angriffe auf die katholische Kirche aus dem völkischen Spektrum.[293] Teils jedoch suchte man den Grund für die Auseinandersetzungen um das völkischen Lager auch bei den Katholiken, denen man vorwarf, dass sie das „Volk zerreißen wollen", indem sie den Kulturkampf ausriefen.[294]

Im völkischen Lager suchte man also der Kirche die Einmischung in politische Angelegenheiten anzulasten und hierdurch das Scheitern des Putsches zu erklären. Zugleich kaschierte man hiermit den eigenen kirchenkritischen Kurs sowie eigene Unzulänglichkeiten. Wie wirksam derartige Agitationen waren, zeigt exemplarisch ein Brief an Faulhaber auf. In diesem bat die, sich selbst als „treuergebene Katholikin seit Kindheit an" bezeichnende Anhängerin der Völkischen, den Kardinal demütig „in der Kirche und überhaupt im Leben sich der Politik zu enthalten."[295]

Derartige Gedanken wurden auch Anfang 1924 noch in BVP-nahen Kreisen verbreitet. So rief etwa der deutschvölkisch eingestellte Augsburger Priester Philipp Haeuser (1876–1960) auf einer Versammlung des *Heimat- und Königsbundes* in Rosenheim zum Aufbau der Volksgemeinschaft auf und erstrebte die Wiederherstellung des Königtums, würdigte zugleich jedoch Hitler, Ludendorff und den gescheiterten Putsch äußerst positiv.[296] Hiergegen regte sich jedoch nun entschiedener Widerstand der zuständigen Bischöfe von Augsburg und München, die ein derartig exponiertes Wirken eines Priesters für die Nationalsozialisten nicht mehr dulden wollten.[297]

Nachdem der Nationalsozialismus im Rahmen des *Kampfbundes* bereits vermehrt in protestantischen Gebieten hatte Fuß fassen können, nahm diese Tendenz mit der Niederschlagung des Hitlerputsches und der sich aufbauenden Gräben zwischen BVP und NSDAP weiter zu. Die NSDAP und ihre Ersatzorganisationen erschlossen sich zunehmend neue Wählergruppen und hatten hierbei unter protestantischen Akademikern weiterhin großen Erfolg.[298] Auf Münchens Katholiken war man dementsprechend nicht mehr in dem Maße angewiesen wie zuvor. Der wachsende messianisch angehauchte Führerkult um Adolf Hitler, die Verehrung der gefallenen Putschisten als Märtyrer sowie die katholikenfeindlichen Äußerungen Ludendorffs und einiger weiterer Führer des *völkischen Blocks* sorgten dafür, dass das Potential und Interesse an einer wirklichen Versöhnung zwischen Katholiken und Völkischen auf beiden Seiten gering blieb und letztlich nie zustande kam.

Die Frage jedoch, ob Katholizismus und Nationalsozialismus unvereinbar waren, lässt sich nicht pauschal beantworten. Das Bild war eben den Zeitgenossen

292 MAX MAURENBRECHER: Deutschtum und Katholizismus. Aus dem Aufsatz: Die völkische Bewegung und der Katholizismus, in: Burschenschaftliche Blätter 38,5 (Februar 1924), S. 30f., hier: S. 31.

293 Vgl. EUGEN HELD: Deutschtum und Katholizismus. Aus dem Aufsatz „Zur Klärung", in: Burschenschaftliche Blätter 38,5 (Februar 1924), S. 29f.

294 Vgl. EDGAR STELZNER: Deutschtum und Katholizismus. Einheit oder Zerfall?, in: Burschenschaftliche Blätter 38,8 (Mai 1924), S. 65f., hier: S. 66.

295 Frau Hilscher an Faulhaber vom 2.01.1924, EAM NL Faulhaber 9897.

296 Vgl. O.A.: Pfarrer Häusser gegen die Bayr. Volkspartei, in: Großdeutsche Zeitung 1,3 (31.1.1924), S. 2.

297 Vgl. REINHOLD LENSKI: Philipp Haeuser (1876–1960). Pfarrer und Kämpfer für den Nationalsozialismus, 2004, URL: https://www.zukunft-braucht-erinnerung.de/philipp-haeuser/ (besucht am 23.11.2020).

298 Vgl. HASTINGS: Catholicism and the roots of Nazism (wie Anm. 30, S. 16), S. 144.

nicht so klar wie es der Historiker Puschner skizziert, dass nämlich die Religion als ein „,archimedischer Punkt' der völkischen Weltanschauung zu gelten" habe, in dessen Kern die antikatholische „Forderung nach einer ‚arteigenen', d. h. einer Rasse und Volk wesensgemäßen Religion" gestanden habe.[299] Zwar bildeten die ideologische und teils auch religiöse Überhöhung des Volkes, der Nation und der Rasse eine Art „ideologischen Überbau" und somit eine „Rechtfertigung für das rassistische völkische Weltanschauungsgebäude" sowie die „abgeleitete[n] globalen Führungs- und Herrschaftsansprüche",[300] hinderten jedoch keineswegs alle Personen, welche sich selbst als gute Katholiken oder Christen betrachteten und dies auch bleiben wollten, sich für die Völkischen zu engagieren. Es war eben nur eine Minderheit innerhalb der völkischen Bewegung, welche rein germanischen Kulten zuneigte und somit das Christentums als Ganzes verwarf oder ein ariogermanisches Geistchristentum erstrebte.[301] Die Mehrheit dagegen suchte nach einem Mittelweg zwischen völkischen Vorstellungen und dem Christentum und blieb somit dem Herkunftsglauben bis zu einem gewissen Grad treu, wenngleich man etwa den jüdischen Einfluss auf das Christentum kleinredete oder zu minimieren suchte.[302] Einigkeit dagegen bestand im völkischen Lager grundsätzlich darin, dass man gemäß Anspruch und Zielsetzung eine überparteiliche nationale Sammelbewegung sein wollte. Das hierbei letztlich BVP, BMP und NSDAP um den Führungsanspruch konkurrierten und ihre sich teils entgegenstehenden politischen Ordnungsvorstellungen keineswegs außen vor bleiben konnten, blieb dabei zunächst unbeachtet und trug zu den skizzierten Konflikten und unklaren Trennlinien einen erheblichen Anteil bei.

Auch wenn die Unterschiede im Kirchen-, Glaubens-, Welt- und Menschenbild aus heutiger Perspektive gravierend wirken, gab es Berührungspunkte und inhaltliche Schnittmengen zwischen katholischen Akademikern und völkischen, antisemitischen und nationalsozialistischen Kräften. Diese fanden sich in einer modernitätsfeindlichen und antisozialistischen Grundeinstellung wieder und führten zu Bündnissen, zur inhaltlichen und politischen Zusammenarbeit sowie auch zu Doppelmitgliedschaften. Virulent wurde eine Ablehnung des völkischen Nationalsozialismus erst, als dieser zu einer ernstzunehmenden Gefahr für den politischen Katholizismus herangewachsen war. Dabei überwogen zunächst jedoch die Stimmen, welche, vornehmlich aus dem akademischen Spektrum stammend, sich für eine Aufrechterhaltung des auf einem national-konservativem Fundament ruhenden Bündnisses der nationalen Einheitsfront stark machten. Als sich dann aus dem völkischen Spektrum Stimmen gegen die Gestalt der katholischen Kirche, ihre Oberhirten sowie christliche Grundwerte vermehrt Gehör verschafften, begannen kirchliche Kreise die Unvereinbarkeit von Nationalsozialismus und Katholizismus zu propagieren. Hierbei wurde der Nationalsozialismus in eine Reihe mit kulturkämpferischen und kirchenfeindlichen Kräften gestellt und auf dieser Basis versucht, die Katholiken gegen die völkische Bewegung zu einen. Dies stellte einen längeren Prozess dar, war jedoch von Erfolg gekrönt und machte die weiterhin vornehmlich konservativ und national eingestellten kirchennahen katholischen Akademiker langfristig relativ resistent für die nationalsozialistische Pro-

299 UWE PUSCHNER: Völkisch. Plädoyer für einen ‚engen' Begriff, in: PAUL CIUPKE u. a. (Hg.): „Die Erziehung zum deutschen Menschen". Völkische und nationalkonservative Erwachsenenbildung in der Weimarer Republik (Geschichte und Erwachsenenbildung 23), Essen 2007, S. 53–66, hier: S. 65.

300 EBD., S. 65f.

301 Vgl. LOHALM: Völkischer Radikalismus (wie Anm. 91, S. 112), S. 173f.

302 Vgl. EBD.

paganda.[303] Lediglich Einzelpersönlichkeiten, welche zumeist auch vorab bereits besonders stark im völkischen Sinne aufgetreten waren, blieben über das Jahr 1924 der völkischen Bewegung treu und verloren hierüber, wie etwa Heinrich Himmler oder Josef Roth, zunehmend den Kontakt zur katholischen Kirche. Insofern kann man die NSDAP nicht als eine katholische Bewegung deklarieren, wenngleich sie gerade in der Anfangszeit von Katholiken unterstützt und teils auch durch katholische Organisationen toleriert und somit gefördert wurde.[304]

Teils waren es dann ab Ende 1923 dieselben Organisationen, welche den offenen Kampf gegen die zunehmend als Bedrohung wahrgenommenen Völkischen führten. An ihre Spitze stellten sich bestens vernetzte Akademiker wie Erhard Schlund oder das Führungspersonal der BVP. Diese wirkten hier gemeinsam mit dem Klerus als Milieumanager. Angriffe auf den Klerus, insbesondere auf Kardinal Faulhaber waren dabei der entscheidende Punkt, welcher die Mehrheit der in katholischen Vereinen organisierten, konservativ geprägten Akademiker zur Solidarisierung mit der Kirche und zur Lösung von der völkischen Bewegung veranlasste. Somit hatte 1924 der Grad der je individuellen Kirchenbindung sowie die Einbindung in katholische Vereins- und Verbandsstrukturen (noch) einen erheblichen Einfluss auf die politische und gesellschaftliche Prägung der akademischen Individuen. Dabei sollte jedoch nicht vergessen werden, dass von Münchens Akademikern weniger wie 20% – und damit nur etwas mehr wie ein Drittel der katholischen Akademiker – innerhalb solcher fest gefügter katholischer Organisationsnetzwerke verwurzelt war. Der größere Teil der katholischen Akademiker war also strukturell nur lose mit dem Katholizismus verflochten und wies stattdessen größere Überschneidungen mit dem bürgerlichen Umfeld auf, blieb dabei jedoch bezüglich der religiösen Prägung, dem individuellen Glauben sowie der Orthopraxis der Kultur des Katholizismus grundsätzlich verbunden.

303 Vgl. FENSKE: Konservativismus und Rechtsradikalismus in Bayern nach 1918 (wie Anm. 140, S. 74), S. 320.

304 Vgl. ZIEGLER: Zu Hitlers Frühzeit in Bayern 1918–1924 (wie Anm. 31, S. 16), S. 755f.

Fazit

„Wo immer er hinschaut, nichts hat sich geändert, alle sind sie noch da. Krieg war, Revolution war, und dann das letzte Jahrfünft mit seinem Blut und seiner Lächerlichkeit, mit der Befreiung Münchens am Anfang und der Inflation in der Mitte und dem Kutznerputsch [gemeint ist der Hitlerputsch] am Schluß. Aber die gleichen Leute sitzen in den Ämtern, im Nürnberger Bratwurstglöckel, im Herrenklub, in der Tiroler Weinstube. [...] Das Jahr dreht sich im alten Kreis, Fasching, Salvatorsaison, Maibock, Maidult, Oktoberfest, zuletzt wiederum Fasching. Die Feldherrnhalle bevölkert sich mit neuen bronzenen und steinernen Mahnmalen, die Militärmusik dröhnt blechern die alten Wagnermelodien, die Tauben girren und werden fett, die Studenten reißen mit eckiger Bewegung die bunten Mützen von den zerhackten Köpfen, am Tor zum Hofgarten steht idolhaft wuchtig, inmitten tiefen Respekts, General Vesemann [Ludendorff]. Die Isar fließt grün und rasch wie immer, die Stadthymne plärrt vom alten Peter und der Gemütlichkeit, die nicht aufhört. Es ist ein zähes, bäuerliches Haften, die ewige Wiederkehr des Gleichen. Die Stadt will das letzte Jahrzehnt einfach nicht wahrhaben, sie hat es vergessen, sie gibt sich treuherzig, hält sich die Augen zu und will es nicht gewesen sein. Sie glaubt, dann vergessen es auch die anderen. Aber da irrt sie."[1]

So resümiert Feuchtwanger in seinem Roman *Der Erfolg* die von ihm skizzierte frühe Nachkriegszeit. In der Tat, an den alten Eliten und ihrem Habitus hatte sich anscheinend zwischen 1914 und 1924 wenig geändert. Adelige, militärische und bürgerliche Honorationen hatten es verstanden, sich an der Macht zu halten. Die Zeit der Räterepublik dagegen wirkte aus der Perspektive nach dem Hitlerputsch wie ein kurzes gescheitertes Intermezzo einiger weniger der Moderne zuneigender Intellektueller, die nicht in das München von 1924 zu passen schienen. Zu sehr steht dieses kurze Aufflammen eines revolutionären Münchens im Widerspruch zur von Feuchtwanger nachgezeichneten konservativen bayerischen Grundeinstellung. Katholizismus, bäuerliche Lebenswelt und Militärs hielten dabei ebenso wie große Teile des Bürgertums an den überkommenen Zeiten fest und sehnten sich nach diesen zurück.

Insbesondere Münchens Akademiker verspürten nach dem Ende des 1. Weltkriegs keinerlei Bedürfnis ihre durch Bildungspatente untermauerten gesamtgesellschaftlichen Führungsansprüche sowie die beanspruchte Deutungshoheit aufzugeben. Die als von Chaos und Hilfslosigkeit geprägt empfundene Phase der Revolution und Räterepublik bestärkte sie dabei in ihrer Überzeugung, die eigene Stellung zu untermauern und sich radikal gegen sozialistische und bolschewistische Tendenzen zu stellen. Problematisch wurde dies, da auch die Weimarer Republik und die fortschreitende Pluralisierung, Demokratisierung und Industrialisierung als in engem Zusammenhang mit diesen Tendenzen und als Bedrohung der eigenen sozialen Stellung empfunden wurden. In dieser Abwendung von der Moderne und der damit einhergehenden Zuwendung zu konservativen Ordnungsvorstellungen war man sich mit großen Teilen des Katholizismus einig. Während außerhalb Bayerns der Untergang des protestantischen Kaiserhauses und damit des dominierenden preußischen Einflusses auch als Chance zur Befreiung aus der katholischen Inferiorität gesehen wurden, sah die Lage in Bayern ganz anders aus. Zunächst hatten vereinzelte Katholiken – gemeinsam mit nicht wenigen bürger-

1 FEUCHTWANGER: Erfolg. Drei Jahre Geschichte einer Provinz (wie Anm. 4, S. 10), S. 617.

lichen Kräften – erhofft, dass im Zuge von Demokratisierung und Staatsbildung eine Einigung mit den Sozialisten möglich und somit letztlich eine Besserstellung bürgerlicher und katholischer Kräfte erzielt werden könnte. Daher versuchte man, sich auf pragmatische Art und Weise mit den neuen Zeitumständen zu arrangieren.

Die Mehrheit der bayerischen Katholiken dagegen hatte die Revolution und den plötzlichen Wegfall der katholisch geprägten Monarchie als Schock erlebt und war gemeinsam mit Faulhaber und dem Klerus zunächst in Lethargie verfallen. Als sich abzeichnete, dass die revolutionären Übergangsregierungen in München und Berlin gedachten, das Feld des Religionsunterrichts und der Konfessionsschulen ebenso wie das Verhältnis von Kirche und Staat neu zu ordnen, begann jedoch eine große Mobilisierungswelle unter den Katholiken. Das als kulturkämpferisch eingestufte Verhalten der sozialistischen Regierung führte die Katholiken nahezu einhellig in die Opposition zur neuen Regierung sowie weiteren Errungenschaften der Revolution. Spätestens jetzt bildeten die katholischen Akademiker eine Allianz mit ihrem bürgerlichen Umfeld.[2] Dieses hatte bereits begonnen Vergemeinschaftungsprojekte zu organisieren, welche vornehmlich dazu dienten, den eigenen Führungs- und Herrschaftsanspruch zu verwirklichen, zumindest aber die eigene privilegierte Stellung zu erhalten oder auszubauen.

Radikalnationalistische Kräfte wie die *Thule-Gesellschaft* trugen das ihre dazu bei, dass sich die Opposition zur abgelehnten sozialistischen Regierung organisierte und stereotype Feindbilder wie das des Antisemitismus verbreitet wurden. Die Räterepublik wurde dabei von Katholiken und Bürgern gleichermaßen nahezu geschlossen als Bedrohung ihrer eigenen Lebensweise, Kultur und Weltanschauung abgelehnt und im Nachgang in den schrecklichsten Farben gezeichnet. In der Folge formierte sich nach der Niederschlagung derselben eine bürgerlich-national geprägte antibolschewistische Einheitsfront, welche durch die Ergebnisse des Versailler Vertrags noch enger zusammengeschweißt wurde. Dieses Bündnis konnte bald die Sozialdemokraten aus der bayerischen Regierungsarbeit verdrängen. An die Spitze dieser Einheitsfront stellten sich die Katholiken mit der BVP und national-konservative und liberale Kräfte wie die DVP, die BMP und die DDP. Daneben wurden jedoch auch radikale völkische Kräfte eingebunden und so deren organisierte Propagandatätigkeit und ihr rechtswidriges Vorgehen unterstützt oder zumindest toleriert. Nach außen versuchte man dabei, eine Sammlung aller nationalen Kräfte unter dem Schlagwort der *Volksgemeinschaft* zu verwirklichen, was kurzzeitig weitgehend gelang. *Bayerischer Ordnungsblock*, HdA und paramilitärische Kräfte rund um die Einwohnerwehren waren Ausdruck dieser Sammlung, in welcher in München sehr bald radikale völkische Kräfte die Diskurshoheit übernahmen. In all diesen Bewegungen waren Münchens katholische Akademiker auf Augenhöhe mit ihren protestantischen Mitbürgern unterwegs und in vergleichbaren Maße in die verschiedenen Diskurse und Auseinandersetzungen involviert.

Konflikte mit der Berliner Reichsregierung sowie die Überzeugung vom Vorbildcharakter der bayerischen Ordnungszellenpolitik führten dabei viele katholischen Akademiker Bayerns, gemeinsam mit der Kirchenspitze und großen Teilen ihrer akademischen Umwelt zu einer drastischen Ablehnung der parlamentarischen Demokratie sowie der Weimarer Reichsverfassung. Dagegen hing man föderalistischen und nationalen sowie teils völkischen, monarchistischen oder ständestaatlichen Ordnungsvorstellungen an. Ein Diskurs über die heterogenen politischen Vorstellungen und Ordnungsmodelle fand dabei innerhalb der suggerierten

2 Damit unterschied sich das Verhalten von Münchens Katholiken von demjenigen in der Vorkriegszeit. Dort hatte man oftmals im engen Bündnis mit der Sozialdemokratie agiert. Vgl. POHL: Katholische Sozialdemokraten oder sozialdemokratische Katholiken in München: ein Identitätskonflikt? (wie Anm. 47, S. 20), insbesondere: S. 234f. und S. 252f.

nationalen Einheitsfront kaum statt. Auch konfessionelle Vorbehalte und Konflikte suchte man in dieser Zeit tunlichst nicht zur Sprache zu bringen.

In diesem Klima gelang es der NSDAP erfolgreich als politische Partei heranzuwachsen und sich als radikale Vertretung dieser skizzierten Vorstellungen zu gerieren. Erst als innerhalb des politischen Katholizismus die Gefahrenlage für den eigenen Wählerbestand erkannt wurde, fanden erste Abgrenzungsversuche gegenüber dieser Partei statt. Insbesondere die Gewaltbereitschaft und Radikalität des Rassismus und Antisemitismus der Nationalsozialisten wurden dabei skeptisch betrachtet, wohingegen man sie grundlegend noch als Bestandteil der nationalen Einheitsfront akzeptierte. Deren Auflösungstendenzen suchte man möglichst lang zu kaschieren. Erst die im Kontext des Hitlerputsches gegen die katholische Kirche und ihre Vertreter vorgetragenen Positionen führten schließlich zum Bruch zwischen NSDAP und katholischem Lager.

Insofern hatte sich in den ereignisreichen Jahren zwischen 1918 und 1924 durchaus einiges getan, was seinen Niederschlag jedoch weniger in der Etablierung einer neuen Herrschaftselite oder Mentalität fand, dafür aber auf sozialgeschichtlicher Ebene wirksam wurde:

1. Für das Münchner Bürgertum lässt sich festhalten: Das Bürgertum durchlief in München in den frühen Nachkriegsjahren einen rasanten Wandel. Während liberale bürgerliche Kreise mit der Revolution kurzzeitig darauf hofften, dass sie im Zuge der seit langem ersehnten Demokratisierung nun die ihnen zustehende gesamtgesellschaftliche Führungsrolle einnehmen könnten, ging der Mehrheit bald auf, dass die Führungsrolle in diesen Prozessen bei den Sozialdemokraten lag. Hiergegen forderte man die eigene Beteiligung ein und startete Projekte zum Klassenausgleich sowie zur politischen Sammlung des Bürgertums etwa in den Bürgerräten. Zeitgleich wurde jedoch deutlich, dass sich das Bürgertum zunehmend vom Liberalismus abwandte und an dessen Stelle der Nationalismus rückte. Dieser schon weit vor dem Krieg losgetretene Prozess beschleunigte sich innerhalb der Weimarer Republik mit den wirtschaftlichen Einbußen, welche insbesondere das Bildungsbürgertum durch die Inflation erlitt, zunehmend. Besonders anfällig hierfür war das Münchner Bürgertum, welches sich aus dem Trauma der Räterepublik heraus besonders drastisch von Bolschewismus und Sozialismus abgrenzte. Diese Entwicklung ging einher mit einer „fundamentalen Krise" der gesamten bildungsbürgerlichen Identität in Deutschland,[3] welche sich bereits seit der Jahrhundertwende nachweisen ließ.

Die Moderne allgemein und auch die Hochschätzung von Bildung, Technik, Fortschritt und Individualismus wurden skeptisch und als den eigenen Interessen nur wenig dienlich betrachtet. An ihre Stelle traten alternative Werte, die oftmals irrational angehaucht waren und verschieden gelagerte Gemeinschaftskonstruktionen, insbesondere dasjenige der Nation und des Volkes in den Fokus rückten.[4] „Die Hoffnung [... der] Aktivisten, es könne möglich sein, die Zersplitterung des Bürgertums durch den Nationalismus zu überwinden, trog indes."[5] Münchens Bürgertum musste im Untersuchungszeitraum erleben, dass die erstrebte nationale Einheitsfront nicht tragfähig war. Zu stark divergierten die politischen und weltanschaulichen Vorstellungen selbst zwischen den akademisch gebildeten Bürgern,

3 HERING: Konstruierte Nation (wie Anm. 47, S. 105), S. 11.

4 Die enge Verbindung von Ablehnung der Moderne und Anfälligkeit für radikal-nationalistische und völkische Denk- und Handlungsweisen wird auch nachgewiesen bei: URS ALTERMATT: Katholizismus und Antisemitismus. Mentalitäten, Kontinuitäten, Ambivalenzen. Zur Kulturgeschichte der Schweiz 1918–1945, Frauenfeld, Stuttgart und Wien 1999, S. 304f.

5 BREUER: Anatomie der konservativen Revolution (wie Anm. 56, S. 106), S. 24; Vgl. auch BRUENDEL: Volksgemeinschaft oder Volksstaat (wie Anm. 1, S. 49), S. 301f.

die durch gemeinsame Schulbildung und Vereinsnetzwerke auf kultureller Ebene vielfach miteinander verbunden waren und sich weiterhin als „intellektuelle Avantgarde“ verstanden.[6] Die Ausdifferenzierung der Studienfächer und der möglichen Berufsfelder für Akademiker sowie die Angst vor der ungewissen Zukunft, ließ dabei das ganzheitliche humboldtsche Bildungsideal zunehmend an Wert verlieren. Die soziale Gruppe des Bildungsbürgertums und ihr Anspruch auf Einigkeit und nach politischer sowie gesellschaftlicher Geltung blieb dabei bestehen, erodierte jedoch zunehmend über die internen Konflikte.[7] Hierbei spielte auch der konfessionelle Konflikt rund um die völkische Bewegung eine entscheidende Rolle.

2. Bezüglich der Existenz und Entwicklung eines katholischen Milieus in München ist Folgendes zu resümieren: Für München bestehen gewisse Schwierigkeiten ein katholisch geprägtes Milieu auszumachen.[8] Während große Teile der Stadtbevölkerung formal-rechtlich der Kirche angehörten, blieb die aktive Partizipation am kirchlichen Leben in München weit hinter den Erwartungen an eine Milieustadt zurück. Auch die Anbindung an die katholische Partei war vergleichsweise schwach ausgeprägt. Weniger als 40% der Münchner Katholiken wählten im Untersuchungszeitraum die BVP und ein noch etwas geringerer Anteil der katholischen Akademiker war in katholischen Vereinen und Verbänden organisiert. Insgesamt glich das Bild, gemäß dem Datenmaterial, tatsächlich einer Diasporagemeinde oder einer nicht kirchlich geprägten Lebenswelt. So ähnelt das statistische Erscheinungsbild etwa dem Befund von Urs Altermatt für die Stadt Zürich.[9] Er konnte hier nachweisen, dass lediglich etwa ein Drittel der nach Zürich zugewanderten Katholiken dem katholischen Milieu die Treue hielt und den Kampf gegen die als feindlich und Katholiken benachteiligend wahrgenommene Umwelt aufnahm.[10] Dagegen habe sich der überwiegende Teil der zugezogenen Katholiken in Zürich an das bestehende Umfeld assimiliert.[11] Dieser Befund lässt sich unisono auf München übertragen, wenngleich hier keine Diasporasituation vorlag und auch die Umwelt von Münchens Katholiken grundsätzlich nicht als benachteiligend wahrgenommen wurde.

In München war dagegen für diese spezifische soziale Gruppenkonstellation ausschlaggebend, dass zahlreiche der katholisch Getauften, insbesondere kirchenferne Gebildete es nicht für notwendig erachteten, sich primär innerhalb religiös geprägter Organisationen und Lebenswelten zu bewegen. Religion und die katholische Konfession der Majorität wurden im Stadtgepräge zwar als wichtige Faktoren wahrgenommen und auch die grundsätzliche Bindung an diese kulturelle Prägung blieb einer Mehrheit erhalten, einen lebensbestimmenden Einfluss dagegen entwickelte die Konfession nur im Leben einer Minderheit. Diese Gruppe, welche unter den katholischen Akademikern im Untersuchungszeitraum etwa 25% ausmachte, wies dagegen enge Bindungen zur Kirche, ihrer Hierarchie und den hierzu gehörenden politischen und gesellschaftlichen Organisationen auf. Im Rahmen der Weimarer Republik gelang es, diese Organisation, einhergehend mit der Errin-

---

6 BRUENDEL: Volksgemeinschaft oder Volksstaat (wie Anm. 1, S. 49), S. 301.

7 Zu diesem Ergebnis kam für Gesamtdeutschland auch: JARAUSCH: Die Krise des deutschen Bildungsbürgertums im ersten Drittel des 20. Jahrhunderts (wie Anm. 73, S. 30).

8 Vgl. zu den vier Kategorien der kirchlichen Bindung nach HÖLSCHER: Möglichkeiten und Grenzen der statistischen Erfassung kirchlicher Bindung (wie Anm. 97, S. 38), S 40f. sowie die Ausführungen im Kapitel *Ansatzpunkte für ein katholisches Milieu in München* hierzu.

9 Vgl. ALTERMATT: Katholizismus und Moderne (wie Anm. 36, S. 16), S. 181–202.

10 Vgl. EBD., S. 201f.

11 Vgl. EBD., S. 200.

gung der politischen Macht, etwa durch Neugründungen von Vereinen und Verbänden auszubauen und die Mitgliederbasis zu vergrößern. Schlussfolgernd kann man in München also von der Existenz eines Kernmilieus sprechen, um welches sich mehr oder weniger locker weitere Personen und soziale Gruppen anlagerten, die in unterschiedlicher Art und Weise in Beziehung mit Katholiken und ihren Organisationen standen. Das Kernmilieu weist dabei große Ähnlichkeiten zu den klassischen Milieustrukturen auf und zeichnet sich durch eine gemeinsame kulturelle Basis, enge Bindungen an die Amtskirche sowie ein diese Kultur tragendes Beziehungsgeflecht aus politischen und gesellschaftlichen Organisationen aus.

Für dieses Kernmilieu ließ sich etwa anhand der Schulfrage oder der Abgrenzung von der NSDAP nachweisen, dass es der Kirche zumeist noch gelang, sich gegenüber als konträr eingestuften Einflüssen und Bewegungen – wie beispielsweise dem Sozialismus oder auch dem Nationalsozialismus – weitgehend abzukapseln und diesen Einflüssen nahestehende Personenkreise weitgehend aus dem eigenen Lager und somit der Kirche herauszudrängen. Dementsprechend verblieben nationalsozialistisch oder sozialistisch geprägte Personen nur selten langfristig bei der Institution Kirche. Diese starke Kirchenbindung des Kernmilieus ist umso erstaunlicher, wenn man bedenkt, wie eng einzelne Organisationen des Kernmilieus vorab mit dem späteren weltanschaulichen Gegner paktiert hatten und wie sehr deren Gedankengut auch unter den eigenen Mitgliedern verbreitet war. Somit war es von kirchlicher Seite innerhalb der auffällig heterogen zusammengesetzten Gruppe der katholischen Akademiker Münchens grundsätzlich möglich, politische und gesellschaftlich normierende Vorgaben durchzusetzen. Damit verbunden war jedoch stets die Gefahr, dass sich einzelne Gruppierungen von der Kirche lösten oder abgestoßen fühlten. So zumindest erging es den liberalen Demokraten in Bayern bereits kurz nach der Etablierung der Weimarer Republik und den radikalen völkischen und nationalsozialistischen Kräften dann 1924 nach der Loslösung des politischen Katholizismus von diesen Gruppen.

Somit lässt sich für die Zeit der Weimarer Republik eine grundsätzliche Tragfähigkeit von kirchlichen Bindungen konstatieren. Diese erfasste jedoch längst nicht mehr alle Katholiken und insbesondere die katholischen Akademiker nahmen für sich in Anspruch, über Anknüpfungen und Kooperationen mit anderen sozialen Gruppen zu debattieren oder sich diesen gar anzuschließen. Die Akademiker stellten dabei innerhalb des katholischen Kernmilieus deutlich die Elite dar und übernahmen Verantwortung innerhalb der bürgerlichen Stadtgesellschaft Münchens – beispielsweise im caritativen Bereich –, aber vor allem in katholischen gesellschaftlichen und politischen Organisationen, indem sie hier initiierende und verantwortliche Positionen übernahmen.

Gegenüber dem katholischen deutschen Makromilieu[12] nahmen die Münchner eine ambivalente Haltung ein. Grundsätzlich wusste man um die gemeinsame kulturelle und weltanschauliche Basis, zugleich grenzte man sich jedoch deutlich gegenüber selbigem ab. Der *Zentrumspartei* und vielfältig auch den gesamtdeutschen Milieuorganisationen stand man skeptisch gegenüber und bevorzugte stattdessen bayerische Eigengründungen. Dennoch war man vielfältig mit dem gesamtdeutschen Katholizismus verbunden, wollte sich jedoch nicht so ganz in diesen einfügen. Es scheint daher nicht zielführend das Münchner Kernmilieu oder den Münchner Katholizismus überhaupt als Bestandteil des deutschen Makromilieus zu betrachten. Das gilt auch deswegen, da sich Münchens Katholizismus erstaunlich früh gegenüber anders orientierten sozialen Vergemeinschaftungen öffnete und nur im begrenzten Umfang eine Wagenburgmentalität herausbildete.

12 Vgl. zu der Unterscheidung in Makro-, Meso- und Mikromilieus BLASCHKE/KUHLEMANN: Religion in Geschichte und Gesellschaft (wie Anm. 44, S. 20), S. 47f.

Spannend wäre hier eine vertiefende Analyse inwieweit der Großstadtcharakter Münchens diese Entwicklungen bedingte.

3. Zur Verortung der katholischen Akademiker gegenüber dem Bildungsbürgertunm und innerhalb der zeitgenössischen Diskurse gilt es zu konstatieren: Die katholischen Akademiker Münchens waren in die zeitgenössischen Diskurse bestens involviert. Sie waren ebenso wie ihr bürgerliches Umfeld besonders von der zunehmenden Heterogenisierung und Pluralisierung ihrer Umwelt betroffen. Nachdem nur eine Minderheit sich primär dem katholischen Kernmilieu zurechnete, war der Großteil von Münchens katholischen Akademikern vielfach in Kontakt mit bürgerlichen Vereinen, Verbänden und Organisationen. Dies galt auch für Persönlichkeiten, welche man dem Kernmilieu zurechnen kann, wie etwa Theodor Cramer-Klett oder Fritz Beck. Eine Mehrheit der Katholiken ersehnte dabei, gemeinsam mit dem größten Teil der Akademiker, zu Beginn der Weimarer Republik dezidiert eine nationale, konfessionsübergreifende Sammlung aller Kräfte – im Idealfall unter katholischer Führung. Die dabei entwickelten Ordnungsvorstellungen waren in der Regel antimodern und konservativ und auf katholischer Seite oftmals von einem „Menschheitsrettungs-Pathos“[13] geprägt. Auf dieser Basis ist auch die vehemente Ablehnung der Sozialdemokratie und anderer sozialistischer Bewegungen, ebenso wie gewisser Strömungen des Liberalismus, zu verstehen. Diese ablehnende Haltung wurde von großen Teilen des Bürgertums ebenso wie von der Kirche forciert. Über diese insbesondere in katholischen und nationalkonservativen Kreisen gepflegten gemeinsamen Feindbilder erwuchsen stabile politische Bündnisse, welche die Errichtung der *Volksgemeinschaft* im Rahmen der *Ordnungszelle Bayern* als realistische Option aufscheinen ließen.

Dass diese letztlich eine Utopie blieb, ist neben den denkbar schlechten Ausgangsbedingungen des verlorenen Krieges und der sich anbahnenden wirtschaftlichen Umschichtung im Rahmen der Inflation, auch den sich zunehmend radikalisierenden konservativen Kräften in Bayern geschuldet, welche in ihrem Schatten antiparlamentarische und illegale Machenschaften tolerierten und förderten. Unter der konservativen Zukunftshoffnung summierte sich somit letztlich eine Fülle von heterogenen Ideen und stand damit dem breiten, nach Einheit drängenden Bedürfnissen diametral entgegen. Die katholischen Akademiker Münchens blieben in diesen Diskursen ihrem bildungsbügerlichem Kontext und den Bedingungen des Konservatismus verhaftet. Neue oder eigene Ideen und Handlungsoptionen führten sie dementsprechend kaum ins diskursive Feld. Eine gewisse Kreativität entwickelte sich lediglich aus dem Bedürfnis heraus, mit den erzwungenen staatlichen Neuordnungsprozessen auch neue Aufbrüche in der Kirche anzustoßen beziehungsweise dem katholischen Bekenntnis einen neuen Platz in der Gesellschaft zukommen zu lassen. Hieraus formierten sich beispielsweise die liturgische Bewegung ebenso wie die Jugendbewegung, welche jedoch weitgehend konservativen Idealen sowie der Ablehnung der Moderne verpflichtet blieben.

Auffallend ist daneben, wie wenige Frauen in den hier analysierten Diskursen der Zeit zu Wort kamen. Dabei waren sie im Bildungsbürgertum durchaus vorhanden und etwa durch die Person Ellen Ammanns auch auf der politischen Bühne repräsentiert. Ihr Anteil an den Universitäten stieg in der Weimarer Republik beständig an und sie traten durch eigene Vereine und Verbände in Erscheinung. Insgesamt waren Frauen in den analysierten Quellen jedoch deutlich unterrepräsentiert. Umso interessanter wäre es, die hier aufgeworfenen Ergebnisse um eine genderspezifische Perspektive zu erweitern.

13 RUSTER: Die verlorene Nützlichkeit der Religion (wie Anm. 78, S. 32), S. 76.

4. Lässt sich die Frage, ob man anhand der katholischen Akademiker Münchens Anfänge einer ausdifferenzierten pluralen Gesellschaft ausmachen kann, bejahen. Die Vielschichtigkeit von Beziehungen der Münchner Katholiken in andere Lager, insbesondere ins bürgerliche, national-konservative bezeugt eine gewisse Pluralität an Gesellschafts- und Staatsentwürfen sowie heterogene und vielschichtige Zuordnungs- und Abgrenzungsprozesse. Dabei blieb bei den meisten als Katholiken identifizierten Persönlichkeiten ein tief empfundenes Zugehörigkeitsgefühl zur katholischen Kirche konstant bestehen, welches sich neben dem Gottesdienstbesuch in persönlichen Bekenntnissen zur Kirche und ihren Führungspersönlichkeiten erwies. Einen, wenn auch nicht unumstrittenen Anker für diese katholischen Lebenswelten bildeten dabei, neben der kirchlichen Hierarchie, die BVP und die katholischen Verbände sowie in München erscheinende katholische Presseerzeugnisse.

Bei Personenkreisen, die sich von dieser Lebenswelt ab- und stattdessen etwa einer völkisch oder sozialistisch geprägten Lebenswelt zuwandten, sind daneben auch Phänomene der Entkirchlichung beziehungsweise einer Individualisierung der Religion feststellbar gewesen.[14] Dabei blieben jedoch vielfach Wurzeln zur religiösen Herkunft bestehen, die wie etwa im Fall von Max Zillibiller oder Georg Stipberger nach einer gewissen Zeit wieder ins Zentrum der katholischen Lebenswelt zurückführten. Oftmals waren die Zuwendungen zu völkischen, liberalen oder sozialistischen Kreisen sowie Bündnisse mit diesen auch von Beginn an aus dem Motiv der Rekatholisierung gespeist, was sie inhaltlich und oftmals auch zeitlich beschränkte.[15]

Dabei war unter Münchens Akademikern die Anzahl derjenigen, die sich zumindest zeitweise an alternativen Vergesellschaftungsentwürfen zur katholischen Kirche orientierten, nicht unerheblich. Gerade die bürgerlich geprägte, städtische Kultur stand bei zahlreichen akademisch gebildeten Katholiken Münchens bewusst als ergänzender Vergemeinschaftungsentwurf hoch im Kurs. Nachdem diese lediglich rund um den Hitlerputsch und auch nicht vollumfänglich in Konkurrenz, beziehungsweise Widerspruch zum katholischen Entwurf trat, konnten viele von Münchens katholischen Akademikern sich sowohl ihrer Klasse als auch ihrem Milieu zugehörig fühlen. Der Grad an Heterogenität in Münchens katholisch geprägter Lebenswelt ist ebenso wie im Kernmilieu als hoch zusammenzufassen. Der Grad der Individualisierung war in München somit Mitte der 1920er-Jahre im Vergleich zu klassischen Milieustädten bereits extrem hoch. Zugehörigkeiten zu sozialen Gruppen waren für die Akademiker Münchens in den ersten Nachkriegsjahren zunehmend fluide geworden. Münchens katholische Akademiker bewegten sich somit in einer Gesellschaft, die im Wesentlichen moderne Züge aufwies, sich stetig ausdifferenzierte und anfanghaft plurale Züge aufwies. Soziale Bindungen und Milieuzugehörigkeiten bestanden zwar noch, verloren jedoch für die Akademiker in den zeitgenössischen Diskursen zunehmend an Bedeutung.

Schlussendlich kann man in München eine eigenartig gelagerte soziokulturelle Struktur ausmachen. Der katholische Part davon lässt sich am besten durch das Modell eines Kernmilieus beschreiben, welches jedoch in vielfältigen Verbindungen mit jenseits davon agierenden katholischen Persönlichkeiten und Netzwerken stand. Bei den dem Kernmilieu zugehörenden überzeugten Katholiken blieb die Bindung an die kirchliche Hierarchie und das katholische Partei-

---

14 Vgl. KLAUS GROSSE KRACHT: Die Stunde der Laien? Katholische Aktion in Deutschland im europäischen Kontext 1920–1960 (Veröffentlichungen der Kommission für Zeitgeschichte B 129), Paderborn u. a. 2016, S. 20.

15 Vgl. HUFENREUTER: Das Heilige Feuer (wie Anm. 449, S. 171), S. 186.

und Organisationswesen essentiell mit ihrem Glauben verbunden. Daneben standen Personen und Gruppen, die sich vielfach mit ihren weltanschaulich und parteilich anders orientierten Mitbürgern vernetzten und dort ihre primären sozialen Bindungen fanden. Zusätzlich gab es eine kleinere Anzahl, die, trotz dem Willen weiterhin der Kirche anzugehören, in den offenen Widerstand zu den bestehenden katholischen Partei- und Verbandsorganisationen wie auch teils zur kirchlichen Hierarchie trat.

Mit Wilfried Loth ist daher die Frage, ob man nur von einem Milieu sprechen kann und darf, wenn es sich neben der gemeinsamen Lebensweise und Deutungskultur auch durch gleichförmige Prägung und Dichte der Beziehungen bei allen potentiellen Mitgliedern auszeichnete, zu verneinen.[16] Das katholische Kernmilieu Münchens stand bereits in den 1920er-Jahren in Konkurrenz zu verschiedenen andersartig gelagerten Vergesellschaftungs- und Individualisierungsprozessen und konfrontierte die Katholiken Münchens mit „konkurrierenden Loyalitätsanforderungen".[17]

16 Vgl. LOTH: Katholische Milieus und katholische Subgesellschaft in Deutschland (wie Anm. 90, S. 34), S. 24.

17 EBD., S. 24.

Quellen- und Literaturverzeichnis

1 Ungedruckte Quellen

BayHStA	**Bayerisches Hauptstaatsarchiv, München**
Bestand	Arbeiter- und Soldatenrat 17
Bestand	Bund Bayern und Reich 126
Bestand	MA Staatsministerium des Äußeren 99515; 99517; 99518; 103255
Bestand	MHIG Staatsministerium für Handel, Gewerbe und Industrie 216
Bestand	MInn Staatsministerium des Inneren 71712; 72893; 73548; 73591; 83243
Bestand	MJu Staatsministerium der Justiz 20493; 21437
Bestand	MK Staatsministerium für Unterricht und Kultus 40807
Bestand	NL Kahr 38; 66; 68
Bestand	NL Held 892
Bestand	NL Schachleiter 6; 11
Bestand	NL Stempfle 1–10
StAM	**Staatsarchiv München**
Bestand	Pol.Dir. Polizeidirektion 1495; 2803; 4593; 5138; 6687; 6878
Bestand	Staatsanwaltschaft 1943; 2973
StM	**Stadtarchiv München**
Bestand	Vereine 229
EAM	**Erzbischöfliches Archiv München**
Bestand	*Nachlass* (NL) Faulhaber 1352; 3102; 3502; 3751; 3803; 4051; 4057; 4100; 4170; 4203; 6167; 6552; 6556; 6558; 6570; 7000; 7150; 7229; 7238; 7404; 7407; 7415; 7603; 7606; 8042; 9262; 9880; 9882; 9897; 9901
UA-M	**Universitätsarchiv der LMU München**
Bestand	Akademischer Senat der LMU D-II-32 Bd. 3; D-III-92; D-III-93; D-III-94; D-III-95; D-III-96; D-IX-32; D-X-27; D-XVII-100; E-VII-41; G-III-4c Bd. 0 Unterakt I.; G-III-4c Bd. 35; G-III-4e Bd. 3; G-III-4e Bd. 5; G-XIX-3; G-XIX-6; G-XIX-9; G-XVI-5; G-XVI-7; G-XVI-

	8; G-XVI-9; G-XVI-13; G-XVI-19; G-XVI-21; G-XVI-22 2. Fasc.; G-XVI-23
DB-A	**Archiv der Deutschen Burschenschaft im Bundesarchiv Koblenz**
Bestand	Deutsche Burschenschaft B III 1 Akademischer Hilfsbund; B IV Burschentage;
Bestand	Münchner Burschenschaften 329 Arminia; 337 Cimbria; 338 Danubia; 339 Guelfia
KSC	**Archiv des Kösener Senioren Convents Verbandes im Institut für Hochschulkunde in Würzburg**
Bestand	Katholische Verbände B6 Nr. 21

2 Gedruckte Quellen

BAYERISCHER LANDTAG: Verhandlungen des bayerischen Landtages. II. Tagung 1921/22. Stenographische Berichte Nr. 110 bis 135, München 1922.

DERS.: Verhandlungen des bayerischen Landtages. III. Tagung 1922/23. Stenographische Berichte Nr. 180 bis 212, München 1923.

DERS.: Verhandlungen des bayerischen Landtages. III. Tagung 1922/23. Stenographische Berichte Nr. 144 bis 179, München 1922/23.

DERS.: Verhandlungen des bayerischen Landtages. IV. Tagung 1923/24. Stenographische Berichte Nr. 213 bis 222, München 1923/24.

BAYERISCHES STATISTISCHES LANDESAMT: Statistisches Jahrbuch für den Freistaat Bayern. 1919 Vierzehnter Jahrgang, München 1919.

DASS.: Statistisches Jahrbuch für den Freistaat Bayern. 1921 Fünfzehnter Jahrgang, München 1921.

DASS.: Statistisches Jahrbuch für den Freistaat Bayern. 1924 Sechszehnter Jahrgang, München 1924.

BOSSLET, TRUDE und GROSSDEUTSCHE JUGEND: „Wer dem Leben opfert, den lässt das Leben nicht“ (Unsere Heimat 2), München 1919.

BOSSLET, TRUDE und MÜNCHNER GRUPPEN DER GROSSDEUTSCHEN JUGEND: An alle Stämme der deutschen Jugend (Unsere Heimat 1), München 1919.

BRUNNER, L. und A. MITTERWIESER (Hg.): Festschrift zum 50. Stiftungsfest der katholischen bayerischen Studenten-Verbindung Rhaetia. 1881–1931, München 1931.

DAS GESAMTMINISTERIUM: Aufruf! Bayern! Landsleute!, URL: http://daten.digitale-sammlungen.de/bsb00013268/image_78 (besucht am 30. 11. 2020).

EITNER, HEINRICH OTTO: Mitteilungen der amtlichen Zentralstelle für kirchliche Statistik, in: Kirchliches Handbuch 6 (1916/17), S. 453–501.

DERS.: Mitteilungen der amtlichen Zentralstelle für kirchliche Statistik (1915), in: Kirchliches Handbuch 5 (1914–16), S. 437–521.

DERS.: Mitteilungen der amtlichen Zentralstelle für kirchliche Statistik (1917), in: Kirchliches Handbuch 7 (1917/18), S. 405–453.

DERS.: Mitteilungen der amtlichen Zentralstelle für kirchliche Statistik (1918), in: Kirchliches Handbuch 8 (1918/19), S. 436–475.

DERS.: Mitteilungen der amtlichen Zentralstelle für kirchliche Statistik (1919), in: Kirchliches Handbuch 9 (1919/20), S. 414–453.

DERS.: Mitteilungen der amtlichen Zentralstelle für kirchliche Statistik (1920), in: Kirchliches Handbuch 10 (1921/22), S. 299–341.

ERDMANN, KARL DIETRICH und MARTIN VOGT: Die Kabinette Stresemann I und II (1923), 2 Bde. (Akten der Reichskanzlei. Weimarer Republik. online), Boppard am Rhein 1978, URL: https : / / www . bundesarchiv . de / aktenreichskanzlei/1919-1933/0000/str/index.html (besucht am 13. 12. 2020).

FAULHABER, MICHAEL VON: Deutsches Ehrgefühl und katholisches Gewissen (Zur religiösen Lage der Gegenwart 1), München 1925.

DERS.: Religionsunterricht in der Forbildugnsschule. Leitgedanken eines Vortrags auf dem pädagogischen Unterrichtsgang zu Aschaffenburg am 24. Juni 1911, in: DERS. (Hg.): Zeitfragen und Zeitaufgaben. Gesammelte Reden, Freiburg i. Br. 1919, S. 124–129.

DERS.: Schule und Religion. Vortrag in der öffentlichen Versammlung des katholischen Lehrervereins in Bayern auf dem Würzburger Katholikentag am 27. August 1907, in: DERS. (Hg.): Zeitfragen und Zeitaufgaben. Gesammelte Reden, Freiburg i. Br. 1919, S. 99–124.

DERS.: Wir Akademiker und die Kirche. Vortrag vor einer Studentenversammlung in München am 5. Februar 1913, in: DERS. (Hg.): Zeitfragen und Zeitaufgaben. Gesammelte Reden, Freiburg i. Br. 1919, S. 349–378.

DERS. (Hg.): Zeitfragen und Zeitaufgaben. Gesammelte Reden, 4. und 5. Aufl., Freiburg i. Br. 1919.

FEUCHTWANGER, LION: Erfolg. Drei Jahre Geschichte einer Provinz. Roman (1929). mit Kommentaren von Theo Rasehorn und Ernst Ribbat (Juristische Zeitgeschichte Abt. 6: Recht in der Kunst 13), Baden-Baden 2002.

FISCHER, ALOYS: Die 5 ersten Jahre akademischer Fürsorgearbeit im Verein Studentenhaus Muenchen e.V. 1920–25, München 1925.

DERS.: Die wirtschaftliche Lage der Studentenschaft Münchens und die Bedeutung der Studentenfürsorge. Mit einem Anhang: Die studentische Wirtschaftsfürsorge des Vereins Studentenhaus München, München 1921.

FLUGBLATT: Bayerisches Volk! Wach auf!, 1919, URL: https://epub.ub.uni-muenchen.de/10716/ (besucht am 27. 02. 2021).

FOERSTER, FRIEDRICH WILHELM: Christentum und Pädagogik. Eine Auseinandsetzung mit Herrn Domdekan Dr. Kiefl, München 1920.

GENERALSEKRETARIAT DER BAYERISCHEN VOLKSPARTEI (Hg.): Im Zeichen des Föderalismus. Programme und Programmatisches der Bayerischen Volkspartei, München 1924.

GLASEBOCK, WILLY: Katholische Studentenschaft und völkische Bewegung (Wege zur Deutschen Volksgemeinschaft 1. Folge), München 1923.

GOEBEL, HERMANN und WALTER HARDER (Hg.): Mitgliederverzeichnis des Schwarzburgbundes, 7. Aufl., Wünsdorf 1925.

GOLECKI, ANTON: Das Kabinett Bauer (1919/1920) (Akten der Reichskanzlei. Weimarer Republik. online), Boppard am Rhein 1980, URL: http://www.bundesarchiv.de/aktenreichskanzlei/1919-1933/0000/feh/feh1p/kap1_2/para2_237.html (besucht am 03. 09. 2019).

GRÜBEL, OTTO (Hg.): Sondershäuser Verband Deutscher Studenten-Gesangsvereine. Verzeichnis der Philister (Altherren). (Stand vom 1. Februar 1920), München 1920.

HERTLING, GEORG VON: Recht, Staat und Gesellschaft, 4. Aufl., München und Kempten 1917.

HILFSBUND DER MÜNCHNER EINWOHNERSCHAFT (Hg.): Sonderdruck: Der Verein Studentenhaus München. Seine Entstehung und seine Arbeit in den Jahren 1919 bis 1924, München 1924.

HIRSCHBERG, MAX: Jude und Demokrat. Erinnerungen eines Münchener Rechtsanwalts; 1883 bis 1939 (Biographische Quellen zur Zeitgeschichte 20), München 1998.

KATHOL. AKADEMIKER-AUSSCHUSS MÜNCHEN (Hg.): Mitteilungen für die katholischen Studierenden an den Münchener Hochschulen 1920/21. 2. Folge, München 1920.

DERS. (Hg.): Mitteilungen für die katholischen Studierenden der Münchener Hochschulen 1919/20, München 1919.

KATHOLISCHE AKADEMIKERBUND (Hg.): Flugschrift Nr. 3. Katholische Akademikerschaft und Hochschulring deutscher Art. I. Teil, Würzburg 1924.

KIEFL, FRANZ XAVER: F.W. Foersters Stellung zum Christentum, Donauwörth 1918.

DERS.: Foersters Religionsphilosophie und der Katholizismus, Donauwörth 1918.

KÖNIGLICHES STATISTISCHES LANDESAMT: Statistisches Jahrbuch für das Königreich Bayern. 1915 Dreizehnter Jahrgang, München 1915.

KRAUS, FRITZ und AUGUST ELSEN (Hg.): 25 Jahre K.D.St.V. Tuiskonia München, München 1925.

Kritische Online-Edition der Nuntiaturberichte von 1917–1929, URL: http://pacelli-edition.de/ (besucht am 07. 01. 2018).

Kritische Online-Edition der Tagebücher Michael Kardinal von Faulhabers (1911–1952), URL: https://www.faulhaber-edition.de/ (besucht am 20. 12. 2017).

LERCHENFELD, HUGO VON: Die Erziehung des Volkes zur Politik, in: Politische Zeitfragen 4,6 (1922), S. 129–143.

LUDENDORFF, ERICH: Ludendorff und wir Bayern. Ein Spiegelbild für die „Völkischen", München 1924.

LUIBLE, MARTIN: Hundert Semester Saxonia München. 1883–1933. 14. Juli, München 1936.

MANN, HEINRICH: Der Untertan, Berlin, Weimar 1993.

MANN, THOMAS: Frühe Erzählungen 1893-1912. In der Fassung der Großen kommentierten Frankfurter Ausgabe (Fischer Taschenbuch 90405), Frankfurt am Main 2018.

DERS.: Tagebücher. 1918–1921, Frankfurt am Main 1979.

MARCKS, ERICH: Das Deutsche Reich. Rede zur Feier seines 50. Gedenktages. Gehalten an der Universität München, Berlin 1921.

MILLER, ALFRED: Der Jesuitismus als Volksgefahr. Eine Betrachtung zu den Münchener Nobermbereignissen, 3. Aufl. (Völkisches Rüstzeug 1), München 1924.

DERS.: Die katholische Kirche und das Judentum in der Geschichte, Breslau 1922.

DERS.: Ultramontanes Schuldbuch. Eine deutsche Abrechnung mit dem Zentrum und seinen Hintermännern, Breslau 1922.

DERS.: Völkerentartung unter dem Kreuz. Der abendländische Geistespolyp als Fluch der Welt, 2. Aufl., Leipzig 1936.

MINISTER SCHNEPPENHORST: Aufruf: Bayern! Volksgenossen!, URL: http://daten.digitale-sammlungen.de/bsb00013268/image_94 (besucht am 30. 11. 2020).

MOELLER VAN DEN BRUCK, ARTHUR: Das dritte Reich, Berlin 1923.

DERS.: Das Recht der jungen Völker, München 1919.

MÜLLER, FRIEDRICH VON: Die Universität München während der dritten Revolution 5. April bis 1. Mai 1919, München 1919.

MÜLLER, KARL ALEXANDER VON: Im Wandel einer Welt. Erinnerungen Band Drei 1919–1932, München 1966.

MUTH, CARL: Steht die Katholische Belletristik auf der Höhe der Zeit?, Mainz 1898.

O.A.: Unseren im Weltkrieg Gefallenen. Gedächtnisfeier der Ludwig-Maximilians-Universität in München am 18. Januar 1922, München 1922.

PHILISTERVEREIN LANGOBARDIA (Hg.): 100 Jahre Katholische Deutsche Studentenverbindung Langobardia München zu Bayreuth im CV. 1903–2003. Eine Chronik, Bayreuth 2006.

PLATZ, HERMANN: Deutschland-Frankreich und die Idee des Abendlandes (Flugschriften d. Rhein. Zentrumspartei 2,2), Köln 1924.

REPGEN, KONRAD: Hubert Jedin. Lebensbericht. Mit einem Dokumentenanhang (Veröffentlichungen der Kommission für Zeitgeschichte A 35), Mainz 1984.

ROSENBERG, ALFRED: Dr. Georg Heim und die Novemberrepublik. Flugschrift aus dem demnächst erscheinenden Werk: „Die Novemberrevolution" (Völkisches Rüstzeug 3), München 1924.

DERS.: Zentrum und Bayerische Volkspartei. Als Feinde des Deutschen Staatsgedankens (Völkisches Rüstzeug 2), München 1924.

ROTH, JOSEPH: Katholizismus und Judenfrage, München 1923.

SAUREN, JOSEPH: Kirchliche Statistik Deutschlands (1923), in: Kirchliches Handbuch 13 (1925/26), S. 370–463.

DERS.: Kirchliche Statistik Deutschlands (1925), in: Kirchliches Handbuch 15 (1927/28), S. 353–422.

DERS.: Mitteilungen der amtlichen Zentralstelle für kirchliche Statistik (1921), in: Kirchliches Handbuch 11 (1922/23), S. 363–405.

DERS.: Mitteilungen der amtlichen Zentralstelle für kirchliche Statistik (1922), in: Kirchliches Handbuch 12 (1924/25), S. 547–580.

DERS.: Mitteilungen der amtlichen Zentralstelle für kirchliche Statistik des katholischen Deutschland (1924), in: Kirchliches Handbuch 14 (1926/27), S. 321–373.

SCHAUFF, JOHANNES: Die Deutschen Katholiken und die Zentrumspartei. Eine politisch-statistische Untersuchung der Reichstagswahlen seit 1871, Köln 1928, in: RUDOLF MORSEY (Hg.): Das Wahlverhalten der Deutschen Katholiken im Kaiserreich und in der Weimarer Republik. Untersuchungen aus dem Jahre 1928 von Johannes Schauff (Veröffentlichungen der Kommission für Zeitgeschichte A 18), Mainz 1975.

SCHELER, MAX: Politisch-Pädagogische Schriften, Studienausg., 2. Aufl. (Gesammelte Werke 4), Bonn 2008.

SCHLUND, ERHARD: Der Bolschewismus. Sein Begriff, seine Geschichte, seine Ziele, seine Wirkungen, seine Aussichten, Diessen vor München 1919.

DERS.: Der jungdeutsche Orden (Jungdo), München 1924.

DERS.: Katholizismus und Vaterland. Eine prinzipielle Untersuchung, München 1923.

DERS.: Nachdenkliches aus dem Hitler-Prozeß, München 1924.

DERS.: Neugermanisches Heidentum im heutigen Deutschland, München 1924.

DERS.: Völkische Scherenschnitte, München 1924.

SCHMID NOERR, FRIEDRICH ALFRED: Entwurf einer neuen Hochschulverfassung, München 1919.

SCHRÖNGHAMER-HEIMDAL, FRANZ: Das kommende Reich. Entwurf einer Weltordnung aus dem deutschen Wesen, Augsburg 1918.

DERS.: Judas, der Weltfeind. Was jeder über die Juden wissen muß; die Judenfrage als Menschheitsfrage und ihre Lösung im Lichte der Wahrheit, München 1919.

SCHULZE-BIDLINGMAIER, INGRID: Die Kabinette Brüning I und II (1921/22), Bd. 1 (Akten der Reichskanzlei. Weimarer Republik. online), Boppard am Rhein 1973, URL: http://www.bundesarchiv.de/aktenreichskanzlei/1919-1933/0000/wir/wir1p/kap1_2/kap2_16/para3_7.html (besucht am 03.09.2019).

SCHWEYER, FRANZ XAVER: Politische Geheimverbände. Blicke in die Vergangenheit und Gegenwart des Geheimbundwesens, Freiburg i.Br 1925.

SEBOTTENDORF, RUDOLF VON: Bevor Hitler kam. Urkundliches aus der Frühzeit der nationalsozialistischen Bewegung, 2. Aufl., München 1934.

SIEGL, ENGELBERT: Gesamt-Verzeichnis des C.V. Die Ehrenmitglieder, Alten Herren und Studierenden des C.V., des Cartell-Verbandes der katholischen deutschen Studentenverbindungen. Nach dem Stande vom 1. April 1924. Archiv-Aenania, Wien 1924.

SPANN, OTHMAR: Der wahre Staat. Vorlesungen über Abbruch und Neubau der Gesellschaft gehalten im Sommersemester 1920 an der Universität Wien, Leipzig 1921.

SPENGLER, OSWALD: Der Untergang des Abendlandes. Umrisse einer Morphologie der Weltgeschichte. Bd. 1 Gestalt und Wirklichkeit, München 1919.

DERS.: Der Untergang des Abendlandes. Umrisse einer Morphologie der Weltgeschichte. Bd. 2 Wetlhistorische Perspektiven, 16.-30. Aufl., München 1922.

STATISTISCHES AMT DER STADT MÜNCHEN (Hg.): Statistisches Handbuch der Stadt München, München 1928.

STUDENTENHAUS MÜNCHEN (Hg.): Die Sozial-Studentische Arbeit. Niederschrift der Sozial-Studentischen Tagung vom 5. und 6. November 1920 in der Ludwig-Maximilians-Universität München, München 1920.

TAFEL, PAUL: Das neue Deutschland. Ein Rätestaat auf nationaler Grundlage, München 1920.

VOGT, MARTIN: Das Kabinett Müller I (1920) (Akten der Reichskanzlei. Weimarer Republik. online), Boppard am Rhein 1971, URL: https://www.bundesarchiv.de/aktenreichskanzlei/1919-1933/0000/mu1/index.html (besucht am 03. 09. 2019).

VOLK, LUDWIG (Hg.): Akten Kardinal Michael von Faulhaber 1917–1945. Bd. 1 1917–1934 (Veröffentlichungen der Kommission für Zeitgeschichte A 17), Mainz 1975.

WEBER, MARIANNE: Max Weber. Ein Lebensbild, 3. Aufl. unveränd. Nachdr. d. 1. Aufl. 1926, Tübingen 1984.

WEITLAUFF, MANFRED (Hg.): Joseph Bernhart. Erinnerungen 1881–1930, Weißenhorn 1992.

WINKLER, AUGUST (Hg.): Vademekum Wingolfitikum, 7. Aufl., Wolfrathshausen 1925.

WULF, PETER: Das Kabinett Fehrenbach (1920/21) (Akten der Reichskanzlei. Weimarer Republik. online), Boppard am Rhein 1972, URL: https://www.bundesarchiv.de/aktenreichskanzlei/1919-1933/0000/feh/index.html (besucht am 03. 09. 2019).

3 Zeitschriften und Zeitungen

Aufgeführte Artikel aus den Presseerzeugnissen sind in den Fußnoten vollständig mit Jahrgang, Nummer und Jahr vermerkt.

- Reichsgesetzblatt
- Zeitschrift des Bayerischen Statistischen Landesamts

In München verbreitete Tageszeitungen

- Augsburger Postzeitung (AP)
- Bayerische Staatszeitung
- Bayerische Kurier (BK)
- Großdeutsche Zeitung
- München Augsburger Abendzeitung (MAA)
- Münchener Post (MP)

- Münchener Zeitung
- Münchner Neuesten Nachrichten (MNN)
- Neue Zeitung. Unabhängiges sozialistisches Organ
- Völkische Beobachter (VB) – bis 9. August 1919: Münchener Beobachter
- Völkische Kurier. Unabhängiges Kampfblatt der nationalsozialistischen Bewegung (VK)

Kirchliche und katholische Blätter
- Allgemeine Rundschau. Wochenschrift für Politik und Kultur
- Amtsblatt für die Erzdiözese München und Freising
- Gelben Hefte. Historische und politische Zeitschrift für das katholische Deutschland
- Hochland. Monatszeitschrift für alle Gebiete des Wissens, der Literatur und Kunst
- Historisch-politischen Blätter für das katholische Deutschland (HpBl)
- Kölnische Volkszeitung
- Münchener Katholische Kirchenzeitung (MKK)
- Stimmen der Zeit. Katholische Monatsschrift für das Geistesleben der Gegenwart (StdZ)

Akademische Zeitungen
- Bayerische Hochschulzeitung
- Deutsche Hochschulzeitung. Wochenschrift der Akademiker Großdeutschlands
- Die Hochschule. Blätter für akademisches Leben und studentische Arbeit
- Münchner Studentendienst. Halbmonatsschrift

Verbands- und Vereinsorgane
- Academia (Verbandszeitschrift des CV)
- Akademische Bonifatius-Korrespondenz
- Akademischen Monatsblätter (Verbandszeitschrift des KV)
- Bundeszeitung der Burschenschaft Guelfia – *DB-A 339*
- Burschenschaftlichen Blätter (Verbandszeitschrift der Deutschen Burschenschaft)
- Corpsstudentsichen Monatsblätter (Verbandszeitschrift der Weinheimer Corps)
- Danubenzeitung (Zeitschrift der Burschenschaft Danubia München) – *DB-A 338*
- Das Heilige Feuer. Monatsschrift für naturgemäße deutschvölkische und christliche Kultur und Volkspflege
- Der Aufstieg. Werkblatt der neudeutschen Jugend
- Der Rhaeten Herold (Verbindungszeitschrift der Rhaetia München)
- Deutsche Korpszeitung (Verbandszeitschrift der Kösener Corps)
- Mitteilungen der Münchener Burschenschaft Arminia – *DB-A 329*
- Unitas (Verbandszeitschrift des UV)

4 Sekundärliteratur

ALBERT, MARCEL: „Zwecks wirksamer Verteidigung und Vertretung der katholischen Weltanschauung“. Der Katholische Akademikerverband 1913–1938/39 (Libelli Rhenani 35), Köln 2010.

DERS.: Die Benediktinerabtei Maria Laach und der Nationalsozialismus (Veröffentlichungen der Kommission für Zeitgeschichte B 95), Paderborn u. a. 2004.

ALTERMATT, URS: Die goldenen Jahres Milieukatholizismus, in: DERS. (Hg.): Schweizer Katholizismus zwischen den Weltkriegen. 1920–1940 (Religion – Politik – Gesellschaft in der Schweiz 8), Freiburg, Schweiz 1994, S. 3–26.

DERS. (Hg.): Katholische Denk- und Lebenswelten. Beiträge zur Kultur- und Sozialgeschichte des Schweizer Katholizismus im 20. Jahrhundert, Fribourg 2003.

DERS.: Katholizismus und Antisemitismus. Mentalitäten, Kontinuitäten, Ambivalenzen. Zur Kulturgeschichte der Schweiz 1918–1945, Frauenfeld, Stuttgart und Wien 1999.

DERS.: Katholizismus und Moderne. Zur Sozial- und Mentalitätsgeschichte der Schweizer Katholiken im 19. und 20. Jahrhundert, Zürich 1989.

DERS.: Konfession, Nation und Rom. Metamorphosen im schweizerischen und europäischen Katholizismus des 19. und 20. Jahrhunderts, Frauenfeld u.a. 2009.

DERS.: Plädoyer für eine Kulturgeschichte des Katholizismus, in: KARL-JOSEPH HUMMEL (Hg.): Zeitgeschichtliche Katholizismusforschung. Tatsachen, Deutungen, Fragen. Eine Zwischenbilanz (Veröffentlichungen der Kommission für Zeitgeschichte B 100), Paderborn und München u.a. 2006, S. 169–187.

DERS. (Hg.): Schweizer Katholizismus zwischen den Weltkriegen. 1920–1940 (Religion – Politik – Gesellschaft in der Schweiz 8), Freiburg, Schweiz 1994.

ALTHERRENVERBAND DER BURSCHENSCHAFT DANUBIA IN MÜNCHEN (Hg.): Geschichte der Burschenschaft Danubia München Bd. 2, München 1979.

AMANN, FREYA: „Hie Bayern, hie Preußen"? Die Bayerische Patriotenpartei / Bayerische Zentrumspartei und die Konsolidierung des Deutschen Kaiserreiches bis 1889, München 2013, URL: https://edoc.ub.uni-muenchen.de/15578/1/Amann_Freya.pdf (besucht am 15. 02. 2021).

ANGERMAIR, ELISABETH und ANDREAS HEUSLER (Hg.): Machtwechsel. München zwischen Oktober 1918 und Juni 1919, München 2020.

ARBEITSKREIS FÜR KIRCHLICHE ZEITGESCHICHTE: Katholiken zwischen Tradition und Moderne. Das katholische Milieu als Forschungsaufgabe, in: Westfälische Forschungen 43 (1993), S. 588–654.

DERS.: Konfession und Cleavages im 19. Jahrhundert. Ein Erklärungsmodell zur regionalen Entstehung des katholischen Milieus in Deutschland, in: Historisches Jahrbuch 120 (2000), S. 358–395.

ARETZ, JÜRGEN, RUDOLF MORSEY und ANTON RAUSCHER: Zeitgeschichte in Lebensbildern. Aus dem deutschen Katholizismus des 19. und 20. Jahrhunderts. 12 Bände, Mainz 1973–2007.

ASMUSS, BURKHARD (Hg.): Republik ohne Chance? Akzeptanz und Legitimation der Weimarer Republik in der deutschen Tagespresse zwischen 1918 und 1923 (Beiträge zur Kommunikationsgeschichte 3), Berlin und New York 1994.

AUERBACH, HELLMUTH: Vom Trommler zum Führer. Hitler und das nationale Münchner Bürgertum, in: BJÖRN MENSING und FRIEDRICH PRINZ (Hg.): Irrlicht im leuchtenden München? Der Nationalsozialismus in der „Hauptstadt der Bewegung", Regensburg 1991, S. 67–91.

AY, KARL-LUDWIG: „Es wird aber nicht lange dauern, so wird das Volk aufständig werden". Bayern im Ersten Weltkrieg, in: PETER KIRTZER (Hg.): Unbekanntes Bayern. Politik, Staat und Kirche II, München 1980, S. 9–20.

DERS.: Appelle einer Revolution. Dokumente aus Bayern zum Jahr 1918/1919. Das Ende der Monarchie. Das revolutionäre Interregnum. Die Rätezeit (Buch und Bürger / Sonderband), München 1968.

DERS.: Von der Räterepublik zur Ordnungszelle Bayern. Die politischen Rahmenbedingungen für den Aufstieg Hitlers in München, in: BJÖRN MENSING und

FRIEDRICH PRINZ (Hg.): Irrlicht im leuchtenden München? Der Nationalsozialismus in der „Hauptstadt der Bewegung", Regensburg 1991, S. 9–26.

BAUER, REINHARD und ERNST PIPER: Kleine Geschichte Münchens, München 2008.

BAUER, RICHARD: Geschichte Münchens. Vom Mittelalter bis zur Gegenwart, 2. Aufl., München 2008.

BAUER, RICHARD u. a.: München – „Hauptstadt der Bewegung". Bayerns Metropole und der Nationalsozialismus, München 1993.

BAUMANN, DANIEL: „Ein Märtyrer der Revolution". Die Ermordung Kurt Eisners und das Gedenken an den ersten Ministerpräsidenten des Freistaats Bayern, in: ELISABETH ANGERMAIR und ANDREAS HEUSLER (Hg.): Machtwechsel. München zwischen Oktober 1918 und Juni 1919, München 2020, S. 101–126.

BAUMEISTER, MARTIN: Parität und katholische Inferiorität. Untersuchungen zur Stellung des Katholizismus im Deutschen Kaiserreich (Politik- und kommunikationswissenschaftliche Veröffentlichungen der Görres-Gesellschaft 3), Paderborn u. a. 1987.

BECK, FLORIAN und MARITA KRAUSS: Leben in München. Von der Jahrhundertwende bis 1933, München 1990.

BECKER, NIKOLA: Bürgerliche Lebenswelt und Politik in München. Autobiographien über das Fin de Siècle, den Ersten Weltkrieg und die Weimarer Republik (Münchener historische Studien. Abteilung Bayerische Geschichte Bd. 22), Kallmünz 2014.

BECKER, PETER EMIL: Sozialdarwinismus, Rassismus, Antisemitismus und Völkischer Gedanke (Wege ins Dritte Reich 2), Stuttgart und New York 1990.

BECKER, WINFRIED: Der Kulturkampf in Preussen und in Bayern. Eine vergleichende Betrachtung, in: JÖRG ZEDLER (Hg.): Der Heilige Stuhl in den internationalen Beziehungen 1870–1939 (Spreti-Studien Bd. 2), München 2010, S. 51–91.

DERS.: Heinrich Held (1868–1938). Aufstieg und Sturz des bayerischen Parlamentariers und Ministerpräsidenten, in: Zeitschrift für bayerische Landesgeschichte 72 (2009), S. 807–891.

DERS.: Neue Freiheit vom Staat – Bewährung im Nationalsozialismus: 1918–1945, in: WALTER BRANDMÜLLER (Hg.): Handbuch der bayerischen Kirchengeschichte. Bd. 3 Vom Reichsdeputationshauptschluß bis zum Zweiten Vatikanischen Konzil, St. Ottilien 1991, S. 337–392.

BENZ, WOLFGANG: Der „Fall Muehlon". Bürgerliche Opposition im Obrigkeitsstaat während des Ersten Weltkrieges, in: Vierteljahrshefte für Zeitgeschichte 18,4 (1970), S. 343–365.

DERS. (Hg.): Handbuch des Antisemitismus. Judenfeindschaft in Geschichte und Gegenwart, Bd. 2, Bd. 2, Berlin 2009.

DERS. (Hg.): Politik in Bayern 1919–1935. Berichte des württembergischen Gesandten Carl Moser von Filseck (Schriftenreihe der Vierteljahrshefte für Zeitgeschichte 22/23), Stuttgart 1971.

DERS.: Süddeutschland in der Weimarer Republik. Ein Beitrag zur deutschen Innenpolitik 1918–1923 (Beiträge zu einer historischen Strukturanalyse Bayerns im Industriezeitalter 4), Berlin 1970.

BERG, MANFRED: Gustav Stresemann. Eine politische Karriere zwischen Reich und Republik (Persönlichkeit und Geschichte 36,a), Göttingen u.a. 1992.

BERG, MATTHIAS: Karl Alexander von Müller. Historiker für den Nationalsozialismus (Schriftenreihe der Historischen Kommission bei der Bayerischen Akademie der Wissenschaften 88), Göttingen 2014.

DERS.: Münchner Rektorats- und Universitätsreden 1918–1933, in: CLAUDIUS STEIN (Hg.): Der rhetorische Auftritt. Redekultur an der Ludwig-

Maximilians-Universität München: Rektorats- und Universitätsreden 1826–1968 (Beiträge zur Geschichte der Ludwig-Maximilians-Universität München 7), München 2016, S. 119–142.

BERGEN, DORIS L.: Nazism and Christianity. Partners and Rivals? A Response to Richard Steigmann-Gall, The Holy Reich. Nazi Conceptions of Christianity, 1919–1945, in: Journal of Contemporary History 42,1 (2007), S. 25–33.

BERGMANN, HANNSJÖRG: Der Bayerische Bauernbund und der Bayerische Christliche Bauernverein (Schriftenreihe zur bayerischen Landesgeschichte 81), München 1986.

BESIER, GERHARD: Die evangelische Kirche in den Umbrüchen des 20. Jahrhunderts. Kirche am Übergang vom Wilhelminismus zur Weimarer Republik u. a. (Historisch-theologische Studien zum 19. und 20. Jahrhundert 5,1), Neukirchen-Vluyn 1994.

BIEBER, HANS-JOACHIM: Bürgertum in der Revolution. Bürgerräte und Bürgerstreiks in Deutschland 1918–1920 (Hamburger Beiträge zur Sozial- und Zeitgeschichte 28), Hamburg 1992.

BIRKELUND, JOHN P.: Gustav Stresemann. Patriot und Staatsmann. Eine Biografie, Hamburg u.a. 2003.

BISCHOF, FRANZ XAVER: Theologie und Geschichte. Ignaz von Döllinger (1799–1890) in der zweiten Hälfte seines Lebens; ein Beitrag zu seiner Biographie (Münchener kirchenhistorische Studien 9), Stuttgart u.a. 1997.

BISCHOFF, WILLIAM LUDWIG: Artists, intellectuals and revolution: Munich 1918–1919, Cambridge 1970.

BLASCHKE, OLAF: Die Kolonialisierung der Laienwelt. Priester als Milieumanager und die Kanäle klerikaler Kuratel, in: OLAF BLASCHKE und FRANK-MICHAEL KUHLEMANN (Hg.): Religion im Kaiserreich. Milieus – Mentalitäten – Krisen (Religiöse Kulturen der Moderne 2), Gütersloh 1996, S. 93–135.

DERS.: Krise als gedachte Unordnung. Die katholische Bildungselite und die Krisenmentalität im Fin de siècle, in: MICHAEL GRAETZ und ARAM MATTIOLI (Hg.): Krisenwahrnehmungen im Fin de siècle. Jüdische und katholische Bildungseliten in Deutschland und der Schweiz (Clio Lucernensis 4), Zürich 1997, S. 247–269.

BLASCHKE, OLAF und FRANK-MICHAEL KUHLEMANN (Hg.): Religion im Kaiserreich. Milieus – Mentalitäten – Krisen (Religiöse Kulturen der Moderne 2), Gütersloh 1996.

DIES.: Religion in Geschichte und Gesellschaft. Sozialhistorische Perspektiven für die vergleichende Erforschung religiöser Mentalitäten und Milieus, in: DIES. (Hg.): Religion im Kaiserreich. Milieus – Mentalitäten – Krisen (Religiöse Kulturen der Moderne 2), Gütersloh 1996, S. 7–56.

BLEISTEIN, ROMAN: „Überläufer im Sold der Kirchenfeinde“. Josef Roth und Albert Hartl: Priesterkarrieren im Dritten Reich, in: Beiträge zur altbayerischen Kirchengeschichte 42 (1996), S. 71–109.

DERS.: Abt Alban Schachleiter OSB. Zwischen Kirchentreue und Hitlerkult, in: Historisches Jahrbuch 115 (1995), S. 170–187.

BLESSING, WERNER K.: Kirchenglocken für Eisner? Zum Weltanschauungskampf in der Revolution von 1918/19 in Bayern, in: Jahrbuch für fränkische Landesforschung 53 (1992), S. 403–420.

DERS.: Staat und Kirche in der Gesellschaft. Institutionelle Autorität und mentaler Wandel in Bayern während des 19. Jahrhunderts (Kritische Studien zur Geschichtswissenschaft 51), Göttingen 1982.

BLEUEL, HANS PETER und ERNST KLINNERT: Deutsche Studenten auf dem Weg ins Dritte Reich. Ideologien – Programme – Aktionen 1918–1935, Gütersloh 1967.

BOCK, HANS MANFRED: Der Abendland-Kreis und das Wirken von Hermann Platz im katholischen Milieu der Weimarer Republik, in: MICHEL GRUNEWALD und UWE PUSCHNER (Hg.): Le milieu intellectuel catholique en Allemagne, sa presse et ses réseaux (1871–1963). Das katholische Intellektuellenmilieu in Deutschland, seine Presse und seine Netzwerke (1871–1963) (Convergences 40), Bern u. a. 2006, S. 337–362.

BOHN, SASCHA: Die Idee vom deutschen Ständestaat. Ständische, berufsständische und korporative Konzepte zwischen 1918 und 1933, Hamburg 2011.

BOHRMANN, HANS: Strukturwandel der deutschen Studentenpresse. Studentenpolitik und Studentenzeitschriften 1848–1974 (Kommunikation und Politik 4), München 1975.

BÖSCH, FRANK: Das konservative Milieu. Vereinskultur und lokale Sammlungspolitik in ost- und westdeutschen Regionen (1900–1960) (Veröffentlichungen des Zeitgeschichtlichen Arbeitskreises Niedersachsen 19), Göttingen 2002.

BOSL, KARL (Hg.): Bayern im Umbruch. Die Revolution von 1918, ihre Voraussetzungen, ihr Verlauf und ihre Folgen, München und Wien 1969.

BOTTLENBERG-LANDSBERG, MARIA THEODORA VON DEM: Karl Ludwig Freiherr von und zu Guttenberg, Berlin 2003.

BRANDMÜLLER, WALTER (Hg.): Handbuch der bayerischen Kirchengeschichte. Bd. 3 Vom Reichsdeputationshauptschluß bis zum Zweiten Vatikanischen Konzil, St. Ottilien 1991.

BRENNER, MICHAEL: Der lange Schatten der Revolution. Juden und Antisemiten in Hitlers München 1918–1923, Berlin 2019.

BREUER, STEFAN: Anatomie der konservativen Revolution, 2., durchges. und korrigierte Aufl., Darmstadt 1995.

DERS.: Die Völkischen in Deutschland. Kaiserreich und Weimarer Republik, Darmstadt 2008.

BREUNING, KLAUS: Die Vision des Reiches. Deutscher Katholizismus zwischen Demokratie und Diktatur (1929–1934), München 1969.

BRÖCKLING, ULRICH: Katholische Intellektuelle in der Weimarer Republik. Zeitkritik und Gesellschaftstheorie bei Walter Dirks, Romano Guardini, Carl Schmitt, Ernst Michel und Heinrich Mertens, München 1993.

BRUENDEL, STEFFEN: Volksgemeinschaft oder Volksstaat. Die „Ideen von 1914" und die Neuordnung Deutschlands im Ersten Weltkrieg, Berlin 2003.

BUSSCHE, RAIMUND VON DEM: Konservatismus in der Weimarer Republik. Die Politisierung des Unpolitischen (Heidelberger Abhandlungen zur mittleren und neueren Geschichte 11), Heidelberg 1998.

BÜTTNER, URSULA: Weimar. Die überforderte Republik 1918–1933. Leistung und Versagen in Staat, Gesellschaft, Wirtschaft und Kultur, Stuttgart 2008.

CHRIST, HERBERT: Der politische Protestantismus in der Weimarer Republik. Eine Studie über die politische Meinungsbildung durch die evangelischen Kirchen im Spiegel der Literatur und der Presse, Bonn 1967.

CHRISTOPHERSEN, ALF: Kairos. Protestantische Zeitdeutungskämpfe in der Weimarer Republik (Beiträge zur historischen Theologie 143), Tübingen 2008.

CIUPKE, PAUL: Diskurse über Volk, Gemeinschaft und Demokratie in der Erwachsenenbildung der Weimarer Zeit, in: PAUL CIUPKE u. a. (Hg.): „Die Erziehung zum deutschen Menschen". Völkische und nationalkonservative Erwachsenenbildung in der Weimarer Republik (Geschichte und Erwachsenenbildung 23), Essen 2007, S. 11–30.

CIUPKE, PAUL u. a. (Hg.) (Geschichte und Erwachsenenbildung 23), Essen 2007.

CLEMENS, GABRIELE: Martin Spahn und der Rechtskatholizismus in der Weimarer Republik (Veröffentlichungen der Kommission für Zeitgeschichte B 37), Mainz 1983.

DIES.: Rechtskatholizismus zwischen den Weltkriegen, in: ALBRECHT LANGNER (Hg.): Katholizismus, nationaler Gedanke und Europa seit 1800 (Beiträge zur Katholizismusforschung / B), Paderborn u. a. 1985, S. 111–130.

COCKS, GEOFFREY und KONRAD HUGO JARAUSCH (Hg.): German professions. 1800–1950, New York und Oxford 1990.

CONZE, ECKART: Die große Illusion. Versailles 1919 und die Neuordnung der Welt, München 2018.

CONZE, WERNER und JÜRGEN KOCKA (Hg.): Bildungsbürgertum im 19. Jahrhundert Teil 1. Bildungssystem und Professionalisierung in internationalen Vergleichen (Industrielle Welt. Schriftenreihe des Arbeitskreises für moderne Sozialgeschichte 38), Stuttgart 1985.

DIES.: Einleitung, in: DIES. (Hg.): Bildungsbürgertum im 19. Jahrhundert Teil 1. Bildungssystem und Professionalisierung in internationalen Vergleichen (Industrielle Welt. Schriftenreihe des Arbeitskreises für moderne Sozialgeschichte 38), Stuttgart 1985, S. 9–26.

DEMANDT, ALEXANDER und JOHN FARRENKOPF: Der Fall Spengler. eine kritische Bilanz, Köln u.a. 1994.

DEUERLEIN, ERNST (Hg.): Der Aufstieg der NSDAP. in Augenzeugenberichten, Düsseldorf 1968.

DERS. (Hg.): Der Hitler-Putsch. Bayerische Dokumente zum 8./9. November 1923 (Veröffentlichungen der Kommission für Zeitgeschichte A 9), Stuttgart 1962.

DOÉRT, FRIEDEL: Carl Sonnenschein. Seelsorger, theologischer Publizist und sozialpolitischer Aktivist in einer kirchlichen und gesellschaftlichen Umbruchsituation, Münster 2012.

DORNBERG, JOHN: Der Hitlerputsch. 9. November 1923, 2., durchges. Ausg., München 1998.

DOWE, CHRISTOPHER: Auch Bildungsbürger. Katholische Studierende und Akademiker im Kaiserreich (Kritische Studien zur Geschichtswissenschaft 171), Göttingen 2006.

DÜREN, PETER CHRISTOPH: Minister und Märtyrer. Der bayerische Innenminister Franz Xaver Schweyer (1868–1935), Augsburg 2015.

EBERHARDT, MARKUS 1978: Passauer Bürgertum 1871 bis 1914. Biographische Fallstudien, Vereinswesen und politische Entwicklung (Veröffentlichungen des Instituts für Kulturraumforschung Ostbaierns und der Nachbarregionen der Universität Passau 70), Passau 2014.

ECKARDT, MICHAEL (Hg.): Ausnahmezustand in Thüringen – das Krisenjahr 1923 (Quellen zur Geschichte Thüringens 43), Erfurt 2017.

EHBERGER, WOLFGANG: Bayerns Weg zur parlamentarischen Demokratie. Die Entstehung der Bamberger Verfassung vom 14. August 1919 (Studien zur bayerischen Verfassungs- und Sozialgeschichte 29), München 2013.

DERS.: Robert Piloty und die Entstehung der Bamberger Verfassung, in: HORST GEHRINGER, HANS-JOACHIM HECKER und HANS-GEORG HERMANN (Hg.): Demokratie in Bayern. Die Bamberger Verfassung von 1919 (Veröffentlichungen des Stadtarchivs Bamberg 30), Bamberg 2019, S. 141–163.

EISELE, WILLI: Abt Alban Schachleiter OSB (1861–1937) und sein Umfeld. Annäherung an eine schillernde Persönlichkeit – ein Werkstattbericht. Teil II: 1921 bis 1937, in: Beuroner Forum 8/9 (2016/17), S. 111–180.

ENGELHARDT, ULRICH: Bildungsbürgertum. Begriffs- und Dogmengeschichte eines Etiketts (Industrielle Welt. Schriftenreihe des Arbeitskreises für moderne Sozialgeschichte 43), Stuttgart 1986.

FASTNER, RALF: 'Reichsärzteführer' Dr. Friedrich Weber. Freikorpskämpfer, 'Blutordensträger', Karrierist, in: MARITA KRAUSS (Hg.): Rechte Karrieren in München. Von der Weimarer Zeit bis in die Nachkriegsjahre, München 2010, S. 115–132.

FELDBRÜGGE, RAINER: Das westfälische Zentrum. 1918–1933. Politische Kultur im katholischen Milieu, Mikrofiche-Ausg., Bielefeld 1994.

FELDMAN, GERALD D.: The great disorder. Politics, economics and society in the German inflation. 1914–1924, New York u.a. 1993.

FELLNER, MICHAEL: Pater Erhard Schlund OFM (1888–1953) und seine Auseinandersetzung mit der völkischen Bewegung und dem Nationalsozialismus, in: Beiträge zur altbayerischen Kirchengeschichte 43 (1998), S. 131–214.

FENSKE, HANS: Konservativismus und Rechtsradikalismus in Bayern nach 1918, Bad Homburg v.d.H., Berlin und Zürich 1969.

FIEDLER, GUDRUN: Jugend im Krieg. Bürgerliche Jugendbewegung, Erster Weltkrieg und sozialer Wandel 1914–1923 (Archiv der Deutschen Jugendbewegung 6), Köln 1989.

FLASCH, KURT: Die geistige Mobilmachung. Die deutschen Intellekutellen und der Erste Weltkrieg. Ein Versuch, Berlin 2000.

FLEMMING, JENS: „Vollprozentige Katholiken und Deutsche!" Max Buchner, die Gelben Hefte und der Rechtskatholizismus zwischen Demokratie und Diktatur, in: MICHEL GRUNEWALD und UWE PUSCHNER (Hg.): Le milieu intellectuel catholique en Allemagne, sa presse et ses réseaux (1871–1963). Das katholische Intellektuellenmilieu in Deutschland, seine Presse und seine Netzwerke (1871–1963) (Convergences 40), Bern u. a. 2006, S. 363–394.

FÖHLES, ELEONORE: Kulturkampf und katholisches Milieu 1866–1890 in den niederrheinischen Kreisen Kempen und Geldern und der Stadt Viersen (Veröffentlichungen des Historischen Vereins für Geldern und Umgegend 95), Viersen 1995.

FORSTNER, THOMAS: Priester in Zeiten des Umbruchs. Identität und Lebenswelt des katholischen Pfarrklerus in Oberbayern 1918 bis 1945, Göttingen 2014.

FRANKE, MANFRED: Albert Leo Schlageter. Der erste Soldat des 3. Reiches. Die Entmythologisierung eines Helden (Reihe Geschichte Unten), Köln 1980.

FRANZ, HEIKE: Betriebswirte in Deutschland 1900–1930: „Bürger" oder „Professionals"? Selbstbild und Fremdbild einer „neuen" akademischen Berufsgruppe, in: KLAUS TENFELDE und HANS-ULRICH WEHLER (Hg.): Wege zur Geschichte des Bürgertums. Vierzehn Beiträge (Bürgertum 8), Göttingen 1994, S. 249–272.

FREVERT, UTE: Ehrenmänner. Das Duell in der bürgerlichen Gesellschaft (dtv 4646), München 1995.

FRICKE, DIETER: Der „Deutschbund", in: UWE PUSCHNER, WALTER SCHMITZ und JUSTUS H. ULBRICHT (Hg.): Handbuch zur „Völkischen Bewegung" 1871–1918, München 1999, S. 328–340.

FRIEMBERGER, CLAUDIA: Sebastian Schlittenbauer und die Anfänge der Bayerischen Volkspartei (Forschungen zur Landes- und Regionalgeschichte 5), St. Ottilien 1998.

FUCHS, STEPHAN: „Vom Segen des Krieges". Katholische Gebildete im Ersten Weltkrieg. Eine Studie zur Kriegsdeutung im akademischen Katholizismus (Contubernium 61), Stuttgart 2004.

FÜRST, THOMAS: Karl Stützel. Ein Lebensweg in Umbrüchen: Vom Königlichen Beamten zum Bayerischen Innenminister der Weimarer Zeit (1924–1933) (Mainzer Studien zur neueren Geschichte 19), Frankfurt am Main u.a. 2007.

GANGL, MANFRED: Spengler – ein Denker der Zeitenwende (Schriften zur politischen Kultur der Weimarer Republik 12), Frankfurt am Main 2009.

GEHRINGER, HORST, HANS-JOACHIM HECKER und HANS-GEORG HERMANN (Hg.): Demokratie in Bayern. Die Bamberger Verfassung von 1919 (Veröffentlichungen des Stadtarchivs Bamberg 30), Bamberg 2019.

GEYER, MARTIN H.: Verkehrte Welt. Revolution, Inflation und Moderne, München 1914–1924 (Kritische Studien zur Geschichtswissenschaft 128), Göttingen 1998.

GÖDDE, HEINRICH: Die Anfänge der studentischen Selbstverwaltung. Mit besonderer Berücksichtigung der Münchener Verhältnisse, München 1951.

GORDON, HAROLD J.: Hitlerputsch 1923, Frankfurt am Main 1971.

GRAETZ, MICHAEL: Einleitung, in: MICHAEL GRAETZ und ARAM MATTIOLI (Hg.): Krisenwahrnehmungen im Fin de siècle. Jüdische und katholische Bildungseliten in Deutschland und der Schweiz (Clio Lucernensis 4), Zürich 1997, S. 11–16.

GRAETZ, MICHAEL und ARAM MATTIOLI (Hg.): Krisenwahrnehmungen im Fin de siècle. Jüdische und katholische Bildungseliten in Deutschland und der Schweiz (Clio Lucernensis 4), Zürich 1997.

GRAF, FRIEDRICH WILHELM: Der heilige Zeitgeist. Studien zur Ideengeschichte der protestantischen Theologie in der Weimarer Republik, Tübingen 2011.

GRAU, BERNHARD: „Zuckungen gingen durch ganz Deutschland". Wahlen, Straßenkampf und Verfassungsstreit. Die Zuspitzung der politischen Auseinandersetzung, in: ELISABETH ANGERMAIR und ANDREAS HEUSLER (Hg.): Machtwechsel. München zwischen Oktober 1918 und Juni 1919, München 2020, S. 79–100.

DERS.: Kurt Eisner 1867–1919. Eine Biographie. Diss. München 2001.

DERS.: Kurt Eisner, die Verfassungsvorstellungen der Sozialdemokratie und der Demokratische Neuanfang 1918/19, in: HORST GEHRINGER, HANS-JOACHIM HECKER und HANS-GEORG HERMANN (Hg.): Demokratie in Bayern. Die Bamberger Verfassung von 1919 (Veröffentlichungen des Stadtarchivs Bamberg 30), Bamberg 2019, S. 63–81.

DERS.: Steigbügelhalter des NS-Staates. Franz Xaver Ritter von Epp und die Zeit des Dritten Reiches, in: MARITA KRAUSS (Hg.): Rechte Karrieren in München. Von der Weimarer Zeit bis in die Nachkriegsjahre, München 2010, S. 29–51.

GRITSCHNEDER, OTTO: Bewährungsfrist für den Terroristen Adolf H. Der Hitler-Putsch und die bayerische Justiz, München 1990.

DERS.: Der Hitler-Prozeß und sein Richter Georg Neithardt. Skandalurteil von 1924 ebnet Hitler den Weg, München 2001.

GROPPE, CAROLA: Die Macht der Bildung. Das deutsche Bürgertum und der George-Kreis 1890–1933 (Bochumer Schriften zur Bildungsforschung 3), Köln, Weimar und Wien 1997.

GROSSE KRACHT, KLAUS: Die Stunde der Laien? Katholische Aktion in Deutschland im europäischen Kontext 1920–1960 (Veröffentlichungen der Kommission für Zeitgeschichte B 129), Paderborn u. a. 2016.

GRUCHMANN, LOTHAR und REINHARD WEBER: Der Hitler-Prozeß 1924. Wortlaut der Hauptverhandlung vor dem Volksgericht München I. 4 Bde. (Reden, Schriften, Anordnungen), München 1997–1999.

GRUNEWALD, MICHEL und UWE PUSCHNER (Hg.): Le milieu intellectuel catholique en Allemagne, sa presse et ses réseaux (1871–1963). Das katholische Intellektuellenmilieu in Deutschland, seine Presse und seine Netzwerke (1871–1963) (Convergences 40), Bern u. a. 2006.

HAMM, MARGOT, WOLFGANG BUDE und HEIMAT- UND GESCHICHTSVEREIN (ASCHAU (CHIEMGAU)) (Hg.): Herrschaft und Schloss Hohenaschau mit Prientalmuseum. Eine Dokumentation, Aschau im Chiemgau 2010.

HARTMANN, CHRISTIAN u. a. (Hg.): Hitler, Mein Kampf. Eine kritische Edition. Bd. 1, München und Berlin 2016.

HARTMANN, PETER CLAUS: Bayerns Weg in die Gegenwart. Vom Stammesherzogtum zum Freistaat heute, 3., überarb. und erg. Aufl., Regensburg 2012.

DERS.: Der Katholische Kampf und Widerstand gegen den Nationalsozialismus in München (1922–1945), in: Zeitschrift für bayerische Landesgeschichte 80,1 (2017), S. 245–290.

HASTINGS, DEREK: Catholicism and the roots of Nazism. Religious identity and National Socialism, Oxford u.a. 2010.

DERS.: How „Catholic" was the Early Nazi Movement? Religion, Race, and Culture in Munich, 1919–1924, in: Central European History 36,3 (2003), S. 383–433.

HAUSBERGER, KARL: Franz Xaver Kiefl (1869–1928). Schellverteidiger, Antimodernist und Rechtskatholik (Quellen und Studien zur neueren Theologiegeschichte 6), Regensburg 2003.

HAUSBERGER, KARL und BENNO HUBENSTEINER: Bayerische Kirchengeschichte, 2., durchges. Aufl., München 1987.

HAUSTEIN, JÖRG: Liberal-katholische Publizistik im späten Kaiserreich. „Das Neue Jahrhundert" und die Krausgesellschaft (Forschungen zur Kirchen- und Dogmengeschichte 80), Göttingen 2001.

HEILBRONNER, ODED: Wohin verschwand das katholische Bürgertum? Der Ort des katholischen Bürgertums in der neueren deutschen Historiographie, in: Zeitschrift für Religions- und Geistesgeschichte 47 (1995), S. 320–337.

HEIMANN, SIEGFRIED und FRANZ WALTER: Religiöse Sozialisten und Freidenker in der Weimarer Republik (Reihe Politik- und Gesellschaftsgeschichte 31), Bonn 1993.

HENRICH, FRANZ: Die Bünde katholischer Jugendbewegung. Ihre Bedeutung für die liturgische und eucharistische Erneuerung, München 1968.

HENSE, THOMAS: Konrad Beyerle. Sein Wirken für Wissenschaft und Politik in Kaiserreich und Weimarer Republik (Rechtshistorische Reihe 256), Frankfurt am Main u.a. 2002.

HERING, RAINER: Konstruierte Nation. Der Alldeutsche Verband 1890 bis 1939 (Hamburger Beiträge zur Sozial- und Zeitgeschichte 40), Hamburg 2017.

HERMANN, ANGELA: Im Visier der Diplomaten. Nuntiatur- und Gesandtschaftsberichte zur Münchner Revolutions- und Rätezeit, in: ANTONIA LEUGERS (Hg.): Zwischen Revolutionsschock und Schulddebatte. Münchner Katholizismus und Protestantismus im 20. Jahrhundert (theologie.geschichte 7), Saarbrücken 2013, S. 31–58.

HETTLING, MANFRED: Bürgerliche Kultur – Bürgerlichkeit als kulturelles System, in: PETER LUNDGREEN (Hg.): Sozial- und Kulturgeschichte des Bürgertums. Eine Bilanz des Bielefelder Sonderforschungsbereichs (1986–1997) (Bürgertum 18), Göttingen 2000, S. 319–339.

HILLE, MARTIN: Revolutionen und Weltkriege. Bayern 1914 bis 1945, Köln, Weimar und Wien 2018.

HILLMAYR, HEINRICH: Hitlers Putsch und die Hintermänner. Ein Kapitel bayerischer Geschichte aus den ersten Nachkriegsjahren, in: PETER KIRTZER (Hg.): Unbekanntes Bayern. Politik, Staat und Kirche II, München 1980, S. 59–70.

DERS.: München und die Revolution von 1918/1919. Ein Beitrag zur Strukturanalyse von München am Ende des Ersten Weltkrieges und seiner Funktion bei Entstehung und Ablauf der Revolution, in: KARL BOSL (Hg.): Bayern im Umbruch. Die Revolution von 1918, ihre Voraussetzungen, ihr Verlauf und ihre Folgen, München und Wien 1969, S. 453–504.

HILLMAYR, HEINRICH: Roter und Weißer Terror in Bayern nach 1918. Ursachen, Erscheinungsformen und Folgen der Gewalttätigkeit im Verlauf der revolutionären Ereignisse nach dem Ende des Ersten Weltkrieges (Moderne Geschichte 2), München 1974.

HINTERBERGER, HANS: Unpolitische Politiker? Die bayerischen „Beamtenministerpräsidenten" 1920–1924 und ihre Mitverantwortung am Hitlerputsch, Regensburg 2016.

HITZER, FRIEDRICH: Anton Graf Arco. Das Attentat auf Kurt Eisner und die Schüsse im Landtag, München 1988.

HOFMANN, ULRIKE CLAUDIA: „Verräter verfallen der Feme!" Fememorde in Bayern in den zwanziger Jahren, Köln, Weimar und Wien 2000.

HÖLSCHER, LUCIAN: Möglichkeiten und Grenzen der statistischen Erfassung kirchlicher Bindung, in: KASPAR ELM und HANS-DIETRICH LOOCK (Hg.): Seelsorge und Diakonie in Berlin. Beiträge zum Verhältnis von Kirche und Großstadt im 19. und beginnenden 20. Jahrhundert (Veröffentlichungen der Historischen Kommission zu Berlin 74), Berlin und New York 1990, S. 39–59.

HOLTMANN, GUNDA: Ellen Ammann – Eine intellektuelle Biographie. Ein Beitrag zur Geschichte der Sozialen Arbeit im Kontext der katholischen Frauenbewegung und des 'Katholischen Deutschen Frauenbundes' zu Beginn des 20. Jahrhunderts (Bibliotheca Academia. Geschichte 9), Würzburg 2017.

HÖPFL, BERNHARD: Katholische Laien im nationalsozialistischen Bayern. Verweigerung und Widerstand zwischen 1933 und 1945 (Veröffentlichungen der Kommission für Zeitgeschichte B 78), Paderborn u. a. 1997.

HÖRSTER-PHILIPPS, ULRIKE: Joseph Wirth 1879–1956. Eine politische Biographie (Veröffentlichungen der Kommission für Zeitgeschichte B 82), Paderborn u. a. 1998.

HORSTMANN, JOHANNES und ANTONIUS LIEDHEGENER (Hg.): Konfession, Milieu, Moderne. Konzeptionelle Positionen und Kontroversen zur Geschichte von Katholizismus und Kirche im 19. und 20. Jahrhundert (Akademie-Vorträge 47), Schwerte 2001.

HOSER, PAUL: Die politischen, wirtschaftlichen und sozialen Hintergründe der Münchner Tagespresse zwischen 1914 und 1934. Methoden der Pressebeeinflussung / 1, Frankfurt am Main u.a. 1990.

HOTH, CHRISTIANE und MARKUS RAASCH (Hg.): Eichstätt im Nationalsozialismus. Katholisches Milieu und Volksgemeinschaft, Münster 2017.

HUBER, BERNHARD: Georg Neithardt. Nur ein unpolitischer Richter?, in: MARITA KRAUSS (Hg.): Rechte Karrieren in München. Von der Weimarer Zeit bis in die Nachkriegsjahre, München 2010, S. 95–111.

HUBER, ERNST RUDOLF und WOLFGANG HUBER (Hg.): Staat und Kirche im 19. und 20. Jahrhundert. Dokumente zur Geschichte des deutschen Staatskirchenrechts. Bd. 4 Staat und Kirche in der Zeit der Weimarer Republik, Berlin 1988.

HÜBNER, CHRISTOPH: Ein bayerischer Vertreter des Weimarer „Rechtskatholizismus". Max Buchner als Historiker, Politiker und Publizist in München und Würzburg (1919–1933), in: Jahrbuch für fränkische Landesforschung 66 (2006), S. 441–461.

HUERKAMP, CLAUDIA: Weibliche Konkurrenz auf den akademischen Arbeitsmärkten. Zu einigen Ursachen und Hintergründen der bürgerlich-akademischen „Krise" in den 1920er Jahren, in: KLAUS TENFELDE und HANS-ULRICH WEHLER (Hg.): Wege zur Geschichte des Bürgertums. Vierzehn Beiträge (Bürgertum 8), Göttingen 1994, S. 273–288.

HUFENREUTER, GREGOR: Das Heilige Feuer. Katholiken und völkische Bewegung vor 1914, in: MICHEL GRUNEWALD und UWE PUSCHNER (Hg.): Le milieu intellectuel catholique en Allemagne, sa presse et ses réseaux (1871–1963). Das katholische Intellektuellenmilieu in Deutschland, seine Presse und seine Netzwerke (1871–1963) (Convergences 40), Bern u. a. 2006, S. 170–189.

HÜRTEN, HEINZ: Der Topos vom christlichen Abendland in Literatur und Publizistik nach den beiden Weltkriegen, in: ALBRECHT LANGNER (Hg.): Katholizismus, nationaler Gedanke und Europa seit 1800 (Beiträge zur Katholizismusforschung / B), Paderborn u. a. 1985, S. 131–154.

DERS.: Der Topos vom christlichen Abendland in Literatur und Publizistik nach den beiden Weltkriegen, in: DERS. (Hg.): Katholiken, Kirche und Staat als Problem der Historie. Ausgewählte Aufsätze 1963–1992, Paderborn u. a. 1994, S. 282–307.

DERS.: Deutsche Katholiken. 1918–1945, Paderborn u. a. 1992.

HÜTTL, LUDWIG: Die Stellungnahme der katholischen Kirche und Publizistik zur Revolution in Bayern 1918/1919, in: Zeitschrift für bayerische Landesgeschichte 34 (1971), S. 652–695.

JARAUSCH, KONRAD HUGO: Deutsche Studenten. 1800–1970 (Edition Suhrkamp 1258 = Neue Folge 258), Frankfurt am Main 1984.

DERS.: Die Krise des deutschen Bildungsbürgertums im ersten Drittel des 20. Jahrhunderts, in: JÜRGEN KOCKA (Hg.): Bildungsbürgertum im 19. Jahrhundert Teil 4. Politischer Einfluß und gesellschaftliche Formation (Industrielle Welt. Schriftenreihe des Arbeitskreises für moderne Sozialgeschichte 48), Stuttgart 1989, S. 180–205.

DERS.: The Crisis of German Profession 1918–33, in: Journal of Contemporary History 20 (1985), S. 379–398.

JASPER, GOTTHARD: Der Schutz der Republik. Studien zur staatlichen Sicherung der Demokratie in der Weimarer Republik 1922–1930 (Tübinger Studien zur Geschichte und Politik 16), Tübingen 1963.

JENTSCH, HARALD: Die KPD und der „Deutsche Oktober“ 1923, Rostock 2005.

JOACHIMSTHALER, ANTON: Hitlers Weg begann in München 1913–1923, Überarb. und um die Jahre 1920–1924 erw. Neuaufl., München 2000.

JONES, LARRY EUGENE: Catholics on the Right. The Reich Catholic Committee of the German National People's Party, 1920–33, in: Historisches Jahrbuch 126 (2006), S. 221–268.

JUNG, WALTER: Ideologische Voraussetzungen, Inhalte und Ziele außenpolitischer Programmatik und Propaganda in der deutschvölkischen Bewegung der Anfangsjahre der Weimarer Republik. Das Beispiel Deutschvölkischer Schutz- und Trutzbund, Göttingen 2003, URL: https://ediss.uni-goettingen.de/handle/11858/00-1735-0000-0006-B4BD-2 (besucht am 20. 02. 2021).

JUNGCURT, UTA: Alldeutscher Extremismus in der Weimarer Republik. Denken und Handeln einer einflussreichen bürgerlichen Minderheit, Berlin und Boston 2014.

K.D.ST.V. TUISKONIA MÜNCHEN (Hg.): K.D.St.V. Tuiskonia München 1900–2000. Chronik: 100 Jahre, München 2000.

KAES, ANTON (Hg.): Weimarer Republik. Manifeste und Dokumente zur deutschen Literatur 1918–1933, Stuttgart 1983.

KAMPE, NORBERT: Studenten und „Judenfrage“ im deutschen Kaiserreich. Die Entstehung einer akademischen Trägerschicht des Antisemitismus (Kritische Studien zur Geschichtswissenschaft 76), Göttingen 1988.

KARL, MICHAELA: Die Münchener Räterepublik. Porträts einer Revolution, Düsseldorf 2008.

KÄSLER, DIRK: Max Weber. Preuße, Denker, Muttersohn. Eine Biographie, München 2014.

KAUFMANN, DORIS: Katholisches Milieu in Münster. 1928–1933. Politische Aktionsformen und geschlechtsspezifische Verhaltensräume (Düsseldorfer Schriften zur neueren Landesgeschichte und zur Geschichte Nordrhein-Westfalens 14), Düsseldorf 1984.

KDSTV TRIFELS I. C.V. (Hg.): KDStV Triefls 1922–1972. Festschrift zum 50jährigen Bestehen, München 1972.

KERSTINGJOHÄNNER, HELMUT: Die deutsche Inflation 1919–1923. Politik und Ökonomie (Europäische Hochschulschriften 988), Frankfurt am Main u.a. 2004.

KESSLER, RICHARD: Heinrich Held als Parlamentarier. Eine Teilbiographie 1868–1924 (Beiträge zu einer historischen Strukturanalyse Bayerns im Industriezeitalter 6), Berlin 1971.

KIISKINEN, ELINA: Die Deutschnationale Volkspartei in Bayern (Bayerische Mittelpartei) in der Regierungspolitik des Freistaats während der Weimarer Zeit (Schriftenreihe zur bayerischen Landesgeschichte 145), München 2005.

KIMMEL, ELKE: Eckart, Dietrich, in: WOLFGANG BENZ (Hg.): Handbuch des Antisemitismus. Judenfeindschaft in Geschichte und Gegenwart, Berlin 2009, S. 196f.

KIRTZER, PETER (Hg.): Unbekanntes Bayern. Politik, Staat und Kirche II, München 1980.

KITTEL, MANFRED: „Weimar" im evangelischen Bayern. Politische Mentalität und Parteiwesen 1918–1933 ; mit einem Ausblick auf die Zeit nach 1945 (Bayerische Landeszentrale für Politische Bildungsarbeit A,109), München 2001.

KLEIN, ARNOLD: Katholisches Milieu und Nationalsozialismus. Der Kreis Olpe 1933–1939 (Schriftenreihe des Kreises Olpe 24), Siegen 1994.

KÖCK, JULIAN: „Die Geschichte hat immer Recht". Die Völkische Bewegung im Spiegel ihrer Geschichtsbilder (Campus historische Studien 73), Frankfurt am Main und New York 2015.

KOCKA, JÜRGEN (Hg.): Bildungsbürgertum im 19. Jahrhundert Teil 4. Politischer Einfluß und gesellschaftliche Formation (Industrielle Welt. Schriftenreihe des Arbeitskreises für moderne Sozialgeschichte 48), Stuttgart 1989.

KÖGLMEIER, GEORG: Die zentralen Rätegremien in Bayern 1918/19. Legitimation – Organisation – Funktion (Schriftenreihe zur bayerischen Landesgeschichte 135), München 2001.

KOLB, EBERHARD: Der Frieden von Versailles, 2. Aufl. (Beck'sche Reihe 2375), München 2011.

DERS.: Gustav Stresemann (Beck'sche Reihe 2315), München 2003.

DERS.: Vorwort, in: GERHARD SCHMOLZE (Hg.): Revolution und Räterepublik in München 1918/19 in Augenzeugenberichten, München 1978, S. 9–12.

KONRAD-BREY, JOHANNA: Integration und Mentalität(en). Katholische Lebenswelt(en) in den Umbrüchen des 19. und 20. Jahrhunderts; dargestellt am Beispiel der Gemeinde Kleinostheim am Bayerischen Untermain, Würzburg 2013.

KÖRNER, HANS-MICHAEL: Staat und Kirche im Königreich Bayern. Die Kirchenpolitik König Ludwigs III. In: ULRIKE LEUTHEUSSER und HERMANN RUMSCHÖTTEL (Hg.): König Ludwig III. und das Ende der Monarchie in Bayern, München 2014, S. 157–170.

DERS.: Staat und Kirche in Bayern. 1886–1918 (Veröffentlichungen der Kommission für Zeitgeschichte B 20), Mainz 1977.

KOSELLECK, REINHART (Hg.): Bildungsbürgertum im 19. Jahrhundert Teil 2. Bildungsgüter und Bildungswissen (Industrielle Welt. Schriftenreihe des Arbeitskreises für moderne Sozialgeschichte 41), Stuttgart 1990.

KÖSTERS, CHRISTOPH und ANTONIUS LIEDHEGENER: Historische Milieus als Forschungsaufgabe. Zwischenbilanz und Perspektiven, in: JOHANNES HORSTMANN und ANTONIUS LIEDHEGENER (Hg.): Konfession, Milieu, Moderne. Konzeptionelle Positionen und Kontroversen zur Geschichte von Katholizismus und Kirche im 19. und 20. Jahrhundert (Akademie-Vorträge 47), Schwerte 2001, S. 15–25.

KRAMER, FERDINAND: Feuchtwangers Erfolg und neue Forschungen zu den Weimarer Jahren in München und Bayern. Einführung, 2015, URL: https://histbav.hypotheses.org/3554 (besucht am 24. 09. 2022).

DERS.: Kirchen und Religion in den „Lebenserinnerungen" von Gustav von Kahr, in: Zeitschrift für bayerische Landesgeschichte 80,1 (2017), S. 213–244.

KRATZSCH, GERHARD: Kunstwart und Dürerbund. Ein Beitrag zur Geschichte der Gebildeten im Zeitalter des Imperialismus, Göttingen 1969.

KRAUSS, MARITA (Hg.): Rechte Karrieren in München. Von der Weimarer Zeit bis in die Nachkriegsjahre, München 2010.

KRENN, DORIT-MARIA: Die christliche Arbeiterbewegung in Bayern vom Ersten Weltkrieg bis 1933 (Veröffentlichungen der Kommission für Zeitgeschichte B 57), Mainz 1991.

KRITZER, PETER: „... Und als Republikaner aufgewacht". Die bayerische Revolution von 1918 und die Folgen, in: PETER KIRTZER (Hg.): Unbekanntes Bayern. Politik, Staat und Kirche II, München 1980, S. 21–32.

DERS.: Die SPD in der bayerischen Revolution von 1918, in: KARL BOSL (Hg.): Bayern im Umbruch. Die Revolution von 1918, ihre Voraussetzungen, ihr Verlauf und ihre Folgen, München und Wien 1969, S. 427–452.

KRUMEICH, GERD (Hg.): Versailles 1919. Ziele – Wirkung – Wahrnehmung (Schriften der Bibliothek für Zeitgeschichte / Neue Folge 14), Essen 2001.

KRUMEICH, GERD und JOACHIM SCHRÖDER (Hg.): Der Schatten des Weltkriegs. Die Ruhrbesetzung 1923 (Düsseldorfer Schriften zur neueren Landesgeschichte und zur Geschichte Nordrhein-Westfalens 69), Essen 2004.

KRUMWIEDE, HANS-WALTER: Evangelische Kirche und Theologie in der Weimarer Republik (Grundtexte zur Kirchen- und Theologiegeschichte 2), Neukirchen-Vluyn 1990.

KSTV RHENO-BAVARIA MÜNCHEN (Hg.): Einhundert Jahre KStV Rheno-Bavaria München. 23. Mai 1903–2003. Ein geschichtliches Lesebuch, München 2003.

KÜHNE, STEFANIE: Lebensgestaltung in Christus. Katholische Jugendbewegung in der Zwischenkriegszeit (1919–1938). Aufgezeigt am Beispiel des Bundes Neudeutschland, Freiburg 1999.

KÜHR, HERBERT: Katholische und evangelische Milieus. Vermittlungsinstanzen und Wirkungsmuster, in: DIETER OBERNDÖRFER, HANS RATTINGER und KARL SCHMITT (Hg.): Wirtschaftlicher Wandel, religiöser Wandel und Wertwandel. Folgen für das politische Verhalten in der Bundesrepublik Deutschland (Ordo politicus 25), Berlin 1985, S. 245–262.

KÜPPERS, HEINRICH: Joseph Wirth. Parlamentarier, Minister und Kanzler der Weimarer Republik (Historische Mitteilungen 27), Stuttgart 1997.

KUROPKA, JOACHIM (Hg.): Grenzen des katholischen Milieus. Stabilität und Gefährdung katholischer Milieus in der Endphase der Weimarer Republik und der NS-Zeit, Münster 2013.

KURZ, ROLAND: Nationalprotestantisches Denken in der Weimarer Republik. Voraussetzungen und Ausprägungen des Protestantismus nach dem Ersten

Weltkrieg in seiner Begegnung mit Volk und Nation (Die lutherische Kirche, Geschichte und Gestalten 24), Gütersloh 2007.

LANGE, THOMAS: Bayern im Ausnahmezustand 1919–1923. Zur politischen Funktion des bayerischen Ausnahmerechts in den ersten Jahren der Weimarer Republik, München 1989.

LANGEWIESCHE, DIETER: Vom Gebildeten zum Bildungsbürger? Umrisse eines katholischen Bildungsbürgertums im wilhelminischen Deutschland, in: MARTIN HUBER und GERHARD LAUER (Hg.): Bildung und Konfession. Politik, Religion und literarische Identitätsbildung 1850–1918 (Studien und Texte zur Sozialgeschichte der Literatur 59), Tübingen 1996, S. 107–132.

LANGNER, ALBRECHT (Hg.): Katholizismus, nationaler Gedanke und Europa seit 1800 (Beiträge zur Katholizismusforschung / B), Paderborn u. a. 1985.

LAUTENSACK, HEINRICH: Das Gelübde. Schauspiel in vier Aufzügen, Leipzig 1916.

LEISS, LUDWIG: Kunst im Konflikt. Kunst und Künstler im Widerstreit mit der "Obrigkeit", Berlin und New York 1971.

LENSKI, REINHOLD: Philipp Haeuser (1876–1960). Pfarrer und Kämpfer für den Nationalsozialismus, 2004, URL: https://www.zukunft-braucht-erinnerung.de/philipp-haeuser/ (besucht am 23. 11. 2020).

LENTHE, HENNING (Hg.): Frei in Rede – Kühn in Tat. Die Geschichte der Burschenschaft Danubia zu München Band 1, München 1998.

LEPSIUS, MARIO RAINER (Hg.): Bildungsbürgertum im 19. Jahrhundert Teil 3. Lebensführung und ständische Vergesellschaftung (Industrielle Welt. Schriftenreihe des Arbeitskreises für moderne Sozialgeschichte 47), Stuttgart 1992.

DERS.: Das Bildungsbürgertum als ständische Vergesellschaftung, in: DERS. (Hg.): Bildungsbürgertum im 19. Jahrhundert Teil 3. Lebensführung und ständische Vergesellschaftung (Industrielle Welt. Schriftenreihe des Arbeitskreises für moderne Sozialgeschichte 47), Stuttgart 1992, S. 8–18.

DERS.: Demokratie in Deutschland. Soziologisch-historische Konstellationsanalysen. Ausgewählte Aufsätze (Kritische Studien zur Geschichtswissenschaft 100), Göttingen 1993.

DERS.: Parteiensystem und Sozialstruktur. Zum Problem der Demokratisierung der deutschen Gesellschaft, in: GERHARD A. RITTER (Hg.): Deutsche Parteien vor 1918, Köln 1973, S. 56–80.

LEUGERS, ANTONIA: „Kardinal Faulhaber zeigt ein zwiespältiges Wesen". Beobachtungen zu den Jahren 1923/24 und 1933/34, 2014, URL: http://universaar.uni-saarland.de/journals/index.php/tg/article/view/717/762 (besucht am 20. 01. 2021).

DIES.: „Weil doch einmal Blut fliessen muss, bevor wieder Ordnung kommt". Erzbischof Faulhabers Krisendeutung in seinem Tagebuch 1918/19, in: DIES. (Hg.): Zwischen Revolutionsschock und Schulddebatte. Münchner Katholizismus und Protestantismus im 20. Jahrhundert (theologie.geschichte 7), Saarbrücken 2013, S. 60–115.

DIES.: Einleitung: Zwischen Revolutionsschock und Schulddebatte, in: DIES. (Hg.): Zwischen Revolutionsschock und Schulddebatte. Münchner Katholizismus und Protestantismus im 20. Jahrhundert (theologie.geschichte 7), Saarbrücken 2013, S. 9–29.

DIES.: Katholische Kriegsfriedensdiskurse der Münchner Zwischenkriegszeit, in: DIES. (Hg.): Zwischen Revolutionsschock und Schulddebatte. Münchner Katholizismus und Protestantismus im 20. Jahrhundert (theologie.geschichte 7), Saarbrücken 2013, S. 141–191.

DIES. (Hg.): Zwischen Revolutionsschock und Schulddebatte. Münchner Katholizismus und Protestantismus im 20. Jahrhundert (theologie.geschichte 7), Saarbrücken 2013.

LEUTHEUSSER, ULRIKE und HERMANN RUMSCHÖTTEL (Hg.): König Ludwig III. und das Ende der Monarchie in Bayern, München 2014.

LEUTZSCH, MARTIN: Karrieren des arischen Jesus zwischen 1918 und 1945, in: UWE PUSCHNER und CLEMENS VOLLNHALS (Hg.): Die völkisch-religiöse Bewegung im Nationalsozialismus. Eine Beziehungs- und Konfliktgeschichte (Schriften des Hannah-Arendt-Instituts für Totalitarismusforschung 47), Göttingen u.a. 2012, S. 195–217.

LILLA, JOACHIM: Staatsminister, leitende Verwaltungsbeamte und (NS-)Funktionsträger in Bayern 1918 bis 1945. Muckle, Friedrich, 2011, URL: https://verwaltungshandbuch.bayerische-landesbibliothek-online.de/muckle-friedrich (besucht am 30. 11. 2020).

LIMBACH, MANUEL: Bürger gegen Hitler. Vorgeschichte, Aufbau und Wirken des bayerischen „Sperr-Kreises“ (Schriftenreihe der Historischen Kommission bei der Bayerischen Akademie der Wissenschaften 102), Göttingen 2019.

LINSE, ULRICH: Hochschulrevolution. Zur Ideologie und Praxis sozialistischer Studentengruppen während der deutschen Revolutionszeit 1918/19, in: Archiv für Sozialgeschichte 14 (1974), S. 1–114.

LÖFFELMEIER, ANTON: 2. Mai 1919. „Es ist äußertst aufregend und enervirend“. München im Banne von Anarchie, Gewalt und neuer Ordnung, in: ELISABETH ANGERMAIR und ANDREAS HEUSLER (Hg.): Machtwechsel. München zwischen Oktober 1918 und Juni 1919, München 2020, S. 175–198.

LOHALM, UWE: Völkischer Radikalismus. Die Geschichte des Deutschvölkischen Schutz- und Trutz-Bundes 1919–1923 (Hamburger Beiträge zur Zeitgeschichte 6), Hamburg 1970.

LÖHNIG, CORDULA SCHOLZ: Bayerisches Eherecht. Von 1756 bis 1875 auf dem Weg zur Verweltlichung, Berlin 2004.

LONGERICH, PETER: Heinrich Himmler, München 2010.

LOTH, WILFRIED: Katholiken im Kaiserreich. Der politische Katholizismus in der Krise des wilhelminischen Deutschland (Beiträge zur Geschichte des Parlamentarismus und der politischen Parteien 75), Düsseldorf 1984.

DERS.: Katholische Milieus und katholische Subgesellschaft in Deutschland, in: MICHEL GRUNEWALD und UWE PUSCHNER (Hg.): Le milieu intellectuel catholique en Allemagne, sa presse et ses réseaux (1871–1963). Das katholische Intellektuellenmilieu in Deutschland, seine Presse und seine Netzwerke (1871–1963) (Convergences 40), Bern u. a. 2006, S. 21–37.

DERS.: Milieus oder Milieu? Konzeptionelle Überlegungen zur Katholizismusforschung, in: JOHANNES HORSTMANN und ANTONIUS LIEDHEGENER (Hg.): Konfession, Milieu, Moderne. Konzeptionelle Positionen und Kontroversen zur Geschichte von Katholizismus und Kirche im 19. und 20. Jahrhundert (Akademie-Vorträge 47), Schwerte 2001, S. 79–95.

DERS.: Soziale Bewegungen im Katholizismus des Kaiserreichs, in: Geschichte und Gesellschaft 17 (1991), S. 279–310.

LOWITSCH, BRUNO: Der Kreis um die Rhein-Mainische Volkszeitung, Wiesbaden u.a. 1980.

LUHRSSEN, DAVID: Hammer of the Gods. The Thule Society and the birth of Nazism, Washington DC 2012.

LUNDGREEN, PETER (Hg.): Sozial- und Kulturgeschichte des Bürgertums. Eine Bilanz des Bielefelder Sonderforschungsbereichs (1986–1997) (Bürgertum 18), Göttingen 2000.

MACMILLAN, MARGARET: Die Friedensmacher. Wie der Versailler Vertrag die Welt veränderte, Berlin 2015.

MAGA, CHRISTIAN: Prälat Johann Leicht (1868 - 1940), konservativer Demokrat in der Krise der Zwischenkriegszeit. Eine politische Biographie des Vorsitzenden der Reichstagsfraktion der Bayerischen Volkspartei in Berlin, Würzburg 1990.

MALLEBREIN, WOLFRAM: Albert Leo Schlageter. Ein deutscher Freiheitskämpfer, Preussisch Oldendorf 1990.

MARMETSCHKE, KATJA: „Nicht mehr Jugendbewegung, sondern Kulturbewegung!" Die Zeitschrift Die Schildgenossen in der Weimarer Republik, in: MICHEL GRUNEWALD und UWE PUSCHNER (Hg.): Le milieu intellectuel catholique en Allemagne, sa presse et ses réseaux (1871–1963). Das katholische Intellektuellenmilieu in Deutschland, seine Presse und seine Netzwerke (1871–1963) (Convergences 40), Bern u. a. 2006, S. 281–317.

MASER, WERNER: Die Frühgeschichte der NSDAP, Frankfurt am Main und Bonn 1965.

MAYR, FLORIAN: Konfessionen im theatralen Diskurs. Fünf Schlaglichter, in: ANTONIA LEUGERS (Hg.): Zwischen Revolutionsschock und Schulddebatte. Münchner Katholizismus und Protestantismus im 20. Jahrhundert (theologie.geschichte 7), Saarbrücken 2013, S. 216–241.

MENNEKES, FRIEDHELM: Die Republik als Herausforderung. Konservatives Denken in Bayern zwischen Weimarer Republik und antidemokratischer Reaktion (1918–1925) (Beiträge zu einer historischen Strukturanalyse Bayerns im Industriezeitalter 8), Berlin 1972.

MENSING, BJÖRN: „Hitler hat eine göttliche Sendung". Münchens Protestantismus und der Nationalsozialismus, in: BJÖRN MENSING und FRIEDRICH PRINZ (Hg.): Irrlicht im leuchtenden München? Der Nationalsozialismus in der „Hauptstadt der Bewegung", Regensburg 1991, S. 92–123.

DERS.: Pfarrer und Nationalsozialismus. Geschichte einer Verstrickung am Beispiel der Evangelisch-Lutherischen Kirche in Bayern (Arbeiten zur Kirchlichen Zeitgeschichte B 26), Göttingen 1998.

MENSING, BJÖRN und FRIEDRICH PRINZ (Hg.): Irrlicht im leuchtenden München? Der Nationalsozialismus in der „Hauptstadt der Bewegung", Regensburg 1991.

MERGEL, THOMAS: Grenzgänger. Das katholische Bildungsbürgertum im Rheinland zwischen bürgerlichem und katholischem Milieu 1870–1914, in: OLAF BLASCHKE und FRANK-MICHAEL KUHLEMANN (Hg.): Religion im Kaiserreich. Milieus – Mentalitäten – Krisen (Religiöse Kulturen der Moderne 2), Gütersloh 1996, S. 166–192.

DERS.: Zwischen Klasse und Konfession. Katholisches Bürgertum im Rheinland; 1794–1914 (Bürgertum 9), Göttingen 1994.

MITCHELL, ALLAN: Revolution in Bayern 1918/1919. Die Eisner-Regierung und die Räterepublik, München 1967.

MOHLER, ARMIN: Die konservative Revolution in Deutschland. Ein Handbuch, 4. Aufl., Darmstadt 1994.

MOLLENHAUER, BERND: Zwischen Monarchie und Münchner Freiheit. München zwischen den Weltkriegen, München 2010.

MOMMSEN, HANS: Die Auflösung des Bürgertums seit dem späten 19. Jahrhundert, in: LUTZ NIETHAMMER und BERND WEISBROD (Hg.): Der Nationalsozialismus und die deutsche Gesellschaft. Ausgewählte Aufsätze; zum 60. Geburtstag (Rororo Sachbuch 8857), Reinbek bei Hamburg 1991, S. 11–38.

MOMMSEN, WOLFGANG J.: Die nationalgeschichtliche Umdeutung der christlichen Botschaft im Ersten Weltkrieg, in: GERD KRUMEICH und LEHMANN

HARTMUT (Hg.): „Gott mit uns“. Nation, Religion und Gewalt im 19. und frühen 20. Jahrhundert (Veröffentlichungen des Max-Planck-Instituts für Geschichte 162), Göttingen 2000, S. 249–261.

MORSEY, RUDOLF: Die Görres-Gesellschaft zur Pflege der Wissenschaft. Streiflichter ihrer Geschichte, Paderborn u. a. 2009.

DERS.: Fritz Gerlich (1883–1934). Ein früher Gegner Hitlers und des Nationalsozialismus, Paderborn u. a. 2016.

MÜES-BARON, KLAUS: Heinrich Himmler – Aufstieg des Reichsführers SS (1900–1933), Göttingen 2011.

MÜLLER, ANDREA M.: Die französische Gesandtschaft in München in den Jahren der Weimarer Republik. Französische Politik im Spiegel der diplomatischen Berichterstattung (Miscellanea Bavarica Monacensia 184), München 2010.

MÜLLER, BARBARA: Passiver Widerstand im Ruhrkampf. Eine Fallstudie zur gewaltlosen zwischenstaatlichen Konfliktaustragung und ihren Erfolgsbedingungen (Studien zur Gewaltfreiheit 1), Münster u.a. 1995.

MÜLLER, DIRK H.: Arbeiter, Katholizismus, Staat. Der Volksverein für das katholische Deutschland und die katholischen Arbeiterorganisationen in der Weimarer Republik (Reihe Politik- und Gesellschaftsgeschichte 43), Bonn 1996.

MÜLLER, GUIDO: Katholische Akademiker in der Krise der Moderne. Die Entstehung des Katholischen Akademikerverbands im wilhelminischen Deutschland zwischen bildungsbürgerlichen Reformbewegungen und Laienapostolat, in: MICHAEL GRAETZ und ARAM MATTIOLI (Hg.): Krisenwahrnehmungen im Fin de siècle. Jüdische und katholische Bildungseliten in Deutschland und der Schweiz (Clio Lucernensis 4), Zürich 1997, S. 285–300.

MÜLLER, MARIA CHRISTINA: Der Wehrverband als Bürgerpflicht? Mobilisierung und Militarisierung in der bayerischen Wirtschaftselite nach dem Ersten Weltkrieg (Augsburger Historische Studien 2), Augsburg 2015.

MUNRO, GREGORY: Hitler's Bavarian antagonist. Georg Moenius and the Allgemeine Rundschau of Munich; 1929–1933, Lewiston, New York u.a. 2006.

NEBOISA, MARIANNE: Ellen Ammann. geb. Sundström 1870–1932. Dokumentation und Interpretation eines diakonischen Frauenlebens, St. Ottilien 1992.

NETZ, HEINRICH: Siebzig Jahre Moenania 1907–1977. Festschrift zum 70. Stiftungsfest der KDStV Moenania – München im CV, München 1977.

NIPPERDEY, THOMAS: Religion im Umbruch. Deutschland 1870–1918 (Beck'sche Reihe 363), München 1988.

NOWAK, KURT: Evangelische Kirche und Weimarer Republik. Zum politischen Weg des deutschen Protestantismus zwischen 1918 und 1932 (Arbeiten zur Kirchengeschichte 7), Göttingen 1981.

NUSSER, HORST G. W.: Konservative Wehrverbände in Bayern, Preußen und Österreich. 1918–1933, 2. Aufl. (Moderne Geschichte 1,1), München 1990.

DERS.: Konservative Wehrverbände in Bayern, Preußen und Österreich. 1918–1933. Dokumentenanhang, Archivalisches Verzeichnis, Literaturverzeichnis, 2. Aufl. (Moderne Geschichte 1,2), München 1990.

O.A.: Kurze Geschichtliche Abrisse aller Deutschen Studentischen Vereinigungen in Deutschland, Danzig und den Sudetenländern. München, in: MICHAEL DOEBERL u. a. (Hg.): Das akademische Deutschland. Bd. 2 Die deutschen Hochschulen und ihre akademischen Bürger, Berlin 1931, S. 955–984.

PHILISTERVERBAND DES AKADEMISCHEN GESANGVEREINS MÜNCHEN (Hg.): Geschichte des Akademischen Gesangvereins München, 1861–1961, München 1961.

PLATTHAUS, ANDREAS: Der Krieg nach dem Krieg. Deutschland zwischen Revolution und Versailles 1918/19, Berlin 2018.

PLEWNIA, MARGARETE: Auf dem Weg zu Hitler. Der „völkische" Publizist Dietrich Eckart (Studien zur Publizistik 14), Bremen 1970.

PLÖCKINGER, OTHMAR: Adolf Hitler als Hörer an der Universität München im Jahr 1919. Zum Verhältnis zwischen Reichswehr und Universität, in: ELISABETH KRAUS (Hg.): Die Universität München im Dritten Reich. Aufsätze. Teil 2 (Beiträge zur Geschichte der Ludwig-Maximilians-Universität München 4), München 2008, S. 13–47.

DERS.: Geschichte eines Buches. Adolf Hitlers „Mein Kampf" 1922–1945. eine Veröffentlichung des Instituts für Zeitgeschichte, 2., aktualisierte Aufl., München 2011.

DERS.: Unter Soldaten und Agitatoren. Hitlers prägende Jahre im deutschen Militär 1918–1920, Paderborn u. a. 2013.

POHL, KARL HEINRICH: Katholische Sozialdemokraten oder sozialdemokratische Katholiken in München: ein Identitätskonflikt?, in: OLAF BLASCHKE und FRANK-MICHAEL KUHLEMANN (Hg.): Religion im Kaiserreich. Milieus – Mentalitäten – Krisen (Religiöse Kulturen der Moderne 2), Gütersloh 1996, S. 233–253.

PÖHLMANN, BARBARA: Heinrich Held als Bayerischer Ministerpräsident (1924–1933). Eine Studie zu 9 Jahren bayerischer Staatspolitik, München 1995.

PÖPPING, DAGMAR: Abendland. Christliche Akademiker und die Utopie der Antimoderne 1900–1945, Berlin 2002.

POTENTE, DIETER: Nationalsozialismus im Dorf. Katholisches Milieu und NS-Herrschaft im westfälischen Dorf Buldern 1933 bis 1945, Dülmen 2014.

PRINZ, FRIEDRICH: Präludium oder erste Niederlage des Nazismus? Münchens kulturelles Milieu in den Zwanziger Jahren, in: BJÖRN MENSING und FRIEDRICH PRINZ (Hg.): Irrlicht im leuchtenden München? Der Nationalsozialismus in der „Hauptstadt der Bewegung", Regensburg 1991, S. 27–48.

PUSCHNER, UWE: Katholisches Milieu und alldeutsch-völkische Bewegung. Die Münchner Zeitschrift Odin (1899–1901), in: MICHEL GRUNEWALD und UWE PUSCHNER (Hg.): Le milieu intellectuel catholique en Allemagne, sa presse et ses réseaux (1871–1963). Das katholische Intellektuellenmilieu in Deutschland, seine Presse und seine Netzwerke (1871–1963) (Convergences 40), Bern u. a. 2006, S. 143–167.

DERS.: Völkisch. Plädoyer für einen ‚engen' Begriff, in: PAUL CIUPKE u. a. (Hg.): „Die Erziehung zum deutschen Menschen". Völkische und nationalkonservative Erwachsenenbildung in der Weimarer Republik (Geschichte und Erwachsenenbildung 23), Essen 2007, S. 53–66.

PUSCHNER, UWE, WALTER SCHMITZ und JUSTUS H. ULBRICHT (Hg.): Handbuch zur „Völkischen Bewegung" 1871–1918, München 1999.

RAUH-KÜHNE, CORNELIA: Katholisches Milieu und Kleinstadtgesellschaft. Ettlingen 1918–1939 (Geschichte der Stadt Ettlingen 5), Sigmaringen 1991.

RECKER, KLEMENS-AUGUST: „Unter Preußenadler und Hakenkreuz". Katholisches Milieu zwischen Selbstbehauptung und Auflösung; ein Beispiel aus Westfalen: Nordwalde 1850–1950, Münster 2013.

REICHLMAYR, GEORG: Geschichte der Stadt München, Erfurt 2013.

REINECKE, THOMAS: „Das heilige Feuer". Eine katholische Zeitschrift 1913–1931, in: UWE PUSCHNER, WALTER SCHMITZ und JUSTUS H. ULBRICHT (Hg.): Handbuch zur „Völkischen Bewegung" 1871–1918, München 1999, S. 164–171.

RICHTER, REINHARD: Nationales Denken im Katholizismus der Weimarer Republik, Münster u.a. 2000.

RIESENBERGER, DIETER: Die katholische Friedensbewegung in der Weimarer Republik. Mit einem Vorwort von Walter Dirks, Düsseldorf 1976.

ROSE, DETLEV: Die Thule-Gesellschaft. Legende – Mythos – Wirklichkeit, 3., erw. Neuaufl. (Veröffentlichungen des Institutes für Deutsche Nachkriegsgeschichte 21), Tübingen 2008.

RÖSSELE, FRANZ XAVER: Fritz Beck 1889–1934. Sein Lebenswerk, München 2014.

RUDLOFF, WILFRIED: Notjahre. Stadtpolitik in Krieg, Inflation und Weltwirtschaftskrise 1914 bis 1933, in: RICHARD BAUER und STADTARCHIV MÜNCHEN (Hg.): Geschichte der Stadt München, München 1992, S. 336–369.

RUMSCHÖTTEL, HERMANN: „Ein neuer Typ bayerischen Herrschertums". König Ludwig III. von Bayern: Persönlichkeit und Politik, in: ULRIKE LEUTHEUSSER und HERMANN RUMSCHÖTTEL (Hg.): König Ludwig III. und das Ende der Monarchie in Bayern, München 2014, S. 13–32.

DERS.: Eigenständigkeit und Integration. Bayern und das Reich in der Prinzregentenzeit, in: KATHARINA WEIGAND, JÖRG ZEDLER und FLORIAN SCHULLER (Hg.): Die Prinzregentenzeit. Abenddämmerung der bayerischen Monarchie?, Regensburg 2013, S. 41–57.

RUPPERT, KARSTEN: Der Nationalismus der systemstabilisierenden Parteien der Weimarer Republik, in: HEINER TIMMERMANN (Hg.): Nationalismus und Nationalbewegung in Europa 1914–1945 (Dokumente und Schriften der Europäischen Akademie Otzenhausen 85), Berlin 1999, S. 183–234.

RUSTER, THOMAS: Die verlorene Nützlichkeit der Religion. Katholizismus und Moderne in der Weimarer Republik, Paderborn u. a. 1997.

SCHÄFER, MICHAEL: Fritz Gerlich 1883–1934. Publizistik als Auseinandersetzung mit den „Politischen Religionen" des 20. Jahrhunderts, München 1998.

SCHANK, CHRISTOPH: Kölsch-katholisch. das katholische Milieu in Köln (1871–1933) (Kölner Veröffentlichungen zur Religionsgeschichte 34), Köln u.a. 2004.

SCHMALZL, MARKUS: Erhard Auer, Wegbereiter der Parlamentarischen Demokratie in Bayern (Münchener historische Studien), Kallmünz/Opf. 2013.

SCHMIDT, LYDIA: Kultusminister Franz Matt (1920–1926). Schul-, Kirchen- und Kunstpolitik in Bayern nach dem Umbruch von 1918 (Schriftenreihe zur bayerischen Landesgeschichte 126), München 2000.

SCHMIDT, WINFRIED (Hg.): ... war gegen den Führer äußerst frech ... Der Chefredakteur und nachmalige Tierarzt Hansjörg Maurer und seine Würzburger politischen Tagebuchblätter aus den Jahren 1936 und 1937, Karlstadt 1999.

SCHMIEDL, JOACHIM: Der katholische Aufbruch der Zwischenkriegszeit und die Stimmen der Zeit, in: MICHEL GRUNEWALD und UWE PUSCHNER (Hg.): Le milieu intellectuel catholique en Allemagne, sa presse et ses réseaux (1871–1963). Das katholische Intellektuellenmilieu in Deutschland, seine Presse und seine Netzwerke (1871–1963) (Convergences 40), Bern u. a. 2006, S. 232–254.

SCHMITZ, WALTER und UWE SCHNEIDER: Völkische Semantik bei den Münchner ‚Kosmikern' und im George-Kreis, in: UWE PUSCHNER, WALTER SCHMITZ und JUSTUS H. ULBRICHT (Hg.): Handbuch zur „Völkischen Bewegung" 1871–1918, München 1999, S. 711–746.

SCHOBER, RENATE: Der Aufmarsch der Gegenrevolution. Nach dem Schock der Räteregierung: Die bayerischen Einwohnerwehren, in: PETER KIRTZER (Hg.): Unbekanntes Bayern. Politik, Staat und Kirche II, München 1980, S. 33–44.

SCHÖBERL, VERENA: „Es gibt ein großes und herrliches Land, das sich selbst nicht kennt ... Es heißt Europa". Die Diskussion um die Paneuropaidee in Deutschland, Frankreich und Großbritannien 1922–1933 (Gesellschaftspolitische Schriftenreihe der Begabtenförderung der Konrad-Adenauer-Stiftung e.V. 2), Berlin u.a. 2008.

SCHÖNHOVEN, KLAUS: Die Bayerische Volkspartei 1924–1932 (Beiträge zur Geschichte des Parlamentarismus und der politischen Parteien 46), Düsseldorf 1972.

SCHREIBER, MAXIMILIAN: Die Ludwig-Maximilians-Universität und ihre Jubiläumsfeiern in der ersten Hälfte des 20. Jahrhunderts, in: ELISABETH KRAUS (Hg.): Die Universität München im Dritten Reich. Aufsätze. Teil 1 (Beiträge zur Geschichte der Ludwig-Maximilians-Universität München 1), München 2006, S. 479–504.

SCHRÖDER, VALENTIN: Wahlen in Deutschland bis 1918. Reichstagswahlen. Bayerischer Regierungsbezirk Oberbayern, URL: http://www.wahlen-in-deutschland.de/kuRbbOberbayern.htm (besucht am 17.06.2019).

SCHUBERT, MARKUS: Politischer Katholizismus in Passau von 1864 bis 1964. Eine historische Langzeit- und Strukturanalyse (Veröffentlichungen des Instituts für Kulturraumforschung Ostbaierns und der Nachbarregionen der Universität Passau 72), Passau 2017.

SCHWAB, ANDREAS: Vom totalen Krieg zur deutschen Gotterkenntnis. Die Weltanschauung Erich Ludendorff (Schriftenreihe der Eidgenössischen Militärbibliothek und des Historischen Dienstes 17), Bern 2005.

SCHWAIGER, GEORG (Hg.): Das Erzbistum München und Freising im 19. und 20. Jahrhundert (Geschichte des Erzbistums München und Freising 3), München 1989.

DERS.: Zwischen Monarchie und Diktatur, in: DERS. (Hg.): Das Erzbistum München und Freising im 19. und 20. Jahrhundert (Geschichte des Erzbistums München und Freising 3), München 1989, S. 291–327.

SCHWARZ, JÜRGEN: Studenten in der Weimarer Republik. Die deutsche Studentenschaft in der Zeit von 1918 bis 1923 und ihre Stellung zur Politik (Ordo politicus 12), Berlin 1971.

SEILER, JOACHIM: Statistik des Erzbistums München und Freising in der ersten Hälfte des 20. Jahrhunderts, in: GEORG SCHWAIGER (Hg.): Das Erzbistum München und Freising in der Zeit der nationalsozialistischen Herrschaft Bd. 1, München 1984, S. 285–332.

SEIPP, ADAM R.: 'Scapegoats for a Lost War'. Demobilisation, the Kapp Putsch, and the Politics of the Streets in Munich, 1919–1920, in: War & Society 25,1 (2013), S. 35–54.

SELIG, WOLFRAM: Esser, Hermann, in: WOLFGANG BENZ (Hg.): Handbuch des Antisemitismus. Judenfeindschaft in Geschichte und Gegenwart, Bd. 2, Berlin 2009, S. 217f.

SESSLER, STEFAN: Kein Kind seiner Zeit. Max Zillibiller, 2014, URL: https://www.ovb-online.de/bayern/kein-kind-seinerzeit-3515547.html (besucht am 16.03.2017).

SIEGL, MARC: Die Cramer-Klett, eine Industriellen-Familie und ihre Bedeutung für das Priental. Das Bürgertum als Nachfolger des Adels im 19. und 20. Jahrhundert, 2. Aufl. (Chronik Aschau i. Ch. 3), Aschau i. Ch 2008.

SONTHEIMER, KURT: Die Haltung der deutschen Universitäten zur Weimarer Republik, in: Universitätstage 1966. Nationalsozialismus und die deutsche Universität (Veröffentlichungen der Freien Universität Berlin), Berlin 1966, S. 24–42.

SPECHT, HEIKE: Zerbrechlicher Erfolg, in: RICHARD BAUER (Hg.): Jüdisches München. Vom Mittelalter bis zur Gegenwart, München 2006, S. 137–160.

SPECKNER, HERBERT: Die Ordnungszelle Bayern. Studien zur Politik des bayerischen Bürgertums, insbesondere der Bayerischen Volkspartei, von der Revolution bis zum Ende des Kabinetts Dr. von Kahr, Erlangen 1955.

SPERL, GABRIELA: Wirtschaft und Staat in Bayern. 1914–1924 (Schriften der Historischen Kommission zu Berlin 6), Berlin 1996.

SPICER, KEVIN P.: Hitler's Priests. Catholic clergy and national socialism, DeKalb, Illinois 2008.

STEGER, BERND: Der Hitlerprozeß und Bayerns Verhältnis zum Reich 1923/24, in: Vierteljahrshefte für Zeitgeschichte 25,4 (1977), S. 441–466.

STEHKÄMPER, HUGO: Konrad Adenauer als Katholikentagspräsident 1922. Form und Grenze politischer Entscheidungsfreiheit im katholischen Raum (Veröffentlichungen der Kommission für Zeitgeschichte B 21), Mainz 1977.

STEIGMANN-GALL, RICHARD: The Holy Reich. Nazi conceptions of Christianity, 1919–1945, New York 2003.

STEINLE, JÜRGEN: Max Buchner und die Gelben Hefte in der Weimarer Republik, in: Historisches Jahrbuch 113 (1993), S. 427–446.

STITZ, PETER: Der CV 1919–1938. Der hochschulpolitische Weg des Cartellverbandes der katholischen deutschen Studentenverbindungen (CV) vom Ende des 1. Weltkrieges bis zur Vernichtung durch den Nationalsozialismus (Der Weisse Turm. Zeit- und Lebensbilder aus dem katholischen Studententum 4), München 1970.

SZEJNMANN, CLAUS-CHRISTIAN W.: Vom Traum zum Alptraum. Sachsen in der Weimarer Republik, Leipzig 2000.

TAJFEL, HENRI und JOHN C. TURNER: The Social Identity Theory of Intergroup Behavior, in: STEPHEN WORCHEL und WILLIAM G. AUSTIN (Hg.): Psychology of intergroup relations, Chicago 1986, S. 7–24.

TAPKEN, KAI UWE: Die Reichswehr in Bayern von 1919 bis 1924 (Schriftenreihe Studien zur Zeitgeschichte 26), Hamburg 2002.

TENFELDE, KLAUS: Stadt und Bürgertum im 20. Jahrhundert, in: KLAUS TENFELDE und HANS-ULRICH WEHLER (Hg.): Wege zur Geschichte des Bürgertums. Vierzehn Beiträge (Bürgertum 8), Göttingen 1994, S. 317–353.

TENFELDE, KLAUS und HANS-ULRICH WEHLER (Hg.): Wege zur Geschichte des Bürgertums. Vierzehn Beiträge (Bürgertum 8), Göttingen 1994.

THIEL, ALBERT und MATTHIAS REINERT: Oswald, Heinrich, 2007, URL: http://www.bundesarchiv.de/aktenreichskanzlei/1919-1933/0000/adr/getPPN/11715962X/ (besucht am 05. 12. 2020).

DIES.: Xylander, Rudolf Ritter von, 2007, URL: http://bundesarchiv.de/aktenreichskanzlei/1919-1933/0000/adr/getPPN/116943157/ (besucht am 05. 12. 2020).

THOSS, BRUNO: Der Ludendorff-Kreis 1919–1923. München als Zentrum der mitteleuropäischen Gegenrevolution zwischen Revolution und Hitler-Putsch (Miscellanea Bavarica Monacensia 78), München 1978.

TÖLLNER, AXEL: „Das wilde Fieber wütet in den Gliedern des Volkes". Die evangelische Münchner Kirchenpresse 1918/19, in: ANTONIA LEUGERS (Hg.): Zwischen Revolutionsschock und Schulddebatte. Münchner Katholizismus und Protestantismus im 20. Jahrhundert (theologie.geschichte 7), Saarbrücken 2013, S. 117–140.

TÖPNER, KURT: Zusammenbruch und staatlicher Neuaufbau nach 1918 im Urteil deutscher Hochschullehrer. Ein Beitrag zum Zeitgeist der frühen Weimarer Republik, Erlangen und Nürnberg 1966.

TOURLAMAIN, GUY: Völkisch Writers and National Socialism. A Study of Right-Wing Political Culture in Germany, 1890–1960 (Cultural History an literary imagination 21), Oxford u. a. 2014.

TRÖGER, JOHANNES: Kulturkritik und Utopie. Das Denken rechter katholischer Intellektueller in Deutschland und Großbritannien 1918–1939, Paderborn u. a. 2016.

UMMENHOFER, STEFAN: Wie Feuer und Wasser? Katholizismus und Sozialdemokratie in der Weimarer Republik, Berlin 2003.

UNTERBURGER, KLAUS: Pacelli und Eisner. Die Münchener Nuntiatur in Revolution und Räterepublik 1918/19, in: Beiträge zur altbayerischen Kirchengeschichte 54 (2012), S. 201–228.

DERS.: Schwarz und kirchentreu, arm und eingeschüchtert? Katholisches Milieu und Nationalsozialismus in der Oberpfalz, in: JOACHIM KUROPKA (Hg.): Grenzen des katholischen Milieus. Stabilität und Gefährdung katholischer Milieus in der Endphase der Weimarer Republik und der NS-Zeit, Münster 2013, S. 323–357.

VERHEY, JEFFREY, JÜRGEN BAUER und EDITH NERKE: Der „Geist von 1914" und die Erfindung der Volksgemeinschaft, Hamburg 2000.

VOGEL, WIELAND: Katholische Kirche und nationale Kampfverbände in der Weimarer Republik (Veröffentlichungen der Kommission für Zeitgeschichte B 48), Mainz 1989.

VOM BRUCH, RÜDIGER: Zeitschriften katholischer Studentenverbindungen vor 1914, in: MICHEL GRUNEWALD und UWE PUSCHNER (Hg.): Le milieu intellectuel catholique en Allemagne, sa presse et ses réseaux (1871–1963). Das katholische Intellektuellenmilieu in Deutschland, seine Presse und seine Netzwerke (1871–1963) (Convergences 40), Bern u. a. 2006, S. 59–84.

VONDUNG, KLAUS: Zur Lage der Gebildeten in der wilhelminischen Zeit, in: KLAUS VONDUNG und GERHARD DILCHER (Hg.): Das wilhelminische Bildungsbürgertum. Zur Sozialgeschichte seiner Ideen (Kleine Vandenhoeck-Reihe 1420), Göttingen 1976, S. 20–33.

WÄCHTER, KATJA-MARIA: Die Macht der Ohnmacht. Leben und Politik des Franz Xaver Ritter von Epp (1868–1946) (Europäische Hochschulschriften Reihe 3, Bd. 824), Frankfurt am Main u. a. 1999.

WALTER, DIRK: Antisemitische Kriminalität und Gewalt. Judenfeindschaft in der Weimarer Republik, Bonn 1999.

WALTER, FRANZ: Sozialistische Akademiker- und Intellektuellenorganisationen in der Weimarer Republik (Reihe Politik- und Gesellschaftsgeschichte 22), Bonn 1990.

WANNINGER, SUSANNE: Dr. Rudolf Buttmann. Parteimitglied Nr. 4 und Generaldirektor der Münchner Staatsbibliothek, in: MARITA KRAUSS (Hg.): Rechte Karrieren in München. Von der Weimarer Zeit bis in die Nachkriegsjahre, München 2010, S. 80–94.

WARLOSKI, RONALD: Neudeutschland, German Catholic students 1919–1939, The Hague 1970.

WEBER, CHRISTOPH: Der deutsche Katholizismus und die Herausforderung des protestantischen Bildungsanspruchs, in: REINHART KOSELLECK (Hg.): Bildungsbürgertum im 19. Jahrhundert Teil 2. Bildungsgüter und Bildungswissen (Industrielle Welt. Schriftenreihe des Arbeitskreises für moderne Sozialgeschichte 41), Stuttgart 1990, S. 139–167.

WEBER, MAX: Wirtschaft und Gesellschaft. Grundriß der verstehenden Soziologie, 5. rev. Aufl., Tübingen 1985.

WEDEKIND, FRANK: Schloß Wetterstein. Schauspiel in 3 Akten, 3., veränd. Aufl., München 1912.

WEHLER, HANS-ULRICH: Deutsches Bildungsbürgertum in vergleichender Perspektive – Elemente eines „Sonderwegs"?, in: JÜRGEN KOCKA (Hg.): Bildungsbürgertum im 19. Jahrhundert Teil 4. Politischer Einfluß und gesellschaftliche Formation (Industrielle Welt. Schriftenreihe des Arbeitskreises für moderne Sozialgeschichte 48), Stuttgart 1989, S. 215–237.

WEICHLEIN, SIEGFRIED: Nationsbilder und Staatskritik im deutschen Katholizismus des 19. und 20. Jahrhunderts, in: URS ALTERMATT und FRANZISKA METZGER (Hg.): Religion und Nation. Katholizismen im Europa des 19. und 20. Jahrhunderts (Religionsforum 3), Stuttgart 2007, S. 137–151.

DERS.: Sozialmilieus und politische Kultur in der Weimarer Republik. Lebenswelt, Vereinskultur, Politik in Hessen (Kritische Studien zur Geschichtswissenschaft 115), Göttingen 1996.

WEIDNER, DANIEL: Das Absolute des Krieges. Max Schelers Kriegsdenken und die Rhetorik des Äußersten, in: GALILI SHAHAR (Hg.): Texturen des Krieges. Körper, Schrift und der Erste Weltkrieg (Tel Aviver Jahrbuch für deutsche Geschichte 43), Göttingen 2015.

WEIGAND, KATHARINA: Der vielfach Vergessene. Die Rolle Georg von Hertlings in der deutschen und bayerischen Politik, in: ULRIKE LEUTHEUSSER und HERMANN RUMSCHÖTTEL (Hg.): König Ludwig III. und das Ende der Monarchie in Bayern, München 2014, S. 145–156.

WEISS, DIETER J.: Ein Wittelsbacher zwischen Monarchie und Demokratie. Kronprinz Rupprecht von Bayern: ein Lebensbild, in: ULRIKE LEUTHEUSSER und HERMANN RUMSCHÖTTEL (Hg.): König Ludwig III. und das Ende der Monarchie in Bayern, München 2014, S. 67–82.

DERS.: Kronprinz Rupprecht von Bayern (1969–1955). Eine politische Biographie, Regensburg 2007.

WEISS, OTTO: Kulturkatholizismus. Katholiken auf dem Weg in die deutsche Kultur 1900–1933, Regensburg 2014.

WEISS, VOLKER: Moderne Antimoderne. Arthur Moeller van den Bruck und der Wandel des Konservatismus, Paderborn u. a. 2012.

WEISZ, CHRISTOPH: Die Revolution von 1918 im historischen und politischen Denken Münchener Historiker der Weimarer Zeit. (Konrad Beyerle, Max Buchner, Michael Doeberl, Erich Marcks, Karl Alexander von Müller, Hermann Oncken), in: KARL BOSL (Hg.): Bayern im Umbruch. Die Revolution von 1918, ihre Voraussetzungen, ihr Verlauf und ihre Folgen, München und Wien 1969, S. 535–578.

WINKLER, HEINRICH AUGUST: Von der Revolution zur Stabilisierung. Arbeiter und Arbeiterbewegung in der Weimarer Republik 1918 bis 1924 (Geschichte der Arbeiter und der Arbeiterbewegung in Deutschland seit dem Ende des 18. Jahrhunderts 9), Berlin und Bonn 1984.

WISCHENBARTH, PETER: Der Landkreis Neu-Ulm und seine Vorläufer. Eine Verwaltungsgeschichte, Neu-Ulm 2012.

WOLF, HUBERT und JUDITH SCHEPERS (Hg.): „In wilder zügelloser Jagd nach Neuem". 100 Jahre Modernismus und Antimodernismus in der katholischen Kirche (Römische Inquisition und Indexkongregation 12), Paderborn u. a. 2009.

WOLFSTEINER, ALFRED: Georg Heim. „Bauerngeneral" und Genossenschaftler, Regensburg 2014.

ZELNHEFER, SIEGFRIED: Die Reichsparteitage der NSDAP. Geschichte, Struktur und Bedeutung der größten Propagandafeste im nationalsozialistischen Feierjahr (Nürnberger Werkstücke zur Stadt- und Landesgeschichte 46), Nürnberg 1991.

ZERBACK, RALF: München und sein Stadtbürgertum. Eine Residenzstadt als Bürgergemeinde 1780–1870 (Stadt und Bürgertum 8), München 1997.

ZIEGLER, WALTER: Zu Hitlers Frühzeit in Bayern 1918–1924. Neue Bücher und Überlegungen aus der Sicht der bayerischen Geschichte, in: Zeitschrift für bayerische Landesgeschichte 80,3 (2017), S. 719–767.

ZIRLEWAGEN, MARC: Der Kyffhäuser-Verband der Vereine Deutscher Studenten in der Weimarer Republik (GDS-Archiv Beiheft 8), Köln 1999.

ZORN, WOLFGANG: Die politische Entwicklung des deutschen Studententums 1918–1931, in: KURT STEPHENSON, ALEXANDER SCHARF und WOLFGANG KLÖTZER (Hg.): Darstellungen und Quellen zur Geschichte der deutschen Einheitsbewegung im neunzehnten und zwanzigsten Jahrhundert. Bd. 5, Heidelberg 1965, S. 223–307.

ZUMHOLZ, MARIA ANNA (Hg.): Katholisches Milieu und Widerstand. Der Kreuzkampf im Oldenburger Land im Kontext des nationalsozialistischen Herrschaftsgefüges (Vechtaer Universitätsschriften 29), Berlin u.a. 2012.

DIES.: Volksfrömmigkeit und Katholisches Milieu. Marienerscheinungen in Heede 1937–1940 im Spannungsfeld von Volksfrömmigkeit, nationalsozialistischem Regime und kirchlicher Hierarchie (Schriften des Instituts für Geschichte und Historische Landesforschung, Vechta 12), Cloppenburg 2004.

ZWICKER, STEFAN: „Nationale Märtyrer“: Albert Leo Schlageter und Julius Fučík. Heldenkult, Propaganda und Erinnerungskultur, Paderborn u. a. 2006.

5 Periodika und Lexika

Aufgeführte Beiträge aus den Werken sind in den Fußnoten, nicht jedoch im Literaturverzeichnis, vollständig vermerkt.

- Biographisch-Bibliographische Kirchenlexikon (BBKL)
- Historische Lexikon Bayerns (HLB) – http://historisches-lexikon-bayerns.de/
- Neue Deutsche Biographie (NDB)

Anhang

1 Abbildungsverzeichnis

2 Abkürzungsverzeichnis

AGV	*Akademische Gesangsverein München*
AStA	*Allgemeiner Studentenausschuss der LMU*
AP	*Augsburger Postzeitung*
BB	*Bayerische Bauernbund*
BBKL	*Biographisch-Bibliographisches Kirchenlexikon*
BMP	*Bayerische Mittelpartei* (wurde im März 1920 unter diesem Namen zum Landesverband der DNVP)
BK	*Bayerische Kurier*
BVP	*Bayerische Volkspartei*
CV	*Cartellverband der katholischen deutschen Studentenverbindungen*
DDP	*Deutsche Demokratische Partei*
DNVP	*Deutschnationale Volkspartei*
DtKP	*Deutschkonservative Partei*
DVSTB	*Deutschvölkische Schutz- und Trutzbund*
DVP	*Deutsche Volkspartei*
HdA	*Hochschulring Deutscher Art*
HLB	*Historische Lexikon Bayerns*
HpBl	*Historisch-politischen Blätter*
KPD	*Kommunistische Partei Deutschlands*
KV	*Kartellverband katholischer deutscher Studentenvereine*
LMU	*Ludwig-Maximilians-Universität München*
MAA	*München Augsburger Abendzeitung*
MNN	*Münchner Neuesten Nachrichten*
MKK	*Münchener Katholische Kirchenzeitung*
MP	*Münchener Post*
NDB	*Neue Deutsche Biographie*
NL	*Nachlass*
NSDAP	*Nationalsozialistische Deutsche Arbeiterpartei (bis 24.02.1920 Deutsche Arbeiterpartei)*
Orgesch	*Organisation Escherich*
Orka	*Organisation Kanzler*
SA	*Sturmabteilung*
StdZ	*Stimmen der Zeit*
SPD	*Sozialdemokratische Partei Deutschlands*
THM	*Technische Hochschule München*
USPD	*Unabhängige Sozialdemokratische Partei Deutschlands*
UV	*Verband der Wissenschaftlichen Katholischen Studentenvereine Unitas*
VB	*Völkische Beobachter* (bis 9.08.1919 *Münchener Beobachter*)
VK	*Völkische Kurier*

3 Organisationsregister

4 Personenregister

Alle **fett** gedruckten Seitenzahlen beinhalten ein Biogramm zur genannten Person. Die Lebensdaten der genannten Personen sind, sofern bekannt, regelmäßig im Fließtext vermerkt.